图书在版编目(CIP)数据

山钢年鉴.2022/《山钢年鉴》编纂委员会编.—北京：冶金工业出版社，2023.4

ISBN 978-7-5024-9434-6

Ⅰ.①山… Ⅱ.①山… Ⅲ.①钢铁厂—山东—2022—年鉴 Ⅳ.①F426.31-54

中国国家版本馆CIP数据核字(2023)第044658号

山钢年鉴2022

出版发行	冶金工业出版社	**电　　话**	(010)64027926
地　　址	北京市东城区嵩祝院北巷39号	**邮　　编**	100009
网　　址	www.mip1953.com	**电子信箱**	service@mip1953.com

责任编辑　于昕蕾　美术编辑　彭子赫　版式设计　郑小利

责任校对　王永欣　责任印制　窦　唯

北京捷迅佳彩印刷有限公司印刷

2023年4月第1版，2023年4月第1次印刷

787mm×1092mm　1/16；31.75印张；8彩页；771千字；491页

定价199.00元

投稿电话　(010)64027932　投稿信箱　tougao@cnmip.com.cn

营销中心电话　(010)64044283

冶金工业出版社天猫旗舰店　yjgycbs.tmall.com

(本书如有印装质量问题，本社营销中心负责退换)

《山钢年鉴》编纂委员会

主　　任　侯　军

常务副主任　陶登奎

副 主 任　苏　斌　陈向阳　赵文友　罗登武　刘秀元　王鸿飞　王向东　付　博　董立志　刘慈玲　卢彤书　李长青　王培文

委　　员　(以姓氏笔画为序)

马先红　王　勇　王文学　王兴强　王志强　王其成　车连房　左海青　刘兰雪　刘松林　孙日东　李　强　李丰功　李学玉　李洪建　李强笃　来现民　邱现金　张元福　张兰润　陈　奋　陈茂文　罗文军　周传勇　贾元奎　黄振辉　魏　风

《山钢年鉴》(2022) 编审人员

主　　审　李学玉

主　　编　李波涛　陈　振

副 主 编　张海明　张　序　李海新

责任编辑　张　序　李海新　吴玉峰　胡　玉　刘　宁　牛玉波　杨　栋　马家泰　李　梁　任晓华　朱向前　张金良　叶　华

特约审稿　孙亚宁

主要摄影　李建辉

英文翻译　郑　玮

编辑说明

《山钢年鉴》是山东钢铁集团有限公司（简称山钢集团或集团公司）主办的综合性年刊，主要记录山钢集团及各权属单位重点工作，展现改革发展的重要成果，反映各方面的新进展、新情况、新经验。本部年鉴是山钢集团成立以来的第13部年鉴，与《山钢年鉴》（2021）相衔接。标期为出版年份。

本卷收录2021年发生在山钢集团的大事要闻，有些资料适当上溯或下延。卷首刊载了反映山钢集团重大事件、重要工作、两个文明建设重要成果的彩色图片。全卷设特载、专论专文、大事记、概况、机构与人事、战略合作与交流、专业管理、党群工作、山钢股份、权属单位、统计资料、荣誉、附录，共13个栏目，全面展现了山钢集团深入贯彻落实中共山东省委、省政府决策部署，持续深化改革，加快转型发展，坚定不移打造世界一流企业，着力锻造绿色、智慧、可持续发展比较优势，立足新发展阶段，贯彻新发展理念，融入新发展格局，加快谋划“强”起来，不断推动企业高质量发展的新征程，以及努力实现转型升级走在全国国企前列、综合竞争力走在国内钢铁强企前列、深化改革走在省属企业前列、信息化建设水平走在国内钢铁行业前列，全力打造一个“注入改革基因、充盈市场元素、拥有创新特质、饱含人文情怀”的魅力山钢的新成就。

全卷框架结构及内容经集团公司领导审阅，稿件由山钢集团各单位、各直属机构及总部各部门提供，部分稿件由编纂委员会办公室撰写，均经单位主要负责人审阅。主要数据资料由运营管理部、财务部、人力资源部、科技创新部提供并审阅，机构与人事资料由党委组织部提供并审阅，主要图片资料由党委宣传部、新闻传媒中心提供并审阅。

全卷的编辑出版，得到了各级领导及各单位、各部门的大力支持和帮助，在此谨表诚挚谢意。由于时间较紧，加之水平所限，纰漏与不足在所难免，恳请读者批评指正。

《山钢年鉴》编纂委员会

2022年12月

山东钢铁集团有限公司党委书记、董事长　侯军

山东钢铁集团有限公司党委副书记、总经理　陶登奎

2021 年 7 月 5 日，山钢集团党委召开理论学习中心组（扩大）集体学习研讨专题会议，主题是深入学习贯彻习近平总书记“七一”重要讲话，弘扬伟大建党精神

2021 年 8 月 18 日，山钢集团学习贯彻习近平总书记“七一”重要讲话精神专题培训班开班

2021 年 6 月 3 日，中共山东省委党史学习教育第十五巡回指导组在山钢集团召开党史学习教育座谈交流会

2021 年 8 月 20 日，山钢集团党委书记、董事长、党委党史学习教育第一巡回指导组组长侯军到山信软件督导党史学习教育专题组织生活会

2021 年 7 月 1 日，山钢集团总部办公楼干部群众收听收看庆祝中国共产党成立 100 周年大会实况

2021 年 6 月 24 日，由 68 名退休及在岗职工组成的山钢集团莱钢合唱团参加山东省总工会举办的庆祝中国共产党成立 100 周年“劳动者之歌”交响音乐会，共演唱了 16 首歌曲

山钢职工认真学习贯彻党的十九届六中全会精神

2021 年 4 月 23 日，山钢集团获评“2020 山东社会责任企业”荣誉称号。图为山钢集团党委书记、董事长侯军代表获奖企业接受主持人采访

WBL WORLD BRAND LABORATORY

CERTIFICATE

CHINA'S 500 MOST VALUABLE BRANDS

中国500最具价值品牌证书

编号(No.)：CB2021151

兹证明：山钢（山东钢铁集团有限公司）被世界品牌实验室及其独立的评测委员会评测为“2021年(第十八届)中国500最具价值品牌”，品牌价值评估为520.05亿元人民币，位列第151名。特此证明。

THIS IS TO CERTIFY THAT SD STEEL HAS ACHIEVED A RANK OF No. 151 IN THE CHINA'S 500 MOST VALUABLE BRANDS (18TH EDITION) LISTING WITH A BRAND VALUED AT 52.005 BILLION RMB. THIS AWARD IS PRESENTED BY WORLD BRAND LAB FOLLOWING ITS STRICT SELECTION PROCESS.

有效期至：2022年6月21日 DATE OF EXPIRY：21 JUNE 2022

发证日期：2021年6月22日 DATE OF ISSUE：22 JUNE 2021

Steve Woolgar

斯蒂芬·沃格博士 DR. STEVE WOOLGAR
世界品牌实验室 学术委员会主席
CHAIR OF ACADEMIC COMMITTEE, WORLD BRAND LAB
牛津大学商学院 营销学荣誉教授
EMERITUS PROFESSOR OF MARKETING
SAÏD BUSINESS SCHOOL, UNIVERSITY OF OXFORD

WINNER iceo

主办机构：World Brand Lab 世界经理人

合办机构：世界企业家 iceo.com 总裁评论 CEO REVIEW

2021 年 6 月，山钢集团荣获“中国 500 最具价值品牌”称号

2021年12月24日，山钢集团副总经理、总法律顾问董立志获第二届“山东省十大法治人物”称号

2021年10月，日照市发生新冠肺炎疫情后，山钢集团职工及家属积极捐赠口罩、酒精等防疫物资。图为山钢集团职工及防疫志愿者正在装运防疫物资

七一前夕，山钢集团党委书记、董事长侯军看望慰问老党员

山钢股份莱芜分公司焦化厂厂区一角

日照公司成品码头

济钢中央森林公园

目　录

特　载

专论专文

大　事　记

概　况

机构与人事

战略合作与交流

专业管理

党群工作

山钢股份

权属单位

统计资料

荣　誉

附　录

Contents

Special Issue

Monograph

Memorabilia

General Situation

Organization and Personnel

Strategic Cooperation and Exchange

Professional Management

Party-Masses Work

Shandong Iron and Steel Co., Ltd.

Ownership Unit

Statistical Information

Honors

Appendix

山钢年鉴 2022

山钢集团
SD STEEL

特　载

山钢集团
SD STEEL

山钢文化

核心理念

山钢使命：
为客户提供满意的产品和服务

中共山东省委书记刘家义到山钢集团调研

2021年7月24日，中共山东省委书记刘家义在省委常委孙立成、刘强及省直有关部门主要负责同志陪同下到山钢集团调研。

刘家义来到山钢股份莱芜分公司高端精品钢项目现场，察看精轧车间、自动化生产线中控室，听取相关情况介绍。山钢集团党委书记、董事长侯军，党委副书记、总经理陶登奎，山钢集团副总经理，山钢股份党委书记、董事长王向东分别汇报了山钢集团深入学习贯彻习近平总书记“七一”重要讲话精神、深化改革、新旧动能转换、绿色智能发展、科技创新、生产经营、安全生产等方面的情况。

在了解到山钢各级党组织把学习习近平总书记“七一”重要讲话精神转化为抓好各项工作的实际行动，坚持改革创新，实施绿色发展，培育壮大新动能等情况后，刘家义对山钢集团所做的工作给予肯定。他强调，要深入学习贯彻习近平总书记“七一”重要讲话精神，完整、准确、全面贯彻新发展理念；要坚定不移加快新旧动能转换，加强科技创新，延伸产业链条，不断做优做强做大；持续推进节能降耗减排，建设绿色钢厂；毫不放松抓好安全生产，守牢安全发展底线，不断增进人民福祉，推动各项工作取得新的更大突破。

（撰稿：何爱喜　刘　芳
审稿：张兰润）

中国钢铁工业协会党委副书记姜维到山钢集团调研

2021年5月28日，中国钢铁工业协会党委副书记姜维一行到山钢集团调研。山钢集团党委书记、董事长侯军，党委副书记、董事苏斌与姜维一行座谈交流。

侯军介绍了山钢集团改革发展情况。他表示，近年来，山钢集团以改建国有资本投资公司为抓手，以持续深化“三项制度”改革为突破口，不断完善现代企业制度，持续深化科技创新体制改革，优化整合内外部各类创新资源要素，大力推动协同创新和关键核心技术攻关，科技创新能力显著提高。山钢集团主动融入新发展格局，以打赢、打好污染防治攻坚战为主线，环境污染治理取得显著成效，生态环境质量明显改善。同时，山钢集团始终坚持思想建党、理论强党，凝聚起推动企业高质量发展的强大精神力量。通过近年来的新旧动能转换、绿色智能发展，山钢集团已经实现了绩效提升、改革发力、管理加强、难题化解、后劲培植，在由“合”起来到“活”起来转变的基础上，又站到了谋划“强”起来、冲刺高质量发展的新起点上。

侯军还就钢铁行业如何加强科技创新、绿色低碳、宣传交流等方面工作提出了建议。

姜维对山钢集团在“十三五”期间加强改革创新、加快转型发展的经验做法给予高度评价。姜维表示，山钢集团坚持改革创新，坚持党建引领，坚定市场化方向，推动改革创新，紧抓钢铁主业，优化环境生态，加强新旧动能转换，实施绿色低碳发展，主动融入新发展格局。通过近几年的努力，“十三五”期间山钢集团实现了脱胎换骨的变化，给全国钢企改革提供了可借鉴的样本。

姜维还简要介绍了中国钢铁工业协会的基本架构和相关工作开展情况，重点介绍了“十三五”以来钢铁行业整体运行情况和发展走势。

（撰稿：李　栋　李建辉
审稿：张兰润）

山东省国资委正在与中国宝武钢铁集团有限公司筹划对山钢集团战略重组事宜

为落实山东省钢铁产业规划，促进钢铁产业布局优化和结构调整，山东省国资委正在与中国宝武筹划对山钢集团战略重组事宜。

中国宝武是我国钢铁工业的优秀代表。目前注册资本 527.9 亿元，资产规模超过 8600 亿元，是国家国有资本投资公司试点企业。中国宝武以“成为全球钢铁业引领者”为愿景，以“共建高质量钢铁生态圈”为使命，积极打造以绿色精品智慧钢铁制造业为基础，新材料、智慧服务、资源环境、产业园区、金融等相关产业协同发展的格局。2020 年，中国宝武实现营业收入 6737 亿元，利润 455 亿元，钢产量突破 1 亿吨，位列世界 500 强第 111 位，经营规模和盈利水平位居全球第一。

山东是经济大省，工业门类齐全，体系完整，是全国唯一拥有全部 41 个工业大类的省份。钢铁产业在山东省工业体系中占有重要位置。山钢集团是山东省重要国有骨干企业，注册资本 111.93 亿元，资产规模 3736 亿元。立足新发展阶段，山钢集团确立了“聚合资源、开放共享，构建安全高效钢铁产业生态圈；动能转换、创新治理，打造绿色智能行业发展新标杆”的发展战略。2020 年，山钢集团营业收入突破 2200 亿元，利润 77 亿元，钢产量突破 3100 万吨，位列全国第 7 位。山钢集团在世界 500 强排位中名列第 459 位，综合竞争力评级连续三年稳居中国钢铁企业 A+ 行列。

山钢集团与中国宝武的战略重组，一是深化落实党中央关于黄河流域生态保护和高质量发展国家战略、加强区域经济协同发展的务实举措，是山东钢铁产业战略规划实施、结构优化调整、转型升级的重大措施。二是有利于推动山东钢铁产业高质量发展，共建高质量钢铁产业生态圈。三是有利于山钢集团增强竞争优势，通过中国宝武进一步做强做优做大。助推山钢集团打造绿色智慧型城市钢企建设，构建具有国际竞争力的绿色低碳钢铁强企，助力山东省提前实现碳达峰目标。四是有利于深化山东省与中国宝武在新材料、智慧服务、资源环境等方面的合作，打造央地合作的样板。

山东省国资委将全力支持、积极推进战略重组工作，实现优势互补，强强联合。

（来源：山东省国资委网站）

山东省国资委督导组到山钢集团检查指导工作

2021 年 9 月 13 日，山东省国资委党委委员、副主任高长生，带领省国资委全国国有企业党的建设工作会议精神贯彻落实情况“回头看”督导组，到山钢集团检查指导工作。山钢集团党委书记、董事长侯军，党委副书记、董事苏斌，党委常委刘秀元汇报工作。

侯军简要介绍了企业近期改革发展和生产运营情况，并就山钢集团党委开展“回头看”工作情况作了专题汇报。他说，按照上级部署，山钢集团党委紧密结合正在开展的党史学习教育和国企改革三年行动，提高政治站位，加强组织领导，坚持问题导向，全面对照检视，高标准、高质量推进“回头看”工作。下一步，山钢集团将总结经验，巩固成果，以“回头看”为契机，提高政治站位，坚决落实好上级决策部署，把坚持党的领导、加强党的建设贯穿企业生产经营和改革发展全过程各环节，让全国国有企业党的建设会议精神在企业落地生根。

听取汇报后，高长生对山钢集团党委“回头看”工作给予充分肯定，要求继续学习贯彻好习近平总书记关于国有企业党的建设和改革发展的重要论述，做好全面对标，抓好整改落实，实现夯基固本提质，发挥典型带动作用，以高质量发展践行国企使命担当。

（撰稿：李　森　审稿：张兰润）

山钢集团深入开展党史学习教育

根据中央和省委党史学习教育工作部署，2021 年 3 月 17 日，山钢集团召开动员大会，对党史学习教育进行集中动员部署。成立领导机构、工作专班和巡回指导组，精心制定工作方案和工作规则，构建党委领导、分工负责、齐抓共管、协同推进的工作格局。在省委第十五巡回指导组的指导下，聚焦目标任务，把握“学、悟、干、行”，突出“快、准、深、实”，高标准高质量推进各项工作，广大党员普遍受到触及灵魂的思想淬炼和精神洗礼，进一步提升了理论自觉、增强了历史自信、涵养了道德品质、激发了奋斗热情，达到了学党史、悟思想、办实事、开新局的目的。

各级党组织广泛开展专题学习、主题宣讲、现场教育，认真召开专题民主生活会、组织生活会，深入开展“让党旗在基层一线高高飘扬”活动，扎实推进“我为群众办实事”实践活动，全年落实解难题办实事 962 项。6 月 28 日，山钢集团隆重召开庆祝中国共产党成立 100 周年先进表彰大会，集团和各单位开展丰富多彩的活动，热烈庆祝中国共产党百年华诞。全集团相继掀起学习贯彻习近平总书记“七一”重要讲话精神和党的十九届六中全会精神的热潮，从党的百年奋斗历程中深入汲取智慧和力量。集团公司党委把2021年确定为“党支部建设巩固提升年”，在党支部中开展“学党史、强党性、固堡垒、争先锋”主题活动。11月4日，莱钢展馆入选第一批省属企业爱国主义教育基地。

（撰稿：任晓华　审稿：张兰润）

山钢集团首次召开科技创新会议

2021年4月13日，山钢集团科技创新会议暨2021年第一季度工作会议在总部办公楼召开。这是山钢集团成立以来首次召开科学技术奖励会议，表彰首届山钢集团科学技术奖，同时揭晓管理创新成果奖、经济研究成果奖，总奖金超千万元。现场对科技进步突出贡献奖、科技进步奖特等奖、科技进步奖一等奖进行颁奖。

山钢集团党委书记、董事长侯军作了题为《优化创新生态　激发创造活力　以科技创新率先“强”起来驱动高质量发展》的讲话，党委副书记、总经理陶登奎主持会议并提出贯彻意见，党委副书记、董事苏斌宣读关于山钢集团科学技术奖、管理创新成果奖、经济研究成果奖的表彰决定，党委常委、董事陈向阳作科技创新工作报告。党委常委赵文友、徐有芳、罗登武、刘秀元、王鸿飞等党政领导出席会议。

侯军在讲话中指出，本次以科技创新为主题的会议是山钢集团站在系统谋划“十四五”开好局、起好步、全面深化“构建生态圈，打造新标杆”发展方略、加快推进实现“强”起来的关键时点召开的一次标志性的重要会议，目的是把科技创新作为实现高质量发展的动力和支撑，进一步明确主攻方向、创新管理机制、营造良好氛围、打造过硬队伍，加快构建“生态圈”“新标杆”“强”起来的顶梁立柱。

陶登奎在主持会议时指出，“强”起来的山钢，必须更加突出创新在企业深化改革、推动发展工作全局中的地位；“强”起来的山钢，必须更加充分用好科技创新这个第一动力，让创新创造的源泉充分涌流；“强”起来的山钢，必须更加依靠科技创新应对前进道路上的风险挑战，为山钢跨越式发展、高质量发展注入新的动能。

陈向阳在报告中对“十三五”科技创新工作进行了回顾，对“十四五”科技创新工作作出部署。

会前，山钢集团领导集体观看了科学技术奖、管理创新成果奖、经济研究成果奖宣传展板。

（撰稿：吕　娟　孙亚宁
审稿：张兰润）

山钢集团开展“全面对标、系统提升”行动

2021年2月7日，山钢集团印发通知，在集团范围内开展“全面对标、系统提升”行动，通过高目标引领，全面对标找差，促进山钢集团运行效率、效能、效益

全面提升。

"全面对标、系统提升"行动坚持问题导向，全面对标找差，打造比较优势；坚持高目标引领，对标世界一流，做到极致；坚持动态调整，靶向精准，追求实效；坚持企业主体责任，逐级负责，全员参与。

总体目标是利用三年时间，到2023年末，实现山钢集团管理理念、管理文化、管理水平更加先进，各产业板块运行效率、效能和效益等关键核心指标接近或达到国内领先水平，综合竞争力达到行业优秀水平行列。

按照"转变理念抓落实，强化对标补短板，深挖潜力促提升"总体路径，坚持极致思维和高目标引领，以"世界一流、国内领先、行业标杆、内部榜样"为对标对象，以问题为导向，对运营管理全方位、全工序、全流程、全要素系统审视，统筹全局，系统谋划，力争建立"全面对标、精准对标、动态对标"长效机制，实现全员参与，层层对标，逐级负责，抓重点、补短板、强弱项，优化资源配置，激发要素活力动力，持续提升山钢集团综合竞争力。

（撰稿：李盛熙　审稿：张兰润）

山钢集团用绿色低碳践行高质量发展

2021年3月下旬，山钢集团组织成立南方和北方两个绿色低碳发展考察学习组，分别由两位集团领导带队，分赴宝武、马钢、沙钢、三明钢铁及鞍钢、首钢、河钢、新天钢等企业进行绿色低碳发展情况调研，学习借鉴经验做法。千里之行，始于足下，作为山钢集团2021年绿色发展工作的一项重要内容，这次考察学习是山钢集团用绿色低碳践行高质量发展，向着碳达峰、碳中和目标迈出的坚实步伐。

山钢集团高度重视绿色发展工作，近年来高标准、严要求，投入巨资实施超低排放改造。2020年，全集团吨钢颗粒物、SO_2、NO_x排放持续降低，同比分别降低3.2%、42%、44%，均优于《钢铁行业清洁生产评价指标体系》Ⅰ级基准值。在山东省生态环境厅组织的环保绩效考评中，山钢集团取得了"3A、3B"的好成绩，所属日照公司、山钢股份莱芜分公司焦化厂、山东鲁碧建材公司钢城分公司被评为环保绩效A级企业，山钢股份莱芜分公司、莱钢集团银山型钢公司、莱钢永锋钢铁公司被评为环保绩效B级企业。其中，日照公司是全国第五家在中国钢铁工业协会公示完成超低排放改造的企业，日照公司、山钢股份莱芜分公司焦化厂分别是山东省长流程钢铁行业、焦化行业唯一一家A级企业，标志着山钢集团绿色发展取得重大成果，跻身全国绿色钢铁强企，成为山东省钢铁企业绿色转型的示范者、引领者。

面对党中央提出的"在2030年碳达峰和2060年碳中和"的新目标，山钢集团领导班子充分认识到：这一目标的提出，意味着在不远的将来，我国的生产方式、人们的生活方式将发生深刻的变化，钢铁行业作为我国经济发展的重要支撑产业和碳排放重点行业，将迎来巨大的挑战。山钢集团党委书记、董事长侯军表示，作为一家世界500强的国有企业，必须坚定不移落实党中央关于碳达峰、碳中和重大决策部署，加快低碳转型，用绿色低碳践行高质量发展。

2021年以来，山钢集团紧锣密鼓推进绿色低碳发展工作。强化学习培训，1月7日邀请明阳智慧能源来山钢就清洁智慧能源进行交流；1月14日邀请山东省生态环境规划院来山钢交流绿色低碳发展规划；3月4日邀请冶金规划研究院范铁军院长到山钢就钢铁行业碳达峰和低碳行动计划进行交流。3月2日至3日，组织山钢集团领导、有关部门和二级单位共170余人参加了中钢协钢铁行业碳达峰碳交易系列培训。同时积极通过网络、新媒体等各种途径宣传碳减排、碳达峰、碳中和方面的政策法规标准、技术理论知识。启动山钢集团《绿色低碳发展行动方案》编制工作，科学设定"十四五"生态环境保护规划目标、指标和重点任务。组织开展碳排放摸底盘查，要求各二级单位3月底完成绿色低碳发展调查。聚集山钢集团绿色低碳发展组织开展课题研究，山钢集团安全环保部牵头组织战略发展部、科技创新部、研究院共同研究确定了《山钢集团绿色低碳管理机制及碳管理体系研究》《山钢集团绿色发展规划和评价指标体系研究》《山钢集团低碳发展路径研究》3个研究课题。

"构建绿色循环低碳发展支撑体系，强化碳排放管理，把超低排放改造贯穿于全工序、全流程、全生命周期，并形成企业理念和生产习惯。"山钢集团党委副书记、总经理陶登奎表示。山钢集团将一步一个脚印、扎扎实实走下去——向着碳达峰、碳中和目标。

（撰稿：褚慧娟　赵玉潮
审稿：张兰润）

国内最大覆盖膜结构5G智能原料场在山钢股份莱芜分公司建成投运

2021年9月29日，山钢股份莱芜分公司5G智能料场投运暨数智钢铁启动会在银山型钢区域举行，标志着国内最大覆盖膜结构5G智能原料场建成并正式进入应用阶段。山东省工信厅、济南市工信局，莱芜分公司以及中冶赛迪、中国移动、华为公司、莱钢电子等参建各方相关人员现场见证了这一历史时刻。

新建成投运的5G智能原料场，是目前国内最大面积覆盖膜结构建筑群，也是目前国内单一场景接入终端规模最大的5G商用项目，在国内尚属首例。其绿色和智能两大主题要素的完美融合，让该原料场成为5G技术与钢铁工业深度融合的示范工程，为山东省乃至全国钢铁行业大型智能封闭料场的建设提供了示范引领作用。

该智能料场占地面积30万平方米，共有5个钢结构大棚、13个料条，全部采用屋面膜封闭，由中冶赛迪历时13个月时间建成投用，实现了智能自动翻车、全部远程操作、智能自动一键配料、数字盘库等核心功能。为进一步解决智能料场传统Wi-Fi和4G接入技术的网络易受干扰、上行容量不足、时延抖动大等问题，中国移动、华为公司和莱钢电子等参建各方，充分利用5G网络和数字技术，实现基于业务需求的5G超大上行容量覆盖，有利于进一步优化作业环境、提高运行效率、降低吨矿能耗。

目前，5个大棚16辆料车、105路摄像头、16路PLC和32路3D扫描仪，均已全部使用5G网络，视频无卡顿，PLC无延迟，下行速率可达1.5Gbps，上行速率可达200Mbps。"只要轻轻一点鼠标，输入指令，就可自动生成原料配槽计划，实现原料混匀配料，而且配出的混匀料成分和质量更加稳定了，真是太棒了！""有了5G

加持，堆料和取料实现无人化自动作业，粉尘、高温闷热以及原来信号不稳定和卡顿等问题彻底解决了”……在原料智控中心，值班人员纷纷为5G技术点赞。

“5G智能原料场，是莱芜分公司型钢区域环境深度治理、践行新发展理念的生动实践，投用后作业人员劳动效率提升50%以上，料场储量有效利用率提高10%以上，总能耗降低5%～8%，盘库效率提升90%以上……”型钢炼铁厂经理刘汉海介绍。

（撰稿：刘　芳　栾长河　纪瑞东　审稿：张兰润）

山钢股份莱芜分公司新旧动能转换一期工程顺利投产

山东省新旧动能转换重大建设项目“山钢篇”——山钢股份莱芜分公司新旧动能转换项目取得阶段性胜利：2021年12月18日15时16分，莱芜分公司新旧动能转换项目1号3800立方米高炉顺利热试点火开炉；12月21日14时32分，新建1号连铸机热试一次成功，顺利拉出第一支铸坯，标志着山钢股份莱芜分公司新旧动能转换一期工程实现顺利投产。

莱芜分公司新旧动能转换项目是山东省新旧动能转换重大建设项目之一，是莱芜分公司的希望工程、未来工程、生命工程，于2019年3月启动。按照“起步就是冲刺、开局就要决战”的部署要求，莱芜分公司倒排工期、挂图作战，打破常规、压茬推进，连续三年承接济南市大项目观摩任务并赢得高度赞誉。2020年5月，两座480平方米烧结机建成投产，实现“投产即达产，达产即达效”；10月，陶家岭变电站投运。2021年，按照“做到极致、走向前列”的工作总要求和“进中做优、主动应变”的工作主基调，莱芜分公司抢抓工程建设窗口期，集中力量，聚力攻坚，提速提效，如期完成了高炉、转炉、连铸等项目建设。

秉承“转型升级可持续、绿色智能高质量”的发展理念，1号3800立方米高炉集成应用了当今钢铁工业最先进的工艺技术和大型装备，采用大数据云平台、三维料面扫描、全色谱分析仪等先进检测技术，可实现高炉内部黑箱“可视化”；配置炉前自动测温取样、自动换钎、智能机器人等智能化单元，可实现高炉操作“无人化、少人化”；设置铁前系统一体化智慧管控中心，可实现生产能源、物流、设备的协同管控，达到“少投入、多产出、低污染、零排放、高效益、可持续发展”的目标。

炼钢项目主要设备有2座120吨转炉、2座LF精炼炉、2台10机10流方坯连铸机。项目建成后，将系统解决长期以来制约炼钢高质量发展的结构性矛盾与“卡脖子”问题，成为莱芜分公司加快转型升级、提升核心竞争新优势的主引擎与主阵地。同时，将更好、更快地推动炼钢工序向“绿色化、低碳化、智能化、高效化”深度转型，为钢铁行业提供具有山钢“智慧炼钢”特色的发展样板。

（撰稿：何爱喜　刘　芳　宫　宇　丁书洪　审稿：张兰润）

山钢集团成为全省首家入驻“齐鲁工惠”手机 APP 的大企业

2021 年 8 月 27 日，山钢集团党委书记、董事长侯军以视频方式宣布“齐鲁工惠·幸福山钢”手机 APP 正式上线运行，党委副书记、董事苏斌发表网络视频致辞。

“齐鲁工惠·幸福山钢”手机 APP 的上线将山钢六条保障普惠线基本全线贯通，让职工福祉在“云端”一键通达。据了解，一期上线共 18 个模块。其中，山钢重疾绿通、山钢惠购、济南互助保障 3 个专属模块，为职工医疗就诊、超值购物提供点对点服务；职工书屋、在线学习为职工提供海量的读书学习资源和切磋技艺擂台；婚恋交往、工友圈为职工提供新的“朋友圈”。“这个 APP 不仅满足了我们日常所需的所有功能，全程不跑腿，办成所有事儿，还引领我们享受更美好的品质生活。”莱钢银山型钢宽厚板事业部职工小任高兴地说。

点开“齐鲁工惠”，选择大企业频道下的“幸福山钢”，山钢集团工会业务主管孙霞一边演示一边介绍：“我们是首家为职工开通重大疾病绿色通道的省属企业，为职工提供 700 余家全国三甲医院挂号、专家问诊、住院等专享服务。职工在‘山钢惠购’上购物可以享受全网最优价，有了属于山钢职工自己的内购商城。”

山钢集团作为省内首家入驻“齐鲁工惠”平台的大企业，将“深耕福祉，惠及职工”的范围由个别扩大到全员，由重点帮扶困难职工，普惠至为每名职工增添安全感、幸福感和获得感。“齐鲁工惠·幸福山钢”手机 APP 的突出特色是与职工工作生活息息相关，为山钢每名职工提供超值便捷服务。为吸引广大职工参与，上线过程专门精选了中国石油加油券免费获取、洗衣上门取送等多场大型普惠专属活动，每名山钢职工得到实实在在的“超值大礼包”。

有真情的福利、有真诚的实惠，引发网友羡慕。在“活动”页面下，有一个网名为“泉水叮咚”的济南工会系统职工留言：“这家公司有气魄，职工好幸福。”

苏斌在致辞中表示，建设“智慧工会”是落实为职工群众办实事、解难题的现实要求，也是“为民情怀，职工福祉”的生动实践，更是顺应新时代发展，利用现代信息技术服务职工、服务基层，满足职工对幸福山钢建设新期待的重要载体。

（撰稿：党 浅 孙 霞
审稿：张兰润）

山钢年鉴 2022

山钢集团
SD STEEL

专论专文

山钢集团
SD STEEL

山钢文化

核心理念

山钢愿景：

打造具有国际竞争力的钢铁强企

勇担使命共奋进　凝心聚力再出发 在高质量发展征程中谱写“强”起来的新篇章

——在集团公司2021年度工作会议上的讲话

党委书记、董事长　侯　军

（2021年1月24日）

同志们：

在全党全国上下深入学习贯彻党的十九届五中全会和中央经济工作会议精神的关键时期，集团公司召开这次年度工作会议，主要任务是立足高质量发展征程中“强”起来的新起点，系统谋划今后一个时期的发展目标，部署推进2021年重点举措，乘势而上推动集团公司奋力开局“十四五”，以奋进姿态和更大魄力谱写高质量发展新篇章。

根据集团党委和董事会研究的意见，围绕把握新发展阶段、贯彻新发展理念、融入新发展格局，我讲三个方面的意见。

一、科学识变，在准确把握新发展阶段中谋篇定向

习近平总书记指出，进入新发展阶段、贯彻新发展理念、构建新发展格局，是由我国经济社会发展的理论逻辑、历史逻辑、现实逻辑决定的。构建新发展格局是适应新发展阶段、贯彻新发展理念的战略选择，明确了我国经济现代化的路径选择，是“十四五”规划建议提出的一项关系我国发展全局的重大战略任务，为推动高质量发展、实现“十四五”规划和2035年远景目标指明了主攻方向。钢铁产业作为“工业的粮食”和我国的优势产业之一，是加快构建新发展格局的重要一环，要从全局和战略的高度在新发展格局中找准定位。

加快谋划“强”起来，是集团公司立足融入新发展格局的时代潮流，深刻认识新发展阶段的科学内涵，准确识别新发展阶段对钢铁行业的发展要求，精准把握集团公司适应新发展阶段存在的不足，审时度势作出的战略部署。

（一）加快谋划“强”起来，是展现国有企业政治责任的担当之举

当今世界正经历百年未有之大变局，新冠肺炎疫情全球肆虐加速演变了大格局，全球产业链供应链面临冲击，世界进入动荡变革期。但必须清醒看到时与势在我们一边。当前和今后一个时期，我国发展面临的机遇和挑战都有了新变化，总体而言机遇大于挑战。在国际形势不确定和国内大循环需求之中，钢铁发挥了国民经济发展“稳定器”的作用。2020年，习近平总书记先后两次视察钢铁企业，对钢铁行业和企业提出了现代大型制造业都要有市场竞争力、市场占有率，特别是钢铁企业“企业发展，钢铁挂帅”“在科技创新上再接再厉、勇攀高峰，在支撑先进制造业发展方面迈出新的更大步伐”等殷切嘱托。集团公司作为省属重要骨干企业，必须从“两个维护”的高度对标对表习近平总书记对钢铁行业提出的要求，增强谋划“强”起来的自觉性和紧迫性，加快由量变向质变的跨越，实现能力与发展的双提升、双突破，为实现我国关键钢铁材料的

自主保障和前沿技术的突破贡献力量。

（二）加快谋划“强”起来，是主动应对行业变局的突围之举

2020年，我国钢铁生产持续高位运行，全年国内粗钢产量10.53亿吨，同比增长5.2%，产需双创历史新高；但进口铁矿石价格大幅波动，再次戳中行业痛点。同时，钢铁行业作为能源消耗高密集型行业，是制造业31个门类中碳排放量最大的。近期，工信部发布了《关于推动钢铁工业高质量发展的指导意见（征求意见稿）》，对钢铁行业高质量发展提出了方向和要求：兼并重组大势所趋，供给侧结构性改革仍将是“十四五”时期钢铁行业发展的主线，将打造若干家世界超大型钢铁企业集团以及专业化一流企业，力争前5位钢铁企业产业集中度达到40%，前10位钢铁企业产业集中度达到60%。资源保障更加多元，铁金属国内自给率达到45%以上，国内废钢资源量达到3亿吨，海外权益铁矿占进口矿比重超过20%。创新发展必由之路，未来5年，行业研发投入强度平均达到1.5%，关键工序数控化率达到80%左右，生产设备数字化率达到55%，打造50个以上智能工厂，行业平均劳动生产率达到1200吨钢/(人·年)。绿色低碳势在必行，到2025年，力争行业超低排放改造完成率达到80%以上，重点区域内企业全部完成超低排放改造，坚决压缩粗钢产量；电炉钢产量占粗钢总产量比例提升至15%以上，力争达到20%；废钢比达到30%。面对钢铁产量高企与行业产能扩张冲动时隐时现、生态环境约束越来越紧、资源对外依存度高、产业集中度低以及新一轮压减产能等问题交织，区域竞争和产业竞争将日趋白热化，钢铁行业格局必将深度调整，近期在钢铁市场行情的震荡变化中已经有所体现。强者恒强、弱者淘汰。落伍就被淘汰，尽快实现“强”起来是发展所需、民心所向、责任所在，是应对行业变局必须坚决打赢的攻坚之战。

（三）加快谋划“强”起来，是抢抓机遇破解困局的决胜之举

经过多年持续奋斗和不懈努力，集团公司经营绩效大幅跃升，改革发展破题成势，政治生态持续向好，综合实力显著增强，实现了从“合”起来到“活”起来的转变。今天的山钢，资产规模近3800亿元，年营业收入突破2000亿元、钢产量突破3000万吨，利润水平稳定在百亿级，综合实力稳居行业第一梯队，2020年首次进入世界500强，完全有基础、有条件、有能力擘画更加宏伟蓝图、实现更大作为。但对标世界一流企业和高质量发展目标，大而不活、大而不优、大而不强等问题依然突出。从冶金工业规划研究院发布的2020年钢铁企业发展质量评估看，集团公司名义排名第7位，但代表企业发展竞争力和绩效竞争力的主要指标仍有明显短板。创新能力滞后，“创新发展”指标单项排名位列第11位，创新成果真正转化为差异化竞争优势的能力不足，“看家本领”“独门绝技”较少。曾与我们齐头并进的中信特钢，得益于研发投入、管理、技术和产业布局等优势，综合竞争力排名跃至第3位。市场化意识不浓，“生态圈”还处在理论认识层面，资源聚合的境界、视线和能力有差距，经营机制不活、管理水平不高的现象还比较普遍，行政化色彩、市场反应迟钝等弊端还比较突出，“服务个性”的理念刚刚起步。资产状况不优，截至2020年11月末，中国钢铁工业协会会员企业平均资产负债率已降至62.75%，而集团公司资产负债率在15家竞争力极强企业中排名垫底。盈利能力不足，吨钢利润、销售利润率两项指标相对落后。国际化发展裹足不前，仅在采购、销售端有一定基础，制造端很薄弱，积极稳妥推进运营国

际化是今后必须面对的一场“补考”。问题和挑战是“双刃剑”，解决好了就能促进发展，解决不好就会制约发展。加快谋划“强”起来，是集团公司解决自身短板、实现高质量发展的内在需求，是实现“构建生态圈、打造新标杆”发展方略、魅力山钢发展目标的举措支撑。

“强”起来的山钢，就是创新能力强劲、质量效益领先的实力山钢，是市场意识浓厚、内生动能澎湃的活力山钢，是治理系统高效、文化开放包容的品质山钢，是绿色低碳引领、安全稳定和谐的责任山钢，是政治生态优良、发展成果共享的幸福山钢。

改革发展经验告诉我们，实现“强”起来，必须坚定全面加强党的建设要求不动摇、坚定高质量发展方向不动摇、坚定魅力山钢建设“两步走”目标不动摇、坚定“为民情怀、职工福祉”信念追求不动摇，以高质量发展成果开创未来，努力在新一轮发展竞争中抢得先机、赢得主动。集团公司2021年和今后一个时期工作的总体要求是：坚持以习近平新时代中国特色社会主义思想为指导，深入学习贯彻党的十九大和十九届二中、三中、四中、五中全会以及中央、省委经济工作会议精神，围绕省委省政府“七个走在前列”“九个强省突破”部署要求，以推动高质量发展为主题，以改革创新为根本动力，以增强职工福祉为根本目的，按照“构建生态圈、打造新标杆”的发展方略，牢牢抓住时代赋予的重要机遇，确保“十四五”开好局、起好步。

二、精准应变，在深入贯彻新发展理念中聚力攻坚

习近平总书记指出，新时代新阶段的发展必须贯彻新发展理念，必须是高质量发展，必须把新发展理念贯穿发展全过程和各领域。实现集团公司“强”起来，找准更好融入新发展格局的着力点，就必须坚定不移贯彻新发展理念，扎实推进实践创新。

（一）实现“强”起来，必须突出思维理念再提升，实现更可持续的发展

疫情让越来越多企业认识到，各自为战、无序竞争的路数已经行不通，“抱团取暖”意愿越来越强。构建生态圈是信息化时代调整不同企业间关系的有力抓手，是从钢铁制造到服务转型的具体路径和实践平台，是畅通“两个循环”不可或缺的重要链接。

强化系统思维，整体协调推进。坚持“一盘棋”谋划。紧扣集团公司“十四五”规划，把构建生态圈作为推动高质量发展的“主引擎”，从形象化、立体化、透视化、智慧化、效能化等维度细化实化生态圈理念，绘制“战略表”，制定“路线图”，形成“生态谱”，运用数字化手段、互联网思维，完善产业协同配套体系，提升数据、技术、金融、人才等全要素支撑能级，提高各项基础设施和功能体系的服务力、吸引力，带动生态圈产业融通融合发展，加快形成“产业+配套”“平台+生态”的发展格局。坚持“一张网”布局。未来的竞争不再是单一企业间的个人赛，而是产业链供应链的团体赛，构建生态圈就是实现从“单打独斗”向“抱团出击”转变的链接线。我国铁产量增长主要是依靠进口矿解决，上游资源高度垄断，资源保障是中国钢铁行业的痛点之一，甚至影响钢铁产业安全。在通过长协矿等方式稳定供需的同时，要深入研究生态环境部、国家发展改革委等五部委联合发布的《关于规范再生钢铁原料进口管理有关事项的公告》，以科技创新为重要发力点提高供给质量和水平，从面上看，要健全废钢资源循环利用体系，研究降低铁钢比的工艺路

径，推动使用进口优质可再生钢铁原料资源及钢坯，增加铁素供给渠道，增强产业链供应链自主可控能力。坚持“一体化”推进。充分把握全球产业链供应链重构和钢铁产业加速整合带来的机遇，加强与央企、省外国企、民营企业、外资企业合资合作，与先进企业的产业、资本、技术、管理、品牌等优势充分结合，携手打造高水平开放的新高地。充分发挥钢铁产业龙头带动作用，探索多制造基地协作、多产业协同运作模式，取长补短，联合作战，共享各自专业化资源和能力。钢铁主业要继续深化一体化运营，促进营销、研发、生产各环节有机融合，实现更高效的资源流动和要素配置。运营管理要加强统筹协调，进一步完善生态化协同机制，推动内部产业间、单位间协同效果有效释放。

强化开放思维，共建共治共享。抓住“一带一路”引领更高水平对外开放为钢铁企业“走出去”带来的新机遇，深度融入“双循环”，以国际化思维衔接全球产业生态，用好国际国内两个市场、两种资源，加大协同合作，找准合作定位，加强风险防范，进一步强化产业联动和产业合作，促进资本、人才、技术等要素的高效流通和配置，培育在产业布局、技术研发和市场渠道等方面的优势，着力打造国际竞争新优势。塑造资源聚合优势，关注客户的需求，做客户的客户。针对钢铁行业副产品丰富、金融贸易服务环节多等特点，积极深化与上下游、内外部、金融等相关方合作，探索构建利益共同体。比如，装备制造业存在受钢铁行业发展速度波动影响大的问题，中国宝武按照生态圈建设的要求，组建了装备智能运维公司，与上游的装备供应商共享数据，共建第三方设备智能运维平台，实现了共赢发展。

强化安全思维，筑牢发展保障。习近平总书记指出，安全是发展的前提，发展是安全的保障。党的十九届五中全会也首次把统筹发展和安全纳入“十四五”时期我国经济社会发展的指导思想。要坚持底线思维，把安全发展贯穿到集团改革发展各方面全过程。坚决守牢安全底线。安全生产必须万无一失，否则一失万无。近期，省内外安全重特大事故频发，尤其是栖霞金矿事故迟报情况曝光后，新华社痛批涉事企业对生命的漠视，是与人民为敌。必须树牢人民至上、生命至上理念，善于用政治眼光认识和分析安全生产问题，把狠抓安全生产作为践行“两个维护”的重要检验，层层压实安全生产责任，及时整改消除隐患，有效管控各类风险，强化安全责任体系有效运行。推动安全生产专项整治三年行动深入开展，抓好基层基础，注重案例教育，浓厚安全文化，推动集团公司安全生产形势持续好转。坚决守牢疫情防控底线。当前，新冠肺炎疫情仍在全球流行，国内零星散发病例和局部聚集性疫情交织存在。疫情防控是“一稳皆稳、一失皆失”。要结合冬季特点，坚决克服厌战情绪、麻痹思想、侥幸心理、松劲心态，按照上级部署和属地政府要求，建立起科学有效常态化的疫情防控治理体系，切实做到“外防输入、内防反弹”。坚决守牢经营风险底线。建立应收账款责任制，今年起应收款项周转率同口径逐年提升，应收款项余额逐年压减。开展重点亏损子企业专项整治，大额亏损企业逐年减少 1 户，2022 年末，大额亏损企业亏损额显著降低。持续降低有息负债规模和资产负债率，确保每年环比降低 1 个百分点以上，2022 年末资产负债率保持在合理水平，力争降至行业重点监管线以内。持续深化法治山钢建设，做好法治山钢建设 2025 规划，着眼集团公司重大改革攻坚任务，发挥好企业法律顾问和公司律师作用，做到决策问法、运营依法、保障有法。加强对信访稳定、保密、舆情等风险防控，科学预判、有效防范、及早发现、合理应对、妥善处置各类风险。

（二）实现“强”起来，必须突出产业能级再跃升，实现更具竞争力的发展

发展是第一要务，产业是第一支撑。全面响应“一切围绕产业转，一切为了产业干”，加快提升产业链和产业体系竞争力，打造高质量发展强大引擎。

持续激发第一动力。科技创新是高质量发展的“最大增量”，是安身立命之本。要贯彻落实习近平总书记关于科技创新的指示精神，大力发挥科技创新对“强”起来的驱动支撑作用，持续下好创新“先手棋”，强化科技力量建设，走好创新发展道路，着力打造科技创新攻坚力量体系，加快锻造具有比较优势领域的“长板”，力主形成“非对称优势”，在新赛道上跑出山钢创新发展的“加速度”。加大创新资源投入，聚焦国家重大战略需求和未来行业发展重点，研发投入刚性增长中矫正、突出重点领域、重点产品，投入强度年度增长率不低于10%，到2022年钢铁主业研发投入强度达到3%。深化高层营销、营销高层，推动营销模式创新，进一步提高产品直销比例和市场占有率。全面启动高科技企业创建工作。

持续激活第一资源。聚焦“高精尖”，打造人才强磁场，力推政策吸引人才，依靠机制激励人才，强化服务留住人才，努力把集团公司建设成为人才集聚之地、人才辈出之地、人才向往之地，培养造就更多行业一流的科技领军人才、技术能手和创新团队。采取“揭榜挂帅”“竞争赛马”等方式确定项目负责人，真正做到“谁能干谁揭榜、谁干得好就支持谁”。强化博士后工作站管理。贯通“产学研”，完善协同创新体系，用好现有协同创新平台，推动产业链上中下游融通创新，打造服务高质量发展和新发展格局的创新链，着力研究需求侧适配性，瞄准下游用钢产业升级与战略新兴产业发展方向，加强钢铁自主可控核心技术研发，力争在高端轴承钢、高品质特殊钢、高性能海洋工程用钢、核心基础零部件用钢等“特、精、高”关键品种实现突破，拳头产品比例2022年力争达到70%，助力甩掉“卡脖子”之手。

持续推进数智赋能。数字化、智慧化已经成为提高劳动生产率、破解劳动力成本上升的关键抓手和提升中国钢铁产业国际竞争力的有效工具，代表着钢铁行业高质量发展的方向，关系着市场竞争的主动权和价值分配的话语权，关乎山钢未来发展的高度和“强”起来的关键。要深入学习领会习近平总书记关于推动数字经济和实体经济融合发展的重要指示精神，将数字化转型作为改造提升传统动能、培育发展新动能的核心驱动力，按照“借鉴移植成熟经验+探索实践山钢特色”的方式，加快“数智山钢”建设。在智慧制造布局上，要“点线面台”齐头并进，“点”上推广应用工业机器人、无人化、集中监控等技术；“线”上启动“黑灯工厂”智能产线建设；“面”上推广实施智能协同管控中心为代表的集中一贯制管理模式；“台”上推进“数字山钢”与“智慧山钢”融合推进，加快钢铁制造生产方式和企业形态的根本性变革。

持续加强管理提升。市场竞争的关键是效率。要贯彻落实习近平总书记关于推动经济发展质量变革、效率变革、动力变革的指示精神，狠抓短板弱项，以高效率谋取高效益。开展对标世界一流管理提升活动，制定“全面对标系统提升”行动方案，各产业都要用一流标准确立发展目标，审视发展思路，动态对标、精准对标、全面对标，不断提升比较优势，在各自行业内实现全员劳动生产率一流、产品质量水

平一流、品牌影响力一流、创新成果一流。策划开展效率改善提升活动，深挖劳动生产率潜力，钢铁、矿业、耐材等产业要摸清底数、靶向发力，瘦身健体、提高效率。开展运营质量改善提升活动，精益生产、高效生产、稳产高产，在超越自我、跑赢大盘的基础上不断追求卓越。以品牌高端高效化为主攻方向，实施质量强企和品牌战略，打造一批“山钢名牌”“山钢精品”。

持续推进绿色低碳发展。习近平总书记强调，绿水青山就是金山银山，改善生态环境就是发展生产力。中央经济工作会议将“做好碳达峰、碳中和工作”作为今年和今后一个时期要抓好的重点任务。钢铁行业是国家第一批碳减排重点管控八大行业之一，钢铁行业碳交易市场启动在即。要积极融入绿色低碳发展新格局，确立合理的低碳发展路线，对未来与钢铁工业低碳发展有关的外在环境变化，包括制造流程、原材料结构、能源结构和节能潜力等进行提前研判，超前研究对钢铁产品全生命周期征收碳排放税的应对举措。启动新一轮“四增四减”行动，优化能源结构，发展低碳产业，积极跟踪氢冶金、碳捕集利用等低碳技术，降低碳排放强度，探索碳达峰、碳中和的山钢方案。继续深入打好污染防治攻坚战、持久战，日照公司要着力打造全国钢铁行业全流程超低排放示范工程，具备条件的山东耐材等企业要争创国家级绿色厂矿。今年上半年要完成碳排放现状调研，研究制定集团公司碳资产管理方案，研究编制绿色低碳发展行动方案，完善碳资产管理制度体系和管理机制。要用好用足政策，积极争取奖补资金、优惠电价等政策扶持，真正实现环保创效。

（三）实现“强”起来，必须突出体制机制再创新，实现更有活力的发展

改革是激发企业内生活力的重要源泉。要扎实推进集团公司企业改革三年行动实施方案，在抓落地见实效上加大力度、加快进度、拓展深度，不断增强国有经济竞争力、创新力、控制力、影响力、抗风险能力。

混合所有制改革要有实质性进展。混合所有制改革是国企改革的突破口，目的是实现体制机制优化，提高国有资本配置和运营效率。坚持因企施策，确保“一把钥匙开一把锁”。“一企一策”制定方案，2021年底前按时完成10户企业混改工作，实现混改企业资产占比85%以上的目标。稳慎开展混合所有制企业员工持股。加强对混改工作全过程的监督，坚决防止在混改过程中因失职失责或违反程序、违规操作等原因造成国有资产流失。推动经营机制转换，决不能“新瓶装旧酒”。加强混改工作的顶层设计，对国有相对控股企业实施更加市场化的差异化管理。2021年建立混改后评价制度，对完成混改的权属企业开展后评价，防止“混而不改”。加强参股股权管理，2021年要开展对虚假投资、挂靠经营等不规范行为的专项清理整顿行动。加大资产证券化力度，把“鼓槌敲在鼓心”上。重点加强对具备资产证券化潜力企业或资产的培育，提高权属公司的经营业绩和管理规范化程度，加力推动具备条件的企业加快上市步伐。2022年底前力争完成国铭铸管上市工作。不断提升所属上市公司发展质量、盈利能力，积极探索相关主业资产的资产证券化路径。

国有资本布局结构优化要有实质性突破。推动国有资本向优势产业、核心主业集中，向产业链、价值链高端集中。牢牢抓住时代赋予国家推进钢铁行业高质量发展的重要机遇，科学编制好“十四五”规划，明确主业提升方向。在优势业务上力争成为行业龙头，非优势业务上积极寻求与行业龙头合作，对接省委省政府强省战

略、“十强”产业，确保在“产业竞优”中走在前列。清理退出不具备竞争优势、缺乏发展潜力的非主营业务、企业和低效无效资产。强化对外投资股权清理退出和投资回报管理，对外股权投资户数占比、净资产占比要持续降低。实施非主业资产清理整合三年行动计划，集团年度非主业投资和营业收入占比不超过10%，按时完成17户非主业企业清理任务。“僵尸”企业处置要动态预警，随出随清。2022年前完成5户“僵尸”企业破产清算、注销清算工作。

治理体系和治理能力现代化要有实质性改善。完善集团管控体制。按照集团战略发展要求和专业化、协同化、集约化原则，推进各产业板块整合融合，搭建各产业统一运作平台，优化调整集团组织架构。进一步深化压缩管理层级、减少法人户数工作。聚焦集团公司功能定位，科学界定集团公司及权属公司权责边界，依法依章程建立完善集团管控体制和运行机制。完善中国特色现代企业制度体系。全面梳理制度建设中的短板弱项，推动制度建设系统化、规范化、制度化。健全以企业章程为基础的内部管理制度体系，强化制度执行。持续优化业务流程设计，进一步缩短决策流程，提高决策质量与效率。加快推动山钢股份等建立现代企业制度示范工程。全面实现董事会规范运作。2021年，制定修订董事会和董事评价办法、外部董事履职管理和责任追究制度。全面依法落实董事会各项权利。完善集团公司董事会向权属二级公司董事会授权制度。

市场化经营机制要有实质性成效。持续深化差异化分类考核。进一步完善权属二级公司董事长、经理层及其他领导人员分类考核体系，科学设置考核指标，形成各治理主体目标导向一致、权责明确、分工协作的绩效评价体系，实现负责人考核体系更加科学、规范。深化经理层任期制和契约化管理。督导完善权属二、三级企业实施经理层成员任期管理情况，到2022年各级控股子公司全面推行经理层成员任期管理。有序扩大职业经理人制度实施范围，到2022年底前再选择3~5户权属三级公司推行职业经理人制度。深化三项制度改革专项行动。建立权属企业三项制度改革效能评估机制，实现权属二级公司三项制度改革效能评估全覆盖，2022年权属三级公司三项制度改革效能评估覆盖率达到60%以上。持续深化薪酬制度改革。深化全员绩效考核，按业绩贡献决定薪酬，考核结果刚性兑现，实现各类人员薪酬与考核结果挂钩。探索建立不同类型岗位分类考核体系，形成权属企业工资内外收入监督检查制度。完善中长期激励机制。集团公司二、三级非上市公司中长期激励试点覆盖面年底前达到10%，2022年达到12%，坚决防止短期行为。稳妥推进符合条件的上市公司实施股权激励。要下大力气推进市场化改革持续走深走实，真正形成“市场人”的氛围。

（四）实现“强”起来，必须突出职工福祉再改善，实现更有温度的发展

习近平总书记指出，只有坚持以人民为中心的发展思想，坚持发展为了人民、发展依靠人民、发展成果由人民共享，才会有正确的发展观、现代化观。谋划“强”起来，必须把职工对美好生活的向往作为出发点和立足点，以“幸福和谐新山钢”建设为抓手，把“山钢名片”擦得更亮，让广大职工共享企业改革发展成果，使发展更有温度、幸福更有质感。

坚持全心全意依靠职工办企业的方针，让职工智慧在知情、参与、表达、监督中升华。要积极关注意识形态、职工心态、舆情动态，倾听职工呼声，了解职工意愿，畅通职工诉求，创新开展职工思想政治工

作，做好政策宣讲和形势任务教育，凝聚奋力推动改革发展的思想共识。要切实保障职工民主权益，健全深化以职代会为基本形式的民主管理制度体系建设，充分发挥厂务公开制度作用，使职工参与企业民主管理更加广泛充分。

坚持以人民为中心，不断满足职工对美好生活的向往。要做职工的坚强后盾。把职工利益放在首位，健全多层次职工保障体系，稳妥运行职工重大疾病绿色通道，研究推进职工补充医疗保险，完善困难职工常态帮扶机制，多为职工谋好事、办实事。要为职工搭建展才平台、成长舞台。强化新时代产业工人队伍建设改革，推动试点深化，争当行业标杆。组织开展“对标世界一流，实现高质量发展”主题劳动竞赛，深化实施全员平凡创新工程。启动实施“百名劳模、千名一线创新技能人才”培养工程，切实助力职工成长成才。要为职工创造良好的工作和生活环境。丰富职工业余文化生活，进一步改善职工作业环境，打造“安全舒心、高于标准、优于城区、融入城市”的花园城市钢厂。坚定不移把提升企业经济效益与增加职工收入融为一体，实现职工收入稳定增长。

坚持践行社会主义核心价值观，培育和完善健康文明、昂扬向上的企业文化。持续加强理想信念教育，深化“中国梦·劳动美”主题活动，广泛开展“劳动创造幸福”主题宣传。大力弘扬劳模精神、劳动精神、工匠精神，让学习劳模、尊重劳模、崇尚劳模、争先创优蔚然成风。加强企业文化建设，在改革发展进程中适时调整，适应时代要求，符合价值追求。

（五）实现“强”起来，必须突出党建基础再夯实，实现更有凝聚力的发展

党建强则企业强。无数实践和探索表明，党建做实了就是生产力，做强了就是竞争力，做细了就是凝聚力。各级党组织要深入推进全面从严治党，筑牢基层战斗堡垒，涵养良好政治生态，以高质量党建工作引领高质量发展。

重点抓好政治建设。落实“第一议题”制度，把学习贯彻习近平总书记重要讲话和重要指示批示精神作为首要政治任务。始终牢记党内职务是第一职务、管党治党是第一职责，抓好党建是本职、不抓党建是失职、抓不好党建是渎职，切实推动党委履行管党治党主体责任，党委书记第一责任人责任，班子成员落实“一岗双责”。以党建工作责任制考核为抓手，落实好党组织前置研究讨论重大经营管理事项清单，实现党的领导融入公司治理各环节制度化、规范化、程序化，推动党建工作与生产经营相融互促。

持续抓好全面从严治党。严格落实全面从严治党主体责任暨党建工作责任制，各级党组织要每半年至少召开1次会议专题研究全面从严治党工作。织密制度笼子，紧盯权力运行各环节，立“明规矩”，破“潜规则”，最大限度地压减自由裁量权，压缩权力寻租空间。在完成三轮巡察全覆盖基础上，今年巡察方式将打破常规、简化流程，不搞面面俱到，不开进驻会，不固定巡察时间、不固定巡察人员、不固定巡察方法，巡察组直接进入单位开展监督检查，增强巡察的针对性和实效性。强化监督执纪问责，以反复抓、抓反复的韧劲持之以恒正风肃纪，把“严”的主基调长期坚持下去。

发挥好内部审计常态化“经济体检”作用。坚持党对内部审计工作的领导，加快构建集中统一、全面覆盖、权威高效的审计监督体系，不仅要“查病”，更要“治已病”“防未病”，做到集团公司重大决策部署到哪里、企业利益延伸到哪里、国有资金运用到哪里、公权力行使到哪里，审计监督就跟进到哪里，压实经营投资责

任，推动各级管理层练好“内功”。采取下发整改指令书等措施，积极推进审计发现问题整改落实，有效发挥审计“强监督、控风险、促发展”作用。

突出抓好基层党建工作。集团党委确定2021年是“党支部建设巩固提升年”，要加强党支部规范化建设，对过硬党支部实行动态管理，完善退出机制，全面提升党组织标准化规范化水平。实施品牌工程，打造一批有特色、可复制、引领性强的基层党建工作品牌。加强专职党务工作者队伍建设，开展基层党支部书记“双培养”工程。积极探索符合混改企业特点和规律的党建工作新路子。策划开展好庆祝建党100周年系列活动。

三、主动求变，在服务构建新发展格局中担当作为

中央经济工作会议要求，各级领导干部要提高专业化能力，努力成为领导构建新发展格局的行家里手。集团各级领导干部必须从讲政治的高度，充分认清集团公司“强”起来就是主动融入新发展格局的具体举措，在谋划“强”起来征程中展现新作为。

（一）增强辨别时势能力，自觉做政治上的明白人

切实提高政治站位，善于用政治眼光观察和分析经济社会问题，从进入新发展阶段的高度来认识构建新发展格局的重大意义、科学内涵，找准有效融入、服务保障的着力点，真正做到“心明眼亮”。坚定践行习近平法治思想，强化法治思维，自觉把宪法法律和规章制度作为作决策、干工作的重要标尺，善于运用法治思维和法治方式深化改革、推动发展、化解矛盾、应对风险。严格遵章办事，坚决落实重大决策程序规定，杜绝“先有可行、再有可研”。要增强掌握实情本领，把掌握实情作为一项重要工作来抓，既高度重视，又手里有招，充分利用现代信息技术等手段，系统掌握本行业、本单位的发展动态，确保作决策、定政策科学、准确。

（二）增强科学决策能力，自觉做引领改革的内行人

习近平总书记强调，领导工作要有专业思维、专业素养、专业方法。构建新发展格局，不仅是政治性要求，而且是知识性、专业性要求。要增强补课充电的紧迫感，加快知识更新、优化知识结构、不断拓宽视野。把坚持底线思维、坚持问题导向贯穿工作始终，强化责任意识，知责于心、担责于身、履责于行，敢于直面问题、敢于较真碰硬。善于用系统观念和思维指导推进工作，统筹好改革、发展、安全、环保、稳定等工作，增强系统性、整体性、协同性。

（三）增强统筹协调能力，自觉做狠抓落实的实干家

习近平总书记指出，抓落实是领导工作中一个极为重要的环节，是党的思想路线和群众路线的根本要求。工作不落实，一切等于零。要起而行之、狠抓落实，在实践中培养专业精神、丰富专业知识、提高专业能力。对定下的事情、出台的政策，要突出精准有效、结果导向，注重通过效果来看过程。要借助信息化手段开展好监督检查，不折不扣盯紧落实，坚决杜绝各类形式主义、官僚主义。要增强沟通引导本领，处理好“做”与“讲”的关系，落实好抓业务和宣传引导，既要当好战斗员、指导员，又要当好宣传员、引导员，营造良好发展氛围，为集团公司实现“强”起来凝聚强大合力。

同志们，征途漫漫，唯有奋斗！迈上“强”起来的新征程，开局就是决战、起步就要冲刺。让我们更加紧密地团结在以习近平同志为核心的党中央周围，砥砺奋

进，以更加强烈的使命担当、勇往直前的奋斗精神，书写山钢高质量发展新的华彩篇章，以优异的成绩向建党100周年献礼！

优化创新生态　激发创造活力
以科技创新率先“强”起来驱动高质量发展

——在集团公司科技创新会议暨2021年第一季度工作会议上的讲话

党委书记、董事长　侯　军

（2021年4月13日）

同志们：

今天以科技创新为主题，召开表彰大会暨一季度工作会议意义重大，这是集团公司站在系统谋划“十四五”开好局起好步、全面深化“构建生态圈、打造新标杆”发展方略、加快推进实现“强”起来的关键时点召开的一次标志性的重要会议，目的是把科技创新作为实现高质量发展的动力和支撑，进一步明确主攻方向、创新管理机制、营造良好氛围、打造过硬队伍，加快构建“生态圈”“新标杆”“强”起来的顶梁支柱。

刚才，向阳同志系统总结了“十三五”以来集团公司科技创新取得的成绩，部署了今后一个时期科技创新工作目标任务和具体举措；对集团公司科学技术奖隆重进行了表彰。在此，我代表集团党委和集团公司向受到表彰的个人、团队和单位表示热烈祝贺，向长期奋战在科技战线的广大干部职工致以崇高的敬意和诚挚的问候，向关心支持山钢科技事业、为山钢科技发展作出贡献的各界人士表示衷心感谢！下面，根据集团党委研究的意见，我讲三个问题。

一、认清形势，找准定位，切实增强做好科技创新工作的使命感、责任感和紧迫感

习近平总书记指出，把创新摆在第一位，是因为创新是引领发展的第一动力，协调发展、绿色发展、开放发展、共享发展都有利于增强发展动力，但核心在创新，抓住了创新，就抓住了牵动经济社会发展全局的“牛鼻子”。加快科技创新是增强国家国际竞争实力，实现“双循环”构建新发展格局的需要，是深化供给侧结构性改革，实现企业保持强大生命力的核心。集团公司“强”起来，必须让科技创新率先“强”起来，把“关键变量”转化为高质量发展的“最大增量”。

科技创新率先“强”起来是践行国企责任的使命所系。习近平总书记指出，要强化企业创新主体地位，打造具有国际竞争力的先进制造业集群，打造自主可控、安全高效并为全国服务的产业链供应链。党的十九届五中全会《建议》、“十四五”规划和2035年远景目标纲要均把坚持创新驱动发展摆在首位进行专章部署，明确了坚持创新在我国现代化建设全局中的核心地位，把科技自立自强作为国家发展的战略支撑。今年政府工作报告23次提及“科技”，系统阐述了推进我国科技创新的战略目标、重点任务，安排部署了2021年科技创新的15项主要工作。刘家义书记在我省2021年工作动员大会上要求，以超常规举措构建全域创新体系，打造新旧动能转换强力引擎，特别强调国有企业要打头阵、发挥示范作用，提出了省属工业企业研发投入增长不低于25%的具体目标。国企改革三年行动方案明确要求，发挥国有企业在构建关键核心技术攻关新型举国体制中的重要作用。集团公司作为世界500强、中国钢铁行业位列上游的大型国有企业，必须心怀“国之大者”，提高政治判断力、政治领悟力、政治执行力，完整、准确、全面贯彻新发展理念，牢牢把握融入构建新发展格局的重要着力点，主动扛起科技创新的企业主体责任，加快转型为高科技企业步伐，坚定不移勇做解决“卡脖子”技术、关键核心技术的主力队员。

科技创新率先“强”起来是应对行业变局的立身所在。面对百年未有之大变局，新一轮科技革命和产业变革正在重塑全球经济和产业格局。钢铁行业作为强周期行业，近年来受益于供给侧结构性改革，行业效益和运行质量明显好转，但一些深层次矛盾没有根本解决，尤其是去年下半年以来，受到铁矿石等原料成本大幅升高、全球货币宽松下大宗商品价格上涨、限产力度加大、供需改善预期等综合因素推动，产销双旺，钢材价格显著高于2017年去产能的峰值，从有关机构数据分析看，近期行业景气度与供给侧改革期间存在较大差距，需要引起高度关注。今年，工信部多次表态要坚决压缩粗钢产量，确保2021年粗钢产量同比下降。近日，国家发展改革委、工信部针对钢铁行业“控产能、减产量、回头看”进行部署，要求充分发挥好去产能“回头看”、压减粗钢产能等“有形之手”的作用。在“碳达峰、碳中和”约束下，去产能再次成为钢铁行业焦点，大概率面临第二次供给侧结构性改革。钢协倡议要处理好需求增加可能性、降低产量必要性、增加进口必然性、减少出口紧迫性之间的关系。长期以来，集团公司随行业周期性波动呈马鞍型发展态势，行业盈利我们盈利、行业亏我们亏。面对经济形势和行业发展新挑战，集团公司要实现安全发展，铲平市场波动导致的马鞍型，关键靠创新、根本靠创新、出路在创新，大力培育行业第一、唯一、专一和替代进口产品，在“新基建”用钢、高端装备制造用钢、超高强汽车钢、海工钢等领域打造更多“单打冠军”、锻造更多“杀手锏”，以创新引领结构调整的实力硬核提升“熨平”市场冲击。

科技创新率先“强”起来是打造行业新标杆的内在所需。“十三五”期间集团公司科技创新取得了较好业绩，承担和参与了国家、省重大专项13项，18项科技成果获国家、省部级科技奖，首次获得市场开拓奖，拳头产品培育、绿色发展也取得了明显提升。但对标先进企业，“短板”依然明显，特别是产业结构不优、标志性产品不多、新的经济增长动力不足等问题没有实质性突破，创新发展指标在钢铁行业综合竞争力排名中处于中下游，科技创新能力明显与产能规模不匹配、与打造行业新标杆的发展方略、实现“强”起来的发展目标不匹配。比如，在创新力量培育方面，宝武集团先后推出大项目经理制、“金苹果”和超额利润分享等多样化激励机制，科技人才达1.9万人，其中，高级职称人员占比超过60%；在数智赋能方面，美国大河钢厂2017年人均产钢量达到3720吨/年，即将投产的二期年人均产钢量将突破5000吨；在核心产品布局方面，浦项制铁2019年高附加值产品销量占比稳定在30%左右；在“卡脖子”技术突破方面，太钢“手撕钢”得到习近平总书记高度评价，并指示“再接再厉，在高端制造业科技创新上不断勇攀高峰，在支撑先进制造业方面迈出新的更大步伐”。与其相比，集团公司差距的根本原因在于思想不够解放，创新思维、创新意识、创新观念明显滞后；改革力度不够，一些体制机制障碍没有取得实质性突破，区位、资源、政策等优势没有得到充分发挥；部分单位对科技创新重视不够，存在重短期效益、轻长远影响的浮躁心态，缺少“十年磨一剑”的韧劲。集团公司要实现“强”起来，必须认真审视定位科技创新在行业中的位次，与世界500强匹配吗？我们有多少科技创新标志性成果？与竞争对手比“独门绝技”优势明显吗？产品有不可替代性的竞争力吗？传统制造模式向数字化模式转型，管理模式变革的准备做好了吗？各级管理者对行业未来发展趋势、技术发展方向明晰吗？科技创新有没有足够的高端人才、高端要素、各种资源的保障？这些问题需要集团公司和各权属单位同题共答，而且必须答好。市场留给我们“统一思想”的时间不多了，集团公司未来的价值和成长性，离不开科技创新。要成为行业新标杆，就必须把创新目标牢牢锁定在第一方阵，紧盯“低碳、精品、智慧”创新方向，加速由钢铁供应商向材料综合运营的转变、由“跟随者”向“引领者”转变，全力打造技术装备先进、智能化水平高、治理能力高效、质量品牌突出、全球竞争力强、绿色低碳可持续发展的高科技企业集团。

二、坚定方向，砥砺前行，开创科技创新工作新局面

实现科技创新率先“强”起来，必须坚持系统观念，以战略规划为导向实现“纲举目张”，以创新机制为保障激活“内生动力”，以创新人才为根本推动“集聚裂变”，以开放合作为突破打造“生态高地”。

（一）聚焦国家需求抓创新，确保目标方向不偏离

习近平总书记指出，坚持面向世界科技前沿、面向经济主战场、面向国家重大需求、面向人民生命健康，不断向科学技术广度和深度进军。这为科技创新指明了方向。科技创新必须把国家需求尤其是重大战略性需求放在首位，国有企业作为国家重大领域科技创新的“排头兵”，更是责无旁贷。要紧紧围绕加强国家战略科技力量建设，从国家急迫需要和行业长远发展出发，布局战略力量，配置创新资源，为实现科技自立自强书写好“山钢答卷”。

提高站位谋篇布局。强化战略导向和目标引导，落实省国资委出台的省属企业科技创新发展的若干意见，制定实施集团公司专项规划。把山钢置身全国、全行业、全省科技创新格局中去审视，面向市场提高研发针对性、及时性和有效性，面向现场强化技术和质量难题攻关，面向未来开展前瞻研发布局和资质认证，构筑支撑“强”起来的先发优势。我国22大类钢铁产品中19类自给率超过100%，其他3类超过98.8%，但在关键核心技术领域，创新短板依然突出，天工国际通过每年到海关有关部门查看进口数据并进行分析的方式，找准“卡脖子”产品攻关方向。集团公司可以解决的“卡脖子”产品是什么？我们如何找准？要深刻领会省委、省政府战略意图和需求，抓好供给侧与需求侧相互促进，形成需求牵引供给、供给创造需求的更高水平动态平衡，提升产品供给体系整体效能，争取将更多项目和事项纳入上级规划盘子，获得更多要素资源支撑，为我省“走在前列、全面开创”提供有力支撑。

增强自立自强本领。科技创新必须建立在基础研究和原始创新的深厚根基上，着力解决一批影响和制约集团公司发展全局和长远利益的重大科技问题。“自立”就是强化底线思维，聚焦关键领域技术和产品，疏“堵点”、解“痛点”、补“断

点”、除“风险点”，尽快消除产业链供应链面临的风险隐患。山钢研究院作为集团科技创新的首要平台，要立足股份、服务集团、引领行业，深化“一院多中心”协同创新体系，通过统一化管理、专业化整合、一体化运营，加大对产业公司的支撑力度，更加贴近客户、贴近市场，成为服务和支撑企业发展的强大发动机。“自强”就是强化领跑思维，在产业优势领域精耕细作，培育更多“看家本领”“独门绝技”，形成差异化竞争优势。要积极探索产品的精品化指数，并从精品化率、覆盖率、溢价率等方面进行有效评价，提升高效益精品制造能力。到2022年，拳头产品比例务必达到70%。

塑造优势赋能未来。及时研判全球科技发展对行业的影响，瞄准行业技术发展前沿，融入大趋势，下好“先手棋”。推动绿色低碳发展。围绕碳达峰、碳中和目标，勇于担当、率先突破，大力减少资源能源消耗、探索低碳路径、破解低碳发展难点，特别是要积极研究利用突破性低碳技术，尽早达到碳排放峰值。加强产业数字赋能。将数字化、智慧化作为提升市场竞争主动权和价值分配话语权的有效工具，稳妥推进“数智山钢”建设，创建“示范项目”和“标杆工厂”，加快培育数字化、智能化等新领域的先发优势，打造具有山钢特色的“产业+互联网”竞争新格局。深入思考、超前研究产业数字化带给钢铁行业的颠覆性变化。各单位尤其是山钢股份要深入研究集团公司《关于加快推进钢铁产业智能制造提升工作的实施意见》，学习行业先进企业经验，制定具体实施方案并全面启动建设工作，加速从传统模式向数字智慧化模式转型。

（二）深化科技改革抓创新，确保体制机制保障有力

习近平总书记强调，“创新决胜未来，改革关乎国运”。必须坚持科技创新和制度创新“双轮驱动”，必须以改革驱动创新、以创新驱动发展，最大限度释放科技创新活力，建立高效协同的技术创新研发机制，全面推进科技创新体制机制的改革深化，提升体系能力。

倡树创新不问“出身”。党的十九届五中全会把实行“揭榜挂帅”作为完善科技创新体制机制的重要内容。今年，省国资委将选择部分企业探索实施科研项目“军令状”制度，支持企业“揭榜挂帅”参与和承担国家和省重点研发计划。要积极探索推进“揭榜挂帅”机制，以更加开放的用人机制，发榜“布局”；以更加公平的竞争环境，揭榜“落子”；以更加完善的保障激励，挂帅“出征”，不论资历论能力，挂帅者自主组阁，真正做到能者揭榜，胜者获奖。发挥好“南门立木”示范效用，鼓励更多优秀科研团队、科技人才在重大科研攻关中施展才华、建功立业。

要成果更要有效果。科技创新成果只有走出实验室、服务市场，才能真正创造价值。探索研发投入科学评价机制，实现研发投入在刚性增长中矫正主攻主打方向和重点领域、重点产品。集团公司每年获授权专利近500项，要着力提升科技成果转化与产业化比率，更好保护和激励高价值专利，培育专利密集型产业。要探索建立员工持股、科技成果转化利润分享、期权分配等机制，提高关键核心技术人员分享比例，逐步形成基于要素产权相关激励的体制机制。拆除阻碍产业化的“篱笆墙”，疏通科研成果和产业化连接的“快车道”，促进创新链和产业链精准对接。加快科研成果从样品到产品再到商品的转化，把科研成果真正转化为竞争优势，把创新“盆景”变成产业“风景”。

政策红利真正变成真金白银。近期，省国资委、省财政厅、省人社厅联合印发

《关于大力支持省属企业加快科技创新的十条激励措施》，从研发投入、考核激励、成果转化、科研人员待遇等方面释放红利，鼓励企业加大科技创新力度。有关部门要逐条研究，加强政策落实和跟踪服务，向各类创新主体精准推送“政策工具包”。比如，省国资委对省属企业研发费用视同“实现效益”，在确认考核指标完成值时予以加回，我们能否考虑对权属企业研发费用视同“实现效益”？我们已经落实了对国家和省级科学技术奖的配套奖励，能否考虑对承担国家和省重大科技项目的科技团队工资总额单列，不受本单位工资总额限制？原则是应给尽给，让高“含金量”政策展现激励潜力效应。

（三）夯实人才基础抓创新，确保创新主体活力迸发

习近平总书记强调，“硬实力、软实力，归根到底要靠人才实力”。科技创新本质是人的创造性活动，人才资源是创新活动中最为活跃、最为积极的因素，提升企业治理能力水平，也是拥有一批一流创新人才、占据科技创新优势的比拼。我们要牢固树立人才是第一资源的理念，加快形成有利于人才成长的培养机制、有利于人尽其才的使用机制、有利于各展其能的激励机制、有利于脱颖而出的竞争机制，打造一支创新能力强、领军作用突出、梯队层次合理的科技创新领军人才队伍。

注重识才用才。用好人才评价“指挥棒”，完善科技人员绩效考核评价机制，突出能力、贡献等要素，改变以静态评价结果给人才贴上“永久牌”标签的做法，改变片面将论文、专利等作为人才评价标准的做法，让科技人员真正凭实力和贡献说话。从科研经费、人才培训、奖励激励等方面，鼓励科技人员投身基层、现场蹲点、潜心研究，甘于坐冷板凳，勇于做栽树人、挖井人，在科研一线、创新实践中成长成才。积极推进产教融合，发挥职业学院优势，形成教育链与产业链、人才链与创新链融合发展，多渠道培养高技能人才。

注重靶向引才。聚焦科技领军人才、战略科技人才、创新型企业家和高技能产业工人等“高精尖缺”人才，拿出突破性的硬招实招，待遇留人、感情留人、事业留人。坚持量才适用，让引进来的人才、观念、技术、管理等要素与既有的优势资源优化组合，创造出新的活力和效率。对于人才流失问题比较突出的单位，要尽快分析原因，采取有效举措，巩固吸引人才、稳定人才的良好局面。

注重搭台展才。高度重视培养“拔尖”人才，多出专业、技能方面的“尖子生”“优等生”，带动人才队伍素质整体提升，铺就职工成才“星光大道”。用好院士工作站、博士后创新实践基地、工程实验室、企业技术中心、技师工作站、职工创新工作室等科技平台，鼓励开展岗位练兵、职业技能大赛等群众性创新活动，引导更多人才在创新创效一线建功立业。各级领导干部要加强调研，创新人才有什么样的创新羁绊，就要想办法消除什么样的瓶颈障碍；有什么样的创新需求，就要想办法提供什么样的服务保障，让人才在山钢创新有机会、干事有舞台、发展有空间、政治上受尊重、经济上有待遇。

（四）推动开放合作抓创新，确保创新生态持续改善

习近平总书记强调，“关键是要改善科技创新生态，激发创新创造活力”。自主创新不是自己创新，不能单打独斗，重在集合创新。要用系统、开放思维打造科技创新生态。集团公司已经拥有了不同层次、不同类别的创新资源，但创新主体间的互动性、创新链间的耦合性、产业链与创新链间的协同性还不够完善，制约着整体创新效率提升。要积极探索科技开放合作的

新模式、新路径、新机制，充分释放钢铁产业生态圈的创新活力和专业化协同能力，形成各类创新主体协同互动、创新要素高效配置、创新动能生生不息的创新生态。

做强实力领先的“大产业”。创新链和产业链动态联动、互为支撑，是高水平自立自强的内在要求。围绕产业链部署创新链，集中优势科研力量，狠抓产业关键技术攻关和企业创新能力提升，在加快补齐短板弱项中催生产业新能级，在做大产业规模效益中厚植产业新优势。要深入推进“五位一体”协同机制商业模式创新，打通“产品、市场和现场”，突出市场导向、生产保障、研发支撑，为产业和产品迈向价值链中高端赋能。和上下游战略合作客户共建“用户应用技术中心”，推行集成研发，提高关键技术突破与技术创新迭代升级能力。提升拓展生态圈，围绕创新链布局产业链，抓住我省《关于建立制造业重点产业链“链长制”工作推进机制》机遇，争当全省钢铁产业“链主”，聚合上下游配套企业、省内外高校和科研院所等开展关键技术协同创新攻关。加大研发投入强度，把钱花在刀刃上，推进高质量、创效益项目建设；推进创新成果嵌入传统产业改造升级和战略性新兴产业发展全过程，培育一批立得住、叫得响的产业地标，构建符合时代发展、富有山钢特色、具有广阔前景的现代产业体系。

融合协同创新的“大格局”。加强科技战略合作，加大与国内外科研院所、高校的合作力度，在关键领域，特别是在一些重大的变革性、引领性、共性关键技术上，实现行业共享和创新发展。健全对外科技合作模式和管理机制，形成各方共同发展、优势互补、风险共担的协同创新氛围。当前，围绕碳达峰、碳中和、低碳冶金技术研究利用方面，积极倡导并融入对外合作、行业联手、科学合理利益分配共享的大格局。

构建集群发展的“新平台”。深化高新技术产业和新兴产业培育举措，培育发展一批持续创新能力强、发展后劲大的“隐形冠军”“专精特新”“瞪羚企业”等科技型企业，培强“主力军”、壮大“后备队”，以点扩面、增量提质。对今年创建和申报高新技术企业的重点单位，要推行“一企一策”，精准破解推进过程中的个性化问题。

涵养开放包容的“硬环境”。科技创新是向未来未知进军，像培育花草，离不开阳光雨露、肥沃的土壤。真正发挥创新主体作用，要瞄准行业科技前沿，引领技术发展方向，敢闯“无人区”，勇做“领头雁”。要大力推进全员平凡创新制度建设和平台建设，培育人人皆可创新、处处都有创新文化，厚植崇尚创新、支持创新的新风尚，鼓励成功、宽容失败，为创新者解除后顾之忧。

三、加强领导，强化保障，广泛凝聚科技创新强大合力

习近平总书记强调，“中国共产党领导是中国特色科技创新事业不断前进的根本政治保证”。要始终坚持和加强党对科技创新工作的领导，把全面从严治党要求落到实处。要把完成好科技创新攻坚克难重大任务、激发各类创新主体的积极性创造性、增强广大科技人员的获得感，作为检验党建工作的重要标准，以党建工作新成效保障科技创新取得新突破。

强化政治引领。增强“四个意识”、坚定“四个自信”、做到“两个维护”，是支撑科研攻关突破的思想武器、精神力量和政治保证，要毫不动摇一以贯之。科技创新工作在战略谋划、政策制定、工作推进上要始终按照党中央的决策部署开展，确保在政治立场、政治方向、政治原则、

政治道路上同以习近平同志为核心的党中央保持一致。各级党组织要以党史学习教育为契机，在总结历史经验、把握历史规律中汲取经验教训，坚定初心与使命，切实把学习成果转化为推动科技创新工作的不竭动力。

转变思想观念。牢固树立强烈的创新意识，着力清除不符合新发展理念的传统思想，着力破除不符合新发展格局的瓶颈障碍。扎实开展“全面对标、系统提升”行动，聚焦世界一流、国内领先、行业标杆、内部榜样，从思想上、行动上借鉴经验、比学赶超、识别不足、强力补短。各级领导干部特别是主要负责同志要树立正确的政绩观，进一步倾斜时间、倾注精力，增强战略定力，不图一时之功，善谋长远之利。主动加强对新技术、新产业、新业态、新模式的学习研究，及时掌握科技发展的趋势和规律，不断提高知识水平和科技素养，着力提高决策实战的水平能力。各部门要树立“一盘棋”思想，加强沟通协调，主动履职担当，真心实意地为科技人员服务，为科技创新主体服务。

弘扬创新精神。科技工作者是科技创新的中坚力量。今天我们为科学技术奖获得者点赞、喝彩，也希望广大干部职工学习先进、争当先进，学习他们立足岗位、刻苦钻研的敬业精神，学习他们“咬定青山不放松”“十年磨一剑”的专注精神，学习他们勇于担当、甘于奉献的实干精神，学习他们干一行、专一行、有一手的工匠精神，学习他们团结奋斗、不断进取的协作精神，将个人价值追求融入企业改革发展实践中去。要广泛宣传先进典型的生动事迹，用心用情讲好山钢创新故事，让科技创新成为一种价值导向和时代风尚。

今年是中国共产党建党100周年，中央将组织一系列庆祝活动，营造和谐稳定发展环境意义重大、责任重大。全集团各级党组织、各单位要按照“学党史、悟思想、办实事、开新局”的要求切实抓好党史学习教育，务实开展“我为群众办实事”实践活动，把学习成效转化为工作动力和发展成就；要从讲政治的高度充分认清安全发展的极端重要性，坚决做好疫情防控、安全生产、意识形态、信访稳定、保密等工作。

同志们，征途漫漫，唯有奋斗！让我们坚定信心、开拓进取，凝心聚力、勇攀高峰，为集团公司高质量发展注入磅礴的科技动力，以“强”起来的新成就迎接建党100周年！

抢抓绿色低碳新机遇　跃上改革攻坚新征程
以“强”起来的新作为融入发展新格局

——在集团公司第二届生态环境保护大会暨2021年半年工作会议上的讲话

党委书记、董事长　侯　军

（2021年7月25日）

同志们：

在举国欢庆党的百年华诞，全党上下深入学习贯彻习近平总书记“七一”重要讲话精神的关键时期，集团公司以绿色低碳发展为主题召开第二届生态环境保护大会暨半年工作会议，主要任务是坚持以习近平新时代中国特色社会主义思想为指导，深入贯彻落实习近平生态文明思想，分析新形势，直面新挑战，因势而动、顺势而为，在行业发展大势中乘势而上，为服务构建新发展格局贡献山钢力量。下面，根据集团党委研究的意见，我讲三个问题。

一、明晰要义，以更高站位充分把握碳达峰、碳中和的深刻内涵

习近平总书记指出："我国建设社会主义现代化具有许多重要特征，其中之一就是我国现代化是人与自然和谐共生的现代化，注重同步推进物质文明建设和生态文明建设。"这一论断深刻体现了我们党对社会主义现代化建设规律的认识达到了新的高度。2020年9月22日，习近平总书记在第七十五届联合国大会上提出："中国二氧化碳排放力争于2030年前达到峰值，努力争取2060年前实现碳中和。"这是以习近平同志为核心的党中央统筹中华民族复兴战略全局和百年未有之大变局的内在要求，实现可持续发展作出的重大战略决策。2021年3月15日，习近平总书记在中央财经委员会第九次会议上要求把碳达峰、碳中和纳入生态文明建设整体布局，这是习近平生态文明思想的最新要求，实现碳达峰、碳中和已经成为我国坚定的发展方向。

碳达峰是指全球、国家、城市、企业等主体的二氧化碳排放总量在某一时间点达到历史峰值，这个时间点并非一个特定的时间点，而是一个平台期，其间碳排放总量依然会有波动，但总体趋势平缓，之后碳排放总量会逐渐稳步回落。碳中和是指企业、团体或个人在一定时间内直接或间接产生的二氧化碳排放总量，通过植树造林、节能减排、循环利用等形式，抵消其产生的二氧化碳排放量，实现二氧化碳"零排放"。

实现碳达峰、碳中和体现了我国推动构建人类命运共同体的大国担当。实现碳达峰、碳中和是我国把握战略主动、增强国际治理体系主动性的重大举措。作为世界第二大经济体和最大的发展中国家，中国当前仍处于工业化和城市化发展阶段中后期，能源总需求一定时期内还会持续增长，能源消费结构中煤炭占比仍超过50%，单位GDP二氧化碳排放强度比世界平均水平高约30%，应对气候变化的长效机制尚未健全。发达国家经过上百年的经济高速发展，目前已经有49个国家碳达峰，欧盟1979年碳达峰，美国2005年碳达峰，这些国家的碳达峰都是因为产业结构变化、能源结构变化、城市化完成、人口减少而自然形成的，是工业化、城镇化达到峰值后的结果。相较于欧美等发达国家和地区从碳达峰到碳中和50~70年的过渡期，中国只有30年左右的时间。这就意味着我国面临比发达国家时间更紧、幅度更大的减排要求，2030年实现碳达峰、2060年实现碳中和充分彰显了中国积极应对气候变化、走绿色低碳发展道路、推动全人类共同发展的坚定决心，向全世界展示了中国雄心、中国担当、中国格局。

实现碳达峰、碳中和体现了党中央坚持以人民为中心发展思想的鲜明立场。习近平总书记指出，良好生态环境是最公平的公共产品，是最普惠的民生福祉。生态环境保护和经济发展是辩证统一、相辅相成的，建设生态文明、推动绿色低碳循环发展，不仅可以满足人民日益增长的优美生态环境需要，而且可以推动实现更高质量、更有效率、更加公平、更可持续、更为安全的发展。党的十八大以来，以习近平同志为核心的党中央把生态文明建设纳入"五位一体"总体布局、融入"四个全面"

战略布局，“绿水青山就是金山银山”是习近平生态文明思想中的重要科学论断。党的十九大提出了“两个一百年”奋斗目标，到2035年基本实现社会主义现代化，到21世纪中叶，把我国建成富强民主文明和谐美丽的社会主义现代化强国。实现碳达峰、碳中和就是满足人民群众对优美生态环境、优质生态产品所想、所盼、所急的愿望，更是维护职工群众长远利益和根本利益的重大举措。从时间节点来看，碳达峰、碳中和目标与“两个一百年”奋斗目标基本吻合，是实现美丽中国目标的必由之路，是建设社会主义现代化强国的重要内容，是满足人民群众对美好生活向往的必然要求。

实现碳达峰、碳中和是钢铁行业打造竞争新优势的重要引擎。钢铁行业是我国制造业31个门类中的碳排放大户，碳排放总量约占全国的15%。习近平总书记对中国宝武碳达峰、碳中和工作报告的批示，充分体现了党中央对钢铁行业发展前景的高度关注和关心爱护，为钢铁行业健康发展和持续繁荣指明了方向。国务院常务会议已安排专门议题研究和部署未来钢铁发展的重大战略问题。近年来，钢铁行业在节能减排上取得很大成效，碳排放强度逐年下降，2020年重点统计钢铁企业吨钢综合能耗545.27千克标准煤，同比下降1.18%，但由于面临体量大、工艺流程高碳化、突破性低碳技术支撑不足等问题，钢铁行业依然面临碳排放强度的“相对约束”、碳排放总量的“绝对约束”，以及严峻的“碳经济”挑战。钢铁产品作为“工业粮食”，是基础设施建设、装备制造、国防建设等领域的主要原材料，在国民经济平稳发展中发挥着“压舱石”和“稳定器”的重要作用。随着国际国内资源环境约束日趋严重，全球经济将全面进入以绿色低碳可持续发展为核心的国际新格局，绿色低碳发展已成为全球主要经济体的共同选择，已成为发达国家抢占新一轮战略制高点的重要着力点，已成为产业和科技竞争的关键领域，部分国家或将动用“碳壁垒”手段，全生命周期碳排放将成为产品竞争力的重要体现。钢铁行业低碳转型对行业自身和制造业整体减碳具有重要带动作用，必须率先加快实现碳达峰、碳中和。

实现碳达峰、碳中和是集团公司作为特大型国有骨干企业的使命责任。近期，《钢铁行业碳达峰实施方案》初稿已经开始征求意见，将明确钢铁行业达峰路径、重点任务及降碳潜力。7月23日，我省生态环境保护大会刚刚召开，对绿色发展进行了安排部署，提出了到2025年完成中央下达的二氧化碳减排目标以及八项具体工作要求。实现碳达峰、碳中和不仅是技术问题，也是经济问题，更是政治问题。我省是能源生产和消费大省，以煤炭为主的能源结构导致碳排放接近全国十分之一，减排压力巨大。对我们来说，既面临钢铁行业约束趋紧的挑战，又面临区域要求不断加严的压力。集团公司必须从“两个维护”的高度深入学习贯彻习近平总书记关于碳达峰碳中和的重要讲话和重要指示批示精神，全面贯彻落实省委省政府决策部署，牢记国有企业的使命和责任，胸怀“两个大局”，在落实国家战略任务中坚定引领、主动担当。要对标对表行业标杆企业做法，坚持系统思维，科学制订碳达峰、碳中和行动方案，深化“构建生态圈、打造新标杆”发展方略，在绿色低碳发展方面坚定走在行业前列的信心。

碳达峰、碳中和本质是更高质量更可持续发展，是一场广泛而深刻的经济社会变革。碳达峰、碳中和倒逼系统性绿色低碳发展，将使钢铁行业跨越资源和环境两大硬性约束，加速开启淘汰落后产能、化解过剩产能、优化存量产能，推动传统高耗能行业实现转型升级的新阶段。这既是严峻挑战，也蕴藏着巨大机遇。面对这个全行业绕不开的必答题，我们要准确识变、科学应变、主动求变，化危为机、危中寻机，抢抓新机遇、塑造新优势。

二、聚力攻坚，以更大魄力开创绿色低碳发展新局面

习近平总书记指出，要坚定不移贯彻新发展理念，坚持系统观念，处理好发展和减排、整体和局部、短期和中长期的关系，以经济社会发展全面绿色转型为引领，以能源绿色低碳发展为关键，加快形成节约资源和保护环境的产业结构、生产方式、生活方式、空间格局，坚定不移走生态优先、绿色低碳的高质量发展道路。当前，集团公司虽然已经进入谋划“强”起来的新阶段，但仍面临消化历史遗留问题实力不足、拓展高质量发展空间受限等诸多重大问题和困难，在实现由“大”到“强”、适应绿色低碳发展要求的过程中存在诸多艰难挑战，仍然身处“沼泽地”路径选择的特殊时期，靠单打独斗实现碳达峰、碳中和难度可想而知。我们必须把山钢的发展放在时代洪流、行业潮流、改革激流中审视定位，在洪流中顺应大势、在潮流中抢抓机遇、在激流中奋勇拼搏，谋划好“战役”、组织好“战斗”，打好绿色低碳发展主动仗、攻坚战。

（一）以开放包容推动思想观念革故鼎新

开放带来进步，合作才能共赢，开放是推动绿色低碳发展的必由之路。集团公司打造行业绿色低碳发展新标杆，需要在更深层次、更宽领域推进全方位高水平开放，这是大势所趋、发展所需、责任所在。我们必须在思想观念上实现大转变、大扩展、大提升，以开放自信融入更大的发展格局，抢抓机遇、跟上时代。

深刻认识钢铁产业加速整合带来的新特点新变化。“十四五”时期，我国将打造若干家世界超大型钢铁企业集团以及专业化一流企业，力争前5位钢铁企业产业集中度达到40%，前10位钢铁企业产业集中度达到60%，提升钢铁行业国际竞争实力。将延续“十三五”时期战略性重组的浪潮，以环保、能耗、低碳、资源、市场等推手，加速产业资源整合和产业链延伸，提高投资效率和科技创新水平，提升钢铁工业产业链供应链安全保障能力，构建健康、可持续发展新格局。行业联合重组的大势越来越体现出中央要求、国家意志、地方推动。国务院国资委明确提出，根据产业发展的需要，按照“成熟一户、推进一户”的原则，稳步推进钢铁等行业中央企业重组整合，并在相关领域积极培育适时组建新的中央企业集团。行业联合重组的大势越来越体现出专业化整合、市场化运作、产业链提升的特征，逐步由单一化的扩大规模向规模与效益并举转变，由一般性的兼并重组向促进企业的能力整合提升转变。目前，鞍本重组、沙钢参与安阳钢铁混改等已经开始筹划，“亿吨宝武”继续开疆拓土也是大概率事件。成功企业都是不失时机地抢抓了每次重要的历史性机遇。集团公司必须更加主动地认清大势、把握规律，找准定位和着力点，增强工作的前瞻性、系统性、科学性，创造性地回答好下一步如何走的时代命题。

深刻认识推进集团公司战略重组带来的新任务新要求。日前，省国资委已发布了正在与中国宝武筹划对山钢集团战略重组事宜公告。这是深入贯彻习近平总书记重要指示批示精神，落实党中央关于黄河流域生态保护和高质量发展国家战略、加强区域经济协同发展要求的务实举措，是深化钢铁行业供给侧结构性改革，推动我省钢铁产业战略规划实施、结构优化调整、转型升级的重大措施；有利于推动我省钢铁产业高质量发展，共建高质量钢铁产业生态圈；有利于推动集团公司借助央企平台，加快转型升级、增强竞争优势，提升绿色智慧城市钢企档次，构建具有国际竞争力的钢铁强企；有利于深化我省与中国宝武在新材料、智慧服务、资源环境等方面的合作，充分借助中国宝武在品牌、技术、管理、人才等多方面优势，打造央地合作的样板；有利于助力我省更好实现碳达峰、碳中和目标。我们要坚决落实好省委省政府部署要求，进一步提高站位，从讲政治的高度认识这一重大举措的社会意义、经济意义和国有企业“六种力量”的价值担当，在思想观念上放眼全局，在推进举措上立足长远，在体制机制上迅速适应，依法依规推进各项工作，从核心能力培育的新起点谋划未来钢铁、未来山钢、跻身强企梯队。通过集聚优势资源实施专业化整合，进一步提高业务规模质量和专业化水平，在解决诸多历史遗留问题桎梏、破除资产负债率居高不下的瓶颈、全面提升管理能效、推动绿色低碳发展等多个方面塑造新能力、形成新优势。

（二）以科技创新推动产业结构破旧立新

创新解决的是发展动力问题，推动绿色低碳发展，根本上是靠在研究开发上下功夫、在技术创新上谋突破、在技术进步上谋出路。

研发方式要有创新突破。据有关数据预测，中国实现碳达峰前，碳减排每年需要投入2.2万亿元，累计22万亿元；2030～2060年从碳达峰到碳中和，每年需要投入3.9万亿元，累计近120万亿元。据此估算，钢铁行业碳达峰需要投入近3.5万亿元，碳中和需要19万亿元。世界钢铁这场低碳、零碳的竞争，绝不仅是行业与行业的竞争，而是国家与国家的竞争；合作也绝不仅是钢铁业的合作，而是整个经济体系、社会体系的合作，关键低碳冶金技术，一定要走协同创新之路，一定要实现研发组织上的变革和突破。要加强绿色低碳发展交流合作，密切跟踪低碳前沿技术，积极融入低碳冶金创新联盟和相关推进机构，主动参与钢铁工业前瞻性、颠覆性、突破性创新技术研究，协同开展低碳技术研发和推广应用。对未来钢铁工业制造流程、原材料结构、能源结构和节能潜力等进行提前研判，确立科学合理的低碳发展路线。

能源结构要有创新突破。钢铁生产中煤、焦炭等化石能源占钢铁生产能源投入近90%，钢铁行业的工艺特点决定了碳减排的主要途径是减少化石能源消耗。要通过推进风能、太阳能、氢能和生物质能等可再生能源在钢铁生产各工序的有效利用，逐步摆脱钢铁生产对化石能源的绝对依赖，从源头上解决钢铁冶炼过程产生的碳排放问题。国内外许多钢铁企业已经或正在开发一些能够显著降低核心钢铁工艺碳排放的技术，如蒂森克虏伯、日本制铁、河钢等企业开始尝试氢能冶炼等技术的研发示范。集团公司要加强与先进企业的合作交流，积极在风、光、核、电、氢、冶等低碳集成冶金技术方面加强探索研究。

工艺结构要有创新突破。2020年，我国人均粗钢消费量747千克，与美国、日本达到峰值时人均粗钢消费量710千克和800千克差不多，但2020年我国人均钢铁保有量仅为8吨，远低于美国的22吨和日本的26吨，欧美等国家和地区现在钢铁生产的主要原料是二次资源废钢。如美国以废钢为主要原料的电炉流程占70%之多；而我国废钢使用比例仅占20%，电炉流程仅占10%左右。随着工业化进程推进，废钢资源逐步积聚，作为最成熟的低碳生产工艺，以发展电炉短流程炼钢为核心的工艺结构创新势在必行。要突出抓好“源头减、中间控、终端转”，发挥全产业链协同创新作用，加快推进高品位原料结构、工序紧密耦合等技术产业化，快速实现全周期碳减排。

材料技术要有创新突破。绿色钢材的研发生产应用，既是提升钢铁材料供给质量水平的重要举措，也为相关产业链提高相关产品及装备，轻量化和使用寿命的延长，为全社会低碳减排创造价值和贡献。比如，安赛乐米塔尔已经发布了碳减排路线图，2030 年欧洲区域减碳 30%，2050 年实现碳中和，提出了“零”碳钢铁的思路设计。我们要基于全生命周期理念开展生态产品设计，加强钢铁产品全生命周期碳足迹研究，从全生命周期的角度降低二氧化碳的排放强度，开发优质、高强、长寿命、可循环的钢铁产品。

（三）以系统协调推动发展模式推陈出新

系统协调是推动绿色发展的根本要义。实现绿色发展，必须以系统观念统筹协调做好工作。

全面深化改革举措取得更大进展。国企改革三年行动正迎来“棋至中盘”的关键节点，要瞄准年底前完成 70%任务的硬指标，紧盯集团公司实施方案提出的 5 个方面、28 项改革任务，倒排工期，压实责任，全力冲刺，确保在重要领域、关键环节取得实质性突破。坚持动态对标、精准对标、全面对标、央企对标，重点工作对标加版，进一步清晰体制转变、机制转换、功能定位、优化国有资本布局结构、深化三项制度改革等，不断完善治理体系和提升治理能力。

绿色低碳发展插上“数”字翅膀。5G、工业互联网、大数据等技术是钢铁行业实现碳达峰碳中和目标的最佳助推器，通过新一代信息技术赋能钢铁行业数字化转型，实现原料供应、能源使用、产能释放等与市场需求的精准匹配，利用大数据分析等技术优化能耗、控制排放，对钢铁制造各环节的能耗和排放进行智能化能效管理，助力企业加快实现碳达峰碳中和目标。“数智山钢”建设要紧跟行业趋势，对接行业标杆，及时改版、换版，全面推进资源、能源配置智慧化，通过能源精益化管理为节能降碳赋能。

做好碳资产管理筹划工作。建设全国碳市场，是以习近平同志为核心的党中央作出的重要决策，是利用市场机制落实碳达峰、碳中和承诺的重要创新，是推动我国经济社会绿色发展的重要举措。7 月 16 日，全国碳排放权交易市场已经启动，首批参与全国碳排放权交易的发电行业重点排放单位达 2225 家，碳排放量超过 40 亿吨二氧化碳，首日交易量 410 万吨。钢铁行业作为被列入国家第一批碳排放重点管控的八大行业之一，预计也将很快纳入。集团公司较早开展了碳盘查工作，碳排放家底比较清楚，2020 年二氧化碳排放约 4000 万吨，其中钢铁产业占比 99.4%。要超前谋划，借鉴国际上的绿色金融领先实践，完善碳资产管理制度体系和管理机制，培育碳管理和碳交易管理队伍，提升碳管理水平，探索建立碳资产负债表，增强碳资产保值增值能力。要用好用足国家碳交易政策，积极争取中央和地方奖补资金、优惠电价等扶持，实现环保创效。

（四）以共建共享推动生态环境焕然一新

共建共享是推动绿色发展的本质要求，要着力形成保护生态环境的空间格局、产业结构、生产方式、生活方式，不断提升职工群众的获得感、幸福感、安全感。

积极推动产城融合发展。立足“高于标准、优于城区、融入城市”的发展定位，全面实施环境深度治理和钢铁超低排放改造，深入推进“三治四化”（即废气超低排、废水零排放、固废不出厂和洁化、绿化、美化、文化），实现源头治理、标本兼治。推进绿色低碳环保生态园林工厂建设，构建生态、景观、文化及多感官体验的生态系统，颠覆钢铁传统面貌，擦亮美丽品牌。推动产业发展与城市功能提升相互协调，相融共生，找准城市“痛点”，在主动消纳城市废物、开发城市矿产上寻找突破口，帮助解决“城市的烦恼”。各产业基地不仅要成为城市的绿肺、地标，更要为消纳城市污染、解决城市绿色发展难题承担责任、提供解决方案，着力打造“高颜值”“好气质”“国际范”，创建国内城市钢厂“绿色发展样板”。

倡导绿色低碳生产生活方式。生态文明建设与我们的生产生活息息相关，每个人都应该做践行者、推动者。全方位推动产业转型升级，鼓励和支持绿色技术创新，着力打造绿色产业、绿色制造、循环经济、清洁能源、低碳经济，实现经济效益、生态效益、社会效益同步提升。加强宣传教育引导，强化全员减碳意识，反对铺张浪费，让绿色低碳、环保文明的工作和生活方式在全集团成为一种风尚、一种习惯。大力宣传集团公司坚持绿色低碳高质量发展的决心和取得的成效，广泛推广山钢的好做法、好经验、好典型，树立良好的绿色品牌企业形象。

三、压实责任，以更强担当为新征程提供坚强保障

推动绿色低碳转型是全面深化改革的重要载体和支撑，是一场涉及思想认识、体制机制、发展模式、产业定位等多方面的系统工程，涉及面广、任务重、难度大，必须切实加强党的领导，以责任意识、务实举措、斗争精神，不断提升思想自觉、政治自觉、行动自觉。

突出政治引领。习近平总书记在庆祝中国共产党成立 100 周年大会上发表的重要讲话，是一篇马克思主义纲领性文献，是新时代中国共产党人不忘初心、牢记使命的政治宣言，是我们党团结带领人民以史为鉴、开创未来的行动指南。全集团各级党组织和广大党员干部要把深入学习贯彻习近平总书记“七一”重要讲话精神，作为当前和今后一个时期一项重大政治任务，作为党史学习教育的核心内容，进一步增强“四个意识”、坚定“四个自信”、做到“两个维护”，继承发扬伟大建党精神，推动全面从严治党向纵深发展。各级党组织要围绕学习贯彻“七一”重要讲话精神开好专题组织生活会，党员领导干部以普通党员身份参加所在党支部专题组织生活会。要把学习“七一”重要讲话精神与学习习近平新时代中国特色社会主义思想融汇起来，与学习“四史”贯通起来，与学习贯彻习近平总书记对山东工作的重要指示要求结合起来，与学习贯彻习近平总书记关于国企改革发展和党的建设重要论述联系起来，切实把学习成效转化为推动集团公司高质量发展的强大动能和实际行动。持续深入开展好“我为群众办实事”实践活动，以办实事的力度提升民生温度。

加强思想建设。集团公司目前正处在改革发展的攻坚期、敏感期，也是各种矛盾和问题的凸显期。越是在错综复杂的时期，越要发挥党组织的思想政治工作优势，通过多种渠道加强形势任务教育，引导干部职工正确理解改革、积极支持改革、主动参与改革。坚定不移推进党风廉政建设，持续优化政治生态。各单位、各部门必须强化纪律意识，严格遵守政治纪律、组织人事纪律、工作纪律、财经纪律，做到令行禁止；充分调动广大干部职工的积极性，正确处理好个人与集体、当前与长远、局

部与整体、改革与发展之间的关系，决不允许以任何理由影响改革、决不允许造谣传谣、决不允许玩忽职守，对工作不力、失职失责、造谣传谣的行为和现象，纪检部门要追责问责、严肃处理。

持续改进作风。严格落实中央八项规定精神，坚决整治形式主义、官僚主义，以钉钉子精神打好作风建设攻坚战、持久战。“一把手”是深化改革的第一责任人，是推动绿色低碳发展的第一责任人，必须带头落实党内监督各项制度，在履行管党治党责任、严格自律上当标杆、作表率。各级党员领导干部要持续抓好自身建设，切实履行好担负的职责使命。积极适应新形势、新任务，进一步增强补课充电的紧迫感，积极学习研究政策，掌握专业知识，提高专业素养，成为推动高质量发展的“领头雁”和行家里手。

营造良好环境。安全稳定的环境是改革发展的前提。坚决守牢安全生产底线。时刻绷紧安全生产这根弦，加强新《安全生产法》的学习宣贯，严格落实安全生产责任清单制度，对风险和隐患再辨识、再排查，对存在的问题要分析根源，举一反三，标本兼治，着力提升本质安全。当前，北方已进入汛期，极端天气增多，要立足“防大汛、抢大险、救大灾”，持续深入开展防汛检查，扎实做好专兼职抢险队伍建设、防汛物资储备、防汛应急演练等工作。慎终如始抓好常态化疫情防控。近期国内外出现的情况说明疫情仍具有长期性、复杂性和不确定性，要严格落实“外防输入、内防反弹”措施，科学有序推进疫苗应接尽接，持续筑牢群防群控坚固防线。切实抓好信访维稳和舆论引导工作。牢固树立全集团“一盘棋”思想，及时化解消除不稳定因素，密切关注意识形态、职工心态、舆情动态，凝聚深化改革思想共识。严格落实保密工作各项规定，严防失密泄密。

同志们！我们相信，跃上新征程的山钢体制机制更灵活、治理体系更高效，政治生态更优良、运营质量更稳健，创新能力更强劲、竞争优势更突出，企业文化更包容、职工福祉更提升，即将打造出魅力山钢的升级版、“幸福和谐新山钢”的创新版！

道阻且长，行则将至！让我们更加紧密地团结在以习近平同志为核心的党中央周围，发愤图强、锐意进取，凝心聚力、苦干实干，以一往无前的奋斗姿态、更加强烈的责任担当，在新征程上奋力书写集团公司高质量发展的新篇章！

对标对表找差距　聚焦聚力争上游
在提档晋位中加快集团公司“强”起来的步伐

——在集团公司“全面对标、系统提升”推进会暨2021年第三季度工作会议上的讲话

党委书记、董事长　侯　军

（2021年10月12日）

同志们：

集团公司以“全面对标、系统提升”为主题召开三季度工作会议，主要任务是坚持以习近平新时代中国特色社会主义思

想为指导，深入学习贯彻习近平总书记关于做强做优做大国有企业的重要讲话精神，贯彻落实省委省政府筹划推进山钢集团与中国宝武联合重组的重要部署，在行业发展环境深刻复杂变化，各项改革举措不断向纵深推进的关键节点，超前谋划，主动作为，准确理解联合重组后集团公司功能定位调整，进一步识别管理体系、指标体系高质量发展的坐标取向，强化比学赶超的务实举措，瞄准突破点、找准切入点、盯准落脚点，扛起改革发展的硬担当，奋力在“强”起来的新征程中干出新业绩、展现新作为。下面，根据集团党委研究的意见，我讲三个问题。

一、登高望远，在明时辨势中切实增强全面对标提升的紧迫性

全面对标提升以世界一流企业、行业领先企业、细分领域龙头企业作为对标对象，是应对新形势、抢抓新机遇、融入新格局的关键举措。从集团公司近年来开展对标提升情况看，不少单位还存在思想认识不到位、选定标杆不领先、指标体系不精准、改进措施不细致、推进成效不明显等问题。为此，充分认识新发展阶段全面对标提升的深刻内涵，必须首先进一步清晰“为什么对”！

全面对标提升是践行国企责任担当的使命所系。中央有要求。全面对标提升是企业管理体系和管理能力建设的重要载体，也是国有企业做强做优做大、更好发挥“六种力量”的有效途径。党的十九大和十九届五中全会提出并强调，要深化国有企业改革，培育具有全球竞争力的世界一流企业。2020 年起，国务院国资委在中央企业和地方国有重点企业开展对标世界一流管理提升行动，近期又组织开展了国有重点企业管理标杆创建行动，评选出包含 200 家标杆企业、100 个标杆项目、10 个标杆模式的“三个标杆”，中国宝武是钢铁行业唯一标杆企业、标杆项目和标杆模式均入选的企业。省里有部署。近日，山东省发布了《“十四五”省属国资国企改革发展规划》，明确“十四五”期间，我省将重点聚焦专业特色，在精品钢铁、高端化工等领域打造 15 家左右具有市场主导权的行业一流企业。省国资委也对省属企业开展对标世界一流管理提升行动进行了安排部署。集团公司作为省属国有骨干企业，理应担当起“国之重器”的使命责任，从“两个维护”的高度认真领会建设世界一流企业的重要意义，尽快把对标成效转化为改革发展实绩。

全面对标提升是应对行业环境变化的问题所逼。当前，国际经济政治环境面临复杂变化，钢铁行业发展环境面临较大不确定性，倒逼企业把全面对标提升引向深入，练好内功，应对变局。从宏观形势看，产业政策出现重要调整。绿色低碳发展已成为钢铁行业转型升级的核心命题，钢铁行业面临的资源和环境约束进一步增强。各级政府针对钢铁行业的“双碳”“双控”常规限产政策和秋冬季错峰生产等阶段性限产措施密集出台；两次调整钢铁产品出口政策，要求国内钢铁生产优先满足国内需求；能耗强度和能源总量“双控”一级预警地区拉闸限电范围不断扩大，钢厂及下游加工企业限产、停产增加，下游需求明显降低；纪委监察机关已将“双碳”目标落实、“两高”项目管控等纳入政治监督范围，政策落实刚性显著增强。从整体供需看，钢铁行业供需维持相对平衡。中央在统揽全局、科学研判的基础上制定的今年粗钢产量同比下降的目标已产生积极效果。1~8 月全国粗钢产量 7.33 亿吨，同比增长 5.3%。其中，4 月份全国日产粗钢 326 万吨，达历史最高，5 月份开始环比下降，8 月份日产粗钢降为 269 万吨，同比下降13.2%；1~7月中国钢产量在世界的占比55.72%，同比下降2.27个百分点。从当前情况分析，限产大概率维持一段时期，需要研判和应对好政策环境对行业运行、生产组织、联合重组等带来的影响。从产业链安全看，安全稳定亟待加强。1~8月我国进口矿价格高企、回调，受限产影响，价格近期又有回弹，仍在相对高位波动。1~8月焦炭价格上涨48.9%，炼焦煤上涨40.7%，尤其是8~9月焦炭、炼焦煤不仅价格大幅上涨，而且供应紧张，在钢铁行业盈利能力受到较大冲击的情况下，资源安全重要性再度凸显。一方面，我们要"跳出行业看行业、跳出企业看企业"，准确识变、主动求变；另一方面我们要立足于与先进企业对标，在挑战和危机中激发自身能动性，力争上游、赢得主动。

全面对标提升是集团公司"强"起来的发展所需。省委省政府筹划推进山钢集团与中国宝武联合重组，是落实国家供给侧结构性改革政策要求，持续优化国有资本布局，推动山东钢铁产业结构优化调整、转型升级的重大举措。实施联合重组并不意味着集团公司的历史遗留问题就完全解决了、核心竞争力自然提升了。省国资委公告筹划联合重组以来，中国宝武在与山钢对接、交流过程中带来了先进的管理理念和管控模式，为我们在同一开放平台上对标学习宝武创造了先天条件。1~8月，纵向与自己比，集团公司营业收入、利润总额大幅跃升，但纳入对标提升总体监控指标体系的27项指标，仍有10项未达标，完成率仅63%；横向与标杆比，集团公司整体治理能力、关键财务指标等在与行业及中国宝武系中的产业存在明显差距。整体抗风险能力不强，8月末集团公司合并资产负债率83.80%，比上年末升高0.99个百分点，比中国宝武高30.64个百分点，比行业平均高20.45个百分点，与行业平均比上年末降低1.05个百分点的走势形成巨大反差；9月末集团公司合并资产负债率83.45%，仍比上年末升高0.64个百分点，远高于行业平均；资产运转效率不高，1~8月集团公司总资产周转率0.69次，较中国宝武低0.25次，流动性差的资产还占一定比例；综合所得税负率较高，1~8月集团公司综合所得税负率32%，较中国宝武21%高11个百分点，盈亏结构布局还需优化，税收优惠政策利用还不到位、不充分；创效比较优势不明显，吨材盈利能力(考虑莱芜分公司新旧动能转换加速折旧)虽跑赢行业平均，但与宝武系差距较大，1~8月山钢股份（含银山）吨材利润484.65元，比行业平均高31.20元，但比宝武低249.35元；其中，莱芜片区吨材利润346.30元，比马钢股份低205.16元；日照公司吨材利润698.68元，比宝钢股份低45.28元；创新驱动作用不够突出，"创新能力"指标单项排名靠后，高技术含量、高附加值的产品比重偏低，在突破"卡脖子"问题上差距明显；智能制造总体覆盖率不高，中国宝武多家企业"操作岗位一律机器人"和"操作室一律集中"指数达到60%以上，绝大部分企业"服务环节一律上线"指数超过90%，开始向"三跨融合"晋级，而我们"四个一律"提升工作也只是刚刚开始起步。

集团公司"构建生态圈、打造新标杆"、实现"强"起来，就要敢与最强者比肩、与最快者赛跑、向最优者看齐，在核心竞争力上实现全面提升。中国宝武把"全面对标找差，创建世界一流"作为今后三年的管理主题，奋力实现"成为全球钢铁业引领者"愿景，体现了格局高远的"大境界"、全局谋篇的"大视野"、布局优化的"大智慧"、新局领先的"大担当"，为行业开展全面对标提升树立了标杆。没有比较就没有"惊醒"，集团公司在关键数据上的差距，实质上反映的是思想观念、治理能力、落实执行等方面的综合差距。集团公司学习借鉴中国宝武的先进经验做法，要在更大平台、产业体系、先进标准下真对标、硬对标，提档进位，提升实力。

二、直面差距，以善作善成的决心在全面对标提升上靶向发力

全面对标提升不是简单的临摹复制、生搬硬套，而是身临其境学习标杆企业发展内涵的逻辑和机理，学的是格局视野、治理体系、专业能力、责任担当。以中国宝武等先进企业为“镜”，立好参照系、找准坐标点，更加客观、全面、深入地把握集团公司所处的发展方位，看清自己的“庐山真面目”，进一步明晰“对什么”“怎么对”！

在理念对标中提升视野境界。三人行必有我师，发现不了问题是最大的问题，认识不到差距是最大的差距。我们有些同志危机意识不够强烈。有的单位一对标就讲“他们以前跟我们学的”，思维还停留在几年甚至十几年前，拎出自己的长项去跟别人的短项比，觉得别人还不如我；有的对来对去、说来说去总愿找一些客观原因，依然存在搞得好不好主要看市场行情的思维定式；有的只考虑我们处理历史遗留问题而没有学习其他企业的“以丰补欠”，认为彼此情况不同，剔除“客观不可比”因素后我们比他们强，总有一句“不可比”挂在嘴上，“我们实际要比他们好”的思想观点和说法真正体现出认识和境界的差距；有的对标学习浅尝辄止，一听很激动、坐下就不动，只从面上比，没有挖根源找问题。只有抽丝剥茧真正把问题找准了，对策才有针对性，才能从“哪里有差距”深入到“为什么有差距”“怎样才能缩小差距”。全面对标提升，重点在全面，关键在提升，必须刀刃向内，敢于自我革命，敢于对自身亮剑，补短板、强弱项。宝钢股份作为国内钢铁业的“龙头”，在坚持与韩国浦项、日本制铁等世界一流钢企对标的基础上，主动走出去与沙钢集团、方大特钢、华菱钢铁以及万华化学等国内优秀企业开展对标交流，体现了虚怀若谷的大胸襟，实现了资金、资产、劳动效率的明显提升，钢铁主业人均钢产量近三年累计提升 32.8%，“两金”周转效率、吨钢折旧率进一步优化，高炉利用系数、铁钢比等关键指标屡创历史最优。市场竞争是残酷的，市场不会同情弱者、更不会考虑客观。集团总部和权属公司要以开放包容的心态，强化全员、全要素对标的意识，建立全系统对标的理念和机制，找准具有科学管理、独到技术、先进指标的对标单位，做到对标精准、成本精算、过程精管、产品精制、服务精细，真正以“构建生态圈、打造新标杆”发展方略把全面对标提升引向深入。

在体系对标中提升治理能力。体系能力是战略落地的支撑保障。要学习研究中国宝武联合重组马钢、太钢后对其功能定位的调整，提前考量集团公司职能定位调整。重点谋划完善权责对等的法人治理体系，完善规划引领的投资管理体系，完善开放共赢的创新研发体系，探索建立绩效驱动的战略执行体系。中国宝武子公司均按照“超越自我、跑赢大盘、追求卓越”的绩效导向编制商业计划书，2022 年的商业计划书将充分聚焦以 ROE 为核心的资产效率提升行动，以“两利四率”为目标体系，强调商业计划书与专业职能计划的协调一致，确保“对标创一流”管理提升行动取得实效。各单位、各部门要研究借鉴中国宝武商业计划编制的成功经验，探索实施以战略规划为引领，以商业计划、管理报告、绩效审核为过程控制手段，以绩效激励为驱动，推动各层级公司形成年度战略执行闭环，重点解决资产负债率高企、劳动生产率偏低等问题，实现“自上而下”战略牵引与“自下而上”执行反馈有效互动。建立完善有效的风险防控体系，对各类风险实行“分类管理、分级防控、分层负责”，深化风险内控合规法务一体化建设，提升依法决策力、制度执行力、合规保障力和风险防控力，从源头筑牢风险合规屏障。打开治理体系向治理能力转化的壁垒。目前，中国宝武通过EHR（人力资源管理系统）、标准财务、协同办公、审计、党建等五大管理信息系统的全层级覆盖，实现对各板块、各公司“横向到边、纵向到底”的穿透式管理。总部相关部门要深度学习借鉴，打通管理壁垒，推动业务从条块分割向协同运作转变，资源从分散配置向优化聚积转变，管理从“人治”向“数治”转变。

在制度对标中提升有效供给。中国宝武“制度树”特色鲜明，覆盖全面、流程科学、责权清晰、运作高效。福建三钢集团以“管理制度化、制度表单化、表单信息化”为主线，在集团层面制定了覆盖生产经营管理活动各个方面的404个规章制度，通过编写发布25741个岗位标准作业流程、完成25660次培训和25571个落地稽核，将各类制度细化落实到管理岗位、生产操作岗位；借助信息化手段，已实现3082个岗位在线表单化自动考核或手工实时考核，开发一键式绩效奖金管理系统，实现岗位考核与信息系统高度融合和深度应用。近期集团公司出台担保管理、利润分配管理、资金管理等针对性、操作性很强的制度文件，各主责部门要认真做好流程梳理固化，确保制度只能按照设定的“轨道”运行，不断释放制度效能。

在产业对标中提升比较优势。高成本体制、运营效率不高等薄弱环节是全面对标提升需要彻底解决的深层次问题。要聚焦极致效率，学习借鉴中国宝武“一基五元”的战略业务布局，对集团范围内同类业务单元实行业务、资产、人员等集中统一管理，实现资源集中化、管理精干化、运营专业化，实现协同效应更省钱、极致效率更赚钱、资本价值更值钱。钢铁主业提档升级。山钢股份要以宝钢股份“一总部多基地”为标杆，遵循“组织管理扁平化、流程效率最优化、资源效益最大化”基本原则，重点关注净资产收益率、吨材利润、人均钢产量等核心指标，提升生产效率、资产效率、资源效率，构建最优成本的生产组织体制和满足市场布局的产品品种供应服务能力；按照“构建由一个核心大脑指挥的网络化、分布式管理体系”思路，实现经营管理向上部集中、制造要素向基地下沉；按照综合材料解决方案的思路，扩大钢铁产品的应用场景，进一步拓展钢铁的应用领域，以优质产品引领客户需求，塑造比较优势。以一切皆有可能的思维推进工艺变革。新余炼钢厂和炼铁厂直接相连，高炉产出的铁水倒入铁水包，行车起吊直接送入转炉，我们由于工艺布局等原因还在使用比较传统的鱼雷罐车倒运铁水，这样“保险”系数高，但能耗损失大，能否采取极致措施降低能耗？要按照冶金全工序短流程审视其他方面是否也有类似的挖潜余地？生产基地要放在更大体系、更大范围、更大平台上审视定位。加快产品协同对接，提高板材产品的市场占有率、影响力，从什么都想干向产品定位更加聚焦、更加明确的战略发展方向奋力前行。日照公司要突出精品板材基地优势，莱芜区域要突出型钢+优特钢精品，对与今后发展定位不相符的产线提前思考解决转型发展和竞争力提升问题。多元产业培育转型新动能。学习借鉴中国宝武“一业一企，一企一业”原则，瞄准行业内细分领域龙头，将多元产业进行归类梳理，做到“业务清、资产清、债务清、人员清、土地清”，具备条件后稳妥推进专业化整合，以“极致的专业化”培育细分领域的比较优势，在产业方阵中力争上游。当前，要切实做好“减产不减效”专项工作，全力应对外部环境变化，积极探索新形势下最佳生产组织模式，科学配置资源，全面提升经营绩效；日照公司、莱芜分公司要分别强化与湛江、马钢的横向对标，缩小差距。

在创新对标中提升功能品质。企业是创新主体，创新发展是永恒主题，钢铁行业将逐步走上减量化发展，正从要素驱动向创新驱动转变。我们要勇担解决“卡脖子”问题重任，紧紧围绕加强国家战略科技力量建设，从国家迫切需要和行业长远发展出发，找准“卡脖子”产品攻关方向，配置创新资源，为科技自立自强书写好“山钢答卷”。加快智能制造换版升级。学习借鉴中国宝武“四个一律”的建设原则，进一步发挥好数据作为生产资料的作用，探索应用基于大数据技术的管理决策。稳妥推进“三跨融合”：逐步构建“跨产业”的互通融合，推动各产业按统一平台和架构体系要求实施产业智慧化；推进“一总部多基地”的“跨空间”的互通融合，探索“区域化”+“专业化”矩阵式智慧管控模式，在基地内打破工序边界，实现全流程、全要素的有机衔接与联动，发挥产销研协同优势，把按合同组织生产的传统模式逐步转化为按预测组织生产模式，不断提升现场组织效率；综合利用数智化技术，探索构筑人机一体、实时在线的智慧“超体”，实现“跨人机界面”互通融合。深耕绿色低碳。坚持碳减排为核心的绿色发展，按照“两于一入”（两于指高于标准、优于城区，一入指融入城市）的原则，推行“三治四化”（三治指废气超低排、废水零排放、固废不出厂，四化指洁化、绿化、美化、文化），抓好“源头减、中间控、终端转”，把中国宝武推进绿色制造钢铁、制造钢铁绿色的理念植根于山钢集团。在深化改革中补短板、强弱项。根据省国资委通报国企改革三年行动重点任务进展情况，“掉队”的单位和部门要逐项拉出清单、明确责任，确保年底前完成三年改革任务的70%以上。严格落实工资总额决定机制，完善差异化分类考核体系，实现分类核算、分类考核。启动混改后评价工作，重点考量混改企业在公司治理、活力激发、做强主业、效率提升等方面的变化情况。

三、知行合一，以久久为功的韧劲推动全面对标提升落地见效

全面对标提升既是一种自我审视的认识论，也是“力争上游、成为一流”的方法论，更是推动集团公司“强”起来、实现高质量发展的实践论，需要上下同欲、全员参与。从行为实践上精准把握“怎么对好”！

转变观念抓落实。解放思想不是解决问题的权宜之计，而是我们党一以贯之的思想路线，反映的是一种精神境界，更是政治站位。要把做到“两个维护”作为推进思想解放的根本方向，始终在思想上政治上行动上同以习近平同志为核心的党中央保持高度一致，自觉站在政治和全局高度思考问题、谋划工作，着力破解“不愿转、不敢转、不会转”的思想禁锢；要把领导带头作为推进思想解放的关键引领，在这个问题上没有“讨价还价”；要把全员参与作为推进思想解放的重要基础，在全集团共同营造解放思想、干事创业、争先晋位的良好氛围。

转变方式抓落实。对标更要对表，找准标杆更要明确如何追赶。要处理好整体与局部的关系，坚持系统设计，追求整体最优，避免“各唱各的调、各走各的道”。要处理好当前与长远的关系，高目标引领、分阶段实施，既要脚踏实地，以“俯下身推车”的韧劲走好眼下的每一步，又要自我加压，以“跳起来摘桃”的精神把看准的事情做到极致，不能降格以求。要处理好投入与产出的关系，关注投入产出比，不是投入的资源越多越好，而是收到的成效越多越好，不是制定的方案越多越好，而是解决的问题越多越好，不是留下的痕迹越多越好，而是取得的成绩越多越好。对标工作不能围着问题和短板转圈，要实打实、硬碰硬，坚决杜绝在形式主义、面子工程上空耗精力。特别是各级领导干部要增强工作的主动性，少喊、多干、多想怎么办。要走得上去，加强与上级部门的沟通对接，争取政策、资源和项目上的支持；要走得出去，带着问题和思考，多到标杆企业“串门”，寻求先进经验、寻找创新方法；要走得下去，拿出更多的时间和精力深入开展调研，向一线专家“问计”、向基层一线“问诊”，进一步摸清实情、找准症结、研究整改。近期，集团公司与中国宝武的互访互派已经常态化，要组织好双向挂职交流，对到山钢工作的同志，要加强沟通交流，研究采纳合理化意见建议，让“加法”形成乘数效应、倍增效应；准备到宝武学习实训的同志要珍惜机会，从思想、工作、文化等方面尽快提升能力。

转变作风抓落实。全面对标提升既是工作要求，也是一种精神状态。各级党组织要坚决落实全面从严治党要求，大力倡导真抓实干作风，营造风清气正的干事创业环境，全面做好疫情防控、安全环保、信访维稳、党的建设等工作，保大局、保和谐、保稳定；扎实开展党史学习教育，做好总书记“七一”重要讲话精神的学习贯彻，建立“我为群众办实事”长效机制，配档推进集团公司牵头的20项解难题办实事项目，切实把好事办实、实事办好。四季度进入全年的冲刺阶段，各项工作要全面提速，凡是已经安排和确定的事项，分工负责、各司其职，根据路线图、时间表、责任状，跑表计时、销号管理。同时，以全面对标提升为重要考量，超前谋划好明年改革发展、经营预算等各项工作。

非知之艰，行之惟艰！让我们紧紧抓住省委省政府部署的重大改革战略机遇，深入推进全面对标提升走深走实，持续提升集团公司治理能力，以“强”起来的新作为展示魅力山钢建设新成效。

在集团公司党委审计委员会第二次会议上的讲话

党委书记、董事长　侯　军

（2021年9月17日）

同志们：

刚才，登奎同志领学了《关于建立健全审计查出问题整改长效机制的意见》，文友同志领学了刘家义书记的重要讲话，这些都是我们做好审计工作的重要依据和抓手，要认真学习领会好、贯彻落实好。鸿飞同志系统总结了集团审计工作开展情况，对后续工作进行了安排部署，内容全面具体，我都同意，集团党委对审计工作也是满意的。

今年审计工作，主要呈现以下三个特点：一是坚持党对审计工作的集中统一领导，从体制机制上保证了审计工作的正确政治方向。坚持党的集中统一领导是做好审计工作的根本保证，是中国特色社会主义审计制度最本质、最鲜明的特征。山钢集团成立党委审计委员会以来，审计工作紧紧围绕集团公司改革发展中心任务，转变工作思路，突出工作重点，坚决贯彻落实集团公司重大决策部署，把讲政治贯穿审计工作的始终，进一步彰显了审计工作的政治属性。二是切实抓好“两统筹”，从组织形式上提高了整体审计监督效能。近年来，审计部门通过对审计项目和审计组织方式统一筹划，优化审计组织方式和资源配置，现场审计与远程审计相结合，加强不同类型审计项目的统筹融合和相互衔接，最大限度拓展了审计覆盖面，提升了审计工作效率，充分发挥了审计工作“啄木鸟”“晴雨表”作用。今年工程审计成效明显，共完成工程结算审减金额4229万元，这是在权属单位结算审核的基础上，通过审计复核又核减下来的结算造价，这些真金白银都是我们的审计人员一分一厘地挖出来的，实实在在地降低了投资建设成本。三是审计监督与服务并重的理念进一步深化，从思想和行动上为推动企业提质增效提供了保障。近年来，集团公司经营绩效大幅提升，资产运营取得长足进步，但依然存在一些问题。如潜亏金额巨大、资产质量不优、内部控制不严、基础管理不平衡等，个别企业甚至还面临着存续的危险。针对这些问题，审计部门提出了许多有针对性的整改措施和意见，近期集团公司已经下发了文件，有关部门和单位要提高认识，认真抓好整改落实。下面，结合当前集团公司改革发展新形势、新情况，着重谈以下几点意见：

一、顺应行业发展大势，在新发展阶段努力创造新业绩

准确研判形势。从外部形势看，得益于全球经济复苏及国内疫情的有效控制，在通胀预期的背景之下，钢材价格总体呈现波动上涨趋势。根据中钢协最新统计数据显示，上半年，全国37家重点钢铁企业营业收入34594亿元，同比增长51.5%；利润总额2268亿元，同比增长2.2倍，多数钢企业绩取得高速增长。但纵观全年来看，2021年中国宏观经济呈现前高后低态势，上半年的超高增速，主要受全球经济复苏及国内疫情的有效控制和通胀预期的影响，但这并不意味着我国经济进入高速增长轨道，四季度宏观经济有可能基本回到常规状态，对此，钢材市场能否继续保持前期的向好态势，存在较大的不确定性，我们不能盲目乐观。今后一个时期，外部环境变化是影响中国经济的最大变数，全球疫情防控不同步、经济复苏不平衡、大国间政治经济博弈加剧、美联储货币政策转向预期升温等都加大了外部不确定性。但与此同时，中国消费、投资增长延续改善趋势，内需支撑作用将会进一步显现。纵观全年宏观形势，有机遇也有挑战，但机遇大于挑战。从企业内部看，6月22日，由世界品牌实验室主办的第十八届世界品牌大会发布了2021年《中国500最具价值品牌》分析报告，山钢集团以520.05亿元的品牌价值首次上榜。短期来看，持续向好的市场形势给我们带来了前所未有的发展机遇，取得了令人可喜的成绩。这里面凝聚了我们全体干部职工的智慧和汗水，但也要清醒地认识到，如果剔除市场价格因素，并且充分考虑一些合并口径因素的话，我们集团的报表利润将不会那么理想。今天的山钢，无论是从资产规模上看，还是从年营业收入上看，综合实力稳居行业第一梯队。但对标世界一流企业和国内同行业先进企业，大而不优、大而不强等问题依然比较突出，年度工作会议提出要“做强山钢”，这是我们立足新发展阶段、贯彻新发展理念、融入新发展格局的必然要求，更是全集团上下近 4 万名干部职工的共同心愿！做强山钢并不是喊喊口号、敲锣打鼓就能够实现的，我们左右不了市场，但是可以改变自己！这就要求各单位各部门要认清形势，居安思危，以推动高质量发展为主题，以改革创新为根本动力，努力在新一轮发展竞争中抢得先机、赢得主动。审计部门要着眼内部，放眼市场，做到外部宏观形势分析与内部审计发现相结合，树立“有解”思维，不仅要发现问题，更要破题。要深刻剖析问题产生的市场背景、客观因素、潜在风险，提出切实可行的解决问题的措施和建设性意见，当好企业的高级参谋助手。

聚焦主责主业。近年来，集团公司认真贯彻落实省委、省政府关于深化国有企业改革的一系列重大决策部署，聚焦主责主业做强做优做大，混合所有制改革持续深化，非主营业务清理有序推进，“僵尸”企业处置及亏损企业治理取得明显成效，“三项制度”改革不断深入，一大批历史遗留问题得到解决，集团公司核心竞争力、创新力和抗风险能力不断增强。内部审计要在集团公司改革发展中发挥应有的作用，必须牢牢把握住“经济体检”这个职能定位，把贯彻落实集团公司党委的决策部署作为首要政治任务，围绕高质量发展目标，善于从政治上看问题，善于把握发展大局，提高审计工作的战略性、前瞻性、针对性。围绕中心，服务大局，切实用好审计这把“利剑”。加大对会计信息质量、资金使用效益效率、经营财务风险、节能减排及资源利用、国资国企改革重点任务等重点领域的监督力度，充分发挥内部审计“治已病”“防未病”的建设性功能，深入分析相关领域和环节存在的体制机制问题，直击要害关键，靶向精准发力，通过防范风险、规范管理、促进改革，不断提升审计工作质量和监督效能。

加强系统研究。系统观念是具有基础性的思想和工作方法，也是“十四五”时期我国经济社会发展必须遵循的 5 个原则之一。当前，我国经济进入新发展阶段，贯彻新发展理念，构建新发展格局，需要解决的问题会越来越多、越来越复杂，对审计工作的要求也会越来越高。这就要求审计要全面而不是片面、整体而不是零散、联系而不是孤立地揭示问题、分析问题、推动解决问题。审计研究要有全局视角，放在全局视角下分析研判各类问题，尤其是政策落实层面反复出现的问题，背后可能有更深层次的体制机制和思想观念方面的原因。当前阶段，审计工作要紧紧围绕集团公司高质量发展这条主线，根据确定的战略方向，对各领域、各板块、各单位落实和深化高质量发展的措施、步骤、效果等精准发力，以高质量的审计成果服务集团公司战略部署和整体布局。同时，还要对深层次的体制机制瓶颈障碍和优化途径进行深入研究，围绕重点任务、关键环节和重要岗位，对重要子公司内控体系进行监督和评价，真实反映运营管理中存在的风险问题，推动有关部门和单位举一反三，加强管理、完善制度、深化改革。

坚持创新驱动。审计部门要创新工作思路，坚持问题导向，加强对单位“一把手”和领导班子的监督。2021 年 3 月，中央下发《关于加强对“一把手”和领导班子监督的意见》，要求“一把手”必须旗帜鲜明讲政治，带头做到“两个维护”，带头落实党内监督各项制度，在履行管党治党责任、严格自律上当标杆、作表率，既要自觉接受监督，又要敢于担当作为。审计部门要有效运用经济责任审计、专项审计、内控评价等多种手段，聚焦战略管理、投资决策、基本建设、财务管控、整合重组等领域，重视潜亏、坏账等风险因素，辩证地看待问题，按照“三个区分开来”要求，客观审慎地作出评价和结论。要积极探索审计与问责管理的有机融合，充分发挥审计监督服务作用，提升集团公司依法治企的能力和水平。要创新审计组织方式，优化以经济责任审计作为载体“1”、将其他专项审计等“*N*”个项目融合贯通在一起的“1+*N*”组织模式，探索创新审计“两统筹”的方式方法，努力做到“一审多项”“一审多果”“一果多用”，最大限度扩大审计覆盖面。要创新审计技术手段，坚持科技强审，积极探索信息化审计路径和多维度、智能化等数据分析方法，不断提高内部审计工作效率和质量。要创新精细化管理，细化岗位和个人职责目标，实行审计执业标准化管理，加强效能考核，保障审计工作高效协同运转。

强化审计整改。家义书记在省审计厅党组扩大讲话中特别提到了审计整改问题，并且打了个生动的比方。水好比是企业利益，水管就好比是我们所处的工作岗位，水由一吨减少为半吨，是水管的问题？还是水管所处环境的问题？还是一些重要领导干部以权谋私、另接支管的问题？前期纪委通报了钢材销售领域6起严重违法案件，给我们敲响了警钟。这就要求我们审计人员不仅要发现问题，而且紧盯问题实质，深挖问题背后的深层次原因，从而提出解决问题的有效办法，这才是审计工作的真正要义。集团公司历来高度重视审计整改工作，将审计问题整改上升到贯彻落实国有企业改革决策部署重要举措的高度来认识，上升到完善国有企业治理体系和治理能力有效途径的高度来抓。审计的目的不仅限于发现问题，更在于通过审计整改解决问题。审计部门对审计发现问题整改落实负有监督责任，被审计单位对问题整改落实负有主体责任，单位主要负责人是整改第一责任人，相关业务职能部门对业务领域内相关问题整改负有主管指导责任。刚才学习中央办公厅印发的《关于建立健全审计查出问题整改长效机制的意见》文件中，对审计部门、被审计单位和业务职能部门，各自的职责都作了明确的规定，我们要提高认识，转变思想观念，进一步建立完善审计整改工作制度，优化整改落实工作规范和流程，积极构建各司其职、各负其责的整改工作机制，促进整改落实工作有效落地。强化整改跟踪审计和结果运用，建立和完善问题整改台账管理及“销号”制度。对长期未完成整改、屡审屡犯的问题，通过下达审计整改指令书、开展跟踪审计和整改“回头看”等，确保真正整改到位。切实将内部审计结果及整改情况作为干部考核、任免、奖惩的重要依据，对审计发现的违规违纪违法问题线索，按程序及时移送相关部门处理。今年是国企倒计时改革的收官之年，省委“重点工作攻坚年”也把国有企业改革确定为九大改革攻坚任务之一。对于山钢，通过政府审计和内部审计发现的问题中，很多是国企改革过程中需要重点解决的，我们要把审计整改与各项改革攻坚任务结合起来，努力把审计问题整改转化为提高企业资产质量、提升盈利能力的重要推动力，要将审计整改结果体现在改革发展成效上。

二、全力支持配合，确保优质高效完成各项审计任务

内部审计工作离不开各相关职能部门、被审计单位的理解、支持和配合。相关职能部门要及时提供审计所需要的资料、数据和情况，确保资料数据客观真实、全面精准，不得推诿、拖延、拒绝、瞒报、谎报，并要主动支持、密切配合，协助查清事实。希望各部门各单位要高度重视审计工作，压紧压实责任，建立横向协作、上下联动的工作机制，确保审计工作任务顺利完成。主要领导要主动配合审计部门的工作，把审计作为查找问题、堵塞漏洞、改进工作的契机，在健全和完善制度上下功夫，按照“当下改、长久立”的要求建立长效机制，着力提升规范管理水平。

三、搭建成长平台，建设一支政治过硬、业务精湛、作风优良的审计铁军

大力加强政治能力建设。我一直强调，不重视审计的领导干部，是不称职的领导干部，是不成熟的领导干部。各级党委要认真贯彻落实习近平总书记重要指示要求，加强对审计工作的领导，履行好审计干部培养、选拔、任用责任，把好政治观和专业关，选优配强审计干部队伍特别是审计部门领导班子，强化审计队伍能力素养建设，推动审计干部交流，提升审计干部履职能力。审计人员要全面落实习近平总书记提出的“以审计精神立身、以创新规范立业、以自身建设立信”的总要求，善于从政治高度把大局、看问题、提建议，善于从集团公司最关心、干部职工最关切的问题上思考、谋划和开展审计工作，以功成不必在我的胸怀、功成必定有我的担当，努力在坚决贯彻落实上级和集团公司的各项决策部署上作表率，在助推集团公司高质量发展上作表率，在勇于负责、主动作为上作表率，依法全面履行审计监督职责，帮助各单位去掉沉疴，割除顽障痼疾，保障机体健康，努力在集团公司改革发展新征程中展现新作为。

努力提升专业素质。通过参加各类审计业务能力培训班、搭建展示平台，开展“优秀项目”展示、“审计绝活大 PK”等活动，促进审计人员加强业务知识学习，共享工作经验，不断提升业务素质能力。审计人员要坚守初心使命，对党忠诚，对审计事业忠诚，恪守审计职业操守，为企守财，为企护财。

着力搭建人才成长平台。审计人员是集团公司高质量发展的忠诚卫士，是内部审计高质量发展的坚强保障。各单位、各级领导干部，都要关心、关爱审计人员的成长成才。政治上关心，工作上支持，生活上关爱，积极为审计人员的职业发展搭建良好的交流成长平台，让他们能够安心工作，精心事业，顺心生活，为山钢高质量发展再立新功。

挑战孕育机遇，压力催生动力。展望“十四五”乃至更长一个时期，我们不仅要善于顺势而为，更要勇于逆势而上，准确识变、科学应变、主动求变，立足岗位实际，做好本职工作，为推动山钢集团高质量发展作出新的、更大的贡献！

融入大格局　适应大变革　主动大调整
乘势而上以崭新的姿态优良的作风迎接新挑战

——在集团公司 2021 年度工作会议上的讲话

党委副书记、总经理　陶登奎

（2021 年 1 月 24 日）

同志们：

历史的大潮滚滚向前，奋进中的山钢迎来了创新求变、全面做强的关键时刻。机遇稍纵即逝，超前一步，步步主动；一步踏空，就会落后落伍，甚至被历史所淘汰。“历史只会眷顾坚定者、奋进者、搏击者，而不会等待犹豫者、懈怠者、畏难者。”经集团公司研究，继一届三次职代会后，今天我们召开年度工作会议，深刻分析当前形势，科学研判企业改革发展新阶段，进一步统一思想、凝聚共识、担当作为，号召全集团广大干部职工认清大局大势、把握机遇挑战，以强烈的紧迫感、责任感和使命感，融入大格局、适应大变革、主动大调整，推动集团公司朝着胜利的方向笃定前行，实现高质量发展。

2020年极不平凡，2021年对国家和山钢来讲，也将是具有特殊重要意义、具有里程碑意义的一年。在全球疫情和百年变局交织，国际形势深刻演变，各类风险叠加发酵的严峻复杂环境下，“十四五”开局，全面建设社会主义现代化国家新征程开启、向着第二个百年奋斗目标进军；我们还将迎来建党100周年。这一年也是魅力山钢“两步走”战略第二步的起始之年，“构建生态圈、打造新标杆”新发展方略攻坚实施之年，更是山钢集团深化改革、乘势而上的关键之年。

刚才，侯董事长作了讲话，内涵丰富、寓意深刻，全面分析了集团公司改革发展所处的内外部环境，系统阐述了集团公司科学谋划“强”起来的重要意义、核心要义和实践要求，为我们深入贯彻落实党的十九届五中全会精神，把握新发展阶段、贯彻新发展理念、融入新发展格局，走好“十四五”高质量发展新征程指明了路径，提供了遵循。各单位、各部门要深入学习领会、贯彻落实董事长的讲话精神，在准确把握新发展阶段中坚定信心谋篇定向，在深入贯彻新发展理念中开拓创新聚力攻坚，在服务构建新发展格局中勇于担当主动作为，切实把会议精神落实到推动高质量发展的实践中。各级管理人员是集团公司推动高质量发展的重要力量，要对标对表董事长从三个方面提出的要求，以更加昂扬的精神状态、更加过硬的素质能力、更加务实的工作作风，坚定不移沿着“强”起来的发展方向，奋力开创集团公司高质量发展新局面。

下面，我讲三个方面的内容。

一、极不平凡的2020年，全集团交出了一份亮丽的答卷

从已经“关门”的数据来看，2020年集团公司报表利润为历年最高水平，实际实现利润总额仅次于2018年。2020年的市场环境不同于2018年，这是一份奋勇拼搏、汗水浇灌、来之不易的收获，也是肩负使命、承载期盼、含金量非常高的成绩。面对波澜壮阔、万千风险，集团公司上下坚定不移按照“三个坚决不能变”工作要求，聚焦运营安全和效益稳定，战疫情、稳市场、谋改革、优布局、调结构、提绩效、补短板、强弱项，“八路并进”、锲而不舍，广大干部职工聚精会神、不懈奋斗，准确识变、科学应变、主动求变，经受住了严峻挑战和考验，各方面工作取得显著成效，全集团交出了一份亮丽的答卷。我着重从运营的角度，对2020年进行总结。

（一）站在行业看山钢

方向正确就不怕路远。2020年，集团公司最大的硬核是比较优势。

综合竞争力跑赢大盘，走在前列。在2020年冶金工业规划研究院发布的中国钢铁企业综合竞争力排行榜中，集团公司发展质量评估值连续第三年达到A+（竞争力极强），稳居第一梯队。按照“打造具有全球竞争力的世界一流企业”的要求，冶金规划院将15家A+钢铁企业与韩国浦项、日本制铁、JFE、安塞乐米塔尔等世界钢铁强企进行对比分析。中国宝武发展质量为全球钢铁行业之首，达到世界超一流；我

们与首钢、中信泰富、沙钢、河钢、鞍钢、华菱钢铁、南钢等 8 家企业被评定为达到世界一流。

盈利能力跑赢大盘，走在前列。2020 年集团公司实现营业收入、利润总额、净利润、归母净利润比上年分别增长达到 13.70%、24.8%、33.62%、537.05%。较预算目标分别增加 488 亿元、34.44 亿元、32.75 亿元、15.40 亿元，营业收入、利润总额、净利润增幅分别为 28.85%、75.28%、132.55%。从行业前 11 个月的数据看，在利润普遍下滑的趋势中，集团公司整体盈利水平逆势而上，居行业第五位。

规模效率跑赢大盘，走在前列。2020 年集团公司铁、钢、材产量分别达到 2905 万吨、3111 万吨、3090 万吨，比上年分别增长达到 11.0%、12.8%、15.9%，分别完成年计划的 104.05%、105.97%、107.76%。在装备水平基本没变的情况下，生产效率提升显著，钢、材年产量首次突破 3000 万吨大关。从国家统计局公布的数据看，2020 年，全国生产铁 8.88 亿吨，同比增长 4.3%；生产钢 10.53 亿吨，同比增长 5.20%；生产钢材 13.25 亿吨，同比增长 7.7%。集团公司 2020 年产能利用率实现跃升，铁、钢、材增幅高于行业。

绿色发展跑赢大盘，走在前列。坚持生态优先、绿色发展，3 家公司获评山东省重污染天气重点行业绩效 A 级企业，3 家公司获评 B 级企业，其中日照公司成为全省第一家也是唯一一家长流程联合钢铁企业 A 级企业，莱芜分公司焦化厂成为全省焦化行业唯一一家 A 级企业。集团公司成为我省乃至钢铁行业绿色发展的推动者、践行者、领跑者。

（二）站在山钢看山钢

负重奋进须有功成必定有我的担当。2020 年，集团公司最美的乐章是赶超跨越。

财务杠杆水平下降。截至 2020 年末集团公司资产负债率有效控制，剔除中泰证券因素影响，资产负债率同口径降低 2 个百分点以上，但与行业平均水平比仍然处在高位。

有息负债总额下降。2020 年末，集团公司有息负债规模（不含中泰证券）总额呈下降趋势。这是在山钢股份莱芜分公司新旧动能转换项目投资 20 多亿元、临沂临港建设投资 50 多亿元的前提下，实现的有息负债规模下降。同时集团债务结构得到优化，2020 年集团公司抓住了疫情期间融资成本较低的窗口期和国家鼓励支持制造业的有利时机，千方百计清退高成本融资，置换高成本有息负债。年末平均融资成本比上年末降低 0.38 个百分点。全年财务费用较上年同期降幅 7.92%。

钢铁主业率先突破。决定自己命运的不是市场，还是我们自己。经过几年的调整优化、精益运营，稳健运营的能力水平得到锤炼，在逆势中逐步练好内功、打牢基础、赢得主动，较好地回答了“山钢何以立世”“当市场回归到吨钢盈利只有 100~200 元的时候，我们怎么样”的命题。从 22 家重点上市钢铁企业公告的数据看，钢铁主业核心资产综合分位值较去年进步明显。

职工收入继续稳定增长。坚决执行工资总额决定机制，企业效益提升，职工收入同步提升。从 2016 年开始职工人均工资连续 5 年增幅超过两位数。2020 年度集团总部及权属子公司（不含中泰证券、永锋钢铁及改制公司）在岗职工人均工资比 2019 年增长达 12.90%。

（三）聚焦理念看山钢

做正确的事，远胜于正确地做事。2020 年，集团公司最大的收获是理念提升。

比较优势成为追求。比对手跑得快才

叫快，这就是比较优势。比较优势既是认识论也是方法论，既是目标导向、问题导向，也是工作导向、任务导向。过去的一年，大家思想境界发生了很大变化，不再纠结于市场环境、形势变化，而是沉下心来研究比较优势，动态对标找准差距，苦练内功涵养发展后劲，做自己能左右的事；静下心来补短板、锻长板、强弱项，培育比较优势、塑造比较优势。

极致思维成为共识。没有最好，只有更好，这就是极致思维。极致思维建立，负荷率指标体系实施，有效冲破了惯性思维和传统观念的束缚。在新思想与旧观念博弈较劲中，广大干部职工从思想深处进行一场刀刃向内的变革。大家在否定自我中突破自我、在突破自我中超越自我，视野更加开阔、思路更加灵活、工作更加主动。许多遥不可及的事情，变成了鲜活生动的实践；许多以为高不可攀的指标，变成了再攀新高的阶梯。钢铁、矿业、耐材等产业依靠产能跃升撬动效率提升、效益攀升，创出了历史最好水平。

今天重点从运营角度，从跑赢大盘、走在前列、比较优势塑造等几个维度审视山钢，既有成绩也蕴含着问题，希望全集团理性面对。同时也要清醒地看到，同行也在奋力奔跑。比如宝钢股份，预计2020年实现归属于上市公司股东的净利润达到131亿元；比如华菱集团，2020年产钢近2680万吨，利润总额超过了百亿元；比如柳钢集团、德龙钢铁在管理提升、绩效提升、联合重组等方面进步也都非常明显。董事长要求集团公司经营绩效提升要抢占制高点、明确主攻点、找准突破点，希望大家要深刻理解，准确把握行业发展的大势、同行发展的趋势、自身发展的态势，以便更好地解决实际问题，应对艰难险阻，增强工作的系统性、全局性、预见性，推动企业在高质量发展的道路上行稳致远。

二、充满机遇的2021年，全集团必须切实抓好高质量发展，迈好第一步，见到新气象

历史的发展，总有一些关键的节点、关键的时期。最近，中央先后召开了党的十九届五中全会、2020年中央经济工作会。两次会议上，以习近平同志为核心的党中央，站在“两个一百年”奋斗目标的历史交汇点上，胸怀中华民族伟大复兴战略全局和世界百年未有之大变局，高瞻远瞩、系统谋划，作出了一系列重大决策部署、战略安排。党的十九届五中全会对“十四五”时期我国发展作出系统谋划和战略部署，明确了“十四五”时期经济社会发展目标和2035年远景目标。2020年中央经济工作会，总书记深刻分析了我国发展环境面临的深刻复杂变化，提出2021年经济工作总体要求和政策取向，为开局“十四五”、开启全面建设社会主义现代化国家新征程定向领航。

开局关系全局，起步决定后势。习近平总书记强调，奋斗“十四五”、奋进新征程，良好的开局是夺取全面建设社会主义现代化国家新胜利的关键。要求所有工作都要围绕开好局、起好步来展开，以优异成绩庆祝建党100周年。

对于山钢来讲，2021年不确定性仍是常态，但机遇大于挑战。全集团必须要发扬钉钉子精神，在识变应变求变上全方位做好准备，在时与势的变化中，适应变化、把握变化、驾驭变化；在时与势的变化中，保持定力、保持清醒、保持姿态；在时与势的变化中，融入大格局、适应大变革、主动大调整；在时与势的变化中，找准切入点、找准突破口、找准提升点，乘势而上，迈好第一步，见到新气象。

集团公司一届三次职代会已于2020年12月22日胜利召开，会上董事长作了重要讲话。职代会工作报告系统总结了2020年的工作，对2021年工作作了全面部署安排，目前集团上下正在认真贯彻落实职代会精神。聚焦贯彻落实一届三次职代会和本次年度会侯董事长讲话精神，紧扣高质量发展主题，围绕绿色、智慧、效率和加强管理、深度改革，我再谈几点想法。

（一）用绿色低碳践行高质量发展

2020年9月22日，习近平总书记在第七十五届联合国大会一般性辩论上郑重宣布，“中国将提高国家自主贡献力度，采取更加有力的政策和措施，二氧化碳排放力争2030年前达到峰值，努力争取2060年前实现碳中和。”这一重要宣示为我国应对气候变化、绿色低碳发展提供了方向指引，擘画了宏伟蓝图。2020年中央经济工作会议明确将做好碳达峰、碳中和工作确定为2021年八大重点任务之一。工业是碳排放的重要领域，钢铁行业作为能源消耗高密集型行业，占全国碳排放总量15%左右。在“碳达峰”和“碳中和”目标约束下，钢铁行业迎来巨大挑战。工信部从2021年开始，围绕碳达峰、碳中和目标节点，要进一步加大工作力度，坚决压缩粗钢产量，确保粗钢产量同比下降。工信部还将发布新版钢铁产能置换实施办法，完善产能信息预警发布机制。国家发展改革委1月19日举行新闻发布会，要求加快推动产业结构转型。大力淘汰落后产能、化解过剩产能、优化存量产能，严格控制高耗能行业新增产能，推动钢铁、石化、化工等传统高耗能行业转型升级。中国宝武作为行业龙头，提出力争2023年碳达峰，2050年实现碳中和。比党中央要求的时间提前了7年和10年。从国际上看，对促进绿色创新，推动经济绿色增长更是尤为重视。《欧洲绿色政纲》提出欧盟到2050年成为全球第一个净零碳区域的宏大目标，明确了推进绿色投资和融资、绿色财政等一系列政策，确定了绿色外交和贸易政策的方向。绿色贸易壁垒越筑越牢，绿色市场准入越来越严。钢铁行业碳达峰及降碳是一项艰巨复杂的系统工程。集团公司作为国有企业必须坚定不移落实党中央关于碳达峰、碳中和重大决策部署，加快低碳转型。要全面系统评估各制造产业的碳减排潜力，研究制定碳达峰行动方案，积极开展碳达峰及降碳行动，在绿色低碳发展方面发挥示范引领作用，承担更大责任，走在全省企业前列、走在全国行业前列。要密切关注钢铁行业低碳发展的政策导向，密切关注和推动低碳技术创新，开展前瞻性、颠覆性、突破性创新技术研究。要提升废钢利用水平，抓住“再生钢铁原料”进口的有利时机。加大集团绿色发展技术攻关，加大绿色低碳发展方面的固定资产投资，该投就投，始终保持绿色通道畅通。超低排放也是排放，实现超低排放只是起步，更高水准的环境保护是低碳、零碳发展。2021年集团公司将再次召开生态环保大会，推动集团公司绿色发展理念再提升、绿色发展绩效再上新台阶。

（二）用智慧制造赋能高质量发展

最近工信部和我省发文对智慧工厂、智慧园区建设都提出明确要求。这项工作要快马加鞭。要以“打造具有山钢特色的世界一流智慧工厂”为重点，全面展开数字化转型和智能制造提升工作。研究发布集团公司智能制造的指导意见，导入智能制造的建设标准，形成各区域智能制造的建设方案。按照“四个一律”的要求，加快向“数字化、网络化、智能化”的推进步伐，逐步实现生产运营智能化、产品创新数字化、用户服务敏捷化、产业体系生态化。要突出重点。重点推动5G、物联网、智能感知等设备及智能制造技术的普及工作。形成4个以上“5G+智慧制造”先进场景应用，部署超过60台（套）机器人，搭建智慧维检、远程运维的平台。在单元级智能制造系统中重点推广无人行车、无人料场技术，在铁前区域、动力能源系统中率先推广集中监控中心建设工作。要联点成线。选择1~2条产线启动建设“黑灯工厂”智能产线工作，力求在吨钢能耗、生产效率、加工成本等指标上有明显改善。适时开展示范产线推广会，加快标杆引领，全面推广的步伐。要汇线成面。按照工业互联网的理念，强化数字化集成，推广智能协同管控中心为代表的集中一贯制管理模式。加快研发、生产、物流、购销、服务等全要素的横向信息贯通工作，构建基于数理和机理模型的工业大脑，夯实智慧工厂的基础面。要筑面成台。加快大数据、云计算、人工智能等技术与工业技术的深度融合。适时启动建设集团公司大数据中心，进一步扩大“山钢云”的应用，搭建基于安全态势感知的“一朵云、一张网”。快速启动集团公司“穿透、共享类”信息化系统的建设工作。“数字山钢”与“智慧山钢”融合推进，构建生态级智慧平台。

（三）用效率变革推动高质量发展

倡树极致思维，深化精益运营，深入挖掘资本、资产、资金和人力资源的潜力。高度重视劳动生产率提升。劳动生产率问题已经成为制约集团公司的突出问题。现在再不下决心改革、采取硬措施，问题将会随着形势的变化越来越突出，解决起来矛盾会越来越尖锐，代价也会越来越高。从另一个角度看，劳动生产率可以说是集团公司所有潜力当中最大的潜力。最大的潜力必须引起高度关注、必须凝聚力量下大力气狠抓。2021年集团公司要瞄准对标企业，同口径做一个劳动生产率的分析，形成集团公司劳动生产率提升方案。要实施各级机关“瘦身”，管理机构精简，管理人员优化；推动人员向生产一线、经营一线流动；坚定不移内涵挖潜，大幅压缩劳务派遣用工、劳务外委。未来几年，各业务单元职工工资增长应当主要通过人工成本投入产出效率、劳动生产率等指标对标提升进行调整，突出引导各权属公司提高效率的管理导向。

（四）用高水平对标提升促进高质量发展

2021年，集团公司将启动“全面对标、系统提升”行动，在战略管理、组织管理、运营管理、财务管理、科技管理、风险管理、人力资源管理、信息化管理等八个领域开展对标提升。利用三年时间，形成管理理念、管理文化、管理能力和水平更加先进，各产业板块运行效率、盈利能力、盈利质量、营运能力等关键和核心指标接近或达到国内领先水平，综合竞争力达到行业优秀水平行列。要找最优、对最好、争最佳，在对标对象选择、对标内容确定、提升路径设计、总结评价优化等几个方面，坚持高标准、高起点、成体系。要把“实”贯穿对标提升行动，做到系统谋划求实、专业管理务实、过程推进做实、责任主体压实、对标考核砸实，成效实实在在。要把“全”贯穿对标提升行动，全方位、全过程、全工序、全员参与对标提升，激发全要素活力动力。要把“长”贯穿对标提升行动，建立“动态对标、精准对标、全面对标、系统提升”长效机制，抓重点、补短板、强弱项，优化资源配置，提升效率、效能和效益。近期，集团公司将制定下发《全面对标系统提升行动指导意见》，明确三年总体目标和年度节点目标。2021年，企业发展质量、效益明显提升，管理水平在现有基础上要有明显进步。各权属公司、总部各部门要按照方案要求，切实发挥主体责任，细化分解落实，确保各项任务目标全面实现。

（五）用系统风险防控保障高质量发展

骨头再硬也要“啃”。随着外部环境

和条件的持续优化，集团公司决定2021年开展“六大存量攻坚战”，重点对应收款项、财务核销、账销案存、长期挂账不转资、审计及巡察发现问题逐步化解等。“六大存量攻坚战”是集团公司打通堵点、清除痛点的重要举措，是治理体系和治理能力现代化水平提升的本质要求，是促进公司高质量发展的必然选择。要提高站位，准确理解和把握打好“六大存量攻坚战”的重要意义，各有关部门和权属公司要明确任务、清楚责任、上下贯通、左右联动，制定完善攻坚方案，推动工作扎实开展。认真梳理存量问题，分析对集团公司整体运行影响，既要把问题说清说准说透，更要保证在问题解决中风险可控。2021年全集团要大幅度完成攻坚任务，能在年内全部完成的，力争全部完成；问题复杂、难度极大的，要实质性地攻坚解决不低于40%~50%。要用不超过三年时间根本性地解决各类存量问题。存量问题攻坚任务重、难度大、要求高，攻坚方案要建立定期调度机制，确保有序开展、高效推进；要明确具体保障措施，建立激励约束机制，纳入责任制考核。

（六）用问题导向引领高质量发展

企业发展的不同时期，所面临的主要矛盾不同。“十三五”时期，集团公司干成了一批打基础利长远的大事，实现了一系列具有标志性意义的突破，改革发展取得累累硕果，特别是较好地回答了“山钢何以立世”“当市场回归到吨钢盈利只有100~200元的时候，我们怎么样”的命题，在部分关键领域塑造形成了比较优势。“十四五”新征程刚刚开启，我们仍要善于向前展望，切实增强工作的全局性、前瞻性和预见性，作出科学预判，把握工作主动。要旗帜鲜明地强化问题导向，抓住关键问题，着力推动解决，确保赢得主动、赢得优势。高质量发展是未来中国经济社会发展的主旋律，面对新形势新任务新机遇新挑战，全集团要思考“当市场容量只有五六亿吨的时候，我们怎么样”“面对碳达峰、碳中和目标要求，我们如何应对”这两个命题，若能求解成功就会迎来山钢新的辉煌。

三、深度推进市场化改革，为全集团高质量发展奠定坚实的制度基础

开启全面做强的新征程，山钢集团要想始终保持发展的动力活力和经营的韧劲，必须推动治理体系和治理能力现代化，核心仍是要用好市场化改革这个关键一招。没有深度的市场化改革就没有山钢高质量发展全面做强的新征程。

（一）时代呼唤深度推进市场化改革

2020年我国国内生产总值首次超过100万亿元。从1986年的1万亿元，2000年的10万亿元，到今天的100万亿元，是党领导的改革开放这一伟大事业创造了让世界瞩目的辉煌。回顾历史，1978年改革开放开始到1984年7年的时间，在围绕搞计划经济还是搞市场经济的争论中，改革进入“深水区”，十二届三中全会，中央提出“有计划的商品经济”，为接下来的市场经济改革打开了突破口。中共十四大正式提出建立社会主义市场经济体制的改革目标。随后进行的国企改制打破了资源的配置方式，由以行政手段配置资源为主，向以市场配置资源为主转变，国企自主经营、自负盈亏，与民营企业同场竞技。这一推墙入海的“阵痛”之举，为我国市场经济改革破除了巨大障碍。之后，市场逐步发育，市场机制在资源配置中的调节范围不断扩大，调节程度不断增强，生产资料、消费资料及劳务的价格由市场供求来决定。在这个过程当中，有的国有企业倒闭，有的国有企业改制，更多的国有企业逐步成为适应市场的法人实体和竞争实体，

公司治理意识、市场意识、竞争意识不断提升。原济钢、莱钢成为其中的佼佼者，迅速成长壮大，山钢现在发展的基础、改革的基础，甚至解决复杂疑难问题的基础也来源自这里。进入新时代，以习近平同志为核心的党中央坚持改革开放，2017 年 10 月 18 日，习近平总书记在十九大报告中指出，要加快完善社会主义市场经济体制。经济体制改革必须以完善产权制度和要素市场化配置为重点，实现产权有效激励、要素自由流动、价格反应灵活、竞争公平有序、企业优胜劣汰。2020 年 4 月、5 月，《中共中央、国务院关于构建更加完善的要素市场化配置体制机制的意见》《中共中央、国务院关于新时代加快完善社会主义市场经济体制的意见》相继印发；6 月中央深改委审议通过《国有企业改革三年行动方案（2020—2022）》。这为新时代国有企业深化市场化改革指明了方向，必将极大地促进提高国有企业不断提升活力、竞争力、影响力、控制力、抗风险能力。

（二）形势倒逼深度推进市场化改革

回望来路，总结经验、反思教训，集团公司必须深度推进市场化改革。2015 年 12 月 5 日，新班子上任后召开第一次改革发展座谈会至今，集团公司始终坚定不移大力推进市场化改革，从放权到位、激励到位、监督到位的国有资本投资公司改革，到工资总额管理办法、经理层任期制契约化管理等，市场化理念、市场化手段、市场化氛围在全集团逐渐培育、壮大、生根结果，才有了我们“十三五”取得的丰硕成果。市场化对山钢集团发展进步的巨大促进作用我们深有感触，已经讲了太多次，今天不再总结。反思问题可能更能说明问题。过去短短十几年，我们有着深刻的教训：集团公司出风险不少、为何风险管控效果不理想？为什么总资产收益率很低、资产仍然过度膨胀？为什么很多投资效果并不好、大家投资的积极性又异乎寻常的高？投资决策为何频频失误、投资失误后为何就能导致难以挽回的巨额损失？有的子公司风险累积到了无以复加的状态，为何不能制止甚至都发现不了？不一而足。市场经济不是完美的制度，但是市场经济是目前最好的制度、最为有效的制度！这些问题的出现原因是多方面的，其中之一是我们的制度供给存在缺陷，我们对集团化运作研究不深、认识不清、管理能力和水平不足。随着国有资本投资公司改建的不断深化，如何使集团内部各级法人真正成为市场竞争的主体成为急需突破的一个重要课题。现在母子公司职能定位已经清晰，但母公司干预仍然过多、子公司对母公司依赖性过强的局面依然没有彻底改变，集团母公司和个别优质子公司承担着更多风险和责任。关联交易不规范、很多同志把内部协同想象成内部让利；“能”者多劳不能多得甚至“被平均”、不“能”则“啃老”还心安理得；没钱就伸手，借了钱进入资金池则美其名曰“自有资金”；责权利不匹配，有些同志只追求“官”关心“位”，而不上心“管”用心“做”。可以设想如果没有那些国有资产损失和流失，现在的山钢将是行业内最具竞争力的企业，山钢每名职工每年可以多发几万元的薪酬。经验和教训告诉我们，国有企业管理永无止境，国有企业的市场化改革永无止境。

（三）用有效制度供给深度推进市场化改革

要继续沿着市场化的方向，拓展改革深度、加大改革力度、加快改革进度，让各权属公司在大海中学习游泳，在市场上经风雨、见世面、受磨砺、长本事、快成长。当前就是要让自主经营、自负盈亏、自担风险、自我发展、自我约束“五自”真正落实落地。现在，时和势的条件正快速具备，更坚定了我们深度推进市场化改革的信心和决心。

集团公司和子公司都是市场竞争的主体，都是有限责任公司。集团公司要依据市场化规则配置资源，在符合企业定位的前提下，哪个产业市场回报率高就将劳动、资本、土地、知识、技术、管理、数据等要素资源投向哪个产业，管好资本、管好股权而不是管企业的具体业务运行；同时作为股东决定分红政策、获得投资回报。子公司是市场竞争的主体，与社会上其他市场主体平等参与市场竞争，提高竞争力，实现效益最大化；在效益和效率提升的同时按规则提取职工工资总额并自主进行分配。深度推进市场化改革，主要做好以下三项制度制修订工作，用制度约束行为，强力推动子公司运营方式、理念、思维转变。

加强分红管理，在管理思路和工作着力点上实现转变。制定持续、稳定、合理、透明的分红制度，突出资本创效。经营水平高要体现在分红上，有分红才有资源配置，才有国有企业布局结构调整。集团公司上半年要研究制定出台各级法人利润分配办法，各级法人原则上都要分红，先分红后投资。要关注资本合理流动，纠正各种资源错配，把资源投向效益好、回报高、潜力大、分红意愿强、成长性佳的产业公司。对盈利能力差、没有分红能力的企业要分析投资价值，强化刚性约束，限期提升运营质量，否则研究启动退出机制。各权属公司要切实增强股东回报意识，提高分红的自觉性。要建立明确的分红计划并纳入全面预算，按月提取分红资金，保证国有资本保值增值。

加强担保管理，在管理思路和工作着力点上实现转变。修订完善《担保管理办法》。集团公司在以往操作过程中强调担保收费，初衷是想通过市场化的手段减少各级法人在资金融通上对集团公司的依赖，鼓励各级法人依靠自身信誉从社会上融资。但对多数权属公司触动不深，需要资金就向集团写报告、要融资就要在集团内部寻找担保。以后原则上企业母公司与子公司之间、内部法人之间不再提供担保，这是防止企业外部风险内部化的最有效办法，可以杜绝历史教训重演。中央企业、省内山东重工等优秀企业也是这样的做法。我们要尽可能一步到位，有条件的例如山钢股份，集团不再提供担保，股份内部也不能互相提供担保；确有困难的也可以设立过渡期，但过渡期一定要短，过渡期内存量担保也要逐年压缩。对集团公司着力发展的核心主业，为了支持其快速发展，初期可以提供担保，但要严格控制，必须十分慎重。若提供担保事后证明决策失误也要承担决策责任。现在要着手舆论宣传，各权属公司特别是单位主要负责人抓紧调整思路、在行为上对接，提前模拟不同场景下的工作办法。总之，集团公司作为有限责任公司不再承担无限责任。

加强资金管理，在管理思路和工作着力点上实现转变。修订完善《资金管理制度》。当前全集团继续做好资金统筹运作，盘活存量资金，挖掘沉淀资金，优化融资结构，提高资金使用效率，确保资金链安全。同时明确各权属公司资金融通主体责任，鼓励各权属公司自力更生，自己的日子自己过，自己的日子好好过。一个企业的价值必须用市场机制去评判，放到社会上去检验。权属公司要依靠自己的信誉和能力，在市场打拼，适应优胜劣汰。需要资金，社会上无人提供或有人愿意提供但需要集团担保，就说明社会不认可，就是不具备竞争力。集团公司将逐步取消统借统还，从现在起原则上各子公司从集团公司的借款不得增加，存量借款要快速压缩；原则上取消委托贷款。鼓励各子公司选用集团公司内部的供应链金融产品，但必须规范运作，谨慎利用内部优质资产用于融资担保，有效防范风险。

上述三项工作今年上半年要完成。

改革不断推进，利益关系的触及越来越深，短期的阵痛不可避免，但都是为了解决高质量发展道路上所面临的难点、痛点、堵点。通则不痛，希望大家正确理解。深度推进市场化改革，目的就是要打破高水平大锅饭，就是要防范教训重演，就是要压实各级管理人员的责任，调动职工发挥主人翁作用的积极性；相信没有了集团公司托底，各权属公司会压力变动力，动力更强劲；各级管理人员要有责任感、紧迫感、压力感，对事业负责、对职工负责；广大职工要加大对各级管理人员的监督，通过职代会、干部评议等方式给各级管理人员以压力，这是职工的权力，因为涉及职工的切身利益；只要大家齐心协力，企业一定可以发展得更好。

以上思考希望大家一起讨论，在具体操作时进一步优化完善。同时也要注意防范因“刹车”“转弯”过急出现偏差，但是求稳怕乱、不向前推进是不负责任的。

春节临近，安全管理、疫情防控、廉政建设、帮扶慰问和送温暖等工作都要精心组织安排，近期作了系统安排，要切实压紧压实责任，按照既定的部署有序抓好落实。

同志们，新担当承载新时代，新作为闪耀新征程。让我们在习近平新时代中国特色社会主义思想的指引下，在开启全面做强新征程目标的鼓舞下，只争朝夕、勤勉工作，真抓实干、锐意进取，以崭新的姿态、优良的作风乘势而上，育先机开新局，为全面建设社会主义现代化国家贡献力量，以优异的成绩向建党100周年献礼。

坚持创新驱动　深化改革赋能
在“强”起来新征程中全面构筑企业发展新优势

——在集团公司科技创新会议暨2021年第一季度工作会议上的讲话

党委副书记、总经理　陶登奎

（2021年4月13日）

同志们：

创新决胜未来，改革关乎国运，科技领域是最需要不断改革的领域。放眼全球，科技创新进入空前密集活跃时期，新一轮科技革命和产业变革方兴未艾，正在重构全球创新版图、重塑全球政治经济结构。2021年年度工作会议上，集团公司作出了开启“强”起来新征程的重要部署和实践要求。当前，集团上下正凝心聚力、真抓实干，在“强”起来的新征程中积极作为，书写新的“答卷”。“强”起来的山钢，必须更加突出创新在企业深化改革、推动发展工作全局中的地位；“强”起来的山钢，必须更加充分用好科技创新这个第一动力，让创新创造的源泉充分涌流；“强”起来的山钢，必须更加依靠科技创新应对前进道路上的风险挑战，为山钢跨越式发展、高质量发展注入新的动能。为此，经集团公司研究，今天我们召开科技创新会议暨一季度工作会议，总结工作，表彰先进，部署任务，营造崇尚科学、鼓励创新、尊重人才的良好环境，用改革的方法推动科技创新，在“强”起来的新征程中，全面构筑山钢集团改革发展的新优势。

当前，科学技术作为第一生产力的地位和作用更加突出，创新已成为最显著的时代特征。国家需要创新，行业需要创新，山钢更需要创新。集团公司实现“强”起来，科技创新要率先“强”起来。刚才，侯军董事长从践行国企责任、应对行业变局、企业自身实际三个方面，对推动科技创新工作的必要性、紧迫性和重要性作了深刻阐述；从聚焦国家需求、深化科技改革、夯实人才基础、推动开放合作四个维度，对做好科技创新工作指明了前进方向；从坚持和加强党的领导，对保障科技创新工作提出了具体要求。全集团要深入学习领会、贯彻落实董事长的讲话精神，增强“等待观望不得”的紧迫感、“慢进就是退”的危机感、奋起直追的责任感，全力推进科技创新再上新台阶，取得新辉煌。

“在科学上没有平坦的大道，只有不畏劳苦沿着陡峭山路攀登的人，才有希望达到光辉的顶点。”全集团科研人员要树立敢于创造的雄心壮志，敢于提出新理论、开辟新领域、探索新路径，真正从内心深处保持本真、崇尚务实，大力弘扬追求真理、追求创新、追求卓越的专业精神、奋斗精神、进取精神。要真正沉下心来、扑下身子，心无旁骛做研发，盯住制约企业改革发展的难点、痛点、堵点、瓶颈，坚持以需求引领，靠项目开路，创新争先，突破关键技术，引领前沿技术。广大干部职工要向先进典型学习，弘扬创新精神，坚定创新自信，勇攀科技高峰，为集团公司推动高质量发展、加快实现“强”起来作出新的更大贡献。

下面，结合一季度的工作运营情况和调研情况，就着力推进的几项具体工作，讲几个方面的意见。

一、坚定信心，顺势而为、乘势而上，企业运行保持了良好的发展势头

进入2021年，集团公司坚决贯彻落实中央和省委、省政府决策部署，以崭新姿态深入贯彻落实年度工作会、一届三次职代会的各项工作安排，扭住塑造比较优势这条主线，统筹改革发展稳定的关系，各产业板块争先竞优趋于活跃，发展的动能持续增强，广大干部职工干事创业的正气充盈，企业运营水平和经营韧劲显著提升，全集团保持了和谐稳定的良好局面，实现了开好局、起好步。

经营绩效显著提升。一季度营业收入、利润总额、净利润、归母净利润四项指标相互协调、改善显著，较上年同期大幅跃升。钢铁板块贡献持续上升，增利达到9.68亿元，创近几年来首季最高利润水平；矿业板块增利2.12亿元，金融等其他板块盈利都有所提升。盈利结构呈现出积极变化，归母净利润提升为做强做优做大国有资本奠定坚实基础。强化资金管理，防范债务风险，融资渠道进一步拓宽。运营质量明显改善。一季度，生产稳定顺行，铁、钢、钢材产量保持稳定，钢产量较上年同期增加14.31万吨。生产原矿112.2万吨，完成进度计划的102.93%；生产铁精粉78.18万吨，完成进度计划的100.98%。一季度生产方面最大的亮点是日照公司1号高炉一举突破日产1.2万吨，结束了日产量长期低位徘徊的局面。冲破思想上的桎梏迎来宽阔天地，为我们如何突破提供了鲜活的实践和事例。研发投入保持刚性增长。进一步完善科技创新体制机制，一季度研发费用8.81亿元，较上年同期的4.86亿元增加3.95亿元，增幅达到81.24%；研发费用占营业收入比重1.6%，较上年同期增加0.45个百分点。进一步提高政治站位，切实增强安全生产

责任感、紧迫感、使命感。开展安全大排查大整治专项行动，从集团公司领导到各级管理骨干深入现场安全督查，层层传递压力、压实责任，全集团安全形势保持稳定。

重点工作全面铺开。“全面对标、系统提升”行动深入开展。制定下发《指导意见》，各产业板块迅速行动，细化分解落实，聚焦运行效率、盈利能力等关键和核心指标，选择对标对象、确定对标内容、设计提升路径，敢于跟强手比、善于向高处攀、勇于与一流争，对标找差，突破自我、奋力赶超。“数智山钢”纵深向前。《关于加快推进钢铁产业智能制造提升工作的实施意见》正式印发，41 项智能制造提升项目启动，累计投资超 3 亿元，一大批集中监控项目正在积极推进。《钢铁主业智能制造初步方案》编制完成；日照公司成功入围山东省省属企业数字化转型试点示范样板企业。绿色低碳统筹推进。坚定不移落实党中央关于碳达峰、碳中和重大决策部署，加快低碳转型。启动《绿色低碳发展行动方案》编制，开展专题工作调研，南下宝武、沙钢、三钢，北上河钢、首钢、鞍钢等企业考察，学习借鉴兄弟单位在绿色低碳发展方面的思路和经验。碳盘查工作部署展开，探索研究绿色低碳发展技术路径、管理机制及碳管理体系。日照公司获 2020 年度“中国钢铁工业清洁生产环境友好企业”荣誉称号。“六大存量攻坚战”起步良好。以坚决不把历史遗留问题再遗留给历史的勇气担当，积极处置和化解历史遗留问题。一季度资产减值准备核销压减 4. 45 亿元；非正常债权处置压减 5. 25 亿元；权属二级公司完成项目长期挂账不转资存量 84 项；完成省审计厅审计发现问题整改 8 项；巡察发现问题整改完成全部任务的 70%。

总体来看，一季度，集团公司准确把握经济发展的大势、行业发展的趋势、自身发展的态势，各项工作起步较早、进入状态较快，取得了不错的成效，可以说在“十四五”开局之年呈现了新气象，取得了新成效。但我们也要看到，在“强”起来的征程中，科技创新的支撑作用发挥还不够，劳动生产率问题越来越突出，资产负债率仍是居高不下，存在这些问题，是由于我们还没有用改革的思路和方法大刀阔斧进行深层次变革；在调研过程中，也发现有的单位领会集团公司的决策部署不到位，全面对标工作参差不齐，“双降双提”工作开展不平衡，主动改革的意愿不强烈；安全生产基础还不牢固，安全责任落实不严不实，对安全制度、上级要求还存在执行不到位，搞变通、打折扣。这些现象有的是老问题，有的是老问题出现新情况，大家要高度重视，牢固树立“有解思维”，思危思进、只争朝夕，坚定信心、主动求变，努力保持来之不易的良好发展势头。

二、辩证思维，找准定位、把握主动，抢抓提升发展能级新机遇

山钢的发展正处在一个关键的时期。开启“强”起来的新征程，我们既面临发展的瓶颈，也面临艰巨的改革任务，还要适应国家治理体系和治理能力现代化提出的新要求。面对严峻复杂的内外部形势和工作中新情况、新特点、新任务，必须不断增强辩证思维能力，坚持全面、系统的观点认识事物，抓住主要矛盾和矛盾的主要方面，提高驾驭处理复杂问题的本领，系统谋划、统筹推进山钢集团改革发展。

年度会议上，集团公司提出要深入研究和回答“当市场容量只有五六亿吨的时候，我们怎么样”“面对碳达峰、碳中和目标要求，我们如何应对”这两个命题。现在来看，尤为紧迫、尤为重要。

要在钢产量增长的逻辑中找准定位、把握主动。随着钢铁需求回暖，我国钢产量似乎跨过了前期的产量峰值，重新恢复了增长态势。但从我国钢产量增长的逻辑来分析，不符合客观规律。2014 年到 2016 年，我国粗钢产量同比增幅分别为 1.13%、-2.25%和 0.47%，连续三年同比几近零增长，已经形成了实际产量峰值。从全球钢铁行业发展历史分析，还没有哪个国家或地区在非战争和经济危机的背景下，在连续三年零增长或负增长之后，成功突破这一产量峰值。而我国钢铁行业之所以能突破，客观上看是独特的国内外经济形势所致。之前多次会议，我们都分析和看准了这一点。面对中美贸易战、科技战带来的严峻形势，面对突如其来的新冠肺炎疫情带来的新挑战，中央审时度势，提出构建双循环发展格局，地方政府加大了基础设施投资力度，国内钢材需求明显增长。与宏观经济格局相对应，国内钢铁产业在供给侧结构性改革影响下，经济效益修复，产业无序竞争缓解，企业大规模兼并重组。新的格局形成之后，钢铁企业又重新具备了扩张的能力、唤醒了做大规模的愿望。这就是我国钢产量近几年增长的逻辑。我们必须十分清醒，“高处不胜寒”，国内钢铁需求明显已被透支，在当前产业链利润分配格局向上游倾斜以及我国将在 2030 年前实现碳达峰的大背景下，钢铁行业产量大幅增长显然是不明智的。因此，今年 4 月 1 日，国家发展改革委、工信部联合研究部署 2021 年钢铁去产能“回头看”检查以及粗钢产量压减两项重点任务，工作力度将全面加严。我们要高度关注市场有可能风云突变，要立足现有基础，全系统提质增效，全方位集聚要素，全过程塑造优势，超前谋划回答“当市场容量只有五六亿吨的时候，我们怎么样”的命题。

要在资源环境约束的条件下找准定位、把握主动。在联合国呼吁下，全球已有上百个国家作出了实现碳中和的承诺。碳中和不仅是一次世界经济的产业升级革命，更可能是一场国际关系的重新洗牌。中国特色社会主义进入新时代，环境容量、能耗总量、土地等制约明显增强，特别是碳达峰、碳中和的提出，无法继续支撑我国钢铁行业进一步扩大规模、提升产量，钢铁企业逐步进入诸多约束条件中寻找生存空间和发展机遇的新发展格局中。总书记强调，“实现碳达峰、碳中和是一场广泛而深刻的经济社会系统性变革，要把碳达峰、碳中和纳入生态文明建设总体布局，拿出抓铁有痕的劲头，如期实现 2030 年前碳达峰、2060 年碳中和的目标”。有关领导提出，中国钢铁行业将加快落实推进碳达峰、碳中和工作，力争到 2025 年钢铁行业率先实现碳达峰。中国宝武、河钢集团等企业已率先行动。碳达峰、碳中和既关乎生存，更关乎发展。集团公司这几年在绿色低碳发展方面作了大量的工作，“十三五”期间，投资 78 亿元实施环保深度治理和提标升级改造，特别是去年环保绩效考评中取得了“3A3B”的好成绩，形成了比较优势，为开展“双碳”工作奠定了良好的基础。对于山钢这样负责任、有担当的国有企业来讲，在市场更加有公平，更有秩序的生态中，有利于把握资源配置的主动权、优先权、话语权，所以碳达峰、碳中和是挑战更是难得的机遇，是本质性利好。

要在日趋激烈的竞争中找准定位、把握主动。企业面临的挑战越来越大，纵观整个钢铁行业，群雄奋起，国有企业逐渐“觉醒”，民营企业“胃口越来越大”，竞争日趋激烈。4 月 9 日，中钢协召开了一季度经济运行座谈会，通报了钢铁行业运行情况。与会人员一致认为，产销两旺、经营效果较好，实现了“开门红”。从已经业绩预告的 7 家钢铁上市公司来看，净利润同比增长幅度上限均超过了100%。鞍钢股份一季度归属于上市公司股东利润13.5亿元。首钢股份约为11亿元。重庆钢铁一季度净利润增加约10.8亿元。尽管近几年集团公司改革发展取得较大进步，但应该认识到，盈利基础还不牢固，比较优势还不显著，一些改革成效还没有被完全固化。百舸争流中奋楫者先。形势不容许我们有松一松、等一等的想法，我们更没有缓一缓、歇一歇的资本。比对手跑得快才叫快。各权属公司必须树牢"比较优势、分位值"思维，全力奔跑，不遗余力，做到极致，走在前列。

三、突出重点，几项重点工作要赶早突破

关于2021年的工作，为了便于大家容易记忆，我们用"13368"简单概括。"1"就是突出塑造比较优势这条主线，开展"全面对标、系统提升"行动；第一个"3"是突出内涵式发展这个核心，系统做好"绿色、智慧、效率"三项重点工作，这是钢铁行业运行的主旋律；第二个"3"是突出深度市场化改革这个关键，强化"分红、担保、资金"管理；"6"就是围绕历史遗留问题处置这个抓手，化解6个方面的存量；"8"就是集团公司一届三次职代会确定的8项主要预期目标。以上这些工作，总体部署已经下达，集团公司要时刻关注新进展，掌握新动态，各主责部门单位要时刻抓在手上，抓紧抓实，二季度展开全面督查。当前，以下几项重点工作要实现新突破：

一是全面对标、系统提升要实现新突破。"全面对标、系统提升"行动是未来3年集团公司的管理主题。目前，行动指导意见已经下发，汇总行动手册即将执行。对标就是目标导向，找差就是问题导向，创行业一流就是结果导向。集团上下要积极行动起来，以实现价值链流程最优、效益最大、效率最高、成本最佳为着力点，努力找出管理、生产、运营等方面的差距，加以弥补，实现从赶超标杆到成为新标杆。要在纵向贯通上下功夫。集团顶层设计与各级分解落实贯通起来，上下同欲，目标趋同，各有侧重。对标找差要层层落地，每一级、每道工序、每个岗位都建立相应的对标体系，确保落实到工序、岗位。要在管理融通上下功夫。对标找差与先进的企业管理工具相融合，要认真思考对标找差与商业计划书、管理报告、组织绩效评价、奖惩兑现等各项工作的内在联系，使体系建设更加完备。要有客观全面的自我认知。集团公司目前还没有一家"头部"产业，因此不存在无标可对的企业，各公司要有"凡是找不到对标企业的单位，都是没有生存资格的单位"的意识。眼中无标杆、心中无措施、手中无抓手，自己都不知道自己是干啥的，怎么可能生存?!要真对标、对真标，首先要看到差距承认差距，要有强烈的紧迫感和责任感，确定工作方向，找准提升路径，从而在竞争中赢得主动、实现赶超，决不能甘为人后。要全员参与。古人云，"以天下之目视，则无不见也；以天下之耳听，则无不闻也；以天下之心虑，则无不知也。"一定要牢固树立全心全意依靠职工办企业的思想，发动职工参与对标、发动职工进行业务监督。集团公司二季度会后要围绕"全面对标、系统提升"行动召开交流会，反对形式主义官僚主义，对标材料不要洋洋洒洒，只需说明标杆是谁、差距在哪、如何赶上、需要多少时间、作了哪些工作等即可。实实在在，简简单单，工作究竟如何，一目了然。

二是绿色发展、低碳发展要实现新突破。做好"双碳"工作，时间紧、任务重。全集团要坚定不移按照"双碳"要求，由过去的“靠碳发展”向“减碳发展、脱碳发展”转向。要前瞻性地预留发展空间。过去多少年讲“碳排放权就是发展权”，现在实施碳达峰、碳中和不是给发展设置“天花板”，而是要推动高质量发展。资源能源高效运用就是低碳行为。要强化战略引领，加强顶层设计，抓紧制定“十四五”发展规划，明确包括日照钢铁精品基地二期在内的钢铁产能规模目标和实现路径。现有产线要按照极致思维的要求，尽快挖掘和释放潜力。要深入研究集团公司碳资产管理的体制、机制，建立完善碳排放管理体系和碳资产管理体系。要积极参与钢铁生产国际大循环，关注废钢、钢坯市场，探索实施废钢、钢坯进口常态化操作，优化各工序原料配置。要紧密跟踪研究行业及政策动向。目前，中国宝武公布碳达峰时间是2023年，河钢集团公布2022年实现碳达峰，两家企业都将在今年完成碳达峰路线图制定。德龙集团和新天钢提出了“打造钢铁行业低碳冶炼标杆”的目标，要早于行业一年完成碳达峰。行业碳达峰、碳中和方案即将推出，要密切关注钢铁行业动向，争取工作主动。要关注与绿色低碳发展有关的财税、价格、金融、土地、政府采购等政策，最大限度享受绿色低碳红利；要研究碳中和债，关注绿色金融、绿色投资；特别要研究碳配额形成机制，配额是稀缺资源（欧盟碳价格在过去三年一直徘徊在每吨7欧元左右，而最近已快速上涨至40欧元，有人预计十年内碳价格可能上涨至三位数）。要敏锐捕捉前沿技术。积极融入全球低碳冶金创新联盟和中钢协低碳推进委员会等各类联盟机构，密切关注绿色低碳技术创新的发展方向，敏锐捕捉低碳技术创新，主动跟踪、研究和应用清洁能源替代、氢能炼钢、纯氧冶炼、碳捕集等前沿低碳技术。要关注中国宝武八钢富氢碳循环高炉等实验项目的进展。要精准把握工作节奏。按照碳排放达峰、稳步下降、较大幅度下降、深度脱碳四个阶段逐步推进。坚持从绿色制造、绿色产业、绿色产品、绿色采购、绿色物流、绿色矿山等方面实施全流程全方位绿色低碳发展。结合集团公司产业布局，巩固提升环保评级成效，因地制宜明确达峰时间、制定实施路径方案。山钢股份要率先制定碳达峰、碳减排路线图。日照公司要在全省率先实现全流程超低排放的基础上，继续创造性开展工作，为集团公司其他产业提供经验。莱芜新旧动能转换项目完成后，要着力打造低碳发展的精品工程（尽快碳达峰、积极碳减排、贡献碳中和；增量靠运筹、存量靠速度）。

三是高科技企业创建要实现新突破。集团公司把创建高科技企业作为推动高质量发展的总抓手，正在摸着石头过河，探索一条内涵式发展、做强做优之路。要加强顶层设计与配套衔接。集团公司《创建高科技企业纲要》已经出台，并跟紧提出了启动创建高科技企业的具体要求，各权属公司要做好配套衔接，确定创建内容、规划主要路径、建立评价保障体系，形成契合实际、各具特色的创建高科技企业的实施方案。集团公司做好把关，审核后统一发布。要快速推开智能制造项目。全面贯彻落实《关于加快推进钢铁产业智能制造提升工作的实施意见》，围绕莱芜区域升级改造和日照钢铁精品基地智能化提升两个主战场，钢铁主业、山信软件要协同配合，完善顶层设计，优化实施方案，“点线面台”四个层级同步启动，压茬推进智能制造项目提升工作。信息化管理办公室、山钢股份、山信软件要梳理成熟的技术与成果，列出清单，抓紧推开，强势推进。钢铁主业确定的智能制造项目要尽快落地。要打造数字化示范样板。推动新一代信息技术与制造业融合发展、打造数字经济新优势。2021年省国资委将以智能制造、智能现场、智慧服务等为主攻方向，组织能源、化工、制造、冶金等重点省属企业建设10个数字化转型试点示范项目，定期跟踪项目进展。集团公司要着力研究数字经济，开展“打造数字化示范样板”重点工作，切实推动数字化转型，在核心领域实现重大突破。要依托山东国有企业数字化转型联盟，针对行业发展趋势和企业实际需求，与联盟成员在数字化转型领域共建新型研发平台，进行课题研究，提升数字化创新研发水平。2021年，建成融入数字化、智能化基因的行业示范标志性产线，形成具有山钢特色的智能制造系统解决方案是职代会作出的安排，信息化管理办公室要把工作项目化、具体化，形成具体的措施，科学推进。

四是深度市场化改革要实现新突破。“制度是带有根本性的东西”。年度会上集团公司对深度推进市场化改革作了充分的阐述和细致安排，核心就是要用有效制度供给深度推进市场化改革，鼓励和倒逼各权属公司回归市场竞争主体定位，走市场化发展的道路，走高水平的自力更生、艰苦奋斗之路。自力更生、艰苦奋斗是我们党在领导革命、建设、改革长期实践中，凝练形成的宝贵精神财富。几十年来，自力更生、艰苦奋斗也是支撑一代又一代山钢人苦干实干、顽强拼搏、闯关攻坚的精神内核。集团公司深度推进市场化改革，需要倡树自力更生、艰苦奋斗的精气神。目前集团公司市场化运营水平存在“不平衡、不充分”，以金控公司、国贸公司为代表，持续全面深化改革攻坚，继实施市场化选聘契约化管理之后，蹚开了职业经理人新的运营生态。从近几年的情况来看，两家公司在市场上摸爬滚打，历练本领，企业运营质量非常好，绩效始终保持在高水平。更难能可贵的是，干部职工在市场的风雨中经受磨炼，开阔了眼界、增长了见识、锤炼了本领，体现了价值。不经历风雨怎么能见到彩虹？一味等靠要，市场功能、创新能力怎能不退化，工作激情、干事劲头怎能不消退？一味依赖背靠大树，怎能以我为主、茁壮成长，不成为“温室里的盆景”？市场规则没有“就应该”。自力更生、艰苦奋斗对于集团而言，就是要坚持市场化改革不动摇，加快完善市场化经营机制，把劳动、资本、土地、知识、技术、管理、数据等要素资源投向效益好、回报高、风险低的高地。自力更生、艰苦奋斗对于权属公司来讲，就是让自主经营、自负盈亏、自担风险、自我发展、自我约束“五自”真正落实落地。而不是一条腿已经迈进了充分竞争的市场，一条腿仍僵在原地，思想、思路、方法仍都跟不上市场的节拍。市场面前人人平等，就是要自己的日子自己过，自己的日子好好过，切实做到身在市场、心入市场。自力更生、艰苦奋斗是我们实现“强”起来的雄厚底气，不管市场如何变化，我们都要保持定力，坚如磐石，始终坚持自力更生、艰苦奋斗，把山钢的事业不断推向前进。

要高度重视疫情防控、安全生产、信访稳定等工作。疫情防控绝对不能放松。要进一步提高政治站位，层层压实责任，不折不扣落实好上级各项疫情防控要求；要进一步强化常态化疫情防控，科学精准将各项举措落实落地；要强化疫情防控有关要求的宣传，形成防控合力。安全生产绝对不能放松。充分认识当前安全生产严峻形势，进一步强化主体责任、一岗双责落实，充分发挥好安全总监的作用，确保责任到位；要深入开展安全隐患大排查大整治行动和安全生产专项整治三年行动，聚焦重点领域、薄弱环节集中发力；要对任何违法违规行为零容忍、对任何弄虚作假行为零容忍，形成刚性约束。信访稳定绝对不能放松。随着改革的逐步深入，要关注和解决好改革过程中的职工思想问题，坚持以职工为中心，对于职工诉求，属政策范围内的尽快解决，不符合政策的要做好解疑释惑，及时化解矛盾，切实维护职工队伍稳定。

同志们，路走对了，我们不畏遥远又何惧风雨。昂首站在"两个一百年"奋斗目标的历史交汇点上，信心满怀踏上"强"起来的新征程，历史的重担落在我们每个人的肩上，让我们坚定不移按照既定的目标，振奋精神、砥砺前行，推动企业实现高质量发展，以优异的成绩向中国共产党成立100周年献礼。

抢抓机遇　乘势而上
坚定不移逐梦世界一流　推动企业做强做优做大

——在集团公司第二届生态环境保护大会暨2021年半年工作会议上的讲话

党委副书记、总经理　陶登奎

（2021年7月25日）

同志们：

现在开会。进入7月份，两件大事为山钢集团明确未来发展方向，推进改革各项工作提供了遵循。一是7月1日，全集团各级党组织观看和聆听了习近平总书记在庆祝中国共产党成立100周年大会上的重要讲话。总书记的重要讲话是新时代中国共产党人不忘初心、牢记使命的政治宣言，是我们党团结带领人民以史为鉴、开创未来的行动指南。集团公司对持续深入抓好学习贯彻作了系统安排。二是7月14日，省国资委公告正在与中国宝武筹划对山钢集团的战略重组事项。在举国欢庆党的百年华诞，全党上下深入学习贯彻习近平总书记"七一"重要讲话的重要时刻，在山钢集团改革发展站在崭新起点，集中精力落实国家战略、逐梦世界一流，推动做强做优做大的关键时期，经集团公司党委研究，今天我们召开第二届生态环境保护大会暨2021年半年工作会。这次会议是落实习近平总书记生态文明思想、关于"碳达峰碳中和"重要指示的忠实践行，也是自觉扛起生态文明建设的政治责任，展现国有企业牢记"国之大者"的责任担当。同时，根据机遇与挑战发生的新的变化，集团公司依然延续将改革确定为半年工作会主要内容之一，进一步凝聚共识，深化改革，抢抓机遇，乘势而上，推动山钢集团在新征程中跻身头部企业，实现更高质量、更有效率、更可持续的发展。

登武同志代表集团公司作了生态环境保护工作报告，全面总结了集团公司"十三五"期间生态环境保护工作取得的主要成绩，指出了存在的问题和不足，对"十四五"及今后一段时期的绿色低碳发展工作进行了安排部署。我国钢铁行业已初步完成钢铁行业碳达峰实施方案征求意见稿，基本明确了行业的达峰路径、重点任务及降碳潜力。随后，集团公司将择机发布《绿色低碳发展行动方案》，明确"十四五"及今后一段时期绿色低碳发展的时间表、路线图和保障措施。实现碳达峰、碳中和是一场硬仗，各单位各部门要坚定不移贯彻新发展理念，着眼长远，兼顾当前，拿出抓铁有痕的劲头，按照要求抓好推进落实，推动企业绿色低碳转型，努力走在行业前列。

同志们，当前，绿色低碳成为今后经济社会发展最显著的时代特征，我国生态文明建设进入了以降碳为重点战略方向、推动减污降碳协同增效、促进经济社会发展全面绿色转型、实现生态环境质量改善由量变到质变的关键时期。刚才侯董事长在讲话中从更高站位充分把握碳达峰、碳中和的深刻内涵，更大魄力开创绿色低碳发展新局面，更强担当为实现高质量发展提供坚强保障等三个方面，对我们做好绿色低碳工作作了部署和安排，指明了前进方向，提出了具体要求。全集团要深入学习领会、贯彻落实董事长的讲话精神，进一步认清形势、认准方向、认同目标，增强绿色低碳工作的紧迫感、危机感、责任感；要积极“开展对标、明确指标、逐步达标”，以实际行动推动绿色低碳发展再上新台阶；要“严控增量、主动减量、优化存量”，以责任担当践行“双碳”工作历史使命；要按照“近期达峰、中期下降、远期中和”思路，构画“尽快碳达峰、积极碳减排、贡献碳中和”的美好未来，以山钢“强”起来的新作为融入发展新格局。

下面，结合上半年的工作运营情况，就着力推进的几项具体工作，讲几个方面的意见。

一、稳中求进，以进固稳，企业运行呈现稳中向好，进中求优的良好态势

进入2021年以来，集团公司坚定不移贯彻落实中央和省委省政府、省国资委决策部署，立足新发展阶段，贯彻新发展理念，融入新发展格局，深化供给侧结构性改革，紧紧围绕“13368”重点任务，精准施策，聚力攻坚，全集团绩效稳步攀升，改革不断向前，动能持续释放，韧劲显著增强，广大干部职工无惧挑战，砥砺前行，主动担当作为，有效应对外部环境深刻变化和艰巨繁重的改革发展任务，全集团各项工作全面发力、全面提速，用半年时间全面超额完成全年利润目标，交出了一份优异的答卷。

经营绩效稳步攀升。今年上半年，集团公司报表累计实现营业收入1304亿元、利润总额69.13亿元、净利润45.9亿元、归母净利润9.27亿元。四项指标均创出同期历史新高。集团公司二季度全集团月均盈利水平保持在20亿元左右。5月份单月盈利实际达到25亿元。日照公司净资产收益率4月份首次超过标杆企业近6个百分点。

从利润构成看，各产业板块主体活力释放，保持争先竞优态势。钢铁板块成为集团利润贡献的主动力主引擎，利润增长贡献率达到75%。山钢矿业、山钢金控、山钢国贸继续保持利润增长良好态势。山钢矿业累计实现利润总额增幅达到了208%；山钢金控增利0.5亿元，山钢国贸增利0.5亿元；莱钢改制子公司增利0.6亿元。山东耐材实现利润总额1785万元，超过年度预算目标，较上年同期水平增长近4倍。

从归母结构看，国有资本保值增值率实现快速跃升。上半年，集团公司累计实现归母净利润较上年全年水平增长超过80%。归母净利润贡献较多的单位，由以往的中泰证券、永锋钢铁变成了日照公司、银山型钢等山钢集团持股比例较高的单位，受此影响，山钢集团归母净利润占利润总额比例达到32%，较上年同期增长22个百分点。

从行业位次看，比较优势得到进一步

稳固。集团公司改革成效日趋显著，运营水平、创效水平已长时间保持在高位。根据中钢协反馈，截至2021年6月末，集团公司利税总额、利润总额在82家会员单位中分别位居第5位和第6位，较上年同期各前进一个名次。经营指标方面，集团公司主营业务毛利率、年化应收账款周转率、年化存货周转次数分别较上年水平提升4个名次、4个名次、5个名次。

生产运营高效顺行。在永锋淄博4月30日主工序停产完毕实施转移的条件下，钢铁主业牢固树立极致思维，建立负荷率指标体系，按照“一秒钟向社会贡献一吨钢”进行组织，生产效率保持较高水平。莱芜片区、日照公司钢产量稳定，一定程度上弥补了永锋淄博停产带来的产量影响。运营秩序保持平稳，特别是在国务院常务会两次聚焦大宗商品价格攀升后，集团公司理性分析形势，强化市场研判，沉着应对环境急剧变化、市场大幅震荡、产品价格断崖式下跌，有效防范大起大落，确保了工作节奏平稳。矿业板块克服因安全监管采矿停产，造成原矿供应不足的困难，生产铁精粉150.63万吨。生产耐火原料及制品15.36万吨，完成年计划的49.22%。

重点工作取得阶段性成果。国企改革三年行动方案系统落地，高科技企业创建统筹推进，“全面对标、系统提升”行动协调发力，“数智”山钢建设稳步开展，“分红、担保、资金”三项管理制度基本完成。实施“六大存量”精准攻坚，历史遗留问题逐步化解，企业经营风险进一步降低。资金链安全有效保障，上半年集团净归还债券151亿元。研发投入和研发费用持续增长，集团公司上半年共发生研发投入29亿元，同比增长10.1亿元，增幅54%；发生研发费用20亿元，同比增长8.4亿元，增幅72%。永锋淄博停产转移，临沂临港接续崛起，6月15日开始热试。永锋淄博2016年8月1日正式成立运营，2021年4月30日主工序停产完毕实施转移。期间累计生产铁693万吨、钢981万吨，钢材1147万吨，累计实现利润28亿元，上交税金16亿元，股东分红9亿元，临沂临港投资14亿元，投资收益率达到17%。资产负债率由成立之初的100%降至59.78%。

从上半年的运行情况看，集团公司的发展基础更加坚实，发展动能更加强劲，发展条件更加充分，企业运行呈现稳中向好，进中求优的良好态势，具备了系统提升、全面突破的一系列条件。质量性指标显著改善印证了可喜的成绩，但我们绝对不能沾沾自喜，更不能小富即满、小富即安。越是形势向好，越要增强忧患意识，越要居安思危，越要只争朝夕。从行业来看，上半年各大钢企都迎来大丰收，据统计，2021年上半年钢铁行业（中钢协统计的82家会员企业）利税增幅165%，利润增幅222%，山钢集团利税增幅116%，利润增幅201%。单从增幅上看，集团公司两项指标未跑赢大盘，主要差距在矿山资源。我们也认识到，连续五年的持续深化改革，取得了丰硕的成果，好改的、见效快的基本完成，剩下的都是难啃的硬骨头。比如资产负债率仍是处在高位，消化历史遗留问题实力仍然不足，拓展高质量发展空间受限，有些领导干部缺乏深化改革的政治勇气和责任担当等诸多重大问题和困难。同时集团公司的比较优势塑造经过快速提升后进入了一个平台整固期，每进一步需要我们付出比以往更多的努力。形势逼人，与高手过招近在咫尺。对照先进企业，适应未来竞争，集团公司的改革绝对不能松劲，才能确保集团公司具备与环境同步进化的“先进性”，才能抓住机遇、迎接挑战，做好在群雄逐鹿中脱颖而出的准备。“物竞天择，适者生存。”希望广大干部职工要加快适应改革需要，切实增强应对未来发展的紧迫感、责任感、使命感，在思想上、行动上、观念上、知识储备上、本领能力上等各个方面抓紧主动作出调整。

二、把握大势，抢抓机遇，在形势发展变化中蓄势跃升、赢得主动、赢得优势

山钢的发展已经进入高质量发展的关键阶段，面临的机遇前所未有。因势而谋，才能谋定后动；顺势而为，才能借势突破。我们要善于积势蓄势谋势，识变求变应变，主动辨识前进道路上的风险挑战，牢牢把握形势发展变化带来的优势和条件，蓄势跃升，赢得主动，赢得优势。当前要重点研究和抓好四个方面蕴含的山钢机遇：

抢抓“双循环”新机遇。着眼我国发展阶段、环境、条件变化，习近平总书记提出，要推动形成以国内大循环为主体、国内国际双循环相互促进的新发展格局。今年上半年，我国经济持续稳定恢复，国内生产总值同比增长 12.7%，经济发展呈现稳中加固、稳中向好态势。上半年全国粗钢产量同比增长 11.8%，既体现出我国经济社会发展对钢铁资源的强劲需求，也折射出中国经济内循环的巨大市场和发展潜力，更彰显出与经济发展相匹配的钢铁力量。随着改革的深入，山钢集团将迅速实现资本增量、技术增量、管理增量、品牌增量、人才增量，这更加有利于融入新发展格局，有利于把满足国内需求作为工作的出发点和落脚点，有利于充分用好我国超大规模市场优势和内需潜力，使多方面的优势和条件更加凸显。

抢抓“双碳”新机遇。碳达峰、碳中和不仅是技术问题，也不仅是单一的能源、气候环境问题，而是一个影响广泛和复杂的经济社会问题、政治外交问题，势必对今后发展产生重大影响。“双碳”对山钢来讲是压力挑战，更是机遇空间。抢抓“双碳”新机遇，山钢有坚实的基础。“十三五”期间，集团公司已深刻认识到超低排放的重要性，下定决心在产业布局、环境保护、节能减排等方面开展一系列卓有成效的工作，付出了巨大的努力和成本，在全省率先完成了钢铁全流程全工序超低排放改造，节能环保工作取得了突破性进展，走在了行业前列。目前全国共有 237 家企业约 6.5 亿吨粗钢产能已经完成或正在实施超低排放改造，仅占全国粗钢产能的 61%左右。“双碳”倒逼将有效改变“劣币驱逐良币”的环境，为山钢带来更加有公平的市场，更加有秩序的生态，更可持续的发展机会。抢抓“双碳”新机遇，山钢有广阔的空间。随着“双碳”约束趋紧，钢铁产能扩张欲望和力度将受到较为严格的碳排放限制，产能退出和压减速度加快，可使产业内技术、设施更为先进的企业进一步占据竞争优势。未来山钢将借势突破，大量应用清洁能源替代、氢能炼钢、纯氧冶炼、碳捕集等前沿低碳技术。特别是日照钢铁精品基地二期建设，将会逐步摆脱对化石能源的依赖，不仅不“靠碳发展”，而且还为地方经济腾出碳排放的空间，努力在行业内率先探索形成绿色低碳发展的新模式，引领钢铁工业向绿色低碳转型升级。

抢抓“双控”新机遇。1~6 月份，全国粗钢产量 5.6 亿吨，同比增长 11.8%。确保 2021 年全年粗钢产量较 2020 年产量不增（修正后 10.6 亿吨），下半年我国粗钢产量不能超过 5 亿吨。按照 2020 年下半年产量 5.6 亿吨计算同比，2021 年下半年全国粗钢产量或减少 10.6%，5900 万吨左右。据此，下半年全国粗钢日均产量要维持在 272 万吨左右。国家发展改革委、工业和信息化部、生态环境部、国家统计局近日联合部署开展 2021 年粗钢产量压减工作。省发展改革委、省工业和信息化厅等部门制定了《山东省 2021 年粗钢产量压减工作方案（征求意见稿）》，明确粗钢产量压减任务分解表。我省今年上半年生产粗钢 4306 万吨，同比增长 28.95%。尽管压减工作方案尚未出台，但其惨烈程度可想而知。“双控”控的是环保绩效不达标，控的是单位能耗产出效益低，控的是通道城市钢铁企业，控的是非钢铁规划布局企业，控的是弄虚作假，控的是非正常产能利用率。综合考虑环保、能耗、产能利用率、布局规划等因素，山钢有明显的比较优势，压减的幅度将会低于省内所有钢铁企业，这就是机遇。同时，“双控”还将引导企业从以规模搏效益向以品质创效益转向，为辗转腾挪空间相对较大的山钢有效发挥技术装备优势，进行产品结构优化带来机遇。压产带来的价格红利，腾出的市场空间红利，把握好了都会支撑山钢再次“弯道超车”，实现减产不减效益。

抢抓“双赢”新机遇。7 月 16 日，国新办召开新闻发布会，国务院国资委将落实关于新时代推进国有经济布局优化和结构调整的意见和部署，稳步推进钢铁等行业的中央企业重组整合，并在相关领域积极培育适时组建新的中央企业集团。山东省国资委正在与中国宝武筹划对山钢集团的战略重组事项。中国钢铁行业在世界市场上具有其他行业所无可比拟的体量优势，是我国最具国际竞争力的产业之一，但集中度偏低、产品同质化竞争激烈、高精尖产品少、附加值低等问题比较突出。国务院有关文件中指出，到 2025 年，中国钢铁产业 60%~70%的钢产能要集中在 10 家左右的大集团里面。2020 年我国钢铁产业集中度只有 39.2%。与日本、韩国、美国等国家相比有较大差距。中国钢铁工业的低产业集中度已成为阻碍钢铁产业高质量发展的关键问题。随着以中国宝武、鞍钢和沙钢、建龙德龙为代表的企业积极参与联合重组和混改，中国钢铁企业的版图将越来越清晰。省国资委推动山钢集团与中国宝武的战略重组是强强联合，是优势互补，是合作共赢，既是落实国家战略、加强区域经济协同的务实举措，也是山东钢铁产业战略规划实施、结构优化调整、转型升级的重大措施，更是山钢集团解决历史遗留问题，实质性破解做大做强做优瓶颈，实现健康可持续发展、高质量发展的必由之路。让山钢发展得更好，是对全体山钢人最大的负责。这需要我们超前谋划、科学应变、把握主动。

把握大势，抢抓机遇，在形势发展变化中蓄势跃升、赢得主动、赢得优势，是山钢集团应对变化、迎接挑战的现实选择、必然要求。把握大势，就能顺势而为、乘势而上；抓住机遇，机遇就会转换为现实优势。机遇青睐有准备的人。希望大家深刻理解和准确把握。

三、加压奋进，聚力突破，适应大变革，主动大调整，融入大整合

各种有利因素正在加速集聚，各种有利条件正在快速叠加，山钢集团高质量发展的步伐明显加快。我们要保持战略定力，坚定不移推进“13368”各项工作，立足自身实际，集中精力做好自己的事情。要用好所有的优势条件，加强前瞻性思考、全局性谋划、战略性布局、整体性推进，牢牢把握山钢高质量发展的主动权，在较短时间内实现竞争力、创新力、控制力、影响力、抗风险能力快速提升。

一要突出思维引领，适应大变革。企业发展的道路上，需要思维理念引领。山钢集团成立十几年，时间虽短，却是一路艰辛。作为每一名亲历者都会深切感受到过程中的惊心动魄、跌宕起伏和波澜壮阔。从求生图存，到改革图强，再到开启

"强"起来的新征程，广大干部职工砥砺前行，破危局、解困局、应变局、开新局，企业从摇摇欲坠到经营绩效一路攀升，职工收入从低于社会平均到水平连年提升，发展速度和质量持续提高，山钢集团在行业的美誉度和影响力与日俱增。回望过去，山钢集团之所以能够冲破一切艰难险阻，战胜前进道路上的各种风险挑战，根本在于习近平新时代中国特色社会主义思想的科学引领，在于省委、省政府和省国资委的坚强领导，在于我们始终把工作的出发点落脚点聚焦在总书记的重要指示批示精神在山钢落地生根！也得益于不断解放思想，不断更新观念，不断变革思维方式。过去几年的探索与实践，集团公司凝练形成了行之有效，富有创新性和时代特色、山钢特色的思维方式和工作方法。概括起来就是九大思维：坚持责任思维、坚持人本思维、坚持市场化思维、坚持比较优势思维、坚持时间价值思维、坚持以我为主思维、坚持极致思维、坚持机遇思维、坚持有解思维。变革在即，适应新要求、迎接新挑战，就必须要坚持九大思维，既是认识论，也是方法论。

二要突出发展引领，主动大调整。发展是解决山钢集团一切问题的基础和关键。要坚定不移把发展放在第一位，完整、准确、全面贯彻新发展理念，牢牢把握高质量发展的要求，聚焦全面提升产业能级和产业链水平，聚焦运营安全和效益稳定，在更高层次参与竞争，到更广范围配置资源，以更高的标准构筑全方位竞争优势。

管理基础巩固夯实。深化"全面对标、系统提升"行动，在对标重心上，从"集团争优"向"产业竞优"转变，在对标方式上，从"横向对标"向"同台竞技"转变，在对标要求上，从"跑赢大盘"向"领跑大盘"转变。要及时调整工作思路、优化对标路径、完善指标体系，体现动态对标、精准对标的要求，确保对标工作更具针对性、科学性和有效性，加快构建差异化的竞争优势。"全面对标、系统提升"行动，"全面"是视野，"对标"是路径，"系统提升"是目标。要注重过程管控和对标成果转化应用，建立改进提升工作机制，完善对标数据信息资源，实行改进提升点项目化、清单化管理，切实做到"目标定量化、举措项目化、执行体系化"。建立对标管理数据分析平台和优秀对标案例数据库，加强内部交流共享，使对标先进经验做法可学可鉴可享。近期要策划开展"全面对标、系统提升"行动共享交流会，各产业公司要明标杆、讲痛点、摆差距、亮举措、促改善，定出赶超时间。三季度要筹备好以"全面对标、系统提升"行动为主题的工作会。深化高科技企业创建。聚焦绿色化、智慧化、高端化、精益化、协同化、效益化为内涵的转型发展，着力全流程全环节高科技化升级。积极推动产业公司制定高科技企业创建工作实施方案，建立推进落实机制，统筹推进创建工作。严格贯彻落实"省属工业企业研发投入增长不低于25%"的目标要求，持续开展研发投入和研发费用专项管理提升活动，研发投入和研发费用持续增长，为企业高质量发展提供有力支撑。深化"数智山钢"建设。围绕智能制造提升工作目标，以价值创造为导向，加快顶层设计工作，7月底前拿出具体实施方案。围绕集团公司智能制造提升的"730工程"和"四个一律"指数提升，加快梳理现阶段两基地可开展的智能制造项目同时，统筹规划未来三年内项目建设计划，确保智能制造提升总体工作目标的实现。加快推进智能制造提升项目建设，提前做好启动企业级、生态级智能制造提升工作准备。

产业能级优化提升。钢铁主业提档升

级。钢铁是山钢集团的主业基业，钢铁稳则全局稳。要优化生产运营。牢牢坚持“做到极致、走向前列”的工作总要求，全力应对产能、环保、能耗、低碳等要素资源约束叠加、力度全面加大的困难和挑战，提高产线系统效率，推进工序对标，稳定生产经营节奏，提升创效能力和创效水平，打造钢铁主业硬核实力。有限的资源需要竞争。山钢股份要坚持以效益为中心，做好动态研判，确保资源配置到最高效的产线和品种上，做到减产不减效益。引导广大干部职工更新观念，充分认识到“生产资格靠竞争”。劳动生产率问题已经成为影响钢铁主业高质量发展的主要矛盾。要谋划提升钢铁主业实物劳动生产率，“十四五”期间，山钢股份公司实物劳动生产率年增长不低于10%。2021年达到年人均产钢1000吨，“十四五”末年人均产钢不低于1600吨。未来职工工资增长，渠道就是劳动生产率提升。要着眼长远，回答好“当市场容量只有五六亿吨的时候，我们怎么样”“面对碳达峰、碳中和目标要求，我们如何应对”这两个命题。系统研究“产能、产量双控叠加碳达峰碳中和”对钢铁产业未来发展方式转变的影响逻辑，做好存量变革和增量崛起两篇文章。随着临沂临港基地的建设推进，日照基地、莱钢基地、德州永锋短流程高品质建材基地要优势互补，良性互动，协调发展。日照公司作为集团公司承担重大发展战略的承载平台，必须要具备一流竞争力，要创新工作思路，谋划日照基地二期建设，全力打造山钢高质量发展先行示范区，蹚出一条路子。莱芜分公司要与时俱进完善工作思路，优化空间布局，深化精益运营，强化管理、提质增效。财务资金开放搞活。借力中国宝武与山钢集团的战略重组，讲好“春天的故事”，优化融资结构，降低融资成本。自“永煤”等事件发生后，信用债市场高度不景气，企业发债融资难成本高。长期限债券发行难度大，短期限债券发行成本高。近期集团公司两次发债受到市场青睐。7月15日，集团公司发行了10亿元90天债券，最终结果3.18%，全场倍数3.4倍。比6月16日发行的同期限超短利率4.71%降低153BP。7月22日，集团公司3年期5亿美元境外债券定价，发行取得巨大成功，订单峰值超过22亿美元。投资人涵盖中投、摩根、贝莱德、翰亚投资等众多著名投资机构，最终发行价格4.8%，创出集团公司2015年以来发行美元债的最低价格，比去年美元债发行利率降低170BP。这就是市场效应。财务资金专业未来大有可为，挖潜空间巨大，要做好深入研究，优化融资结构，放大融资空间，做好权益性融资置换，大幅降低融资成本。总的目标是利用一年的时间快速置换，利用两年的时间做到结构最优。其他工作也要借势突破。三项管理制度落地实施。深度推进市场化改革，集团公司开展了分红、担保、资金三项制度的制修订工作，用制度约束行为，强力推动子公司运营方式、理念、思维转变。分红管理突出资本创效，要把握好五个方面，一是股东主导、依法依规；二是预算引领、强化执行；三是分类管理、逐级负责；四是统筹兼顾、协调发展；五是动态评价、低效退出。担保管理要更加突出各权属公司的市场主体地位，更加强调自力更生、艰苦奋斗，要严控增量、处置存量、逐年压减。资金管理要更加规范有力，进一步明晰资金管理权责和边界，盘活存量资金，挖掘沉淀资金，实现资金管理安全、有序和高效。

下半年，集团公司各专业、各产业公司面临的压力将会前所未有，工作艰巨复杂、千头万绪，很多工作需要边推进、边优化，有些工作需要摸着石头过河。大事难事看担当，逆境顺境看胸襟。希望各产业公司讲政治、顾大局，加强沟通交流，积极快速准确高效推进各项工作；各专业部门敢担当、善作为，强化服务意识，淬炼服务本领，为产业公司提供服务，为集团公司决策提供高质量的支撑；同时工作要有前瞻性，做好预判和研究。越是在重要关头和关键时刻，越能锻炼和考验干部，也越能识别干部。要在实践中尤其是大是大非、攻坚克难中检验干部、锻炼干部、考察干部，让有本事、有担当、有作为、有情怀的干部脱颖而出。

三要突出绿色引领，统筹推动“双碳”工作。“双碳”目标是党中央对国家发展与节能减排、经济建设与生态文明、发展权利与国际责任进行综合判断，经过深思熟虑作出的重大战略决策部署，事关中华民族永续发展和构建人类命运共同体的大局。集团公司要正确处理发展与减排、整体与局部、短期与中长期的关系，按照碳排放达峰、稳步下降、较大幅度下降、深度脱碳四个阶段逐步推进。要尽快碳达峰。山钢尽快实现碳达峰，核心是实现高质量的碳达峰、高水平的碳达峰。全集团要由过去“靠碳发展”向“减碳发展、脱碳发展”转向。碳达峰是一个发展过程，在这个过程中，现有产线要按照极致思维的要求，尽快挖掘和释放潜力，必须把生产效率极致地发挥出来，必须把资源能源利用效率极致地发挥出来，实现资源能源高效低碳运行，最终为碳减排、碳中和奠定坚实的基础。要积极碳减排。存量降碳低碳，增量脱碳零碳。以节能降耗为主要抓手，协同超低排放，推动减污降碳，实现碳的极致利用效率。以科技创新为核心动力，推动低碳技术突破性创新，工艺变革、流程优化，实现科技减碳、工艺减碳、系统减碳。以深度脱碳为首要任务，以能源革命、工艺变革、CCUS 技术为重点，走低碳、零碳冶金道路。要贡献碳中和。碳中和是一个国家、区域的概念，国家、区域能够实现碳中和，部分行业和企业也可能实现碳中和。我们“双碳”工作任务目标已经非常明确，就是尽快碳达峰、积极碳减排、贡献碳中和，为国家总体实现碳达峰预定目标和碳中和愿景作出积极贡献。这是山钢必须履行的社会责任和应尽的义务，是向社会表明助力实现碳达峰、碳中和目标的决心和态度，也是山钢转型升级、高质量发展的重要标志。同时要在全集团倡导绿色低碳生活，反对奢侈浪费，鼓励绿色出行，营造绿色低碳生活新时尚。

刚才董事长对安全生产、疫情防控、信访稳定等工作作了强调，各单位各部门要牢固树立责任担当意识，靠前指挥，主动工作，担负起工作落实的主体责任，坚决守住安全发展的“红线”“底线”，做到守土有责、守土尽责、守土负责、守土担责，为集团公司集中精力谋划改革发展营造良好环境。当前已进入防汛关键期，近日河南等地持续遭遇强降雨，防汛形势十分严峻。各产业公司要未雨绸缪，切实做好防汛工作的各项部署和各项措施的落实落地。

同志们，奋进新时代、开启新征程。让我们以习近平新时代中国特色社会主义思想为指导，牢记总书记对国有企业的重要指示批示精神，全面把握新时代重要战略机遇期，主动服务和融入国家发展战略，肩负起新时代赋予山钢的历史使命，砥砺前行、乘势而上、笃定前行，坚定不移逐梦世界一流，推动企业做强做优做大，响应总书记“努力为党和人民争取更大光荣”的号召，为建设社会主义现代化强国注入磅礴的钢铁力量。

刀刃向内 勇于变革
坚定不移在产业竞优中赶超跨越力争上游
——在集团公司“全面对标、系统提升”推进会暨2021年第三季度工作会议上的讲话

党委副书记、总经理 陶登奎

（2021年10月12日）

同志们：

百舸争流奋楫者先。山钢集团正处在深化改革、蓄势跃升的关键时期，企业运行呈现稳中向好，进中求优的良好态势，发展的条件更加充分，发展的机遇前所未有。面对千帆竞发，着眼未来山钢，要在新一轮的变革中有所作为，在新一轮的竞争中赢得先机，必须站在战略全局的高度审视自我，进一步谋定方位坐标，必须站在更广阔的格局中深入思考，塑造比较优势、谋划竞争优势、涵养发展后劲，确保具备与环境同步进化的“先进性”。为此，经集团公司党委研究，今天我们聚焦“全面对标、系统提升”，召开第三季度工作会。这次会议既是对“全面对标、系统提升”活动开展以来的再梳理、再动员、再部署，也是在新的历史条件下，推动山钢集团在更深层次、更大范围、更高水平的新平台深入开展对标提升的再聚焦、再深化、再提升，引导广大干部职工进一步解放思想，用改革的思路和创新的方法，刀刃向内、勇于变革，坚定不移在产业竞优中赶超跨越、力争上游。

刚才侯军董事长从明时辨势弄清“为什么对”、靶向发力清晰“对什么”“怎么对”、知行合一明确“怎么对好”等三个方面，以更高站位、更宽视野、更大格局对全面对标提升工作提出了明确要求，指明了努力的方向，各单位要认真组织学习，在融会贯通的基础上抓好贯彻落实。要按照董事长的要求，着眼于推动山钢高质量发展，认真思考并回答好“哪里有差距”“为什么有差距”“如何缩小差距”的问题。要真对标、对真标，紧盯行业一流和一流企业，对出压力动力、对出真金白银、对出干劲闯劲，以对标促改革、以对标促管理、以对标促发展。运营管理部牵头围绕深化全面对标，研究建立对标提升的长效机制；宣传部牵头围绕跟强者比、向高手学、与一流竞，营造对标找差、赶超跨越、力争上游的浓厚氛围；工会牵头围绕“比对手跑得快才是真的快”，开展好对标提升劳动竞赛；公司治理部、公司办公室牵头，各产业、各专业主动参与，谋划好全面对标的各项工作，努力把“全面对标、系统提升”工作引向深入，努力在“强”起来的新征程中赶超跨越、力争上游、跻身一流。

下面，结合三季度工作运营情况，就深入开展“全面对标、系统提升”活动及着力推进的几项具体工作，讲几个方面的意见。

一、因时而变、抢抓机遇，发展基础更加坚实，发展动能更加强劲

进入三季度以来，集团公司坚定不移贯彻落实中央和省委省政府、省国资委决策部署，坚持稳中求进工作主基调，紧紧

围绕“13368”重点任务和“减产不减效”目标要求，沉着应对宏观政策和产业环境的变化，努力克服能耗、煤耗、电耗、产量等要素资源约束叠加、约束力度全面加大的困难，重构生产经营新秩序，保持了以进固稳、稳中向好的态势。

——着力推进联合重组。7月14日，省国资委公告了与中国宝武筹划对山钢集团的战略重组事项。按照省委省政府决策部署，全集团提高站位、顾全大局、创新工作，集中精力践行服务国家战略，坚定不移深化供给侧结构性改革，推动国有资本和国有企业做强做优做大。各责任主体星夜兼程，压茬决策，担当作为，工作效率、工作质量有效提升。集中精力优化融资环境，借力借势中国宝武，融资成本大幅降低，融资空间有效拓展，融资结构实现改善，企业在金融机构的形象进一步提升。目前集团公司新增融资成本实现“破四见三”。3年期美元债在前期债券下降200BP基础上再降低170BP，短期融资券平均降低约200BP。8月份，10亿元山东省首单可持续发展债券成功发行。集中精力深挖协同效益，形成聚合效应、创造更大价值。17个协同快赢项目快速对接，全面铺开，预计年可创效8.2亿元。各产业板块、专业领域双向互动，融合发展。财务、营销、人力资源、智能制造、钢铁制造领域，中国宝武5名同志挂职山钢，指导、督导工作有力，很好地发挥了桥梁作用。集团公司纪委围绕推动联合重组出台容错免责实施办法，营造了担当作为的良好生态。

——着力改善运营质量。经营保持韧性。各产业板块立足实际，各展所长，竞相发展，作了大量卓有成效的工作。从报表情况看，1~9月份，集团公司累计实现营业收入2082亿元、利润总额107亿元、净利润73亿元、归母净利润18亿元，较上年同期分别增加488亿元、53亿元、36亿元和20亿元。营业收入、利润总额、净利润、归母净利润四项指标均创出同期历史新高。受政策环境变化和市场环境的剧烈波动影响，钢铁行业三季度利润水平与二季度相比大幅下降。中钢协会员单位三季度利润水平与二季度相比平均降幅约37%，山钢集团跑赢大盘，降幅约28%。行业利润排名前五名中，中国宝武利润降幅17%，鞍钢集团降幅69%、沙钢集团降幅35%、华菱钢铁降幅41%。在会员单位中，集团公司利税水平位列第4位，提升一个位次（超越华菱钢铁）；利润水平保持在行业第5位。生产保持顺行。强化对“双控”“双碳”、拉闸限电等约束条件的评估研判，钢铁主业灵活调整运行策略，强化精益组织，保持稳定高效。山东耐材耐火原材料及制品产量22.29万吨，创近年来的最好水平。受外部环境影响，1~9月份集团公司累计生产铁2047万吨、粗钢2204万吨、钢材2242万吨，分别完成年计划的69.79%、68.99% 、69.79 %，同比分别减少132万吨、127万吨、110万吨；产铁精粉230万吨，完成年计划71.63%，同比减少38万吨。

——着力促进管理提升。持续强化制度供给，压实管理责任、增强改革动能。紧盯“减产不减效”，发挥考核指挥棒作用，全面挖潜，提质增效。“六大存量攻坚战”取得阶段性成果，其中，非正常债权清收处置压减完成数额6.59亿元。工资总额决定机制严格执行，市场化改革取得突破，分红、担保、资金三项管理制度即将出台。高科技企业创建高效推进，“数智山钢”建设稳步开展，科技型企业培育取得进步，新增6家山东省“专精特新”中小企业。坚决守住疫情防控底线，常态化疫情防控措施落实有力。绿色低碳工作稳步开展，《发展行动方案》编制完成。坚决贯彻省委省政府要求，突出结果导向，《安全总监管理办法》修订完善。全面做好了中央环保督察保障工作。抓住政策红利，已产生效益1.46亿元。企业品牌价值得到提升，山钢集团连续两年上榜《财富》世界500强，位列榜单第384位，相较2020年的459位上升75位。

以上主要从改革、运营、管理等几个维度进行了简要总结。成绩来之不易，一方面要增强定力，坚定信心，按照集团公司的统一部署，锚定目标任务狠抓落实，一方面要科学研判和把握市场形势、竞争态势、改革发展趋势，看到面临的机遇与挑战，看到存在的短板和不足，思想再解放、改革再深入、发展再提速。

二、直面问题、正视差距，切实增强争先进位的责任意识和危机意识

从求生图存到改革图强，再站到推动高质量发展的新起点，事实证明，过去几年山钢走的路是正确的，是经得起历史的检验，是广大干部职工积极拥护、完全支持和充分认可的。当前，开启做强的新征程，必须要接续奋斗，巩固近年来良好的工作基础，加快塑造比较优势，争取最大的主动！这其中非常重要的一条路径就是全面对标、系统提升。

钢铁行业开展对标挖潜活动已经走过了26个年头，对标挖潜工作有力推动了钢铁企业指标的全面改善、全面进步和管理全面升级，为全行业培育形成互动发展、融合发展、高质量发展的优良生态发挥了重要作用。山钢集团高度重视对标挖潜工作。特别近年来，深度谋划了“双降双提”活动，取得了显著成效。2021年，集团公司启动“全面对标、系统提升”行动，并确定为未来三年的管理主题，重点在战略管理、组织管理、运营管理、财务管理、科技管理、投资管理、风险管理、人力资源管理、信息化管理、安全环保管理等十个领域开展对标提升。利用三年时间，集团公司形成管理理念、管理文化、管理能力和水平更加先进，各产业板块运行效率、盈利能力、盈利质量、营运能力等关键和核心指标接近或达到国内领先水平，综合竞争力达到行业优秀水平行列。

认识到落后才能改变落后。我们需要坚持问题导向，正视差距。今天会议的范围相对较小，我把话讲得透一些，有些数据大家要切实保密。当前制约山钢集团的最大症结是历史负担。2015年以前，受世界金融危机等多重因素影响，钢铁主业巨额亏损，部分大额投资项目并没有实现大产出，回报严重低于预期，造成集团公司净资产大幅缩水，经营性现金净流出现巨额缺口。2016年以来，集团公司经营绩效稳步提升，企业长期以来依靠举债经营的局面有效遏制，但受历史问题积累和多种矛盾叠加的影响，并没有从根本上解决这个问题。以至于集团公司近年来尽管已累计消化上百亿的历史遗留问题，仍然无法改变“负重奋进”的态势。资产负债率过高。财务负担过重。巨额财务费用支出蚕食了企业利润，严重影响公司的资本积累。资产负债率居高不下，财务负担日益加重，已严重威胁到集团公司的生存和发展。吨钢盈利能力不强。1～8月份，山钢股份（含银山型钢）平均吨钢利润水平为484.65元/吨，比行业平均水平高31.20元/吨，虽然比2020年低于行业平均水平的32.83元/吨进步64.03元/吨，但与中国宝武相比存在较大差距。比中国宝武的734元/吨低249.35元/吨，剔除八一和太钢后（自产矿影响），仍比中国宝武低116.35元/吨。其中：莱芜片区吨材利润346.30元/吨，比马钢股份（551.46元/吨）低205.16元/吨；日照公司698.68元/吨，比宝钢股份（743.96元/吨）低45.28元/

吨。运转效率不高。1~8月份山钢集团总资产周转率（0.69次）低于宝武0.25次，总资产报酬率（5.76%）低于宝武3.19个百分点。山钢集团销售利润率（6.16%）低于宝武2.44个百分点，成本利润率（6.99%）低于宝武3.12个百分点。科技创新投入不够。中国宝武集团研发费用占比已达到2.9%，权属钢铁业子公司研发费用占比全部达到3%以上。近年来，集团公司研发费用实现较快增长，研发费用占比提升显著，1~8月份发生研发费用34.57亿元，同比增长18.52亿元，但是只占营业收入1.9%。主要经济技术指标有待提升。莱芜片区（不含电炉）入炉铁钢比960千克，高于马钢股份110千克；吨钢综合能耗613千克标准煤/吨，比马钢股份高54千克标准煤/吨；日照公司高炉利用系数2.149吨/(立方米·天)，比宝钢股份低0.154吨/(立方米·天)；吨钢综合能耗587千克标准煤，比宝钢股份高28千克标准煤。

与先进企业相比，我们在思想观念、管理手段、改革举措等方面的差距也是显而易见。从前期对标提升活动推进情况看，无论是完成进度、提升幅度、巩固程度，还是推进的主动性、平衡性、协同性，都存在一定差距。这其中既有顶层设计不尽完善的因素，也有思想认知、贯彻执行、管控力度、方式方法不当的问题。差距就是潜力，落差要形成势能。我们直面问题，正视差距，但绝对不能甘心差距，必须坚持行动导向，敢于向先进企业看齐。行业平均水平仅仅是“荣枯线”，可以决定企业能不能活，与先进企业同行看齐才是山钢集团的追求和目标。希望全集团砥砺闻过则喜的自觉，知耻后勇，进一步增强争先进位的责任意识和危机意识。也希望中国宝武各位领导和到山钢集团挂职的同志，用“第三只眼睛”看山钢，发现和解决山钢管理运营中的实际问题，推动山钢不断进步。

三、审视环境、把握机遇，客观认识面临的新条件、新挑战

世界正经历百年未有之大变局，国际政治格局深度调整，不稳定性不确定性明显增加。10月5日，国际货币基金组织预计今年全球经济增速将小幅放缓，低于此前预测的6%。经济全球化遭遇逆流，全球产业链供应链遭受冲击，中美两国仍是全球增长的重要引擎，但两国关系错综复杂。全球疫情在过去一段时间确诊病例明显下降，国际供应链有所恢复，会对下半年中国出口造成压力，现在钢铁下游产业出口订单已经明显下滑。

从国内看，今年是“十四五”开局之年，习近平总书记强调，奋斗“十四五”、奋进新征程，要求所有工作都要围绕开好局、起好步来展开。今年以来，中国经济持续恢复发展，宏观政策运行总体平稳，彰显出强劲韧性和巨大潜力。从区域来看，全省经济平稳运行、结构趋优、质效提升态势进一步巩固。《“十四五”省属国资国企改革发展规划》，明确在“十四五”期间，我省将重点聚焦专业特色，在精品钢铁、高端化工等领域打造15家左右具有市场主导权的行业一流企业。山东是制造业大省，也是制造业强省，是全国唯一一个拥有41个工业门类的省份，具备优良的“工业土壤”。集团公司是我省最大的钢铁企业，正在积极开展与宝武集团联合重组，围绕“构建生态圈、打造新标杆”进行有益的探索和实践，着眼于贯通上下游产业链条有先天优势和条件。近期，省委书记李干杰同志要求，2021年全省全面推行产业链“链长制”，为我们提供了难得机遇。

我们也要看到，在国家坚决遏制“两高”等因素制约明显增强背景下，叠加

“3060双碳”、能耗双限、产能产量“双控”等，使钢铁行业所处的环境更加严峻复杂。在促进经济长期向好以及加快构建新发展格局的背景下，中国钢铁业已进入大企业竞争时代，企业的生产方式、供给方式、竞争方式都会改变。联合重组、布局调整、结构优化等相互交织，都将对行业发展产生深远的影响。这是挑战更是机遇，半年会上已作了阐释，不再展开。

四、尽锐出战，迎难而上，在全面对标中赶超跨越、力争上游

发展形势逼人，竞争态势逼人。我们必须因时而变，应势而动，在融入大势中增强战略定力、增强发展自信，在融入大势中联系工作实际、适应和把握大势，系统谋划、统筹推进各项工作，努力蹚出一条结构更优、效益更好、竞争力更强的高质量发展的新路。

坚持对标对表，提高政治站位。今年10月是习近平总书记在全国国企党建工作会议上发表重要讲话5周年，要进一步对标对表总书记的重要指示要求，切实抓好贯彻落实“回头看”的相关工作。要坚持以习近平新时代中国特色社会主义思想为指导，全面对标对表总书记关于国企党建和改革发展的重要论述、重要指示批示精神，进一步增强“四个意识”、坚定“四个自信”、做到“两个维护”。要坚决贯彻落实“两个一以贯之”，立足新发展阶段，完整、准确、全面贯彻新发展理念，主动服务和融入新发展格局，切实做到心怀“国之大者”，诠释新时代国有企业镇国之宝、国之重器、中流砥柱的神圣使命。各级领导干部要对标对表总书记提出的“对党忠诚、勇于创新、治企有方、兴企有为、清正廉洁”的基本要求，在新格局中找准新定位，以新思路谋划新未来，切实肩负起推动国有企业和国有资本做强做优做大的责任担当。要坚守为民情怀、职工福祉，用心用情用力推动企业发展，让职工群众有更多、更直接、更实在的获得感、幸福感、安全感。把企业搞好是对职工最大的负责，是“学党史、悟思想、办实事、开新局”的最生动体现。

开展全面对标挖潜，努力实现“减产不减效”。今年半年会集团公司提出“减产不减效”的要求，8月份集团公司根据形势的变化，综合平衡各方的因素，对利润水平作出调整。现在来看压力很大、差距很大。要坚持减产不减效不动摇。各权属公司要以效益最大化为原则，优化资源配置，提高优势产品比例。打造更具活力的全面对标生态体系。现在我们全面对标的条件比任何时候都要成熟，系统提升的机会比任何时候都更加充分。要借助与中国宝武全面对标这个大平台，进一步明确以观念对标为引领，以效益对标为核心，以技术对标为支撑，以管理对标促提升，全方位、全过程开展对标提升工作。开展全面对标挖潜重在全员、贵在全面。全面对标工作面前，没有旁观者，没有局外人。全集团每个人都要靠前工作，形成具体的对标任务。尤其是各级管理人员，切不可只当二传手。要分层分类，协调推进。技术经济指标对标落脚在基层，主要是技术创新、车间、班组的工作；效益对标是各级法人单位、产品产线的工作；管理工具和方法对标是各级管理人员的工作；更为重要的是理念观念也要对标，这是各级党委、各级高级管理人员的工作，“治企有为、兴企有方”是中央要求，要各负其责、担当作为。对标重心上，从“集团争优”向“产业竞优”转变；对标方式上，从“横向对标”向“同台竞技”转变；对标要求上，从“跑赢大盘”向“领跑大盘”转变。要在指标选取上再聚焦，综合考虑普适性和针对性，注重平衡综合性和重要性。在对标重点上再明确，集团总部聚焦价值创造力、各板块聚焦市场竞争力、各企业聚焦成本控制力。在对标体系上再优化，聚焦关键要素、核心能力，体现效率、效益。在主体责任上再压实，逐项分解，逐级量化。随着改革的深入，集团公司各产业的形态也将经历大的变化，集团公司支持各产业分兵突围，决胜产业竞优。打造更具活力的协同共赢体系。目前集团公司已经梳理形成了与宝武集团协同的项目清单。集团层面要统筹把握，重点在营销、研发、智能制造、制造能力等领域拓展提升的空间。关于资产负债率降低、有息负债压降、业务项目协同、战略规划等，山钢与宝武交流比较深入，形成了针对性举措。特别是有息负债压降，未来几年将会大幅下降。近期要商中国宝武筹备好与7家战略合作银行的推介沟通会。钢铁主业是业务协同的主战场，要以项目为载体把握快赢机会。要注重与中国宝武做好资源渠道的共享，提升资源保障能力。协同快赢最大的受益者是山钢。希望各产业各专业主动建立沟通渠道，主动做好基础工作，主动谋划工作思路，主动推动领导决策，迅速实现资本增量、技术增量、管理增量、品牌增量、人才增量。要把协同的效果淋漓尽致地体现在落袋效益上。

面对当前形势，各产业公司要聚精会神应对市场变化，千方百计提升运营质量，拓展利润增长空间。“极致思维”不能改变，不因为国家限产而改变。这就要求各产业公司正确处理好战略与战术的关系，做到有所为有所不为。各产线生存要靠竞争。效益相对较差的产线该停下来的坚决停下来。中信泰富每年都要淘汰10%的落后产线。需要运行的要满负荷运行，一切以边际效益为标准；各生产单元要有长期思考，不可能所有的装备都保留，都运转着一定会牺牲效率，造成成本费用大幅度上升，其结果是高水平的大锅饭，最终将被淘汰出局；另外随着改革深入，极致效率、极致专业化也会要求我们有所舍弃。有舍才有得，要搞清楚我们的比较优势在哪。要认真组织好职工培训，系统提高劳动者技能水平；按照新的形势编制定员，要按照“大部、大厂、大车间、大班组”要求设置组织机构，坚决压缩非生产人员；要做好内涵式提高劳动生产率工作，做好非正式岗位替代工作。一个公司，多了1万人，当吨材只有100~200元利润时，若1万人压不下来多出来的20亿元人工成本意味着什么？我多次讲过，对钢铁企业而言，吨钢200元利润已经是不错的净资产收益率水平了，市场不可能让某行业拥有暴利。还要跟踪研究好政策，加强与政府部门的沟通，争取更多的生产机会；科学应对好阶段性限电要求，保民生永远是第一位的，国有企业要带头落实政府要求。

抓好联合重组与深化改革。要善于借势更要积极谋势。省委省政府推动山钢集团与中国宝武联合重组，这是当前山钢集团最新的发展机遇，也是山钢集团高质量发展征程上最大的发展机遇，最大的发展增量。要突出改革的时间价值。目前内部要完成的工作基本准备就绪，但受外部环境影响和制约，联合重组工作与计划相比明显滞后。要牢固树立“以我为主”思维、“有解”思维，主动担当，自觉行动，加强对外的沟通协调，为成功创造条件。集团内部的工作要再优化，做好不同场景下的模拟推演，把工作往前抢，把时间往前抢，尽快取得突破。与此同时，全面对接宝武管理体系，做好股权划转后快速融合的准备。

目前困难企业和“僵尸”企业处置工作进入最后攻坚阶段，很快就可以实现清零，利润分配、融资担保、资金管理三项制度的出台条件已经具备，这是集团公司完善机制、推墙入海的重要举措，制度下发后全集团要认真落实、严格执行。

抓好绿色低碳、智能制造与安全生产。围绕生态文明建设和生态环境保护，习近平总书记发表了一系列重要讲话，作出重要指示批示，反复强调绿水青山就是金山银山。我们要深入学习贯彻习近平生态文明思想，坚持生态优先、绿色发展，坚决扛牢生态文明建设的政治责任，坚定不移走好绿色低碳发展道路。要聚焦绿色、智能、效率开展科技创新，让创新创造的源泉在山钢充分涌流。要尽快完成莱芜片区超低排放认证工作。要按照尽快碳达峰、积极碳减排、贡献碳中和的思路，全力做好“双碳”工作。着力提升集团公司智能制造提升的“730工程”和“四个一律”指数，钢铁主业智能制造项目方案几经论证，基本成型，要对标中国宝武的“四个一律”和“三跨融合”的建设原则，按照“点线面台”的设计思路和“云边端”架构体系进阶提升。全力推进“端”部项目的建设，压茬推进具备条件的“边”侧项目，适时启动“云”上项目的建设工作。智能制造信息化项目，投资可以突破，项目可以先行，基础可以先打。继续做好山东省钢铁行业绿色低碳高质量发展课题研究，体现国有企业的责任担当，围绕降低山东省钢铁行业的能耗和煤耗、减少碳排放和各类污染物排放，在进一步优化钢铁产业布局、提高产业集中度、促进行业高质量发展方面贡献山钢力量。安全生产、疫情防控等工作要常抓不懈，适应形势任务的变化，生产经营秩序的调整，夯实基层基础，绝对不能因为这些工作出纰漏、出问题。今年我省降水量偏多，防汛形势十分严峻。各权属公司要立足“防大汛、抗大洪、保安全”，切实做好防汛防灾工作。

实干铸就伟业，奋斗开创未来。让我们以习近平新时代中国特色社会主义思想为指导，牢记总书记对国有企业的重要指示批示精神，全面把握重要战略机遇期，以“全面对标、系统提升、赶超跨越、力争上游”为主线，直面新挑战、适应新要求，坚定不移逐梦世界一流，推动企业做强做优做大，实现更高质量的发展。

山钢年鉴 2022

大事记

山钢集团
SD STEEL

山钢文化

核心理念

山钢核心价值观：共创、共进、共赢

2021 年山东钢铁集团有限公司 大 事 记

1 月

6 日 集团公司召开 2021 年度安全环保工作会议。党委书记、董事长侯军作了讲话，并与部分单位主要负责人签订了《2021 年度安全生产目标责任书》和《2021 年度节能环保目标责任书》。党委副书记、总经理陶登奎主持会议。集团公司党委副书记、董事苏斌，党委常委罗登武出席会议。

7 日 集团公司党委副书记、董事苏斌被推荐为山东省社会科学界第八次代表大会代表、山东省社会科学界联合会第八届委员会委员候选人。

12 日 山东钢铁集团有限公司工会第一届委员会第六次全体（扩大）会议召开。集团公司党委副书记、董事苏斌发表讲话，集团公司党委委员、工会主席、职工董事卢彤书作工会工作报告，集团公司工会副主席刘松林主持会议。各单位工会主席、副主席、女工委主任，集团公司工会第一届委员会、第一届女职工委员会委员，集团公司工会机关人员和部分受表彰集体和个人代表参加会议。

13 日 集团公司印发《〈总部管理岗位薪酬管理办法〉补充规定》（山钢人字〔2021〕1 号）。

14 日 集团公司党委召开常委会，专题学习习近平总书记在中央政治局民主生活会上的重要讲话精神，对开好 2020 年度民主生活会提出要求。党委书记侯军主持会议并领学有关内容。党委副书记陶登奎、苏斌，党委常委陈向阳、赵文友、罗登武、刘秀元、王鸿飞等参加会议。

● 集团公司召开安全生产专题视频会议。党委书记、董事长侯军发表讲话，党委副书记、总经理陶登奎主持会议，党委常委罗登武传达省委省政府以及省国资委安全生产专题会议精神，安全总监李长青宣读集团公司关于开展安全隐患大排查大整治专项行动工作方案。

18 日 集团公司党委书记、董事长侯军带领相关部门负责人，到济钢环保新材料产业园现场督导矿山安全生产工作。

● 集团公司成立安全生产责任落实专项监督检查工作领导小组，党委常委、纪委书记、监察专员赵文友任组长，启动安全生产责任落实专项监督检查。

● 集团公司审计中心在总部办公楼召开 2020 年度绩效（资产质量）审计进点会。集团公司党委常委、总审计师王鸿飞出席会议并讲话。

19 日 集团公司召开总法律顾问专题会。集团公司副总经理、总法律顾问董立志主持会议。

22 日 集团公司党委常委会召开 2020 年度民主生活会。党委书记侯军主持会议并作总结讲话，党委副书记陶登奎、苏斌，党委常委陈向阳、赵文友、徐有芳、罗登武、刘秀元、王鸿飞参加会议。省委第 26 督导组到会指导。

24 日 集团公司召开 2021 年度工作会。党委书记、董事长侯军作题为《勇担使命共奋进 凝心聚力再出发 在高质量发展征程中谱写“强”起来的新篇章》的讲话，党委副书记、总经理陶登奎主持会议并讲话，党委副书记、董事苏斌宣读表彰2020年度山钢集团文明单位的决定。集团公司党政领导陈向阳、赵文友、徐有芳、罗登武、刘秀元、王鸿飞参加会议。

● 集团公司党委召开党委（扩大）会议暨2020年度党组织书记履行全面从严治党责任和抓基层党建工作述职评议会议。党委书记侯军主持，代表集团党委点评各单位党组织书记述职情况并就下一步工作提出要求；省国资委组织与统战工作处二级调研员杨述喜，集团公司党委副书记陶登奎、苏斌，党委常委陈向阳、赵文友、徐有芳、罗登武、刘秀元、王鸿飞出席会议。各权属二级单位党组织书记，集团总部各部门负责人，各单位推选的各级党代会代表、人大代表、政协委员或基层党员干部、职工群众代表参加会议。

26日 集团公司党委举行理论学习中心组集体学习会议，主题是“提高政治站位，强化风险意识，坚定发展信心”。党委书记侯军主持学习，党委副书记陶登奎、苏斌，党委常委陈向阳、赵文友、徐有芳、罗登武、刘秀元、王鸿飞参加学习。

28日 集团公司第四届董事会召开第十八次会议。集团公司董事长侯军主持会议，董事苏斌、陈向阳、徐有芳、王宏伟、钟志刚、梁皋、卢彤书出席会议，总经理陶登奎、总法律顾问董立志、董事会秘书李学玉及有关部门负责人列席会议。

● 集团公司召开2021年审计工作会议。集团公司党委书记、董事长、审计委员会主任侯军发表讲话，党委副书记、总经理、审计委员会副主任陶登奎主持会议并讲话，党委常委、纪委书记、审计委员会副主任赵文友宣读表彰通知，党委常委、审计委员会副主任、总审计师王鸿飞作审计工作报告。

30日 集团公司党委、集团公司分别下发《关于李洪建等同志职务任免的通知》（山钢党字〔2021〕8号）、《关于调整推荐莱芜钢铁集团有限公司董事长人选的函》（山钢函〔2021〕1号）、《关于王庆山任职的通知》（山钢任字〔2021〕1号）：李洪建任莱芜钢铁集团有限公司党委书记，推荐为莱芜钢铁集团有限公司董事、董事长人选；王庆山为莱芜钢铁集团有限公司调研员，不再任莱芜钢铁集团有限公司党委书记、委员，董事长、董事职务。

● 集团公司党委、集团公司分别下发《关于推荐山东钢铁股份有限公司第七届董事会、监事会成员人选的函》（山钢函〔2021〕2号）、《关于高凤娟等同志职务任免的通知》（山钢党字〔2021〕9号）：王向东为山东钢铁股份有限公司第七届董事会董事、董事长人选；孙日东为山东钢铁股份有限公司第七届董事会董事人选；高凤娟任山东钢铁股份有限公司党委副书记、工会主席，推荐为山东钢铁股份有限公司第七届监事会监事、主席；赵智珠任山东钢铁股份有限公司党委委员，纪委委员、书记；罗文军、徐峰为山东钢铁股份有限公司第七届监事会监事人选；孙成玉不再任山东钢铁股份有限公司党委副书记、委员，工会主席职务；高凤娟不再任山东钢铁股份有限公司纪委书记、委员职务。

● 集团公司党委下发《关于张元福等同志职务任免的通知》（山钢党字〔2021〕14号），集团公司下发《关于调整推荐山信软件股份有限公司监事会主席人选的函》（山钢函〔2021〕3号）：张元福任山信软件股份有限公司党委书记；丁光伟任山信软件股份有限公司党委委员、副书记，纪委委员、书记，工会主席；田玉山为山信软件股份有限公司监事会监事、主席人选。

郭维河不再任山信软件股份有限公司党委书记、委员职务；董保树不再任山信软件股份有限公司党委副书记、委员，纪委书记、委员，工会主席，监事会主席、监事职务。

• 集团公司党委下发《关于王文学等同志职务任免的通知》（山钢党字〔2021〕10号），集团公司下发《关于王文学等人员职务任免的通知》（山钢任字〔2021〕3号）：王文学任山东钢铁集团房地产有限公司党委书记，董事、董事长。王庆山不再任山东钢铁集团房地产有限公司党委书记、委员，董事长、董事职务。

• 集团公司党委下发《关于董保树同志任职的通知》（山钢党字〔2021〕12号），集团公司下发《关于王勇等人员职务任免的通知》（山钢任字〔2021〕4号）：王勇任山东钢铁集团财务有限公司董事、董事长；李强任山东钢铁集团财务有限公司董事；董保树任山东钢铁集团财务有限公司党总支委员、副书记。刘德华不再任山东钢铁集团财务有限公司董事长、董事职务。

• 集团公司党委下发《关于王金海同志任职的通知》（山钢党字〔2021〕11号）：王金海任山东耐火材料集团有限公司党委委员、副书记，工会主席。

• 集团公司党委下发《关于李强笃等同志职务任免的通知》（山钢党字〔2021〕13号），集团公司下发《关于朱玉廷任职的通知》（山钢任字〔2021〕2号）、《关于李强笃等人员职务任免的通知》（山钢任字〔2021〕5号）：李强笃任山东钢铁集团国际贸易有限公司党委书记、董事长。朱玉廷任山东钢铁集团国际贸易有限公司调研员，不再任山东钢铁集团国际贸易有限公司党委书记、委员，董事长、董事职务。

• 集团公司党委下发《关于高凤娟同志免职的通知》（山钢党字〔2021〕15号）、《关于刘烈涛等同志职务任免的通知》（山钢党字〔2021〕16号）、《关于吕富强同志免职的通知》（山钢党字〔2021〕17号）：高凤娟不再任纪委副书记、常委、委员职务。刘烈涛任纪委、监察专员办公室综合部副部长；吕富强不再任纪委、监察专员办公室综合部副部长，山东钢铁集团有限公司机关党委委员，纪委书记、委员职务。

2月

2日 集团公司党委常委、总审计师王鸿飞会见到访的华鲁控股集团党委委员、副总经理于力一行。

• 集团公司印发《阳光购销管理规定》（山钢运营字〔2021〕3号）。

3日 山东钢铁集团纪委召开一届六次全会。集团公司党委书记、董事长侯军出席会议并讲话。会议审议通过了党委常委、纪委书记赵文友代表纪委常委会所作的工作报告。省纪委监委第五监督检查室三级调研员王博阳到会指导。集团公司党政领导陶登奎、苏斌、陈向阳、徐有芳、罗登武、刘秀元、王鸿飞、王向东、董立志、李长青参加会议。

3日至9日 集团公司开展安全隐患大排查大整治专项行动。集团公司党委常委侯军、陶登奎、苏斌、陈向阳、赵文友、徐有芳、罗登武、刘秀元、王鸿飞分别带队组成9个督导组对所有权属公司专项行动方案的落实情况进行督导检查。

19日 集团公司党委印发《党委（总支）理论学习中心组2021年理论学习指导计划》（山钢党字〔2021〕23号）。

26日 集团党委举行理论学习中心组集体学习会议，主题是“发扬‘三牛’精神，实现‘强’起来良好开局”。集团公司党委书记侯军，党委常委陈向阳、赵文友、罗登武、王鸿飞，工会主席卢彤书，安全总监李长青等参加学习。

3月

2日 集团公司印发《采购评标评审专家和专家库管理办法》（山钢运营字〔2021〕10号）。

4日 集团公司召开安全生产工作视频会议。党委常委罗登武出席会议并讲话，集团公司安全总监李长青主持会议。

5日 集团公司党委在全集团部署开展“中国梦·新时代·跟党走·强起来”主题宣讲活动。

10日 集团公司党委副书记、总经理陶登奎，党委常委罗登武带队到中国宝武济南宝钢对标交流。

11日 集团公司召开《绿色低碳发展行动方案》编制工作启动视频会。集团公司绿色低碳发展领导小组副组长、党委常委罗登武发表讲话。

● 省纪委监委第五监督检查室副主任牛德峰一行到集团公司进行调研。集团公司党委常委、纪委书记、监察专员赵文友汇报工作情况。

16日 集团公司党委以视频会议形式，组织召开理论学习中心组集体学习研讨（扩大）会议，主题是“学习贯彻全国两会精神，在新发展格局中绘就改革发展新蓝图”。全国人大代表，山钢集团党委书记、董事长侯军传达全国两会精神并提出贯彻要求，党委副书记陶登奎、苏斌，党委常委陈向阳、赵文友、徐有芳、刘秀元、王鸿飞出席。徐有芳、王鸿飞结合会议主题进行了交流研讨。党的十九大代表蔺红霞、济南市政协委员高海港旁听学习会。

17日 集团公司党史学习教育动员大会召开。集团公司党委书记、董事长侯军出席会议并讲话，党委副书记陶登奎、苏斌，党委常委陈向阳、赵文友、徐有芳、刘秀元、王鸿飞参加会议。

18日 集团公司下发《关于吕永刚等人员任职的通知》（山钢任字〔2021〕6号）：聘任吕永刚为投资与资本运营部副总经理；杨瑞山为投资与资本运营部高级经理；杜鲲为风险合规部高级经理。

22日 集团公司党委启动对山钢股份党委专项巡察。在专项巡察启动会议上，集团公司党委常委、纪委书记、监察专员、党委巡察组组长赵文友作动员讲话。

25日 集团公司党委党史学习教育领导小组第一次会议召开。党委书记、董事长、党委党史学习教育领导小组组长侯军出席会议并讲话，集团公司党政领导陶登奎、苏斌、陈向阳、罗登武、刘秀元、卢彤书等参加会议。

● 集团公司党委理论学习中心组举行党史学习教育专题学习会，专题学习研讨“新民主主义革命时期历史”。集团公司党委书记侯军主持会议并发言，党委副书记陶登奎、苏斌，党委常委陈向阳、罗登武、刘秀元，副总经理、总法律顾问董立志，工会主席卢彤书，安全总监李长青及党群部门主要负责人参加学习。

● 集团公司党委副书记、总经理陶登奎，党委常委罗登武就深入开展党史学习教育、“全面对标、系统提升”行动到山钢股份莱芜分公司调研。集团公司副总经理，山钢股份党委书记、董事长，莱芜分公司党委书记王向东参加调研。

● 集团公司党委常委、纪委书记、监察专员赵文友，党委常委、董事徐有芳带队到海尔集团考察交流。海尔集团副总裁、首席财务官邵新智，海尔集团财务共享平台主（全球财务共享中心总经理）宋金成等人员参加了交流。

31 日 集团公司党委副书记、总经理陶登奎到山钢矿业金岭铁矿、山钢财务调研。

4 月

1 日 集团公司第四届董事会召开第十九次会议。集团公司董事长侯军主持会议，董事苏斌、陈向阳、徐有芳、王宏伟、梁阜、卢彤书、高景言出席会议，总经理陶登奎、总法律顾问董立志、董事会秘书李学玉及有关部门负责人列席会议。

● 日照公司被中国钢铁工业协会评为 2020 年度中国钢铁工业清洁生产环境友好企业。

2 日 集团公司党委书记、董事长侯军在总部办公楼就加快推进碳减排工作接受新华社记者采访。党委常委罗登武、安全总监李长青及相关部门负责人参加。

7 日 集团公司下发《关于王庆义免职的通知》（山钢任字〔2021〕7 号）：王庆义不再任山东工业职业学院调研员职务。

8 日 集团公司党委书记、董事长侯军到济钢集团对党建工作责任制落实情况以及党史学习教育开展情况作专题督导检查。集团公司副总经理，济钢集团党委书记、董事长薄涛汇报工作情况。

13 日 集团公司召开科技创新会议暨 2021 年第一季度工作会议。党委书记、董事长侯军作题为《优化创新生态 激发创造活力 以科技创新率先“强”起来驱动高质量发展》的讲话，党委副书记、总经理陶登奎主持会议并讲话，党委常委、董事陈向阳作工作报告。会上对科技进步突出贡献奖获得者胡淑娥、科技进步奖特等奖、一等奖项目团队进行了颁奖。

14 日 集团公司举办第七期“山钢讲堂”专题讲座。党委书记、董事长侯军，党委副书记、总经理陶登奎出席，副总经理、总法律顾问董立志主持讲座。

● 集团公司下发《关于王庆义退休的通知》（山钢人字〔2021〕3 号）：原山东工业职业学院调研员王庆义退休。

15 日至 16 日 集团公司举办《中国共产党国有企业基层组织工作条例（试行）》专题培训班。党委副书记、董事苏斌出席开班仪式并作动员讲话。来自集团各单位的 80 名基层党务工作者参加培训。

19 日 集团公司党委书记、董事长侯军，党委副书记、总经理陶登奎会见到访的省工信厅副厅长王晓一行。

● 山钢股份莱芜分公司能源动力厂供配电公辅项目部区域师、高级工程师王新娣荣获“全国五一巾帼标兵”称号。

21 日 集团公司党委理论学习中心组党史学习教育专题会议在总部办公楼召开。党委书记侯军主持会议，并领学习近平《论中国共产党历史》第一、二篇，以及习近平总书记对职业教育重要指示精神和习近平总书记关于总体国家安全观重要论述。党委副书记陶登奎、苏斌，党委常委陈向阳、赵文友、徐有芳、刘秀元、王鸿飞，副总经理董立志，工会主席卢彤书出席会议。

23 日 集团公司党委理论学习中心组举行党史学习教育第二专题学习会，学习研讨“社会主义革命和建设时期历史”。党委书记、董事长侯军主持会议，党委副书记陶登奎、苏斌作交流发言，党委常委、高管及总部各部门主要负责人参加学习。会上山工职院思政课老师黄银霞作题为《党在社会主义革命和建设时期的奋斗历程》的专题辅导。

● 集团公司党委党史学习教育领导小组召开第二次会议。党委书记、董事长、党史学习教育领导小组组长侯军总结前一阶段党史学习教育进展情况并部署下一步工作。

• 集团公司获评“2020山东社会责任企业”荣誉称号。集团公司党委书记、董事长侯军参加颁奖典礼，并代表获奖企业接受主持人采访。

• 集团公司下发《关于吕永刚任职的通知》（山钢任字〔2021〕8号）：吕永刚为山东钢铁集团国际贸易有限公司董事。

25日 集团公司举办党史学习教育专题辅导讲座。省委党史学习教育宣讲团成员、省委党校校刊编辑部主任、教授谭建作专题辅导。报告会以视频形式召开，集团公司党委书记、董事长侯军，党委副书记、总经理陶登奎参加报告会，党委副书记、董事苏斌主持会议。

• 集团公司党委副书记、总经理陶登奎带队到山东青年政治学院观看红色舞剧《乳娘》，并与山东青年政治学院院长张书明进行座谈交流。

• 集团公司党委作出决定，在全集团开展向胡淑娥学习活动。

26日 集团公司党委副书记、总经理陶登奎，党委常委、董事徐有芳一行到山钢国贸调研。

27日 集团公司召开“五一”“五四”表彰大会，表彰30名山钢劳模、20名山钢工匠、10名山钢青年岗位标兵等先进集体和个人。集团公司党委常委侯军、陶登奎、苏斌、赵文友、徐有芳、罗登武、刘秀元、王鸿飞等党政领导在主会场及各分会场出席会议。

• 山钢股份莱芜分公司棒材厂轧钢班班长、高级技师李仁壮，日照公司第一高炉作业区副主任、高级工程师杨雷荣获全国五一劳动奖章；山钢股份莱芜分公司焦化厂备煤车间筒仓作业班荣获全国工人先锋号。

28日 济钢萨博特种汽车有限公司、莱芜钢铁集团鲁南矿业有限公司荣获2021年山东省五一劳动奖状；集团公司党委副书记、董事苏斌，济钢冶金科学研究院有限公司化验工孟丽丽，山东国铭球墨铸管科技有限公司退火工部部长陈汝军，山东鲁碧建材有限公司党委书记赵世明荣获2021年山东省五一劳动奖章；山信软件股份有限公司信息化事业部莱芜分部荣获2021年山东省工人先锋号。

29日 集团公司召开警示教育会议。党委书记、董事长侯军，党委副书记、总经理陶登奎参加会议。党委常委、纪委书记、监察专员赵文友在会上讲话，总部各部门、直属机构和部分权属二级单位管理5级及以上党员参加会议。

• 集团公司党委副书记、总经理陶登奎，党委常委罗登武一行到山信软件调研。

5月

2日 集团公司党委书记、董事长侯军在集团公司总部接受新华社记者采访。党委常委罗登武、安全总监李长青及相关部门负责人参加。

8日 集团公司召开重点改革事项完成情况“回头看”协调会。集团公司党委常委、纪委书记、监察专员赵文友主持会议并讲话。

10日 中国冶金报社发布2021年度中国钢铁品牌榜，集团公司获“中国卓越钢铁企业品牌”。山钢集团日照公司获评“2021中国优秀钢铁企业品牌”，山东省冶金设计院股份公司、山东金岭矿业股份公司分获工程技术类、原料辅料类“2021中国钢铁优秀品牌供应商”。

11日 集团公司第四届董事会召开2021年第一次临时会议。集团公司董事长侯军主持会议，董事苏斌、陈向阳、王宏伟、梁阜、卢彤书出席会议，总经理陶登奎、纪委书记赵文友、总法律顾问董立志、董事会秘书李学玉及有关部门负责人列席会议。会议审议1项议案。

● 集团公司成立由党委常委、纪委书记、监察专员赵文友任组长的监督检查领导小组，启动2020年重点改革事项完成情况“回头看”监督检查工作。

12日 省属企业新旧动能转换“五年取得突破”动员部署会议在省国资委召开。集团公司党委书记、董事长侯军参加会议，集团公司党委副书记、总经理陶登奎等党政领导在分会场参加会议。

13日 集团公司党委常委会召开学习习近平总书记关于国企党建的重要讲话专题会议。集团公司党委书记侯军主持会议，党委副书记陶登奎、苏斌，党委常委陈向阳、赵文友、罗登武、刘秀元、王鸿飞等参加学习。

● 集团公司党委常委会召开会议，审议通过《职工思想政治引领行动方案》，批转《山东钢铁集团有限公司幸福和谐新山钢建设领导小组办公室关于深入推进“幸福和谐新山钢”建设情况的工作汇报》，原则同意《关于建立职工补充医疗保险的方案建议》，要求制定山钢集团关于建立企业补充医疗保险的指导意见。会议听取集团工会、团委的专题工作汇报。党委常委侯军、陶登奎、苏斌、陈向阳、赵文友、罗登武、刘秀元、王鸿飞等出席。

14日 集团公司党委书记、董事长侯军，党委副书记、总经理陶登奎，党委常委、总审计师王鸿飞会见到访的中国东方资产管理股份公司党委副书记、执行董事、总裁邓智毅一行。

● 集团公司召开党史学习教育调度推进会。集团公司党委副书记、党史学习教育领导小组副组长、领导小组办公室主任苏斌，集团公司党委党史学习教育领导小组办公室成员、各权属二级单位宣传部门负责人参加会议。会议通报了集团公司党史学习教育工作的进展情况，对下一步工作作出安排部署。

● 集团公司党委常委、纪委书记、监察专员赵文友在全省国有企业纪检监察工作实务研讨班上作经验交流。

17日 集团公司党委副书记、总经理陶登奎带队到日照公司开展督查调研。党委常委罗登武、安全总监李长青陪同调研。

● 集团公司党史学习教育第一期专题学习班在济钢宾馆开班。集团公司党委副书记、董事苏斌出席开班仪式并讲话。

19日 全国钢铁企业纪检监察工作研究会第十七次年会筹备会在山钢召开。集团公司党委常委、纪委书记、监察专员赵文友，中国钢铁工业协会党委常委、纪委书记陈洪飞出席会议，来自中国钢铁工业协会13家会员单位的纪检监察机构负责人及相关人员共27人参加。

20日 山东银保监局辖区财务公司第十一届监管联席会暨公司治理和股东行为规范工作专题会在山钢召开。集团公司党委副书记、总经理陶登奎出席会议并致辞，山东银保监局相关领导、辖区财务公司相关负责人等参加会议。

24日 集团公司党史学习教育第二期专题学习班在济钢宾馆开班。党委常委刘秀元出席开班仪式并讲话。

25日 集团公司举行“红动齐鲁　我心向党”山东省劳模工匠宣讲活动启动暨“永远跟党走　奋进新征程”全省冶金行业百场宣讲集中展示活动。省总工会党组成员、经费审查委员会主任蒋石宝，省总工会宣传教育部部长、一级调研员刁维强，省冶金工会主席刘纯玉，集团公司党委副书记、董事苏斌，工会主席卢彤书及省总工会、省冶金工会有关领导出席活动。

26日 集团公司下发《关于路学和退

休的通知》（山钢人字〔2021〕5号）：山东钢铁集团国际贸易有限公司原监事、山钢金融控股（深圳）有限公司原监事路学和退休。

27日 集团公司与莱商银行在莱商银行总行举行“舜信”供应链金融项目上线仪式。集团公司党委副书记、总经理陶登奎，莱商银行党委书记、董事长岳隆杰出席仪式。

28日 中国钢铁工业协会党委副书记姜维一行到集团公司调研。集团公司党委书记、董事长侯军，党委副书记、董事苏斌与姜维一行座谈交流。

●省国资委资本运营与收益管理处党支部、集团公司投资与资本运营部党支部结对共建，开展“学党史强党性，守初心担使命”主题党日活动。省国资委二级巡视员张志波，集团公司党委常委、董事陈向阳参加活动。

28日至29日 由济钢集团承办的全国钢铁行业共青团工作指导和推进委员会二届五次常务会议暨第35次大钢团委书记联席会在济南召开。共青团中央青年发展部副部长王良，中国钢铁工业协会党委副书记、全钢团指委主任姜维，集团公司党委副书记、董事苏斌出席开幕式并致辞，集团公司副总经理薄涛出席开幕式。

31日 集团公司党委书记、董事长侯军主持召开党史学习教育领导小组第三次会议，研究审定关于推动党史学习教育走深走实的具体措施，讨论确定集团公司“党史学习教育解难题办实事项目清单”。

●集团公司党委理论学习中心组举行党史学习教育第三专题学习会。党委书记、董事长侯军主持会议，党委副书记陶登奎、苏斌，党委常委陈向阳、赵文友、徐有芳、罗登武、刘秀元、王鸿飞，副总经理董立志，安全总监李长青及总部各部门主要负责人参加会议，省委党史学习教育第十五巡回指导组成员赵秀水、孟磊到会指导，全国人大代表张学政、无党派代表人士周艳梅列席参加旁听。

●集团公司下发《关于朱玉廷免职的通知》（山钢任字〔2021〕9号）：解聘朱玉廷的山东钢铁集团国际贸易有限公司调研员职务。

6月

2日 集团公司印发《安全检查管理办法》（山钢安字〔2021〕21号）。

●集团公司党委副书记、总经理陶登奎，党委常委、总审计师王鸿飞在总部办公楼会见工银金融资产投资公司副总裁笪戟一行。

3日 集团公司党委常委、纪委书记、监察专员赵文友会见到访的山东省财金投资集团有限公司党委委员、纪委书记、监察专员韩鹏一行。

●省委党史学习教育第十五巡回指导组在集团公司召开党史学习教育座谈交流会，省委党史学习教育第十五巡回指导组成员赵秀水、庞爱华、谢睿参加。座谈会前，集团公司党委书记、董事长侯军，党委副书记、董事苏斌会见指导组人员。

9日 集团公司党委书记、董事长侯军，党委副书记、董事苏斌，党委常委、纪委书记、监察专员赵文友在日照公司参观“清廉山钢”廉洁文化作品展。本次廉洁文化作品展是从各单位职工及家属原创的720余幅作品中选出260幅集中展出。

●集团公司下发《关于冯清智免职的通知》（山钢任字〔2021〕10号），集团公司党委下发《关于冯清智同志任职的通知》（山钢党字〔2021〕52号）：冯清智不再任山信软件股份有限公司财务总监职务，任巡察工作领导小组办公室巡察组组长。

10日至11日 由中国钢铁工业协会纪委主办、集团公司纪委承办的全国钢铁企业纪检监察工作研究会第十七次年会在日照召开。中国钢铁工业协会党委副书记姜维，中央纪委国家监委驻国务院国资委纪检监察组原副组长李正义，中国钢铁工业协会党委常委、纪委书记陈洪飞，日照市委常委、市纪委书记、市监委主任刘军，日照市人民政府副市长高月波，集团公司党委副书记、董事苏斌等出席；全国钢铁企业纪检监察工作研究会副会长，集团公司党委常委、纪委书记、监察专员赵文友主持会议。会议表彰了全国钢铁企业纪检监察工作研究会第十七次年会优秀论文。集团公司共有25篇论文获奖。会后与会人员到集团公司日照有限公司考察企业廉洁建设示范点和生产现场。

11日 集团公司党委书记、董事长侯军，党委副书记、总经理陶登奎，党委常委、总审计师王鸿飞在总部办公楼会见到访的交银国际控股公司交银国际董事长谭岳衡一行。

● 集团公司选派“第一书记”总结座谈会在办公楼召开。集团公司党委常委、组织部部长刘秀元，参加省派第四轮驻村“第一书记”以及有关派出单位组织人事部门主要负责人参加会议。

16日 省国资委二级巡视员张志波带领省属企业大排查大整治专项行动督导组到集团公司开展检查工作。集团公司党委常委、纪委书记、监察专员赵文友，党委常委罗登武，副总经理薄涛，安全总监李长青陪同。

16日至17日 集团公司党委副书记、董事苏斌，工会主席卢彤书看望慰问正在青岛疗休养的集团公司劳模、工匠代表，并进行座谈交流。

17日至18日 集团公司党委常委、纪委书记、监察专员赵文友带队先后到济钢集团、莱钢集团、山钢股份对2020年重点改革事项完成情况进行现场检查调研。

18日 集团公司副总经理、总法律顾问董立志在总部办公楼会见到访的中铝股份山东区域法律中心总法律顾问张成顺一行。

21日至25日 集团公司董事、监事、董秘履职专题研修班在冶金宾馆举行开班仪式。集团公司副总经理付博、清华大学继续教育学院培训中心主任张忠义参加开班仪式。

22日 集团公司党委理论学习中心组专题学习研讨会在总部办公楼召开，学习主题为“党的十八大以来的历史”。党委书记侯军主持会议，党委副书记陶登奎、苏斌，党委常委陈向阳、赵文友、徐有芳、罗登武、刘秀元、王鸿飞等参加学习。

23日 集团公司党委书记侯军以视频会议的形式，讲授题为《回望百年路启航新征程，把党史学习教育成效转化为加快实现“强”起来的磅礴力量》的专题党课。党委常委陶登奎、苏斌、陈向阳、赵文友、徐有芳、罗登武、刘秀元、王鸿飞参加学习。省委党史学习教育第十五巡回指导组成员孟磊、王溧现场指导。

24日至25日 集团公司党委书记、董事长侯军，党委副书记、总经理陶登奎，党委副书记、董事苏斌，分别到济钢集团、山钢股份莱芜分公司、山东工业职业学院等单位看望慰问老党员。党委常委陈向阳、赵文友、徐有芳、罗登武、刘秀元、王鸿飞等先后到集团公司相关单位看望慰问老党员。

25日 集团公司党委常委、董事陈向阳会见到访的美国空气产品公司客人，推进在工业气体和氢能领域与山东省企业开展合作。

● 集团公司党委常委、纪委书记、监

察专员赵文友在山钢党校讲授党史学习教育专题党课。

28日 集团公司党委以视频会议形式召开庆祝中国共产党成立100周年先进表彰大会。省委党史学习教育第十五巡回指导组副组长贺茂广、成员庞爱华，集团公司党委书记、董事长侯军，党委副书记、总经理陶登奎，党委副书记、董事苏斌，党委常委陈向阳、赵文友、徐有芳、罗登武、刘秀元、王鸿飞出席会议。

● 庆祝中国共产党成立100周年“清廉山钢”书画展在总部办公楼开展。省委党史学习教育第十五巡回指导组副组长贺茂广、成员庞爱华，集团公司党委书记、董事长侯军，党委副书记、总经理陶登奎，党委副书记、董事苏斌，党委常委陈向阳、赵文友、徐有芳、罗登武、刘秀元、王鸿飞观看展览。

● 集团公司党委下发《关于刘远清同志免职的通知》（山钢党字〔2021〕69号）：刘远清不再任山东钢铁集团矿业有限公司党委副书记、委员职务。

29日 集团公司党委书记、董事长侯军，党委副书记、总经理陶登奎，党委副书记、董事苏斌等领导分别到山钢股份莱芜分公司、济钢集团合金科技公司、济钢集团萨博特种汽车公司和冷弯型钢公司等生产单位进行检查督导。

7月

2日 集团公司召开产业工人队伍建设改革工作交流会。集团公司党委副书记、董事苏斌，工会主席卢彤书及相关单位负责人参加会议。

5日 集团公司党委召开理论学习中心组（扩大）集体学习研讨专题会议，主题是深入学习贯彻习近平总书记“七一”重要讲话，弘扬伟大建党精神。党委书记侯军主持会议，党政领导苏斌、陈向阳、赵文友、徐有芳、罗登武、王鸿飞、董立志、卢彤书出席。会议特邀优秀党员代表、民主党派成员代表、科技战线精英、高技能人才、中青年骨干等方面的职工代表刘文凭、侯晓英、杨雷、向兆安、包广东、陆会鑫进行交流发言。

6日 集团公司重点生产经营单位主要负责人主体责任落实能力提升培训班在总部办公楼开班。集团公司党委书记、董事长侯军出席开班仪式并讲话，党委副书记、总经理陶登奎，党委副书记、董事苏斌，党委常委陈向阳、赵文友、徐有芳、罗登武、刘秀元、王鸿飞出席开班仪式。

12日 集团公司第四届董事会召开2021年第二次临时会议，审议1项议案。苏斌董事临时主持会议，董事陈向阳、徐有芳、王宏伟、梁阜、卢彤书、高景言出席会议，总经理陶登奎、纪委书记赵文友、副总经理付博、总法律顾问董立志列席会议。

14日 省国资委“中国梦·新时代·跟党走”百姓巡回宣讲团宣讲活动在日照公司举行，来自各省属企业的10位宣讲员进行宣讲，并参观了全国劳模胡淑娥创新工作室、炼铁生产现场。莱钢集团宋雪作为宣讲团成员参加宣讲。

14日至16日 集团公司党委书记、董事长侯军，党委副书记、总经理陶登奎，党委常委陈向阳、罗登武会见到访的方大集团董事局主席方威一行。

16日 集团公司党委常委、纪委书记、监察专员赵文友会见到访的省司法厅党委委员、省纪委监委驻省司法厅纪检监察组组长丁信贤一行。

21日 全国人大代表，集团公司党委书记、董事长侯军会见山东省高级人民法院党组成员、副院长段大伟一行。段大伟此次来访主要受最高人民法院委托，联系全国人大代表侯军并征求对法院工作的意见建议。

22 日 集团公司下发《关于王学德退休的通知》（山钢人字〔2021〕6 号）：集团公司原党委委员、总经理助理王学德退休。

24 日 中共山东省委书记刘家义在省委常委孙立成、刘强及省直有关部门主要负责人陪同下到集团公司调研。集团公司党委书记、董事长侯军，党委副书记、总经理陶登奎，集团公司副总经理，山钢股份党委书记、董事长王向东分别汇报。

25 日 集团公司以视频会议形式召开第二届生态环境保护大会暨 2021 年半年工作会议。党委书记、董事长侯军作了题为《抢抓绿色低碳新机遇 跃上改革攻坚新征程 以“强”起来的新作为融入发展新格局》的讲话，党委副书记、总经理陶登奎主持会议并讲话，党委常委罗登武作工作报告，陈向阳、赵文友、徐有芳、刘秀元、王鸿飞参加会议。

● 集团公司党委常委会议在总部办公楼召开，专题研究意识形态工作。会议集体学习习近平总书记在中央政治局第三十一次集体学习时的讲话，听取了关于集团公司今年以来意识形态工作情况汇报，分析意识形态领域面临的形势和任务，审议有关文件，安排部署下一步重点工作。

27 日至 28 日 省冶金工会主席刁维强一行到山钢股份莱芜分公司、莱钢集团调研。集团公司工会主席卢彤书陪同。

30 日 集团公司党委巡察组专项巡察山钢股份党委情况反馈会召开。集团公司党委常委、纪委书记、监察专员赵文友代表巡察组反馈巡察情况，就下一步巡察整改工作提出要求。山钢股份党委书记王向东主持会议并就做好巡察整改工作作表态发言。

8 月

2 日 集团公司第四届董事会召开第二十次会议，审议 13 项议案。集团公司董事长侯军主持会议，董事苏斌、陈向阳、徐有芳、王宏伟、梁阜、卢彤书、高景言出席会议，总经理陶登奎、副总经理付博、总法律顾问董立志、董事会秘书李学玉及有关部门负责人列席会议。

● 2021 年《财富》世界 500 强排行榜在全球发布。集团公司连续两年上榜，位列榜单第 384 位，相较 2020 年的 459 位上升 75 位。

4 日 集团公司党委常委、党委组织部部长刘秀元到山钢党校调研。

● 集团公司召开疫情防控、防汛工作视频会议，传达近期省委省政府以及省国资委关于疫情防控、防汛工作的有关批示精神和部署要求，结合企业当前形势，对疫情防控和防汛工作进行再部署、再动员。集团公司党委常委罗登武、安全总监李长青及有关部门负责人参加会议。

● 集团公司下发《关于推荐山东钢铁集团永锋淄博有限公司执行董事人选的函》：推荐魏风为山东钢铁集团永锋淄博有限公司执行董事。

6 日 集团公司党委下发《关于撤销山东钢铁集团永锋淄博有限公司党委、纪委的通知》（山钢党字〔2021〕81 号）：撤销中共山东钢铁集团永锋淄博有限公司委员会、中共山东钢铁集团永锋淄博有限公司纪律检查委员会。党委书记、副书记、委员，纪委书记职务自然免除。

10 日 集团公司党委召开党史学习教育第二次调度推进会。党委副书记、党史学习教育领导小组副组长、领导小组办公室主任苏斌，集团公司及各权属二级单位党史学习教育领导小组办公室成员参加会议。会议学习传达了近期中央、省委及省国资委党委对党史学习教育工作的有关要求和重点工作提示，通报了集团公司党史学习教育开展情况、存在问题及下一步工作安排。

11日 集团公司党委以视频会议形式举办学习贯彻习近平总书记“七一”重要讲话精神宣讲报告会。集团公司党委书记、董事长侯军作宣讲报告。党委常委陶登奎、苏斌、陈向阳、赵文友、徐有芳、罗登武、刘秀元、王鸿飞出席报告会。

• 集团公司下发《关于刘慈玲等人员任职的通知》（山钢任字〔2021〕11号），集团公司党委下发《关于阎文龙同志任职的通知》（山钢党字〔2021〕85号）：刘慈玲为山东钢铁集团有限公司总经理助理（挂职），唐邦秀为山东钢铁集团有限公司财务部副总经理（挂职），阎文龙为山东钢铁集团有限公司党委组织部副部长（挂职）、人力资源部副总经理（挂职）。

12日 集团公司以视频会议形式举办“三项制度”改革“亮剑讲坛”暨第八期“山钢讲堂”。党委常委、党委组织部部长刘秀元出席。

17日 集团公司第四届董事会召开2021年第三次临时会议，审议9项议案。集团公司董事长侯军主持会议，董事苏斌、徐有芳、王宏伟、卢彤书、高景言出席会议，总经理陶登奎、纪委书记赵文友、副总经理付博、总法律顾问董立志、总经理助理刘慈玲、董事会秘书李学玉及有关部门负责人列席会议。

18日 集团公司学习贯彻习近平总书记“七一”重要讲话精神专题培训班开班。集团公司党委副书记、董事苏斌出席开班仪式并作动员讲话。

19日 集团公司党委书记、董事长侯军以普通党员身份参加办公室党支部党史学习教育专题组织生活会，并对进一步开展好党史学习教育提出要求。省委党史学习教育第十五巡回指导组、集团公司机关党委巡回指导组对会议进行了督导。

25日 集团公司学习贯彻习近平总书记“七一”重要讲话精神第二期专题培训班开班。集团公司党委常委、纪委书记、监察专员赵文友出席开班仪式并作动员讲话。

30日 省纪委监委召开省国资国企纪检监察工作座谈会。集团公司党委常委、纪委书记、监察专员赵文友代表集团公司作典型发言。

• 集团公司下发《关于孙建东免职的通知》（山钢任字〔2021〕12号）：孙建东不再任济钢集团有限公司董事、财务总监职务。

• 集团公司下发《关于王庆山免职的通知》（山钢任字〔2021〕13号）：解聘王庆山的莱芜钢铁集团有限公司调研员职务。

31日 集团公司党委理论学习中心组组织集体学习。集团公司党委书记、董事长侯军，党委副书记、总经理陶登奎，党委副书记、董事苏斌，党委常委陈向阳分别领学习近平总书记在中央民族工作会议上的讲话精神、习近平总书记关于国有企业党的建设和改革发展工作重要论述等有关内容。党委常委赵文友、罗登武、刘秀元、王鸿飞参加学习。

9月

1日 集团公司党员干部学习贯彻习近平总书记“七一”重要讲话精神第三期专题培训班开班。集团公司党委常委刘秀元出席开班仪式并作动员讲话。

8日 集团公司党委书记、董事长侯军，党委常委、总审计师王鸿飞会见到访的山东省审计厅副厅长李宁一行。

• 集团公司召开警示教育会议。集团公司党委常委侯军、陶登奎、苏斌、陈向阳、赵文友、徐有芳、罗登武、刘秀元、王鸿飞等参加会议。

9日 集团公司党委常委、董事陈向阳会见到访的清华大学公共管理学院党委副书记、清华大学国情研究院副院长周绍杰一行。

10日 集团公司党委副书记、董事苏斌到山钢股份开展送奖暨全员岗位创新工作调研。集团公司副总经理，山钢股份党委书记、董事长王向东，集团工会主席卢彤书参加。

13日 省国资委党委委员、副主任高长生带领省国资委全国国有企业党的建设工作会议精神贯彻落实情况“回头看”督导组，到集团公司检查指导工作。集团公司党委书记、董事长侯军，党委副书记、董事苏斌，党委常委刘秀元汇报工作情况。

15日 集团公司党委常委罗登武、工会主席卢彤书一行到山钢股份开展党史学习教育解难题办实事项目督导。

17日 集团公司党委审计委员会第二次会议在总部办公楼召开。集团公司党委书记、董事长、审计委员会主任侯军，党委副书记、总经理、审计委员会副主任陶登奎，党委常委、纪委书记、监察专员、审计委员会副主任赵文友，党委常委、总审计师、审计委员会副主任王鸿飞等出席会议。济南市人大代表、莱钢银山型钢职工于全成和济南市钢城区政协委员、莱钢集团职工邹峰列席会议。

23日 国务院国资委研究中心调研组到集团公司开展“建设世界一流企业”专题调研。集团公司党委常委罗登武介绍情况作汇报。

24日 由中国钢铁工业协会主办、集团公司承办的2021年钢铁企业对标挖潜工作交流座谈会在济南召开。中国钢铁工业协会党委书记、执行会长何文波讲话，集团公司党委副书记、总经理陶登奎致辞，中国钢铁工业协会副会长兼秘书长屈秀丽、集团公司党委常委罗登武等出席会议，集团公司副总经理王向东作对标挖潜经验交流，来自对标挖潜成员单位的相关负责人参加会议。

25日 2021中国500强企业高峰论坛发布2021中国企业500强、中国制造业500强等系列榜单。山钢集团以2207.33亿元营收位列榜单第108位，较上年提升5位，在上榜53家钢铁企业中排名第6位，在50家山东企业中排名第6位。

29日 集团公司党委理论学习中心组开展集体学习，主题是“坚持学史增信，勇担责任使命”。山钢集团党委书记侯军主持会议，党委副书记陶登奎、苏斌，党委常委陈向阳、赵文友、徐有芳、罗登武、王鸿飞，公司高管及总部各部门主要负责人参加会议。

30日 集团公司党委常委会召开会议，传达学习习近平总书记在中央人才工作会议上的重要讲话精神，研究贯彻落实意见。集团公司党委书记、董事长侯军主持会议并讲话，集团公司党政领导陶登奎、苏斌、陈向阳、赵文友、徐有芳、罗登武、刘秀元、王鸿飞等出席会议。

10月

9日 集团公司“送法到一线”宣讲活动在山钢股份举行。集团公司副总经理、总法律顾问董立志出席活动。

11日 集团公司党委副书记、总经理陶登奎，党委常委、总审计师王鸿飞会见到访的瑞穗银行环球中资企业部总裁丸木健太郎一行。

12日 集团公司以视频会议形式举办第九期山钢讲堂“全面对标、系统提升”专题讲座。集团公司党委书记、董事长侯军，集团党委副书记、总经理陶登奎等党政领导出席。中国宝武挂职干部，各单位、总部各部门及直属机构有关人员参会。

● 集团公司召开“全面对标、系统提升”推进会暨第三季度工作会议。集团公司党委书记、董事长侯军作题为《对标对表找差距 聚焦聚力争上游 在提档晋位中加快集团公司“强”起来的步伐》的讲话，党委副书记、总经理陶登奎主持会议并讲话，集团公司党委常委、董事、监事、高管人员以及中国宝武授课专家及挂职干部参加会议。

14日 山东省国资委三项制度改革效能评估组到山钢集团进行现场评估。集团公司党委常委刘秀元出席评估会并介绍了山钢集团三项制度改革情况。

15日 中国宝武、集团公司银企座谈交流会“新山钢 新未来”在日照公司举行。集团公司党委书记、董事长侯军，党委副书记、总经理陶登奎，党委常委、总审计师王鸿飞，中国宝武经营财务部资金总监聂志权，宝钢股份经营财务部资金高级经理徐勇，集团公司副总经理，山钢股份党委书记、董事长王向东，集团公司总经理助理刘慈玲，山钢股份党委副书记、总经理吕铭出席交流会。会议邀请中国宝武战略合作银行工商银行、农业银行、中国银行、建设银行、交通银行、招商银行、浦发银行等到会交流。王鸿飞主持会议。

19日 “山钢杯”全国钢铁行业职工网上安全生产知识竞赛决赛开幕式在山工职院举行。中国机械冶金建材工会全国委员会副主席候选人、分党组成员关明出席会议并讲话，中国机械冶金建材职工技术协会秘书长王林林，山东省总工会二级巡视员、省冶金工会主席刁维强，集团公司党委副书记、董事苏斌出席会议并分别致辞。

19日至23日 全国人大代表，集团公司党委书记、董事长侯军列席第十三届全国人民代表大会常务委员会第三十一次会议。

24日 由山钢集团、东北大学、兖矿东华重工等单位完成的“V-N微合金高强韧中厚板绿色制造关键技术及应用”科技成果评价（鉴定）会在北京召开。评价（鉴定）委员会认为，该成果整体技术达到了国际先进水平，其中厚规格（Q550级80毫米厚）产品V-N微合金化制造技术国际领先。集团公司副总经理，山钢股份党委书记、董事长王向东等业内专家和项目完成单位代表参加了会议。

26日 集团公司党委召开2021年第二轮专项巡察动员会，全面启动对财务部、战略发展部、投资与资本运营部、山钢财务（资金中心）、山钢金控等5家部门、单位的资金管理专项巡察。集团公司党委书记、董事长侯军出席会议并作动员讲话。集团公司党委常委、董事陈向阳，党委常委、纪委书记、监察专员、党委巡察组组长赵文友，党委常委、董事徐有芳，党委常委、总审计师王鸿飞，副总经理付博出席。赵文友主持会议。

● 集团公司群团干部培训班开班。集团公司党委副书记、董事苏斌出席开班仪式并作动员讲话，工会主席卢彤书主持开班仪式。

27日 集团公司党委书记、董事长侯军在总部办公楼会见到访的临清市委书记刘培国一行。

● 集团公司党委常委、纪委书记、监察专员赵文友一行到山钢股份、莱钢集团开展大监督体系建设推进情况专题调研。

● 集团公司管理人员赴中国宝武实训启动会以视频会议形式召开。中国宝武党委组织部常务副部长、人力资源部常务副总经理秦铁汉主持会议并提出要求，集团公司党委常委、组织部部长刘秀元出席会议并讲话。

28 日　集团公司党委理论学习中心组开展集体学习，主题是“坚持学史崇德，弘扬伟大建党精神”。集团公司党委书记侯军主持会议，党委副书记苏斌，党委常委陈向阳、赵文友、徐有芳、罗登武、刘秀元、王鸿飞，公司高管及总部各部门主要负责人参加会议。第六届山钢道德模范、山钢地产济南分公司工程管理部部长徐宁应邀旁听。

● 集团公司党委书记、董事长侯军，党委常委刘秀元在总部办公楼与新一批选派驻村第一书记成员座谈。党委常委、董事陈向阳，副总经理王向东参加交流。

11 月

2 日　集团公司党组织书记、组织员及党务骨干培训班开班。集团公司党委常委、组织部部长刘秀元出席开班仪式并作动员讲话。集团各单位党组织书记、副书记、组织员及党务骨干等 60 人参加培训。

3 日　集团公司召开疫情防控工作视频会议，传达近期山东省关于疫情防控工作的要求。集团公司党委常委罗登武、安全总监李长青参加会议。

● 集团公司审计系统通过网络视频形式组织学习新修改的《审计法》。党委常委、总审计师王鸿飞参加学习并讲话。

4 日　集团公司党委理论学习中心组召开专题研讨会，学习习近平总书记在深入推进黄河流域生态保护和高质量发展座谈会上的重要讲话精神和视察山东重要指示要求。集团公司党委书记、董事长侯军主持学习并讲话，党委常委陶登奎、苏斌、陈向阳、赵文友、徐有芳、罗登武、王鸿飞等中心组成员参加学习。

● 山东省国资委公布第一批省属企业爱国主义教育基地，山钢集团莱钢展馆名列其中。

5 日　集团公司以视频会议形式举办商业计划书编制工作专项培训。集团公司党政领导陶登奎、陈向阳、徐有芳、罗登武、付博、刘慈玲、卢彤书、李长青及总部各部门、驻总部各单位有关人员在主会场参加培训。集团公司党委常委、董事徐有芳主持培训。

8 日　集团公司党委书记、董事长侯军，党委副书记、董事苏斌代表集团公司党委到新闻传媒中心看望并慰问新闻工作者，并向全集团奋战在新闻战线上的工作人员致以节日的问候。

11 日　集团公司党委书记、董事长侯军，党委副书记、总经理陶登奎，党委常委、总审计师王鸿飞会见到访的中国农业银行山东省分行党委书记、行长益虎一行。

15 日　集团公司党委理论学习中心组开展集体学习，主题是“坚持学史力行，践行初心使命，自觉贯彻落实党的十九届六中全会精神”。党委书记侯军主持会议，党委副书记苏斌，党委常委陈向阳、赵文友、罗登武、刘秀元、王鸿飞及公司高管、总部各部门主要负责人参加会议。

16 日　集团公司下发《关于孙耿平等人员职务任免的通知》（山钢任字〔2021〕14 号）、《关于推荐淄博东方星城置业有限公司监事的函》：孙耿平为山东钢铁集团淄博张钢有限公司监事，不再任山东钢铁集团淄博张钢有限公司财务总监职务；孙全胜为淄博东方星城置业有限公司监事，不再任山东钢铁集团淄博张钢有限公司监事职务。

17 日　集团公司审计业务培训班开班。集团公司党委书记、董事长侯军，省审计厅党组成员、副厅长、一级巡视员杨统海出席开班仪式；集团公司党委常委、总审计师王鸿飞在开班仪式上讲话并授课。

23日 集团公司第四届董事会召开2021年第四次临时会议，审议7项议案。集团公司董事苏斌临时主持会议。董事陈向阳、王宏伟、梁皐、卢彤书、高景言出席会议，纪委书记赵文友、总经理助理刘慈玲、董事会秘书李学玉及有关部门负责人列席会议。

25日 集团公司党委副书记、总经理陶登奎，党委常委、总审计师王鸿飞，总经理助理刘慈玲会见到访的中国进出口银行上海分行副行长梅建平一行。

• 集团公司党委常委、纪委书记、监察专员赵文友会见到访的省纪委监委案管室副主任尚志龙一行。

26日 集团公司召开总法律顾问专题会，学习习近平法治思想，安排部署宪法日系列宣传活动。集团公司副总经理、总法律顾问董立志领学相关内容。

28日 集团公司印发《关于开展2021年“国家宪法日”宣传活动的通知》，在全集团范围内组织开展“宪法进企业、普法到职工、送法到一线”系列宣传活动。

30日 集团公司文明单位检查考评工作部署会议召开。集团公司党委副书记、董事苏斌出席会议并讲话，集团公司文明办、总部各部门负责文明单位考评人员参加会议。

• 集团公司党委下发《关于薄涛等同志免职的通知》（山钢党字〔2021〕102号）、《关于于文波同志免职的通知》（山钢党字〔2021〕103号），集团公司下发《关于薄涛免职的通知》（山钢任字〔2021〕16号）、《关于李学玉等人员免职的通知》（山钢任字〔2021〕17号）：薄涛不再任集团公司党委委员、副总经理职务；王景洲不再任集团公司党委委员职务；于文波不再任集团公司纪委委员，济钢集团有限公司党委委员，纪委书记、委员，济钢集团有限公司监事会主席、监事职务；李学玉不再任济钢集团有限公司董事职务；刘长菊不再任济钢集团有限公司监事职务。

• 集团公司下发《关于魏水才任职的通知》（山钢任字〔2021〕15号）：魏水才为战略发展部副总经理、国际事业部副总经理。

• 集团公司下发《关于陈剑等人员任职的通知》（山钢任字〔2021〕18号）：陈剑为山东惠济新生投资有限公司执行董事，奚道鑫为山东惠济新生投资有限公司监事。

12月

1日 山东省纪委监委第五监督检查室副主任、一级调研员李增民一行到集团公司督导检查关于进一步强化营销领域廉洁风险防控的纪检监察建议整改落实情况。集团公司党委书记、董事长侯军汇报情况。

2日 集团公司党委组织收看在北京举行的学习贯彻党的十九届六中全会精神国资国企系统宣讲报告会实况。集团公司党政领导侯军、陶登奎、罗登武、王鸿飞、董立志、刘慈玲、卢彤书、李长青，以及总部各部门、直属机构、部分单位党员干部在总部办公楼集体收看。

6日 集团公司第十期中青年干部培训班在中国石油大学（华东）开班。集团公司党委常委、组织部部长刘秀元出席开班仪式并讲话。

• 集团公司党委下发《关于公布徐有芳同志免职的通知》（山钢党字〔2021〕105号）：接中共山东省委组织部（鲁组任字〔2021〕501号）、山东省国资委（鲁国资任字〔2021〕28号）任免通知：徐有芳不再任山东钢铁集团有限公司党委常委、委员，董事职务。

7日 集团公司党委书记、董事长侯军，党委常委、董事陈向阳会见到访的济南高新区党工委委员、管委会副主任、济高控股集团董事长李昊一行。

8 日 省委党史学习教育第十五巡回指导组副组长贺茂广一行到集团公司调研，并实地考察山钢股份莱芜分公司。集团公司党委常委刘秀元、副总经理王向东、工会主席卢彤书分别介绍情况。

• 集团公司下发《关于郝之峰等人员任职的通知》（山钢任字〔2021〕19 号）：郝之峰、高勇为山东耐火材料集团有限公司董事。

8 日至 10 日 2021 年山东省先进钢铁技术技能大赛在莱钢培训中心举行，来自全省的 24 名选手分别参加了自动化竞赛实践和理论考试。省总工会二级巡视员、省冶金工会主席刁维强出席本次大赛。山钢日照公司、山信软件获得大赛前三名。

9 日 集团公司以视频会议形式召开党的十九届六中全会精神宣讲报告会。省属企业党的十九届六中全会精神宣讲团成员，集团公司党的十九届六中全会宣讲团团长、党委书记、董事长侯军作党的十九届六中全会精神宣讲报告。集团公司领导陈向阳、刘秀元、王向东、董立志、刘慈玲、卢彤书、李长青出席会议。

10 日 集团公司与中国农业银行山东省分行战略合作协议签约仪式在农行山东省分行举行。集团公司党委书记、董事长侯军致辞，党委副书记、总经理陶登奎，党委常委、总审计师王鸿飞，总经理助理刘慈玲，中国农业银行首席专家、公司业务部总经理杨光，农行山东省分行党委书记、行长益虎等出席。

• 集团公司召开责任追究工作研讨务虚会暨巡察工作专题会议。党委常委、纪委书记、监察专员赵文友出席会议。

13 日 集团公司党委常委罗登武、副总经理王向东会见到访的中车大连机车车辆有限公司党委书记、董事长林存增一行。

14 日 集团公司下发《关于王向东等人员任职的通知》（山钢任字〔2021〕20 号）：王向东为莱芜钢铁集团银山型钢有限公司执行董事，齐登业为莱芜钢铁集团银山型钢有限公司监事。

14 日至 15 日 集团公司召开 2021 年经济研究成果奖终评会议。党委常委、董事陈向阳，内外评审专家和相关单位有关人员等参加会议。

18 日 15 时 16 分，山东省新旧动能转换重大建设项目“山钢篇”——山钢股份莱芜分公司新旧动能转换项目 1 号 3800 立方米高炉顺利热试点火开炉。

21 日 由冶金工业信息标准研究院、国家知识产权局知识产权出版社共同研究的“2021 钢铁企业专利创新指数”在北京正式发布。集团公司在全球钢企创新（专利）指数综合得分 77. 03 分，排在第 9 名，在中国钢企专利创新指数综合得分 77. 7 分，排在第 5 名，获评“较强创新力企业”。

23 日 济南市政府召开济钢划转济南市移交会议，宣布了省委省政府关于将济钢整体划转济南市的决定，济钢集团正式成为济南市市属一级企业。集团公司党政领导侯军、陶登奎、苏斌、刘秀元等参加会议。

• 集团公司召开审计工作务虚会议。集团公司党委常委、总审计师王鸿飞出席会议并讲话。

24 日 集团公司党委理论学习中心组举行集体学习，主题是“学习领会全会精神，奋发有为开新局”。集团公司党委书记侯军主持会议并讲话，党委副书记陶登奎、苏斌，党委常委陈向阳、赵文友、罗登武、刘秀元、王鸿飞，公司高管及总部各部门相关负责人参加会议。

• 集团公司党委以视频形式召开党风廉政建设专题会议。党委书记侯军对各单位党委书记进行廉政谈话。党委副书记陶登奎、苏斌，党委常委陈向阳、赵文友、罗登武、刘秀元、王鸿飞，公司高管及各部门主要负责人、在总部办公单位党委书记在主会场参加会议，其他单位党委书记在分会场参加会议。

●集团公司副总经理、总法律顾问董立志获第二届“山东省十大法治人物”称号。

●集团公司党委下发《关于冯清智同志免职的通知》（山钢党字〔2021〕108号）：冯清智不再任巡察工作领导小组办公室巡察组组长职务。

27日 集团公司下发《关于王培文等人员职务任免的通知》（山钢任字〔2021〕21号）：根据省应急厅党委《关于委派山东钢铁集团有限公司安全总监的通知》（鲁应急党委〔2021〕72号），聘任：王培文为山东钢铁集团有限公司安全总监。李长青不再任山东钢铁集团有限公司安全总监职务（另有任用）。

●集团公司召开2021年度财务工作暨财务决算部署会议，集团公司总经理助理刘慈玲出席。

28日 集团公司党委下发《关于马晋宇等同志职务任免的通知》（山钢党字〔2021〕111号）：马晋宇任山钢金融控股（深圳）有限公司党委委员、副书记，纪委委员、书记，工会主席。周庆不再任山钢金融控股（深圳）有限公司党委副书记、委员，纪委书记、委员，工会主席职务。

●集团公司党委下发《关于张海鹰等同志职务任免的通知》（山钢党字〔2021〕112号）：张海鹰任山东钢铁集团国际贸易有限公司党委委员、副书记，纪委委员、书记，工会主席。马晋宇不再任山东钢铁集团国际贸易有限公司党委副书记、委员，纪委书记、委员，工会主席职务。

●集团公司党委印发《尽职合规免责清单（试行）》（山钢党字〔2021〕113号）。

●集团公司印发《山东钢铁集团有限公司人力资源发展规划（2021—2025）》（山钢人字〔2021〕10号）。

30日 集团公司安全生产委员会暨环境保护领导小组、节能工作领导小组会议在总部办公楼召开。党委书记、董事长、安委会主任侯军主持会议并讲话。党政领导陶登奎、苏斌、陈向阳、赵文友、罗登武、刘秀元、王鸿飞、董立志、刘慈玲、李长青、王培文，以及安委会、环境保护领导小组、节能工作领导小组全体成员参加会议。

本月 山钢集团日照钢铁精品基地项目轧钢工程获国家优质工程金奖。

（注：●与上面日期相同）

（撰稿：张　序　审稿：李学玉）

2021年度山钢十大新闻

一、党史学习教育深入开展，全集团掀起庆祝中国共产党百年华诞、学习习近平总书记“七一”重要讲话和党的十九届六中全会精神热潮

2021年3月17日，山钢集团召开动员大会，对党史学习教育进行集中动员部署。各级党组织广泛开展专题学习、主题宣讲、现场教育，认真召开专题组织生活会，深入开展“让党旗在基层一线高高飘扬”活动，扎实推进“我为群众办实事”实践活动，全年落实解难题办实事962项。6月

28日，山钢集团隆重召开庆祝中国共产党成立100周年先进表彰大会，集团和各单位开展丰富多彩的活动，热烈庆祝中国共产党百年华诞。全集团相继掀起学习贯彻习近平总书记“七一”重要讲话精神和党的十九届六中全会精神的热潮，从党的百年奋斗历程中深入汲取智慧和力量。把2021年确定为“党支部建设巩固提升年”，在党支部中开展“学党史、强党性、固堡垒、争先锋”主题活动。11月4日，莱钢展馆入选第一批省属企业爱国主义教育基地。

二、全集团奋力开局“十四五”，经营绩效再创历史新高

2021年1月24日，山钢集团召开2021年度工作会议，号召全集团奋力开局“十四五”，在高质量发展征程中谱写“强”起来的新篇章；12月31日，山钢集团《“十四五”战略规划》正式发布。全集团深入落实“构建生态圈、打造新标杆”发展方略，大力推进“13368”重点任务，在钢铁行业产能产量“双控”的严峻形势下，主动调整生产运营秩序，奋力实现“减产不减效”目标，全年实现营业收入、利润总额有望再创历史纪录。山钢集团再次上榜《财富》世界500强，位列2021榜单第384位，较上年提升75位；在2021中国企业500强中列第108位，较上年提升5位；首次上榜中国500最具价值品牌，位居第151位；连续第四年进入中国钢企综合竞争力排名A+（竞争力极强）行列。

三、推进高科技企业创建工作，科技创新突出贡献者和团队受到重奖，一批“卡脖子”技术取得突破

2021年1月22日，山钢集团发布《创建高科技企业纲要》，全面推进高科技企业创建工作。开展研发投入和研发费用专项管理提升活动，前三季度主要研发单位发生研发投入、研发费用同比分别增长44.66%、105.94%。油气工程用热轧型钢荣获“中国钢铁工业产品开发市场开拓奖”，“十三五”国家重点研发计划“高强度、大规格、易焊接海洋工程用钢及应用”项目通过科技部结题验收，9Ni钢、超薄规格马氏体钢等一批高端产品研发成功并打入市场。4月13日，山钢集团首次召开科技创新奖励大会，总奖金超千万元，其中对科技进步突出贡献奖获得者胡淑娥给予100万元重奖，山钢集团党委发出向胡淑娥同志学习的决定。山钢集团跻身2021年全球钢铁企业专利创新指数综合得分十强、位居第9位，新增山东省“专精特新”中小型企业、瞪羚企业、技术创新示范企业11家，山钢股份列入山东省制造业高端品牌培育企业，日照公司被认定为全国“用户满意标杆企业”。

四、全面完成钢铁产业超低排放改造，绿色低碳发展步伐明显加快

2021年3月下旬，山钢集团组织成立两个绿色低碳发展考察学习组，分赴宝武、鞍钢、河钢等企业调研学习。7月25日，山钢集团召开第二届生态环境保护大会，提出尽快碳达峰、积极碳减排、贡献碳中和，推动山钢向全面绿色低碳转型。钢铁产业全面完成超低排放改造，日照公司获评“中国钢铁工业清洁生产环境友好企业”称号、通过国家级绿色工厂验收和公示，山钢股份莱芜分公司获评“钢铁绿色发展标杆企业”，双双入选“全省清洁生产先进单位”名单。山钢集团所有权属企业环境信用评价均达到诚信守法企业的绿色等级。山钢集团连续被评为2020年度、2021年度“山东社会责任企业”。

五、“全面对标、系统提升”行动在全集团扎实开展，经济技术指标显著改善

2021年2月7日，山钢集团印发通知，在全集团范围内开展“全面对标、系统提升”行动，并确定为未来三年的管理主题，通过对标找差，促进运行效率、效能、效益全面提升。工会系统开展“对标世界一流，推动高质量发展”主题劳动竞赛。10月12日，山钢集团召开“全面对标、系统提升”推进会，强化各项对标挖潜举措落地实施。各单位正视差距、对标学习，赶超跨越、力争上游，前11个月纳入集团总体监控体系的27项量化指标，21项达到目标进度，推进完成率77.78%。

六、按时完成深化改革三年行动进度目标，省国资委与中国宝武筹划对山钢集团战略重组

2021年1月22日，山钢集团《深化改革三年行动实施方案》出台，明确了2020~2022年五大方面28项举措的重点改革任务。2月28日，山钢集团印发指导意见，开展打赢“六大存量攻坚战”行动。6月25日，《进一步深化三项制度改革攻坚方案（2021—2022）》发布，明确三个方面9项重点攻坚任务。到2021年底，山钢集团如期完成深化改革三年行动年度计划目标。7月14日，山东省国资委发布公告，宣布正在与中国宝武筹划对山钢集团战略重组事宜。12月，经山东省国资委批复同意，山钢集团所持济钢集团100%股权划转至济南市国资委。

七、山钢股份莱芜分公司新旧动能转换一期工程全线贯通

2021年12月18日，山东省新旧动能转换重大建设项目——山钢股份莱芜分公司新区1号3800立方米高炉顺利热试点火开炉；12月21日，新区1号连铸机热试一次成功，标志着新旧动能转换一期工程全线贯通投产。8月16日，随着老区4号1080立方米高炉安全休风停炉，4座1080立方米高炉全部退出历史舞台。截至11月29日，老区转炉、连铸机相继停产，完成了历史使命。永锋淄博公司于4月全线停产，山钢集团永锋临港先进优特钢项目一期一步6月起陆续投产。

八、“数智山钢”建设深入推进，“智造”项目硕果累累

2021年4月6日，山钢集团印发《关于加快推进钢铁产业智能制造提升工作的实施意见》，全面启动智能制造“730”工程。以打造“具有山钢特色的世界一流智慧工厂”为目标，编制完成《钢铁产业智能制造提升方案》，全年共立项实施智能制造项目43项，机器人应用数量较年初翻番达到69台套。山信软件与山东大学签约共建智能制造实验室。山钢股份莱芜分公司建成国内单一场景接入终端规模最大的5G智能料场。日照公司《基于车联网技术的智慧厂区管理项目》获评中企联2021年度全国智慧企业建设创新案例。

九、深化“不敢腐、不能腐、不想腐”一体推进，全面从严治党力度持续加大

山钢集团党委印发《山钢集团政治监督指导手册》《关于深化“不敢腐、不能腐、不想腐”一体推进的实施意见》，制订分工方案加强对“一把手”和领导班子监督。首次开展二级单位党组织书记向山钢集团纪委全会述责述廉；探索“室企地”联合办案模式，办理此模式省内“第一案”。开展压减“四项资金”占用情况专项核查，对未完成任务的3家单位通报批评，主要领导书面检查。聚焦9个方面，对2020年重点改革事项完成情况“回头看”进行监督检查；对资金管理开展专项巡察。

十、全员创新蓬勃开展，幸福和谐新山钢建设取得新成果

山钢集团党委在省属企业中第一家印发《职工思想政治引领方案》。学习永锋集团经验，全员创新在基层呈燎原之势，山钢股份一线职工参与率100%，莱芜分公司和日照公司先后获评首届和第二届“山东省全员创新企业”。山钢集团隆重表彰第二届山钢劳模、山钢工匠等。省属企业首家职工疗休养基地在青岛挂牌，“齐鲁工惠·幸福山钢”成为省内首家入驻“齐鲁工惠”APP平台的大企业，重疾绿通服务线落地，补充医疗安康线建成，“六条保障普惠线”全面实施。

山钢集团
SD STEEL

概况

山钢集团
SD STEEL

山钢文化

核心理念

山钢经营宗旨：

精品赢得市场，诚信创造未来

公司简况

山东钢铁集团有限公司（简称山钢集团）2008 年 3 月 17 日注册成立，系山东省人民政府出资设立，由山东省人民政府国有资产监督管理委员会、山东国惠投资控股集团有限公司、山东省财欣资产运营有限公司作为股东代表的有限责任公司。总部位于山东省济南市。

旗下拥有山东钢铁股份有限公司、莱芜钢铁集团有限公司、山东钢铁集团矿业有限公司、山东钢铁集团国际贸易有限公司、山东钢铁集团房地产有限公司、山东钢铁集团财务有限公司、山钢金融控股（深圳）有限公司、山东耐火材料集团有限公司、山信软件股份有限公司、山东钢铁集团永锋淄博有限公司、山东钢铁集团淄博张钢有限公司、山东工业职业学院等二级子公司（单位）。

截至 2021 年末，山钢集团注册资本 111.93 亿元，资产规模 2615.32 亿元，企业信用等级 AAA，在岗职工 30637 人，党组织 673 个，党员 12129 人。2021 年，山钢集团钢产量位居全国第 7 位、世界第 11 位；营业收入、利润总额、净利润、归母净利润四项指标创历史同期新高；连续第二年跻身《财富》世界 500 强企业榜单，位列第 384 位，较上年跃升 75 位；首次上榜中国 500 最具价值品牌，列第 151 位；连续三年荣获中国卓越钢铁企业品牌，连续四年位列中国钢企综合竞争力排名 A+（竞争力极强）行列。荣获“山东社会责任企业”“全国循环经济试点示范企业”“中国钢铁工业清洁生产环境友好型企业”“全国冶金行业绿色发展标杆企业”，以及国家级“绿色工厂”“全国企业文化建设特殊贡献单位”等称号。

山钢集团重点发展“黑色金属采矿、冶炼及加工，钢铁贸易及服务，新材料、高端装备制造及技术服务”三大主业，培育发展产业金融、产业园区开发运营、信息技术等新兴产业。坚持“突出沿海、优化内陆，精品与规模并重”，聚焦钢铁产业转型升级，着力打造日照钢铁精品基地、莱钢精品钢基地、临沂临港先进特钢基地、德州永锋短流程高品质建材基地，逐步形成年产 3000 多万吨钢生产规模，工艺技术和装备达到国内领先水平。主要钢铁产品覆盖板带、板材、型钢、特钢、建材五大系列，畅销全国并远销 70 多个国家和地区，成功应用于港珠澳大桥、大兴国际机场、北京冬奥会场馆、北极亚马尔液化天然气项目等重要工程。30 多项钢铁产品被评为中国名牌、山东名牌、全国冶金产品实物特优质量奖和“金杯奖”。

山钢集团坚定不移打造世界一流企业，着力锻造绿色、智慧、可持续发展比较优势。秉承“共创、共进、共赢”的核心价值观，与国内外 100 多家大型企业集团结成战略合作伙伴关系，携手共建共享高质量钢铁生态圈。坚持生态优先、绿色低碳发展，在山东省率先实现钢铁全流程全工序超低排放改造，成为全省钢铁企业绿色转型的示范者、引领者。大力实施创新驱动发展战略，拥有省级及以上科技创新平台 27 个、各类科技型企业 40 余家，每年新获授权专利近 500 项，拥有专利技术 3152 项，其中发明专利 1673 项。2021 年，专利创新指数位居国内钢铁企业第 5 位、全球钢铁企业第 9 位。

山钢集团切实履行国有企业政治责任、社会责任和经济责任，全面加强党的建设和领导，深化国有资本投资公司改建，深入推进市场化改革，推动国有资本和国有企业做强做优做大。积极践行“为民情怀、职工福祉”信念追求，始终坚持发展为了职工、发展依靠职工、发展成果由职工共享，全面实施“幸福和谐新山钢”建设，使山钢人推动高质量发展的脚步更加坚实，圆梦热情更加激昂。

立足新发展阶段，贯彻新发展理念，融入新发展格局，山钢集团在谋划“强”起来、推动高质量发展新征程中，确立了“聚合资源、开放共享，构建安全高效钢铁产业生态圈；动能转换、创新治理，打造绿色智能行业发展新标杆”的发展方略，努力实现转型升级走在全国国企前列、综合竞争力走在国内钢铁强企前列、深化改革走在省属企业前列、信息化建设水平走在国内钢铁行业前列，全力打造一个“注入改革基因、充盈市场元素、拥有创新特质、饱含人文情怀”的魅力山钢。

（撰稿：孙亚宁　审稿：李学玉）

2021 年工作综述

【主要经营指标】 坚定执行国家宏观调控和深化供给侧结构性改革要求，积极应对“双碳”“双限”“双控”等困难挑战，努力“减产不减效”。全年生产生铁 2658.99 万吨、粗钢 2824.98 万吨、商品坯材 2889.09 万吨，分别同比减少 8.47%、9.21%、8.47%；生产铁精粉 299.77 万吨，同比减少 48.26 万吨，减幅 13.87%；生产耐火原料及制品 31.54 万吨，同比增加 0.95 万吨，增幅 3.11%，其中生产耐火制品 18.82 万吨，同比基本持平。全集团营业收入、利润总额、净利润、归母净利润四项指标均创历史新高，分别为 2665.19 亿元、148.61 亿元、108.33 亿元、54.95 亿元，较上年分别增加 457.86 亿元、71.16 亿元、51.94 亿元、46.02 亿元。2021 年末，集团公司资产总额 2615.32 亿元、负债总额 2163.79 亿元、所有者权益 451.53 亿元。企业综合实力和影响力持续提升，首次上榜中国 500 最具价值品牌，位列第 151 位；连续两年跻身世界 500 强，位列第 384 位，较上年跃升 75 位；连续三年荣获中国卓越钢铁企业品牌；连续四年位列中国钢企综合竞争力排名 A+（竞争力极强）行列。

【转型发展】 “十四五”战略规划编制完成，一批事关山钢全局长远发展的重大事项渐次铺开。新旧动能转换三年行动成果丰硕，工程建设日新月异，钢铁主业提档升级。在黄海之滨，绿色智慧全面赋能先行示范区；在汶河之畔，新旧动能转换项目建设如火如荼，一期工程全线贯通；在临沂临港，产能转移有序推进，一座年产 600 万吨先进优特钢基地正强势崛起。矿产资源、贸易物流、耐火材料、金融、信息技术等产业板块竞先争优，发展能级全面提升。财务公司资金结算规模跨过万亿大关。贸易出口有效应对政策调整，避免损失 3000 余万元。莱钢建设、山钢地产解困突围，存量处置取得重大进展。职业学院“一校两制”混合所有制办学模式在全省推广。稀土钢、超薄马氏体钢、9Ni 钢等一批高端产品走进重大工程、重大项目；油气工程用热轧型钢入选全国高端钢铁产品 10 强；日照基地轧钢工程获工程建设领域最高荣誉“国家优质工程金奖”；山钢股份拳头产品销售占比 64%，入选山东省高端品牌培育企业名单。

【深化改革】 全面落实省委、省政府决策部署，与中国宝武联合重组工作蹄疾步稳、有序展开。资产重组稳步实施，股权置换规范推进，济钢整建制顺利划转济南市。与中国宝武互派人员交流挂职，业务对接、资源共享，第一批 17 个业务协同项目全面推进，预期效益16亿元以上，已实现落袋2.39亿元。融资结构不断优化，新增融资成本“破四见三”，10亿元山东省首单可持续发展债券成功发行。国企改革三年行动整体完成70%以上目标如期实现。法人治理结构日趋规范，党的领导融入公司治理，董事会实现应建尽建。聚焦主责主业，非主业投资与非主业收入严控在10%以内，15户非主业控股企业和参股企业稳妥退出。加大低效无效资产处置，混改后评价工作启动实施，去“僵”治“亏”年度目标顺利完成。分红、担保、资金三项管理制度重磅推出，市场化运营机制不断健全。担保余额较上年同期压减182亿元，压减26%。三项制度改革攻坚突破，82户权属企业263名经理层成员全部实施任期制和契约化管理，6户权属企业开展职业经理人制度试点。全年调整退出各级管理人员25人，“下”的比例达3.5%。

【管理提升】 “全面对标、系统提升”行动全面展开，全集团与最快者赛跑、向最优者看齐，量化指标完成率89%，高质量发展态势在争先进位中日益强劲。人员结构逐步优化，劳动生产率持续改善。打造“双降双提”升级版，有息负债总额下降，资产负债率较年初降低0.64个百分点。“五位一体”高效运转，内部市场协同破百亿。阳光购销信息全部上线，采购成本降低率0.88%。转型发展的外部环境大幅改善，政策支持产生效益3.02亿元。安全生产形势总体稳定，依法治企走深走实。“六大存量攻坚战”成效显著。审计工作高效运行，绩效审计实现全覆盖，工程审计降本6000余万元。塞矿项目、新疆项目、淄博张钢等一批历史遗留问题得到妥善解决，企业会计报表质量得到本质提升。

【科技创新】 全年研发投入66.8亿元，同比增长20.1亿元，增幅43.04%；发生研发费用55.3亿元，同比增长25.2亿元，增幅83.68%。新增发明专利132件，累计拥有1673件，位列“2021钢铁企业专利创新指数”全国第5位、全球第9位。关键技术攻关、高端产品研发取得突破，51项成果达到国际领先或国际先进，多个异型钢产品填补国内空白。组织召开首次科学技术奖励会议，表彰奖励为科技进步作出贡献的团队和个人，总奖励金额达1000万元，营造了尊重知识、崇尚创新、尊重人才的浓厚氛围。全面启动“十百千万”全员岗位创新工程，评选表彰十余项优秀岗位创新项目、百余项全员创新改善成果、千余项优秀金点子，实现万名职工齐创新的生动局面，完成全员岗位创新项目9.16万项，形成深厚的“人人皆可创新、事事皆可改善”创新文化。莱芜分公司、日照公司荣获“山东省全员创新企业”称号。

【绿色低碳】 召开第二届生态环境保护大会，确定集团公司“十四五”乃至较长一个时期绿色低碳发展的指导思想，明确绿色低碳发展目标。完成《集团公司绿色低碳摸底调查报告》《山钢集团低碳发展路径研究》《绿色低碳发展行动方案》编制工作，建立碳排放数据库。积极组织开展能效对标，吨钢排放颗粒物、SO_2、NO_x，分别为0.26千克、0.12千克、0.31千克，吨钢新水消耗2.5立方米，均优于《钢铁行业清洁生产评价指标体系》Ⅰ级基准值。吨钢综合能耗为602.04千克标准煤，同比降低2.13千克标准煤。持续推进环境绩效评级提升工作，2021年投资8.76亿元，实施节能环保项目106项。莱芜分公司实施62个环保项目，推进“保A、争A、建A”计划，完成全流程钢铁超低排放并通过中钢协网站公示。日照公司、莱芜分公司焦化厂分别通过环境绩效A级企业复审，银山型钢公司通过环境绩效A级企业省级现场审核。积极推进绿色工厂/矿山创建，2021年，日照公司被评为中钢协清洁生产环境友好企业；莱芜分公司被评为全国冶金行业绿色发展标杆企业；莱芜分公司和山钢矿业金召矿通过国家级绿色工厂/矿山复审，全集团国家级绿色工厂4家，环境信用评级全部为绿牌。

【党的建设】 认真落实第一议题制度，高质量开展党史学习教育及庆祝建党100周年系列活动。严格落实管党治党政治责任，做好2020年度履行全面从严治党主体责任暨党建工作责任制考核，2020年度考核获得优秀等次。开展“学党史、强党性、固堡垒、争先锋”活动。组织对16个省属企业过硬党支部示范点、469个集团党委及二级党组织命名的过硬党支部（示范点）进行评估。坚持全面从严治党主基调，成立监督委员会，构建党内监督、行政监督、群众监督“三位一体”的大监督格局，形成“1318”监督体系。全年受理信访举报、处置问题线索216件次，立案34件，给予党纪处分38人次，组织处理244人次，其中集团党委管理干部11人次。盯紧关键节点，开展“明察暗访”“特约监督员在行动”，共查处违反中央八项规定精神问题31件，其中给予党政纪处分12人次，组织处理30人次。将“幸福和谐新山钢”建设与“我为群众办实事”有机结合，落实解难题办实事清单962项，为职工解难题办实事193项，综合满意度达100%。持续弘扬“三种精神”，建设以“齐鲁大工匠”李仁壮为代表的劳模创新工作室，1名职工荣获全国五一劳动奖章、1个班组荣获全国工人先锋号、1名职工荣获山东省五一劳动奖章，选树30名山钢劳模、20名山钢工匠。山钢团委被评为全国钢铁行业“五四红旗团委标兵”单位。

（撰稿：孙亚宁　审稿：李学玉）

山钢年鉴 *2022*

特载

专论专文

大事记

概况

☆ 机构与人事

战略合作与交流

专业管理

党群工作

山钢股份

权属单位

统计资料

荣誉

附录

山钢集团
SD STEEL

机构与人事

山钢集团
SD STEEL

山钢文化

核心理念

山钢精神：信恒如山，创新超越

山东钢铁集团有限公司组织机构图

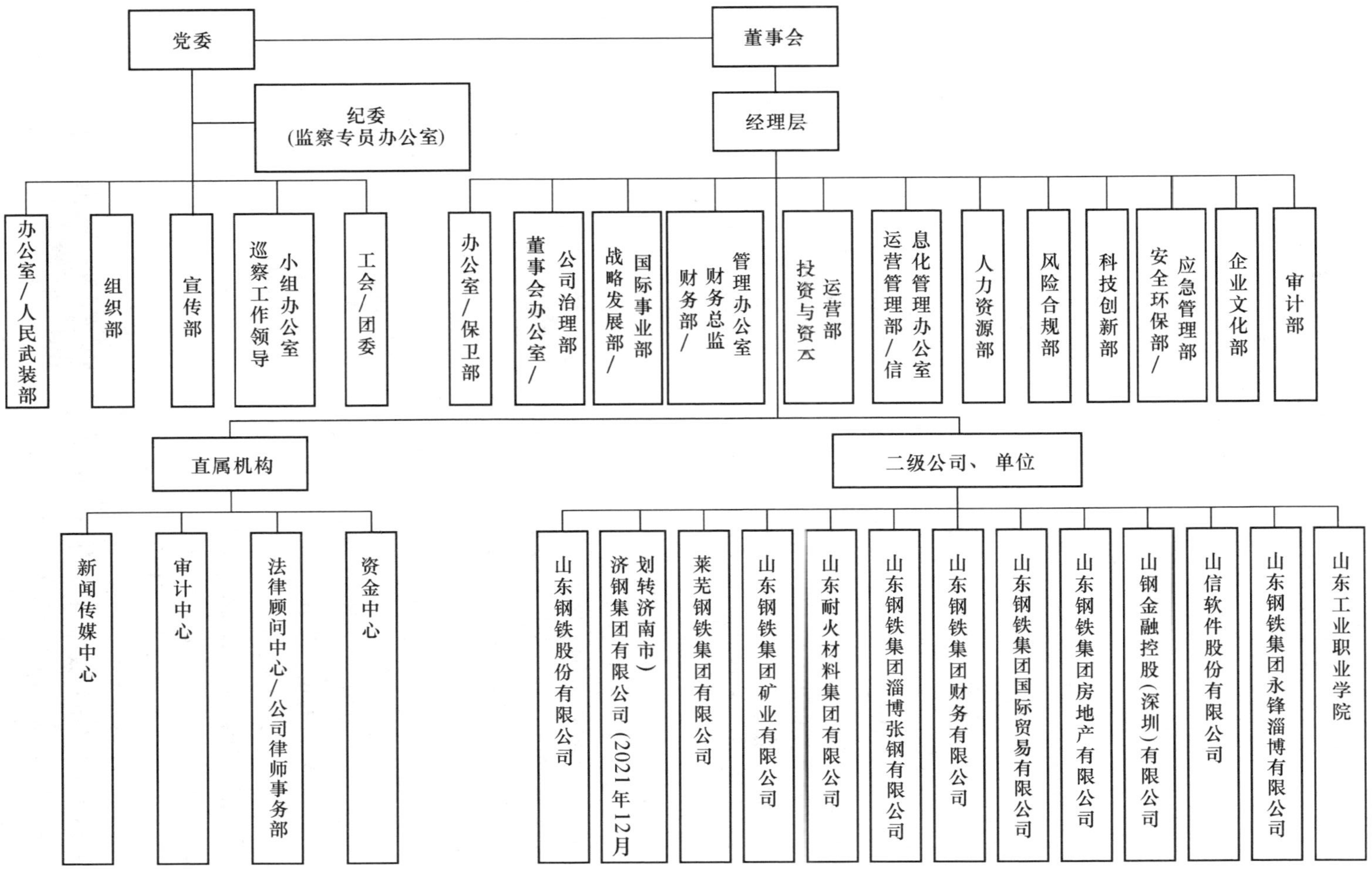

山东钢铁集团有限公司领导简介

侯　军　中共山东省委委员，山东钢铁集团有限公司党委书记、董事长、法定代表人，山东省冶金工业总公司党组书记、总经理、法定代表人，中共山东钢铁集团有限公司委员会党校校长，高级经济师。山东莘县人，1981年12月参加工作，1985年9月加入中国共产党，1987年7月取得聊城师范学院中文专业大专学历，1991年7月取得山东省委党校经济管理专业大学学历，1997年12月取得中共山东省委党校经济管理专业研究生学历。

1981年12月至1986年8月历任聊城市工商银行秘书科办事员、副科长；1986年8月至1988年8月任省电大济南分校工商银行教学班支书、班长；1988年8月至1994年5月历任聊城地区工商银行信贷科科员、副科长；1994年5月至1998年1月任聊城地区城市信用合作社中心社副主任；1998年1月至2001年1月任茌平县委副书记、副县长；2001年1月至2002年12月任茌平县委副书记、县长；2002年12月至2007年1月任茌平县委书记、县人大常委会主任；2007年1月至2008年1月任聊城市委常委；2008年1月至2012年3月任聊城市委常委、副市长；2012年3月至2013年7月任聊城市委常委、副市长、市政府党组副书记；2013年7月至2015年11月任华鲁控股集团有限公司党委副书记、董事、总经理；2015年11月至2015年12月任山东钢铁集团有限公司党委书记、董事长，山东省冶金工业总公司党组书记、总经理；2015年12月至2016年12月任山东钢铁集团有限公司党委书记、董事长，山东省冶金工业总公司党组书记、总经理，山东钢铁股份有限公司党委书记；2016年12月至2017年6月任改建后的山东钢铁集团有限公司党委书记、董事长，山东省冶金工业总公司党组书记、总经理，山东钢铁股份有限公司党委书记；2017年6月至2018年11月任中共山东省委委员，山东钢铁集团有限公司党委书记、董事长，山东省冶金工业总公司党组书记、总经理，山东钢铁股份有限公司党委书记；2018年11月至2019年9月任中共山东省委委员，山东钢铁集团有限公司党委书记、董事长，山东省冶金工业总公司党组书记、总经理，山东钢铁股份有限公司党委书记，中共山东钢铁集团有限公司委员会党校校长；2019年9月任中共山东省委委员，山东钢铁集团有限公司党委书记、董事长，山东省冶金工业总公司党组书记、总经理，中共山东钢铁集团有限公司委员会党校校长。

十三届全国人大代表，中国钢铁工业协会副会长，中国金属学会理事，山东金属学会理事长、《山东冶金》理事长。

陶登奎　山东钢铁集团有限公司党委副书记、总经理，工程技术应用研究员。山东莱芜人，1988年7月参加工作，1984年10月加入中国共产党，1988年7月研究生毕业于北京科技大学冶金机械专业，并取得工学硕士学位。

1988年7月至1997年12月历任莱钢

轧钢厂带钢车间技术组组长、主任助理、副主任，中小型车间筹备组组长、车间主任；1997年12月至2002年6月历任莱钢轧钢厂副厂长，中型厂副厂长、厂长兼党委书记、厂长兼党委副书记；2002年6月至2008年2月历任莱钢股份有限公司副总经理，莱钢集团有限公司总经理助理，莱钢股份有限公司董事；2008年2月至2009年11月任山东钢铁集团有限公司党委委员、副总经理；2009年11月至2011年8月任山东钢铁集团有限公司党委委员、副总经理，山东钢铁集团有限公司资金中心总经理；2011年8月至2014年7月任山东钢铁集团有限公司党委委员、副总经理，山东钢铁集团有限公司资金中心总经理，山东钢铁集团财务有限公司董事长（其间：2013年8月起挂职中国工商银行北京总部风险管理部副总经理一年；2013年5月至2013年9月任日照钢铁精品基地工程指挥部副总指挥）；2014年7月至2015年5月任山东钢铁集团有限公司党委委员、副总经理，山东钢铁股份有限公司党委常委，山东钢铁集团有限公司资金中心总经理，山东钢铁集团财务有限公司董事长；2015年5月至2015年8月任山东钢铁集团有限公司党委委员、副总经理，山东钢铁集团有限公司资金中心总经理，山东钢铁集团财务有限公司董事长，山东钢铁股份有限公司党委常委、董事；2015年8月至2015年11月任山东钢铁集团有限公司党委委员、副总经理，山东钢铁集团财务有限公司董事长，山东钢铁股份有限公司党委常委、董事；2015年11月至2015年12月任山东钢铁集团有限公司党委副书记、副董事长、总经理，山东钢铁集团财务有限公司董事长，山东钢铁股份有限公司党委常委、董事；2015年12月至2016年12月任山东钢铁集团有限公司党委副书记、副董事长、总经理，山东钢铁股份有限公司党委副书记、董事长，山东钢铁集团财务有限公司董事长；2016年12月至2017年9月任改建后的山东钢铁集团有限公司党委副书记、总经理，山东钢铁股份有限公司党委副书记、董事长，山东钢铁集团财务有限公司董事长；2017年9月至2019年9月任山东钢铁集团有限公司党委副书记、总经理，山东钢铁股份有限公司党委副书记、董事长；2019年9月任山东钢铁集团有限公司党委副书记、总经理。

中国金属学会理事，山东金属学会副理事长。曾荣获山东省优秀知识分子、山东省优秀青年企业家等荣誉称号。

苏　斌　山东钢铁集团有限公司党委副书记、董事，教授级高级政工师。山东定陶人，1984年7月参加工作，1983年12月加入中国共产党，1984年7月大学毕业于山东农业大学土化系土壤农化专业，2002年7月取得中央党校经济管理专业研究生学历，2005年4月取得南开大学商学院高级管理人员工商管理硕士学位。

1984年7月至1985年9月任济南市郊区姚家办事处纪检委员、团委副书记；1985年9月至1986年10月任共青团济南市郊区区委副书记；1986年10月至1987年4月在山东省委组织部知识分子工作处帮助工作；1987年4月至2002年5月历任山东省委组织部知识分子工作处副科级巡视员、正科级巡视员、助理调研员、副处长，企业干部办公室副主任（其间：1994年3月至1995年9月挂职山东省平原县平原镇党委副书记，1999年9月至2002年7月在中央党校经济管理专业研究生班学习）；2002年5月至2004年6月历任山东省委企业工委省管企业监事会管理办公室主任、监事会工作处处长；2004年6月至2010年9月历任山东省国资委人事教育处(外事处)负责人、处长，机关党委副书记，人事处处长(其间：2008年2月至2008年12月在山东省委党校第18期中青年干部培训班学习)；2010年9月至2012年4月任山东钢铁集团有限公司党委副书记、纪委书记；2012年4月至2014年7月任山东钢铁集团有限公司党委副书记、纪委书记，山东钢铁股份有限公司监事会主席；2014年7月至2015年5月任山东钢铁集团有限公司党委副书记、纪委书记，山东钢铁股份有限公司党委副书记、监事会主席、纪委书记；2015年5月至2016年12月任山东钢铁集团有限公司党委副书记、纪委书记，山东钢铁股份有限公司党委副书记、纪委书记；2016年12月至2017年3月任改建后的山东钢铁集团有限公司党委副书记、董事，山东钢铁股份有限公司党委副书记、纪委书记；2017年3月至2019年9月任山东钢铁集团有限公司党委副书记、董事，山东钢铁股份有限公司党委副书记；2019年9月任山东钢铁集团有限公司党委副书记、董事。

中国劳动学会冶金分会常务理事、副会长，中国冶金职工思想政治工作研究会副会长，山东省省管企业党建思想政治工作研究会副会长。曾荣获山东省五一劳动奖章、山东省优秀思想政治工作者，中共山东省委组织部和山东省国资委机关先进工作者、优秀共产党员等荣誉称号。

陈向阳 山东钢铁集团有限公司党委常委、董事，工程技术应用研究员。山东冠县人，1988年7月参加工作，1994年5月加入中国共产党，1988年7月大学毕业于东北工学院钢铁冶金专业，2003年12月取得武汉科技大学冶金工程硕士学位，2010年4月取得东北大学钢铁冶金专业研究生学历和工学博士学位。

1988年7月至1989年11月莱钢炼钢厂炼钢车间见习；1989年11月至1992年2月任莱钢炼钢厂技术科助理工程师；1992年2月至1996年7月历任莱钢炼钢厂连铸车间主任助理、副主任；1996年7月至1997年2月任莱钢炼钢厂连铸二车间主任；1997年2月至1999年4月历任莱钢炼钢厂生产经营部业务科长、技术科业务科长；1999年4月至2001年1月任莱钢股份有限公司炼钢厂副厂长；2001年1月至2005年7月任莱钢股份有限公司炼钢厂党委副书记、厂长；2005年7月至2006年2月任莱钢股份有限公司副总经理；2006年2月至2008年2月任莱钢集团有限公司总经理助理，莱钢股份有限公司副总经理；2008年2月至2009年7月任莱钢集团有限公司党委副书记、副董事长、总经理，莱钢股份有限公司党委副书记、董事长；2009年7月至2009年10月任山东钢铁集团有限公司党委委员、董事、副总经理，莱钢集团有限公司党委副书记、副董事长、总经理，莱钢股份有限公司党委副书记、董事长；2009年10月至2010年3月任山东钢铁集团有限公司党委委员、董事、副总经理，济钢集团有限公司党委副书记、副董事长、总经理；2010年3月至2012年4月任山东钢铁集团有限公司党委委员、董事、副总经理；2012年4月至2013年5月任山东钢铁集团有限公司党委委员、董事、副总经理，山东钢铁股份有限公司董事；2013年5月至2013年9月任山东钢铁集团有限公司党委委员、董事、副总经理，山东钢铁股份有限公司董事，日照钢铁精品基地工程指挥部副总指挥；2013年9月至2014年7月任山东钢铁集团有限公司党委委员、董事、副总经理，山东钢铁股份有限公司董事，日照钢铁精品基地工程指挥部总指挥，山东钢铁集团日照有限公司党委书记、执行董事、总经理；2014年7月至2015年5月任山东钢铁集团有限公司党委委员、董事、副总经理，山东钢铁股份有限公司党委常委、董事，日照钢铁精品基地工程指挥部总指挥，山东钢铁集团日照有限公司党委书记、执行董事、总经理；2015年5月至2016年5月任山东钢铁集团有限公司党委委员、董事、副总经理，山东钢铁股份有限公司党委常委，日照钢铁精品基地工程指挥部总指挥，山东钢铁集团日照有限公司党委书记、执行董事、总经理；2016年5月至2016年12月任山东钢铁集团有限公司党委委员、董事、副总经理，山东钢铁股份有限公司党委常委，日照钢铁精品基地工程指挥部总指挥，山东钢铁集团日照有限公司党委书记、执行董事；2016年12月至2017年3月任改建后的山东钢铁集团有限公司党委常委、董事，山东钢铁股份有限公司党委常委，日照钢铁精品基地工程指挥部总指挥，山东钢铁集团日照有限公司党委书记、执行董事；2017年3月至2017年7月任山东钢铁集团有限公司党委常委、董事，山东钢铁股份有限公司党委常委、副董事长，日照钢铁精品基地工程指挥部总指挥，山东钢铁集团日照有限公司党委书记、执行董事；2017年7月至2019年9月任山东钢铁集团有限公司党委常委、董事，山东钢铁股份有限公司党委常委、副董事长，山东钢铁集团日照有限公司党委书记、执行董事；2019年9月任山东钢铁集团有限公司党委常委、董事。

中国钢铁工业协会质量标准化工作委员会委员，中国金属学会理事，山东省冶金质量协会副会长。曾荣获全国重点钢铁联合企业节能工作先进个人、山东省劳动模范、山东省十大杰出青年、山东省“富民兴鲁”劳动奖章等荣誉称号。

赵文友　山东钢铁集团有限公司党委常委、纪委书记，山东省监察委员会驻山东钢铁集团有限公司监察专员，高级会计师。山东临朐人，1991年7月参加工作，1994年12月加入中国共产党，1991年7月大专毕业于山东财政学院税收系税收专业，1996年7月取得山东财政学院会计学专业管理学学士学位，2008年7月取得中央党校经济学专业研究生学历。

1991年7月至2004年5月历任山东省旅游局审计室干部，财务管理处科员、副主任科员、主任科员（其间：1993年9月至1996年7月在山东财政学院函授会计学专业学习）；2004年5月至2008年7月任山东省旅游局办公室副主任（其间：2004年7月至2007年6月援藏任西藏自治区日喀则地区旅游局副局长；2005年9月至2008年7月在中央党校研究生院在职研究生经济学专业学习）；2008年7月至2009年6月任山东省监察厅驻省旅游局监察专员办公室副主任；2009年6月至2014年11月任山东省纪委驻省旅游局纪检组副组长，山东省监察厅驻省旅游局监察专员办公室主任；2014年11月至2017年1月任山东省民委党组成员，山东省纪委驻省民委纪检组组长，山东省监察厅驻省民委（省宗教局）监察专员；2017年1月至2017年3月任山东钢铁集团有限公司党委常委、纪委书记；2017年3月至2019年8月任山东钢铁集团有限公司党委常委、纪委书记，山东钢铁股份有限公司党委常委、纪委书记；2019年8月至2019年9月任山东钢铁集团有限公司党委常委、纪委书记，山东省监察委员会驻山东钢铁集团有限公司监察专员，山东钢铁股份有限公司党委常委、纪委书记；2019年9月任山东钢铁集团有限公司党委常委、纪委书记，山东省监察委员会驻山东钢铁集团有限公司监察专员。

曾荣获山东省五一劳动奖章、山东省财税大检查先进个人，省人社厅、省旅游局联合荣记个人二等功两次、三等功一次等荣誉称号。

徐有芳 山东钢铁集团有限公司党委常委、董事，工程技术应用研究员。山东昌邑人，1983年7月参加工作，1986年11月加入中国共产党，1983年7月大学毕业于山东冶金工业学院机械专业，2005年6月取得南开大学EMBA专业工商管理硕士学位。

1983年7月至1992年6月历任济钢炼钢分厂技术员、天车车间副主任、主任，转炉改造办公室科级干部，板坯连铸车间主任、党支部书记；1992年6月至1997年11月历任济钢第一炼钢厂大板坯车间主任、党支部书记，副厂长；1997年11月至2002年7月历任济南钢铁集团总公司设备处处长、装备部部长；2002年7月至2008年2月任济南钢铁集团总公司副总经理；2008年2月至2012年4月任济钢集团有限公司党委常委、副总经理；2012年4月至2012年5月任济钢集团有限公司党委常委、副总经理，山钢股份有限公司副总经理；2012年5月至2013年4月任济钢集团有限公司党委常委、副总经理，山钢股份有限公司副总经理、山钢股份有限公司济南分公司总经理；2013年4月至2014年7月任济钢集团党委副书记、副董事长、总经理，山钢股份有限公司副总经理、山钢股份有限公司济南分公司总经理；2014年7月至2016年6月任山钢股份有限公司副总经理，山钢股份有限公司济南分公司党委书记、总经理；2016年6月至2016年12月任山钢股份有限公司董事、副总经理，山钢股份有限公司济南分公司党委书记、总经理；2016年12月至2017年1月任山东钢铁集团有限公司董事、党委常委，山钢股份有限公司董事、副总经理，山钢股份有限公司济南分公司党委书记、总经理；2017年1月至2017年3月任山东钢铁集团有限公司党委常委、董事，山钢股份有限公司董事、副总经理，济钢集团有限公司党委书记、董事长；2017年3月至2017年6月任山东钢铁集团有限公司党委常委、董事，山钢股份有限公司党委常委、董事，济钢集团有限公司党委书记、董事长；2017年6月至2018年4月任山东钢铁集团有限公司党委常委、董事，山钢股份有限公司党委常委、董事；2018年4月至2019年9月任山东钢铁集团有限公司党委常委、董事，山钢股份有限公司党委常委；2019年9月至2021年10月任山东钢铁集团有限公司党委常委、董事（2018年9月至2020年9月挂职任省派菏泽郓城县张营街道乡村振兴服务队队长）。

济南市第十一次党代会代表、济南市第十六届人大代表。曾荣获山东省“富民兴鲁”劳动奖章。

罗登武 山东钢铁集团有限公司党委常委，工程技术应用研究员。陕西临潼人，1982年8月参加工作，1984年12月加入中国共产党，1982年7月大学毕业于西安冶金建筑学院炼铁专业，2006年12月取得中南财经政法大学高级管理人员工商管理硕士学位。

1982年8月至1996年10月历任莱钢第一铁厂高炉车间副炉长、炉长、副主任，机动技术部副科长、副主任；1996年10月至2002年6月历任莱钢第一铁厂副厂长、第二铁厂副厂长、炼铁厂副厂长、炼铁厂厂长、党委副书记；2002年6月至2004年3月任莱钢股份有限公司副总经理；2004年3月至2006年2月任莱钢股份有限公司董事、副总经理；2006年2月至2006年3月任莱钢集团有限公司总经理助理兼股份有限公司董事、副总经理；2006年3月至2008年3月任莱钢集团有限公司总经理助理兼股份有限公司董事、副总经理，研发中心主任；2008年3月至2010年7月任莱钢集团有限公司副总经理；2010年7月至2012年4月任莱钢集团有限公司董事、副总经理；2012年4月至2012年5月任莱钢集团有限公司董事、副总经理，山钢股份有限公司副总经理；2012年5月至2013年1月任莱钢集团有限公司董事、副总经理，山钢股份有限公司副总经理、莱芜分公司总经理；2013年1月至2013年3月任莱钢集团有限公司党委常委、董事、副总经理，山钢股份有限公司副总经理、莱芜分公司总经理；2013年3月至2014年7月任莱钢集团有限公司党委副书记、副董事长、总经理，山钢股份有限公司副总经理、莱芜分公司总经理；2014年7月至2016年3月任山钢股份有限公司副总经理，莱芜分公司党委书记、总经理；2016年3月至2016年5月任莱钢集团有限公司党委书记、副董事长，山钢股份有限公司副总经理，莱芜分公司党委书记、总经理；2016年5月至2016年6月任莱钢集团有限公司党委书记、副董事长，山钢股份有限公司董事、副总经理，莱芜分公司党委书记、总经理；2016年6月至2016年12月任莱钢集团有限公司党委书记、董事长，山钢股份有限公司董事、副总经理，莱芜分公司党委书记、总经理；2016年12月至2017年1月任山东钢铁集团有限公司党委常委，山钢股份有限公司董事、副总经理，莱钢集团有限公司党委书记、董事长，山钢股份有限公司莱芜分公司党委书记、总经理；2017年1月至2017年3月任山东钢铁集团有限公司党委常委，山钢股份有限公司董事、总经理，莱钢集团有限公司党委书记、董事长，山钢股份有限公司莱芜分公司党委书记、总经理；2017年3月至2018年9月任山东钢铁集团有限公司党委常委，山钢股份有限公司党委常委、董事、总经理，莱钢集团有限公司党委书记、董事长，山钢股份有限公司莱芜分公司党委书记、总经理；2018年9月至2019年9月任山东钢铁集团有限公司党委常委，山钢股份有限公司党委常委、董事、总经理，山钢股份有限公司莱芜分公司党委书记、总经理；2019年9月任山东钢铁集团有限公司党委常委。

山东省第十一次党代会代表。曾荣获山东省劳动模范、山东省八十年代优秀毕业生、山东省优秀青年知识分子、山东省新长征突击手等荣誉称号。

刘秀元　山东钢铁集团有限公司党委常委、党委组织部部长，教授级高级政工师。山东招远人，1981年10月参加工作，1988年3月加入中国共产党，1987年7月取得山东广播电视大学大专学历，2004年6月取得山东省委党校经济管理专业研究生学历。

1981年10月至1985年8月任济钢炼钢分厂工会干事、团委副书记；1985年8月至1987年7月为山东广播电视大学学生；1987年7月至1991年8月任济钢团委干事、青工部副部长；1991 年 8 月至 1997 年 4 月历任济钢团委副书记、书记；1997 年 4 月至 2002 年 7 月任济钢中板厂党委书记、纪委书记；2002 年 7 月至 2004 年 1 月任济钢组干部部长；2004 年 1 月至 2006 年 9 月历任济钢党委委员、组干部部长、组织部部长；2006 年 9 月至 2008 年 2 月任济钢党委委员、工会主席；2008 年 2 月至 2012 年 4 月任济钢集团有限公司党委常委、董事、工会主席；2012 年 4 月至 2014 年 7 月任济钢集团有限公司党委常委、董事、工会主席，山钢股份有限公司职工监事；2014 年 7 月至 2015 年 5 月任山钢股份有限公司职工监事，山钢股份有限公司济南分公司党委副书记、纪委书记、工会主席，济钢板材公司党委副书记、纪委书记、工会主席；2015 年 5 月至 2015 年 8 月任山钢股份有限公司职工监事，山钢股份有限公司济南分公司党委副书记、纪委书记、工会主席，济钢板材公司党委副书记、纪委书记、工会主席；2015 年 8 月至 2016 年 3 月任山东钢铁集团有限公司职工董事，山钢股份有限公司职工监事，山钢股份有限公司济南分公司党委副书记、纪委书记、工会主席，济钢板材公司党委副书记、纪委书记、工会主席；2016 年 3 月至 2016 年 12 月任山东钢铁集团有限公司职工董事，山钢股份有限公司职工监事，山钢股份有限公司济南分公司党委副书记、纪委书记、工会主席，济钢集团有限公司党委副书记、董事、纪委书记、工会主席，济钢板材公司党委副书记、纪委书记、工会主席；2016 年 12 月至 2017 年 1 月任改建后的山东钢铁集团有限公司党委常委、职工董事，山钢股份有限公司职工监事，山钢股份有限公司济南分公司党委副书记、纪委书记、工会主席，济钢集团有限公司党委副书记、董事、纪委书记、工会主席，济钢板材公司党委副书记、纪委书记、工会主席；2017 年 1 月至 2017 年 2 月任山东钢铁集团有限公司党委常委、职工董事，山钢股份有限公司职工监事；2017 年 2 月至 2017 年 3 月任山东钢铁集团有限公司党委常委、职工董事、党委组织部部长，山钢股份有限公司职工监事；2017 年 3 月至 2017 年 4 月任山东钢铁集团有限公司党委常委、职工董事、党委组织部部长，山钢股份有限公司党委常委、职工监事；2017 年 4 月至 2018 年 2 月任山东钢铁集团有限公司党委常委、职工董事、党委组织部部长，山钢股份有限公司党委常委；2018 年 2 月至 2019 年 9 月任山东钢铁集团有限公司党委常委、党委组织部部长，山东钢铁股份有限公司党委常委；2019 年 9 月任山东钢铁集团有限公司党委常委、党委组织部部长。

济南市第十一次党代会代表。曾荣获全国优秀工会工作者、山东省“富民兴鲁”劳动奖章、山东省省管企业优秀党务工作者、山东省优秀青年工作者、济南市“五一”劳动奖章等荣誉称号。

王鸿飞　山东钢铁集团有限公司党委常委、总审计师，正高级审计师。山东东平人，1987 年 7 月参加工作，1987 年 7 月加入中国共产党，1987 年 7 月毕业于山东省司法学校法律专业，2001 年 7 月取得中央党校领导干部在职研究生班经济管理专业研究生学历。

1987 年 7 月至 1989 年 2 月任山东省司法学校政治处干事；1989 年 2 月至 1991 年 2 月任冶金部山东地勘局党委秘书、团委干事；1991 年 2 月至 1995 年 8 月任冶金部山东地勘局团委副书记（其间：1992 年 8 月至 1994 年 12 月在中央党校函授学院本科班经济管理专业学习，1989 年 4 月至

1991年12月在山东大学高等教育自学考试法律专业大专班学习)；1995年8月至1999年1月任冶金部山东地勘局机关党委副书记、团委书记；1999年1月至2000年9月任山东省审计厅人教处副处级干部；2000年9月至2001年11月任山东省审计厅人事处副处长、调研员（其间：1998年9月至2001年7月在中央党校领导干部在职研究生班经济管理专业学习)；2001年11月至2006年7月任山东省审计厅社会保障审计处处长（其间：2003年2月至2003年12月在省委党校中青班学习)；2006年7月至2012年9月任山东省审计厅人事处处长（其间：2006年5月至2006年11月在美国康涅狄格州中央州立大学做访问学者)；2012年9月至2015年3月任山东省审计厅固定资产投资审计处处长（其间：2012年4月至2012年12月在省委第一巡视组挂职)；2015年3月至2017年6月任山东省审计厅固定资产投资审计一处处长；2017年6月至2017年12月任山东省审计厅固定资产投资审计处处长；2017年12月至2018年12月任山东省审计厅固定资产投资审计处处长、一级调研员；2018年12月至2020年8月任山东省审计厅二级巡视员、固定资产投资审计处处长；2020年8月至2020年10月任山东钢铁集团有限公司党委常委；2020年10月任山东钢铁集团有限公司党委常委、总审计师。

山东省内部审计师协会第五届理事会副会长。曾荣获全省建购职工住房审计先进个人等荣誉称号，荣记个人二等功一次。

王向东　山东钢铁集团有限公司党委委员、副总经理，山东钢铁集团有限公司研究院院长，山东钢铁股份有限公司党委书记、董事长，山东钢铁股份有限公司莱芜分公司党委书记，莱芜钢铁集团银山型钢有限公司党委书记、执行董事，高级政工师。山东东平人，1989年7月参加工作，1995年12月加入中国共产党，1989年7月中专毕业于山东电子工业学校计算机应用专业，1999年7月取得山东省经济管理干部学院经济管理专业大专学历，2003年7月取得山东行政学院经济管理专业大学学历，2009年9月取得天津大学工业工程领域专业工程硕士学位。

1989年7月至1993年7月为济钢材料处见习、计算机管理员；1993年7月至1995年2月任济钢材料处管理科副科长；1995年2月至1996年10月任济钢材料处计划管理部经理；1996年10月至1997年12月任济钢材料处处长助理（科级)；1997年12月至2002年5月任济钢材料处副处长；2002年5月至2005年11月任济钢材料处处长；2005年11月至2006年2月任济南钢铁股份有限公司销售公司经理；2006年2月至2008年3月任济南钢铁股份有限公司销售公司经理、党总支书记；2008年3月至2008年10月任济钢集团有限公司党委办公室主任、办公室主任；2008年10月至2008年12月任济钢集团有限公司总经理助理、党委办公室主任、办公室主任；2008年12月至2009年3月任济钢集团有限公司副总经理、党委办公室主任、办公室主任；2009年3月至2009年8月任济钢集团有限公司副总经理、党委办公室主任、办公室主任，销售公司经理；2009年8月至2009年11月任济钢集团有限公司副总经理、销售公司经理；2009年11月至2010年2月任济钢集团有限公司副总经理、销售公司经理，山钢销售中心总经理；2010年2月至2011年9月任山钢集团销售中心总经理、济钢集团有限公司副总经理；2011年9月至2012年4月任山钢销售中心总经理，济钢集团有限公司党委常委、副总经理；2012年4月至2014年7

月任山钢股份有限公司副总经理、山钢销售中心总经理，济钢集团有限公司党委常委、副总经理；2014年7月至2016年3月任山钢股份有限公司副总经理、山钢销售中心总经理，山钢股份有限公司济南分公司党委委员、副总经理；2016年3月至2016年12月任山钢股份有限公司副总经理、销售中心总经理，山钢股份营销总公司党委书记、总经理；2016年12月至2017年2月任山钢股份有限公司副总经理，山钢股份营销总公司党委书记、总经理；2017年2月至2017年3月任山东钢铁集团有限公司副总经理，山钢股份有限公司副总经理，山钢股份营销总公司党委书记、总经理；2017年3月至2017年11月任山东钢铁集团有限公司副总经理；2017年11月至2017年12月任山东钢铁集团有限公司党委委员、副总经理；2017年12月至2019年9月任山东钢铁集团有限公司党委委员、副总经理，山东钢铁集团有限公司研究院院长；2019年9月至2021年12月任山东钢铁集团有限公司党委委员、副总经理，山东钢铁集团有限公司研究院院长，山东钢铁股份有限公司党委书记、董事长，山东钢铁股份有限公司莱芜分公司党委书记，莱芜钢铁集团银山型钢有限公司党委书记；2021年12月任山东钢铁集团有限公司党委委员、副总经理，山东钢铁集团有限公司研究院院长，山东钢铁股份有限公司党委书记、董事长，山东钢铁股份有限公司莱芜分公司党委书记，莱芜钢铁集团银山型钢有限公司党委书记、执行董事。

曾荣获山东省“富民兴鲁”劳动奖章、济南市五一劳动奖章、济南市优秀共产党员等荣誉称号。

付　博　山东钢铁集团有限公司党委委员、副总经理，山东钢铁集团矿业有限公司党委书记、董事长，高级工程师。山东沂水人，1994年7月参加工作，2000年5月加入中国共产党，1994年7月大学毕业于鞍山钢铁学院钢铁冶金专业，2005年11月取得美国莱特州立大学研究生学历、工商管理硕士学位。

1994年7月至1995年3月莱钢炼钢厂技术科见习；1995年3月至1996年8月为莱钢炼钢厂连铸车间作业长；1996年8月至1996年12月为莱钢炼钢厂调度室调度员；1996年12月至1998年3月为莱钢炼钢厂连铸二车间责任工程师；1998年3月至1999年3月为莱钢炼钢厂生产调度室调度员；1999年3月至1999年8月为莱钢炼钢厂生产科助理工程师；1999年8月至2000年2月任莱钢炼钢厂4号连铸机副总机长；2000年2月至2001年1月任莱钢炼钢厂1号炉副总炉长、炉长；2001年1月至2001年12月任莱钢炼钢厂厂长助理；2001年12月至2007年8月任莱钢炼钢厂副厂长；2007年8月至2008年6月任莱钢股份有限公司品质保证部党委书记、副主任，莱钢集团有限公司品质保证部副部长，莱钢银山型钢公司品质保证部副主任；2008年6月至2016年9月任山东钢铁集团有限公司资本运营部部长；2016年9月至2017年2月任山东钢铁集团有限公司资本运营部总经理；2017年2月至2017年11月任山东钢铁集团有限公司副总经理、董事会秘书、资本运营部总经理；2017年11

月至2020年8月任山东钢铁集团有限公司党委委员、副总经理、董事会秘书；2020年8月任山东钢铁集团有限公司党委委员、副总经理，山东钢铁集团矿业有限公司党委书记、董事长。

曾荣获山东省国资委齐鲁创业先锋共产党员荣誉称号。

董立志 山东钢铁集团有限公司党委委员、副总经理、总法律顾问，高级经济师。山东德州人，1992年8月参加工作，1995年11月加入中国共产党，1992年7月大学毕业于烟台师范学院英语专业，1997年7月取得大连海事大学专门用途外语专业研究生学历、文学硕士学位，2013年7月取得中南财经政法大学工商管理专业工商管理硕士学位。

1992年8月至1994年9月任德州粮食学校教师；1994年9月至1997年7月为大连海事大学专门用途外语专业学生；1997年7月至2001年1月任青岛外轮代理公司职员；2001年1月至2001年12月任青岛市招商局促进局干部；2001年12月至2003年5月任青岛市招商局三处处长；2003年5月至2004年2月任青岛开发区外贸局副局长；2004年2月至2008年12月任青岛开发区欧美亚投资促进局副局长（其间：2004年8月至2008年6月任中国驻迪拜总领事馆经济商务领事）；2008年12月至2009年12月任莱钢集团有限公司副总经理；2009年12月至2011年12月任莱钢集团有限公司副总经理、总法律顾问；2011年12月至2012年5月任莱钢集团有限公司副总经理、总法律顾问，山钢驻塞拉利昂唐克里里办事处主任；2012年5月至2013年9月任莱钢集团有限公司副总经理、总法律顾问，山钢集团非洲总代表处总代表；2013年9月至2015年7月任莱钢集团有限公司党委常委、董事、副总经理、总法律顾问，山钢非洲总代表处总代表；2015年7月至2016年3月任莱钢集团有限公司党委常委、董事、副总经理、总法律顾问；2016年3月至2016年6月任山钢集团有限公司总法律顾问、法律事务部部长；2016年6月至2016年9月任山钢集团有限公司总法律顾问、法律事务部部长，山钢股份有限公司监事会主席；2016年9月至2017年2月任山钢集团有限公司总法律顾问，山钢股份有限公司监事会主席；2017年2月至2017年4月任改建后的山东钢铁集团有限公司总法律顾问，山钢股份有限公司监事会主席；2017年4月至2017年11月任山东钢铁集团有限公司总法律顾问；2017年11月至2019年9月任山东钢铁集团有限公司党委委员、总法律顾问；2019年9月任山东钢铁集团有限公司党委委员、副总经理、总法律顾问。

山东省企业商事法律研究会常务理事、副会长。曾荣获全国十佳首席法务官、山东省十大法治人物、山东省"七五"普法先进工作者、青岛市最佳创汇能手、青岛市对外开放系统突出贡献个人等荣誉称号。

薄　涛 山东钢铁集团有限公司党委委员、副总经理，济钢集团有限公司党委书记、董事长，高级经济师。山东莒南人，1982年7月参加工作，1996年3月加入中国共产党，1987年7月取得山东省广播电视大学管理工程专业大专学历，2000年12月取得中央党校经济管理本科学历，2007年7月取得大连理工大学EMBA专业工商管理硕士学位。

1982年7月至1984年9月为济南市第八中学图书管理员；1984年9月至1987年6月在山东广播电视大学管理工程专业脱产学习；1987年6月至1995年3月历任济钢二分厂总调度室调度员，济钢总调度室调度员、调度科副科长、科长；1995年3月至2008年10月历任济钢总调度室主任助理，济钢总调度室副主任、主任，济钢生产部调度主任、济钢股份公司生产计划处处长，济钢生产部调度主任，济钢新事业开发总公司经理，济钢生产部部长；2008年10月至2010年3月任济钢集团有限公司总经理助理、生产部部长；2010年3月至2012年5月任济钢集团有限公司副总经理；2012年5月至2013年9月任济钢集团有限公司、山钢股份济南分公司副总经理；2013年9月至2014年7月任济钢集团有限公司党委常委、副总经理、董事，山钢股份济南分公司副总经理；2014年7月至2015年4月任山钢股份济南分公司党委委员、副总经理；2015年4月至2016年3月任山钢股份济南分公司党委委员、副总经理、安全总监；2016年3月至2016年10月任济钢集团有限公司党委常委、董事、副总经理，山钢股份济南分公司党委委员、副总经理、安全总监；2016年10月至2017年1月任济钢集团有限公司党委常委、董事、副总经理，山钢股份济南分公司党委委员、副总经理；2017年1月至2017年6月任济钢集团有限公司党委副书记、总经理；2017年6月至2017年11月任济钢集团有限公司党委书记、董事长、总经理；2017年11月至2018年4月任山东钢铁集团有限公司党委委员，济钢集团有限公司党委书记、董事长、总经理；2018年4月至2018年12月任山东钢铁集团有限公司党委委员，济钢集团有限公司党委书记、董事长、总经理，山东钢铁股份有限公司董事；2018年12月至2019年9月任山东钢铁集团有限公司党委委员，济钢集团有限公司党委书记、董事长，山东钢铁股份有限公司董事；2019年9月至2019年10月任山东钢铁集团有限公司党委委员、副总经理，济钢集团有限公司党委书记、董事长，山东钢铁股份有限公司董事；2019年10月至2021年11月任山东钢铁集团有限公司党委委员、副总经理，济钢集团有限公司党委书记、董事长；2021年11月任济钢集团有限公司党委书记、董事长。

第十二届山东省政协委员、历城区人大代表。曾荣获全国钢铁工业劳动模范、山东省“担当作为好干部”、山东省委记一等功、山东省科技进步二等奖、济南市劳动模范、济南市青年创业奖等荣誉称号。

刘慈玲 山东钢铁集团有限公司总经理助理（挂职），经济师。江苏仪征人，1998年7月参加工作。1998年7月毕业于上海大学国际商学院国际金融专业，获经济学学士学位。

1998年7月至2002年5月在宝钢国贸经营财务部工作；2002年5月至2003年3月任宝钢国际资产管理部投资主管；2003年3月至2006年7月任宝钢国际经营财务部合并报表主管、子公司会计主管、预算主管；2006年7月至2011年3月任宝钢资源有限公司资产财务部资金经费高级主管；2011年3月至2012年3月任宝钢资源有限公司资产财务部见习副部长、资金经费高级主管；2012年3月至2012年10月任宝钢资源有限公司资产财务部副部长；2012年10月至2013年1月任宝钢资源有限公司资产财务部副部长兼预算管理高级主管；2013年1月至2013年4月任宝钢资源有限公司金属贸易部副总经理（挂职）、资产财务部副部长兼预算管理高级主管；2013年4月至2014年4月任宝钢资源有限公司金属贸易部副总经理（挂职）、资产财务部副部长；2014年4月至2015年3月任宝钢资源有限公司金属贸易部副总经理；2015年3月至2015年6月任宝钢资源（国际）有限公司金属贸易副总经理；2015年6月至2016年7月任宝钢资源（国际）有限公司风险管理总经理；2016年7月至2018年7月任宝钢资源（国际）有限公司财务总经理（境内）；2018年7月至2019年3月任宝钢资源（国际）有限公司财务总经理（境内）、风险管理总经理；2019年3月至2020年5月任宝钢资源（国际）有限公司、宝钢资源有限公司副总裁兼财务部总经理、风险管理总经理；2020年5月至2021年8月任宝钢资源（国际）有限公司、宝钢资源有限公司副总裁、董事会秘书兼经营财务部总经理；2021年8月任山东钢铁集团有限公司总经理助理（挂职）。

卢彤书　山东钢铁集团有限公司党委委员、工会主席、职工董事，教授级高级政工师。山东莱芜人，1981年7月参加工作，1987年6月加入中国共产党，1981年7月中专毕业于山东莱芜师范学院师范专业，1987年6月取得山东省教育学院教育管理专业大专学历，1996年12月取得山东省委党校涉外经济管理专业大学学历，2007年6月取得山东省委党校经济管理专业研究生学历。

1981年7月至1989年6月为莱钢一中、莱钢中心小学教师；1989年6月至1992年2月为莱钢党委组织部、党委办公室秘书；1992年2月至1994年5月任莱钢党委办公室秘书科副科长；1994年5月至1996年7月任莱钢党委办公室秘书科科长；1996年7月至1997年8月任莱钢党委办公室副主任；1997年8月至1998年12月任莱钢党委办公室副主任，莱钢股份有限公司党委办公室副主任；1998年12月至2001年12月任莱钢特殊钢厂党委书记、党委委员；2001年12月至2002年6月任莱钢党委宣传部、统战部部长；2002年6月至2003年6月任莱钢党委宣传部、统战部部长，企业文化部部长；2003年6月至2008年3月任莱钢技改工程指挥部工委副书记、纪工委书记；2008年3月至2008年4月任莱钢技改工程指挥部工委书记、副指挥；2008年4月至2008年6月任山钢集团有限公司党群工作部部长，莱钢技改工程指挥部工委书记、副指挥；2008年6月至2008年9月任山钢集团有限公司党群工作部部长、机关党委书记，莱钢技改工程指挥部工委书记、副指挥；2008年9月至2012年8月任山钢集团有限公司党群工作部部长、机关党委书记；2012年8月至2016年9月任山钢集团有限公司职工监事、党群工作部部长、机关党委书记；2016年9月至2017年10月任山钢集团有限公司职工监事、党群部部长、机关党委书记；2017年10月至2017年11月任山钢集团有限公司职工监事、工会主席候选人、党群部部长、机关党委书记；2017年11月至2017年12月任山东钢铁集团有限公司党委委员、职工监事、工会主席候选人、机关党委书记；2017年12月至2018年2月任山东钢铁集团有限公司党委委员、工会主席、职工监事、机关党委书记；2018年2月至2018年7月任山东钢铁集团有限公司党委委员、工会主席、职工董事、机关党委书记；2018年7月任山东钢铁集团有限公司党委委员、工会主席、职工董事。

中国工会第十七次全国代表大会代表、山东省第十二届政协委员。曾荣获全国冶金优秀思想政治工作者、山东省省管企业优秀党务工作者、全省企业文化建设先进个人等荣誉称号。

李长青 山东钢铁集团有限公司安全总监（12月27日免），高级经济师。山东临沂人，1987年7月参加工作，1987年1月加入中国共产党，1987年7月毕业于山东省第二轻工业学校工业企业管理专业，1992年7月取得复旦大学企业管理专业大学学历、经济学学士学位。

1987年7月至1994年3月为济钢组织干部部科员、主办科员；1994年3月至2002年7月历任济钢组织干部部科技干部管理科副科长、科长；2002年7月至2008年5月历任济钢组织干部部部长助理、人力资源处副处长；2008年5月至2010年2月任济钢人力资源处处长；2010年2月至2011年9月任济钢人力资源处处长、教育培训中心主任；2011年9月至2012年5月任济钢组织部部长、人力资源处处长、教育培训中心主任、党校常务副校长；2012年5月至2013年9月任济钢集团党委常委、组织部部长、人力资源处处长、教育培训中心主任、党校常务副校长；2013年9月至2014年7月任济钢集团副总经理、组织部/人力资源部部长、教育培训中心主任、党校常务副校长；2014年7月至2016年3月任济钢集团董事、副总经理、党委常委、工会主席；2016年3月至2016年5月任济钢集团董事、副总经理、党委常委；2016年5月至2017年1月任济钢集团董事、副总经理、党委常委兼济钢板材公司、山钢股份济南分公司副总经理、党委委员；2017年1月至2017年6月任济钢集团董事、党委副书记、纪委书记；2017年6月至2017年11月任济钢集团董事、党委副书记、纪委书记、副总经理；2017年11月至2018年12月任济钢集团董事、党委副书记、副总经理；2018年12月至2019年9月任济钢集团党委副书记、董事、工会主席；2019年9月至2021年12月任山东钢铁集团有限公司安全总监。

济南市第十次党代会代表。曾荣获山东冶金优秀组织人事干部荣誉称号。

王培文 山东钢铁集团有限公司安全总监（12月27日任），高级工程师。山东蓬莱人，1995年7月参加工作，1995年1月加入中国共产党，1995年7月毕业于东北大学金属压力加工专业，获工学学士学位，2008年11月在职取得美国莱特州立大学商务专业研究生学历、工商管理硕士学位。

1995年7月至1996年8月在莱钢轧钢厂中小型车间见习；1996年8月至1997年4月任莱钢轧钢厂中小型车间助理工程师；1997年4月至1998年9月任莱钢轧钢厂中型车间助理工程师；1998年9月至1999年5月任莱钢中型厂轧钢车间主任助理、助理工程师；1999年5月至2000年9月任莱钢市场部科员、助理工程师；2000年9月至2000年11月任莱钢集团市场部市场研究二室副主任（副科级）、助理工程师；2000年11月至2001年5月任莱钢股份中型厂轧钢车间主任、工程师；2001年5月至2002年3月任莱钢股份中型厂轧钢车间工会主席兼车间副主任、工程师；2002年3月至2002年8月任莱钢股份中型厂技术科副科长（主持工作）；2002年8月至

2005年6月任莱钢股份中型厂技术科科长；2005年6月至2006年3月任莱钢股份中型厂厂长助理、高级工程师；2006年3月至2012年6月任莱钢股份型钢厂副厂长；2012年6月至2014年2月任莱钢集团/山钢股份莱芜分公司规划发展部副部长、银山型钢公司规划处副处长；2014年2月至2014年8月任莱钢集团/山钢股份莱芜分公司规划发展部副部长（主持工作），银山型钢公司规划处副处长（主持工作）；2014年8月至2014年12月任山钢股份莱芜分公司规划发展部副部长（主持工作），银山型钢公司规划处副处长（主持工作）；2014年12月至2015年3月任山钢股份莱芜分公司规划发展部部长，银山型钢公司职工代表董事、规划处处长；2015年3月至2016年6月任山钢股份莱芜分公司运营管理部部长，银山型钢公司职工代表董事、运营管理处处长；2016年6月至2017年4月任山钢股份莱芜分公司党委委员、总经理助理、总法律顾问、运营管理部部长，银山型钢公司职工代表董事、运营管理处处长；2017年4月至2017年6月任山钢股份副总经理、山钢股份莱芜分公司党委委员、副总经理、总法律顾问、运营管理部部长，银山型钢公司职工代表董事、运营管理处处长；2017年6月至2017年7月任山钢股份公司副总经理、运营管理部经理（兼），山钢股份莱芜分公司副总经理、党委委员、总法律顾问、安全总监、运营管理部部长，银山型钢公司职工代表董事、运营管理处处长；2017年7月至2017年8月任山钢股份公司副总经理、运营管理部经理（兼），山钢股份莱芜分公司副总经理、党委委员、总法律顾问、安全总监、运营管理部部长，银山型钢公司职工代表董事、副总经理、运营管理处处长；2017年8月至2017年9月任山钢股份公司副总经理、运营管理部经理（兼），山钢股份莱芜分公司副总经理、党委委员、总法律顾问、安全总监、运营管理部部长，银山型钢公司党委委员、职工代表董事、副总经理、运营管理处处长；2017年9月至2018年12月任山钢股份公司副总经理，山钢股份莱芜分公司副总经理、党委委员、总法律顾问、安全总监，银山型钢公司党委委员、职工代表董事、副总经理；2018年12月至2019年9月任山钢股份公司副总经理，山钢股份莱芜分公司副总经理、总法律顾问、安全总监，银山型钢公司职工代表董事、副总经理；2019年9月至2020年3月任山钢股份公司副总经理，山钢股份莱芜分公司党委委员、副书记、总经理、总法律顾问、安全总监，银山型钢公司党委委员、副书记、总经理、职工代表董事；2020年3月至2021年12月任山东钢铁股份有限公司副总经理，山钢股份莱芜分公司党委副书记、总经理、总法律顾问，银山型钢公司党委副书记、总经理、职工董事；2021年12月任山东钢铁集团有限公司安全总监。

曾荣获山东省优秀共产党员、山东省新旧动能转换综合试验区建设先进个人等荣誉称号。

中共山东钢铁集团有限公司委员会

委　　员　（按照姓氏笔画顺序）

王向东
王景洲（11月30日止）
王鸿飞　左海青　卢彤书
付　博　吕　铭　刘秀元
苏　斌　陈向阳　罗登武
赵文友　侯　军
徐有芳（10月24日止）

陶登奎　董立志
薄　涛（11月30日止）
常　委　侯　军　陶登奎　苏　斌
陈向阳　赵文友
徐有芳（10月24日止）
罗登武　刘秀元　王鸿飞
书　记　侯　军
副书记　陶登奎　苏　斌

山东钢铁集团有限公司董事会

董　事　侯　军　苏　斌　陈向阳
徐有芳（10月24日止）
卢彤书（职工代表）
王宏伟（外部董事）
钟志刚（外部董事，2月7日止）
梁　阜（外部董事）
高景言（外部董事，2月7日任）
董事长　侯　军
董事会秘书　李学玉

山东钢铁集团有限公司监事会

监　事　李荣臣（职工代表）
陈明玉（职工代表）

山东钢铁集团有限公司经理层

总经理　陶登奎
副总经理　王向东　付　博　董立志
薄　涛（11月30日止）
总审计师　王鸿飞
总法律顾问　董立志
总经理助理　刘慈玲（挂职，8月11日任）
安全总监　李长青（12月27日止）
王培文（12月27日任）

中共山东钢铁集团有限公司纪律检查委员会

委　员　于文波（11月30日止）
田　勇　刘淑云　孙日东
李学玉　来现民　陈明玉
陈　奋　罗文军　封常福
赵文友　赵智珠
高凤娟（1月30日止）
徐　峰　秦立彬　蒋晓文
常　委　赵文友
高凤娟（1月30日止）
陈　奋　徐　峰　秦立彬
田　勇　蒋晓文
书　记　赵文友
副书记　高凤娟（1月30日止）
陈　奋

集团公司总部各部门

办公室/党委办公室/人民武装部/保卫部
（合署办公）

党委办公室主任
李学玉

党委办公室主任助理

李波涛　陈　振

办公室主任

李学玉

办公室主任助理

李波涛　陈　振

人民武装部部长

李学玉

保卫部总经理

李学玉

董事会办公室/公司治理部

（合署办公）

董事会办公室副主任

陈茂文

公司治理部副总经理

陈茂文

战略发展部/国际事业部

（合署办公）

战略发展部副总经理

邱现金　郝之峰

魏水才（11 月 30 日任）

战略发展部高级经理

王传斌

国际事业部副总经理

邱现金　郝之峰

魏水才（11 月 30 日任）

国际事业部高级经理

王传斌

财务部/财务总监管理办公室

（合署办公）

财务部副总经理

李　强　唐邦秀（挂职，8 月 11 日任）

投资与资本运营部

总 经 理　王其成

副总经理　吕永刚（3 月 18 日任）

陈　剑

高级经理　杨瑞山（3 月 18 日任）

苏爱军

运营管理部/信息化管理办公室

（合署办公）

运营管理部总经理

孙日东

运营管理部副总经理

范　鹍　高　勇

运营管理部高级经理

张金鹏

信息化管理办公室主任

孙日东

信息化管理办公室副主任

范　鹍　高　勇

信息化管理办公室主任助理

张金鹏

纪委/监察专员办公室

（合署办公）

纪委书记

赵文友

纪委副书记

高凤娟（1 月 30 日止）　陈　奋

党委组织部/人力资源部

（合署办公）

党委组织部部长

刘秀元（兼）

党委组织部常务副部长

来现民

党委组织部副部长

李　林　李勇实

阎文龙（挂职，8月11日任）

集团公司党委组织员

李勇实

人力资源部总经理

来现民

人力资源部副总经理

李　林　李勇实

阎文龙（挂职，8月11日任）

风险合规部

总 经 理　罗文军

副总经理　马先红

高级经理　赵东岳　吴玉峰

杜　鲲（3月18日任）

科技创新部

副总经理　李丰功

高级经理　宋国栋

安全环保部/应急管理部

（合署办公）

安全环保部副总经理

王志强

安全环保部高级经理

杨富廷

应急管理部副总经理

王志强

应急管理部高级经理

杨富廷

党委宣传部/企业文化部

（合署办公）

党委宣传部副部长

张兰润　周传勇

企业文化部副总经理

张兰润　周传勇

巡察工作领导小组办公室/审计部

（合署办公）

巡察工作领导小组办公室副主任

贾元奎　刘兰雪

巡察工作领导小组办公室主任助理

沈立军　安　燕

巡察组组长

冯清智（6月9日任，12月24日止）

审计部副总经理

贾元奎　刘兰雪

审计部高级经理

沈立军　安　燕

集团公司工会/团委

（合署办公）

工　会　主　席　卢彤书

工 会 副 主 席　刘松林

团　委　书　记　张海鹰

工会女工委主任　金连华

机关党委

（与党委组织部、人力资源部合署办公）

委　　员（按照姓氏笔画顺序）

李勇实　张兰润

吕富强（1月30日止）

书　　记　李勇实

机关纪委

委　　员（按照姓氏笔画顺序）

王径成

吕富强（1月30日止）

沈立军

书　　记　吕富强（1月30日止）

副　书　记　王径成

机关工会

主　　席　刘松林
委　　员　司乔磊　孙　波　王利峰
　　　　　李　霞　张　颖

山钢党校

校　长　侯　军

集团公司各直属机构

新闻传媒中心

总 经 理　周传勇
副总经理　张庆斌
《山东钢铁报》报社社长　周传勇

审计中心

总 经 理　刘兰雪
副总经理　潘　铣　崔颖川
高级经理　韩典平

法律顾问中心/公司律师事务部
（合署办公）

法律顾问中心总经理
　马先红
法律顾问中心高级经理
　苏　伟
公司律师事务部总经理
　马先红

资金中心

副总经理　王　勇

集团公司所属子公司、直属单位

山东钢铁股份有限公司

党 委 委 员　王向东　吕　铭
　　孙成玉（1月30日止）
　　高凤娟
　　赵智珠（1月30日任）
党 委 书 记　王向东
党委副书记　吕　铭
　　孙成玉（1月30日止）
　　高凤娟（1月30日任）
纪 委 书 记　高凤娟（1月30日止）
　　赵智珠（1月30日任）
工 会 主 席　孙成玉（1月30日止）
　　高凤娟（1月30日任）
董　　　事　王向东
　　王国栋（4月20日止）
　　徐金梧
　　胡元木（4月20日止）
　　汪晋宽（4月20日任）
　　王爱国（4月20日任）
　　刘　冰　马建春　苗　刚
　　李洪建　孙日东
董 事 长　王向东
董事会秘书　金立山
监　　　事　孙成玉（4月20日止）
　　高凤娟（4月20日任）

罗文军（4月20日任）
徐　峰（4月20日任）
高淑军（职工代表）
刘玉良（职工代表，4月16日止）
李东祥（职工代表，4月16日任）

监事会主席　孙成玉（4月20日止）
高凤娟（4月20日任）

总　经　理　吕　铭

副总经理　邵明天（11月30日止）
尉可超
王培文（12月27日止）
张润生

财务负责人　尉可超

济钢集团有限公司

（2021年12月整体划转至济南市）

党委委员　薄　涛　苗　刚　王景洲
于文波（11月30日止）
王文涛（3月30日止）
曹孟博　董胜峰

党委书记　薄　涛

党委副书记　苗　刚　王景洲

纪委书记　于文波（11月30日止）

工会主席　王景洲

董　　事　薄　涛
孙建东（8月30日止）
李学玉（11月30日止）
王景洲（职工代表）

董 事 长　薄　涛

董事会秘书　张素兰

监　　事　于文波（11月30日止）
刘长菊（11月30日止）
黄善兵（职工代表）

监事会主席　于文波（11月30日止）

总　经　理　苗　刚

副总经理　高　翔　谢　文　徐　强
刘学燕

财务总监　孙建东（8月30日止）

安全总监　江永波

总法律顾问　张素兰

莱芜钢铁集团有限公司

党委委员　王庆山（1月30日止）
李洪建　李茂岭　李荣臣
陈肖鸿　张晓燕

党委书记　王庆山（1月30日止）
李洪建（1月30日任）

党委副书记　李洪建（1月30日止）
李茂岭

纪委书记　李荣臣

工会主席　李茂岭

董　　事　王庆山（1月30日止）
李洪建（1月30日任）
陈明玉　陈肖鸿
孙日东
李茂岭（职工代表）

董 事 长　王庆山（1月30日止）
李洪建（1月30日任）

监　　事　杨致东
郭晓霞（职工代表，11月10日止）
王友军（职工代表，11月10日任）

总　经　理　李洪建

副总经理　王金华
孙李涛（5月25日止）

调 研 员　王庆山（1月30日任，8月30日止）

财务总监　陈明玉

安全总监　孟宪俭

山东工业职业学院

党委委员　左海青　马光亭　李克勇

彭丽英　赵红军　白星良
魏安庆　金奎文　张　峰
党委书记　左海青
党委副书记　马光亭　李克勇
纪委书记　魏安庆
工会主席　李克勇
院　　长　马光亭
副 院 长　彭丽英　赵红军　白星良
调 研 员　王庆义（4月7日止）

山东钢铁集团矿业有限公司

党委委员　付　博
刘远清（6月28日止）
封常福　杜文华　刘长进
党委书记　付　博
党委副书记　刘远清（6月28日止）
封常福
纪委书记　封常福
工会主席　封常福
董　　事　付　博　刘　纯　陈　剑
张新福
封常福（职工代表）
董 事 长　付　博
监　　事　杨致东
总 经 理　刘远清（6月30日止）
副总经理　刘　伟
刘圣刚（7月28日止）
王尧伟
戴汉强（10月15日止）

山东耐火材料集团有限公司

党委委员　车连房　李文亮　瞿守民
王金海（1月30日任）
刘　彬（3月25日任）
党委书记　车连房
党委副书记　李文亮
王金海（1月30日任）
纪委书记　瞿守民
董　　事　车连房　辛本权
邓亦庭（职工代表，4月2日止）
王金海（职工代表，4月2日任）
郝之峰（12月8日任）
高　勇（12月8日任）
董 事 长　车连房
监　　事　瞿守民　孙全胜
薄纯尧（职工监事）
监事会主席　瞿守民
总 经 理　李文亮（12月31日止）
王佑宝（12月31日任）
副总经理　王文学　张延敏
财务总监　辛本权
安全总监　张延敏

山东钢铁集团淄博张钢有限公司

党委委员　王兴强　刘洪波　满生堂
刘淑云
党委书记　王兴强
党委副书记　刘洪波　满生堂
纪委书记　刘淑云
工会主席　满生堂
董　　事　王兴强　满生堂　苏　伟
董 事 长　王兴强
监　　事　刘淑云
孙全胜（11月16日止）
孙耿平（11月16日任）
丁　聪（职工监事）
监事会主席　刘淑云
总 经 理　刘洪波
副总经理　马龙鹏　宗作波

财务总监 孙耿平（11月16日止）
安全总监 马龙鹏

山东钢铁集团财务有限公司

党总支委员 王　勇
董保树（1月30日任）
宋　军
党总支书记 王　勇
党总支副书记 董保树（1月30日任）
董　　事 刘德华（1月30日止）
王　勇（1月30日任）
李　强（1月30日任）
尉可超　戴汉强
曹孟博（8月25日止）
董保树（职工代表，11月3日任）
董事长 刘德华（1月30日止）
王　勇（1月30日任）
监　　事 高　勇　李　涛
刘爱华（职工代表）
监事会主席 高　勇
总经理 王　勇
副总经理 张云庭　杨士东

山东钢铁集团国际贸易有限公司

党委委员 朱玉廷（1月30日止）
李强笃
马晋宇（12月28日止）
张海鹰（12月28日任）
王　涛　李宪龙
党委书记 朱玉廷（1月30日止）
李强笃（1月30日任）
党委副书记 李强笃（1月30日止）
马晋宇（12月28日止）
张海鹰（12月28日任）
纪委书记 马晋宇（12月28日止）
张海鹰（12月28日任）
工会主席 马晋宇（12月28日止）
张海鹰（12月28日任）
董　　事 朱玉廷（1月30日止）
李强笃　张瑞堂　苏　伟
马晋宇（职工代表）
吕永刚（4月23日任）
董事长 朱玉廷（1月30日止）
李强笃（1月30日任）
监　　事 张明山　万　军
总经理 李强笃
副总经理 赵树俭　邢　磊　张　钢
调研员 朱玉廷（1月30日任，5月31日止）

山东钢铁集团房地产有限公司

党委委员 王庆山（1月30日止）
王文学　贾秀光　朱月肖
田发永
党委书记 王庆山（1月30日止）
王文学（1月30日任）
党委副书记 王文学（1月30日止）
贾秀光
纪委书记 朱月肖
工会主席 贾秀光
董　　事 王庆山（1月30日止）
王文学（1月30日任）
王其成　曹海良　孙李涛
贾秀光（职工代表）
董事长 王庆山（1月30日止）
王文学（1月30日任）
监　　事 张明山　李　莉
阮双荣（职工代表）
冀　晋（职工代表）
总经理 王文学

副总经理　包建伟　王吉涛　李宏伟
总经理助理　王　剑
安全总监　王少卿

山钢金融控股（深圳）有限公司

党委委员　黄振辉　乔立海
周　庆（12月28日止）
马晋宇（12月28日任）
时鹏刚　王启明
党委书记　黄振辉
党委副书记　乔立海
周　庆（12月28日止）
马晋宇（12月28日任）
纪委书记　周　庆（12月28日止）
马晋宇（12月28日任）
工会主席　周　庆（12月28日止）
马晋宇（12月28日任）
董　事　黄振辉　张新福　李　强
谭　军
周　庆（职工代表）
董事长　黄振辉
监　事　李　涛　万　军
总经理　乔立海
副总经理　潘　刚　王　磊　王来星
总经理助理　时鹏刚　侯世杰

山信软件股份有限公司

党委委员　郭维河（1月30日止）
张元福
丁光伟（1月30日任）
董保树（1月30日止）
张　瑾　孟凡平
党委书记　郭维河（1月30日止）
张元福（1月30日任）
党委副书记　张元福（1月30日止）
董保树（1月30日止）
丁光伟（1月30日任）
纪委书记　董保树（1月30日止）
丁光伟（1月30日任）
工会主席　董保树（1月30日止）
丁光伟（1月30日任）
董　事　郭维河（1月30日止）
张元福（1月30日任）
赵东岳　毕衍涛　闵宪金
周　军
董事长　郭维河（1月30日止）
张元福（1月30日任）
监　事　董保树（1月30日止）
田玉山（1月30日任）
董　芳
张　瑾（职工代表）
监事会主席　董保树（1月30日止）
田玉山（1月30日任）
总经理　张元福
副总经理　柳希泉　王江臣　胥爱国
张卫华（挂职，8月11日任）
财务总监　冯清智（6月9日止）

山东钢铁集团永锋淄博有限公司

（2021年8月撤销党委、纪委、董事会，设执行董事）

党委委员　逄晓男（8月6日止）
王道池（8月6日止）
魏　风（8月6日止）
党委书记　逄晓男（8月6日止）
党委副书记　王道池（8月6日止）
纪委书记　王道池（8月6日止）
工会主席　王道池（8月6日止）
董　事　刘　锋（8月4日止）
付　博（8月4日止）
张瑞堂（8月4日止）
张光武（8月4日止）
殷宪锋（8月4日止）
董事长　刘　锋（8月4日止）
副董事长　付　博（8月4日止）

监　　事　高　勇（8月4日止）
陈丰山（8月4日止）
李明江（职工代表）
监事会主席　高　勇（8月4日止）
总 经 理　逄晓男（12月11日止）
副总经理　刘长江（12月11日止）
王道池（12月11日止）
财务总监　魏　风（12月11日止）
执行董事　魏　风（8月4日任）
总 经 理　魏　风（12月11日任）

（撰稿：马家泰　审稿：来现民）

山钢年鉴 2022

山钢集团
SD STEEL

战略合作与交流

山钢集团

SD STEEL

山钢文化

核心理念

山钢使命：

为客户提供满意的产品和服务

中国宝武、山钢集团银企座谈交流会在日照公司举行

为进一步扩大银企合作，实现银企互利共赢，2021 年 10 月 15 日，“新山钢 新未来”——中国宝武、山钢集团银企座谈交流会在日照公司举行。山钢集团党委书记、董事长侯军，党委副书记、总经理陶登奎，党委常委、总审计师王鸿飞，中国宝武经营财务部资金总监聂志权，宝钢股份经营财务部资金高级经理徐勇，山钢集团副总经理，山钢股份党委书记、董事长王向东，山钢集团总经理助理刘慈玲，山钢股份党委副书记、总经理吕铭出席交流会。会议邀请中国宝武战略合作银行工商银行、农业银行、中国银行、建设银行、交通银行、招商银行、浦发银行等到会交流。王鸿飞主持会议。

侯军致欢迎辞。他说，近年来，山钢集团深入学习领会习近平总书记关于国有企业改革发展和党的建设的重要论述，坚决贯彻落实山东省委、省政府、省国资委各项决策要求，勇担国之重器使命责任，通过去产能、上项目、搞改革、甩包袱、强党建等重点举措，干成了一批打基础、利长远的大事，实现了一系列具有标志性意义的突破，综合实力显著增强，运营质量持续提升，转型发展，绿色低碳走在前列，迈上了“强”起来的新征程。金融是现代经济的血脉，只有血脉畅通，市场主体才有活力，机体才能健康，山钢改革发展的每一步都离不开金融机构的鼎力支持。站在中华民族“两个一百年”奋斗目标的历史交汇点上，山钢集团正迎来一个大有可为的黄金发展期。7 月 14 日，山东省国资委宣布与中国宝武筹划对山钢集团进行战略重组，这是落实国家供给侧结构性改革政策要求，持续优化国有资本布局的关键之举，是推动山东钢铁产业优化调整、转型升级的共赢之举。山钢集团坚决贯彻落实省委、省政府重大决策部署，积极推进联合重组各项工作，学习借鉴中国宝武格局高远的大境界、全局谋篇的大视野、布局优化的大智慧和新局领先的大担当，全面提升核心竞争力，使发展动力更强、韧性更大、后劲更大，打开金融资本增值的新空间，优化金融资本创富的新生态，厚植金融资本成长的新土壤。希望聚会的各家银行、金融机构聚力开拓合作领域，创新合作模式，共筑银企命运共同体。希望更多金融资本走进山钢、投资山钢，与山钢携手并肩，筑梦同行，共启新征程，开创新未来。

陶登奎介绍了山钢集团生产经营等方面的基本情况。他说，今年是“十四五”开局之年，是开启全面建设社会主义现代化国家新征程，向第二个百年奋斗目标进军的起步之年，也是山钢集团谋划实现“强”起来的第一年。今年以来，山钢集团贯彻新发展理念，融入新发展格局，聚焦绿色智慧效率，统筹推进转型升级与布局优化，深度推进深化改革与经营运营，着力推进动态对标与提质增效，稳妥推进安全高效钢铁产业生态圈建设。同时加快 5G 云计算、大数据、物联网、移动货源、人工智能等创新技术与实体产业融合应用，推动产业提档、企业提效、生态优先、数字建设、绿色智能、可持续发展的特色之路已经成为山钢内涵式发展的跨越之路。

同时，山钢集团的产品结构将有效衔接中国宝武，实现最佳匹配、效益更佳。在主动服务、构建新发展格局和融入国家发展战略中书写融合发展、共赢发展的新篇章，携手共创银企合作更加美好的未来。

聂志权介绍了中国宝武经营情况。他说，提高产业集中度是中国钢铁工业走向高质量发展的关键，中国宝武将充分发挥技术、品牌影响力等优势，借助山钢的地理优势，强化协同合作，让日照和莱芜基地成为更具竞争力的钢铁生产基地之一。

交流会上，各参会银行代表发言，表示将充分发挥多元化、国际化等优势，创新合作模式，加大支持力度，为中国宝武、为山钢集团的发展提供有力的金融支持，推动银企在更高起点上实现合作共赢。侯军与部分银行代表就钢铁行业发展的热点问题进行互动交流。

会后，与会人员前往日照钢铁精品基地展示中心、管控中心、沙滩公园、炼钢厂二步主控室、炼铁厂2号高炉主控室以及冷轧厂镀锌生产线参观。

10月14日，陶登奎、王鸿飞分别与建设银行、农业银行等金融机构的相关负责人进行了交流。

（撰稿：亓　迪　朱圣熙
审稿：张兰润）

山钢集团承办的2021年钢铁企业对标挖潜工作交流座谈会在济南召开

2021年9月24日，由中国钢铁工业协会主办、山钢集团承办的2021年钢铁企业对标挖潜工作交流座谈会在济南召开。中国钢铁工业协会党委书记、执行会长何文波讲话，山钢集团党委副书记、总经理陶登奎致辞，中国钢铁工业协会副会长兼秘书长屈秀丽、山钢集团党委常委罗登武等出席会议，山钢集团副总经理王向东作对标挖潜经验交流，来自对标挖潜成员单位的相关负责人参加会议。

陶登奎在致辞中介绍了山钢集团基本情况及改革发展成效。他说，今年以来，山钢集团聚焦绿色、智慧、效率，全面对标找差、提升比较优势，保持了和谐稳定的良好局面。钢铁行业开展对标挖潜活动走过了26个年头，已成为钢铁企业相互学习、赶超跨越、提升绩效的重要手段，成为推动全行业加快转型升级、实现高质量发展的有力举措。在当前外部环境更趋复杂严峻，钢铁行业进入深度调整期，产能产量“双控”“3060双碳”、坚决遏制“两高”等都将对行业发展产生深远影响的形势下，我们比以往任何时候都更需要团结、合作、共赢，共同应对各种困难、风险、挑战；我们比以往任何时候都更需要持续深化对标挖潜，更好地直面新挑战、适应新要求、重构生产经营新秩序、融入改革发展新格局，希望各企业开诚布公、深度交流、深化合作，共同开创高质量发展新局面。

何文波在讲话中表示，今年初以来，钢铁需求持续处于高位，钢铁行业总体呈现生产经营稳定、经济效益大幅改善的相对良好运行态势。国家陆续调整了多项对行业影响深远的产业政策，尤其是制定今年粗钢产量同比下降的目标，对企业生产安排和行业经济运行的影响巨大，已经产生显著的正面效应。同时，面对“双碳”

新要求，绿色低碳发展已成为钢铁行业转型升级的核心命题。我们一定要提高站位，坚决贯彻执行各项产业政策，提高行业资源、能源保障能力，积极推进兼并重组，加强自律、协同创新，共同维护行业平稳运行。经过中钢协和广大会员企业的共同努力，对标挖潜工作已经建成了较为完善的组织体系和工作机制，为企业提升管理、技术进步、降本增效发挥了重要作用，也成为行业文化的一部分，为现代企业管理带来了重要的实践意义。但与国外主要钢铁企业相比，我们在利润率、负债率方面仍有较大差距。对标挖潜工作要站在更高视角、立足更多维度，认真贯彻新发展理念，努力构建新发展格局，围绕“一个根本任务、两大发展主题、三大行业痛点、一个重要进程”加强工作，通过对标世界一流，推动钢铁行业真正实现高质量发展。

会上，中国钢铁工业协会对标挖潜活动办公室副主任何军红作了钢铁行业对标挖潜工作报告，冶金工业经济发展研究中心党委书记、主任冯超作了题为《“双碳”政策对钢铁企业运营影响研究》的专题报告，山钢集团、新天钢、安阳钢铁、新余钢铁、宝钢股份 5 家钢铁企业代表分别就全面对标找差提升比较优势、混改重组实现新发展、对标挖潜实施绿色发展、对标挖潜持续提升竞争力、经营财务数智化建设等主题进行了经验交流，中国宝武、鞍钢、河钢等 12 家企业代表结合会议内容和各自企业实际情况，对下一步克服难点、抓住重点深入开展对标挖潜工作进行了交流研讨。会议期间，发布了 2020 年度“对标挖潜”16 项指标最佳企业评选结果。

（撰稿：赵　腾　李建辉
审稿：张兰润）

山钢集团与农行山东省分行签署战略合作协议

2021 年 12 月 10 日，山钢集团与中国农业银行山东省分行战略合作协议签约仪式在农行山东省分行举行。山钢集团党委书记、董事长侯军致辞，党委副书记、总经理陶登奎，党委常委、总审计师王鸿飞，总经理助理刘慈玲，中国农业银行首席专家、公司业务部总经理杨光，农行山东省分行党委书记、行长益虎等出席。

侯军在致辞中对中国农业银行多年来为山钢集团发展提供的大力支持和全方位金融服务表示感谢，表示将与中国农业银行进一步加强沟通合作，书写银企融合发展、共赢发展新篇章。陶登奎与农行山东省分行副行长、济南分行行长耿曙明分别代表双方签署战略合作协议。

（撰稿：李俊鹏　审稿：张兰润）

山钢集团与莱商银行“舜信”供应链金融项目上线

2021 年 5 月 27 日，山钢集团与莱商银行在莱商银行总行举行“舜信”供应链金融项目上线仪式。山钢集团党委副书记、总经理陶登奎，莱商银行党委书记、董事长岳隆杰出席仪式。

陶登奎在致辞中指出，金融产业是山钢集团的重要一极，山钢金控作为山钢集团金融产业的主力成员，坚持“依托产业做金融，放眼市场谋发展”，收入连年跨越，利润节节攀升，目前，资产总额320亿元，净资产收益率9.5%，各项指标在同行业位居前列。山钢金控于2021年转型成立了山钢供应链管理公司，以“产业、科技、金融”的深度融合为方向，深入搭建供应链协同创新服务平台，深度服务供应链企业。双方此次合作，拓展了双方的服务能力和服务半径。希望双方以此为契机，依托各自优势，持续深化合作，推动协同联动，在产业链供应链领域深耕细作，探索更多的合作共进渠道，设计开发更多安全可靠的金融服务产品，实现融合发展、共赢发展。

岳隆杰在致辞中表示，“舜信”供应链金融项目上线，是双方利用金融科技打破信息孤岛、构建开放共赢的金融生态的全新探索，莱商银行将以此为契机，加强与山钢集团在钢铁产业链方面的金融合作，依托山钢集团在产业链中的优势地位，积极探索产业与金融融合发展的新模式、新方法，深化双方全方位、多层次、多领域的合作关系，共同走出一条特色化、专业化的“产融结合”发展之路，实现银企双赢、产融共赢。

在仪式上，双方领导共同点亮启动球。仪式结束，共同参观莱商银行企业文化展厅。

（撰稿：李俊鹏　鲁　攀
审稿：张兰润）

山钢集团
SD STEEL

专业管理

山钢集团
SD STEEL

山钢文化

核心理念

山钢愿景：
打造具有国际竞争力的钢铁强企

行政事务管理

【综述】 集团公司办公室与党委办公室、人民武装部、保卫部合署办公，主要职能为：负责集团公司党委会、经理层日常事务；组织安排集团公司重大活动、会议，督促检查重要工作部署贯彻落实，及时向上级报告山钢集团有关重要情况；综合调研、重要文稿的起草和审核，信息上报；信访维稳、机要、保密、文电、印信、外事、接待和行政后勤事务管理；公文审批流转和拟发公文审核，档案管理、史志编纂，集团公司及权属公司加入学会、协会等管理；人民武装、治安保卫、消防安全、反恐防暴、人民防线建设等工作。截至2021年底，共有职工16人。其中，高级工程师4人，高级经济师1人，高级政工师2人，副研究馆员1人，工程师1人，经济师2人，政工师1人，记者1人，助理经济师1人，高级技师1人；研究生5人，大学本科10人，技校1人。

【文秘工作】 聚焦集团党委和集团公司中心工作，持续提升文字材料质量，做到常规材料上规范、一般材料有亮点、重要材料出精品。参与完成重要会议和重要工作的文字材料有：2021（第十二届）中国钢铁发展论坛、钢铁企业对标挖潜工作交流座谈会、银企座谈交流会等发言交流材料；年度、季度工作会议，党史学习教育动员大会，安全环保工作会议，建党100周年安保维稳工作会议等集团公司内部会议领导讲话。做好党委常委会、总经理办公会议、周例会的记录和纪要等。

【信息工作】 聚焦改革发展中心任务，推动信息工作再上新台阶，在钢铁行业和省国资国企系统树立了良好形象。全年报山东省国资委信息140篇，被省委办公厅采用信息3篇、得分60分，被省政府办公厅采用信息15篇、得分133分，被采用信息数量、信息质量得分等指标均排在省属企业前列。全年报中国钢铁工业协会信息52篇，山钢集团和山钢股份分别被授予“2021年度信息工作先进单位”称号，12人被授予“2021年度优秀钢铁信息员”称号。

【公文印信管理】 认真执行集团公司《公文处理办法》，高标准做好日常公文处理工作及对内、外部收文管理工作，充分发挥OA系统功能作用，强调“快、准”，提高公文运转效率，强化领导阅批后的督促落实，确保集团公司政令畅通。2021年接收处理内、外部文件2000余份。扎实做好集团公司发文的办理、管理、归档等工作，明确公文起草、审核、校对、签发各环节责任，提高公文内容质量和制发水平，跟踪流转过程，及时催办。落实集团公司党委持续解决形式主义问题的意见，根据集团公司《关于推进改进文风高质量办文的通知》（山钢党办字〔2020〕35号）要求，按照2021年度山钢集团发文数量比上年压减不低于15%，以及对集团公司简报实行备案管理的要求，集团公司自2021年起实施文件计划管理，并对集团公司简报进行梳理规范，每季度对公文处理情况进行通报。2021年，集团公司公文办理质量明显提高，收发文限时办结率100%，驳回率0%。全年制发文件755份，发文数量较上年同比缩减22%。认真做好集团公司用印管理工作，持续做好部分印章使用网上审批管理，严格审批流程，落实工作责任，强化风险防控，保证用印材料与决策通过的材料真实意思表达一致，切实维护集团公司利益。从2020年6月10日起在集团公司总部组织做好集团公司外网网站维护，每月通报网站信息发布情况，确保集团公司外网网站信息发布及时。

【会务接待】 积极协调，精心组织，做好会议、来宾接待工作。完成了集团公司2021年度工作会议（视频会议）、集团公司2020年度党组织书记履行全面从严治党责任和抓基层党建工作述职评议会议、集团公司第一届纪律检查委员会第六次全体（扩大）会议、集团公司党史学习教育专题党课、集团公司庆祝中国共产党成立100周年先进表彰大会、党的十九届六中全会精神宣讲报告会等276个集团公司及集团公司总部各部门组织的各项会议（包括视频会议）的会务组织管理工作（不含直属机构、部门内部会议）；办公楼会议室使用2522次，为集团日常会议活动、研讨活动提供保障服务；积极协调、热情接待来访和业务交流的来宾，以办公室为主接待46次、来宾280人次。每周编制集团领导会议活动计划，协调领导会议活动工作，减少工作安排重叠，提高工作效率。

【行政事务】 完成集团总部办公楼房产证办理。与济高控股举行多轮谈判，积极维护集团公司权益。根据山钢大厦测绘报告及双方签署的相关合同，完成双方补充合同签署，房产网签、房产证办理等手续。投资104.3万元启动办公楼智能门禁系统建设工作，在管控进出人员、强化保卫治安管理基础上，满足了疫情防控测温、面部识别等防控要求。印发《山东钢铁集团有限公司集团总部办公楼门禁系统管理规定》，明确了门禁分类权限、访客管理等要求，进一步规范了办公场所管理。投资335.8万元完成集团总部办公楼智慧会议系统建设，建成智慧会议平台，实现了会前会中会后的完整闭环管理与系统互联。开展集团公司商务接待专项整治，对权属企业的商务接待财务凭证及办公用房、公务用车、差旅管理、通信管理等方面进行了检查，结合省国资委督导检查提出的问题，举一反三，督促落实整改。加大办公楼基础设施维护力度，完成办公楼地砖维修、生活水箱漏水焊补等，创造良好的办公环境。规范行政基础管理，续签集团总部工程监理委托合同，建设银行、工商银行房屋租赁合同，办公楼高压供电合同、预售电合同等。组织集团总部公务用车竞争性磋商及办公楼会议系统、智能楼宇系统维保单一来源采购，以及办公楼物业服务采购。规范和加强政务平台转办事项办理，及时解决职工群众反映的问题，化解矛盾和纠纷，提升各类政务服务平台答复满意率，全年共办理政务热线24起。积极为集团总部创收，2021年集团总部办公用房出租收入共计2128万元，同比增长17.4%。

【安保应急】 1月26日，济南市公安局经文保支队到集团公司开展春节前治安保卫大检查，对不稳定因素进行调研，同时强调全面做好全省“两会”期间安保维稳工作。3月2日，济南市公安局经文保支队到集团公司开展全国“两会”不稳定因素调研，查看部分重点要害部位。5月28日，印发通知组织驻总部办公楼各单位、总部各部门、各直属机构签订《消防安全责任协议书》和《消防安全责任书》，明确要求，压实责任。6月3日，济南市公安局经文保支队到集团公司开展建党100周年重点风险隐患摸排调研。6月30日，按照《关于进一步做好人员密集场所消防安全排查整治的通知》（鲁安办明电〔2021〕22号）要求，组织总部办公楼安全消防综合检查，共查处3类18项问题，提出要求，落实整改。8月20日，济南市公安局经文保支队到集团公司开展重点要害部位检查及不稳定因素调研。9月30日，组织总部办公楼综合检查，共查处3类18项问题，印发《关于做好中秋、国庆节期间总部办公楼安全消防、治安保卫工作的通知》，提出要求，严格落实。12月15日，济南市公安局经文保支队到集团公司开展重点要害部位检查及不稳定因素调研。加大专项隐患整改力度，开展办公楼配电箱、厨房配电室、高低压配电室、UPS电源室等电气系统安全检测，共检测246处测点，整改隐患40项。采购更换重点部位26面A类（甲级）防火门，对部分排烟口进行改造，消除了火灾事故隐患。为集团公司总部人员配备强光手电筒、防烟面罩等物资，确保应急物资配备到位、有效。扎实做好集团总部办公楼疫情常态化防控工作，从人员、公务出差、物业管理等方面督促落实疫情防控责任和措施，加大日常疫情防控管理，确保集团总部疫情防控措施可靠有效。2021年度集团公司保卫部1人获济南市公安局“个人嘉奖”。

【人民武装】 4月8日，济南市警备区国防动员处到集团公司调研和工作交流，根据济南市警备区工作部署，拟在济南地区设立工程机械连武装编制，做好集团公司适编人员、工程车辆及资格证书数量统计汇总上报工作。5月9日至23日，安排人员参加济南市警备区组织的基层武装部长集训。

【史志年鉴】 完成《山钢年鉴》（2021）编辑出版工作。本卷设特载、大事记、专业管理、党群工作等13个栏目，真实记载集团公司2020年度重大事件、重要工作以及重大活动等，全面展现了山钢集团面对严峻复杂的国际形势、突如其来的新冠肺炎疫情冲击和艰巨繁重的改革发展任务，坚持深化改革，加快转型发展，努力构建现代化、市场化运行体制机制的发展历程。本卷由冶金工业出版社出版发行，共计72万多字。加强读鉴用鉴工作，深入挖掘志鉴信息资料，为集团公司生产经营、改革创新服务。及时将年鉴发放到集团公司各单位、各直属机构和总部各部门，并与同行业和上下游战略合作伙伴加强年鉴交流，扩大赠阅范围。按时完成《中国钢铁工业年鉴》的供稿任务。

（撰稿：孙亚宁　杨　波　张海明　孙　波　魏　东　宋玉前　张　序　刘孝存　审稿：李学玉）

公司治理

【综述】 董事会办公室与公司治理部合署办公，主要职能为：负责集团公司董事会日常事务；拟订集团公司章程、董事会议事规则，制定二级公司章程；集团公司派出的非执行董事、监事履职管理及日常管理；集团公司管控体系构建，设计二级公司管控模式；集团公司治理体系优化和提升，拟订二级公司法人治理结构构成，检查指导二级公司治理体系的运行；山钢集团组织架构、集团公司组织机构设置与职责管理，二级公司管理和业务部门设置审批管理；组织拟订集团公司管控权限清单，并持续优化调整；组织拟订集团公司管理流程及制度体系；研究、提出集团公司和适用于权属公司的体制机制改革思路，并牵头组织方案设计及落实；牵头拟订山钢集团内部职能业务整合方案；职责范围内的规章制度制订、落实情况的考核监督工作等。截至2021年底，共有职工4人。其中，高级经济师3人，经济师1人；研究生2人，大学本科2人。

【董事会运行支撑服务】 强化董事会信息提报、董事会会前沟通、议案审核、会议组织或书面审议协调等相关工作，全流程提高董事会运行日常工作效率和质量。全年共提报董事会信息29期，组织董事会会前沟通会8次，董事会现场会议8次，董事会审议议案114项。落实“情况报告、规范性审查、通报考核”三步法监督机制，定期调度报告董事会决议执行情况，推动董事会决议落地执行。协调推动董事会专门委员会规范运行，为董事会决策提供有效专业支撑。

【治理体系建设】 持续督导推进“1+6”治理管控体系执行。对照《山东省国资委关于调整授权放权清单的通知》，组织对《山东钢铁集团有限公司核决事项清单》进行了修订调整。按年度动态优化调整董事会授权，印发《关于延长〈山东钢铁集团有限公司董事会授权事项〉执行期并调整其适用范围的通知》，定期做好授权对象决策、执行情况报告及规范性审核，确保董事会授权“接得住”“接得好”。落实集团公司《制度管理办法》，加强制度审核，推动制度体系建设。强化章程在公司治理中的基础作用，修订11户所出资企业公司章程，同步对相关单位董事会、监事会组成进行调整，健全完善法人治理结构。

【规范公司运行】 推动各级权属公司全面建立完善党组织、董事会、总经理议事清单和议事规则，形成权责对等、运转协调、有效制衡的决策执行监督机制。董事会应建尽建、外部董事占多数全面实现，定期调度二级公司董事会建设和运行情况，坚持目标导向和问题导向，推进二级公司董事会规范化建设和运行。

【规范股东行权】 健全集团公司依法依章程履行多股东企业股东权利的工作机制，受理多股东公司股东（大）会通知、派出董事征求表决意见报告，有效衔接公司内部决策及股东会表决、派出董事表决各环节工作，依法依章程通过参加股东（大）会表决、指导派出董事表决，有效加强对所出资企业规范治理管控。全年共受理多股东企业股东会通知26次、涉及议题62项。

【推进深化改革】 认真贯彻落实国家、省国企改革三年行动方案要求，推动《山东钢铁集团有限公司深化改革三年行动实施方案（2020—2022）》落地落实。建立完善“领导小组全面领导、深改办综合督导协调、专业部门分项督导推动、二级公司主责推动落实”工作机制，按月采集国企改革重点量化指标，定期评估进展情况，强化督导检查、绩效考核，聚焦短板弱项，不断压实改革责任，增强改革动能，国企改革三年行动各项改革任务整体完成70%以上。参与综合协调，扎实有序推动与中国宝武重组前期工作。搭建交流平台，协调推动集团公司总部各部门与中国宝武对口管理交流对接工作。

【外派董监事履职管理】 加强外派董监事履职管理。做好外派董监事日常工作沟通、履职报告、履职考核评价及日常管理服务等各项工作。截至2021年底，共有专职外派董事3人、外派监事10人。

【信息公开】 认真贯彻落实国企改革三年行动国企信息公开、打造阳光国企工作要求，印发《关于加强企业信息公开工作的通知》，推动权属各级公司信息公开全覆盖并规范运行。按季度、半年、年度适时做好集团公司信息公开工作。

（撰稿：刘　晨　刘　宁　于　奇
审稿：陈茂文）

战略发展管理

【综述】 战略发展部/国际事业部是集团公司战略发展管理的职能部门，主要职能为：集团公司战略规划的研究、拟订与管理，组织指导集团公司相关部门提出山钢集团各专项规划；集团公司转型发展及权属公司产业发展方向定位，二级公司发展规划的指导、管理及执行监督；经济发展、产业政策、核心竞争力等重大课题研究立项；产业结构、产业链研究，推动山钢集团内产业整合、产业结构调整升级，产业协同发展规划；山钢集团品牌规划、建设和管理；集团公司境外产业和业务战略研究、规划及信息搜集和分析；集团公司董事会战略与预算委员会的日常事务；职责范围内的规章制度制定、落实情况的考核监督工作。截至2021年底，共有职工7人。其中，工程技术应用研究员1人，高级工程师3人，高级经济师2人，工程师1人；研究生2人，大学本科5人。

【战略规划编制】 在2020年组织编制形成山钢集团“十四五”规划纲要草案的基础上，结合集团公司推进战略重组的重大事项，对《山东钢铁集团有限公司“十四五”战略规划》（简称《战略规划》）继续进行编制。重新调整了集团公司的定位和目标，组织开展了第二轮现场调研，按照省国资委部署要求，为贯彻《山东省“十四五”省属国资国企改革发展规划》（鲁国资〔2021〕5号），对《战略规划》初稿重新进行了两轮的重大修订和调整，于2021年11月11日召开专题会议进行会审。在采纳吸收相关意见的基础上，形成了《战略规划》的送审稿。12月3日，经董事会战略委员会审核通过；12月22日，经党委常委会研究通过；12月23日，集团公司第四届董事会2021年第五次临时会议审议通过。《战略规划》的格式和内容构成均按照中国宝武要求，并经中国宝武战略规划部进行了形式审查和认可。《战略规划》主要内容共有8章，包括：第一章企业相关现状，包含集团公司基本情况、相关下属二级企业（公司）基本情况和主要经济指标；第二章企业发展环境，包含环境分析、优势与劣势分析；第三章发展战略，包含公司愿景、公司使命、公司定位和业务组合；第四章发展目标；第五章关键举措，按照“一基五元”六大产业分别进行阐述；第六章保障条件，包含党建引领、科技创新等；第七章国际化规划，包含经营环境分析、国际化发展战略、目标及海外战略实施路径、举措；第八章投资规划及资源配置需求。《战略规划》附带有“名词解释”；附件为根据省国资委的相关通知要求编写的“十四五”规划安全生产专篇。在完成集团公司《战略规划》的同时，协调、组织相关权属二级公司完成各自“十四五”发展规划编制等。

【产业管理】 全年持续推进集团公司非主业资产清理整合工作。该专项工作作为集团公司国企改革三年行动任务之一，一是采取差异化管理方式，对非主业标的企业采取“一户一策”方式，制定推进意见，逐户重新修订完善退出实施方案；二是制定年度工作计划，定期组织召开推进会议，集思广益适时调整推进思路；三是定期调度，对推进过程中出现的问题、困难集中研究，部署下一步措施；四是深入调研，协调解决急难问题，对自身较难解决的事项，及时上报省国资委寻求帮助和支持；五是做好舆论宣传，营造良好氛围；六是根据制定的考核办法，结合实际推进情况，严格进行年度考核。截至2021年底，完成15户非主业企业退出任务目标。

【母公司经济研究类课题管理】 山钢研究院负责的经济与战略研究业务继续由集团公司战略发展部和山东钢铁股份有限公司共同管理。战略发展部按照管理职责，对2019年度的《山钢集团介入无废城市产业研究》等8项集团公司经济研究成果进行了表彰奖励。对山钢研究院提交结题申请的《山钢集团金融产业发展现状、趋势及建议》等16个课题，依据《山东钢铁集团有限公司母公司经济研究类课题结题验收标准》（战略字〔2018〕13号），组织了结题验收。组织召开2021年集团公司经济研究成果奖终评会议，对参评的13项成果进行了现场答辩评审。经评审，最终《山钢集团创建高科技企业研究》等8项研究成果纳入奖励建议名单，并对终评结果进行公示。

【品牌创建管理】 5月，系统组织了山钢品牌创建相关课题的研究，与山钢股份研究院协同编制了《山钢集团品牌建设实施方案》《山钢股份关于统一产品标识强化山钢品牌建设工作方案》等，并以山钢股份为实施主体，按照山钢股份产品品牌统一为“山钢”牌的原则，启动了山钢产品品牌整合工作。6月，山钢集团被世界品牌实验室及其独立的评测委员会评测为“2021年（第十八届）中国品牌500强”，品牌价值评估为520.05亿元人民币，位列第151名。11月，济南市发布《关于组织有关质量品牌建设扶持资金申报工作的通知》，通过对文件及相关政策的研究，成功申领济南市质量品牌建设扶持资金300万元。

【国际化经营管理】 根据省国资委《关于填报省属企业境外国有资产监管综合评价统计表的通知》等文件要求，调度梳理了山钢集团涉外单位的境外国有资产情况，形成了山钢集团境外国有资产情况统计报表和境外企业产权关系树。认真贯彻落实省国资委关于加强省属企业海外利益安全监管的相关会议精神和工作部署，编制完成《涉海外利益安全工作协调机制及应急处置预案（征求意见稿）》，完善了涉海外利益安全管控机制。系统总结山钢集团参与国家“一带一路”建设情况，形成了《山东钢铁集团有限公司参与“一带一路”建设情况的总结》报告。

（撰稿：崔大成　审稿：邱现金）

财务管理

【综述】 财务部是山东钢铁集团有限公司财务管理的职能部门，主要职能为：负责山钢集团及权属公司会计政策、会计报表、会计科目标准制定与管理，山钢集团会计报表编制及财务分析，编制山钢集团年度全面预算方案及调整方案，二级公司年度预算方案备案，山钢集团担保管理，山钢集团及权属公司清产核资、资产减值核销管理，山钢集团财务管理及财务风险控制，监督指导权属公司财务风险控制，山钢集团整体税收管理，指导权属公司开展税收管理工作，山钢集团所持股企业利润分配管理，上交国有资本收益和留存收益使用管理，山钢集团及权属公司对外捐赠管理，山钢集团外派财务总监履职管理及日常管理，山钢集团总部、直属机构财务管理和会计核算，职责范围内的规章制度制定、落实情况考核监督工作，山钢集团财务信息披露工作等。截至2021年底，共有职工12人。其中高级会计师6人，高级经济师2人，中级会计师2人；研究生4人，大学本科8人。

【财务状况】 截至2021年末，山钢集团累计实现营业总收入2665.19亿元，较上年度2207.33亿元增加457.86亿元，增幅为20.74%；利润总额148.61亿元，较上年度77.45亿元增加71.16亿元；实现净利润108.33亿元，较上年度56.39亿元增加51.94亿元。资产总额2615.32亿元、负债总额2163.79亿元、所有者权益451.52亿元，较上年分别减少1122.96亿元、931.96亿元、191.01亿元，降幅分别为30.04%、30.10%、29.73%。经营性现金净流入98.36亿元，比上年减少41.60亿元；投资活动现金净流入-117.62亿元，比上年增加22.89亿元；筹资活动现金净流入-1.85亿元，比上年增加50.03亿元；现金及等价物净增加额-18.83亿元，比上年增加34.68亿元。资产负债率82.74%，流动比率0.79，营业利润率5.22%，总资产报酬率6.85%，应收账款周转率38.75次/年，存货周转率7.59次/年。

【会计工作】 按月及时完成山钢集团月度报表编制工作；组织完成2020年度财务决算工作，关注资产负债率等重点指标；加强山钢集团、山钢集团工会、机关工会会计核算与管理；按山东省国资委要求，完成山钢集团年度、半年报及季度的财务等重大信息公开工作；定期报送国家税务局“千户集团信息采集”和省财政厅、省国资委、中钢协月度快报；把财务基础核算纳入月度考核范畴，以内外部审计整改为契机，夯实会计基础核算工作。

【财务决算】 2021年财务决算涉及法人单位181家，管理级次达到5级。其中一级子公司14户，二级子公司81户，三级子公司67户，四级子公司18户。一级子公司分别为山东钢铁股份有限公司、莱芜钢铁集团有限公司、山东钢铁集团财务有限公司、山东钢铁集团国际贸易有限公司、山东钢铁集团矿业有限公司、山钢金融控股（深圳）有限公司、山东工业职业学院、山东钢铁集团淄博张钢有限公司、山东耐火材料集团有限公司、山东钢铁集团永锋淄博有限公司、山东冶金机械厂有限公司、淄博东方星城置业有限公司、莱芜钢铁集团银山型钢有限公司、山东钢铁集团房地产有限公司。

【预算管理】 预算编制始终以推动企业改革发展为核心，深入贯彻“深化改革，敢想善为”的编制理念，持续推进“全面对标、系统提升”工作，坚持目标导向、高目标引领，引导成员单位发挥极致思维，优化资源配置，提升资产使用效率，注重协同创效，细化实施路径，推进快赢项目落地。同时，认真谋划、部署预算年度各项工作，做好“工作预算、管理预算、改革预算”，推动各项改革任务落地实施。预算编制中，借重组契机，积极探索商业计划书编制模式，建立“以战略目标为引领，以跑赢大盘为目标，以ROE改善项目为路径，以预算数据为基础”的编制思路，把战略规划落实到商业计划书中，把商业计划书体现到年度预算中，按照长短期目标相结合的原则，推进资产负债率、有息负债规模、净资产收益率、经济增加值、劳动生产率等核心指标显著改善。

【降杠杆工作】 坚持以“双降双提”总体方案为主线，以行业先进企业水平为标杆，认真学习先进企业在降杠杆工作方面的先进经验。通过建立资产负债率测算模型，密切关注各经营事项对资产负债率的影响，发现推高资产负债率的主要原因，对山钢集团年末资产负债率情况进行预计，合理安排各项工作，精准控制各事项对资产负债率的影响。在全集团范围内组织开展了“减产不减效”工作，全面挖潜，提质增效，把握工作重点，稳步增加山钢集团净资产。截至2021年末，山钢集团同口径资产负债率较年初降低1个百分点以上，全面完成资产负债率相关目标。

【亏损企业治理】 坚持以“1336倒计时”深化改革重点任务攻坚方案为指引，持续推进亏损企业治理制度化、常态化。在工作机制上，将亏损企业治理工作列入“1336倒计时”深化改革重点任务，对目标进行细化分解，继续坚持“月度跟踪，季度总结，年度考核”工作方式。同时加大考核力度，完善问责机制，将亏损企业治理工作纳入《权属二级公司董事长责任制治理管控绩效考核办法》，使之成为重点量化考核指标。在工作理念上，引导相关企业负责人进一步提高政治站位，强化担当意识，明确治亏目标，主动担当作为，创新工作思路，积极寻求对策。细化治亏目标分解，层层压实责任，确保治亏工作责任到人。在工作策略上，结合 2019 年度、2020 年度亏损企业治理工作经验，综合分析亏损原因，逐户制定治亏方案。通过加大企业内部协同力度的方式实现有效治亏；积极推进股权转让、债务重组、混合所有制改革等多种方式实现减亏、扭亏；对于扭亏无望的企业，探索通过破产清算、兼并重组、资产出售等方式完成退出。

2021 年，山钢集团纳入国务院国资委、山东省国资委亏损企业治理范围的重点亏损子企业均完成各项下达任务目标。2019~2021 年，亏损企业户数连续三年同口径降低，大额亏损企业逐年下降。

【外派财务总监管理】 截至 2021 年末，财务部向莱钢集团、山钢金控、山东耐材 3 家成员单位委派财务总监。各外派财务总监严格按照《山东钢铁集团有限公司财务总监管理办法》规定，参加所在单位重要决策会议，对其中涉及财务问题的重大事项，发表专业意见，充分发挥财务总监职能，切实提高所在单位财务管理水平；同时严格执行工作报告制度，及时向财务总监管理办公室汇报近期及重要工作事项。

【担保管理工作】 进一步强化担保管理工作，提升山钢集团抗风险能力。强化制度建设，构建长效机制，按照省国资委担保管理最新要求，制定了《山东钢铁集团有限公司关于进一步加强担保管理工作的通知》（山钢财字〔2021〕18 号），明确各权属单位担保余额上限、担保压减路径及策略等。制订担保压减计划，严格担保管理，按照“严控增量、处置存量、逐年压减、最终归零”的原则，梳理并制订担保压减计划，在保证资金链安全的情况下，严控新增担保，多渠道多策略压减担保额度，全年压减担保额度 180 余亿元。

【制度供给工作】 为增强山钢集团资本创效能力，优化资源配置及布局结构，建立利润分配机制，规范利润分配行为，强化投资回报意识，以国家现行利润分配有关制度及会计准则为基础，借鉴宝武集团等行业领先单位先进经验，经过反复讨论并广泛征求相关单位及部门意见后，于 2021 年 10 月 19 日正式印发《山东钢铁集团有限公司利润分配管理办法》。2021 年度，山钢集团累计收到权属单位利润分配超过 130 亿元，创历史新高。

（撰稿：周林琳　审稿：李　强）

投资与资本运营管理

【综述】 投资与资本运营部是集团公司投资与资本运营管理的职能部门，主要职能为：负责山钢集团资本运营计划、投资计划制订，集团公司投资管理，权属公司投资审批管理；负责资产重组管理、改制管理、山钢集团产（股）权管理、固定资产管理、资产处置、资产评估备案管理等工作；负责资本运营项目的方案审核或拟订与组织实施、权益性融资方案拟订及组织实施等。截至 2021 年底，共有职工 12 人。其中，高级职称 8 人，中级职称 3 人；硕士及以上学历 7 人，大学本科 5 人。

【投资管理】 面对复杂严峻的宏观环境、急剧变化的市场形势、艰巨繁重的疫情防控和全面深化改革任务，践行投资管理新理念，严控资产增量，扎实推进投资项目落地，加快构建安全高效钢铁产业生态圈建设，较好完成了 2021 年投资计划执行任务，实现了“十四五”良好开局。全年累计完成投资 64.08 亿元，其中，固定资产投资 56.5 亿元，股权投资 7.58 亿元；非主业投资 2500 万元，占比 0.39%；固定资产投资项目共实施 446 个，其中，续建项目 44 个，本年新开工项目 402 个，累计完成项目 335 个。

【重组改革】 按照中共山东省委、省政府决策部署，积极稳妥推进山钢集团与中国宝武联合重组事项取得阶段性进展。一是推进完成济钢集团有限公司持有的上市公司山东钢铁股份有限公司 30.26%股份、中泰证券股份有限公司 5.05%股份分别无偿划转至山钢集团、莱芜钢铁集团有限公司，进一步优化了山钢集团旗下上市公司股权结构；二是推进实施山钢集团财务有限公司 5.67%股权、山信软件股份有限公司 6.23%股权、莱芜钢铁集团银山型钢有限公司 100%股权等十余项非上市公司股权内部流转事项，进一步优化了非上市公司股权结构；三是完成济钢集团有限公司 100%股权无偿划转至济南市，进一步精干山钢集团钢铁主业；四是通过对山东国惠资产管理有限公司增资置换山东惠济新生投资有限公司 100%股权，并对山东惠济新生投资有限公司实施资产重组、股权划转，实现了不良资产的有效剥离。落实国企改革三年行动计划，稳妥实施权属企业混合所有制改革工作，《山钢集团混合所有制改革三年（2019—2021 年）工作计划方案》实现收官。

【评估备案】 完成备案项目 58 个，资产评估值 31.8 亿元。评估项目类型以设备、附属设施资产及房产等的资产处置为主，新增部分债权处置评估项目；重点项目涉及集团公司重组相关的济钢、莱钢等资产调整及优化处置，以及山钢股份新旧动能转换项目等。其中，集团公司母公司 1 项，山钢股份 17 项，济钢 11 项，莱钢 27 项，山钢金控 2 项。

【产权基础管理】 严格把关产权登记管理审核，报送至国资委审核 70 家，完成产权登记 63 户；每月对《山钢集团产权结构表》进行梳理、更新。截至 2021 年底，山钢集团各级子企业（不含中泰证券子公司）共 194 户。按照产权性质划分，全资 74 户，控股 53 户，实际控制 5 户，参股 62 户。

【企业上市管理】 组织推进集团公司上市资源培育。国铭铸管股份有限公司申请首次公开发行股票并上市项目，于 2021 年 12 月 16 日完成中国证券监督管理委员会山东监管局辅导验收；莱钢集团受让山东力山特智能科技有限公司 34%股权，为推进力山特发行股份并上市奠定基础；组织推进集团公司相关非上市资产尽职调查、方案论证工作，为后续非上市资产资产证券化奠定基础。

（撰稿：奚道鑫　审稿：王其成）

运营管理

【综述】 运营管理部是集团公司运营管理的职能部门，主要职能为：负责分解集团公司年度生产经营计划目标、拟订二级公司年度生产经营目标；负责二级公司年度生产经营计划执行情况监督，集团境内外产业运营过程监控、运营分析管理；负责集团公司产业协同管理，牵头组织集团内与产业运营相关的业务整合与调整；负责阳光采购管理及上级主管部门要求集团公司增加的与产业运营高度相关的综合管理；负责 BS 项目业务协同管理，牵头协调推进 BS 业务协同工作，开展业务协同项目周期管理、效益分析、过程服务；负责集团公司综合统计工作，产业运营数据和信息的收集、汇总、分析和对外报送；负责职责范围内的规章制度制定、落实情况的考核监督工作；完成集团公司交办的其他工作。截至 2021 年底，共有职工 12 人。其中，工程技术应用研究员 1 人，高级经济师 2 人，高级工程师 3 人，高级统计师 2 人，高级会计师 1 人，经济师 2 人，会计师 1 人；研究生 4 人，大学本科 8 人。

【2021 年主要生产运营指标完成情况】 集团公司全年生产生铁 2658.99 万吨、粗钢 2824.98 万吨、钢材 2856.43 万吨，分别完成年计划的 95.01%、93%、94.57%，比上年分别减少 8.47%、9.21%、7.57%；生产铁精粉 299.77 万吨，完成年计划的 93.39%，比上年减少 13.87%；生产耐火原材料及制品 31.54 万吨，完成年计划的 101.08%，比上年增长 3.11%。集团公司全年高炉入炉焦比 328.74kg/t，比上年降低 3.23kg/t，高炉喷煤比 162.14kg/t，比上年提高 3.42kg/t；转炉钢铁料消耗 1066.53kg/t，比上年升高 3.97kg/t，钢材综合成材率 98.04%，比上年提高 0.07 个百分点；吨钢综合能耗 562.54kgce/t，比上年升高 10.44kgce/t，吨钢可比能耗 502.04kgce/t，比上年降低 16.81kgce/t；全年研发投入 66.81 亿元，比上年增长 43.04%，全年研发投入占营业收入的比重为 2.52%，比上年提高 0.39 个百分点。

【2022 年生产运营计划编制】 结合山钢股份莱芜基地新旧动能转换项目一期工程投产、永锋淄博钢铁生产全面停产、永锋临港项目一期逐步投产达产、济钢集团划转剥离山钢等实际变化，按照国家有关政策、对市场环境的分析研判、集团公司“深化改革三年行动实施方案”要求，以商业计划书为引领，以全面预算管理为指导，按照“坚持高目标引领、追求极致，坚持对标挖潜、力争上游，坚持效益最大化、精益运营，坚持资源聚合、协同创效，坚持生态优先、绿色发展”的原则，以着力提升本质化运营水平和整体盈利能力，不断增强竞争力、创新力、控制力、影响力、抗风险能力，实现集团公司安全高效绿色发展为目标，组织开展 2022 年生产运营计划编制工作。

【产能产量“双控”政策落地实施】 7 月，山东省工信厅根据国家政策要求，从环评等级、单位能耗效益产出综评等级、产能利用率、是否为通道城市、是否为钢铁规划布局内企业等因素考量分别对省内各钢铁生产企业下达了 2021 年粗钢产量压减任务，集团公司权属各主要钢铁生产单位包括已经停产的永锋淄博（已完成限产目标）均有涉及。2021 年山钢集团整体粗钢产量限定在 2826 万吨以内，比上年减少 285 万吨，比年度生产运营计划减少 368 万吨，减少幅度分别为 9.16%、11.52%。其中山钢股份全年整体粗钢产量限定在 1973 万吨以内，比 2020 年的 2143 万吨压减 170 万吨，压减幅度 7.93%；两个生产基地中，莱芜基地面对环评等级（B 级）、单位能耗效益产出综评等级（Ⅱ级）、通道城市三方面压减因素，比上年产量压减 126 万吨，压减比例达 9%以上；日照基地面临单位能耗效益产出综评等级（Ⅱ级）一项压减因素，比上年产量压减 44 万吨，压减幅度在 3%以上；永锋钢铁本部面对环评等级（B 级）、产能利用率（≥120%）、通道城市、钢铁规划布局外企业四方面压减因素，比上年压减 106 万吨，压减幅度近 15%。集团公司权属各钢铁生产单位严格执行国家政策，合理控制生产节奏，优化调整生产结构，努力压缩生产成本，聚焦运营效益、运行效率、发展创新等重点领域和关键环节，强化对“双控”、“双碳”、限电等约束条件的评估研判、正确处理经营战略与运营战术的关系、持续深化精益运营管理、全面提升内部资源优化配置能力和市场化服务水平。集团公司自 7

月份开始组织开展“钢铁企业产量控制调度台账”的逐月调查填报工作，11 月开始组织开展钢铁企业控产周调度工作。至年底，共组织填报“钢铁企业产量控制调度台账”6 期，填报“钢铁企业控产调度周报”8 期，圆满完成了控产调度组织工作。全年集团公司产粗钢 2825 万吨，比上年减少 286 万吨，减幅 9.21%，比年度生产运营计划减少 369 万吨，减幅 11.55%，在全面完成年度控产目标的同时，保持了效益的稳步增长。

【“全面对标、系统提升”行动深入推进】 瞄准行业一流，实施高目标引领，以问题为导向，以提升“效率、效能和效益”为切入点，以“全方位、全工序、全流程、全要素”对标为手段，以“转变理念抓落实，强化对标补短板，深挖潜力促提升”为总体路径，构建“全面、精准、动态”对标机制，全力打造“双降双提”升级版。一是高起点构建对标提升行动制度体系，制定下发《关于下达“全面对标、系统提升”行动指导意见的通知》《关于下达 2021 年度“全面对标、系统提升”行动推进目标的通知》《关于下达 2021 年度“双降双提”考核评价指标的通知》，将“双降双提”与对标提升深度融合。二是细化明确推进步骤，选定对标对象，找出“与谁对”；确定对标内容，找到“对什么”；分析差距原因，找准“差在哪儿”；确定行动目标，知道“改什么”；制定提升方案，明确“如何做”；执行评价闭环反馈，自评“怎么样”。三是精心设计运行方案，明确“世界一流、国内领先、行业标杆、内部榜样”四类标杆；确定战略管理等十大管理对标领域；围绕各产业板块运行效率、盈利能力、盈利质量、营运能力等关键和核心指标，搭建集团总体监控指标、权属公司分解指标和总部管理任务三层联动对标指标体系；精准体现考核激励，分类实施“双降双提”、对标提升绩效考核评价。四是切实做到“六个坚持”，坚持问题导向，打造比较优势；坚持极致思维，对标一流；坚持动态调整，追求实效；坚持企业主体责任，全员参与；坚持刚性约束，激励先进；坚持过程管控，月度跟踪公布，季度调度评价，年度总结考核。五是对标提升成效初显。对标创优改革氛围日益浓厚，指标分解逐级落实平稳推进，与生产、运营、管理流程相贯穿，思想有认识、对象有标杆、对标有数据、过程有对比、落实有行动、推进有保障、跟踪有结果、效果有考核的八位一体对标提升系统有效运转。全年出具月度推进工作简报 8 期，年度可量化指标推进良好。

【“六稳”“六保”政策落实】 根据山东省人民政府关于落实“六稳”“六保”促进高质量发展政策清单有关工作要求，为充分利用政策支持企业高质量发展，集团公司深入贯彻落实省委、省政府“六稳”“六保”任务政策清单，积极调度、分类梳理，向权属单位转发“产业转型升级”“科技创新”“外贸外资”“金融支持”等 8 类政策清单 3 批共计 81 项，全年累计受益 3.01 亿元。

【运营协同管理】 强化运营协同，推进集团公司经营绩效全面提升。一是强化内部市场产业协同督导，“内联式”协同量效再创新高。集团公司各权属公司面对疫情、市场双重压力，供需双方积极协同联动，实现协同度 28.67%；全年内部市场协同规模持续突破百亿，协同金额达到 113.57 亿元，比上年增加 11.47 亿元，增幅 11%。二是与产业链上下游企业共克疫情，互利共赢，“外延式”协同稳步推进。2021 年，克服新冠肺炎疫情等不利影响，共组织高层参与走（接）访 40 家重点客户，占用户总数的 44.94%。其中，销售 31 家，占用户总数的40.26%；采购9家，占用户总数的75%。销售方面，全年共实现“高层营销”战略客户销售量163.47万吨，占比8.62%，总销量同比增长64.88万吨，增幅65.81%。采购方面，全年共实现“高层营销”供应商采购904.2万吨，占总体采购量的45.53%。其中，煤焦实现采购777.2万吨，国内矿实现采购121万吨，铁合金采购6万吨。

【阳光采购管理】 严格落实省国资委阳光采购工作部署，提升集团公司阳光购销管理效能。一是强化制度供给，补齐管理短板。围绕购销两端，全面梳理各类制度，2月3日，结合集团公司实际完成修订并下发《山东钢铁集团有限公司阳光购销管理规定》（山钢运营字〔2021〕3号）。二是夯实过程督导，强化落实执行。2021年，各主要权属公司通过自有采购平台及集团购销管控平台采购信息上线率100%，直购比94.7%，各类供应商共计6911家，中间商504家，中间商数量占比7.29%。销售端受疫情及市场需求疲软影响较大，但仍保持良好水平，直销比77.88%；各类客户8675家，其中，中间客户1744家，中间客户数量占比20.1%。三是阳光购销管理信息平台完成升级，购销信息化管理水平全面提质升级。截至年底，阳光购销管理信息平台备案各权属公司供应商25747家；专家库维护专家总数3908人，集团公司高级专家518人；按照集团公司违规供应商管理“一黑俱黑”原则，动态更新供应商“黑名单”企业112家，有效打通了购销线上监督“最后一公里”，实现了购销信息监督“全覆盖”，为购销实现“阳光、透明、可追溯”奠定基础。四是认真贯彻落实省国资委阳光采购工作。全年阳光采购成本降低率达到0.95%；全面推进山钢集团与省国资委阳光采购服务平台阳光采购信息对接“互联互通”，同步对接信息数量占省属企业比重29.71%，连续两年在省属企业中排名第一位。

【BS项目业务协同管理】 9月9日，在集团公司总部成功召开山钢集团-中国宝武BS项目业务协同启动会，双方144名专家、业务骨干参与讨论，BS项目业务协同工作快速推进。首批17个业务协同项目聚焦财务资金、制造能力提升、快赢和智慧制造等业务，预计产生效益16.43亿元。截至年底，4个快赢项目实现较大突破，1个协同事项已经结题，经财务部审核确认2021年累计落袋效益2.02亿元，所有项目扣网推进。

（撰稿：胡　玉　罗　剑　马丽萍
郑　丽　审稿：孙日东）

信息化管理

【综述】 信息化管理办公室与运营管理部合署办公，是集团公司信息化管理的职能部门。主要职能为：负责集团公司信息化规划、年度计划制订和推进，全集团信息化一体化管理；网络安全管理；软件正版化管理；负责职责范围内的规章制度制定、落实情况的考核监督工作。

【网络安全管理】 以全面提升集团公司整体网络安全水平为目标，健全网络安全监测预警机制，不断提升网络安全防护和预警能力，全年集团公司及各单位网络安全保障整体平稳、可靠。坚持开展全集团互联网网站和重要信息系统的月度安全技术监测和通报，及时消除已备案互联网系统各类安全隐患。7月份后，取得连续6个月实现扫描漏洞为零的佳绩。组织建设集团公司总部网络安全态势感知平台，实现了网络安全信息的主动感知。在落实整治虚拟货币“挖矿”活动中迅速发现并消除潜在隐患，组织落实2021年公安机关网络安全监督检查、建党100周年网络安全保障等关键节点护网工作，切实保障了集团公司网络安全的稳定、顺行。

【软件正版化】 统筹山钢集团各权属公司实施办公软件正版化升级工作，采取“统谈分签”协同采购工作机制，实现了全集团统一的办公软件国产化和正版化“双升级”，大大降低采购费用，既严格按照上级部门的要求在全集团实现了办公软件正版化升级和国产化覆盖，又较好提升了在办公软件方面的用户体验度，为集团公司软件正版化深入推进工作夯实了基础。

【总部信息化平台建设】 组织实施集团公司智慧门禁、智慧会议、专线视频会议等系统，较好地保障了疫情期间智慧办公的需要，有效提高了集团公司办公效率。配合淄博区域钢铁产业结构调整，组织实施了集团公司广域网改造项目。按照上级部门的要求，高质量地建设完成了保密办公内网、纪委专线的改造项目。

【“数智山钢”建设】 在智慧化提升方面，组织研究制定《关于加快推进钢铁产业智能制造提升工作的实施意见》等指导性文件，明晰集团公司智能制造提升工作的目标、原则与路径，部署实施重点工作任务“730”工程。全面对标、主动融合标杆企业智能制造工作，编制完成《钢铁产业智能制造提升方案》，明确未来三年内智能制造提升计划与路径。全年启动实施智能制造项目43项，累计投资4.32亿元。机器人应用数量达到69台（套），较年初数据翻一番，应用场景进一步丰富；加快普及无人化/少人化技术，国内单一场景接入终端规模最大的5G智能料场建成投用；积极推进智慧产线建设，“数智山钢”建设加速推进。集团公司成功申报工信部融合应用软件暨高端ERP应用项目，《新一代钢铁智慧制造工厂》入选山东省属企业数字化转型试点典型案例。在数字化转型方面，聚焦莱芜基地区域升级改造和日照钢铁精品基地智能化提升两个主战场，打造数字化示范样板，助力山钢集团实现“构建生态圈、打造新标杆”愿景目标。在山钢集团重大改革期，集团公司数字化转型工作兼顾山钢集团改革和数字化转型任务的紧迫性，全面对标标杆企业，在保障山钢集团长期投资效益的前提下，分类施策、有序推进数字化转型工作。山钢股份围绕莱芜区域升级改造和日照精品基地智能化提升两个主战场，完成智能制造“四个一律”指数的解读与分解工作；两个基地集控建设方案，融合“集中一贯制”“三跨融合”理念，积极开展与行业头部企业对接交流，加快数智赋能工作，积极打造数字化转型和智能制造的行业标杆。

（撰稿：郭全生　审稿：孙日东）

绩效管理

【综述】 运营管理部/信息化办公室负责集团公司绩效管理，主要职能为：负责权属二级公司组织绩效考核方案的制定及组织实施；权属二级公司董事长责任制绩效考核方案的制定及组织实施。权属二级公司经理层契约化考核方案的指导、备案；省属企业负责人经营绩效考核工作的政策研究及业务对接。

【组织绩效管理】 严格执行工资总额决定机制，坚定不移落实国务院、省国资委关于工资总额的管理要求和精神，严格执行省国资委工资总额预算管理机制，刚性执行《工资总额管理与考核办法》，做到“效益增工资总额适度增、效益降工资总额相应降”，真正实现职工收入随效益同向浮动，能增能减。持续优化差异化分类绩效考核体系，根据集团公司改革进程，针对部分单位功能定位和业务性质发生变化，稳步实施分类核算、分类考核，增强考核体系的适应性和针对性。

【负责人绩效管理】 严格执行《山东省省属企业负责人经营绩效考核办法》（鲁国资考核〔2019〕3号），针对生产经营、改革绩效等方面目标完成情况，积极开展政策研究及业务对接，争取考核政策支持，树立改革图强的国企新形象。权属企业负责人考核方面，按照《权属二级公司董事长责任制考核办法》《权属二级公司领导人员年度考核薪酬管理办法》《权属二级公司契约化方案指导意见》，完善以主责净资产、净资产收益率为主线的市场化业绩贡献考核机制，权属二级公司负责人业绩考核薪酬极差达到1.96倍，充分体现市场化标准和各单位业绩贡献，实现企业负责人按绩取酬，多创多得，做到考核导向市场化、制度执行刚性化、薪酬业绩同向化、增减差异合理化。

【契约化管理】 根据山东省国资委《省属企业控股子公司推行经理层成员任期制和契约化管理基本规范（试行）》的规定，按照《关于进一步明确权属二级公司党委董事会对经理层契约化管理责任的通知》（山钢党字〔2020〕36号）的要求，聚焦任期管理、目标设定、业绩考核、薪酬分配、不胜任退出等关键环节进行全面梳理总结，提高权属二级公司契约化管理的系统性、科学性和适应性。严格落实经理层契约化协议和责任书规定内容，薪酬与业绩水平相对应，业绩考核结果体现奖优罚劣，合理拉开分配差距，充分调动经理层成员积极性。

（撰稿：朱碧桃　审稿：孙日东）

人力资源管理

【综述】 人力资源部与党委组织部、机关党委合署办公，是集团公司人力资源管理的职能部门，主要职能为：编制、实施集团公司人力资源发展规划，人力资源配置，劳动合同管理、劳动争议处理和劳动保障年检，专业技术职务评聘，集团人才发展和高层次人才的引进、选拔、推荐和评选，职工教育培训，“五险一金”管理，人力资源信息统计，人力资源管理信息化建设等。

【薪酬管理】 按照山东省国资委考核结果批复，编制集团公司领导2020年度薪酬分配方案，并上报省国资委备案后组织兑现。根据集团公司确定的所属各单位主要负责人2020年薪酬总额，计算并确定各单位负责人薪酬总额，备案后由各单位组织兑现。完成集团公司2020年工资总额清算和2021年工资总额预算编制工作。研究制定《〈总部管理岗位薪酬管理办法〉补充规定》，总部实行工资总额管理，以总部职工上年度实发工资总额为基数，按照不高于（不低于）权属二级公司年度考核人均工资平均增（减）幅度，核定集团总部当年考核工资总额。修改完善《山钢企业年金计划投资管理人考核评价方案》，研究制定《山钢企业年金计划投资管理人日常管理监督机制》，完成济钢企业年金计划转移工作。研究制定移交工作方案，现场督导调度，组织完成省冶金公司退休人员社会化管理移交工作，集中移交的退休人员259人档案、157名党员组织关系全部完成移交。

【劳动用工制度市场化改革】 紧紧围绕集团公司《人力资源发展规划（2021—

2025)》落实，坚持“控制总量、优化结构、激发活力、提高效率”原则，运用市场机制对人力资源进行有效调节和优化配置，加快推进人力资源结构优化，提高人力资源配置效率和效益。在推进职工能进方面，坚持招聘配置计划编制制度，统筹全集团整体情况，合理确定各单位引进计划，加强与重点高校合作交流，通过系列校园活动以及资助学生创新等，积极培育山钢集团雇主品牌，提升毕业生引进质量；在推进职工能出方面，严格执行职工内部退养政策；强化劳动合同管理，完善劳动合同管理配套制度，严格考核结果运用，强化劳动合同对职工能出的约束；严格落实《山东钢铁集团有限公司职工违规违纪处理规定》，对违反法律法规、企业规章制度等符合解聘条件的，依法解除劳动合同。

【高层次人才引进培养】 围绕单位战略任务、使命类产品和“卡脖子”技术，形成任务清单和需求清单，锚定高精尖缺人才，通过积极、开放、有效的人才引进政策，持续提升人才聚集能级。坚持依据企业实际需求和产业特点进行人才引进，推动人才与产业深度融合，将人才优势转化为产业发展优势；做到按照引进对象特点开展引进，实施动态化、个性化的服务，按照“一人一策”，聚焦所需骨干人才；坚持把人才优先发展融入企业经营管理全过程，完善人才培养体系，建立全链条人才培育机制。重点加大省级以上重点人才工程推荐选拔力度，深入研究相关政策，确保实现增量突破。完善技能人才表彰奖励体系，完成第二届山钢集团首席专家、首席技能大师选拔工作。2021 年，全集团新增泰山产业领军人才工程 1 人，山东省重点产业链尖端技术人才 1 人，有力促进了企业核心竞争力提升。

【人力资源优化配置】 坚持“控制人员总量，提高劳动效率；引进各类人才，改善队伍结构；培养发展存量，提升整体素质；激发人员活力，发挥人力效能”原则，加快构建以岗位管理为基础、以合同管理为核心的契约化、市场化劳动用工机制，推动形成人员能进能出的长效机制。认真贯彻中央、省委省政府、省国资委疫情防控期间稳定就业政策，扎实推进“才聚齐鲁 成就未来”招聘专项行动方案落实，创新线上招聘方式，全面推行公开招聘制度。全年引进各类高校毕业生 344 人，社会招聘 48 人，其中硕士及以上学历 69 人。除政策性安置等人员、涉密岗位人员及其他特殊用工外，公开招聘率保持 100%。

（撰稿：孙淑辉　魏　鹏
审稿：来现民）

档案管理

【综述】 办公室负责集团公司档案管理。主要职能为：贯彻执行国家和省档案法律法规及有关部署要求，统筹规划集团公司档案工作；制定集团公司文件材料归档和档案鉴定、整理、保管、统计、利用等有关规章制度；负责集团公司总部部门档案的收集、整理、保管、鉴定、统计和提供利用工作；指导集团公司总部部门文件材料的积累、整理及归档工作；监督、指导、检查各单位和各直属机构的档案工作；依照有关规定向国家档案馆或有关单位移交档案。

【组织制度建设】 贯彻执行《全国档案事业统计年报制度》，按照山东省档案局统计工作要求，组织各单位填报 2021 年度档案统计年报，审核汇总后及时上报省档案局。指导淄博张钢做好产能调整过程中档案管理工作。

【基础设施建设】 截至2021年底，全集团馆（室）总面积达到3.3万平方米。集团公司加大基础设施投入力度，增加入档材料防疫消毒设备，更新部分档案办公设备，完善出入门禁设备、视频监控设备等管理设备，基本实现了人防、技防、物防、联防相结合，以技防为主的安全控制措施，杜绝安全事故的发生，全年档案库房安全事故为零，未发生档案安全事件。

【资源建设】 按照文件材料归档范围和档案保管期限表规定，从源头上加强对各类档案的收集。各类管理文件、综合报表、合同协议、专利科研、新闻书稿、照片证书、奖杯奖牌、光盘实物等资料归档率、完整率、准确率保持在99%以上，对规定应当整理归档的文件材料，做到应归尽归，应管尽管。

【信息化建设】 2021年集团公司探索档案数字化升级改造，稳妥推进档案数字化建设，着力提升档案数字化和信息化水平，确立了大集中式的上下联动档案信息化系统升级方案，目标档案管理系统与知识管理平台对接加强档案信息化工作，推进档案目录数据库、全文数据库和声像档案数据库的建设。加强档案信息安全管理，严格按照档案类别和用户权限利用档案。按照“涉密信息不进系统，系统信息不涉密”的原则，认真做好档案保密工作。及时对档案数据进行备份，脱机保存，确保重大灾难后全部数据的可恢复。加强档案信息系统服务器和网络系统的管理，保障操作安全、接入安全和应用服务安全。

【开发利用】 围绕企业的中心工作，发挥档案资源优势，开展档案利用服务工作，将利用频率高、非密级非电子形式的文书档案逐步数字化，实现档案快捷方便查阅和利用。全集团共提供利用档案1.72万人次、3.2万卷次。为国资委国企改革重点专项任务检查提供相关材料。各权属二级单位充分利用经济科技档案，如采用理正网上图纸加工、归档智能型管理软件提升设计及归档管理水平，完成新项目的前期调研、立项等工作，发挥档案作用，创造经济利润，经济科技档案微视频多次获得上级表彰。

（撰稿：张　序　审稿：李学玉）

外事管理

【综述】 办公室负责集团公司外事管理，主要职能为：负责集团公司外事工作的计划汇编、组织实施、指导协调、总结考核，国家外事政策、方针的宣传贯彻，集团公司外事管理制度的制定与执行，外事翻译，负责集团公司因公出国（境）团组一定权限的审批与管理，组织参加国际会议与国际展会，邀请和接待国（境）外来访，出国（境）证照、签注、签证的申办等工作。

【出访团组审批申办工作】 受新冠肺炎疫情影响，2021年集团公司出访团组数量锐减，全年审批并申办因公出国（境）团组17批、35人次；新增办理公务普通护照3本，港澳通行证21本；出访涉及中国香港、新加坡、马来西亚等多个国家或地区，出访任务主要为长期工作等，各出国（境）团组都圆满完成出访任务。

（撰稿：郑　玮　审稿：李学玉）

安全环保管理

【综述】 安全环保部与应急管理部复合设

置，是集团公司安全、环保、应急管理的职能部门。主要职责：落实安全生产、职业卫生、环境保护、节能减排、应急管理、疫情防控等方面的法规、政策和标准，制定山钢集团节能环保绿色发展规划，建立健全目标责任体系并贯彻执行；负责安全生产、职业卫生、环境保护、能源管理、节能减排工作的监督检查和考核；贯彻国家、省有关消防的法规和政策，督促各单位火灾、交通事故的分析、统计和上报；负责集团公司应急体系和平台建设，编制应急预案，优化应急资源配置，健全应急救援力量；完成上级主管部门交办的各项应急管理任务，做好应急协调组织等工作；对权属公司应急管理进行督促指导、监督检查；负责职责范围内的规章制度制定、落实情况的考核监督工作。截至 2021 年底，共有职工 8 人，其中内退职工 1 人。

【管理指标】 2021 年，集团公司各权属单位建设项目安全、职业卫生、节能、环保“三同时”执行率达到 100%，特种设备安全技术状况检测率 100%，特种作业人员持证上岗率 100%，职工及相关方安全培训教育率 100%，接毒接害岗位人员查体率 100%，工作场所职业病危害因素检测率 100%，隐患整改落实率 100%。全年实现了责任工亡事故、较大及以上生产事故、设备事故、火灾事故、负主要责任的交通事故、较大及以上相关方死亡事故“六为零”。节能环境绩效和绿色低碳发展水平持续提升，主要污染物化学需氧量（COD）、氨氮、二氧化硫、氮氧化物、颗粒物等按证排放，并完成地方政府下达的总量控制目标。固危废资源化利用或无害化处置率、无组织排放有效控制率均 100%。未发生较大及以上环境污染事件，各权属单位能源环保行政处罚全部为零，企业环境信用评价全部为绿牌。

【主体责任落实】 集团公司召开安委会和年度安全环保工作会议，明确全年工作任务和目标措施，与 16 家权属公司签订《安全生产目标责任书》，与 8 家权属公司签订《节能环保目标责任书》，各单位逐级落实管理措施和责任，车间级以上单位签订安全生产目标责任书 1251 份。修订制定了集团公司《安全检查管理办法》《职业健康安全管理绩效考核办法》《安全生产禁令》《生产安全事故责任追究办法》等制度，进一步健全完善了安全生产制度体系。开展多层次、高频率的安全督导，对各项制度执行情况进行重点检查，增强了制度执行的刚性。保障安全环保资金需求，全年投入安全生产费用 1.98 亿元，完成环保投资 8.76 亿元，本质化安全、节能环保水平持续提升。

【基础管理建设】 在深化班组安全基础管理、持续提升安全合格班组建设的基础上，结合实际制定并试行了安全合格车间创建标准，全面规范基层安全管理内容要求，并扎实落实车间、班组安全领导包保制，将车间、班组安全管理纳入常态化指导、检查、考核内容，不断推动安全管理工作重心下沉、防线前移。全年对 1203 个生产班组进行了全覆盖验收核查，一次合格率达到 90%以上。制定了《员工安全素质提升计划》，针对性的分类、分级、分岗位的安全教育培训贯穿全年。集团公司结合新版《安全生产法》宣贯对权属单位主要负责人、安全分管负责人等 351 人进行了集中培训。全集团举办各类各级安全培训班 3018 个，受培 159720 人次；事故案例警示教育实现了制度化、常态化。

【隐患排查治理】 强化定期和动态的安全风险辨识评价，共确定安全生产风险点 5387 个，及时完善风险管控措施清单和隐患排查清单。结合安全生产专项整治三年行动，年初制定了《安全生产大排查大整治行动实施方案》，开展了起底式、拉网式自查自纠活动。开展集团公司负责人安全督导、安全管理部门蹲点式检查，半年、年度、敏感时段及“四不两直”安全抽查等，共查改问题556项。各单位深入开展日常检查及煤气、矿山等安全生产专项治理，全年查改各类安全问题19315项。

【绿色发展】 坚持绿色低碳发展，统筹策划推进绿色低碳发展工作。组建绿色低碳行动方案编制工作专班，系统研究和策划山钢绿色低碳发展规划，完成《山钢集团绿色低碳发展行动方案》编制，明确了低碳发展任务目标、路线、时间表和主要措施。坚持顶层规划设计，坚持高目标引领，坚持高层领导推动。组织召开第二届生态环境保护大会，确定了集团公司“十四五”及今后一段时期绿色低碳发展主要任务目标和路径等，“十四五”绿色低碳发展目标为：全面建立绿色低碳循环发展经济体系，绿色低碳循环发展整体水平显著提升，低碳成为引领高质量发展的新引擎和核心竞争新优势，高质量发展和生态环境高水平保护走在行业前列，打造绿色低碳发展行业新标杆。积极推进绿色工厂/矿山创建。以创建绿色工厂/矿山工作为抓手，持续提升清洁生产、绿色发展水平。日照公司被中钢协评为清洁生产环境友好企业，并通过国家级绿色工厂验收和公示；山钢股份莱芜分公司被评为全国冶金行业绿色发展标杆企业；山钢股份莱芜分公司和山钢矿业金召矿通过国家级绿色工厂/矿山复审。山东耐材被评为市级绿色工厂，济钢环保新材料产业园和耐材王铝矿通过省级绿色矿山验收。强化节能环保政策法规宣传和全员绿色低碳意识提升，扎实开展集团公司第六届节能环保宣传月活动，举办节能环保绿色低碳知识竞赛等系列活动；组织“十三五”绿色发展成果展，进一步提升全员绿色低碳、节能环保知识和能力。对环境保护工作进行了大量宣传报道，形成浓厚的低碳环保文化氛围。

【节能环保管理】 强化环保监管，确保依法合规。各权属单位加强建设项目节能环保管理，严格执行建设项目能评、环评和竣工验收要求，全年累计完成建设项目环评35项、项目竣工环保验收6项，山钢矿业彭集铁矿环评获得省厅环评批复；严格落实环保“三同时”、排污许可制度，做到持证排污、按证排污、达标排放。加强环保监督检查和问题整改，组织定期节能环保检查，开展重点时段、重点领域的专项督察，集团公司及各二级单位共累计开展节能环保检查382次，检查发现问题1052项，督促及时完成整改，消除环境隐患。做好中央环保督察的各项迎检工作，以及督察发现问题的答复和反馈，密切跟踪督察发现其他单位相关问题的整改，通过了中央环保督察的检验。持续推进环境绩效评级提升工作，把评级提升目标作为有关单位年度责任书重要内容，建立超低排放改造和环境绩效提升项目立项绿色通道，组织外部专家对环保绩效评级检查指导。山钢股份莱芜分公司实施“保A、争A、建A”计划，全面完成全流程钢铁超低排放改造任务，并于6月份通过中钢协网站公示。日照公司、山钢股份莱芜分公司焦化厂分别通过环境绩效A级企业复审，莱钢银山型钢公司通过环境绩效A级企业省级现场审核。

【应急管理】 大力开展实战化应急救援演练，修订完善生产安全事故应急预案，按照“一周一小练、一月一大练、一季一检验”要求，全年开展生产安全事故应急演练6719场，参加80566人次；开展消防事故演练687次，参加16489人次，并多次随机启动预案进行检验评估，提升职工风险防范意识和应急处置能力。山东省金属冶炼应急救援中心建设基本完成；山钢股份莱芜分公司成功承办了山东省钢铁行业煤气泄漏实战化应急演练，得到了省市政府应急管理部门的认可。慎终如始抓好疫情防控，坚决贯彻落实省委省政府及省国资委的决策部署，以对广大职工安全和身体健康高度负责的态度，抓紧抓实抓细疫情防控各项措施，确保了集团公司疫情防控工作的平稳有序。

（撰稿：韩怀平　邹方敏　赵玉潮
审稿：王志强）

风险管理

【综述】 风险合规部是集团公司风险管理职能部门，主要职能：集团公司全面风险、法务、内控、合规管理体系的建设、评估、完善，组织拟订年度工作计划；推进法治山钢建设，开展普法教育培训；全面监控集团公司及权属公司风险、合规、法务管理工作的计划执行情况，并对执行有效性进行评价；组织开展风险辨识、评估、预警、处置，组织起草集团公司全面风险管理报告、专项风险评估报告；集团公司内控、合规管理，重大事项合规审查；制定法务业务的制度、流程和标准，监控法律顾问中心/公司律师事务部法务业务计划执行情况，指导和监督其开展各类法务业务并进行考核评价；提出集团公司法律业务需求；办理集团公司法定代表人授权事务；集团公司董事会审计与风险管理委员会相关日常事务；职责范围内的规章制度制定、落实情况的考核监督。截至2021年底，共有职工6人。其中，具有高级专业技术职务的5人，中级1人；研究生学历3人，大学本科3人。

【风险内控合规法务一体化管理】 健全完善风险内控合规法务一体化管理的制度与组织体系，实施一体化管理业务融合和动态管理。一是建立一体化管理制度体系。立足专业管理实际，集团公司贯通风险管理与内控管理、法务管理与合规管理，修订完善风险、内控、合规、法务管理制度，夯实制度管理的法治化规范化基础，推动实现一体化管理的制度融合。二是建立一体化管理组织体系。根据集团公司管控需要，加快风险内控合规法务管理的机构、职责、岗位、人员“四个到位”，明晰各主体管理界面，压实一体化管理的主体责任。三是强化一体化管理业务融合。推进“三道防线”建设，印发《合同常见合规风险防控参考指南》，贯通具体业务的管理接口，推行重大事项专项风险评估制度、法律意见书制度和重要制度合规审核制度，切实把风险内控合规法务管理融入具体业务之中。四是实施一体化动态管理。密切跟进重大事项的推进落实，实施动态风控管理，发生风险事件及时上报，把好重要关口，确保重大风险事件预知可控，通过重点督导管理、提前介入，有效防范重大风险事件发生。

【BS项目依法稳步推进】 落实省委省政府、省国资委部署，聚焦山钢重大联合重组事项，坚持法治先行，稳步推进BS项目。全程参与BS项目联合重组相关方案制定、优化、完善，对BS项目涉及的实体、程序等法律问题进行分析研讨和论证评估；在BS项目推进实施中，坚持以我为主、攻坚克难，为妥善解决各类历史遗留问题，依法依规提供过程支持；强化法律文件制作审核，起草审查完成各类法律文件118件，办理法律事项9项；完成济钢划转、山东钢铁股份划转、中泰证券股份处置以及权属单位重组等重大事项的风险应对、合规保障和法律支持；组织应对开展境外反垄断审查的资料申报，为BS项目稳步推进保驾护航。

【历史遗留问题处理】 坚持“不把历史遗留问题留给历史”的理念，依法推进处理历史遗留问题。始终坚持政治外交大局，系统研究塞矿项目处置，依法推进项目进入清盘程序，有效防范风险扩大；维护稳定大局，加快推进新疆公司处置进程，新疆公司资产处置及破产清算工作进入收尾阶段，最大限度维护公司利益；依法助推淄博张钢处置工作，有效处理历史遗留纠纷案件，超前谋划风险防控，职工安置工作依法有序开展。坚持问题导向和有解思维，一批历史遗留问题得到妥善处理。

【六大存量攻坚战】 制定《打赢“六大存量攻坚战”行动指导意见》，组织各主责部门/机构编制发布专项攻坚方案，督导各单位聚焦存量问题，研究攻坚关键措施，锚定目标、压实责任、聚力攻坚；通过各主责部门/机构和相关单位系统推进，应收款项、财务核销、账销案存、长期挂账不转资、审计及巡察发现问题等“六大存量攻坚”年度目标按时完成，存量攻坚卓有成效，打通经营管理中的堵点、痛点问题，提升了效益效率，全力助推公司高质量发展。

【品牌打造】 推进打造强企品牌，再次组织申报《财富》世界500强，集团公司2021年度位居《财富》世界500强第384位，比上年度跃升75个位次。协调兑现落实集团公司首次上榜《财富》世界500强奖励资金，努力把强企品牌转化为经营实效，助推公司做优做强。

（撰稿：赵东岳　审稿：罗文军）

法务管理

【综述】 风险合规部是集团公司法务和公司律师事务的管理部门；法律顾问中心/公司律师事务部是集团公司直属机构，是集团公司法律共性业务服务平台。风险合规部负责制定法务业务的制度、流程和标准，监控法律顾问中心/公司律师事务部法务业务计划执行情况，指导和监督其开展各类法务业务并进行考核评价；提出集团公司法律业务需求。法律顾问中心/公司律师事务部负责执行集团公司年度法务工作计划，负责集团公司合同审核和集团规范性文本的制定，对重大决策提供法律意见，参与重大项目谈判，负责纠纷案件的处理，工商事务，品牌、商标/字号、知识产权法律保护，商标/字号注册、注销、使用许可、转让；承接权属公司委托的法律业务，为集团公司和权属公司提供法务服务。截至2021年底，法律顾问中心/公司律师事务部共有职工23人（含退养1人）。

【压实法治建设责任】 落实《主要负责人履行推进法治建设第一责任人职责的实施办法》，集团公司主要负责人发挥“关键少数”作用，认真学习习近平法治思想，贯彻省委省政府、省国资委关于法治建设的部署要求，带头遵法学法守法用法，把习近平法治思想纳入党委理论中心组学习的重要内容，定期听取法治工作专题汇报，对重要工作亲自部署，重大问题亲自过问，重点环节亲自协调，重要任务亲自督办；落实加快推进国企改革要求，各项工作纳入法治化规范化管理轨道。集团公司总法律顾问尽职履责，参与公司重大经营决策，参加党委会、董事会、总经理办公会等重要会议，及时提供专业法律意见；针对重大决策数量多、时间紧、因素复杂等情况，集团公司总法律顾问靠前组织，加强对重大决策等事项的系统研讨，确保重大决策合法合规、切实可行。

【双制度建设】 深化总法律顾问制度和公司律师制度“双制度”建设，按照省国资委《关于在省属企业进一步完善法律顾问制度和推行公司律师制度的通知》要求，规范法律顾问和公司律师专职化专业化管理，打造法律顾问、公司律师队伍，为依法治企提供人才支撑；坚持法律顾问与公司律师优势互补、同向发力，确保法治融入业务、嵌入管理流程，法律顾问的合规保障作用和公司律师的专业服务作用得到进一步彰显；全体法务人员立足法务管理、监督、服务岗位，尽职履责、担当作为，有力促进了法商融合、德法共治，保证了公司经营管理的规范运行、科学高效。

【法律共性业务运行】 集团公司持续发挥法律顾问中心的协同共享平台作用，落实《法律共性业务运行管理办法》，以市场化、项目制为重点的法律共性业务运行有序开展，集约化、共享化的法律保障作用进一步显现，促进提升了法律服务效能。2021年，法律顾问中心参与重大经营决策事项90余项，出具法律意见（书）189份；累计审查合同4080余份；办理纠纷案件134件，避免挽回损失2.84亿元，取得了良好的法治绩效。

【知识产权保护管理】 强化专利权、商标权、名称字号权等知识产权管理意识，聚焦支持主产发展，依法开展知识产权保护管理，提升知识产权的创造、运用、保护和管理能力。2021年，组织名称字号使用情况排查，规范35家权属公司的名称字号使用；加强知识产权成果运用，就莱钢建设58件专利的对外转让、价值确认等进行规范。扎实开展知识产权管理保护，依法维护企业知识产权合法权益，有力促进提升公司创新能力和核心竞争力。

【法治文化建设】 坚持普法与治理结合，打造具有山钢特色的企业法治文化。一是开展“送法到一线”活动。集团公司组建总法律顾问为团长的“送法到一线”宣讲团，开展以合同管理、风险管控、案例警示等为重点的法治宣讲，根据基层单位生产经营特点和法律需求，深化普法教育，提升全员法治素养，现场解决各类法律难题。二是利用法治大讲堂、山钢讲堂等平台组织开展对民法典、证券法、刑法修正案等法律法规的培训教育。开展有针对性的法治宣传，切实防范金融、证券、上市公司等重点领域的法律风险。三是深入开展“国家宪法宣传日”等多层次普法教育宣传活动。通过“报视网微”法治进家入户，积极营造学习法律、崇尚法律、信仰法律、遵守法律的法治氛围，倾力培育具有山钢特色的企业法治文化。

（撰稿：赵东岳　审稿：罗文军）

审计管理

【综述】 审计部是集团公司审计管理的职能部门，主要职能为：山钢集团审计管理体系建设、评估、完善，组织拟定审计工作计划；制定审计业务制度、流程和标准，监控审计中心审计计划执行情况，指导和监督其开展各类审计业务并进行考核评价；提出对集团公司及权属公司发展规划、战略决策、重大措施以及年度业务计划执行情况的审计需求；提出对集团公司及权属公司财务收支、固定资产投资项目，经济管理和效益情况、内部控制和风险管理、领导人员履行经济责任情况的审计需求；山钢集团投资项目后评价计划管理，提出集团公司审批的投资项目后评价专项审计需求；上级审计问题组织整改，集团公司审计问题监督整改；集团公司董事会风险管理与审计委员会相关日常事务；职责范围内的规章制度制定、落实情况的考核监督工作。

【党委审计委员会】 深入学习贯彻习近平总书记关于审计工作的重要指示批示精神，

切实把思想和行动统一到中央、省委、省政府重大决策部署上来，立足企业发展全局，始终把提高企业效益、增强企业竞争实力、实现国有资产保值增值作为工作的出发点和落脚点，聚焦主责主业强化审计监督，着力抓好审计领域重大工作的顶层设计、总体布局和统筹协调，充分发挥党委对审计工作把方向、管大局、保落实的作用。定期组织召开会议，审议审计监督重大决策、重要审计报告、年度审计工作计划、审计结果运用、审计整改等重大事项。党委审计委员会领导先后11次对审计报告作出批示，要求被审计单位切实抓好审计整改工作。

【业务运行】 坚持监督与服务并举，聚焦经营绩效完成、重大经营决策、资产质量管理、内控体系运行等重点组织开展审计项目，指导开展了集团所属14家二级单位绩效指标及契约化指标完成情况的审计和6家权属二级单位的经济责任审计，披露了严重影响企业未来健康运营的持续亏损、潜亏数额大和资产质量差等问题，有针对性地提出审计整改意见和建议。对外部应收款项压减、资金占用、工资薪酬等有关数据进行了核实，对各权属单位存在的问题进行了揭示，对以前年度审计发现问题的整改情况进行了跟踪验证。有序推进工程审计，聚焦重大项目和重点工程建设的高风险环节开展跟踪审计，对项目工程结算复核审计，全年降低工程造价支出7490万元。

【审计整改】 对审计发现的重点问题，党委审计委员会主任亲自签发《董事长审计整改指令书》，责令相关单位限期整改，及时挽回经济损失。针对审计发现的违规垫资赊销问题，下发整改指令，敦促责任单位限期收回已逾期的应收款项7000多万元，规避了坏账损失风险。移送3项审计发现的违规违纪问题线索，充分彰显内部审计工作的权威性。以“六大存量攻坚战”为契机，着力抓好对近年来省审计厅审计及山钢集团内部审计发现的重点、难点问题的整改督导工作。2021年，审计整改完成率达到年计划目标的104%。

【队伍建设】 坚持以干代训，以培促学，认真落实审计业务培训计划，40多人次参加了内审协会等单位组织的专题培训班及山钢集团审计业务培训班，及时学习掌握审计、财会、法律、金融等领域的最新政策规定，审计理论与业务水平进一步提升。重视审计人才培养，有计划选派3名审计人员参加审计署和省审计厅组织的审计项目，抽调多名职工参加集团公司巡察工作任务，让审计人员经风雨、见世面、长才干、壮筋骨，得到了很好的锻炼和成长。注重对标交流，组织人员到中国宝武进行对标学习，华鲁集团、山东水发集团等省内兄弟企业先后到集团公司学习交流，实现了经验共享。

【荣誉成果】 注重审计理论创新，积极组织撰写审计理论成果，8篇审计论文在省内审协会2021年度内部审计理论研讨和优秀论文评选中获奖。加大宣传力度，通过报纸、电视等媒体对审计工作进行全方位、多维度的宣传报道，6篇内审通讯报道在《山东钢铁报》《山东内部审计报》《中国审计报》等报刊媒体上发表。山钢集团审计部被山东省内部审计协会授予“2021年度内部审计工作先进集体”称号。1人荣获“全省内部审计工作先进个人”称号。

（撰稿：李　琦　审稿：贾元奎）

科研管理

【综述】 科技创新部是集团公司科研管理

的职能部门，主要职能为：负责山钢集团科技创新体系建设，科技创新规划、年度计划的组织制订与实施；集团公司重大科技专项管理，二级公司重大科技创新项目备案管理，专利、技术秘密等登记及转让管理，科技成果、科技奖励的组织评审；集团公司对外技术合作、各类科技创新平台建设工作，与政府、行业科技管理部门的对接；指导和协助权属公司进行内外部科技资源整合、协同创新管理；集团公司科学技术委员会与智库管理；指导权属公司科技创新体制机制、平台载体、科技人才队伍建设；集团公司管理创新管理，管理创新成果评审等。截至2021年底，共有职工4人。其中，正高级工程师2人，高级工程师2人；研究生2人，大学本科2人。

【创建高科技企业】 1月25日和4月25日，集团公司先后印发《创建高科技企业纲要》和《关于全面推进高科技企业创建工作的通知》，成立集团公司高科技企业创建工作领导小组，建立推进落实机制。山钢股份、山东耐材、山信软件等单位都印发了本企业的创建高科技企业实施方案，明确工作目标，制定创建路径和保障措施，积极推进高科技企业创建工作。银山型钢、山东耐材积极组织开展科技创新项目立项攻关，持续提升核心知识产权、高新技术产品占比等指标，于年底顺利通过高新技术企业认定，集团公司高科技企业创建工作取得阶段性成果。

【研发费用和研发投入管理】 4月23日，集团公司印发《关于开展2021年研发投入和研发费用专项管理提升活动的通知》，继续在集团范围内开展研发投入和研发费用管理提升活动。全年集团公司研发投入66.81亿元，占营业收入比例为2.52%，较上年增加20.10亿元，增幅43.04%，目标完成率100.82%。全年集团公司研发费用52.93亿元，占营业收入的1.99%，较上年增加22.81亿元，增幅75.72%，目标完成率124.12%。

【科技创新项目管理】 全年权属各单位下达科技创新项目计划366项，结题验收245项。各单位在研项目697项，其中重大项目27项。结题验收国家和省部级重大科技专项《真空轧制复合异种金属板材关键技术研究》等3项，在研国家和省部级重大科技专项《高端制造装备用高品质稀土特殊钢关键技术研究及产业化》等8项。

【对外合作及平台建设】 全年累计签订引进技术合作37项，对外输出技术合同36项。科技创新平台累计40个，其中国家级6个，省级21个，市级13个，新增济南市“一企一技术”研发中心和山冶标准物质研制及检测一体化服务创新中心市级平台2个。高新技术企业累计19家，其中，新增莱芜钢铁集团银山型钢有限公司等企业2家。山东省技术创新示范企业累计2家，其中，新增山东耐火材料集团有限公司1家。科技型中小企业累计6家，专精特新中小企业累计12家，瞪羚企业累计10家，山东省制造业单项冠军企业累计2家，山东省科技创新中小企业1家，山东省“一企一技术”创新企业1家，山东省众创空间1家，山东省科技企业孵化器1家，济南市技术成果转移转化服务机构1家。累计签订战略合作协议30项，共建或加入山东省碳中和技术创新中心等联合研发机构/联盟26个。

【科技成果管理】 组织完成2020年度科学技术奖励的终评，并于4月9日印发《关于2020年度山钢集团科学技术奖励的决定》，授予日照公司胡淑娥山钢集团科技进步突出贡献奖；授予“异型钢轧制关键技术研究与应用”等40个项目山钢集团科技进步奖，其中特等奖1项，一等奖8项，二等奖13项，三等奖18项；授予“一种连铸中间包透气陶瓷管上水口座砖及其吹氩精炼方法”等10项专利山钢集团专利奖，其中一等奖2项，二等奖3项，三等奖5项。4月13日，集团公司召开科技创新会议暨2021年第一季度工作会议，对获奖人员、项目和单位进行了表彰奖励，奖励金额达1000万元。作为牵头单位获2021年度山东省科学技术奖3项，其中二等奖1项，三等奖2项。作为牵头单位获2021年度冶金科学技术奖2项，均为三等奖；作为参与单位获2021年度冶金科学技术奖5项，其中一等奖1项，二等奖3项，三等奖1项。

【专利管理】 全年集团公司主要权属单位新申请专利646件，其中发明专利375件；新获授权专利482件，其中发明专利152件。截至2021年底，累计有效专利3152件，其中发明专利1633件，PCT专利7件。

【标准管理】 全年完成标准制修订项目39项，其中国家标准8项，行业标准20项，团体标准11项；参与在编标准制修订项目62项，其中国家标准11项，行业标准29项，团体标准22项。累计完成标准制修订项目223项，其中国家标准69项，行业标准101项，地方标准21项，团体标准32项。

【“四新”收入及优惠政策利用】 全年集团公司“四新”收入221.42亿元，同比增长27.74%。全年科技相关政策性收益3.78亿元，其中，研发费用加计扣除减免企业所得税1.50亿元，高新技术企业减免所得税2.25亿元，科技项目获政府支持33.8万元，科技平台等获政府支持222.31万元。

【管理创新】 组织完成2019年度集团公司管理创新成果的公示和审核，并于4月12日印发《关于公布2019年度管理创新成果评审结果的通知》，评定出2019年度管理创新成果57项，其中一等奖成果9项，二等奖成果14项，三等奖成果34项。组织推进2020年度管理创新成果的申报和评审，全集团共计申报成果109项，并完成申报成果的初评。组织完成2021年度管理创新课题立项及备案工作，全集团共计立项实施课题315项。开展向上级部门推荐申报优秀管理创新成果工作，累计向中国钢铁工业协会和山东省企业管理现代化创新成果评审委员会推荐申报优秀成果63项，获奖31项，其中二等奖成果11项，三等奖成果20项。

（撰稿：牛玉波　谢　晖
审稿：李丰功）

企业文化管理

【综述】 企业文化部与党委宣传部合署办公，是山钢集团企业文化建设管理的职能部门。主要职能为：在集团公司企业文化建设管理委员会领导下，负责制定企业文化建设发展规划、年度工作计划及管理制度，承担集团公司企业文化建设管理委员会日常工作；组织研究集团公司企业文化理念、视觉和行为识别系统核心内容的创建、导入和融合提升；制定集团公司对内对外企业文化应用和宣传规范，并监督执行；统一组织集团公司对外企业文化宣传；山钢品牌推广，指导、协调品牌形象展示和产品推介宣传。

【完善文化内涵】 山钢集团企业文化建设坚持在继承中创新、在融合中提升、在实践中发展，培育形成了以“共创、共进、共赢”为山钢核心价值观的“共赢文化”体系。站在冲刺高质量发展的新起点上，山钢集团按照“四优四有”魅力山钢建设蓝图规划，根据战略发展新形势新任务，通过对近几年改革发展实践中的文化内涵和广大职工在魅力山钢建设中展现出的精神品质进行总结提炼，进一步丰富完善“共赢文化”体系的形象内涵和实践内涵，持续彰显企业文化导向、激励、凝聚功能，为打造具有国际竞争力的钢铁强企增添强大的精神力量和文化支撑。

【企业文化管理】 将企业文化工作纳入党建责任制考核、纳入权属二级公司董事长责任制治理管控绩效考核，以“文本化、故事化、仪式化”为主线，推动山钢“共赢文化”理念落实落地。开展企业文化专题调研，形成了《以“共赢文化”引领企业“强”起来》等理论与实践成果，并参加省及全国成果评选，获首届山东省企业文化优秀成果一等奖、2020～2021年度全国企业文化优秀成果一等奖。进一步明确品牌管理职责，将品牌建设提升到战略高度，大力推广、统筹做强山钢品牌，扩大山钢品牌影响力和美誉度。集团公司荣获“2021年中国卓越钢铁企业品牌”。

（撰稿：王利峰　审稿：张兰润）

资金中心工作

【综述】 资金中心是集团公司资金管理的职能部门，按照《山东钢铁集团有限公司内部机构设置方案》（山钢党字〔2019〕122号），主要职能为：负责山钢集团资金管理制度的制定和修改完善，山钢集团收付款政策研究，货币政策、债券市场、汇率、利率研究和分析，山钢集团资金预算编制、分析和汇总，依据有关规定审核成员单位资金预算，资金预算系统维护及管理，山钢集团银行统一授信管理，山钢集团银行账户开立和注销管理，山钢集团票据池和本外币资金池的搭建和管理，山钢集团融资渠道、种类、期限结构和成本管理，集团公司融资业务，集团公司信贷资金结算及核算业务，集团公司内部借款管理，山钢集团资金归集管理、资金理财业务管理及资金月末存放管理，山钢集团境外债券发行与管理，山钢集团资金资源的协同管理，山钢集团有息负债、财务费用分析和控制，融资融信系统的维护与管理等。截至2021年底，共有职工10人。其中，正高级会计师1人，高级会计师2人，会计师3人，经济师1人，助理会计师1人；研究生5人，大学本科5人。

【资金集中管理】 充分发挥集团资金中心与山钢财务复合设置优势，以资金预算管理为抓手，提升成员单位资金集中管理意识，规范成员单位资金归集和使用行为。资金集中度显著提升，2021年底全口径资金归集度39.33%，可归集口径资金归集度74.31%。集团资金池运行良好，全年累计结算量达到11561亿元，同比增幅76.34%，实现里程碑意义新突破。加大内部资金融通，保障成员单位资金链安全，为济钢提供55亿元借款，协助莱钢按期归还26.25亿元债券本息和15亿元可续期信托贷款，为莱钢建设提供21.5亿元资金置换高息融资，为永锋淄博提供12.5亿元过桥资金用于产能调整。通过资金集中管理，全面提升资金使用效率，集团2021年底平均融资成本4.88%，比上年降低51BP。

【银企合作】 策划组织召开“新山钢，新未来”银企交流座谈会，邀请中国宝武及中国工商银行、中国农业银行、中国银行、中国建设银行、交通银行、招商银行和浦发银行7家中国宝武战略合作银行参加。

集团公司融资进入佳境，中国农业银行新增贷款50亿元，进出口银行提供8.5亿元贷款，浦发银行新增25亿元授信，建设银行新增近50亿元债券投资额度。截至2021年底，集团公司银行授信总额2378.77亿元，占用1166.63亿元，剩余1212.13亿元。

【债券发行】 贯彻执行省国资委下发的有关债券发行管理规定，夯实“双40%”目标，提升政治站位，强化风险意识，进一步优化集团公司有息债务结构。研判、分析债券市场情况，通过路演与反路演，加强与投资者沟通；通过余额包销、引入竞争性机制等发行方式，提升资金效益，降低融资成本；通过引进创新产品、节能低碳等绿色债券融资，丰富债券发行品种，增强企业形象；通过注册中期票据、公司债等中长期债券品种，优化山钢集团债务期限结构。全年累计发行各类债券526.67亿元，有效保障了山钢集团资金安全接续。

【非标融资】 拓宽融资渠道，牵头引进太平石化租赁、国新租赁、民生金租、招银租赁、交银租赁等融资租赁资金85亿元，通过淄博张钢债务重组，引入东方资产过桥资金52亿元，有力保障资金链安全。

【权益融资】 全年累计融入权益资金115.99亿元，其中首次发行ABN产品融入权益性资金60.02亿元，通过可转股可续期融资模式创新引入权益性资金10亿元；归还到期权益融资75亿元，其中日照公司债转股20亿元，净增加40.99亿元，降低集团资产负债率1.57个百分点，优化集团公司资产负债结构。

【基础管理】 制定《山东钢铁集团有限公司资金管理办法》，内容包括账户管理、资金预算、资金结算、融资管理、债券发行、内部借款、商业汇票管理、融资融信统计、“两金”占用管控、往来资金对账、内部控制、保障机制、监督检查与考核，共计13个方面，经集团公司总经理办公会、党委常委会及董事会临时会议审议通过，为集团公司强化资金集团管理，统筹整合资金资源，提升资金使用效率提供了制度保障。

（撰稿：张文坛　审稿：王　勇）

审计中心工作

【综述】 审计中心是集团公司的直属机构，主要职能是：在审计部的业务管理和指导下，执行集团公司年度审计计划，完成各项审计任务；承接权属公司委托的审计业务；完成计划外的重点审计工作任务，包括投资项目后的评估审计、任期/离任审计、管理审计等。审计中心内设综合室、第一审计室、第二审计室、第三审计室。截至2021年底，共有职工39人。其中，高级职称20人，中级职称16人；注册会计师1人，国际注册内部审计师8人，国家注册一级建造师1人，注册造价工程师3人；研究生8人，大学本科30人；中共党员26人，预备党员1人，民主党派1人。

审计中心全年累计完成财务审计项目108项，其中，绩效审计81项，经济责任审计27项；累计完成工程结算审计5004项，涉及建筑安装工程结算金额55.21亿元（含EPC项目），审计复审核减7490万元。

【绩效审计】 全年共组织完成对集团12家权属单位及部分权属单位所属81家子公司绩效审计，涉及资产总额2878.04亿元，审计发现问题257项，提出审计建议198

条，向集团纪委移送审计线索2项，形成审计专报4个。通过边审边改、以审促改的形式，促进了被审计单位风险防控及管理水平的提升。

【经责审计】 严格执行中共中央办公厅国务院办公厅印发的《党政主要领导干部和国有企事业单位主要领导人员经济责任审计规定》及集团公司《任期经济责任审计规定》，按照集团党委组织部委托，对山信软件、山钢国贸、莱钢集团、山钢地产、永锋淄博等5家单位负责人开展了离任审计；接受莱钢集团、山钢股份等单位委托对其所属22家管理单位开展任期经济责任审计。累计审计发现问题96项，提出审计建议66条。通过经责审计，为全面评价考核领导干部任期业绩、正确评价和使用干部提供了客观依据，促进了领导干部更好地履职担责。

【工程审计】 全年累计完成工程结算审计5004项，结算报审金额552129万元，审计审定金额544639万元，在权属单位结算一审基础上，审计复审核减7490万元，进一步降低了建安工程造价。

【党群工作】 坚持总支创特色、支部创品牌，探索和拓展“党建+”新模式，开展以“三明三亮”为主题的“党员示范岗”创建活动，推动“五个强审”建设，打造“审计党建”特色品牌；规范党的组织生活，严格落实“三会一课”“第一议题”制度，组织开展“我来讲党课”活动，年内讲党课7次，听课达200余人次；实施党建“五个工程”，系统推进15项重点工作，顺利通过集团党委组织的质效评估，2个党支部巩固了山钢过硬党支部称号；与新闻传媒中心党总支举行结对共建及中心组联学活动，促进党建资源共享；规范推进发展党员工作，年内按期转正4人、发展党员1人、列为入党积极分子重点考察培养5人；组织开展“我和我的支部”微视频征集活动，上传作品6部，获集团三等奖1项；组织党员和入党积极分子开展以“助力社区打赢疫情防控阻击战”为主题的志愿服务活动；扎实开展党史学习教育，成立党史学习教育领导小组，完善工作机制，提供制度保障；丰富学习形式，组织全员赴淄博原山艰苦创业教育基地、焦裕禄故居纪念馆、山东省廉政教育馆开展党史学习教育现场教学活动；梳理建账“我为群众办实事”项目8项，年内全部落实完成。

【队伍建设】 加强人才强审建设，推行“导师制”“传帮带”等形式，形成了审计人才培养、管理长效机制；建立综合事务团队，充分发挥绩效考核的激励导向作用；注重对审计人员实战锻炼，年度内抽调2名职工参加上级审计机关重大审计项目，工作成效及表现得到了上级主管部门的肯定，国家审计署驻济南特派办、上海特派办专门给山钢发来感谢信；组织举办山钢审计业务培训班，邀请省审计厅党组成员、副厅长、一级巡视员杨统海等专家学者授课，集团审计系统有60多人参加了培训，有效提升了审计队伍的业务水平。

【荣誉与成果】 中心注重管理创新，多篇论文成果在行业协会优秀论文评选中获奖并在专业报刊发表。其中，在2021年度全省内部审计优秀论文评选中，《探索国有企业总审计师制度的实现路径》等2篇论文荣获二等奖，《基于新旧动能转换背景下，内部审计如何助力国有企业安全健康发展》等3篇论文荣获三等奖。撰写《企业内部审计工作常用法律法规及准则汇编》，成稿24万余字，为全集团内审人员开展内部审计提供了科学遵循。撰写的多篇文章在《中国审计报》《山东审计》《冶金财会》《机关党建》及省审计厅官网等媒体上发表，系统总结推广山钢内部审计的经验做法，扩大了企业内审工作影响力，巩固了“全省做标杆、行业有位置、系统有影响”目标成果，1人获评全省内部审计工作先进个人。

（撰稿：李　志　审稿：刘兰雪）

法律顾问中心工作

【综述】 法律顾问中心/公司律师事务部（简称法律中心）是集团公司直属机构，是山钢集团法律业务共享平台，承担集团公司和权属单位的法律共性业务。主要职责包括：合同法律服务、纠纷处理法律服务、重大事项法律顾问服务、工商及知识产权法律服务、招投标法律服务等。下设第一、第二、第三顾问室和综合室。截至2021年底，共有在册职工23人（含退养1人），在岗职工22人。其中，高级专业技术职务5人，中级专业技术职务10人；研究生9人，大学本科12人；具有律师或法律职业资格证的18人，具有公司法律顾问资格的8人，公司律师12人。法律中心设党总支部，下设济南、莱芜、日照、机关4个党支部，共有党员17人。

【BS项目法律服务】 法律中心全程参与集团公司BS重大重组项目，负责相关协议、法律意见书等法律文书的起草、审核，办理市场主体变更登记等法务工作。按照时间节点要求，坚持极限思维，打破常规，优化工作流程，压缩法律审核时间，快速高效出具法律文书。在涉及BS项目市场主体变更登记业务中，坚持以我为主，统筹谋划，加强与政府相关部门对接协调，把困难和问题想在前头，确保登记文件资料一次通过。在BS项目工作中，法律中心共起草、审查法律协议39份，起草、修改法律意见书26份，审核公司章程、章程修正案12份。办理市场主体变更登记6项，均在一个工作日完成，为项目的顺利推进赢得了时间。

【非正常债权清收】 按照集团公司《打赢“六大存量攻坚战”行动指导意见》的要求，法律中心坚持目标导向，主动担当，发挥专业平台作用和项目团队制优势，重点做好500万元以上非正常债权法律清收工作。通过建立工作机制、加强联系沟通、定期分析督导等方式，与当事单位密切配合，不断加大非正常债权处置推进力度。在法律中心组织调度下，集团公司各单位（不包含济钢）共压减处置非正常债权532项，处置完成471项，压减非正常债权数额11.6亿元，完成了年度任务目标。法律中心办理、参与办理、指导督办各类大额非正常债权法律清收27项，压减债权数额9.98亿元，占压减处置总额的89%。

【重大专项法律服务】 积极参与集团公司重大经营决策项目，分析研究法律问题，提供法律意见，提示法律风险。研究新疆公司破产清算中的瓶颈问题，做好督导推进工作，多次赴新疆沟通协调，加快推进破产处置进程；全面参与淄博张钢历史遗留问题处理，组织好仲裁、诉讼相关工作，用法律手段维护山钢整体利益；参与山钢地产改制、集团公司融资、永锋淄博人员安置、淄博张钢人员安置和资产处置等重大专项任务，确保各项工作在依法合规的前提下稳妥推进；选派2名业务骨干全程参与莱钢建设公司存量资产处置；全程参与日照公司与闽源钢铁产能指标转让、自备电厂BOT合同纠纷处理事宜，有效防控化解了风险。法律中心共参与集团公司及权属单位经营决策90余项，参与融资、担保事项60余项，共出具法律意见书189份，出具重大事项法律审核意见471条，为集团公司高质量发展提供了有力支撑。

【非诉业务处理】 配合风险合规部制定并出台了《合同常见合规风险防控参考指南(试用版)》，审查、梳理工程管理等部门的合同模板，提出完善建议和修改意见，通过规范合同文本促进合同管理效能提升；针对山钢集团商标使用现状，系统梳理了现有国内外商标注册使用情况，提出法律意见，有效维护集团公司注册商标合法权益；根据国家商标局要求，搜集相关商标的使用证据，加强公司知识产权保护工作；组织开展“送法到一线”活动，成立宣讲团，到山钢股份等单位宣讲，反响良好；通过为基层单位维权、开展女职工权益保护法律讲座等形式，为职工群众解难题、办实事，受到了大家的好评。全年共审查各类合同4080份，提出审查意见11600条；办理与指导办理集团公司及34家权属单位年度信息公示；办理工商登记、变更等业务136件次；参与集团公司及权属单位招标活动106次，审查招标文件2921件次，审查各类保函87份，助力服务单位夯实法务管理基础。

【案件处理】 发挥项目制优势，激发法务人员工作积极性，突破案件处理瓶颈，山钢地产济南锦程园案、廊坊凯福钝化剂案、常熟天铭厂商银追偿案、金岭矿业债权债务转让案、雪野大酒店仲裁案等一批重大案件或历史遗留案件得到妥善处理，防范化解了案件风险。法律中心全年办理案件134件，标的额34.74亿元，办结案件66起，纳入考核的案件结案57件，标的额5.25亿元，避免/挽回损失2.84亿元。

【公司律师管理】 截至2021年底，山钢集团公司律师事务部共有公司律师42人。组织公司律师参加继续教育，做好年度续费工作，按规定组织年度考核，完成了律师工作证年度考核备案。及时为公司律师办案出具出庭函、调查函等材料，为公司律师发挥作用提供了平台和支持。

【党建工作】 以党史学习教育为契机，加大形势任务教育力度。以过硬党支部建设为抓手，进一步解放思想，统一步调，解惑释疑，凝聚合力，较好地发挥了党支部的战斗保垒作用和党员的先锋模范作用，党建工作与法务改革互溶互促，整体水平进一步提升。在党史学习教育中，通过强化理论学习，涵养初心使命，坚定理想信念，激励担当作为，为法律中心落实各项改革措施提供了强大精神动力，全年涌现出过硬党支部2个，山钢劳模1人，省属企业优秀共产党员1人，集团公司优秀共产党员1人，优秀党务工作者1人。

（撰稿：徐伟　审稿：马先红）

人力资源服务中心工作

【综述】 人力资源服务中心于2021年12月17日成立，作为集团公司直属机构，业务上接受人力资源部指导。设综合管理室、老干部服务室、社保（年金）管理室、员工发展室4个内设机构。初期主要职责为：集团人力资源管理系统的维护、使用及信息统计等；离休人员管理服务、离退人员统筹外费用或年金管理发放；承接总部、直属机构及相关公司社保、年金等业务；集团人才招聘平台的管理、维护和使用；人才引进、招聘等具体业务的执行；负责全集团内部人力资源市场的建设和运行；执行集团培训计划，承办培训课题的实施和管理；职称评审、管理；职业技能鉴定；负责集团公司人力资源部安排的其他业务工作。随着重组工作推进，对集团公司同类型业务进行整合，实行业务垂直管理，调整增加非在岗人员管理、培训上岗，以及人力资源咨询服务等业务；面向集团内外部开展人力资源规划、储备、人事测评、薪酬设计、培训课程开发、培训体系建设等业务。

截至2021年底，共有职工15人。其中，高级工程师1人，高级经济师1人，高级政工师1人，高级会计师1人；研究生1人，大学本科4人，专科4人，中专1人。设总经理1人，副总经理2人。

（撰稿：胡　军　审稿：张永护）

山钢年鉴 2022

山钢集团 SD STEEL

党群工作

山钢集团
SD STEEL

山钢文化

核心理念

山钢核心价值观：共创、共进、共赢

综　　述

【概况】 集团公司党委隶属山东省国资委党委管理，实行常委制，党委常委8人，其中党委书记1人，党委副书记2人。实行“双向进入、交叉任职”的领导体制，集团公司董事长兼任党委书记，总经理兼任党委副书记；党委常委中有4人按照法定程序进入董事会。集团公司党委设有办公室（与人民武装部、保卫部合署办公）、组织部（与人力资源部合署办公）、宣传部（与企业文化部合署办公）、纪委、工会/团委等党群机构；下设13个二级单位党委（凡设党委均设纪委）、5个直属党总支，其中山钢股份党委、山钢矿业党委、山钢国贸党委、山钢地产党委、山钢金控党委、山信软件党委、机关党委、银山公安局党委、山钢财务党总支、新闻传媒中心党总支、审计中心党总支、法律顾问中心党总支等党组织关系隶属于集团公司党委，济钢集团党委、莱钢集团党委隶属于济南市委，山东耐材党委隶属于淄博市委；淄博张钢党委、永锋淄博党委隶属于淄博市国资委党委，山东工业职业学院党委隶属于淄博市高校工委。二级单位党组织班子配备齐全，多数权属公司实现党组织书记、董事长一肩挑，并配备1名专职副书记。截至2021年底，全集团共有673个党组织，党员12129人。

集团公司纪委实行常委制，其中书记1人，副书记1人，与省监委驻山钢集团监察专员办公室合署办公。

集团公司第一届工会委员会委员有38人，其中主席1人，副主席1人；集团公司第一届工会女职工委员会委员有7人，其中主任1人；集团公司第一届团委委员有9人，其中书记1人，副书记3人。

【党的建设】 集团党委始终把从严管党治党的政治责任抓在手上、扛在肩上，定期听取党建工作汇报，研究解决存在问题。认真组织党史学习教育，组织专题组织生活会，全集团584个党支部12129名党员参加专题组织生活会，查摆问题24666个，即知即改问题23817个，制定整改措施25042项，整改完成23120项，建立长效机制5998项。深化“我来讲党课”，全集团1504人讲授1785场次，党员参与47263人次。开展庆祝建党100周年系列活动，部分作品在“学习强国”平台展播。严格落实管党治党政治责任，召开专题会议听取班子成员履行“一岗双责”情况。认真做好2020年度履行全面从严治党主体责任暨党建工作责任制考核，扎实做好省属企业党建工作责任制考核迎检工作，集团公司党委在2020年度省属企业党建工作责任制考核中获得优秀等次。深化党建强基、品牌、头雁、对标、激励“五大工程”。抓好党组织书记抓基层党建突破项目，共认领实施535项。落实“双培养”机制，全年发展党员750人。落实管理人员能上能下机制，全集团不胜任退出及末位调整管理人员共25人，占各级管理人员总数的3.5%。深入推进过硬党支部建设，在党支部中开展“学党史、强党性、固堡垒、争先锋”活动。落实省委组织部《在全省推行党支部评星定级管理的指导意见》，将评星定级与过硬党支部建设结合，组织过硬党支部建设质效评估，分组对16个省属企业过硬党支部示范点、469个集团党委及二级党组织命名的过硬党支部（示范点）进行评估。强化动态管理，28个党支部因出现负面清单否决项被撤销称号。始终坚持全面从严治党主基调，全集团处理处分313人次，其中集团党委管理干部11人次，政治生态显著改善。

【领导班子和干部人才队伍建设】 认真落实《干部任用条例》，将党管干部原则与健全市场机制有机融合，坚持五湖四海、任人唯贤，立足山钢长远发展选干部、配班子，着力打造适应企业发展需要、忠诚干净担当的干部队伍，全年共调整集团公司党委管理的领导人员102人次，其中提拔任职3人。落实管理人员素质提升工程年度工作计划，12名基层管理人员到集团总部挂职，推荐4人参加全省经营管理“雏鹰”人才挂职实训。举办2期“山钢讲堂”和2期“三项制度”改革亮剑论坛。注重日常监督与重点监督相结合，对集团公司党委管理的12个权属单位领导班子、106名干部进行了年度考核，一并开展干部选拔任用“一报告两评议”，对4个领导班子、9名干部按照降档或不得评优处理，对2名末位干部进行了岗位调整。全年对6名干部委托开展离任审计，对纳入“带病提拔”范围的2名干部选拔任用过程进行了倒查，受理查核3件涉及干部选拔任用的问题线索，对2名领导干部进行了函询。落实集团党委人才发展体制机制改革“1+5”系列配套文件，持续加大“招才引智”工作力度，将党委书记人才项目纳入考核体系。落实党委联系专家制度，组织推荐国家级人才申报1人、省级人才申报1人。制定印发《山钢集团人力资源发展规划（2021—2025)》，全年引进高校毕业生321人，招聘引进各类专业人才30人。组织2022年高校毕业生招聘计划编制，找准需求，确定2022年集团公司招聘计划为83人。启动集团公司第二届首席专家、首席技能大师评审选班工作。

【宣传思想工作】 高质量开展党史学习教育，坚持规定动作和自选工作相结合，对7个板块的26项重点工作明确责任主体和工作要求，制定学习计划，确保学习教育有计划开展。开发30多个党史学习教育专项课题，为集团和各单位讲课100多场次。认真开展“我为群众办实事”实践活动，千方百计解决群众“急难愁盼”问题，落实解难题办实事清单962项，为职工解难题办实事193项，综合满意度达100%。邀请省委党史学习教育宣讲团成员作党史专题辅导。组成集团宣讲团，开展党的十九届六中全会精神集中宣讲。组织开展“中国梦·新时代·跟党走·强起来”主题宣讲、“红动齐鲁 我心向党”红色故事讲解、劳模工匠宣讲报告会等，从讲好党史故事中汲取奋进力量。组织开展“永远跟党走”群众性主题宣传教育、“节日里的党史教育”，深入做好“四史”宣传教育，在学思践悟中坚定理想信念。组织观看主旋律电影、红色舞剧、到革命纪念馆参观体验等，弘扬红色精神。开展“永远跟党走”红歌演唱会、MV制作、短视频及书画摄影比赛、红色经典朗诵会等，实现学习教育全覆盖。充分发挥各类宣传阵地作用，国家、省、市级主流媒体刊发有关山钢新闻报道190余篇，其中“学习强国”平台发表63篇。

【统战和意识形态工作】 坚持党管宣传、党管媒体、党管阵地，加强新闻媒体协调管理，统筹内外部宣传资源平台，讲好山钢故事、推介山钢品牌，持续提升集团公司的知名度、美誉度和影响力。深化“共赢文化”建设，1项成果分别获首届山东省企业文化优秀成果一等奖、2020~2021年度全国企业文化优秀成果一等奖。认真学习宣传贯彻《中国共产党统一战线工作条例》，在无党派人士、党外知识分子开展“学党史、跟党走”主题教育，广泛凝聚统战人员的强大合力。开展统战工作信息调查摸底工作，注重党外知识分子培养，民主党派侯晓英获评“科创中国”山东省企业“创新达人标兵”，党外知识分子胡淑娥获评山钢集团科技进步突出贡献奖。

深化群众性精神文明创建，推动五个文明协调发展，新增省级、省属企业文明单位3个。开展第六届山钢集团道德模范人物评选，选树表彰“助人为乐”“见义勇为”“诚实守信”“敬业奉献”“孝老爱亲”模范30名。严格落实意识形态工作全面领导责任，将意识形态工作纳入党委工作要点、纳入国企改革三年行动实施方案。加强意识形态阵地管理，召开阵地管理专题会，排查规范涉党史类展陈馆。全年专题研究意识形态工作2次，形成《新闻宣传敏感事项清单》、舆情风险评估报告和对上专项报告11份，稳妥处置较大级以上舆情2件。

【纪律检查工作】 强化政治监督，对国企改革三年行动、与中国宝武联合重组推进等重点工作督导检查，推动解决落实党委决策部署“中梗阻”问题。立足岗位为群众办实事，对违规发放单项奖、薪酬分配不公等问题的有关责任人严肃追责。探索实施“室企地”联合办案机制，严肃查办刘立华、李振涛、王亮、任君沛、刘丰业等人严重违纪涉嫌犯罪问题，全年共移送涉嫌严重违纪违法问题线索19人，是2020年的3.2倍。在强大震慑和政策感召下，25人主动向组织交代、说明问题。做实以案促改，责成案发单位以案为鉴，修订完善管理制度，细化规范工作流程，推动干部交流任职。协助党委编制《政治监督指导手册》，制定《关于深化“不敢腐、不能腐、不想腐”一体推进的实施意见》，对《〈中共中央关于加强对“一把手”和领导班子监督的意见〉的若干措施》细化分工，强化党风廉政建设和反腐败工作制度支撑。开展2020年度压缩“四项资金”占用情况核查问责，对3家单位通报批评，责令5名党政主要负责人作出书面检查。对资产减值准备财务核销事项涉及的资产损失问题直接责任人、主管责任人、领导责任人共计30人次予以追责问责。精准把握政策策略，统筹运用党性教育、政策感召、纪法威慑，2021年全集团受理信访举报、处置问题线索216件次，立案34件，给予党纪处分38人次，组织处理244人次，其中集团党委管理干部11人次。盯紧关键节点，开展“明察暗访”“特约监督员在行动”，共查处违反中央八项规定精神问题31件，其中给予党政纪处分12人次，组织处理30人次。举办庆祝建党100周年“清廉山钢”书画展，组织“清风山钢”主题征文，摄制正风肃纪警示教育专题片，引导形成崇廉尚廉浓厚氛围。在全集团纪检系统开展“创先争优”，加强内外交流互鉴，将“各项工作都要争第一”的目标要求一贯到底。在2021年度省管企业纪检监察机构年度工作考核中，山钢集团纪委、监察专员办获得优秀等次。搭建“强素质、练本领”网上学习考试平台，举办纪检监察业务培训班，强化能力提升。集团纪委机关1人入选省纪检监察案件审理骨干人才库。承办全国钢铁企业纪检监察工作研究会第十七次年会，加强与业内同行业务交流。

【群团工作】 将“幸福和谐新山钢”建设与“我为群众办实事”有机结合，职工休息室、更衣室、浴室、食堂、厕所等“三室一堂一所”工作环境得到全面改善提升。率先在省管企业中建立职工疗休养基地，全集团600余名一线职工参加疗休养活动。“幸福山钢”入驻“齐鲁工惠”APP平台，“六条保障线”成为职工的幸福线、安康线。全年为2.8万名职工缴纳184万元互助保障费，166名职工获得救助。在全国730家三级甲等医院开通重疾绿通。积极服务经济社会发展，助力乡村振兴和西部发展，响应“慈心一日捐”活动，支持疫情防控和灾后重建，热心教育事业，参与社会公共设施建设捐赠，支持援疆扶贫工作，累计捐款790万元。关心社会、奉献爱心，做好捐资助学、志愿服务和“希望小屋”建设工作。弘扬“三种精神”，建设以“齐鲁大工匠”李仁壮为代表的劳模创新工作室，开展百名劳模工匠访谈，编印《三种精神在山钢》。推进“互联网+技能提升”职工网上练兵答题，举办首届“山钢杯”全国钢铁行业职工网上安全生产知识竞赛决赛，山钢股份代表队荣获团体总分第一名、特等奖；举办山东省先进钢铁智能制造（自动化）竞赛，山信软件荣获团体总分第一名、一等奖；集团公司荣获山东省第七届职工职业技能大赛优秀组织奖。产业工人队伍建设改革持续深化，成为全行业样板示范。大力开展劳模、工匠培养选树活动，1名职工荣获全国五一劳动奖章、1个班组荣获全国工人先锋号、1名职工荣获山东省五一劳动奖章，选树30名山钢劳模、20名山钢工匠。大力开展全员平凡创新，一线职工创新成果绩效持续提升，获山东省首届职工创新创效竞赛一等奖1项、二等奖3项、三等奖2项，集团公司荣获“全省职工创新创效竞赛优秀组织单位”荣誉称号。强化职工书屋建设，丰富职工文化阵地，集团公司总部职工书屋获全总“优秀职工书屋”称号。民主管理有效落实，征集职工代表提案94件，均逐一落实，提案满意率100%，旗下企业基本实现信息公开全覆盖。积极参加省总工会开展的“聚合力、促发展”提案征集工作，“为职工办实事做强做优‘幸福和谐新山钢’大品牌”获得一等奖。积极服务经济社会发展，国企使命担当有力彰显，蝉联“山东社会责任企业”。深入开展“巾帼心向党，建功新时代”主题活动，1名女职工取得全国职工演讲比赛第3名、总评铜奖优异成绩。组织“抒爱党情怀 展巾帼风采”庆“三八”系列活动。组织参加全国第九届“书香三八”女职工读书活动，全集团斩获43个奖项。深入开展“培育好家风——女职工在行动”主题实践活动，连续4年被评为全国“书香三八”读书活动优秀组织单位。强化干部队伍建设，1名职工荣获山东省“十佳职工信赖的娘家人”荣誉称号。深化“青年大学习”行动，编发学习材料22期，每期学习人次在2000人以上。建立“第一议题”学习制度，覆盖200多个团支部，11000余人次参加。开展“青春奉献志愿行”学雷锋青年志愿者系列活动，组织1000余人次志愿者服务企业周边居民2万余人次；继续开展希望小屋捐赠活动，发动近5000名青年捐款35.5万元。深入开展“百年党史·青年说线上微团课”活动、“喜迎建党百周年、争当圆梦新一代”党史学习教育知识竞赛、“青年学党史”系列线上学习活动、“学党史、强信念、跟党走”红色党性教育活动，开展各类学习140余次，青年职工思想得到进一步升华。持续开展青年思想大调研，发放问卷5000余份。实施青年人才“推青计划”，做好“青年三百人才”培育，助力青年成长成才。组织承办全国钢铁行业共青团工作指导和推进委员会二届五次常务会议暨第35次大钢团委书记联席会。山钢团委被评为全国钢铁行业“五四红旗团委标兵”单位，21个集体获各级青年文明号，25个个人获“全国钢铁行业优秀团干部”荣誉称号。

【离退休工作】 不断提高部分离休干部医疗待遇工作，8名老职工提高享受副省（部）长级医疗待遇，37名老职工提高享受按副省（部）长级标准报销医疗费待遇。开展“老兵永远跟党走——把党的关爱送到老兵心中”主题慰问活动，共走访生活困难退役军人、退役军人老党员、烈士遗属等162人，发放慰问金31.8万元。为7名离休干部及遗属申报2021年度特殊困难专项救助金4.2万元。强化关心下一代教育基地建设，莱钢展馆被授予山东省国资委关心下一代教育基地。发挥“五老”志愿者作用，开展专题讲座、政策宣传等活动，推进关心下一代工作更好发展。

（撰稿：孙亚宁　审稿：李学玉）

党委综合事务管理工作

【综述】 党委办公室是集团公司党委综合事务管理部门，与集团公司办公室、人民武装部、保卫部合署办公，主要职能为：审核、起草和制发以集团公司党委（党委办公室）名义发布的各类文件和领导讲话、会议报告等综合类文稿，承办和管理上级党组织及其有关部门和集团公司各单位党组织来文来电；集团公司党委有关会议的筹备、会议记录、纪要整理等工作，集团公司党委领导公务活动的组织安排、集团公司党委重大活动的组织筹备和重大接待活动的组织协调；组织实施并督促检查集团公司各单位党组织对集团公司党委有关管理制度、公文、会议决定事项及领导要求的贯彻落实；集团公司党委部署的调查研究工作；集团公司党委机要保密和印信管理工作，党委保密委员会、密码工作领导小组、外事工作领导小组的日常工作；做好信访和稳定工作，处理信访日常事务。

【文秘调研】 起草集团公司党委组织召开的党史学习教育动员大会、庆“七一”表彰大会、纪委一届六次全体（扩大）会议、工会一届六次全委（扩大）会议等材料；起草或审核把关集团公司党委上报上级部门以及党委领导参加公司外部会议材料等。做好集团公司党委理论中心组集中学习、书记办公会、党委常委会等重要会议的记录和纪要。做好集团公司党委领导调研相关协调工作和党委文件审核工作。

【信访稳定】 以习近平新时代中国特色社会主义思想为指导，深入学习贯彻习近平总书记关于加强和改进人民信访工作的重要思想，全面落实省委、省政府和省国资委党委关于信访工作部署要求，树牢“四个意识”，坚定“四个自信”，坚决做到“两个维护”，以“开展重复信访治理、化解信访积案”专项治理活动为着力点，突出抓好信访隐患排查与化解，确保了集团公司在全国“两会”、建党100周年庆祝活动期间和谐稳定。全年集团公司总部共计受理职工群众来访、来信及网上信访信息系统转送、交办、督办信访事项82件105人次，其中重复信访专项治理第一批国家信访局督办9件、省信访局交办27件，第二批国家信访局督办2件、省级交办督办按期办结37件，办结率97.37%。组织开展法制信访月宣传教育活动，集团公司范围内专题学习共计组织289场，教育人数14203人，发放宣传材料3555件。参加省国资委组织的信访干部和业务骨干素质提升班，开阔了视野，拓宽了境界。印发《山钢集团建党100周年安保维稳工作方案》，按照目标导向、问题导向、结果导向，确保社会和企业的稳定和谐。制定《领导干部接访下访规定》，修订《信访稳定事件应急预案》《山东钢铁集团有限公司信访工作规定》等文件，进一步压实集团公司及各权属单位分管领导、信访工作人员工作责任，推进信访稳定工作的科学化、制度化、法制化进程。

【保密工作】 印发集团公司保密委2021年工作要点，对年度保密工作进行安排部署。加强保密宣传教育工作，坚持将保密工作纳入党委理论中心组学习内容。认真落实《信息公开保密审查管理办法》，抓好信息公开保密审查工作，全年审核在集团公司外网拟发布信息240次。加强涉密会议管理，按要求做好会议的保密服务工作。夯实基础管理，做好涉密载体日常管理，严格按照有关要求制发涉密文件。将保密经费纳入集团公司年度预算。加强涉密人员管理，组织涉密人员数据统计培训班，完成了集团公司涉密人员数据统计；组织参加山东省保密系统庆祝建党100周年“党旗飘扬，保密护航”保密宣传教育作品征集评选活动，取得二等奖、三等奖各3名的好成绩；组织开展庆祝建党100周年保密知识竞赛活动，提高了职工的保密意识。继续开展保密自查自评工作，12月，开展保密联合检查，采取听取情况介绍、查看有关资料、抽查计算机等方式，对10个二级单位进行了督导检查，保密自查自评考评结果经集团公司党委常委会研究通过，与各单位经济责任制考核进行了联挂。推进完成网络版计算机保密检查工具的采购。按照统一部署，做好专用网络建设工作，实施项目化管理，顺利通过上级有关部门测评，按计划投用。制定印发配套系列保密管理制度，对推进制度执行进行责任分工。按照制度规定，采取定期和不定期方式对网络运维、现场环境安全保护、系统使用情况等方面进行保密检查。

（撰稿：孙亚宁　审稿：李学玉）

组织工作

【综述】 党委组织部与人力资源部、机关党委合署办公。主要职能为：负责集团公司党组织建设和党员管理，领导班子建设和干部管理，老干部管理与服务，人员编制管理，承担机关党委日常工作。截至2021年底，共有职工14人。其中，教授级高级政工师1人，高级经济师4人，高级政工师7人，政工师1人，工程师1人；研究生学历7人（其中2人具有硕士学位），大学学历6人（其中2人具有硕士学位）。

【党史学习教育】 61名中层以上管理人员参加省属企业党史学习教育专题学习班；组织2期集团党委党史学习教育专题学习班，共计163人参加。组织3期学习贯彻习近平总书记“七一”重要讲话精神专题培训班，集团中高管等170余人参训。参加省属企业党史知识竞赛，晋级决赛并获得优胜奖。召开专题组织生活会，党委常委带头落实双重组织生活制度，督导权属二级单位专题组织生活会召开情况。深化“我来讲党课”，党委书记带头讲好第一课，党委常委深入党建联系点、所在党支部讲专题党课，带动全集团1504人讲授党课1785场次，党员参与人数达47263人次。

【庆祝建党100周年系列活动】 举办“永远跟党走”红色歌曲合唱比赛，11支代表队近千名职工参加合唱；举办职工书画摄影展。全集团各级党组织走访慰问519人，发放慰问金124万余元。开展“党旗在基层一线高高飘扬”活动，搭建党员攻坚、志愿服务、承诺践诺等平台，大力宣传优秀党员先进事迹。开展“我和我的支部”微视频征集，共制作微视频241部，部分作品在“学习强国”平台展播。

【落实管党治党责任】 集团党委召开专题会议听取班子成员履行“一岗双责”情况。认真做好2020年度履行全面从严治党主体责任暨党建工作责任制考核，党委常委带队深入基层一线，督导检查落实情况。开展党组织书记履行全面从严治党责任和抓基层党建述职评议，党委书记真点问题、点真问题。扎实做好省属企业党建工作责任制考核迎检工作，集团党委2020年度考核获得优秀等次。

【支部规范化建设】 结合党史学习教育，在党支部中开展“学党史、强党性、固堡垒、争先锋”活动。落实省委组织部《在全省推行党支部评星定级管理的指导意见》，将评星定级与过硬党支部建设结合，组织过硬党支部建设质效评估，分组对16个省属企业过硬党支部示范点、469个集团党委及二级党组织命名的过硬党支部（示范点）进行评估。强化动态管理，28个受到表彰的过硬党支部因出现负面清单所列否决项被撤销称号。

【基层党建重点任务】 深化党建强基、品牌、头雁、对标、激励“五大工程”。加强教育培训，举办党组织书记培训班87个，参训1202人次；举办党员集中培训班505个，参训10464人次。抓好党组织书记抓基层党建突破项目，认领实施535项，推动解决一批重点难点问题。落实“双培养”机制，全年发展党员750人。深入落实《中国共产党国有企业基层组织工作条例（试行）》，组织专题培训班，开展自查整改。开展全国国有企业党的建设工作会议精神贯彻落实情况“回头看”，成立领导机构，组织专题学习，对照自查整改，推动任务落实。抓好评先树优，山钢股份职工刘文凭被授予山东省优秀共产党员称号，9个党组织、18名共产党员、9名党务工作者受到省国资委党委表彰。

【领导班子和干部队伍建设】 坚持正确用人导向，持续加强领导班子和领导人员队伍建设。树立德才兼备、以德为先、注重实绩、群众公认的用人导向，将政治素质、工作实绩作为考察识别干部的重要标准，持续拓宽选人用人视野，坚持组织选拔与市场化选聘并重，调整部分权属单位领导班子成员，全年共调整集团公司党委管理的领导人员职务102人次，其中3人为提拔任职。实施管理人员素质提升工程，推荐4人参加全省经营管理“雏鹰”人才挂职实训，组织12名管理人员挂职锻炼；举办第十期中青年干部培训班和2期“山钢讲堂”、2期“三项制度”改革亮剑讲坛。坚持年度述职述德述廉、干部选拔任用“一报告两评议”和离任审计等干部监督制度。强化选人用人及干部管理监督，严明选人用人工作纪律。健全干部监督举报受理渠道，加大问题线索查核力度，受理查核3件涉及干部选拔任用的问题线索。

【干部人事制度改革】 深入推进干部人事制度改革。制定《进一步深化三项制度改革攻坚方案（2021—2022）》，明确重点围绕三个方面9项任务开展攻坚，逐一明确推进目标、责任人和完成时限。截至2021年末，集团公司及各级子企业全部实施经理层成员任期制和契约化管理，在6户子企业实施职业经理人制度试点，选聘职业经理人15人，其中社会选聘2人，企业内部转任13人。落实省国资委外部董事占多数要求，35户建立董事会的各级子企业全部实现外部董事占多数。持续推进管理机构和管理人员优化，推动管理机构和管理人员占比达到省属企业先进水平。严格落实管理人员选聘竞聘、末位调整和不胜任退出等制度要求，全年调整退出各级管理人员25人，退出比例达到3.5%。

（撰稿：张怀鹏　马家泰
审稿：来现民　李勇实）

意识形态和宣传思想工作

【综述】 党委宣传部与企业文化部合署办公，主要职能为：策划、组织意识形态和宣传思想工作，承担集团公司意识形态和宣传思想领导小组日常工作；负责舆论宣传工作，统筹管理、联系协调内、外新闻媒体，组织开展舆情应对工作；负责加强和改进思想政治工作，做好职工形势任务教育和干部职工理论学习工作，承担集团公司党建思想政治工作研究会日常工作；负责精神文明建设，组织开展群众性的精神文明创建活动和道德教育实践活动，承担集团公司精神文明建设委员会日常工作；负责统一战线工作，全面贯彻党的统一战线方针政策，发挥民主党派、无党派人士和党外知识分子参政议政和民主监督作用；负责职责范围内的规章制度制定、落实情况的考核监督工作。截至2021年底，共有职工3人。其中，教授级高级政工师1人，高级政工师2人；研究生2人，大学本科1人。

【党史学习教育】 按照中央统一部署，认真落实省委、省国资委党委工作安排，聚焦"学史明理、学史增信、学史崇德、学史力行"的目标要求，在省委党史学习教育第十五巡回指导组的指导下，开展党史学习教育。3月17日，召开党史学习教育动员大会，对党史学习教育工作进行集中动员部署，成立党史学习教育领导小组，领导小组下设办公室，同时组建3个专业工作组和9个巡回指导组。印发实施方案及工作配档表，建立领导小组有关工作制度，制定学习计划，分专题分阶段开展党史、习近平总书记"七一"重要讲话、习近平总书记在深入推进黄河流域保护和高质量发展座谈会重要讲话精神、党的十九届六中全会精神等的学习研讨。集团和各二级权属党委理论学习中心组开展专题学习研讨128次，刊发署名文章30余篇。组织开展党史知识竞赛、"永远跟党走"红歌演唱会、MV制作、短视频及书画摄影比赛。开展节日里的党史学习教育，组织观看红色舞剧、主旋律电影，赴革命根据地纪念馆接受红色教育。在山钢媒体开设"学党史、悟思想、办实事、开新局"专栏，编发党史学习教育简报33期。高质量开好党史学习教育专题民主生活会、组织生活会。开展"我为群众办实事"实践活动，全集团共确立193个"解难题办实事"重点事项，均已完成或取得阶段性成果。

【意识形态工作】 集团公司党委严格落实意识形态工作责任制，将"抓实意识形态工作"纳入党委工作要点、纳入国企改革三年行动实施方案、纳入"全面对标、系统提升"行动，党委常委会会议专题研究意识形态工作2次。聚焦BS项目舆情风险防控，制定以"决策依法民主、职工队伍稳定、正面宣传有效、负面舆情稳控"为原则的工作方案，形成《新闻宣传敏感事项清单》、舆情风险评估报告和对上专项报告11份，稳妥处置较大级以上舆情2件。加强意识形态阵地管理，召开阵地管理专题会，排查规范涉党史类展陈馆。

【理论武装】 把学习贯彻习近平新时代中国特色社会主义思想作为首要政治任务，集团公司党委常委会共组织第一议题学习14次；集团公司党委理论学习中心组及时学习习近平总书记最新重要讲话精神和重要指示批示，加强学习研讨、落实上级部署，组织集体学习18次，党委常委交流发言28人次；自8月份至年底组织全集团各级党组织集中学习习近平总书记关于国有企业党的建设和改革发展工作重要论述，编发《习近平总书记关于国有企业党的建设和改革发展工作重要论述摘编》。实施中心组旁听制度，15名党员代表、无党派代表、职工代表、先模人物代表列席旁听。督导各级党委落实理论学习中心组学习主体责任，形成年度有计划、月度有方案、一月一学习、半年一通报、全年一检查的运行体系。"学习强国"平台党员职工学习参与度和人均积分保持省属企业前列，发稿数位列第一，营造了"指尖学习"良好风尚。

【宣传教育】 坚持工作触角延伸到哪里，宣传教育就跟进到哪里，在全集团组织开展贯穿全年的“对标创优、改革图强”主题宣传教育实践活动，各媒体累计发稿300余篇。建立职工思想信息直报点日报制度，协同工会制定实施《职工思想政治工作引领方案》，加强和改进企业思想政治工作。开展“中国梦·新时代·跟党走·强起来”主题宣讲，全集团累计宣讲115场次，表彰优秀宣讲员71人，3件作品获省级表彰，编印《追梦路上山钢人——“中国梦”百姓宣讲故事汇编》。1人参加全省“中国梦·新时代·跟党走”百姓宣讲比赛获一等奖，1人获“红动齐鲁 我心向党”第三届红色故事讲解大赛志愿金牌讲解员、所讲故事被评为优秀红色故事，1人代表山钢集团参加省属企业百姓宣讲巡回宣讲。山钢集团荣获山东省第七届原创网络视听节目大赛优秀组织奖，是唯一获此殊荣的企业。莱钢集团被命名为第一批省属企业爱国主义教育基地。

【精神文明建设】 深化群众性精神文明创建，推动五个文明协调发展，新增省级、省属企业文明单位3个，新增山钢集团文明单位5个。开展第六届山钢集团道德模范人物评选，选树表彰助人为乐、见义勇为、诚实守信、敬业奉献、孝老爱亲模范30名。坚持党管宣传、党管媒体、党管阵地，加强新闻媒体协调管理，统筹内外部宣传资源平台，讲好山钢故事，推介山钢品牌，持续提升集团公司的知名度、美誉度和影响力。

【党建政研会】 制定年度调研计划和重点选题，组织开展2021年山钢集团党建思想政治工作研究会重点课题研究和政研会优秀干部评选活动，26名优秀政研会干部和63篇优秀研究成果受到表彰。2篇成果获山东省属企业党建思想政治工作研究会表彰。18篇论文获中国冶金职工思想政治工作研究会表彰。《以“共赢文化”引领企业“强”起来》获评首届山东省企业文化优秀成果一等奖、2020~2021年度全国企业文化优秀成果一等奖。

（撰稿：王利峰　任晓华
审稿：张兰润）

统一战线工作

【综述】 集团公司党委宣传部具体负责集团公司统一战线工作，主要职能为：贯彻落实党对统一战线工作的理论方针政策和决策部署，负责发现、联系和培养党外代表人士及党外后备干部队伍建设工作，联系民主党派，牵头协调无党派人士工作，支持民主党派和无党派人士履行职责、发挥作用，统筹协调民族宗教工作，在统一战线工作中落实意识形态工作责任制，开展统一战线宣传工作等。截至2021年底，共有统战成员1452人。其中，具有大学学历及以上的党外知识分子932人，集团公司及权属二级单位领导班子成员中党外干部3人；民主党派成员72人，其中担任地市级政协委员的4人；少数民族职工338人；信教职工38人；侨眷2人；出国留学人员1人，归国留学人员69人，其中2人担任济南市欧美同学会（济南市留学人员联谊会）第三届理事会理事。

【理论引导】 持续用习近平新时代中国特色社会主义思想武装头脑，通过党委理论学习中心组、三会一课、主题党日等形式，深入学习贯彻习近平总书记关于加强和改进统一战线工作的重要思想。年初将统一战线工作纳入党委年度工作要点和素质提升工程规划，年底党委常委会召开会议专题研究统战工作，把党的领导贯穿统一战线工作各方面全过程。严格落实“第一议题”和党委理论学习中心组学习制度，及时跟进学习习近平总书记关于统一战线工作的重要论述。2月26日，集团公司党委理论学习中心组集体学习了张江汀在全省统一战线工作会议上的讲话。5月31日，集体学习了《中国共产党统一战线工作条例》，全面准确领会统战理论方针政策，切实履行做好统战工作主体责任。实施列席旁听制度，组织15名人大代表、政协委员、党外知识分子列席旁听集团公司职代会、党委理论学习中心组集体学习会。选派1名统战干部参加第一期全省无党派人士和党外知识分子工作专题研讨班，选派1名党外知识分子参加第三期全省中青年党外知识分子培训班。7月5日，围绕习近平总书记“七一”重要讲话精神，集团公司党委领导班子成员与6名基层党员职工代表面对面交流学习体会，其中九三学社社员侯晓英博士交流学习体会。开展国有企业统战工作专题调研，完成调研报告1篇，报省国资委党委。

【宣传教育】 巩固深化“不忘合作初心、继续携手前进”主题教育活动成果，开展学党史、跟党走主题教育，将主题教育纳入党史学习教育总体安排，融入“永远跟党走”群众性主题宣传教育具体实践中，引导统战成员在学思渐悟中坚定理想信念，在奋发有为中践行初心使命。组织开展“中国梦·新时代·跟党走·强起来”主题宣讲、“红动齐鲁　我心向党”红色故事讲解等，从讲好党史故事中启迪智慧、汲取力量，坚定跟党走的决心和信心。组织开展“永远跟党走”红歌传唱、革命传统教育、观看红色舞剧及主旋律电影、举办红色经典朗诵会及书画摄影展等，全方位讴歌党的丰功伟绩，凝聚起攻坚克难、团结奋进的强大力量。开展党史百年天天读学活动，形成“日学一点，学深一层”的良好氛围。动员无党派人士和党外知识分子参加全省党史知识网上答题，鼓励加入“学习强国”学习平台，与党员一起利用平台学党史、悟思想，共话同心圆。

【党外人士队伍建设】 注重把党外干部的培养使用同党内干部的培养使用结合起来，加大培养使用力度，为统战成员成长成才搭台阶、修通道，促使党外知识分子在成长中与党同心同行，形成共同建设钢铁产业生态圈的合力。做好党外代表人士信息采集报送工作，组织开展统战工作情况信息统计和党外知识分子统战工作情况调查问卷，了解党外知识分子思想政治工作和无党派代表人士队伍建设情况。积极搭建团队科研协作平台，充分调动劳模创新工作室团队成员智慧，提高团队研发能力，无党派人士、全国劳模、日照公司钢铁研究院技术专家胡淑娥被山钢集团党委授予科技进步突出贡献奖，并在全集团发出向胡淑娥学习的号召。

（撰稿：任晓华　审稿：张兰润）

纪律检查工作

【综述】 中共山东钢铁集团有限公司纪律检查委员会，在中共山东省纪律检查委员会、中共山东钢铁集团有限公司委员会的领导下开展工作，是集团公司党内监督的专责机关，设有综合部、案件管理室、第一纪检监察室、第二纪检监察室、案件审理室等5个内设机构。主要职责为：协助党委推进全面从严治党、加强党风廉政建设和反腐败工作，一体推进“不敢腐、不能腐、不想腐”；履行监督第一职责，确保党的路线方针政策和重大决策部署在集团公司落到实处；加大对党委管理人员的监督执纪力度，始终保持惩治腐败的高压态势；依纪开展问责或提出问责建议；指导、检查、督促各级纪检机构层层落实监督责任；加强对纪检监察干部的日常教育、管理和监督。截至2021年底，共有管理人员20人。

【政治监督】 编制《政治监督指导手册》。印发《关于进一步对疫情防控工作情况进行监督检查的通知》，查处落实上级关于疫情防控期间保密工作要求不力2人。对国企改革三年行动、与中国宝武联合重组推进等工作督导检查，推动解决落实党委决策部署“中梗阻”问题。立足岗位开展“我为群众办实事”实践活动，对违规发放单项奖、薪酬分配不公等问题的有关责任人严肃追责。

【反腐败工作】 探索实施“室企地”联合办案机制，充分利用省纪委监委有关监督检查室统筹协调的优势、地方纪委监委办案手段经验丰富的优势和企业纪委熟悉情况的优势，贯通上下、统筹内外，系统调动全集团纪检监察力量，密切协调地方纪检监察机关、公安机关，严厉打击违纪违法犯罪行为。全年共移送涉嫌严重违纪违法问题线索19人，是2020年的3.2倍，其中公安机关批捕3人，监察机关采取留置措施7人，司法机关判决3人。顺利稳妥办结全省“室企地”第一案刘立华严重违纪违法案，严肃查办李振涛、王亮、任君沛、刘丰业等人严重违纪涉嫌犯罪问题。集团纪委在省国资国企纪检监察工作座谈会上专题介绍经验做法，得到省纪委监委领导充分肯定。在全集团通报曝光钢材销售领域6起严重违法案件、山钢股份围标串标典型案件，在强大震慑和政策感召下，25人主动向组织交代、说明问题。

【以案促改】 落实省纪委监委纪检监察建议，开展营销领域突出问题专项治理，责成案发单位以案为鉴，破除顽瘴痼疾，修订完善营销领域管理制度88项、细化规范工作流程23项，交流干部270人次，特钢、型钢产品吨钢售价分别由2019年低于行业平均水平83元、46元，提高到2021年高于行业平均水平103元、116元。以典型案例开展警示教育，举办庆祝建党100周年“清廉山钢”书画展，在《山东钢铁报》和厚道山钢APP开设专栏，举办“清风山钢”主题征文，展示廉洁微视频，组织937名党员干部分25批参观山东廉政教育基地，引导形成崇廉尚廉浓厚氛围。

【协助职责】 协助党委制定《关于深化“不敢腐、不能腐、不想腐”一体推进的实施意见》《党委与纪委定期会商、重要情况通报实施办法（试行）》，对《〈中共中央关于加强对“一把手”和领导班子监督的意见〉的若干措施》细化分工，为集团公司加强全面从严治党、党风廉政建设和反腐败工作提供制度支撑。开展大监督体系建设情况专题调研，督促各级党组织把监督工作置于企业改革发展大局统筹谋划，以党内监督为主导，各监督主体各司其职、多管齐下、协同发力的格局初步形成。

【专项监督】 对2020年度“四项资金”占用情况核查问责，问责启动不到1个月，“四项资金”占用余额环比降低47.73亿元，环比降幅7.57%，对3家单位通报批评，5名党政主要负责人作出书面检查。开展2020年重点改革事项完成情况“回头看”，发现10余项问题，向党委提出4项建议。对资产减值准备财务核销事项涉及的资产损失问题，按照“责任不清不核销、有责未追不核销、追责不到位不核销”原则，对直接责任人、主管责任人、领导责任人共计30人次予以追责问责。集团纪委在国有企业纪检监察工作实务研讨班上作专题发言，同中央驻鲁企业、省管企业纪检监察机构交流。

【日常监督】 精准把握政策策略，统筹运用党性教育、政策感召、纪法威慑，全集团受理信访举报、处置问题线索216件次，立案34件，给予党纪处分38人次，组织处理244人次，其中处理处分集团党委管理干部11人次。各级纪委运用“四种形态”批评教育帮助和处理259人次，其中第一种形态189人次，占72.98%。集团党委书记同领导班子成员、各部门各单位“一把手”开展廉政谈话，督促党员干部提高站位、廉洁用权。组织权属单位党组织书记向集团纪委全会述责述廉，现场问询点评，督促整改落实。建立完善领导人员廉洁从业档案151件，回复党风廉政否定性意见12人次，严把选人用人“廉洁关”。

【“四风”纠治】 通过专题调研、专题督导，督促各级党组织落实《关于持续解决形式主义官僚主义问题的若干措施》，深化自查自纠成果。盯紧关键节点开展“明察暗访”“特约监督员在行动”，严防“四风”隐形变异、反弹回潮。全年共查处违反中央八项规定精神问题31件，处理处分42人次。印发《关于在企业联合重组工作中强化容错免责的实施办法》，明确企业联合重组工作容错免责的前置条件和具体情形。出台回访工作办法，对23名受处分党员干部进行回访。

【自身建设】 带头落实集团公司“全面对标、系统提升”行动部署要求，在全集团纪检系统开展“创先争优”，将“各项工作都要争第一”的目标要求一贯到底。在2021年度省管企业纪检监察机构年度工作考核中，山钢集团纪委、监察专员办获得优秀等次。派员参加省委巡视、省纪委监委双向学习锻炼、地方纪委监委学习培训，拓展视野、增长才干。集团纪委机关1人入选省纪检监察案件审理骨干人才库。搭建“强素质、练本领”网上学习考试平台，举办纪检监察业务培训班。承办全国钢铁企业纪检监察工作研究会第十七次年会，加强与业内同行业务交流，编印《百炼成钢》纪检监察工作论文集，对标学习提升。开展问题线索处置专项检查调研、问题线索大起底、涉案财物管理自查，探索提级审核把关机制，深化开展案件质量评查。出台《审查调查安全工作责任制》《“走读式”谈话安全工作实施细则》，确保依规依纪依法开展审查调查工作。

（撰稿：李　梁　审稿：李荣臣）

巡察工作

【综述】 集团公司党委设巡察工作领导小组，主要负责贯彻中央、省委有关决策部署精神和集团公司党委有关巡察工作的决议、决定；组织领导巡察工作，研究确定被巡察单位，批准巡察工作方案；审定巡察工作年度计划和阶段任务安排；听取巡察工作汇报；研究巡察成果的运用，分类处置，提出相关意见和建议；向集团公司党委报告巡察工作情况；对巡察组进行管理和监督；研究处理巡察工作中的其他重要事项；负责对巡察工作的组织领导、任务安排、听取巡察情况汇报、研究巡察整改及成果运用等工作。巡察工作领导小组下设办公室（简称巡察办），作为其日常办事机构，与集团公司审计部合署办公。巡察办负责提出巡察工作计划和建议；处理巡察工作日常事务，承担与巡察工作相关的政策研究、制度建设等工作；组织对巡察工作人员的培训；配合做好巡察组人员的评价、监督和管理；落实巡察问题整改和成果运用的统筹督促责任。根据工作需要，设立若干巡察组，在巡察工作领导小组领导下承担巡察任务。巡察组实行组长负责制，副组长协助组长工作，由巡察工作领导小组根据巡察任务确定，一次一授权。截至2021年底，巡察办共有专职管理人员4人。其中，高级专业技术职务3人，中级1人；研究生1人，大学本科3人。

【组织巡察】 集团公司党委坚决贯彻落实中央和省委关于巡视巡察的决策部署，持续推进巡察工作向纵深发展。在实现三次常规巡察全覆盖的基础上，坚持政治巡察定位，创新方式方法，靶向式开展巡察，找痛点、破顽疾，上下联动、巡审协同、巡纪协作，快捷精准地发现问题，找准制约企业高质量发展的关键症结，加强对“关键少数”和关键岗位人员的监督，着力对权力集中、职工反映突出、监督管理薄弱的重点环节开展专项巡察。2021年上半年，集团公司党委派出一个巡察组，下设三个专项巡察组，对山钢股份党委开展了贯彻执行上级决策部署、五位一体商业模式构建、阳光购销、财务及实物资产管理方面的专项巡察。采取上下联动，上下两级巡察组开展“同步巡”，上借下力、下借上势，相互补位，挖掘影响企业高质量发展的深层次问题，做到了“同题共答”。下半年，集团公司党委派出一个巡察组，下设两个专业组，对集团公司财务部、投资与资本运营部、战略发展部以及山钢财务、山钢金控等部门、单位党组织开展了资金管理专项巡察。

【巡察整改】 压实被巡察单位党组织的巡察整改政治责任，强化被巡察单位党组织巡察整改“主体责任”，党委书记认真履行“第一责任人”责任，增强“整改不落实就是对党不忠诚”的意识，将巡察问题整改纳入党委书记、纪委书记的年度述职内容，切实压紧压实整改政治责任。对巡察问题整改情况及时与集团公司专业职能部门沟通，明确整改措施，确保整改效果。各单位纪委和组织部门充分发挥巡察整改的监督责任，加大对典型问题的问责力度，以问责倒逼整改的落实落地。充分发挥专业职能部门的督促和指导作用，巡察办对巡察发现的问题进行分类梳理移交给专业职能部门，各专业职能部门加强顶层设计，结合本专业的业务开展进行系统治理。加强对巡察整改的验证，力促巡察整改扎实推进，重点验证存量问题的整改情况，重点关注整改不到位、不彻底的问题，注重发现典型问题，推动问责，形成震慑。将巡察问题的验证与集团公司党委、集团公司的各专项监督检查结合起来，形成齐抓共管促整改的局面。全年巡察反馈存量问题整改完成率86.6%，即知即改问题完成率100%，压减进度完成了攻坚计划。

【巡察成效及成果运用】 专项巡察精准“点穴”、直击“痛点”、破解“顽疾”，突出政治监督，紧盯职责落实，推动集团公司党委重要工作部署落实落地，进一步规范了权力运行机制，压缩了权力任性空间，堵塞了招投标、采购、销售、资产及财务管理等方面的管理漏洞。以大监督平台为抓手，以问责倒逼责任落实，解决了一批体制性障碍、机制性梗阻问题。协同纪检、审计等主责监督力量，突出信息沟通机制，用好已有的监督成果。融合专业主管部门的业务监督力量，借助专业部门熟悉本领域业务的优势，精准高效查出制约机制体制层面的深层次问题，规范权力运行机制，助于专业主管部门借势借力解决问题，发挥监督的第一道防线作用，形成监督常态。全年通过上下联动、专项巡察发现问题562项，通过巡察整改，新建修订制度203项、废止制度31项，避免和挽回直接经济损失9664万元、移交问题线索20个，运用大监督平台问责210人次。

【队伍建设】 坚持把巡察作为锻炼培养干部的重要平台，加强巡察人才库建设，及时补充更新巡察人才库。2021年先后抽调精干人员40余人参加专项巡察，进一步锻炼了巡察人员队伍。加强巡察人员培训，巡察办3人参加了中共山东省委巡视办组织的第一期省直部门（单位）巡察干部培训班。将巡察进驻前培训作为开展好巡察工作的一项重要措施，邀请相关方面的专家及多次参加巡察工作的人员，讲专业、谈体会、学方法。巡察期间成立临时党支部，组织开展政治理论、党规党纪和巡察业务学习。经过集中培训、巡察历练，抽调人员的政治素质、能力水平不断提升。加强对巡察人员的教育、管理和监督，每轮巡察结束，对抽调人员出具《鉴定意见》，对巡察期间的表现给予综合评价，并发送巡察人员单位知悉。对在巡察工作中表现突出的47人进行了表彰。加强与相关兄弟单位的沟通交流，与山东黄金集团、华鲁集团就巡察工作进行交流，共享经验成果，取长补短。

（撰稿：王　勇　审稿：贾元奎）

机关党群工作

【综述】 截至2021年底，机关党委下设14个党支部，党员142人。本年度机关党支部设置没有变化。

【党建工作】 机关党委笃定“守初心、担使命，走在前、作表率”目标，构建“11344”机关党建工作体系，严格落实“第一议题”制度，组织12次党委中心组集体学习和专题研讨，推动“我来讲党课”在总部形成制度。印发《机关党委落实全面从严治党主体责任暨党建工作责任制》，细化考核细则和负面事项清单，实施“年度党建要点+月度党建计划”模式，规范党支部档案管理、阵地建设等，开展常态化支部工作检查考核，对过硬党支部建设进行质效评估，对问题整改实施清单管理、进度跟踪，用好《党员手册》，规范组织生活写实；创新党建培训方式内容，深化机关党支部结对共建活动，丰富党建共享共进互促载体，发挥机关党建工作引领力，推进“党支部建设巩固提升年”行动，过硬支部比例超过78%，纪委党支部被授予省属企业过硬党支部示范点。拍摄“群牛聚力筑堡垒”支部建设微视频1部，并在“学习强国”播发。以锻造坚强党性、塑造奋斗精神、打造党建品牌、营造清风正气四项措施为抓手，深化机关党建融入治理创效、改革攻坚、队伍建设，发挥党建引领和保障作用，助推各部门年度重点任务高质量完成。全年研究党建工作13次，认领抓基层党建突破项目，在“建设过硬队伍，推动党建业务深度融合，提升机关党建质量”方面取得突破性进展。开展机关党建品牌征集推广活动，“一名党员一面旗一先锋，一个支部一品牌一特色”更加鲜明，先后表彰优秀共产党员18名，党务工作者12名，经推荐1人获得第六届山钢集团道德模范，1人获山钢集团劳动模范，1人获山东省“五一”劳动奖章；1人获山东省“十大法治人物”，1人获山东省“十佳职工娘家人”。机关党委以“全面履职、全面规范、全面提升”为工作要求，努力打造“学习创新型、战略管控型、指导服务型、形象示范型、廉洁高效型、团结进取型”的总部团队，进一步彰显党委政治核心作用、党支部战斗堡垒作用、领导干部示范表率作用和党员先锋模范作用，为推动集团改革发展大局和“魅力山钢”建设提供组织保障。

【党史学习教育】 多措并举推进党史学习教育走深走实。制定方案，细化党史学习教育月度计划，机关党委中心组和各党支部严格按照计划安排相关内容的学习，并坚持集体学习中突出重点研讨交流。机关党员中管理6级以上领导干部65名，按照上级要求先后组织参加十九届五中全会精神等专题学习班3期，以及集团层面的警示教育、宣讲活动等。落实党建工作联系点制度，党委委员年内多次参加联系点活动。党员领导干部带头在支部讲党课、带头参加支部组织生活，发挥了示范引领作用。组织开展党支部书记、委员年度培训和管理7级及以下党员全员轮训，组织党员参加大青山、三涧溪现场教学、挑山工精神党性教育体验，开展《峥嵘-党史情景沙盘教学》等沉浸式党员教育培训，并实施党员教育积分强化教育管理，牵头组织开展红歌合唱等庆祝建党百年活动，观看红色舞剧，多次集体观看主旋律电影，深入做好“四史”宣传教育在机关落地见效。推进党支部提升“三会一课”质量、完善过“政治生日”等仪式，提高组织生活实效。加强对意识形态工作的组织领导，严格落实《意识形态工作责任制实施细则》等文件要求，定期分析研判职工群众思想波动情况和热点焦点问题，未发现非法宗教传播和邪教势力渗透情况。关注党员群众合法利益诉求，推进幸福和谐总部建设。机关职工队伍保持整体稳定，总体态势向上向好。打造通讯员队伍和微信公众号发布团队，推送机关党委及各支部典型做法50篇。持续开展机关“最美奋斗者”“两优一先”评选，评选出第二届机关最美奋斗者15名。坚持党管人才原则，9名党员取得高级职称，机关总部具有高级职称管理人员占比达到64.3%。组织实施“我为群众办实事”实践活动，牵头组织、联合驻总部7家党组织共同开展“双报到”工作，组建志愿者骨干队伍，开展防控疫情等志愿服务活动8次，帮助社区解难题、办实事。

【党风廉政建设】 驰而不息纠治“四风”，在总部机关党员干部中开展“坚守初心，与廉同行”系列廉洁警示教育活动，继续设立机关作风监督意见箱，严格落实党风廉政建设责任制，专题研究力戒“两张皮”党建形式主义现象，开展持续治理。强化纪律监督，抓实问题整改。专门印发《机关党委推进大监督体系建设实施意见》，把推进大监督体系建设作为“一把手”工程，充分发挥党内监督主导作用，推动“三位一体”大监督体系和“1318”监督制度在总部机关落地落实，形成常态长效的监督合力。支持纪委开展工作，配合集团公司纪委开展监督、执纪、问责。针对民主生活会查摆的问题，机关党委列清单、定措施、明责任、限时限，得到较好整改。对巡视巡察、审计中发现反馈的问题，引导机关部室落实管理职能，推动整改落实见效，营造清风正气，从严落实党风廉政建设和反腐败工作。

【群团工作】 机关党委召开专题会议听取机关群团工作汇报，加强对群团工作的领导。组织开展机关工会委员补选、工会主席选举工作。机关工会建立防疫基金，采购防疫物资，积极开展疫情防控工作。坚持节日走访慰问、困难救助、丧事抚慰、住院探望、生日送祝福等制度，持续推进民主管理，加强职工权益维护。先后开展乒乓球人机大赛、第四届“幸福山钢健康行”健步走等活动，丰富了机关职工业余文化生活。组织80多名职工训练参加集团公司“永远跟党走”大合唱活动，组织“永远跟党走 奋进新征程”职工书画摄影展。联合济钢集团工会开展暑期职工子女托管服务工作，持续推进职工之家建设，职工之家已成为机关职工自主学习充电的优质服务平台。在机关女职工中开展第四届“书香三八·魅力女工”“书香秀”读书活动，1人荣获全国“优秀领读人”荣誉，1人入围全国“巾帼书香”人物，1件作品获全国书香三八书画阅读三等奖，35件作品先后在集团获奖，机关党委荣获集团公司“书香三八”活动优秀组织单位、女职工工作先进集体等荣誉称号。扎实开展青年人才培育工作，组织开展青年成长问卷调研，及时收集反馈青年成长现状，助力青年成长。1人荣获集团公司青年岗位能手标兵，1人获集团公司向上向善好青年，1人获省国资委优秀共青团干部。

（撰稿：李　霞　审稿：李勇实）

新闻传媒中心工作

【综述】 新闻传媒中心负责山钢集团新闻宣传和舆情监控工作，职能定位是：坚持党管宣传、舆论先行，围绕山钢集团改革发展大局，传播好声音，凝聚正能量，推进媒体融合发展，建立全媒体传播体系，拓展媒体经营业务，建立起党管宣传与媒体市场化运行相统一的新闻宣传新机制。主要职能为：负责山钢集团内部新闻宣传，系统策划组织对外宣传；做好日常舆情信息收集整理和应对引导；汇总整理并实时发布时政、经济类新闻信息。新闻传媒中心设立综合管理部、全媒体记者部、编辑部、新媒体部、信息舆情部、市场运营部6个部室。截至2021年底，共有职工39人。其中，内退1人，本科及以上学历38人；具有中级及以上职称的32人。

【党史学习教育】 围绕党史学习教育、宣传贯彻习近平“七一”重要讲话精神和党的十九届五中、六中全会精神等，新闻传媒中心开办了“奋斗百年路 启航新征程”“学党史　悟思想　办实事　开新局”“党旗在基层一线高高飘扬”“党史百年天天读”“党史上的十万个为什么”等栏目，举办了“永远跟党走”短视频和摄影大赛、“我和我的支部”“中国梦·新时代·跟党走·强起来”主题宣讲及“‘红动齐鲁·我心向党’红色故事”“巾帼心向党经典诵读”“新党员代表”等专题展播，录制了山钢集团庆祝建党100周年红歌演唱会，拍摄了《永远跟党走》MV。全年采制编发各类相关稿件、作品700多条，多次掀起学党史、学讲话、学全会精神的热潮。

【新闻宣传】 深入宣传贯彻山钢集团重要会议精神和重大决策部署，精心组织解读、评论、权属单位和总部负责人系列访谈。开办了“对标创优、改革图强”“共建生态圈、打造新标杆”“共建幸福和谐新山钢、做强幸福和谐大品牌”“清风山钢”“最美山钢人”“全员创新我有招”等重点栏目，编发重要报道1000多篇。重点报道了集团公司推进国企改革三年行动、科技创新、走绿色低碳发展之路、全面对标系统提升、构建钢铁产业生态圈、疫情防控、全员创新、幸福和谐企业建设等方面的措施、成效和典型。构建和完善“一报一微一端两视两网N媒”的全媒体传播体系，与山钢短视频协会和新闻摄影协会、各单位微信矩阵等，组成全方位、立体化的“传播舰队”。建立一体策划、一次采集、多种生成、全媒发布的“中央厨房式”运行机制，坚持网上网下一体、内宣外宣联动，推进各媒体创新提升。全年编发《山东钢铁报》100期，稿件3000余篇，约200万字。编发山钢电视新闻96期，稿件近900篇。厚道山钢微信公众号编发稿件1300篇，阅读人数突破220万人次，分别增长91.6%和53.7%；粉丝数量达到52571人，较上年同期增长16.6%。厚道山钢APP编发新闻稿件5600篇，同比增长59%；点击量117.1万人次；用户下载量2.86万人，同比增长96%；发布短视频作品260余件，各平台总浏览量超过1000万人次，其中浏览量过万作品137件，点赞量超过10万个，圈粉2.4万人。全媒体传播体系全年总发稿量2万多篇次，同比提高14%；总阅读量达到2800万人次，同比提高33%。在新华网、中国网、人民日报人民数字网、《大众日报》《中国冶金报》《山东国资》、山东国资资讯微信公众号、山东手机报等社会主流媒体刊发外宣稿件900余篇次。其中在"学习强国"平台刊发稿件120余篇，在省属企业中遥遥领先。在海报新闻"山钢集团"号发布新闻700余条，累计阅读量达到780多万人次。

【信息舆情】 认真落实网络意识形态责任制，按照"第一时间发现、第一时间报告、第一时间研判、第一时间处置"的要求，全天候、全网络进行舆情监控，科学高效应对敏感舆情。全年监测网络敏感信息量3600条，上报反馈处置信息量230余条，网络舆情保持了总体稳定。《舆情信息》简报由每月两期增加为每周一期，重大舆情进行日报或专报。全年共编写上报《舆情信息》27期，《舆情速递》202期，《信息参考》48期，为集团公司领导和各单位、部门负责人提供决策参考。

【党建工作】 新闻传媒中心党总支隶属山钢集团党委，下设2个党支部。截至2021年底，有党员39名（其中预备党员2名）。认真履行全面从严治党主体责任、党组织书记第一责任人责任和班子成员"一岗双责"，党总支全年两次专题研究全面从严治党工作、两次专题研究意识形态工作；严格落实党建工作责任制和《中国共产党国有企业基层组织工作条例（试行）》，组织实施《以提高党的建设质量为保障，开展"素质提升年"活动，打造一专多能的全媒体人才队伍》书记突破项目。通过理论学习中心组、三会一课、"学习强国"学习平台、"灯塔-党建在线"网络平台，深入学习贯彻习近平新时代中国特色社会主义思想和党的十九大及十九届五中、六中全会精神，认真执行"第一议题"制度，深刻领悟"两个确立"的决定性意义，不断增强"四个意识"、坚定"四个自信"、做到"两个维护"，"学习强国"团体积分始终保持集团党委管理的各学习团队前列。不断完善党员量化积分及星级党员评选办法，对10名年度"明星党员"进行表彰奖励。强化支部规范化建设，两个支部全部获得山钢集团过硬党支部称号。扎实开展党史学习教育，组织清明节祭奠英烈、大青山红色教育基地重走突围路等主题党日活动，举办红歌演唱会、党史学习心得交流评选、我来讲党课等；开展庆祝建党100周年植树活动，开展2元钱助学、"九九重阳 敬老爱老"志愿服务等支部特色活动，组织党员爱心捐款14000余元。拍摄制作的《戴着党徽去采访》《暖心的两元钱》微视频荣获集团"我和我的支部"微视频优秀作品一等奖。

【团队建设】 将2021年确定为"素质提升年"，开展"为高水平建设'四个平台'出谋献策"活动，共收到300多条建议，对12名"锦囊高手"进行表彰奖励。引入学习型组织理念，制定团队和个人愿景，开展导师带徒、AB角互学、好新闻评选和业务研讨等活动，45对职工结成师徒并进行经验交流。年内外出培训19人次，有2人完成研究生学业，3人通过了职称晋级，7人取得记者证，截至年底累计共有31人获取记者证。党员干部带领8支采访小分队走基层、转作风、改文风，努力践行脚力、眼力、脑力、笔力。设立总经理班子成员周五"谈心谈话日"，为职工解疑释惑、排忧解难。完成省委宣传部开展的新闻媒体编校质量大排查大整治工作；积极参与报纸互审，得到省新闻出版局肯定。

40多篇新闻作品获得山东新闻奖、山东工会新媒体原创作品大赛奖、省国资委“百年奋斗路 永铸根和魂”书画摄影作品奖等。山钢集团荣获山东省第七届原创网络视听节目大赛优秀组织奖，是唯一获此殊荣的企业。按照内部市场化原则，完善激励机制，建立总经理奖励基金，严格执行工作质量专项考核，激发内部创新创效活力，全年实现经营性创效210万元、模拟利润113万元，超额完成集团考核指标。

（撰稿：刘志飞　李洪江
审稿：周传勇）

工会工作

【综述】 山东钢铁集团有限公司工会（以下简称山钢集团工会）主要职能为：负责组织建设、民主管理工作、生产保护工作、职工权益保障工作、职工教育、职工文化建设、先模选树、女工及慈善工作站等工作。截至2021年，共有职工6人。其中，教授级高级政工师1人，高级经济师1人，高级政工师2人，政工师2人；研究生6人。山钢集团工会下属基层工会14个，会员3.3万人。

【思想政治引领】 坚持把理论武装作为首要政治任务，学习贯彻习近平总书记“七一”重要讲话精神和关于工人阶级和工会工作的重要论述等，山钢集团工会人员深入基层单位，面向一线职工集中宣讲。扎实开展党史学习教育，各级工会宣讲团开展“四史”集中宣讲100场次以上。承办省劳模工匠宣讲活动启动暨全省冶金行业百场宣讲集中展示活动；形成《职工思想政治引领行动方案》，成为全省大企业首版，在全省交流学习。组织职工书画摄影展，庆祝建党百年参加红歌合唱比赛、省属企业文艺汇演和书画展等活动，并取得好成绩。持续深化“中国梦·劳动美”主题教育，宣讲1.05万人次，演讲比赛获全国大奖。参加全省“网聚职工正能量·争做中国好网民”主题活动，原创新媒体、微电影作品42件。开展向全国劳模胡淑娥学习活动。开展百名劳模工匠访谈，到“三种精神教育基地”参观学习，编印《三种精神在山钢》。

【产业工人队伍建设】 扎实开展“对标创优 改革图强”实践活动，以山钢股份为试点推行全员岗位创新，全年山钢股份一线职工参与率100%，完成创新改善项目9.16万项，人均3.8项，在全省全员创新经验交流会上作典型发言，莱芜分公司、日照公司相继获得“山东省全员创新企业”称号；山钢集团工会获得“职工创新创效竞赛决赛优秀组织单位”称号，6项成果荣获优秀成果奖，其中一等奖1项、二等奖3项、三等奖2项。各级工会创新竞赛方式，积极组织开展省级重点工程劳动竞赛、集团主题劳动竞赛和单位专项劳动竞赛；莱芜区域新旧动能转换省级重点工程劳动竞赛助推工程建设快马加鞭，专项竞赛竞先争优；举办首届“山钢杯”全国钢铁行业职工网上安全生产知识竞赛决赛，山钢股份代表队荣获团体总分第一名、特等奖；开展职工技能培训18.8万人次，劳动竞赛112项，组织职工技术攻关11.2万项；“互联网+技能提升”职工网上练兵答题累计超过232万人次，一线职工参与率95%以上。积极培育选树先进集体和个人，2021年全集团3家单位、3名职工分别荣获全国级荣誉，获得省级荣誉12项、行业地市级荣誉26项，评选各级劳模工匠155人；建立各级劳模工匠创新工作室105家，关键岗位高技能人才达到70%以上，岗位创新项目1.72万项，合理化建议近1400

项，各单位岗位创新奖励近520万元。

【"幸福和谐新山钢"建设】 "幸福和谐新山钢"建设坚持以"夯实一个基础+保障六项权益"为核心体系，山钢集团工会系统筹划，重点培育，有序督导，扎实推进。各级工会成功探索出了强化组织领导，做实思想引领，厚植发展基础，突出过程实效，深化职工福祉的创建工作路径。2021年底，圆满完成了"幸福和谐新山钢"建设"两步走"的阶段性目标。聚焦高质量发展，提升核心竞争力，增强职工获得感。牢牢把握"提升核心竞争力"这一基础，以"奋斗幸福观"和"命运共同体"为价值引领，团结带领广大职工聚焦共同奋斗，投身企业改革发展，"幸福和谐新山钢"建设发挥了助推企业高质量发展、保障大局和谐稳定的重要作用。聚焦职工权益，提升职工福祉，增强职工幸福感。切实保障职工劳动经济、民主政治、组织、职业发展、文化、安全健康等六项权益。强化"六条保障线"建设，精准帮扶精准建档，提供重疾绿通服务，为大病职工免费预约三甲医院诊疗资源。开通"齐鲁工惠·幸福山钢"APP，平台注册率达87.5%。企业补充医疗保险指导意见通过党委会审议。组织劳模工匠、一线职工疗休养，签约职工疗休养基地。有效解决基层职工"三最"（最关心、最直接、最现实）问题。职工文化建设水平提升，文体活动参与42.5万人次。多家职工书屋被评为全总优秀职工书屋、示范书屋等荣誉称号。开展"安康杯""查保促"、女职工维权月等活动，1人荣获"全国钢铁企业工会劳动保护工作特别贡献者"称号，2家单位分别荣获省女职工权益保护专项集体合同规范化建设示范企业和合同示范文本。聚焦社会责任，提升山钢美誉度，增强职工安全感。牢牢把握国企责任担当，各级组织积极服务社会，山钢社会美誉度逐年提升。参与"慈心一日捐"，企业捐款100万元；职工自发捐款1.88万元支援抗疫；支持省送温暖工程基金会公开募捐捐款10万元；支持援疆扶贫、乡村振兴工作，订购产品370余万元；基层青年志愿者、巾帼志愿者开展多项环境保护、助学圆梦活动。

【民主管理】 健全和完善职代会制度。组织集团内部工会系统学习落实《中华全国总工会关于推行企业集团职工代表大会制度的意见》，对集团职代会建会情况统计摸排，征集汇总各级工会组织对企业集团职代会的意见建议。组织一届三次职代会提案征集及初审工作，征集提案94件，对集团立案的5个案件由提案委员会全程跟踪推进，其余提案交由职责部门和单位进行逐一落实，提案满意率达到100%。对集团各权属单位职工之家建设情况进行摸底统计，对建家情况进行逐级自查总结。组织开展2021年全省集体协商集中要约行动。举办山钢集团民主管理微视频大赛，并推选3个优秀作品参加省总评选。积极参加省总工会开展的"聚合力、促发展"提案征集工作，推报"为职工办实事 做强做优'幸福和谐新山钢'大品牌"获得一等奖。积极申报全省"双十佳"，山钢集团工会副主席刘松林被评为全省"十佳职工信赖的娘家人"。积极参与山钢集团改革发展有关工作。作为山钢集团混改工作专班成员，积极参与山钢集团部分企业混改过程中的民主管理工作。参与山钢集团对于信访工作中关于企业改制过程中民主管理方面的工作内容的处理。参与部分企业改革期间民主管理工作，尤其对于职工分流安置方案要经过职代会（职工大会）审议通过的民主程序进行严格把关。

【女职工工作】 深入开展"巾帼心向党，建功新时代"主题活动，全年全集团共举办女职工培训班、讲座、流动课堂222期，累计参加女职工7264人次，女职工宋雪参加全国职工演讲比赛，获得全国总决赛演讲成绩第三名、总评铜奖的优异成绩。策划组织“抒爱党情怀 展巾帼风采”庆“三八”系列活动，集团党委领导“三八”节寄语广大女职工，组织线上巾帼心向党经典诵读、巾帼才艺秀和巾帼事迹报告会，举办女职工心理健康和维权法律两场知识讲座。组织参加全国第九届“书香三八”女职工读书活动，山钢集团工会及权属两个二级单位工会荣获组织奖，斩获43个奖项。深入开展山钢集团第三届女职工读书活动评选，编印优秀读书作品集，制作电子书。开展山钢集团第四届女职工读书活动，组织多种形式的女职工读书成果展示。组织开展“奋斗创造幸福，强企建设有我”女职工主题征文活动，深入开展“培育好家风——女职工在行动”主题实践。女职工读书活动基本实现了全覆盖、全参与，山钢集团女职委连续四年荣获全国“书香三八”读书活动优秀组织单位称号，成为具有山钢特色的女职工工作品牌。

【自身建设】 坚持第一议题制度，强化工会系统党员干部学习教育。坚持定期向党委汇报群团工作制度，将群团工作纳入党建整体格局，全面落实党委对群团工作部署要求。持续完善制度体系建设，先后下发了《关于明确各权属单位工会经费拨缴比例和工会经费上解有关规定的通知》《基层工会经费收支管理办法（试行）》《关于工会经费回拨补助实行项目化管理的办法》等文件制度，进一步规范强化工会经费管理工作。持续巩固基层组织建设，加大对组织建设指导力度，各级工会依法召开工代会、选举职工董事，依规完成法人资格注册。线上线下培训工会干部、职工代表，深入“双十佳”争创活动，1人荣获“山东省十佳职工信赖的娘家人”，1家单位荣获省冶金工会“职工信赖的职工之家”，1家单位荣获省冶金工会“职工职业道德标兵单位”等荣誉称号。

（撰稿：孙　霞　审稿：刘松林）

共青团工作

【综述】 山钢集团团委与集团工会合署办公，主要职责是：做好共青团组织建设，抓好青年思想教育和形势任务教育工作，开展青春建功工作，做好青年成长成才、青年维权和服务青年各项工作。截至2021年底，山钢集团共有团员3200人，35岁以下青年1.6万人，山钢集团团委机关设专职团委书记1人。2021年，山钢团委以构建山钢共青团“1+4+*N*”工作体系为发力点，聚焦高质量发展新征程和“强”起来的新起点，全面开创山钢共青团工作新局面，在全省共青团工作评价中获得“优秀”等级。

【重点工作】 开展“学党史、强信念、跟党走”学习教育活动，制定下发活动方案，全方位、多渠道、多层次设计活动载体。开展团干部讲党史、专题学习会、党史小故事“微宣讲”等活动140余项，组织团员青年学习宣传贯彻党的十九届六中全会精神和习近平总书记“七一”重要讲话精神，涵盖200余个团支部，11000余人次参加。山钢股份团委将学习教育的重点任务绘制成“时间表”，策划开展“百年党史·青年说线上微团课”活动，组织开展“喜迎建党百周年、争当圆梦新一代”党史学习教育知识竞赛，拍摄《唱支红歌给党听 青年筑梦新征程》MV视频；莱钢集团团委利用“青春莱钢”微信平台开展“青年学党史”系列线上学习活动，推送“党史学习微课堂”党史学习材料，每周末推送一部红色教育影视作品；山钢地产团委组织拍摄“青年大讲堂”视频，由身边青年讲党史故事，引导团员青年从红色基因中汲取力量。

【青年思想引领】 以“青春山钢”微信公众平台为中心，建设“有态度、有温度、有意思”的共青团新媒体矩阵，全年推出各类宣传、交流信息54条。持续深化“青年大学习”行动，探索建立“第一议题”学习制度，实现学习常态化，通过“青春山钢”微信公众号推出青年大学习22期。将青年大学习工作纳入共青团工作考核和评优体系，保证每期参加人数均在2000人以上。引导青年职工积极践行社会主义核心价值观，开展“青春奉献志愿行”学雷锋青年志愿者系列活动，组织广大青年志愿者走进社区，全年共组织1000余人次青年志愿者，服务企业职工及周边居民2万余人次。继续开展希望小屋捐赠活动，全年共发动近5000名青年捐款35.50万元。

【青年岗位建功】 积极对标先进企业，参与集团公司全员岗位创新对标调研，形成高质量调研报告，被集团公司领导批示转发全集团。山钢股份团委实施“全员改善，青年先行”行动，青年提案总数为1.92万项，其中优秀提案1.14万项，占股份公司优秀提案总数的24.58%。常态化开展“青安行动”，山钢股份团委开展青年稽查活动300余次，排查各类安全隐患1500余项；山钢地产团委通过开展安全教育培训、安全事故案例警示、应急演练等专题团课，不断提高青工安全意识和技能水平。助力企业经营绩效再创新高，山钢国贸团委组织青年职工积极参加“小微企业”“小微团队”创业工程，引导青年在原岗位职责外实现新业务开拓，全年组织50余名青年参加小微团队，实现销售利润425万元。

【服务青年】 制定下发《“山钢青年岗位标兵”评选管理办法》，组织开展2019~2020年度“山钢青年岗位标兵”评选活动，评选出10名标兵及10名提名奖人员进行表彰奖励。组织627名青年参加团省委举办的“青年安全生产技能提升行动”，得到青年职工一致认可。组织开展“助力青年成长，建设魅力山钢”青年思想大调研，发放问卷5000余份，对青年成长需求进行专项调研，并形成调研报告，向党委专题做汇报。持续开展“推青计划”“青年三百人才”“青苗工程”“青优人才”等青年人才培养工程，上线运行“青年人才库”系统。持续开展“两红两优”评选，新设立“山钢集团向上向善好青年”评选，并通过山钢共青团推荐21个集体被授予“山东省青年文明号”等荣誉称号，25个个人获“全国钢铁行业优秀共青团干部标兵”等荣誉称号。聚焦为青年办实事，针对青工反映强烈的婚恋难问题，推出“红娘奖”“月老奖”等多个渠道为大龄青年牵线搭桥。

【组织建设】 规范团组织建设，持续推进“智慧团建”建设。制定下发《共青团山东钢铁集团有限公司委员会团费收缴、使用管理办法》，规范化管理使用团费。开展团干部培训，聘请全国专家授课，组织43名团干部开展专题脱产培训，1名团干部参加全省首期省管企业青年培训班，1名团干部赴井冈山参加全国大企业团委书记培训班，组织团干部和团员青年到莱芜房干、章丘三涧溪、济南解放阁、山东博物馆等开展革命传统教育。组织承办全国钢铁行业共青团工作指导和推进委员会二届五次常务会议暨第35次大钢团委书记联席会，团中央、中钢协、团省委、济南团市委以及来自全国钢铁行业的160余名团干部参会。大会邀请中钢协副秘书长围绕“碳排放”进行专题讲座，并举办了“学党史、强信念、跟党走”主题团日活动。

（撰稿：张海鹰　崔中晔
审稿：刘松林）

山钢集团
SD STEEL

山钢股份

山钢集团
SD STEEL

山钢文化

核心理念

山钢经营宗旨：

精品赢得市场，诚信创造未来

公司简况

山东钢铁股份有限公司是山钢集团实际控制并参与管理的上市公司。2009年，山钢集团拉开钢铁主业资产重组序幕，酝酿钢铁主业整体上市。至2011年12月30日，山钢集团对旗下两家钢铁上市公司的整合方案得到中国证券监督管理委员会批准，莱芜钢铁股份有限公司以换股方式并入济南钢铁股份有限公司；2012年2月27日，济南钢铁股份有限公司作为存续上市公司，更名为山东钢铁股份有限公司（以下简称“山钢股份”），同时设立济南、莱芜两个分公司，分别负责济南、莱芜区域生产经营。重组完成初期，为充分发挥原有集团管理的优势，减少重组对公司生产运营的影响，济南分公司和莱芜分公司分别由济钢集团有限公司和莱芜钢铁集团有限公司运营管理。2014年开始，山钢股份运营管理逐步强化，配套改革举措频繁出台。2014年7月，山钢股份加强对钢铁产业管控，济南分公司和莱芜分公司分别从济钢集团、莱钢集团分离，实现独立运营。2015年7月，山钢股份控股山钢集团日照有限公司。2016年8月，山钢股份全面启动总部机关“三定”及全员竞岗工作，总部机关与集团公司机关不再合署办公；同月，山东省政府正式批准《济钢产能调整和山钢转型发展工作总体方案》，济南分公司产线进入停产准备阶段。2017年5月，在济南分公司即将全面停产背景下，为进一步深化改革、实施扁平化管理，根据集团公司意见，山钢股份对总部各部室作出调整，并决定与莱芜分公司相应业务部室/直属机构复合设置，除董事会办公室/监事会办公室/证券部留在济南办公以外，其余部室办公地点均在钢城区；同年6月29日，济南分公司全线停产工作正式启动，到7月8日，各主体工序全部实现安全、环保停产；当年底，日照公司一期一步工程主体建设项目，以及动力能源、节能环保等公辅配套设施全面竣工并全线热试成功。2019年4月，日照公司一期工程实现全线贯通，累计完成工程量投资419.67亿元。2019年9月，山钢集团对山钢股份党委班子作出调整，随后，山钢股份组建了新的董事会和经理层，进一步理顺钢铁主业管理体制，完成日照公司、山钢研究院管理关系划转和注册地变更，翻开了山钢股份一体化运营的新篇章，山钢股份核心钢铁生产区集中到了济南钢城和日照岚山两地。2020年3月4日，山钢股份实施公司总部组织机构优化调整与人员配置，除公司办公室/党委办公室以外，总部各部门与山钢股份莱芜分公司不再合署办公。

截至2021年底，纳入山钢股份的主要管理单位有：莱芜分公司（含银山型钢公司）、日照公司、营销总公司、山钢研究院、山东冶金机械厂。山钢股份钢铁产能2140万吨，其中莱芜分公司1290万吨、日照公司850万吨。拥有从焦化、原料、烧结、球团、炼铁、炼钢到轧钢完整的生产工艺系统，整体装备水平较高，特别是新建成的日照基地和莱芜分公司新旧动能转换区域，整体工艺装备基本达到国内先进水平。其中，5100立方米高炉、3800立方米高炉、3200立方米高炉、210吨转炉生产系统、4300毫米宽厚板生产线、2050毫米热连轧生产线、2030毫米冷连轧生产线、大型特钢棒材生产线、H型钢生产线、特钢100吨电炉生产线等工艺装备已达到国内领先水平。钢材品种涵盖高端装备、海洋工程、轨道交通、白色家电、石化装备、工程机械六大系列，是全国乃至国际著名的宽厚板、板带、H型钢、优特钢和高端建筑用钢生产基地，产品远销英国、德国、日本、韩国等几十个国家和地区。

近年来，山钢股份牢牢把握山东省《先进钢铁制造产业基地发展规划》落地和加快建设新旧动能转换综合试验区的重大历史机遇，大力推进一体化运营，集中精力做强做优做大钢铁产业，坚定不移向着“绿色钢铁、智慧制造、高端高效”的目标深度转型，向着跻身全国钢铁强企前列的目标迈出了坚实步伐。公司所属主体单位曾获国家有关部委、行业协会授予的“国家环境友好型企业”“全国绿化模范单位”“全国信息化与工业化融合促进节能减排试点示范企业”“全国资源综合利用十佳企业”“中国钢铁工业清洁生产环境友好企业”和“绿色工厂”等称号。在冶金工业信息标准研究院、知识产权出版社共同发布的2021中国钢铁企业专利创新指数报告中，山钢股份在中国钢企中排名第5位。

（撰稿：张金良　杨　鑫
审稿：景　凯）

2021年工作综述

【经营指标（不含托管单位）】 全年累计生产生铁1186.7万吨、钢1478.1万吨、钢材1476.3万吨（含商品坯），同比分别减少14.24%、9.18%、7.80%；实现营业收入1108.51亿元，同比增长26.95%；归属上市公司股东净利润12.28亿元，同比增长69.95%。截至2021年底，资产总额725.46亿元。

【生产运行】 准确把握市场变化，及时调整应对策略，加速重构生产经营新秩序。企业主体责任和全员安全责任有效落实，保持了安全生产良好态势。上半年，全公司强化极致思维，充分发挥规模与品种优势，铁、钢、材产量分别完成年度计划的48.5%、51%、50.9%，达到集团公司钢铁主业“一秒钟一吨钢”进度要求，炼钢产线负荷率提高到110.3%，其中5月份创出113.8%的单月历史新高；下半年，按照“减产不减效”总体要求，统筹抓好保供应、稳运行、降成本、拓市场、调结构等工作，极致挖掘系统增效潜力。虽然受限产政策影响，产量降幅较大，但营业收入及利润再创新高，经营绩效总体跑赢大盘。

【“五位一体”协同】 突出客户价值导向，强化生产要素协同，提高资源配置效率，“五位一体”协同优势充分彰显。拳头产品销售占比64.12%；内销产品结构增效43.62元/吨，其中莱芜基地57.33元/吨，日照基地70.55元/吨。研发投入41.44亿元，占营业收入的3.83%。高端产品、高端客户开发取得突破性进展，9Ni钢首次供货大型石化项目，多个异型钢产品系列填补国内空白，耐低温型钢、高强韧风电用钢等优势特色产品打入国内外高端市场，标志着公司工艺技术水平达到新高度。生态圈建设成效明显，与中铁四局、东风汽车、葛洲坝集团等一批优秀企业建立战略合作关系。山钢股份入选2021年山东省高端品牌培育企业名单，银山型钢公司申报高新技术企业顺利通过评审与公示环节，日照公司被评为全国市场质量信用AAA级企业。

【改革攻坚】 全面落实深化改革三年行动部署，20大项、46小项改革任务均按计划节点完成，争当改革攻坚、双招双引、科技创新“三个先锋”走在了集团公司前列。持续深化“三项制度”改革，启动莱芜基地新一轮组织机构与人力资源优化改革，股份公司人均劳动生产率全面完成集团公司下达的任务目标。快速推进与中国宝武业务协同，梳理形成26个常规类项目和4个快赢类项目。扎实推进现代企业制度示范工程，强化上市公司规范化治理，完善风险防控体系，深化法治企业建设，运营管控及风险防控能力大幅提升。成立冶金机械厂扭亏专班，全年实现减亏20%。

【项目建设】 聚焦装备升级、布局优化、智能制造与绿色发展，全面加快重点项目建设。莱芜基地新旧动能转换一期工程1号3800立方米高炉、两座120吨转炉连铸12月份先后投产，日照基地专用铁路工程加快推进，其他项目按计划稳步实施。两基地智能制造提升工程全面提速，莱芜基地5G智能料场顺利投运，铁前及炼钢集控、无人智能行车等项目快速推进，特钢、焦化、公辅智能制造应用示范项目全面启动；日照基地28个智能制造项目立项实施，部分轧线岗位机器人投入运行，无人行车、智能控制、供电及煤气系统集控中心项目有序推进，劳动生产效率有效提升。

【绿色发展】 坚持生态优先绿色发展，统筹推进废水废气治理、固废综合利用和环境提升工程，本质化提高绿色发展水平。全面推进环保绩效创A行动，莱芜分公司超低排放改造和评估监测全面完成，银山型钢公司创A进展顺利，获“钢铁绿色发展标杆企业”荣誉称号；日照公司环保绩效保持A级，成功入围国家绿色工厂公示名单，获2020年度“中国钢铁工业清洁生产环境友好企业”荣誉称号，环境治理、超低排放等工作经验在山东新闻联播和生态环境部超低排放培训会议上作为典型推广。按照碳达峰、碳中和目标要求，积极研究推进绿色低碳发展行动。

【对标提升】 聚焦宝武系先进企业，全面深化对标找差，建立涵盖经营、制造、效率、市占、科技等5大类、26项具体指标的对标体系，推动对标提升工作取得一系列标志性成果。成本控制、市场销售、资产收益等重点管控指标均有明显进步，全年累计吨钢可比成本降低率2.96%；吨材售价较行业进步26.93元，其中日照基地进步85.47元；吨材利润高于行业33.01元，较上年进步58.70元，其中日照基地进步158.31元，高于行业平均水平226.49元；山钢股份净资产收益率（ROE）12.83%，位列中钢协89家钢企大盘48分位，其中莱芜分公司、日照公司分别为9.8%、17.01%，比较优势得到提升。

【公司治理】 深入推进山钢股份规范化、一体化运营，健全完善子公司和托管单位董事会议事规则、议事清单和授权管理等相关制度；探索ESG管理和信息披露，强化投资者关系管理，采取积极分红政策回报投资者；按期完成公司董事会和监事会换届，组织聘任新一届高级管理人员；严格规范关联交易，依据董事会和股东大会决议，与31家关联企业重新签署了关联交易协议；实施风险管理一体化管控，运营风险防控水平持续提升；大力推进内控体系建设，2021年规章制度制定、修订工作全面按时完成，现行制度累计118个，内部控制管理体系进一步完善；认真贯彻落实董事会、股东大会决策决议，全年共召开董事会11次、董事会各专门委员会12次，监事会7次，股东大会2次，审议议案121项。

【党的建设】 高标准高质量开展党史学习教育，努力在学党史、悟思想、办实事、开新局上取得实效。开展庆祝建党100周年系列活动，引导广大党员干部重温党的历史、践行初心使命、激扬奋进力量；深入推进“我为群众办实事”实践活动，解决了一批职工群众关心关注的急难愁盼问题。强化以党建引领为核心的政治保障体系建设，启动“五心四化”品牌创建，党建工作继续走在集团公司前列，过硬党支部比例保持70%以上。持续深化党风廉政建设和反腐败斗争，积极发挥巡察监督作用，巡察反馈问题整改及追责问责有效落实；大监督体系更加完善，营销领域突出问题专项治理成效明显；“严细实快”工作作风全面形成，公司运营生态持续向好。启动“十百千万”全员岗位创新工程，全年人均完成创新改善3.8项，莱芜分公司、日照公司分别被评为山东省全员创新企业，山钢股份被评为全省冶金行业全员创新企业。探索实施青年人才“推青计划”，莱芜基地试点“青年三百人才工程”、日照基地开展青工技能提升三年行动，青年职工队伍建设不断加强。幸福和谐企业建设扎实推进，职工获得感更加充实。

（撰稿：刘　敏　宿　昊
审稿：景　凯）

2021年山钢股份公司大事记

1月

1日　莱芜分公司召开“深化改革　促进指标落地”工作会议，王向东、王培文出席会议。

5日　莱芜分公司举办党的十九届五中全会专题辅导暨中层管理人员素质提升培训班，齐登业出席。

6日　莱芜分公司2021年安全生产工作会议在办公楼召开，王向东、王培文等出席会议并为2020年度安全生产先进单位颁奖。

12日　省“四进”工作组到莱芜分公司督导技术改造项目，王向东、王子金陪同。

●日照公司召开2021年安全生产工作会议、环境保护工作会议、年度工作会议，并举行契约化、目标化责任制签约仪式，吕铭、张润生等出席会议并讲话。

13日　日照公司召开精益项目2020年度结题汇报会，张润生出席会议并对下一步工作提出要求。

19日　山东省国资委第一督导检查组到莱芜分公司检查安全工作，山钢集团党委常委罗登武及莱芜分公司领导王向东、王培文等陪同。

●莱芜分公司召开2020年度政治工作暨先进表彰会议，王向东、王培文等出席会议并为获奖单位和个人颁奖。

20日　日照公司组织开展无偿献血活动，85名团员青年积极参与，献血量达到30000毫升。

●日照公司召开2021年精益管理项目立项会，公司党政领导吕铭、张润生、孙卫华、杨金光、蒋学健、姚建平参加会议。

21日　中国钢铁工业协会副秘书长，中国冶金报社党委书记、社长陈玉千，纪录片《钢铁脊梁》总导演刘娜，中国冶金报社社长助理、经济中心主任陈晓莉率《钢铁脊梁》摄制项目组分别到山钢股份、莱芜分公司、日照公司和莱钢集团进行纪录片前期采访工作。

25日　山钢股份召开周工作例会，传达学习贯彻山钢集团2021年度工作会议精神，王向东、吕铭等出席会议。

●莱芜分公司召开党群工作汇报会，王向东、齐登业等出席。

26日　莱芜分公司召开专题会议传达学习贯彻山钢集团2021年度工作会议精神，王向东、王培文等出席。

●济南市钢城区法院党组书记、院长张信林一行到访，王培文在办公楼与客人座谈。

●日照公司召开专题会议学习传达贯

彻山钢集团2021年度工作会议精神，吕铭主持会议并传达了集团公司领导讲话精神，就落实会议精神提出贯彻意见。

28日 山东能源集团高级顾问刘成录一行到访，王向东在办公楼与客人座谈。

● 日照公司召开2021年政治工作会议暨党风廉政建设工作会议，吕铭、张润生等出席会议。

● 日照公司党委书记、董事长吕铭带队开展安全生产大排查大整治专项行动暨节前安全大检查。

2月

1日 山钢股份2020年度绩效（经营质量）审计进点会在办公楼召开，山钢集团党委常委、总审计师王鸿飞出席会议，山钢股份领导王向东、吕铭等参加会议。

2日 山钢股份2020年度党员领导干部民主生活会在办公楼召开，山钢集团党委书记、董事长侯军带领督导组一行参加并指导，山钢股份领导王向东、吕铭等参加会议。

3日 济南市副市长孙斌一行在钢城区委书记武树华陪同下到莱芜分公司新旧动能转换项目建设现场调研，王培文陪同。

● 日照公司召开2020年度党组织书记履行全面从严治党责任和抓基层党建工作述职评议会议，吕铭、张润生等参加会议。

4日 山钢股份莱芜分公司2020年度党员领导干部民主生活会在办公楼召开，王向东、王培文等参加会议并发言，吕铭带领督导组一行参加会议并指导。

● 日照公司召开2020年度党员领导干部民主生活会，山钢集团党委委员、副总经理，山钢股份公司党委书记、董事长王向东带领督导组一行参加会议并指导，日照公司党政领导吕铭、张润生等参加会议。

5日 山钢股份党委（扩大）会议暨2020年度党组织书记履行全面从严治党责任和抓基层党建工作述职评议会议在办公楼召开，王向东、吕铭、高凤娟等出席会议。

● 山钢股份2021年党风廉政建设工作会议在办公楼召开，王向东、吕铭、高凤娟、邵明天、尉可超、金立山出席会议。

7日 中国工商银行山东省分行党委委员、副行长徐光林一行到访，王向东、尉可超在办公楼与客人座谈。

● 日照市人大常委会副主任、市总工会主席李崇禧，日照市总工会党组书记、常务副主席李登来，日照市总工会党组成员、副主席王雪燕一行到日照公司看望慰问基层一线坚守岗位的广大干部职工。

9日 山钢股份领导王向东到莱钢新闻中心/文化服务中心看望慰问新闻工作者和文化服务工作者。

● 王向东在办公楼以视频形式会见中钢国际/中钢设备董事、总经理王建。

10日 日照市政府副市长高月波带队到日照公司走访慰问，对安全生产、疫情防控、生产经营和节日期间值班安排、生活保障等情况进行了详细的了解，并代表市委、市政府向坚守岗位、辛勤工作的广大干部和职工致以新春问候和美好祝愿。

12日 农历大年初一，山钢股份、莱芜分公司、日照公司、营销总公司领导王向东、吕铭、王培文等分别到一线看望慰问节日期间坚守岗位的干部职工。

19日 莱芜分公司2021年党风廉政建设工作会议在炼钢厂大学堂召开，王向东、王培文、齐登业、赵智珠、刘晓军、王子金出席。

20日 山钢股份公司党委2020年度党建工作责任制检查组到营销总公司进行现场检查，山钢股份党委副书记高凤娟听取了工作情况的汇报，并对营销工作提出要求。

24日 莱芜分公司党委（扩大）会议暨2020年度党组织书记履行全面从严治党责任和抓基层党建工作述职评议会议在办公楼召开，公司领导王向东、王培文、齐登业、赵智珠、刘晓军出席会议。

• 日照公司党委召开2020年度履行全面从严治党责任述职会议，公司领导吕铭、张润生、孙永和、曹庆良、景凯、刘玉良、姚建平出席会议。

25日 山钢股份“五位一体”协同推进领导小组会议暨总结推进大会在办公楼召开，山钢股份领导王向东、邵明天、王培文、张润生、金立山出席。

本月 日照公司1049名职工获得公司颁发的首批职业技能等级证书。

3月

4日至5日 山钢集团党委常委、总审计师王鸿飞一行到日照公司调研，吕铭陪同现场参观和座谈。

5日 冶金工业规划院院长范铁军一行到访，王向东在办公楼与客人座谈。

• 中国民生银行济南分行党委书记、行长徐文华一行到访，王向东在办公楼与客人座谈。

• 日照公司召开庆“三八”先进表彰大会暨第三届“书香三八·魅力女工”读书活动成果展示会，公司党委副书记、工会主席孙永和，党委委员刘玉良出席会议。

8日 莱芜分公司庆“三八”表彰会暨第八届“书香三八”读书活动启动仪式在办公楼举行，王向东以视频形式向公司女职工致以节日的问候和祝福，齐登业出席会议。

10日 五矿矿业控股有限公司总经理腰向科一行到访，王向东、郭伟达在办公楼与客人座谈。

• 宝武集团欧冶链金再生资源有限公司高级副总裁曹玉龙一行到访，王培文在办公楼与客人座谈。

• 日照市人社局党组成员、副局长陈维江，岚山区副区长冯展宁一行到日照公司调研技能人才工作，姚建平陪同调研。

11日 在全国第43个植树节即将到来之际，山钢股份公司、莱芜分公司领导王向东、高凤娟、王培文等冒雨到型钢炼铁厂原料场大棚区域，与广大干部职工一起进行义务植树活动。

• 日照公司举办中层干部学精益讲精益研修班开班典礼，正式启动精益管理研修培训工作。公司领导张润生、蒋学健参加会议，工商管理和精益领导力资深顾问王国兴博士等专家应邀出席。

16日 徐州大长实工程机械有限公司董事长庄文田一行到访，王向东、郭伟达在办公楼与客人座谈。

• 中海石油炼化有限责任公司安全总监赵岩一行到访，王向东、郭伟达在办公楼与客人座谈。

• 日照公司党委在全公司组织开展“做到极致、走向前列、先行示范”全员对标反思大讨论活动。

17日 中共济南市委副书记边祥慧一行到莱芜分公司新旧动能转换项目建设现场调研，王向东陪同调研。

19日 山钢集团“劳动我最美——网聚职工正能量”短视频和新闻摄影大赛表彰大会在莱芜分公司特钢事业部举行，山钢集团党委委员、工会主席卢彤书，山钢股份、莱芜分公司领导王向东、齐登业出席会议。

22日 济南市生态环境局执法支队副支队长郑凯一行到莱芜分公司开展大气污染防治情况现场核查，并在办公楼召开启动动员会，公司领导王向东、王培文、刘晓军出席会议。

25日 山钢集团党委副书记、总经理陶登奎，党委常委罗登武一行就深入开展党史学习教育、“全面对标、系统提升”行动到莱芜分公司调研，王向东、王培文在480平方米烧结机主控楼会议室汇报工作。

● 莱芜分公司平安建设工作会议在办公楼召开，公司领导王向东、齐登业、赵智珠，银山公安局领导李国华出席会议。

● 日照公司召开大监督体系专题会暨一季度政治工作会议，吕铭主持会议并讲话。

31日 山东华电节能技术有限公司董事长洪涛一行到访，王向东在办公楼与客人座谈。

4月

1日 中国移动山东公司莱芜分公司党委书记、总经理孙凤华一行到访，王向东在办公楼与客人座谈。

● 日照钢铁精品基地一期工程顺利通过档案专项验收。

● 日照公司荣获“中国钢铁工业清洁生产环境友好企业”称号。

2日 日照公司成功获得港口经营许可证，6号、7号泊位正式投产运营。

6日 山钢股份党委党史学习教育领导小组第一次会议在办公楼召开，王向东主持会议并讲话。

● 国家公众环境研究中心主任马军一行到访，王向东在办公楼与客人座谈。

9日 日照公司召开2021年一季度安全生产委员会会议，公司领导吕铭、张润生、孙卫华、孙永和、杨金光、曹庆良、蒋学健、姚建平出席。

● 日照公司党委召开党史学习教育领导小组第一次会议，公司领导吕铭、张润生、孙永和、曹庆良、姚建平出席。

9日至10日 日照公司第一批新冠肺炎疫苗接种工作顺利完成，约1500名干部职工和相关方人员进行了接种。

12日 山钢股份特聘首席专家聘任仪式在办公楼举行，燕山大学副校长、教授张立峰，山钢股份领导王向东、吕铭出席。

13日 莱芜分公司党委党史学习教育领导小组第一次会议在办公楼召开，王向东主持会议并讲话，王培文、齐登业、赵智珠出席会议。

14日 莱芜分公司传达学习贯彻山钢集团科技创新会议暨2021年第一季度工作会议精神，王向东、王培文、赵智珠、齐登业、刘晓军出席。

● 日照公司召开4月份月度工作例会暨一季度业绩对话会，会上传达了集团公司一季度工作会议精神，公司党政领导吕铭、张润生等出席会议。

15日 山钢集团党委副书记、总经理陶登奎率队到山钢股份检查督导2020年度履行全面从严治党主体责任暨党建工作责任制落实及党史学习教育工作开展情况，山钢股份领导王向东、高凤娟、赵智珠在办公楼汇报工作。

16日 上海浦东发展银行济南分行副行长张志一行到访，王向东、尉可超在办公楼与客人座谈。

17日 山钢股份与东明石化战略合作框架协议签署仪式在办公楼举行，山东东明石化集团有限公司党委书记、董事局主席李湘平，山钢股份党委书记、董事长王向东出席签约仪式。

20日 日立建机（中国）有限公司总经理山野辺聡、合肥三洋钢材有限公司董事长潘峰一行到日照公司业务交流，日照公司领导吕铭、张润生、孙卫华与客人座谈。

21日 山钢股份大讲堂（党史学习教育专题讲座）在办公楼举行，山钢集团外部董事王宏伟作了党史学习教育专题讲座，山钢股份公司、莱芜分公司领导王向东、吕铭、高凤娟、赵智珠、邵明天、尉可超、王培文、张润生、齐登业、刘晓军出席讲座。

● 日立建机（中国）有限公司总经理山野辺聡一行到访，王向东、尉可超、郭伟达在办公楼与客人座谈。

22日 日照公司举办精益管理问题诊断比武大赛，来自7个生产厂的35名队员参赛，公司领导孙永和出席诊断比武发布会。

23日 山钢股份与蓬莱巨涛海洋工程用钢铁材料联合研发中心合作协议签字暨揭牌仪式在办公楼举行，蓬莱巨涛副总经理、珠海巨涛总经理梁海，山钢股份、营销总公司领导王向东、吕铭、邵明天、郭伟达出席仪式。

● 日照公司组织开展“喜迎建党百周年，争当圆梦新一代”党史学习教育知识竞赛，来自各单位的300余名干部职工和团员青年参加活动。

26日 山东省人大常委会副主任王良一行到莱芜分公司开展联系代表活动，王培文在办公楼汇报了企业生产经营运行情况。

● 山钢股份“五一”“五四”表彰暨全员岗位创新启动会在办公楼召开，王向东、吕铭、高凤娟、赵智珠、邵明天、尉可超、王培文、金立山出席会议并为受表彰的先进个人颁奖。

● 中冶赛迪集团有限公司副总经理廖祥荣一行到访，王向东在办公楼与客人座谈。

28日 日照公司召开岗位集中管控方案汇报会，研究岗位集中管控方案编制情况和具体方案，公司领导吕铭、孙卫华、杨金光、蒋学健出席会议并听取汇报。

29日 精品特钢新区建设启动会在莱芜分公司特钢事业部召开，王向东出席并为“精品特钢新区”揭牌，王培文、郭伟达、刘晓军出席会议。

30日 莱钢老领导姜开文、宋兰祥、田克宁、闫启祯、刘培钧、陈玲棠、赵茂祥、张文德、崔宪池、赵京玲一行到莱芜分公司新旧动能转换项目现场观摩，王向东、王培文、刘晓军陪同并进行座谈。

● 日照公司召开第一届青年岗位能手表彰会暨五四青年座谈会，孙永和出席并颁奖。

5月

7日 甘肃省临夏回族自治州康乐县委副书记、县长马晓璐带领党政考察团一行到莱芜分公司考察，王培文陪同。

8日 日照公司党委书记、董事长吕铭带队开展二季度安全检查暨相关方“四个统一”安全管理工作专项检查。

10日 日照公司召开日照钢铁精品基地一期工程档案专项验收总结表彰会，公司领导孙卫华出席会议并讲话。

11日 山钢集团党委常委、董事陈向阳率队到山钢股份调研科技创新工作，王向东、吕铭、邵明天、刘晓军在办公楼汇报工作。

● 山钢股份2021年第一季度工作会在办公楼召开，公司领导王向东、吕铭、高凤娟、邵明天、王培文、张润生、金立山、赵智珠出席会议。

● 中国工商银行山东省分行党委委员、副行长张晓瑞一行到访，王向东在办公楼与客人座谈。

12日 莱芜分公司“五四”表彰暨“青年三百人才工程”推进会在炼钢厂大学堂召开，团省委青年发展部部长李小雪，公司领导王向东、王培文、齐登业、赵智珠出席会议。

● 日照公司组织开展质量门研修班开

班典礼，正式开启2021年质量门研修培训工作，公司领导张润生、孙卫华、孙永和、杨金光、曹庆良、蒋学健、刘宜伟、姚建平出席开班典礼。

14日　山钢集团公司党委常委、董事陈向阳到日照公司进行科技创新工作调研，日照公司领导张润生等参加调研座谈。

15日　山钢股份莱芜分公司新旧动能转换项目攻坚行动总结表彰大会在新旧动能转换工程现场召开。济南市政府党组成员、钢城区委书记武树华，钢城区委常委、副区长张富林，莱芜分公司党政领导王向东、王培文、赵智珠、刘晓军、苗仲元出席并为受表彰的单位和个人颁奖。

17日　山钢集团公司党委副书记、总经理陶登奎带队到日照公司就安全生产、智能制造、全面对标等情况开展督查调研。集团公司党委常委罗登武，安全总监李长青陪同。日照公司党政领导吕铭、张润生、杨金光、曹庆良、蒋学健、刘宜伟参加调研并陪同现场督查。

19日　山东上市公司协会及《中国证券报》《证券时报》《上海证券报》《证券日报》等财经媒体记者走进山钢股份，王向东、金立山与记者在办公楼座谈。

20日　山钢与力拓优化块矿使用技术合作备忘录签约仪式在办公楼举行，力拓铁矿中国区总经理陈胜，山钢国贸党委书记、董事长、总经理李强笃，山钢股份、莱芜分公司领导王向东、刘晓军出席签约仪式。

• 山东省应急管理厅火灾防治管理处处长田勇带队到莱芜分公司督导安全生产工作，王向东、苗仲元在办公楼与田勇一行座谈。

21日　同庆建党百年　共筑健康山钢——山东大学第二医院“庆祝建党100周年”系列义诊活动在新兴广场举行，山东大学第二医院院长王传新，山钢股份、莱芜分公司领导王向东、金立山、齐登业出席活动。

• 中华全国总工会劳动和经济工作部一级巡视员闵迎秋，山东省总工会党组成员、经审会主任蒋石宝一行，在日照市人大常委会副主任、市总工会主席李崇禧的陪同下，到日照公司就劳动竞赛、职工创新等工作调研，公司领导张润生参加调研。

28日　省国资委资本运营与收益管理处、山钢集团投资与资本运营部开展支部共建暨主题党日活动，省国资委二级巡视员张志波，山钢集团党委常委、董事陈向阳参加，莱芜分公司领导王培文陪同。

• 省人大常委会委员、城环委主任委员、省环保督查组组长李峰，省生态环境保护督查专员肖永涛一行，在日照市副市长徐淑利，市生态环境局党组书记、局长焦春峰，岚山区委书记刘峰梅的陪同下到日照公司检查指导，公司领导吕铭参加座谈。

6月

1日　莱芜分公司“安全生产月、节能宣传月、环境保护宣传月”活动启动仪式在办公楼举行，公司领导王向东、王培文、赵智珠、齐登业、刘晓军、苗仲元参加启动仪式。

• 日照公司举行2021年“安全生产月”活动启动仪式，公司领导吕铭、张润生、孙卫华、孙永和、杨金光、曹庆良、蒋学健、刘宜伟参加启动仪式。

2日　济南市商务局党组书记、局长孙战宇一行到莱芜分公司开展外贸专题调研，王培文在办公楼与客人座谈。

5日　日照公司党委在锦钰佳苑北区开展“建党百年践初心　我为群众办实事”主题实践活动。

8日　甘肃省临夏回族自治州康乐县

委书记吴国峻带领党政考察团一行到莱芜分公司参观考察，济南市政府党组成员、钢城区委书记武树华，公司领导王向东陪同。

• 日照公司党委书记、董事长吕铭到炼铁厂1号、2号高炉作业区开展“我为群众办实事”实践调研，并为联系点党支部讲授专题党课。

11日 莱芜分公司党委党史学习教育专题辅导在办公楼举行，王向东主持会议并讲话。

• 山东时风集团党委书记、董事长刘成强一行到访，王向东、郭伟达在办公楼与客人座谈。

• 日照公司召开第二届科技大会。公司党委书记、董事长吕铭作题为《打造高科技企业 实现高质量发展》的讲话，张润生等出席会议。

12日 省统计局党组成员、副局长周尊考带领核查组一行到莱芜分公司进行重点能耗企业煤炭消费情况核查，钢城区委副书记、区长郅颂，公司领导王向东、刘晓军陪同。

17日 由中国金属学会冶金流程工程分会、中国金属学会炼钢分会和北京金属学会主办，山钢股份协办，新钢网承办的第三届（2021年）全国炼钢厂厂长百人论坛在雪野举行。钢铁研究总院名誉院长、中国工程院院士殷瑞钰，中国金属学会专家委员会副主任李文秀，山钢集团党委常委、董事陈向阳，山钢股份领导王向东、邵明天出席。

• 营销总公司在莱钢文体中心举行庆祝中国共产党成立100周年红色歌曲展演活动，山钢集团公司党委委员、副总经理，山钢股份党委书记、董事长王向东出席会议并发表了讲话，山钢股份党委副书记高凤娟随同出席会议。

• 省工业和信息化厅数据产业推进处副处长王俊人一行6人和日照市工信局党组成员、化工专项行动办，专职副主任许海明一行3人到日照公司调研，公司领导杨金光参加座谈并陪同现场参观。

21日 莱芜分公司“中国梦·新时代·跟党走·强起来”主题宣讲在工人文化宫举行，王向东、齐登业、赵智珠出席。

24日 山钢集团党委书记、董事长侯军一行到莱芜分公司检查安全工作，山钢股份、莱芜分公司领导王向东、邵明天、赵智珠、苗仲元在办公楼汇报工作。

• 省安委会生产经营单位、应急预案和应急演练工作组、省生态环境厅应急与舆情处三级调研员郭振宝一行到日照公司开展专项执法检查活动。公司领导张润生、刘宜伟陪同座谈和现场检查。

• 营销总公司召开干部大会，对部分负责人进行调整。山钢集团公司党委委员、副总经理，山钢股份党委书记、董事长王向东出席会议并讲话。

25日 山钢集团党委副书记、总经理陶登奎到党建工作联系点——莱芜分公司焦化厂炼焦三车间讲了题为《铭记百年奋斗历程 不忘初心砥砺前行 为把山钢打造成为具有全球竞争力的一流企业不懈奋斗》的专题党课，王向东、齐登业出席。

• 山钢股份庆“七一”表彰大会、先模人物事迹报告会暨红歌展演在工人文化宫举行，王向东、高凤娟、赵智珠、邵明天、尉可超、金立山出席大会并为受表彰的先进集体和个人颁奖。

29日 王向东为广大党员干部讲了一堂题为《学习党史汲取力量 笃定前行奋发有为 全力以赴开创钢铁产业高质量发展新局面》的专题党课，高凤娟、赵智珠、邵明天、尉可超、王培文、张润生、金立山、齐登业、苗仲元参加学习。

• 山钢股份党委副书记、总经理，日照公司党委书记、董事长吕铭走访慰问困难党员。

● 宝武水务科技有限公司党委书记、董事长严华一行到访，王向东、刘晓军在办公楼与客人座谈。

30 日　莱芜分公司庆祝中国共产党成立 100 周年暨党内先进表彰大会在炼钢厂大学堂召开，王向东、王培文、齐登业、赵智珠、刘晓军、苗仲元出席大会并为受表彰的先进集体和个人颁奖。

●《百年辉煌》——公司庆祝中国共产党成立 100 周年歌舞晚会在工人文化宫举行。钢城区委常委、常务副区长张富林，公司领导王向东、齐登业、赵智珠等出席。

● 日照公司党委召开庆祝中国共产党成立 100 周年先进表彰大会。公司领导吕铭、张润生、孙卫华、孙永和、杨金光、曹庆良、蒋学健、刘宜伟、姚建平出席会议。

7 月

1 日　日照公司组织集中收看中共中央在北京隆重举行庆祝中国共产党成立 100 周年大会现场直播，公司领导吕铭、张润生、孙卫华、孙永和、杨金光、曹庆良、蒋学健、刘宜伟、姚建平出席。

12 日　省委编办一级巡视员、机关党委书记刘书伟，省公安厅党委委员、政治部主任王海防一行到山钢股份、银山公安局调研，王向东陪同调研。

● 特钢事业部 100 吨电炉全天生产任务全部使用自动出钢模型作业，标志着特钢 100 吨智慧电炉系统智能化升级改造一期项目全部顺利完成。

15 日　辽宁方大集团实业有限公司董事局主席方威一行到访，王向东、邵明天、尉可超、郭伟达在办公楼与客人座谈。

● 日照公司召开 2021 年二季度安全生产委员会会议，公司领导吕铭、张润生、孙永和、杨金光、曹庆良、蒋学健、姚建平，安全总监刘宜伟出席会议。

● 日照公司召开二季度大监督体系建设推进会，总结二季度大监督工作推进情况，安排部署三季度大监督工作推进重点。公司领导吕铭、张润生、孙永和、杨金光、曹庆良、蒋学健、刘宜伟、姚建平出席会议。

20 日　日照公司党委召开党史学习教育专题研讨会，围绕“学史明理、学史增信、学史崇德、学史力行”开展专题研讨。公司领导吕铭、张润生、孙永和、杨金光、曹庆良、蒋学健、刘宜伟、姚建平参加专题学习研讨。

23 日　山钢股份“学党史　强信念　跟党走”青年党史知识竞赛在日照公司拉开帷幕。山钢股份党委副书记、工会主席高凤娟，山钢股份工会副主席，日照公司党委副书记、董事、工会主席孙永和出席。

24 日　中共山东省委书记刘家义在省委常委孙立成、刘强及省直有关部门主要负责人陪同下到山钢集团调研。刘家义在莱芜分公司高端精品钢项目现场，察看精轧车间、自动化生产线中控室，听取相关情况介绍。山钢集团党委书记、董事长侯军，党委副书记、总经理陶登奎，山钢集团党委委员、副总经理，山钢股份党委书记、董事长，莱芜分公司党委书记王向东分别汇报了山钢集团深入学习贯彻习近平总书记“七一”重要讲话精神、深化改革、新旧动能转换、绿色智能发展、科技创新、生产经营、安全生产等方面的情况。

● 山钢股份莱芜分公司半年工作会议在办公楼召开，王向东主持会议并作了题为《深化改革增活力　强化协同提绩效　奋力开创企业高质量发展新局面》的讲话；王培文作了题为《统筹双线作战　深化改革攻坚　全力以赴完成全年各项任务目标》的讲话。

25日 山西离柳焦煤集团公司党委书记、董事长杨虎平一行到访，公司领导王向东，钢城区委常委、副区长张富林在办公楼与客人座谈。

30日 山钢集团党委巡察组专项巡察山钢股份党委情况反馈会在办公楼召开。山钢集团党委常委、纪委书记、监察专员赵文友代表巡察组反馈巡察情况，山钢股份、莱芜分公司领导王向东、吕铭、高凤娟、赵智珠、邵明天、尉可超、王培文、张润生、金立山、刘晓军、苗仲元出席会议。

● 莱芜分公司召开专题会议传达学习贯彻山钢集团第二届生态环境保护大会暨2021年半年工作会议精神，王向东、王培文、赵智珠、齐登业、刘晓军、苗仲元出席会议。

8月

2日 住建部建筑市场监管司司长曾宪新、副司长廖玉平在山东省住建厅党组成员、副厅长王润晓，济南市政府副秘书长谭伟，市住建局党组书记、局长陈勇陪同下到莱钢区域调研，钢城区委副书记、代区长程学锋，钢城区委常委、副区长张富林，山钢股份领导王向东、王培文在办公楼与曾宪新一行座谈。

3日 莱芜分公司开展“全员改善送奖到岗位”活动，王向东、齐登业分别到部分单位一线岗位为黄金提案创造人和全员改善标兵送奖。

4日 日照公司首次成功研发热轧汽车产品高级别高扩孔钢HR440/580HE。

5日 中国邮政储蓄银行山东省分行交易银行部总经理蒋保成一行到访，王向东、尉可超在办公楼与客人座谈。

6日 山东移动莱芜分公司总经理陈刚一行到访，王向东在办公楼与客人座谈。

10日 国家能源投资集团（济南）新能源有限责任公司党委副书记、总经理夏永利一行到访，王向东、邵明天在办公楼与客人座谈。

11日 海洋工程用超高强海工钢EH550完成首次订单交付。

12日 济南市人大常委会主任殷鲁谦一行到莱芜分公司调研，钢城区委书记郅颂，钢城区人大常委会主任王纪青，公司领导王向东、王培文陪同调研。

13日 山钢股份2021年半年工作暨月度运营绩效分析评价会在办公楼召开，王向东、吕铭、高凤娟、尉可超、王培文、张润生、金立山、赵智珠出席会议。

● 莱芜分公司2021年半年工作暨月度运营绩效分析评价会在办公楼召开，王向东、王培文、赵智珠、齐登业、刘晓军、苗仲元出席会议。

16日 日照公司举办第二届职工职业技能竞赛暨青工技术比武竞赛。

17日 省“四进”工作组到莱芜分公司调研，王向东陪同。

18日 中国邮政储蓄银行山东省分行党委书记、行长焦玉泉一行到访，王向东在办公楼与客人座谈。

● 山钢股份副总经理周铭到营销总公司调研，听取营销总公司工作情况的汇报，并对营销工作提出要求。

19日 莱芜分公司大监督体系建设推进暨纪检工作半年会在办公楼召开，王向东、王培文、齐登业、赵智珠、刘晓军、苗仲元出席会议。

24日 钢城区委书记郅颂到莱芜分公司新旧动能转换高炉项目建设现场调研，王向东陪同调研。

25日 山钢集团党委副书记、总经理陶登奎到山钢股份督导办公室党支部党史学习教育专题组织生活会，王向东以普通党员身份参加了组织生活会。

30日 日照公司举办全员岗位创新自主改善项目现场发布分享会。公司党委副书记、工会主席孙永和出席会议并为优秀项目颁奖。

本月 日照公司首次成功试制700CL车轮钢，成功实现100毫米厚Q390B/CZ35特厚板首发。

9月

1日 莱芜分公司2021年“质量月”活动启动仪式在办公楼举行，公司领导王培文、赵智珠、齐登业、刘晓军、苗仲元出席会议。

● 日照公司党委书记、董事长吕铭在日照公司会见了山西焦煤煤焦销售公司党委副书记、副董事长、总经理郭天罡一行，并就进一步深化合作交流进行了座谈。

2日 日照公司铁路项目部组织工程管理部、项目管理、施工及监理等单位召开公司专用铁路工程第一次工程会议，标志着专用铁路项目正式开工建设。

8日 日照公司召开精益管理深入诊断报告汇报会。公司党政领导吕铭、张润生、孙卫华、孙永和、杨金光、曹庆良、蒋学健、刘宜伟、姚建平参会。

9日 济南市人大常委会副主任李胜利一行到莱芜分公司特钢新中型项目、烧结系统综合升级项目现场检查“生态济南”建设工作情况，王培文陪同。

10日 山钢集团党委副书记、董事苏斌，山钢集团工会主席卢彤书、副主席刘松林一行到山钢股份开展送奖暨全员岗位创新工作调研，王向东、高凤娟等出席活动。

● 日照公司热镀锌产线完成某国外知名汽车厂订购的热镀锌高强汽车外板，表面质量符合O5标准，达到汽车外板欧标的汽车外板标准，这是日照公司完成的首批高强镀锌汽车外板产品实际订单。

13日 山东省钢铁企业煤气泄漏应急演练在莱芜分公司能源动力厂型钢区16.5万立方米煤气柜区域举行。山东省应急管理厅党委委员、副厅长臧金友，山钢集团党委委员、副总经理，山钢股份党委书记、董事长，莱芜分公司党委书记王向东，山东省应急管理厅救援协调和预案管理处处长郭方铭，济南市应急管理局党委委员、副局长王联华，钢城区委副书记、代区长程学锋，省公安厅二级巡视员、银山公安局党委书记、局长李国华，钢城区委常委、副区长张富林，山钢集团安全总监李长青，山钢股份副总经理、莱芜分公司党委副书记、总经理王培文，济南市应急管理局党委委员李学军等观摩演练。

16日 日照公司党委书记、董事长吕铭以《学史崇德，做清正廉洁的人》为题，为联系单位讲授廉洁党课并开展廉洁谈话。

17日 日照公司党委副书记、总经理张润生以《抓节点倡廉政　廉洁一直在路上》为题，为联系单位讲授廉洁党课并开展廉洁谈话。

23日至24日 日照公司举办“极致杯”第三届职工拔河比赛。公司党委副书记、工会主席孙永和，党委委员姚建平观看比赛并颁奖。

27日 由中国金属学会、中国金属学会特殊钢分会主办，山钢股份、山东金属学会协办的2021年全国高品质特殊钢生产技术研讨会暨中国金属学会特殊钢学术年会在济南开幕。中国钢研集团原副总经理、钢铁研究总院常务副院长、中国金属学会特殊钢分会主任委员田志凌，山钢集团党委委员、副总经理，山钢股份党委书记、董事长王向东，中国金属学会专家委员会主任王天义、副主任李文秀、副秘书长高怀，燕山大学党委常委、副校长张立峰，山钢股份副总经理邵明天等出席会议。

29日 5G智能原料场投运暨数智钢铁启动会在莱芜分公司型钢炼铁厂举行。山东省工业和信息化厅副厅长王新生，山钢股份领导王向东、王培文，济南市工信局总工程师张建军，山东移动党委委员、副总经理李锋，钢城区副区长郭玉华，华为山东无线与云核解决方案销售部长刘林锋，中冶赛迪工程技术股份有限公司副总工程师丁运乔，山东移动莱芜分公司党委书记、总经理陈刚出席会议。

本月 日照公司以“拥抱数字变革，推动质量创新，提升产业基础”为主题，组织开展产品“质量月”活动。

10月

8日 日照公司召开2021年三季度安全生产委员会会议。公司领导吕铭、张润生、孙卫华、孙永和、杨金光、曹庆良、蒋学健、姚建平，安全总监刘宜伟出席会议。

9日 山钢集团副总经理、总法律顾问董立志到营销总公司调研，听取营销总公司“践行法商融合，打造法治山钢”方面工作汇报，并对营销工作提出要求。

14日 山钢集团党委常委、纪委书记、监察专员赵文友到日照公司专题调研大监督体系建设情况，日照公司领导吕铭、曹庆良陪同。

● 山钢集团党委副书记、总经理陶登奎到日照公司调研，日照公司领导吕铭、张润生陪同。陶登奎先后到中厚板厂3500毫米产线、炼钢厂二步主控室、沙滩公园等区域调研，充分了解各产线生产经营、挖潜增效、指标提升等情况，对日照公司整体运营发展表示肯定。

15日 日照公司党史学习教育领导小组办公室组织开展“忆峥嵘岁月　强使命担当”主题观影教育实践活动，260名党、团员集体观看了爱国主义教育影片《长津湖》。

18日 莱芜分公司召开专题会议传达学习贯彻山钢集团“全面对标、系统提升”推进会暨2021年第三季度工作会议精神，公司党政领导王向东、王培文、赵智珠、齐登业、刘晓军、程鼎、苗仲元、姜世远、景凯出席会议。

21日 钢结构建筑推广应用工作委员会与山钢集团交流访问沟通会在办公楼召开，中国房地产业协会副会长吴仕岩，莱芜分公司党委副书记、总经理王培文出席会议。

● 日照公司首卷花纹板在2050毫米热轧产线成功下线。

22日 日照公司组织开展“庆建党百年、祝祖国华诞、忆长征初心”职工环厂区健步行活动，公司党政领导吕铭、张润生、孙永和、曹庆良、刘宜伟出席活动仪式。

26日 日照公司组织开展无偿献血活动，110名职工参与，献血量达到44000毫升。

27日 山钢集团党委常委、纪委书记、监察专员赵文友一行到山钢股份调研大监督体系建设推进情况，王向东、赵智珠、齐登业、郭伟达陪同调研。

● 日照公司党委召开三季度大监督体系建设推进会，公司党政领导吕铭、张润生、孙卫华、曹庆良、蒋学健、刘宜伟、姚建平参加会议。

本月 日照公司成功实现CR700/980MS马氏体钢0.7毫米超薄规格产品的研发并取得客户认可，实现冷轧超高强钢供货规格的突破。

● 日照公司利用四坯复合叠轧技术成功实现200毫米特厚压力容器用Q345R钢板的生产，再一次刷新了公司压力容器钢板的最大厚度极限。

11月

2日 日照公司中厚板厂4300毫米产线利用复合坯叠轧工艺成功试制生产出260毫米厚Q355NB特厚钢板，并已实现225毫米厚Q355ND特厚风电钢板的实单供货，复合特厚钢板的生产再次实现新突破。

11日 日照公司召开统战工作会议，公司党委书记、董事长吕铭作书面致辞，党委副书记、工会主席孙永和出席会议并讲话。

● 营销总公司召开“以案示警、以案促改”专题民主生活会，山钢集团公司党委委员、副总经理，山钢股份党委书记、董事长王向东出席了会议并讲话。

16日 中共济南市委副书记边祥慧率领2021年全市重点项目建设观摩团，对莱芜分公司新旧动能转换高炉绿色升级改造、智慧炼钢项目进行观摩评议，钢城区委书记郅颂，区委副书记、代区长程学锋，山钢股份、莱芜分公司领导王向东、王培文等陪同。

23日 山东港口青岛港党委副书记、董事、总经理李武成一行到访，王培文、刘晓军在办公楼与客人座谈。

24日 日照公司举办2021年下半年精益管理问题诊断比武，来自7个生产厂的57名队员参赛。公司党委副书记、工会主席孙永和出席诊断比武发布会并为参赛选手颁奖。

25日 省国资委党委委员、副主任高长生带领省国资委企业改革处党支部到莱芜分公司开展主题党日暨党性锻炼实践活动，山钢集团党委常委、董事陈向阳，山钢股份党委副书记、工会主席高凤娟，山钢股份副总经理，莱芜分公司党委副书记、总经理王培文等出席。

30日 日照公司在职工文体中心举办“极致杯”首届职工羽毛球比赛。

本月 山钢股份荣获山东省第二届全员创新企业荣誉称号。

● 山钢股份被认定为全国市场质量信用A等企业，“用户满意标杆企业”达到市场质量信用最高级别AAA级。

12月

2日 中国建设银行山东省分行党委副书记、副行长肖鹏一行到访，王向东、尉可超在办公楼与客人座谈。

● 莱芜分公司新旧动能转换项目陶家岭转炉连铸工程1号转炉正式开始砌炉，工程建设全面进入冲刺攻坚阶段。

7日 山钢股份廉洁从业警示教育专题党课在办公楼举行，山钢股份党委书记、董事长，莱芜分公司党委书记王向东为广大党员干部讲了一堂题为《以案为鉴 警钟长鸣 坚定不移打造山钢股份风清气正政治生态》的专题党课。

8日 中共山东省委党史学习教育第十五巡回指导组副组长贺茂广及巡回指导组成员赵秀水、庞爱华、王溧一行到莱芜分公司调研，山钢集团党委委员、副总经理，山钢股份党委书记、董事长，莱芜分公司党委书记王向东，山钢集团党委委员、工会主席卢彤书，山钢股份党委副书记、工会主席高凤娟等陪同调研。

● 按照日照市“政府开放日”活动安排，20余名日照市民代表走进日照公司，感受现代化绿色钢铁企业魅力。

9日 山钢股份与宝武水务科技公司战略合作协议签约仪式在办公楼举行，山钢集团党委委员、副总经理，山钢股份党委书记、董事长，莱芜分公司党委书记王向东，宝武水务党委书记、董事长严华，山钢股份副总经理周铭出席签约仪式。

14日 伊莱特能源装备股份有限公司董事长、总裁牛余刚一行到访，王向东、周铭、郭伟达在办公楼与客人座谈。

14日至15日 日照公司参加日照市第三届全市先进钢铁制造产业职业技能大赛暨岚山区第五届职业技能大赛化学检验员竞赛，公司参赛职工包揽比赛前三名。

16日 山钢集团外部董事王宏伟、梁阜、高景言一行到山钢股份调研，山钢股份领导王向东、尉可超、王培文分别陪同调研并在办公楼汇报工作。

• 中铁四局集团钢结构建筑有限公司总经理、党委副书记崔洪岩一行到访，王向东、尉可超、刘晓军在办公楼与客人座谈。

18日 山钢股份莱芜分公司新旧动能转换项目1号3800立方米高炉顺利开炉。15时16分，山钢集团党委委员、副总经理，山钢股份党委书记、董事长，莱芜分公司党委书记王向东宣布高炉点火开炉。钢城区委书记郅颂，山钢集团党委委员，山钢股份党委副书记、总经理，日照公司党委书记、董事长吕铭，莱钢集团党委书记、董事长、总经理，钢城经济开发区党工委副书记、管委会主任李洪建，山钢股份副总经理，莱芜分公司党委副书记、总经理王培文，钢城区委常委、副区长张富林，山东省冶金设计院股份有限公司董事长魏新民出席仪式。

19日 7时51分，莱芜分公司新旧动能转换项目1号3800立方米高炉产出了第一炉铁水。

20日 山钢股份莱芜分公司新旧动能转换项目一期工程炼钢转炉连铸顺利热试。11时16分，山钢集团党委委员、副总经理，山钢股份党委书记、董事长，莱芜分公司党委书记王向东宣布热试开始。山钢集团党委委员，山钢股份党委副书记、总经理，日照公司党委书记、董事长吕铭，山钢股份副总经理，莱芜分公司党委副书记、总经理王培文，莱钢集团党委副书记、工会主席李茂岭，中冶赛迪工程技术股份有限公司、中国一冶集团有限公司、中国重型机械研究院股份有限公司、山东省冶金设计院股份有限公司等参建单位相关负责人出席热试仪式。

24日 中国钢铁工业协会对标挖潜办公室副主任、财经研究处处长何军红一行3人到日照公司交流对标挖潜工作，并参观了公司展厅、智能管控大厅、炼铁2号高炉主控室和冷轧镀锌产线。

25日 山钢集团总经理助理刘慈玲一行到莱芜分公司调研，王向东、吕铭、周铭、程鼎陪同调研。

30日 山东钢铁股份有限公司第一届职工代表大会第二次会议在办公楼召开。公司党政领导王向东、吕铭、高凤娟、尉可超、张润生、周铭、金立山、赵智珠出席会议。吕铭作了题为《深化改革攻坚 全面对标提升 奋力谱写做到极致走向前列新篇章》的工作报告。王向东作了题为《把握时代机遇 奋力走向前列 坚定不移开创山钢股份高质量发展新局面》的讲话。

31日 日照公司一届五次职工代表大会召开。公司党政领导吕铭、张润生等人出席会议。吕铭作了题为《打造先行示范 跻身头部企业 实现从走向前列到走在前列的转变》的讲话，张润生作了题为《扛起新时代责任担当 提升高质量发展能级 坚定不移朝着先行示范的战略目标奋勇前进》的工作报告。

本月 山钢集团日照钢铁精品基地项目轧钢工程荣获国家优质工程金奖。

• 日照公司顺利通过省级健康企业验收获评2021年度省级健康企业。

（注：• 与上面日期相同）

（撰稿：刘 敏 宿 昊
审稿：景 凯）

机构与人事

中共山东钢铁股份有限公司委员会

委　员　王向东　吕　铭
孙成玉（1月30日止）
高凤娟
赵智珠（1月30日任）
书　记　王向东
副书记　吕　铭
孙成玉（1月30日止）
高凤娟（1月30日任）

山东钢铁股份有限公司董事会

董　　事　王向东
王国栋（4月20日止）
徐金梧
胡元木（4月20日止）
汪晋宽（4月20日任）
王爱国（4月20日任）
刘　冰　马建春　苗　刚
李洪建（4月20日止）
陈肖鸿（4月20日任）
孙日东
董 事 长　王向东
董事会秘书　金立山

山东钢铁股份有限公司监事会

监　　事　孙成玉（4月20日止）
高凤娟（4月20日任）
罗文军（4月20日任）
徐　峰（4月20日任）
李东祥（4月20日任）
高淑军
刘玉良（4月20日止）
监事会主席　孙成玉（4月20日止）
高凤娟（4月20日任）

山东钢铁股份有限公司经理层

总 经 理　吕　铭
副总经理　邵明天（11月30日止）
尉可超
王培文（12月27日止）
张润生
周　铭（8月13日任，挂职）
财务负责人　尉可超

中共山东钢铁股份有限公司纪律检查委员会

委　员　高凤娟（1月30日止）
姜广忠　高洪亮　卢建刚
董思慧
赵智珠（1月30日任）
书　记　高凤娟（1月30日止）
赵智珠（1月30日任）
副书记　姜广忠

山钢股份总部各部门

董事会办公室/监事会办公室/证券部

董事会办公室/监事会办公室
副主任　郭允义

证券部

副经理 郭允义

党委办公室/办公室/保卫部

党委办公室/办公室

主　任 刘晓军（3月9日止）
景　凯（3月9日任）

副主任 刘振海（11月30日止）
郭晓鲲

保卫部(5月14日成立，与党委办公室/办公室复合设置)

经　理 景　凯（5月15日任）

副经理（兼） 张永青（5月15日任）

财务部/资金结算中心

财务部

经　理 董永峰

副经理 景　菊

资金结算中心

主　任 董永峰

副主任 景　菊

党委组织部/人力资源部/机关党委

党委组织部

部　长 齐登业（3月10日止）
徐西刚（3月10日任）

副部长 耿　亮

人力资源部

经　理 齐登业（3月10日止）
徐西刚（3月10日任）

副经理 耿　亮

机关党委

党委委员 庞瑞年
王　毅（6月7日任）
张成德（6月7日任）
卢建刚（6月7日任）
景　菊（6月7日任）

党委书记 庞瑞年

纪委书记 庞瑞年（8月21日止）
卢建刚（8月21日任）

纪委/巡察工作领导小组办公室

纪委

书　记 高凤娟（1月30日止）
赵智珠（1月30日任）

副书记 姜广忠

综合室主任 卢建刚

执纪监督室主任 董思慧

巡察工作领导小组办公室

主　任 高洪亮

规划科技部

经　理 张　军

副经理 顾大庆

运营管控部/运营评价中心

运营管控部

经　理 孔凡强

副经理 李金怀

运营评价中心

主　任 孔凡强

副主任 李金怀

安全环保部

经　理 徐锡坤

副经理 朱圣华

风险合规部/风险管控中心

风险合规部

经　理 朱　慧

副经理　刘武修
风险管控中心
主　任　朱　慧
副主任　刘武修　薛存海　王宝明

宣传部/统战部/企业文化部

宣传部/统战部
部　长　许家明（3月8日止）
刘玉良（3月8日任）
副部长　张成德
企业文化部
经　理　许家明（3月8日止）
刘玉良（3月8日任）
副经理　张成德

工会/团委/武装部

工会
主　　席　孙成玉（1月30日止）
高凤娟（1月30日任）
副主席　孙永和　高淑军
王振海（7月29日止）
季立飞
工作部长　王　毅
团委
书　　记　季立飞
副书记（兼）　李　锐　姜立峰
武装部
工作部长　王　毅

山钢股份管理单位

莱芜分公司

党委委员　王向东
王培文（12月27日止）
吕　铭（12月27日任）
孙成玉（2月7日止）
赵智珠　齐登业
刘晓军（3月9日止）
姜世远（8月12日任）
景　凯（8月12日任）
党委书记　王向东
党委副书记　王培文（12月27日止）
吕　铭（12月27日任）
齐登业
纪委书记　赵智珠
总经理　王培文（12月27日止）
吕　铭（12月27日任）
副总经理　王子金（3月9日止）
吕智勇
刘立华（6月23日止）
刘晓军（3月9日任）
程　鼎（10月12日任，挂职）
总法律顾问　王培文
安全总监　苗仲元

山东钢铁集团日照有限公司

党委委员　吕　铭（12月27日止）
张润生　孙永和　曹庆良
景　凯（3月9日止）
刘玉良（3月8日止）
姚建平
党委书记　吕　铭（12月27日止）
张润生（12月27日任）
党委副书记　张润生（12月27日止）
孙永和
纪委书记　曹庆良
工会主席　孙永和
董　　事　吕　铭　罗文军　金立山
葛效瑾（12月3日止）
孙永和（职工代表）
董事长　吕　铭
监　　事　朱丽娟
总经理　张润生

副总经理　孙卫华　杨金光　蒋学健
总经理助理　谢英秀（10月12日任）
总法律顾问　张润生
安全总监　刘宜伟
财务负责人　李东祥

营销总公司

党委委员　王振海（6月24日止）
郭伟达
刘烈涛（2月7日止）
王清刚
高传华（6月24日任）
吕富强（3月10日任）
党委书记　郭伟达
党委副书记　王振海（6月24日止）
高传华（6月24日任）
纪委书记　刘烈涛（2月7日止）
吕富强（3月10日任）
总经理　郭伟达
常务副总经理　高传华（6月24日任）
副总经理　高传华（6月24日止）
刘庆祯（6月24日止）
宋尊国（6月24日止）
李士安
王振海（6月24日任）
郑国防（6月24日任）

山东钢铁集团有限公司研究院

院长　王向东
常务副院长　王中学（6月25日任）
副院长　孙卫华　何　毅
党总支书记　王中学（6月25日任）
党总支副书记　徐继山

山东冶金机械厂有限公司

党委委员　杜富仁
吕同军（12月22日止）
宋　存　王旭东
党委书记　杜富仁
党委副书记　王旭东
纪委书记　王旭东
工会主席　王旭东
执行董事　杜富仁
总经理　杜富仁
副总经理　吕同军（12月22日止）
宋　存
财务总监　周传玲
安全总监　胡　昆（11月30日任）
总经济师　李子钢（1月5日止）
总工程师　胡　昆
调研员　孙建波（8月10日止）

（供稿：于　涛　审稿：耿　亮）

专业管理

综合管理

【综述】 山东钢铁股份有限公司办公室/党委办公室与山东钢铁股份有限公司莱芜分公司办公室/党委办公室和莱芜钢铁集团公司银山型钢公司办公室/党委办公室合署办公，主要负责公司党委、经理层日常事务管理，综合事务管理、会务管理，文秘管理、信息调研，重要工作的督查督办，信访管理、企地协调管理，接待管理、外事管理，机要、保密、公文印信、档案史志管理。截至2021年底，在岗职工17人，其中，编制在山钢股份2人，在莱芜分公司15人；具有高级专业技术职业资格10人，中级5人，初级1人。

【综合服务】 强化精益服务，扎实做好会议和公务活动管理工作。圆满完成公司年度表彰大会、月度运营绩效评价会、党委会、总经理办公会、庆“七一”表彰大会、公司领导慰问一线职工等重要会议活动组织，协调各专业部门做好股份和分公司层面各类会议活动。全年累计组织公司及各专业会议活动1100余次，保证了公司决策部署的有效贯彻实施；办理公司管理6级及以上干部请销假手续677次，办理公务用车调度使用4000余辆次，做好公司内外部沟通联络。

【疫情防控】 坚决贯彻落实各级政府及集团公司和股份公司新冠肺炎疫情防控要求，全力应对复杂严峻的疫情防控形势，强化个人疫情防护管理，定期对公共场所消毒消杀；严格执行出省报备、入济返济查验健康码等防控措施和隔离、健康监测及核酸检测等防控要求，通过定期督导和不定期抽查检查，对发现问题能立即整改的坚决立即整改，对需要长期整改的汇总研判限期整改，确保疫情防控各项举措切实发挥实效，实现全公司全年“无确诊、无疑似”；疫苗接种工作按照属地疫情防控指挥部要求稳步推进，全员适宜接种人群第二针疫苗接种率达100%、第三针疫苗接种率达92%，为职工生命安全和身体健康筑起牢固防线，钢城区疫情防控指挥部对公司疫情防控工作给予表扬肯定。

【文秘信息调研】 充分发挥以文辅政职能作用，认真研究和准确把握公司改革发展形势，准确领会领导意图，贴近领导思路，不断提高文稿写作水平，更好服务公司决策，推动各项工作开展。全年撰写、修改、整理领导讲话、致辞、汇报材料、署名文章、公文等各类文稿430余篇260余万字；做好会议记录、纪要整理工作，全年累计整理会议记录202篇、纪要106篇；深入开展调查研究，围绕公司半年工作会落实情况、生产经营建设中存在的突出问题和困难、职工思想动态等方面，多次到基层单位进行调研，并形成调研报告，为领导科学决策提供参考依据；全年累计向中钢协、山钢等上级单位报送综合信息570余期，整理上报股份公司党委月度情况及莱芜分公司月度情况23期，综合信息工作排名始终处于山钢前列。

【督查督办】 重点围绕山钢集团、山钢股份及莱芜分公司党政重要会议确定事项和领导关注的热点难点开展工作，持续强化责任分解、过程管控、跟踪督办等措施，督促工作落实，进一步提高了各单位各部门执行力和执行效率。全年累计督办事项724项，形成25份督办报告。扎实做好巡视巡察反馈问题整改情况的督导落实，强化巡察整改过程管控，加强协调配合，确保各类问题整改到位。

【公文印鉴管理】 修订山钢股份及莱芜分公司《公文处理办法》，按要求规范各单位公文格式，提高公文办理效率和质量。组织开展公文处理培训，制定印发《关于公布2021年度发文计划的通知》，并按季度监督推进，进一步精简文件，提高办文质量和公文运转效率。全年办理各类文件4700余份，审核印发各类公文843份；刻制启用印章15枚，移交档案馆旧印章48个，用印3万余份无差错；形成银山型钢董事会议案、决议22份。

【接待与外事管理】 贯彻落实中央八项规定精神、山钢正风肃纪“十条禁令”及公司党风廉政建设等系列要求，持续加强公务接待管理，优化工作流程、完善台账资料，严格接待标准，严控费用支出，全面累计完成各类参观、调研等接待活动269次，其中大型会议等接待活动800余人/次、厂区参观调研活动1100余人/次，高质量完成省、市、区领导调研、参观等各项重要接待任务，接待业务招待费实现同比降低。认真做好外事管理工作，深入贯彻因公出国从严管理要求，全面落实省外办、山钢集团有关部署安排，不断强化外事管理工作的原则性和纪律性。根据疫情防控工作要求，严格控制公司出访任务，全年未安排出访团组出国访问。

【企地关系协调】 坚持“融入区域、融入政府、融合发展”，强化信息互通机制，构建“高层战略协商、中层对口联系、基层全面融通”新格局，为企业高质量发展提供融洽的企地关系，打造良好的外部环境。全年组织企地双方高层召开项目建设协调会议17次，办理地方政府来函29件，现场落实120余次，妥善处理突发事项20余件次。

【信访稳定】 紧紧围绕“五个不发生”和做到“三个到位”的信访工作目标，坚定打赢“六大战役”决心，努力克服新冠肺炎疫情产生的不确定因素，建章立制、畅通渠道，加强信息预警和应急处置，超前化解矛盾纠纷，全年公司共受理职工群众来信来访151件次，承办12345政务热线及劳动监察方面744件，办结率达到100%，未发生影响稳定的重大群体信访案件。认真贯彻落实上级安保维稳精神，将全国“两会”、党的十九届六中全会等重大活动的信访稳定作为首要政治任务，严格管控、快速反应处理突发事件，维护了公司稳定大局。

【后勤物业】 2021年12月份，办公室内部业务调整，将对外联络室接待业务调整至综合管理室，对外联络室承接原部分业务成立后勤物业模块，同时将信访协调室班车管理业务划转至后勤物业模块，主要负责公司外事，厂区餐厅、物业、通勤班车管理等后勤管理职能。

【保密工作】 认真落实上级保密工作部署，修订完善《保密管理办法》，印发保密工作要点，组织开展保密100周年作品展和保密培训，邀请山东省保密局专家授课。全年无失泄密事件发生。

【档案史志管理】 修订《档案管理办法》，研究莱芜分公司、银山型钢有限公司档案与莱钢集团文化服务中心托管协议，确保档案安全。配合召开工程档案验收推进会，成立组织机构，扎实推进工程档案验收等工作。理顺山钢股份档案管理模式，开展档案风险排查。

（撰稿：刘　敏　宿　昊
审稿：景　凯）

证券事务管理

【综述】 董事会办公室/监事会办公室/证券部是山钢股份证券事务主管部门。主要职责是：负责修订、完善公司章程，董事会、监事会工作制度、管理办法、议事规则，完善公司法人治理结构；处理股东大会、董事会、监事会、董事会各专门委员会的日常事务及相关业务培训；股东大会、董事会、监事会、董事会各专门委员会的会议组织、材料审核、记录、纪要，监督落实会议决议、决定；与董事、监事、高级管理人员的联系，并在其履职或检查时提供相关服务；组织编制公司定期报告、临时报告，以及董事会、监事会工作报告的起草；投资者关系管理和信息披露，与证券监管、交易、中介等机构的联系、沟通及相关事务处理；股权事务管理及公司股权激励的策划和实施；组织协调资本市场融资和企业兼并重组等工作；投融资计划、资本运营计划及项目方案的拟订或审核，牵头组织方案实施推进有关工作；董事会、监事会、证券事务的公文、档案和印信管理等。截至2021年底，共有职工3人。其中，具有高级专业技术职务3人；研究生1人，大学本科2人。

【公司治理】 按期完成公司董事会和监事

会换届，组织聘任新一届高级管理人员；持续推进权属子公司董事会规范化运营。结合省国资委深化改革三年行动部署，指导子公司和托管企业完善董事会议事规则、议事清单和授权管理等相关制度；完成银山型钢、贝斯公司董事会成员选聘调整，指导子公司规范召开年度董事会、股东会；指导推动权属子公司健全制度、依法依规实施信息公开，全部9家子公司信息公开全覆盖。系统梳理公司治理相关制度和流程，结合管理实际修订印发《董事会授权事项清单》《前置研究讨论事项负面清单》《前置研究讨论事项清单》等制度，规范重大事项审议决策程序，不断完善各司其职、各负其责、协调运转、有效制衡的公司治理机制。全年组织召开股东大会2次、董事会11次、监事会7次、董事会各专门委员会12次，审议董事会、总经理工作报告等议案和材料121项；严格规范关联交易，依据董事会和股东大会决议，2021年与31家关联企业重新签署关联交易协议；认真执行《对外担保管理制度》，强化过程控制和监督，有效防范担保风险；强化履职培训，组织公司董事、监事、高管和相关管理人员约110人次参加了山钢集团董事、监事、董秘履职专题研修班、上市公司风险管理培训班、社会责任（ESG）报告专题培训，全面提升公司各层管理人员风险防控能力。

【投资者关系管理】 通过上证E互动、电话咨询、现场交流等渠道，持续做好与投资者的热情互动，及时回应投资者关注的经营业绩、矿石自给情况、股票回购、年度分红、股票价格低以及整合重组等事项；与东兴证券、浙商证券、招商证券等机构研究员进行面对面交流。全年共受理投资者来电272次，回答投资者提问134条。积极做好与媒体的沟通，加大公司宣传力度，提升公司资本市场形象，5月份组织开展财经媒体走进上市公司活动，参加上海证券报30周年专题宣传；11月份组织《证券日报》《证券时报》《中国证券报》走进上市公司专题活动；组织参加“山东辖区上市公司2021年度投资者网上集体接待日”活动，回复投资者问题38个，回复率达100%。

【信息披露管理】 积极落实监管部门部署，严格执行信息披露审核程序，及时回复监管部门、上市公司协会等机构调研咨询；根据证监会新修订的《上市公司信息披露管理办法》，修订印发公司《信息披露事务管理制度》，不断提升信息披露质量；立足于质量和效率提升，认真研究落实定期报告编制要求，结合公司运营管理与改革发展实际，精心组织指导定期报告编制，全年组织编制完成定期报告材料约300万字，审核披露公告信息84项，信息披露及时、准确、完整、无差错。

【股权投资和资本运营】 快速推进与山西焦煤集团的战略合作，完成了向山焦销售日照公司2.2亿元的出资参股工作，增强了优质焦煤资源的稳定保障能力；策划签署山钢股份与比萨劳伊公司2021~2031年股东合作协议，引入外资134.07万美元；指导完成北京科大科技园有限公司持有冶金生态公司股权的退出；启动了18家子分公司的注销工作，进一步优化提升了资产质量。积极研究和分析资本市场，强化公司价值管理，完成了《上海证券报》30周年专刊对公司的专题宣传，5月和11月两次组织了8家次财经媒体走进山钢股份，多层次多角度展现公司投资价值，提升公司资本市场形象。2021年公司实施了2009年以来的首次分红，2021年公司日均市值同比上年提高了32.4%，市净率同比上年提高了25.3%。

（撰稿：吴　昊　审稿：郭允义）

改革发展工作

【综述】 2021年3月9日，山东钢铁股份有限公司改革发展领导小组印发《关于调整小组成员和办公室人员的通知》（山钢股份改发字〔2021〕1号），对改革发展领导小组和办公室人员作出调整。组长：王向东；副组长：吕铭、高凤娟；成员：赵智珠、邵明天、尉可超、王培文、张润生、金立山。领导小组下设办公室，设在董事会办公室，主任高凤娟、金立山，副主任郭允义。改革发展领导小组主要职责是：深入贯彻落实党中央、国务院、省委省政府、省国资委以及山钢集团公司关于深化改革的各项决策部署；研究公司改革重大原则、总体方案、制度体系；研究协调解决公司在深化改革和加快发展过程中前瞻性的、重大的、较长期的、关键的、顶层设计的深层次问题；指导、推动、督促公司有关改革政策措施的组织落实。改革发展领导小组办公室主要职责是：组织贯彻落实改革发展领导小组的工作部署，梳理公司重大改革事项，组织拟定公司改革发展方案；组织设计“六个体系”（以党建引领为核心的政治保障体系；以本质化运营水平提升为核心的“五位一体”协同体系；以塑造比较优势为核心的市场化绩效管理体系；以保障公司规范化、一体化运营为核心的制度体系；以先进钢铁、绿色智能制造为核心的转型升级体系；以聚合资源、构建钢铁产业生态圈为核心的融合发展体系）；落实“三个率先”（率先形成鲜明的改革导向，率先落实集团公司各项改革部署，率先在以改革促进发展上取得实效）的工作要求，分解细化责任，明确任务分工，确定时间表、线路图，快速推进公司改革发展方案落地；负责公司改革发展重要事项落实督办；向改革发展领导小组汇报改革推进情况。

【管理运行机制】 落实山东省国资委、集团公司各项改革部署，结合公司改革发展实际，系统研究制定改革方案。2021年2月，编制印发《山东钢铁股份有限公司深化改革行动实施方案（2021~2022年）》，形成了包含20大项改革任务、46项具体工作举措的改革任务体系，作为公司2021~2022年度深化改革的指南。按照省国资委关于加快推进现代企业制度示范企业建设要求，制定《现代企业制度建设（2021~2022年）综合改革提升方案》，同公司深化改革行动实施方案一并推进实施。

【督导与考核】 坚持改革推进日常联络制度和推进绩效季度评价通报制度，每季度组织召开改革领导小组办公室会议，总结前期工作，就重点、难点改革事项进行协调，会后及时通报改革推进情况；对重大事项，提议召开改革领导小组会议研究解决。在2020年度将重点改革任务完成情况及时通报并纳入年度目标责任制考核的基础上，2021年又在年度目标责任制考核中赋予改革事项10%的权重，同各部门及主要负责人年度业绩考核及薪酬紧密挂钩，增强了对改革事项考核的针对性。

【重点举措及成效】 截至2021年12月底，《深化改革行动实施方案（2021~2022年）》和纳入省国资委评价的《现代企业制度建设（2021~2022年）综合改革提升方案》各项改革任务全部按计划节点完成。聚焦党的建设、公司治理、“五位一体”协同、三项制度改革、人才体制机制、营销体系、研发体系变革亏损企业治理等重点任务，持续深化改革攻坚，公司经营绩效和发展质量显著提升。其中，“第一议题”实现制度化，基层党建得到巩固提升；制度更新实现常态化，公司治理更加科学规范；研发投入同比大幅增长，托管银山型钢公司申报通过高新技术企业评审；新旧动能转换取得重大进展，莱芜分公司1号3800立方米高炉、2座120吨转炉分别于12月18日、20日建成投产；莱芜分公司超低排放改造和评估监测全面完成，日照公司环保绩效保持A级，并获“中国钢铁工业清洁生产环境友好企业”荣誉称号；全面对标机制持续优化，行业竞争优势逐步显现；“五位一体”协同机制全面建立，协同创效进一步显现；商业计划书管理全面启动，管理变革纵深推进；“三项制度”改革实现突破，全员劳动生产率完成年度目标；钢铁生态圈建设稳步推进，公司营商环境持续改善；大监督体系建设全面深化，监督成效持续提升。

【钢铁产业生态圈建设】 按照《安全高效钢铁产业生态圈建设框架体系》总体要求，制定印发《安全高效钢铁产业生态圈建设领导机构和运行组织体系》，成立公司钢铁产业生态圈建设委员会，组建推进专业工作组和办公室。着力围绕搭台、展链开展工作，重点推进产销研一体化管控平台、智慧商务平台、采购供应平台、智慧物流平台等7个平台的建设和大宗原燃料供应链、产品销售服务链、物流运输链等7个业务链的优化拓展，各专业工作组分别制定工作方案，建设委员会办公室建立工作推进台账，定期督导和通报。按照“对内高度业务协同、对外稳妥推进资本投资+战略合作”的建圈模式，公司内部协同高效运行，对外业务链建设成效明显，效益实现大幅提升。“五位一体”协同机制框架体系建立并有效运行；大宗原燃料采购全部上线山钢招采平台，辅料和备件采购逐步线上欧贝易购；推进构建智慧营销系统，启动欧冶云商交流和线上销售；强化供应商战略联盟，参股山西焦煤集团日照配煤基地；多元化开展与产品销售客户的交流，战略客户合作联盟不断拓展；金融和人才保障机制不断优化，保障了公司生产经营稳定高效运行。

（撰稿：吴　昊　审稿：郭允义）

财务管理

【综述】 财务部与资金结算中心合署办公。财务部的主要职责是：负责建立健全财务管理和会计核算体系，制定完善财务管理和会计核算制度；公司会计报表编制及经营绩效财务分析；公司年度全面预算方案编制及调整，各管理单位的年度预算方案备案；会计信息管理，资金管理，资产管理，税务管理，关联交易管理；财务报告管理与财务信息披露；年度利润分配方案的策划与实施；销售收款政策的制定和管理；公司总部、直属机构财务管理、会计核算和会计档案管理。资金结算中心主要职责是：负责公司总部、营销总公司、山钢研究院工资发放和核算、经费管理；采购、销售结算管理，应收账款管理；资金预算，资金结算管理；筹、融资资金运作；公司及管理单位板材、型钢、特钢、钢带、建材等产品的销售结算业务；公司及各管理单位的国内大宗原燃料采购结算业务（与山钢国贸公司大宗原燃料采购结算对接）；区域销售公司财务管理，区域销售公司财务运行状况监管等。截至2021年底，财务部/资金结算中心在册职工43人，其中在岗39人、离岗休养4人。

【主要指标】 2021年，山钢股份实现营业收入1108.51亿元，同比增加235.34亿元，增长26.95%；利润总额40.34亿元，同比增加20.63亿元，增长104.67%；2021年末，资产总额725.46亿元，负债总额399.52亿元，所有者权益总额325.94亿元，资产负债率55.07%。

【预算管理】 强化预算引领，持续提升公司本质化运营水平。贯彻“挑战极限、做到极致”工作要求，高标准、高目标制定2021年度预算目标，加强责任落实，及时分解预算指标，并督导各单位做好预算指标的分解和落实工作。强化预算执行过程的动态监控，建立定期跟踪、调度机制，及时掌握情况。强化绩效分析评价，重点对月度生产运营状况及经营绩效进行全面、系统的分析评价，深刻揭示存在的问题，剖析差距原因，提出优化措施建议，有效促进公司经营绩效的改善。

【会计核算】 夯实会计基础，规范财务管理，提升会计信息质量，防范财务风险。严格执行《企业会计准则》和会计核算办法，紧跟会计准则变化和上市公司要求，加强学习研究，确保及时、全面、准确运用。根据2021年1月1日起实施的新《企业会计准则——租赁》要求，统一规范各单位租赁确认条件及核算办法，保证公司会计政策一致，实施步调一致。严格按照上市公司信息披露指引，规范编制季报、半年报、年报，准确披露财报相关信息。在统一各营销子（分）公司会计核算系统的基础上，持续优化、规范会计科目设置，提升会计核算质量和效率。强化会计信息分析，确保会计信息真实、准确、完整。严肃财经纪律，强化会计监督，严格按照制度规定开展资产核销、资金收支、费用报销等业务，财务管控水平持续提升，有效防范了财务风险。

【成本管理】 深化对标管理，持续打造成本比较优势。按照公司“全面对标找差、提升比较优势”行动部署要求，聚焦成本、利润、效率等核心经营指标，从“超越自我、跑赢大盘、赶超标杆、追求卓越”四个维度，与行业平均、行业先进深度对标找差距，开展专题攻关，着力推进管理、技术、工艺优化创新，促进各项指标持续突破和提升。全年累计可比成本降低率达到2.96%。

【资金管理】 围绕“保安全，控负债、降费用”目标，强化资金管理，确保资金运作安全稳定高效。严格防范资金风险，确保生产经营稳定顺行。克服公司债集中到期回售困难，提前筹划制定多项大额债券到期偿还方案，按时偿还“G18鲁钢01”到期债券13.55亿元、“G19鲁钢1”绿色债券回售本金19.01亿元及“G19鲁钢2”绿色债券回售本金15亿元，维护了公司在债券市场的良好社会信誉。加强存量资金管理，提升资金利用效率。强化存量货币资金日调度、日平衡，严防资金沉淀，提高资金利用效率。结合生产经营情况，从严制定下达“两金”控制目标，月分析、月通报，特别是针对进口矿库存权重较大的情况，下达专项控制目标，在降低资金占用的同时，有效防范市场降价风险。加强与金融机构沟通交流，着力降低融资利率。充分利用山钢集团战略重组有利条件，加大与金融机构谈判力度，全面下调融资费率，财务费用进一步降低，全年累计降低2.7亿元。

【结算管理】 强化服务和监督，严把公司营销、费用结算关，全力降低各项费用支出。进一步强化服务意识，针对营销总公司、山钢研究院办公地点距离总部较远的情况，优化财务结算岗位人员配置，就近办公、贴近服务，提升工作效率。强化财务监督职能，针对销售、采购结算工作业务量大、风险较高等特点，严把结算审核关，为公司“当好家，理好财”，严防结算风险；严格按照制度规定，规范报销审批流程，强化费用管控，有效降低各项费用支出。

【财税政策应用】 强化财税政策研究，提升政策利用效益。充分解读山东省2021年“六稳”“六保”促进高质量发展等相关优惠政策，抓住减税降费的有利契机，加强政策研究、利用，确保政策红利应享尽享。全年实现财税政策效益 2.31 亿元。

（撰稿：王燕美　审稿：董永峰）

人力资源管理

【综述】 山钢股份人力资源部与党委组织部、机关党委合署办公，主要负责专业人才管理、机构编制与定员管理、人力资源开发与配置、职工培训与技能鉴定、职工薪酬与社会保险管理、人事档案管理等工作。截至 2021 年底，在岗职工 4 人，均为大学及以上文化程度，其中具有高级专业技术职务资格 3 人、中级专业技术职务资格 1 人。

【人力资源优化】 研究制定《劳动生产率提升实施方案（2021～2025）》，规划劳产率提升行动路线图，分解任务目标，明晰方法步骤和具体工作举措，为劳产率提升工作取得实效奠定坚实基础。以“超越自我、跑赢大盘、赶超标杆、追求卓越”为导向，全面对标找差，按照“大部、大厂、大车间、大班组”要求，大力精简管理机构，深入推进劳动用工制度改革，加大人力资源优化配置力度，不断提高劳动生产率。钢铁主业实物劳动生产率达到 1023 吨/(人·年)。

【培训管理】 建立多元化培训体系，充分发挥统筹优势、协同优势，整合公司培训资源，线下与线上培训有机结合，构建融合创新、无缝衔接、共建共享的多元化培训管理机制，形成点面结合、上下协同、一体推进的培训工作新格局。建立“产学研用”协同培养机制，聚焦产业发展，突出培养方向，注重成果转化，先后与 14 家国内外著名高等院校、科研机构和 8 家战略用户共建 19 个联合研究机构、8 个产品应用研究中心，以重大产业项目、课题为载体，大力培养更多适应企业高质量发展的各类人才，促进人才链与产业链相融合。探索专业技术人才培养导师制，整合内外部优质培训资源，打造企业内训师队伍，两基地共培养各层级内训师 381 人。充分发挥内训师的辐射带动作用，建立精品课程体系，积极组织内训师人员开展送培上门、现场诊断、岗位改善、标准化推动等工作。

【人才队伍建设】 健全完善人才管理制度体系，制定《安全高效钢铁产业生态圈人才保障供应链建设工作方案》《进一步深化三项制度改革攻坚方案（2021～2022）》等系列制度文件，有效推动《人才工作管理办法》落地，高站位谋划人才发展布局，以“人才链”支撑“创新链”、提升“产业链”，在推进高水平人才建设上迈出新步伐。强化重才意识，树立求才导向，完善人才引进机制，加大高端和急需紧缺人才引进力度，开展技术技能人才盘点，建立技术技能人才数据库，基于员工队伍现状和人才基础数据进行统计分析，掌握公司人才队伍现状，明晰人才队伍发展趋势，科学制定人才引进计划，为招才引才提供参考依据。强化人才政策保障，积极争取地方人才政策支持，与公司及管理单位所在地政府部门对接协调，全年为新引入的人才申领各类政策性补贴 740 多万元。实施人才安居工程，努力为引进的高端和急需紧缺人才解决购（租）房等生活居住问题。落实人才推荐选拔支持，推荐 1 人申报山东省重点产业链尖端技术人才。把人才使用作为人才资源开发的出发点和落脚点，以德才定取舍，凭实绩论英雄，畅通人才发展通道，健全选人用人机制，推动人才流动常态化，累计交流干部和骨干人才 420 多人，盘活公司人才资源，实现人才结构最优化，激发人才活力。加强青年人才队伍建设，建立完善常态化青年人才选拔培养使用机制，实施“推青计划”，统筹推进管理、专业技术、技能三支青年人才队伍建设，共储备“三百工程”人员215名。

（撰稿：高　敏　于　涛
审稿：耿　亮）

规划投资及科技创新管理

【综述】 规划科技部是山钢股份规划、投资及科技创新的主管部门。主要职责是：负责宏观经济、有关政策、产业发展动态研究，企业核心竞争力等改革与发展重大课题研究；公司发展战略及规划的研究、拟订与管理，固定资产投资项目管理，对管理单位发展规划指导、管理及执行监督；承担公司战略规划委员会、科技创新委员会、专家委员会的日常工作事务；科技创新体系建设，科技创新规划、年度科技创新计划的组织制定与实施；重大科技专项项目管理，重大科技创新项目备案管理，专利、技术秘密等登记及转让管理，科技成果、科技奖励的组织评审；对外技术合作、科技创新管理工作；各管理单位的科技资源整合、协同创新管理；发展战略规划、科技规划职责范围内规章制度制定、落实情况的监督考核；与政府、行业及上级主管发展规划、科技创新、技术合作归口管理机构的工作协调、对接等。截至2021年底，规划科技部共有职工3人，其中正高级工程师1人、高级工程师2人。

【规划治理】 统筹推进钢铁主业规划调整，按照山钢集团统一部署，落实“存量优化、增量崛起”的工作思路，坚持在奔跑中调整姿态，在组织按期完成山钢股份“十四五”发展规划初稿的基础上，积极组织参与山钢集团“十四五”战略发展研究，持续优化调整钢铁主业规划。

【固定资产投资管理】 严控投资，强化年度投资规模的刚性约束。组织编制并实施山钢股份2021年度固定资产投资计划，全年累计完成投资543880万元，计划完成率98.65%。优化调整，满足企业发展需要。结合政策市场变化等因素，积极与山钢集团主管部门协调沟通，组织完成2021年度投资计划中期调整，保证了公司环保、安全、智能制造等提升要求，为保A创A建A奠定了坚实基础。规范流程，组织重大项目审查研究。先后组织完成日照公司冷轧产线包装机组自动化升级改造项目、莱芜分公司富余煤气资源综合利用2×65兆瓦发电项目、莱芜分公司炼铁厂2×3800立方米高炉配套建设铸铁机项目、日照公司环保A级创建环境建设项目、莱芜分公司新建3800立方米高炉集控中心建设等17个重点投资项目的立项审查。加强调度，强化对一般项目备案管理，确保固定资产投资项目投资合规可控。聚力攻坚，加快重点项目投产见效。强化对莱芜分公司新旧动能转换项目建设的调度协调，截至2021年底，累计完成投资73.9亿元（不含BOO/BOT部分）。2×480平方米烧结机工程已建成投产并达产达效；强化与省化专办及市区工信部门的协调沟通，按照整体批复，分期验收投产的思路，完成省级层面的一期项目产能置换核查和市区级层面的现场验收工作，保障了1号3800立方米高炉于2021年12月18日顺利开炉，陶家岭区1号、2号转炉连铸分别于12月20日、12月23日建成投用；积极与山钢集团主管部门沟通，完成新旧动能转换项目建设所涉及瑞昕金矿的征用工作，为优化布局创造条件；积极推进项目后续优化调整，多次向山钢集团汇报调整方案，争取支持。多方协调，推动日照公司铁路、码头项目建设。在实质性启动疏港铁路建设的基础上，同步协调推进日照公司专用铁路工程建设。专用铁路项目施工图设计已通过国铁集团济南局评审，施工图已发图，正按计划推进施工，累计完成投资 23000 万元，占比 63.01%；会同山钢集团主管部门、日照公司与日照港集团开展对接交流，分析码头项目建设存在问题、探讨解决路径，积极推进码头项目建设。协调推进日照公司 LF 炉项目建设，多次向省发改委主管部门汇报，有效破解项目建设手续办理问题。存量攻坚，圆满完成长期未转资问题。根据集团公司有关要求，列入 2021 年六大存量攻坚中项目转资的数量为 54 个，其中莱芜分公司（含银山型钢公司）50 个、日照公司 3 个、营销总公司 1 个。针对项目转资问题，梳理出项目明细，明确责任人及措施，加强调度督导，积极协调解决转资过程中遇到的相关问题，比计划提前 1 个月完成任务，成为六大存量攻坚首个完成任务的事项。

【科技创新管理】 突出重点，发挥科技创新项目年度计划导向作用，组织科技创新委员会对 2021 年度科技创新项目计划进行研究审议，以公司战略规划为指导，围绕主业定位和发展方向，以关键共性前沿技术、生产技术薄弱环节、高附加重点产品开发为重点，统筹市场和现场需求进行项目选题研究，强化科技创新对效益提升的保障作用，推动公司高质量发展。全年在研科技创新项目 530 项，其中在研国家、省重大科技专项 9 项，公司重大科技创新项目 27 项；新下达项目计划 215 项，已完成验收项目 143 项；主持或参与编制国家标准 5 个、行业标准 21 个、团体标准 14 个；申请专利 484 件，其中发明专利 329 件；授权专利 291 件，其中授权发明专利 99 件；截至 2021 年底，山钢股份拥有有效专利 1923 件，其中拥有有效发明专利 1036 件，位列 2021 中国钢铁企业专利创新指数排名第 5 位。高科技企业取得历史性突破。按照山钢集团创建高科技企业的要求，编制下发《创建高科技企业实施方案》。组织开展省内外钢铁企业对标学习、调研交流，协调组织高科技企业申报培育的中介机构交流，启动银山型钢公司申报高新技术企业及日照公司高新技术企业培育工作。12 月 10 日，银山型钢公司通过高新技术企业认定。研发投入和研发费用创新高。组织推动研发投入和研发费用占比专项管理提升活动，进一步规范费用归集，持续提升研发投入占比。全年累计完成研发投入 414430.4 万元（占比 3.83%）、研发费用 329533.69 万元（占比 3.05%），与上年相比分别增长 42.25%、129.28%。统筹策划，协同推进重大科技专项申报与实施。组织申报省自然科学基金项目 3 项，协调推进高端制造装备用高品质稀土特殊钢关键技术研究及产业化等 9 项国家及省重大专项实施。其中，国家级课题“海洋工程用管材/型材和特殊部件的关键制备技术研究”顺利通过验收，省重大科技专项“高端制造装备用高品质稀土特殊钢关键技术研究及产业化”项目完成预验收工作。科技项目获奖数量及质量再创佳绩，市场开拓奖实现零突破。精心策划组织 2021 年科技项目评奖工作，荣获山东省科技进步奖二等奖 1 项、三等奖 2 项，中国钢铁工业协会、中国金属学会冶金科学技术奖一等奖 1 项、二等奖 2 项、三等奖 3 项，中国汽车工业科学技术奖技术发明奖一等奖 1 项。油气工程用热轧型钢获得中国钢铁工业产品开发市场开拓奖，在该奖项上取得首次突破。组织上报山钢集团 2020 年科学技术奖 55 项，经评审，山钢股份包揽突出贡献奖和科技进步奖特等奖（各 1 项），获得科技进步奖一等奖 6 项（共 8 项）、专利奖一等奖2项（共2项），累计获得各类奖项35项，占山钢集团总奖项的70%。加强品牌培育，首次入选山东省高端品牌培育企业。组织莱芜分公司、日照公司、营销总公司完成山东省高端品牌培育企业申报工作，加强与市场监督局协调沟通，成功入选2021年山东省高端品牌培育企业名单；组织完成产品品牌价值评价申报，进一步提升公司品牌影响力。发挥参谋作用，认真组织开展经济课题研究，下达2021年度经济研究课题立项计划，共立项15个课题。根据经济课题完成情况，组织经济课题验收会议对8个课题进行了结题验收评价，并下达结题验收通知。

【协调解决制约企业发展难题】 内协外联，积极推动各类指标获取工作。根据国家新的产能置换办法，加强与省主管部门沟通协调，并加强与山东闽源钢铁沟通协调，积极推动日照二期钢铁产能指标获取工作，为推动日照二期项目建设奠定了基础。全力协调焦炭、粗钢产量指标获取工作。加强与省主管部门沟通，提出意见建议，全力争取焦炭产量、粗钢产量指标；向省发改委主管部门提出按照合规产能全额分配焦炭产量的建议，并被省发改委主管部门采纳，为公司争取了焦炭生产有利政策。向省化专办提出分类实施粗钢限产政策，特别是以产能为基数，加大环保绩效、产能利用等因素影响占比，部分意见获得了采纳，公司产量最终确定为1973万吨。

（撰稿：陈豪卫　审稿：张　军）

运营管理

【综述】 运营管控部主要负责山钢股份运营管理制度及管控体系的建设与完善；拟订公司年度经营目标，组织落实、监管、评价、反馈；公司年度生产经营计划的编制与管理；项目后评价；生产运营资源的协调管理，生产经营的综合统计、绩效分析、评价与考核；管理单位年度经营计划执行情况的监督与管控；营销工作的评价与考核，组织策划营销精益管理改进工作方案；信息化体系建设及网络安全管理；运营改善、精益管理等。运营评价中心为公司直属机构，与运营管控部合署办公。运营评价中心在运营管控部的管理和指导下开展工作，具体承接公司“五位一体”协同体系推进管理，开展营销、供应、招标采购、物流评价，投资项目后评价、公司发展质量评价，经营计划执行情况监督、管控等工作业务。截至2021年底，在岗职工9人，其中管理5级、6级各1人，管理7级、8级7人。

【运营评价】 围绕“构建生态圈、打造新标杆”新发展方略，积极应对宏观政策和产业环境变化，克服能耗、煤耗、电耗、产量等要素资源约束叠加、力度全面加大困难，重构生产经营新秩序，在市场大幅波动和形势急剧变化中把握机遇，经营绩效实现历史性突破。全年生产铁1853万吨、钢1973万吨、钢材1864万吨，主要受政府限产政策影响，同比有所降低；营业收入、利润总额远超年度预算，实现历史性突破；山钢股份净资产收益率（ROE）12.83%，位列中钢协89家钢企大盘48分位，吨钢利润323元，位列中钢协89家钢企大盘50分位。吨材利润、吨材价格均跑赢行业平均，较上年分别改善59元/吨、27元/吨。

【五位一体】 制定印发“五位一体”协同运行机制构建指导方案，以客户为中心的理念进一步提升，顺利导入“五位一体”协同运行机制。将莱芜分公司特钢事业部作为“五位一体”协同运行试点，取得明显效果。借鉴宝武先进经验，本质化提升

“五位一体”协同创新。按照“以商业计划书为引擎，以产品经营为目标，以用户满意 QCDVS 为抓手，以产销研一体化为平台，深化‘五位一体’协同运行”的总体策划思路，制定实施方案，配套激励措施，组建特钢、厚板、型钢、热轧、汽车钢、家电钢及冷轧六大产销研一体化团队，“五位一体”工作进一步融合深化。

【商业计划书】 通过多次考察交流、学习培训，消化借鉴宝武商业计划书管理模式，加强与山钢集团对接，先后 19 次易稿，经公司两次党政联席会研究、总经理办公会研讨及多次分管领导会议研究，完成 2022 年商业计划书编制工作。督导两基地开展商业计划书编制工作，并审核、提出修改完善意见，分解任务，制定清单，明确各部门、单位承担的职责；与山钢集团做好汇报沟通，及时反应山钢股份工作建议，分解落实山钢集团下达的任务目标；加强月度督办，全力推进任务目标实现。在分析国内外宏观经济形势的基础上，组织完成 2022 年度生产经营计划编制工作。

【对标提升】 按照“全面对标找差、提升比较优势”管理主题要求，制定公司对标找差方案，构建起各管理单位、部门全员参与、层层对标、分级负责、追求实效的长效机制。累计开展外出对标 120 余次，680 余名管理技术人员到 50 多家标杆单位进行对标交流。根据形势变化和对标学习情况，优化对标体系。10 月份，以宝武“三高两化”引领性战略目标为指引，重新调整、构建了股份公司层面对标找差指标体系优化版，设置 5 大类、26 项具体指标。组织承办中钢协 2021 年钢铁企业对标工作大会，通过会议融通与中钢协的关系，拓宽信息渠道。

【绩效考核】 制定公司各层级整体绩效考评体系，包括契约化/目标责任制方案等。完成月度年度考核任务；分解董事长责任制任务，责任到单位、部门；贯彻执行工资决定机制，落实工资总额随效益浮动、与劳动生产率挂钩的考核导向。以绩效评价合理化和山钢股份利益最大化为导向，多次向山钢集团提出有关意见和建议，争取和避免降低工资核算 3.2 亿元以上；严格单专项奖发放，并按照管理办法进行监督检查。

【协同创效】 与中国宝武协同工作取得实质进展。制定协同方案，落实责任，组建业务协同工作组，推进现场对接、项目优化、目标确定、效益测算，形成“23 个项目+4 个对接类业务”，以及采购平台共享、现货交易、共享产能、市场协同 4 个快赢项目。按照山钢集团测算标准，实现效益 1.7 亿元，其中快赢项目实现落袋效益 7900 万元。12 月 9 日，组织召开山钢股份与宝武水务战略合作协议签署签约仪式，推动公司水治理工作更加专业、科学、高效。持续深化公司内部协同，以工程项目建设、信息化、耐材、废钢及大宗原料等为重点，山钢股份与山钢集团“白名单”单位累计协同额约 42.23 亿元，同比提升 21%。

【统计分析】 编制、上报和发布产品产量、进出口、综合经营指标、固定资产投资等生产经营各类定期报表，完成对国家、市、区统计局，中钢协，省、市经信委，省冶金总公司，山钢集团等有关部门及企业内部各类季度、月度、旬报表，完成 2020 年钢铁工业统计年报编制工作，与山东省、济南市及中钢协等主管部门单位对接沟通，确保统计工作顺利开展。

【制度建设】 制定印发《关于印发 2021 年规章制度制定、修订工作计划的通知》，逐项明确完成时限，拟新制定、修订的规章制度已按时完成，山钢股份现行制度修订后共计 118 个。

【政策研究利用】 强化政策研究应用的组织梳理及过程督导，应享尽享政策红利，先后编发 7 期《政策分析应用工作报告》。

全年组织总部各部室、各管理单位梳理研究应用《山东省财政厅关于免征地方水利建设基金有关事项的通知》（鲁财税〔2021〕6号）等支持政策49项，产生经济效益4.75亿元。其中，落实山东省“六稳六保”促进高质量发展政策利用创效2.72亿元。

【阳光购销及供应商管理】 完善公司供应商管理体系建设，结合山钢集团巡察整改，修订《阳光购销管理规定》；落实山钢集团“一黑俱黑”相关要求，实现供应商“淘汰名单”“黑名单”两名单信息共享。

【项目后评价】 完成2021年后评价计划，与各管理单位沟通对接，强化调度及过程督导，持续推进项目后评价。就项目前期研究决策、建设过程、实施后效果、评价结论等进行沟通交流与优化完善，完成莱芜分公司《焦化厂煤场筒仓一期建设项目》等4个计划内项目后评价报告。编制2022年项目后评价计划，确定16个后评价项目。

【信息化与智能制造】 聚焦成本控制、智慧管控开展对标学习，采用先进信息技术，围绕关键指数，分析不足、弥补短板、聚焦优势，加快推进智能制造提升项目落地实施。莱芜基地完成特钢、焦化、公辅智能制造应用示范工程，无人智能行车已运行，全厂物流智能监控已上线；日照基地筹划5个集控项目，冷轧拆捆、贴标机器人已运行，原料场智能化已运行。借鉴中国宝武智慧制造评价标准和实践，研究制定“四个一律”原则，引入智能制造标准和评价体系。统一数据核准标准，完成两基地“四个一律”指数现状梳理，并制定提升措施。加强网络安全，不定期组织网络安全督查，对有关扫描漏洞、入侵方案及时安排部署，确保公司网络信息安全。

（撰稿：冯　丽　审稿：孔凡强）

安全环保管理

【综述】 安全环保部主要负责公司安全生产和节能环保管理，健全完善安全生产、职业卫生、环境保护、节能减排等方面规章制度；安全生产、职业卫生、环境保护、节能减排工作的监督、检查和考核；风险分级管控与隐患排查治理体系建设和安全生产应急管理；组织开展安全技术、环境保护工作的教育培训；负责安全生产事故的调查处理。截至2021年底，共有职工3人。其中，经理1人、副经理1人、业务主任1人，研究生2人、大学本科1人，中共党员3人。

【指标完成情况】 安全生产方面，厚植“隐患就是事故，违章就是犯罪”安全发展新理念，强化危机意识、风险意识、责任意识、大局意识，创新管理，勇于实践，保持了安全生产工作持续向好态势。节能环保方面，认真落实国家、省、市环保法律法规要求和山钢集团第二届生态环境保护大会精神，坚持绿色低碳发展理念，坚定不移走绿色、低碳、循环发展道路。深入推进环保绩效A级达标，打造绿色发展样板，公司全年未发生环境污染事件，节能降耗、达标排放等指标稳中求进，厂区及周边环境得到明显改善。深化精益管理，加大环保投入，依托工艺变革、技术创新、管理升级，持续提高能源利用效率，主要技术经济指标显著提升。

【安全责任体系构建】 牢固树立安全发展理念，坚守发展决不能以牺牲安全为代价这条不可逾越的红线，全面落实企业安全生产主体责任。下发《关于深入贯彻〈安全生产法〉强化全员安全生产责任的通知》，要求各单位按照新版《安全生产法》规定，把保护人民生命安全摆在首位。坚持“党政同责、一岗双责、齐抓共管、失职追责”和“管行业必须管安全、管业务必须管安全、管生产经营必须管安全”原则，各单位分解细化各级主要负责人和分管负责人安全责任落实措施，不断夯实双基建设，提升综合治理能力，构筑全员安全责任屏障。

【“双重预防体系”建设】 依据《山东省安全生产风险管控办法》及公司安委会《安全生产风险分级管控办法》相关规定，组织审核各单位风险管控清单，并重新排查风险点。公司共有风险点1878个（其中，重大风险点38个，较大风险点88个，一般风险点505个，低风险点1247个）。组织各单位修订完善重大风险和较大风险专项管控方案。按照责任履职要求，强化各级各专业对风险点的全流程检查，强化带班领导对所属分级管控风险点的检查，强化职能部室“下沉式”帮扶型检查，切实做到“重心下移，防线前移”。全年共投入安全费用1.67亿元。

【安全培训教育】 按照省应急管理厅《关于开展2021年度全省企业全员安全生产“大学习、大培训、大考试”专项行动的通知》要求，组织各类线上线下安全培训，全年共4.2万余人次参加。分别组织参加山钢集团主要负责人主体责任落实能力提升培训班、安全管理人员素质提升和取证（复审）培训班。整理新版《安全生产法》解读资料及安全生产相关法律法规，组织各部门及各单位进行学习，提高法治安全管理意识和能力。组织开展安全管理人员、特殊工种等各类资质证照取证及复审培训等，不断满足岗位新形势、新任务、新需求。山钢股份代表队经VR虚拟场景隐患排查和安全理论竞赛，荣获全国钢铁行业安全竞赛特等奖。

【安全督导检查】 把“单位主要负责人首要工作就是抓安全”作为铁的纪律，落实在深化安全生产大排查大整治各项工作中。强化检维修、年修定修专项督查和日常督查，加大重点管理区域联动检查频次，开展安全互查、重点督查、中夜巡查等检查工作，组织各单位对危化品、熔融金属、起重机械等重点管理区域进行全面排查，组织协调外聘高水平专家或安全机构进行安全诊断。

【相关方安全管控】 制定下发《关于深入开展相关方“四个统一”安全管理工作的通知》，组织各单位分别制定相关方“四个统一”实施方案，进一步规范相关方管理模式，强化区域协同化作业管理。建立健全公司级相关方管理台账，督促相关方严格落实企业主体责任，确保在安全生产管理、体系、标准、文化等方面与公司保持一致性。坚持问题导向，加强联动协同式的安全督查和专项检查，采取安全履职拉网排查与现场检查论证相结合的方式，从严从实落实安全生产责任制。

【应急救援】 进一步健全各级安全生产应急指挥机构，完善生产安全事故应急预案体系，持续提升应急组织机构的统筹协调能力。完善应急物资储备体系，重点对莱芜分公司消防队消防装备进行提质更新，提升了公司各级应对突发事件的能力，确保关键时刻拿得出、调得快、有保证。学习宣贯《生产经营单位生产安全事故应急预案编制导则》，强化应急预案编制、评审、演练、评估的系统管理，扎实开展应急预案演练，全面提升监测预警、指挥决策、救援实战能力。全年共组织各类应急预案演练4564次，48231人次参加。

【汛期安全生产】 认真组织夏季“四防”各项工作，制定下发《关于做好汛期安全生产工作的紧急通知》，坚持“汛期不过，检查不停，整改不止”，严格落实应急度汛方案和措施，严格落实24小时应急值守机制。重点加强防汛重要部位、重点区域和薄弱环节的隐患排查和风险防范，确保防洪物资、防暑降温设施、避雷接地设施到位。

【职业健康管理】 深入开展健康山东职业健康保护行动，按照省爱卫办、省卫健委等九部门联合下发的《山东省健康企业建设活动实施方案》要求，对照《山东省健康企业建设规范（试行）》及评估标准，以控制消除职业病危害为重点，把大健康理念融入企业管理全过程，开展省健康企业创建活动，严防职业病危害事故发生。日照公司、型钢公司炼钢厂荣获2021年度省级健康企业称号。督促各单位严格落实年度职业病防治计划，加强职业病防护设施“三同时”和个体防护管理。认真开展工作场所职业病危害因素检测、评价和查体工作，组织完成15009名职工职业健康检查工作。

【安全科技创新】 大力推进“机械化换人、自动化减人、智能化无人”安全生产科技创新，搭建立体式远程监控平台，提高设备远程操控能力，实施人机隔离操作安全防护措施，推进重大危险源无人值守、重要设备设施机械化自动化巡检，加快机械化、无人化安全措施实施。加大5G技术、定位监控技术应用能力，实施智能化安防屏障措施。日照公司高炉自动加炮泥智能化系统等三项本质安全改造提升项目入选省应急管理厅2022年度应急管理科技创新计划项目名单。

【打造超低排放示范标杆】 深入研究并推进超低排放和环保A级绩效先进治理措施和技术，统筹考虑全工序、全流程、全时段超低要素，高质量实施超低排放改造。聘请行业权威机构对超低排放工作进行诊断和预评估，编制超低排放预评估报告。莱芜基地2021年先后投入近10亿元进行62个环保改造项目，已验收和进入试运行阶段34个项目。日照基地投入环保资金24004万元，申请国家拨付大气污染防治资金1600万元，实施18项重点环保提升项目。莱芜基地推进雨污分流和焦化废水深度治理项目，焦化废水消纳量稳定在120立方米/小时以上；加大老区污水处理厂运营监管，确保稳定达标排放。日照基地加强三级水系统计量管理，强化水质过程管控，吨钢新水消耗2.12立方米，保持全国先进水平；开展除尘灰等含铁固废处理、脱硫脱硝废活性焦消化处理、废旧布袋处理等项目开发，提高固废资源化利用水平。

【建设绿色低碳园林工厂】 健全清洁生产管理制度，加大清洁生产科技创新投入，高度重视施工现场环境整治工作。对标创优创建绿色城市钢厂，加大资金投入，持续提升公司绿化水平，创造良好现场环境。莱芜分公司焦化厂、日照公司A级企业完成省级复核，型钢公司创A通过省级现场核查。中国钢铁工业协会在2021年6月公示的超低排放改造评估监测报告中，莱芜分公司是第17家钢铁企业、第12家全流程钢铁企业，在中国冶金报社组织的“寻找最美绿色钢城”评选中获得“钢铁绿色发展标杆企业”称号，被中国钢铁工业协会绿化委员会授予“2021年全国冶金绿化先进单位”称号；日照公司获评“省级绿色工厂”称号，国家级绿色工厂已通过审批并对外公示。2021年12月，莱芜分公司和日照公司双双入选“全省清洁生产先进单位”名单。

【压实极致挖潜协同增效】 构建“价值观、系统观、科学观”为核心的绿色低碳发展体系，坚持系统节能、科学用能、提升能效，全面提高能源利用效率，提升能效水平，主要技术经济指标显著提升。莱芜基地投资近10亿元建设副产低热值煤气双超汽轮发电技术等先进节能项目，副产煤气接近100%利用；做好保供暖保生产煤气蒸汽余热等平衡，焦炉煤气零放散、高炉煤气放散率 0.17%，转炉煤气综合回收量 0.7 吉焦/吨钢，煤气利用保持历史最好水平；余热余能自发电量 21.93 亿千瓦・时，完成计划目标；吨铁发电量 220 千瓦・时/吨，比上年提高 18 千瓦・时/吨；优化西线供暖和燃煤气发电机组运行，燃煤气发电综合热效率 29.6%，达到历史最好水平。日照基地制定《2021 年度能效提升实施方案》《煤气平衡精益管控方案》，制定 5 大类 26 个公司级重点课题，围绕各项课题制定改善措施 220 个；采用高风温富氧大喷煤等 30 余项国际领先的节能工艺，极限提升能源利用效率；开发高品质余热发电，开发和回收中品质余热资源，挖掘低品质余热资源，率先在国内实现了采暖余热化。

【深化技术创新源头减排】 优化工艺流程结构，提高电炉短流程炼钢产量比例，破解长流程炼钢高耗能、高污染、高排碳“三高”关键难题。莱芜基地紧盯煤气资源成本碳减排、电网结构优化避免反送电和技术市场成本等 3 个专题，为降低碳排放做好技术储备。日照基地推进使用副产煤气或清洁能源自备电厂，降低煤炭用量、实现碳减排；LNG 生产系统单线焦炉煤气处理能力（标准状态）为 55000 立方米/小时，两条产线合计年产 LNG 约 23 万吨；同时联产液氨，每年约 11 万吨，成为国内首座钢铁联合企业配套焦炉煤气深加工装置。

（撰稿：于利国　审稿：徐锡坤）

风险管理

【综述】 风险合规部与风险管控中心合署办公。风险合规部主要职责为：负责全面风险管理、内部控制管理，对发展战略规划、对外投资、固定资产投资、融资、重大资产处置及债务重组、重大关联交易、生产经营计划、生产经营活动重大事项进行风险评估，出具风险评估报告，跟踪落实风险控制措施；负责审计管理，对公司发展规划、经济责任、财务收支、管理效能、对外投资、工程项目、内部控制、风险管理等业务进行审计，负责审计发现问题的督促整改落实；负责合同管理、债权清收管理、破产债权申报及债务清偿等法律事务管理，对公司投资、融资、担保、租赁、资产转让、招投标等重要经济活动提出法律意见，负责工商事务、知识产权、诉讼纠纷管理等业务衔接。风险管控中心在风险合规部的管理和指导下开展风险管理日常工作，负责做好股份公司总部、莱芜分公司、日照公司、营销总公司及其他托（代）管单位的全面风险管理、审计管理、法律事务管理等具体工作业务。截至 2021 年底，风险合规部/风险管控中心在册职工 16 人，其中正高级会计师 1 人、高级会计师 2 人、高级工程师 2 人、高级经济师 3 人。

【全面风险管理】 梳理公司风险管理以及内部控制流程，进一步完善公司全面风险管理制度体系；积极参与公司日常经营管理活动，注重源头和过程风险管控，将风险管理融入日常经营管理和业务活动中，以重大决策、重大风险和重要管理及业务流程为重点，梳理存在的风险点和缺陷，实现风险管理工作与日常经营管理有机融合；加强以风险管理为导向的内控体系建设，以风险评价及重大风险防控等手段，进行流程梳理和优化；建立重大风险预警及应急处置机制，实现对重大风险的动态管理和有效管控；对风险管理的有效性进行测试和评估，加强监督和改进；积极推进公司全面风险管理信息系统建设，培育和塑造良好的风险管理文化，增强职工风险管理意识，提高风险防控能力，促进建立系统、规范、高效的风险管理机制，确保公司持续、健康、稳定发展。组织完成公司2021年度风险评估工作，针对辨识出的各类风险，分别制定了风险管理策略及解决方案，编制完成《2021年度全面风险评估报告》《2021年度全面风险管理工作报告》。各单位按照公司《全面风险管理办法》的要求，对重大风险管控目标完成情况、管理策略和解决方案的有效性进行系统分析和改进，确保重大风险应对方案落实到位、管控有效。2021年公司各项重大风险均处于可控状态。落实《企业内部控制基本规范》和配套指引要求，编制印发《内部控制手册》，进一步规范内部管理制度和业务流程，健全完善内部控制管理体系。

【审计管理】 进一步加强年度绩效审计、经济责任制审计等工作，针对公司重点管理领域和关键环节积极开展相关专项审计，不断强化配合力度，加强专业监督检查，梳理流程、完善制度、规范行为，建立健全规范管理、提升效益的长效机制；高度重视审计整改工作，健全和完善审计整改台账，加大督办和考核力度，通过督促责任单位分析原因、制定措施、限期整改，积极堵塞管理漏洞，确保审计发现的问题整改到位。组织配合开展山钢股份2020年度经营绩效审计，对公司年度经营结果进行了核准，为组织考核提供了支撑；对总部部门负责人、各管理单位经理层及中层管理人员年度契约化指标完成情况进行审计，详细核实各项指标完成情况，验证了契约化实施效果，为考核兑现提供准确依据。组织开展13家营销子公司任期经济责任审计，清查了被审计单位资产和财务状况，强化了权力运行的制约和监督，界定了接任者与离任者的经济责任。按照上市公司监管和信息披露要求，积极开展内部控制审计评价工作，对关键内控流程进行测试、梳理和完善，从制度设计和制度执行两个方面查找缺陷并组织整改，编制内部控制自评价报告，保证内部控制的有效性和规范化。

【法律事务管理】 深入推进合同精益化管理，优化合同管理机制，完善合同管理制度，规范合同管理流程，实现山钢股份与两生产基地合同一体化管理；完善授权管理机制，组织梳理常规合同授权情况，分析相关业务管理流程，优化调整授权级别和授权范围，办理山钢股份、莱芜分公司、银山型钢公司、日照公司的常规合同授权及特殊事项授权；组织完善标准合同文本，全面梳理公司常规经营业务合同，规范EPC、BOO、BOT等工程项目、采购、销售、修理修缮、物流服务等20多类常规经营业务合同文本，形成示范性标准合同文本，明确各类合同文本的适用范围和禁止事项，建立合同文本持续规范长效机制；严格合同审查、会签，出具合同审查意见书，实现合同风险源头把控；加强法律风险防控管理，防范和降低法律风险。加强工商事务管理，保障公司依法合规经营。办理山钢股份和银山型钢公司董事、监事变更登记备案工作。加强纠纷案件管理，组织纠纷案件研讨和证据收集，办理案件授权手续，全过程参与案件处理，针对案件处理过程中存在的问题，组织法律风险评估，出具管理建议；办理协助执行、协助调查案件，组织办理破产债权申报、债务清偿等。加强债权清收管理，2021年共收回非正常债权1373.92万元。

（撰稿：周振峰　审稿：朱　慧）

企业文化管理

【综述】 企业文化部是山钢股份主管企业文化建设的职能部门，与党委宣传部、统战部合署办公。主要职责是：加强山钢文化宣贯，深化文化融合，加强企业文化管理，组织企业文化教育培训，加强品牌形象宣传，提升企业品牌形象。

【企业文化建设】 加强企业文化管理，印发公司《2021 年企业文化工作要点》，对全公司企业文化建设进行部署并抓好落实。以山钢文化为统领，深化文化融合实践，持续培育具有股份特色和钢铁特质的现代企业文化。大力加强作风建设，深化“锤炼钢铁作风、落实新发展方略”教育实践活动，增强“高”的意识，全面塑成“严细实快”的优良作风。加强企业形象宣传和品牌宣传推广，整合内外部资源，加大宣传推介力度，提升企业形象，扩大品牌影响力，公司获得 2021 年度山东省制造业高端品牌培育企业。

（撰稿：王玉军　审稿：刘玉良）

党群工作

概　　述

【基本情况】 截至 2021 年底，山钢股份公司党委下设 5 个二级单位党委、1 个直属党总支，分别为山钢股份莱芜分公司党委、山钢集团日照公司党委、山钢股份营销总公司党委、山东冶金机械厂党委、公司机关党委、山钢集团研究院党总支。全公司共有 28 个基层党委，10 个党总支，303 个党支部，党员总数 8585 人。党群机构设党委办公室、组织部、宣传部、统战部、纪委、巡察工作领导小组办公室、工会、团委、武装部、机关党委 10 个部室，其中党委办公室和公司办公室，组织部、机关党委和人力资源部，宣传部、统战部和企业文化部，纪委和巡察工作领导小组办公室，工会、团委和武装部分别合署办公。另外，党委办公室与莱芜分公司党委办公室合署办公。

【党史学习教育】 紧扣“学史明理、学史增信、学史崇德、学史力行”目标，突出学党史、悟思想、办实事、开新局要求，提高政治站位，加强组织领导，充分动员部署，精心组织实施，扎实有序推进党史学习教育。把开展“我为群众办实事”实践活动贯穿党史学习教育全过程，把推进党史学习教育同解决实际问题相结合，深入基层联系调研，广泛征求意见、全面盘查梳理，建立办实事项目清单和责任清单，定期调度落实效果，确保“我为群众办实事”有力有效落实，共为职工群众解难题办实事 1600 余件。

【党建工作】 持续强化以党建引领为核心的政治保障体系建设，全面落实党组织书记管党治党“第一责任”，解决各级党建重点问题 418 项；制定党支部建设巩固提升实施意见，狠抓 16 条措施落实，压实党支部的主体责任；开展过硬党支部建设质效评估，举办支部书记培训班、党员示范培训班，组织发展党员工作“回头看”，强化党建工作考核，擦亮过硬支部品牌，过硬支部比例达到 78.6%，全面完成省国资委 21 项基层党建重点工作，走在了集团公司的前列，有力促进党支部政治功能和组织力持续巩固提升；广大党员先锋模范作用充分彰显，为应对疫情冲击和市场变化提供了重要保障；制定《关于创建“五心四化”党建品牌的实施意见》，形成党建品牌创建责任分解表和工作推进表，以高质量党建引领高质量发展，全公司共建立党建工作品牌 359 个；大监督体系建设稳步推进，山钢集团党委巡察反馈问题整改和公司党委专项巡察取得显著成效，运营生态持续向好；坚持抓好意识形态工作，弘扬社会主义核心价值观，推动企业文化传承融合、创新发展；全面开展“四整治四提升”作风建设专项整治，大力培育“高”的意识，倡树“严细实快”的工作作风，干部职工精神风貌焕然一新。

【党风廉政建设】 落实公司党委“锤炼钢铁作风、落实新发展方略”教育实践活动要求，常态化开展“四整治四提升”作风建设专项整治，倡树“严细实快”工作作风。紧盯中秋、春节等重要节日关口，与驻地单位纪委联合开展20余次党风廉政建设监督检查，严查党员干部及重要岗位人员收送礼品礼金、公车私用、借机敛财等违反中央八项规定精神行为。印发《关于作风建设典型问题的通报》，对履职不到位、吃拿卡要、作风漂浮等问题点名道姓通报曝光，扩大以案明纪效果。党委书记为270余名管理6级以上干部上警示教育专题党课，分3批组织120余人次到山东省廉政教育馆接受警示教育。开展“加强纪律性 革命无不胜 从党的纪律建设百年历程中汲取力量”专题党课教育，公司364个党支部开展《学党史、守清廉》专题主题党日活动。

【思想政治工作】 落实“第一议题”学习制度，将学习贯彻习近平新时代中国特色社会主义思想作为党委会“第一议题”，及时跟进学习习近平总书记重要讲话和重要指示批示精神；深入开展党史学习教育，切实把学习教育各项任务要求落到实处；严格落实意识形态工作责任制，及时研判意识形态领域情况，安排部署、推进意识形态工作，全力做好庆祝建党100周年、十九届六中全会、全国“两会”、新冠肺炎疫情等重点时段的舆情管控，确保企业和谐稳定；深入开展教育宣讲工作，组织参与“中国梦·新时代·跟党走·强起来”主题宣讲活动、省属企业百姓宣讲比赛、山东省“红色齐鲁·我心向党”红色故事讲解大赛等宣讲活动，多项作品获优异成绩。加强精神文明建设，深入培育和践行社会主义核心价值观，开展各种形式的群众性文明建设活动，凝聚了讲文明、讲道德的强大正能量；成立山钢股份政研会，成为中国冶金政研会的常务理事单位，向中国冶金政研会推荐论文4篇，获得2个一等奖、1个二等奖、1个三等奖；广泛开展庆祝建党百年群众性文化活动，深入开展“我为群众办实事”实践活动，扎实开展“对标创优、改革图强”主题宣传教育实践活动，举办“学党史、开新局”先模人物事迹报告会，持续强化职工思想引领工作。

【群团工作】 进一步夯实群团工作基础，开展山钢股份首批“样板团支部”评选命名工作，通过评价打分、现场认证等方式择优命名10个“样板团支部”；全面启动“十百千万”全员岗位创新工程，山钢股份荣获2021年山东省冶金行业全员创新企业，莱芜分公司、日照公司荣获山东省全员创新企业；扎实做好青年思想引领工作，组织开展“学党史、强信念、跟党走”系列活动，推动党史学习教育在广大青年中走深走实；大力开展劳动和技能竞赛、青春建功等系列工作并取得显著成效，产业工人队伍建设不断深化；大力弘扬劳模精神、劳动精神、工匠精神，开展股份公司首届劳动模范评选工作，评选表彰股份劳模30名；深入推进“幸福和谐新山钢”建设，6个单位被山钢集团命名为“幸福和谐企业”，职工收入实现稳定增长，普惠服务与精准帮扶同向发力，职工幸福感、获得感明显增强。

（撰稿：张金良　杨　鑫
审稿：景　凯）

党委办公室综合管理工作

【综述】 党委办公室是山钢股份公司党委

的综合办事部门，与公司办公室合署办公。承担信访民调、机要保密及党委日常事务服务协调工作，主要包括组织筹备党委综合性会议活动，起草党委文件和综合文字材料，审核把关党群各部门以党委名义起草的文件、文字材料和以党委主要负责人名义撰写的讲话、文章等，收发、承办中共中央、山东省委、济南市委、山钢集团党委及公司党委的各类文件，组织协调党委系统开展调查研究工作，搜集、整理党群系统信息。

【综合事务】 牵头组织公司年度表彰大会、党委会、庆“七一”表彰大会、公司领导走访慰问活动安排等重要会议活动，并按要求完成相关文稿起草、重要会议记录纪要等工作。积极配合山钢集团党委巡察，完成了巡察组接待联络等系列任务。围绕党建思想政治工作重点开展调查研究，为公司党委决策提供有效参考。专项督办公司党委重要会议决定事项，跟踪督办领导批办交办事项。

【信访工作】 畅通信访渠道，加强信息预警和应急处置，超前化解矛盾纠纷，维护公司稳定大局，全年未发生影响稳定的重大群体信访案件。认真贯彻落实上级安保维稳精神，将全国“两会”、党的十九届六中全会等重大活动的信访稳定作为首要政治任务，严格管控、快速反应处突，维护了公司稳定大局。

【保密工作】 认真落实上级保密工作部署，进一步修订《保密管理办法》，印发保密工作要点，组织开展庆祝建党100周年保密作品展和保密培训，邀请山东省保密局专家授课。全年无失泄密事件发生。

（撰稿：刘　敏　宿　昊
审稿：景　凯）

纪检巡察工作

【综述】 纪委是党内监督专责机构，与巡察工作领导小组办公室合署办公，内设综合室、执纪监督室。纪委主要职责为：协助公司党委推进全面从严治党；监督检查党的路线方针政策和决策部署执行情况；一体推进“不敢腐、不能腐、不想腐”，按照干部管理权限受理党员干部的检举、控告，依规依纪开展执纪审查并追责问责；协助公司党委抓好作风建设，推进党风党纪教育和廉洁从业教育；指导、检查、督促管理单位纪委落实监督责任；加强对纪检干部的日常教育、管理和监督。巡察办主要职责：提出巡察工作计划和建议；向巡察工作领导小组报告巡察工作情况；组织、协调、服务、管理巡察工作；推进巡察政策研究、制度建设；对巡察工作人员开展培训、考核、监督和管理；督办巡察反馈问题整改落实情况。截至2021年底，共有职工6人。其中，高级职称6人，研究生4人、大学本科2人。

【政治监督】 坚持以习近平新时代中国特色社会主义思想为指导，聚焦常态化疫情防控、党史学习教育等党中央重大决策部署强化政治监督，印发《严明疫情防控工作“十个严禁”纪律要求的通知》，进一步严明疫情防控纪律。通过列席会议、参加调研、专项检查等方式，监督各级党组织党史学习教育推进落实。协助公司党委定期研究全面从严治党、党风廉政建设和反腐败工作，督促公司党委压紧压实管党治党政治责任。制定《贯彻落实山钢党委“关于加强‘一把手’和领导班子监督若干措施”分工方案》并组织实施。开展政治生态分析研判，构建风清气正的政治生态和阳光高效的运营生态。严把选人用人廉洁关，全年回复党风廉政意见275人次。

【执纪问责】 积极配合地方纪委监委、公安机关等查办刘立华等严重违纪违法、莱芜分公司“4·7”串标等典型案件，配合对8人采取留置或拘押等强制措施。运用提级办案、联合办案、交叉办案等方式，查办备件验收把关不严、违规收受管理服务对象礼品礼金或接受宴请等问题线索。全年各级纪检机构受理信访举报及问题线索129件，立案22件，运用监督执纪“四种形态”处理处分224人次。坚持严管厚爱结合，对18名主动向组织说明情况的党员干部给予从轻减轻处理，对24名受处分人员落实回访。

【标本兼治】 落实省纪委监委《纪检监察建议》和山钢集团、山钢股份党委工作要求，开展营销领域突出问题专项治理，累计修订完善管理制度88项、规范工作流程23项。对共性问题制发11份纪律检查建议，推动建章立制、源头治理。党委书记为公司270余名管理6级以上干部上警示教育专题党课，分3批组织120余人次到山东省廉政教育馆接受警示教育。集体观看《正风反腐就在身边》教育片，各级党组织深入学习《钢材销售领域6起严重违法案件通报》《对营销领域18名主动向组织说明问题的党员干部从轻减轻处理情况的通报》等典型案例通报，筑牢拒腐防变思想防线。围绕国企改革三年行动、“五位一体”协同机制、新旧动能转换工程等重点工作，紧盯招标采购、资金审批、项目建设、保密管理等关键领域强化监督，处理通报一起擅自传播内部文件信息典型问题。围绕大宗原燃料验收、废旧物资管控、备件采购验收、物流运输等重点环节，开展监督稽查460余次。对职工群众反映的13件基层管理不公开不透明问题从严从快查办，促进群众监督作用有效发挥。与山东产权交易集团纪委对标大监督体系建设思路举措，提升大监督体系创建成效。

【巡察工作】 突出“五位一体”、阳光购销、财务及实物资产管理等重点领域，抽调21人组建3个巡察小组，以“交叉巡察”方式对4家单位开展专项巡察，精准揭示问题。通过月调度、季验证的方式推进巡察整改，对整改结果进行验证把关和“回头看”，集团公司党委反馈的88项问题和股份公司内部反馈的84项问题全部达到整改进度要求，48项存量问题实现清仓见底。对两级巡察反馈问题中涉及的83项问题、210人次和57个单位进行追责问责，推动管理责任压紧压实。巡察整改新建制度18项、修订38项、废止9项，避免和挽回经济损失3299.42万元。

【作风建设】 落实公司党委“锤炼钢铁作风、落实新发展方略”教育实践活动要求，常态化开展以整治“慵、懒、散、慢”四类典型问题，实现工作效率、工作质量、工作能力、工作业绩“四个提升”为主要内容的“四整治四提升”作风建设专项整治，倡树“严细实快”工作作风。紧盯中秋节、春节等重要节日关口，与驻地单位纪委联合开展20余次党风廉政建设监督检查，严查党员干部及重要岗位人员收送礼品礼金、公车私用、借机敛财等违反中央八项规定精神行为。印发《关于作风建设典型问题的通报》，对履职不到位、吃拿卡要、作风漂浮等问题点名道姓通报曝光。

【廉洁文化】 各党支部开展“加强纪律性　革命无不胜　从党的纪律建设百年历程中汲取力量”专题党课教育及“学党史、守清廉”专题主题党日活动。廉洁示范点创建成势见效，廉洁理念深入人心，《山东钢铁报》以《徐徐清风来，点点廉花开》为题专版介绍山钢股份纪委典型经验做法。在日照公司承办的全国钢铁行业纪检监察工作研究会第十七次年会上，山钢股份各管理单位向会议报送367件廉洁文化作品和26篇研究论文参加展评，由日照公司纪委撰写的论文《新时代纪检工作深度护航企业高质量发展的实践与探索》被评为一等奖，并在年会上进行发布。《廉洁莱钢》《清风护航》《廉洁月刊》《廉心桥》等廉洁文化窗口广受关注，赠廉书、讲廉课、写家书、宣廉誓等廉洁教育活动扎实开展。

【纪检干部队伍建设】 印发《2021年创先争优工作方案》，加强作风能力建设，推动公司纪检工作高质量发展，纪检工作连续在山钢集团年度考核中排名首位。每月参加济南钢城区纪委监委组织的“纪检监察大讲堂”，提升理论素养。选派6名纪检干部参与省纪委“室地企”三方联合办案，跟进整理《室地企联合办案工作心得汇编》下发全公司纪检系统学习。抽调2人分别参加山东省委第九轮、第十轮巡视，拓展视野、锻炼能力。开展“案件质量提升年”活动，强化对事实、证据、程序的审核把关，案件质量稳步提升。深化“三转”，动态调整、选优配强纪检干部队伍，莱芜分公司在全员岗位优化调整过程中对11名纪委书记、副书记进行考察任用，山东冶金机械厂纪委按程序完成换届。加强过硬党支部建设，公司纪委党支部被评为总部机关过硬支部。

（撰稿：常　骁
审稿：姜广忠　高洪亮）

组织管理工作

【综述】 党委组织部是公司党建工作的职能管理部门，与人力资源部、机关党委复合设置，主要负责领导班子建设与干部队伍建设、党的基层组织建设、党员队伍建设、干部人事档案管理等工作。

【组织工作】 截至2021年底，山钢股份党委下设5个二级单位党委、1个直属党总支，为山钢股份莱芜分公司党委、山钢集团日照公司党委、山钢股份营销总公司党委、山东冶金机械厂党委、公司机关党委、山钢集团研究院党总支。全公司共有28个基层党委，10个党总支，303个党支部，党员总数8585人。公司各级党组织坚持以习近平新时代中国特色社会主义思想为指导，牢牢把握新时代党的建设总要求，坚决贯彻落实上级党委决策部署，坚持以党的政治建设为统领，持续推动全面从严治党向纵深发展，扎实开展党史学习教育，创新打造“五心四化”党建品牌，形成了以高质量党建引领高质量发展的良好格局，为实现“十四五”良好开局提供了坚强政治保障。

【党史学习教育】 深入学习贯彻习近平新时代中国特色社会主义思想，配齐发放党史学习教育书籍资料，为各级党组织订购发放学习资料20余种，配发书籍15700多册。以指定的4本必读书籍为基本教材，突出重要历史事件、重大历史节点，全面系统学习党的百年奋斗史，及时跟进学习习近平总书记“七一”重要讲话，专题学习贯彻十九届六中全会精神，累计开展主题党日2200余场。坚持把集中宣讲和常态化宣传、日常宣传和媒体宣传有机结合起来，印发《关于在党史学习教育中大力开展“我来讲党课”活动的通知》，公司党委委员以上率下，带头讲党课，各级党组织书记、党员领导干部、先模人物、基层一线党员以及外聘专家等共计652人讲党课1064场，培训党员2.6万人次。拍摄展播“我和我的支部”微视频182部，学习树立身边典型榜样479个。扎实开展党性实践活动，设立党员先锋岗和责任区1409个，党员践诺承诺3668项，解决生产技术难题6200余件，形成广泛覆盖的宣传强势，推动党史学习教育向基层、向群众延伸。把开展“我为群众办实事”实践活动贯穿党史学习教育全过程，坚持把推进党史学习教育同解决实际问题相结合，各级党组织书记、中层干部深入基层联系调研，广泛征求意见、全面盘查梳理，建立办实事项目清单和责任清单，定期调度落实效果，共为职工群众解难题办实事1600余件。

【领导班子和干部队伍建设】 严格遵循党管干部、党管人才的原则，认真执行上级和山钢集团党委关于干部管理的各项政策规定，紧紧围绕公司生产经营建设和改革发展大局，不断加强干部队伍建设，全力保持风清气正、干事创业的良好政治生态，为推动公司高质量发展提供坚强坚实干部和人才队伍保障。为严格贯彻落实山钢集团党委《部分重点岗位人员轮岗交流规定》文件精神，公司党委组织部牵头，在全公司范围内大力实施重点岗位人员轮岗交流工作。山钢股份党委层面共推进完成人员轮岗交流调整8人次，各管理单位及各级党组织共完成人员轮岗交流调整430人次，完成率100%，进一步优化了队伍结构，有效防范廉洁风险，激发队伍干事创业活力。聚焦企业高质量发展，树立全公司一盘棋理念，统筹干部资源，拓宽选人视野，选优配强各级领导班子。组织开展莱芜分公司副总经理竞争性选聘，选聘副经理1人；组织开展营销总公司党委委员、纪委书记选拔工作，选拔任用纪委书记1人。严把政治关、品行关、作风关、廉洁关，落实“三个区分开来”要求，做到选贤任能、知人善任、用其所长、人尽其才，努力建设一支高素质的专业化干部队伍。健全完善干部考核评价机制，建立健全领导班子和领导人员综合考核评价办法，改进考核方式方法，突出考核政治素质、工作作风、工作能力和工作业绩等情况，组织完成2020年度领导班子和领导人员考核工作，对5个管理单位、49名干部进行了考核，将考核结果作为干部选拔任用、薪酬兑现、评先树优的重要依据，充分发挥考核的激励鞭策作用。建立领导人员能上能下的常态机制，根据年度考核结果，对排名末尾2%进行调整，公司各级党组织共调整6级及以上管理人员5人。深化干部契约化管理，顺利完成经理层成员契约化工作，公司经理层成员、各管理单位经理层成员任期制和契约化管理实现100%全覆盖。强化后备人才队伍建设，构建人才队伍蓄水池。结合年度考核，组织完成各层级后备人员推荐工作，后备人才库入库人数达到122人。积极组织参加上级部门的调训和挂职锻炼，9名中层管理人员参加中国宝武实训，2人作为“省雏鹰人才”到省内其他单位挂职锻炼，2人到山钢集团总部挂职锻炼，1人被选派为“驻村第一书记”。

【党建基础工作】 以提升组织力为重点，加强党支部建设巩固提升。建立密切党群干群关系的长效机制，推动各级党组织建立党建联系点230个，经常化深入一线广泛指导基层工作，调研705次，解决问题892个。实施党组织书记突破项目，解决各级党建重点问题418项。制定党支部建设巩固提升实施意见，坚持围绕中心、服务大局，统筹谋划、分类指导，狠抓16条措施落实，压实党支部的主体责任。开展过硬党支部建设质效评估，举办支部书记培训班、党员示范培训班，组织发展党员工作“回头看”，强化党建工作考核，擦亮过硬支部品牌，过硬支部比例达到78.6%，全面完成省国资委21项基层党建重点工作，基层党支部建设实现了梯次迈进、整体提升。

【党建品牌建设】 针对新形势新任务新情况，以新时代党的创新理论指导和推进党建工作机制创新、方法创新，制定《关于创建“五心四化”党建品牌的实施意见》，构筑公司党建品牌创建的“四梁八柱”，努力推进党建工作科学化、系统化、智慧化、常态化。积极探索符合党建要求、具有时代特点、契合企业实际的党建工作新方法、新举措，促进党建工作与生产经营深度融合，打造具有山钢股份特色的党建工作品牌。形成党建品牌创建责任分解表和工作推进表，层层落实，逐级推进，夯实企业“强起来”的政治保障和组织保障，以高质量党建引领高质量发展。截至2021年底，全公司共建立党建工作品牌359个。公司创建“五心四化”党建品牌获中国冶金职工思想政治工作研究院会2021年度优秀成果一等奖。

（撰稿：于　涛　审稿：庞瑞年）

宣传思想工作

【综述】 宣传部是山钢股份公司党委主管意识形态领域的职能部门，与党委统战部、企业文化部合署办公。主要职责是：负责党的路线方针政策宣传教育、对内对外新闻宣传、党委中心组学习、政治理论教育、学习型党组织建设、形势任务教育、思想政治工作、精神文明建设、网络文化建设和管理工作。

【理论武装工作】 深入开展党史学习教育，突出重点，明确主线，以学党史为载体、悟思想为根本、办实事为重点、开新局为目标，切实把学习教育各项任务要求落到实处。公司党委两次参加省党史学习教育第十五巡回指导组组织的座谈会交流工作经验，省委党史学习教育第十五巡回指导组到公司调研给予充分肯定。认真落实党委中心组学习制度和“第一议题”学习制度，深入学习宣传贯彻党的十九届六中全会精神、习近平总书记“七一”重要讲话精神、习近平总书记关于国有企业党的建设和改革发展工作重要论述、习近平总书记在深入推动黄河流域生态保护和高质量发展座谈会上的重要讲话精神和视察山东重要指示要求，开展专题研讨。2021年，公司党委理论学习中心组开展集体学习13次。

【意识形态工作】 严格落实《意识形态工作责任制实施细则》《意识形态领域风险防控预案》《网络舆情管控处置实施办法》等制度要求，通过党委会、中心组学习等方式，及时学习贯彻上级文件精神，分析研判意识形态领域情况，研究、部署、推进意识形态工作。加强舆情管控和职工思想引导，从严从实抓好阵地管理，注重加强网络舆情管控。重点做好庆祝建党100周年、十九届六中全会、全国“两会”、新冠肺炎疫情等重点时段的舆情管控，确保企业和谐稳定。

【教育宣讲工作】 深入开展“中国梦·新时代·跟党走·强起来”主题宣讲活动，公司9件作品参加山钢宣讲比赛，其中6项获得一等奖，并获优秀组织奖。2件作品参加省属企业百姓宣讲比赛，3件作品参加全省“红色齐鲁·我心向党”红色故事讲解大赛。公司职工李仁壮获全省“中国梦·新时代·跟党走”百姓宣讲比赛一等奖，并被聘为山东省委讲师团百姓宣讲员。公司职工石妍参加“红动齐鲁·我心向党”山东省第三届红色故事讲解大赛，获得优秀红色故事和金牌讲解员称号。

【精神文明建设】 深入培育和践行社会主义核心价值观，开展各种形式的群众性精神文明建设活动。全年公司有7人获得第六届山钢集团道德模范，1人获得第六届山钢集团道德模范提名奖；3名职工参加山东好人之星评选。扎实开展文明单位创建，公司1家单位保持“全国文明单位”称号、11

家单位保持“省级文明单位”称号。

【思想政治工作】 加强形势任务教育，抓好集团公司、股份公司重要会议精神的宣讲教育，组织开展“转观念 开新局”“五位一体”商业模式创新等专题宣传教育，统一思想，凝聚合力。加强职工思想动态预警，密切关注职工思想动态变化，督促各单位及时做好思想引导和心理疏导工作。

【新闻宣传工作】 积极落实《公司新闻宣传工作管理规定》，加大审核把关力度，严格遵守上市公司信息披露相关规定和集团公司新闻宣传工作有关要求，规范开展新闻宣传工作。公司党史学习教育、生产经营、绿色发展等亮点工作，被中央新闻联播、山东新闻联播、《大众日报》、《中国冶金报》、人民数字网、新华网等媒体报道，展现企业形象，提升品牌影响力。

（撰稿：王玉军　审稿：刘玉良）

统一战线工作

【综述】 统战部是山钢股份公司党委主管统一战线工作的职能部门，与党委宣传部、企业文化部合署办公。其主要职责是：负责全公司统战、侨务、对台、民族、宗教等工作。贯彻执行党的统一战线政策，协调统一战线内部各方面的关系，发挥统一战线优势，调动一切积极因素，促进企业和谐发展。公司统一战线成员包括党外知识分子、民主党派成员、归侨侨眷和港澳台眷属、少数民族职工、信教群众，驻山钢股份公司的省、市、区政协委员和党外人士代表。

【党外知识分子工作】 坚持党外知识分子联络员制度，加强与党外知识分子联络员的经常性联系，全面调查统计公司党外代表人士情况。

【民主党派工作】 贯彻落实《中共中央关于坚持和完善中国共产党领导的多党合作和政治协商制度的意见》，支持民主党派成员参政议政，进一步推进多党合作事业。

【民族宗教工作】 贯彻执行党的民族宗教政策，落实《山东省民族工作条例》，加强对信教人员的宗教政策教育，引导信教职工依法展开宗教活动。

【政协工作】 组织驻山钢股份的省、市、区政协委员参加政协会议，支持其反映社情民意，组织市区两级政协委员就企业与地方发展进行专题研究、献计献策，一些有价值的建议和提案，受到各级政府及有关部门的重视并采用。

（撰稿：王玉军　审稿：刘玉良）

工会工作

【综述】 山东钢铁股份有限公司工会（以下简称：山钢股份工会）共有下属二级单位工会 6 个，分别是莱芜分公司工会、日照公司工会、营销总公司工会、研究院工会、冶金机械厂工会、山钢股份机关工会；共有三级工会 29 个。截至 2021 年底，全公司共有会员 2.45 万人。

【职工思想引领】 深入开展党史学习教育及庆祝建党 100 周年群众性文化活动，举办“红歌颂党恩，逐梦新征程”庆祝中国共产党成立 100 周年主题展演活动；开展“我为群众办实事”实践活动，赴马钢、南钢对标学习考察，聚焦职工最关心、最直接、最现实问题，开展“三室一堂一所”调研督导工作；开通股份公司职工赴京就医绿色通道服务。牵头制定《关于加强和改进职工思想政治引领工作的实施意见》，扎实开展“对标创优、改革图强”主题宣传教育实践活动。加大典型宣传引导，举办“学党史、开新局”先模人物事迹报告会。

【全员岗位创新】 全面启动“十百千万”全员岗位创新工程，制定实施全员岗位创新活动实施意见，建立“党委领导、行政主抓、部门协同、全员参与”的工作机制，开展岗位全员创新改善、我为企业“对标找差、系统提升”献一计、优秀岗位创新项目（每项最高奖励30万元）、创新文化培育等活动，评选表彰山钢股份“创客先锋”，每人奖励2万元。坚持“一把手”工程，将岗位创新纳入各单位主要负责人和分管负责人年度绩效考核，不断完善岗位工作机制，制定实施优秀全员改善成果评选表彰办法和全员岗位创新评审专家管理办法。强化氛围营造，每月编发工作简报《创建·思享》。公司全年人均创新改善达3.8项，广大职工的创新热情和创造活力显著提升。山钢股份被评为2021年山东省冶金行业全员创新企业，莱芜分公司、日照公司被评为山东省全员创新企业。

【产业工人队伍建设改革】 按照“党委领导、工会牵头、各方协同、全面参与”的工作机制推进，加快“1+*N*”工作指引配套文件的制定，确保各项工作有序有效开展。莱芜分公司在全省推进产业工人队伍建设改革工作经验交流会上作典型发言，日照公司作为全省第二批项目试点单位在全省试点。开展“全面对标找差、提升比较优势”主题劳动竞赛，科学制定竞赛指标和评比方案，强化督导考评，推动竞赛活动有效落地，股份公司层面共记功表彰劳动竞赛先进集体18个（次）；代表集团公司参加“山钢杯”全国钢铁行业职工网上安全生产知识竞赛，获得唯一一个团体特等奖。做好评先树优工作，开展公司首届劳动模范评选工作，评选表彰山钢股份劳模30名。

【幸福和谐企业建设】 深入推进“幸福和谐新山钢”建设，6个单位被山钢集团命名为“幸福和谐企业”。深化厂务公开和民主管理工作，健全规范厂务公开民主管理制度，规范召开公司一届二次职代会；落实职代会职权，扎实做好一届一次职代会99件提案的办理工作，确保件件有落实。推进精准帮扶和普惠服务工作；开展2021年春节送温暖救助工作，对108名困难职工实施救助，发放救助金21.1万元；为24484名职工购买济南互助互济保障，共计154.61万元，救助大病职工80名，发放救助金51.62万元。积极做好援疆援藏扶贫产品的宣传推介工作，省援疆工作指挥部专程到股份公司送感谢信和锦旗。

【女职工工作】 开展女工工作“对标学习，区域联动”展示交流、“巾帼金点子”等技术创新活动；开展“书香品鉴”读书活动，公司工会荣获全国第九届“书香三八”读书活动优秀组织奖，24部作品受到表彰；开展职工维权服务工作，启动“心灵之约”心理服务平台，举办3期健康讲座、12期团体沙盘辅导；开展“特别的爱给特别的你”关爱行动，共救助32人，发放救助金5.1万元，山钢股份被评为山东省女职工特殊权益专项集体合同先进单位；完善女职工典型选树培养机制，开展第一届“巾帼榜样”评选活动，评选表彰10名“巾帼榜样”，1个集体荣获山东省女职工建功立业标兵岗、1人荣获“全国五一巾帼标兵”、1人荣获省冶金行业女职工建功立业示范标兵、6人荣获省冶金行业女职工先进个人等荣誉称号。

（撰稿：黄训建　审稿：高淑军）

共青团工作

【综述】 共青团山东钢铁股份有限公司委

员会（以下简称山钢股份团委）下设二级团委4个，三级团委23个，青工委2个。截至2021年底，全公司共有共青团员1700余名，35岁以下青年4100余名。年内股份公司团委荣获2020年度山钢集团“红旗团委”称号，2个基层单位团委荣获“全国钢铁行业五四红旗团委”称号。

【青年思想引领】 组织开展“学党史、强信念、跟党走”系列活动，通过开展青年“面对面”活动、青春悦跑团、青年党史知识竞赛、红色文化作品创作等青年喜闻乐见、形式多样的活动，推动党史学习教育在广大青年中走深走实。组织召开“学党史、强信念、跟党走”青年座谈会。实施“青年讲师团”计划，常态化开展青年面对面、互动式宣讲交流，着力打通青年理论武装工作“最后一公里”。

【青年建功活动】 开展青年“争创青年创新团队、争当青年创新先锋”活动，打造一批“创新网格团队”。组织开展青年科技创新项目征集评选工作，择优表彰53项优秀青年科技创新项目。做实“号”“手”“岗”“队”等青字号品牌活动。开展“青年安全生产示范岗”“青年绿色发展示范岗”创建活动，组织开展青年安全环保稽查、岗位应急演练等活动，公司共有2个集体荣获“全国青年安全生产示范岗”称号；深化“青年突击队”活动，引导青年主动承担疫情防控、动能转换、安全环保等急难险重任务；开展“青年文明号”创建活动，引导广大青年打造一流岗位文明、岗位技能、岗位效益的青年团队；开展青年志愿服务活动，为全国炼钢厂厂长百人论坛、全国钢铁企业对标挖潜工作交流座谈会等重要会议提供志愿服务，受到与会领导的好评。

【青年成长发展】 开展公司首届杰出青年评选表彰活动，评选杰出青年标兵奖4名，杰出青年奖10名。探索实施公司青年人才“推青计划”，在莱芜分公司试点实施“青年三百人才工程”，完成2批次青年人才选拔及相应培训工作，共储备“三百工程”人员215名。日照公司实施青工技能提升三年行动，搭建精品大讲堂青年英才班平台，助力青年职工立足岗位成长成才。扎实开展我为青年办实事活动，将青年婚恋交友难题纳入股份公司党委“我为群众办实事”工作项目清单，制定下发《关于关心和服务青年婚恋工作的实施意见》，系统解决单身青年职工的婚恋问题。

【团的自身建设】 以团支部组织力提升三年行动为切入点，扎实推进团支部规范化建设和组织力提升工作，进一步加强基层团组织规范化建设。开展股份公司首批“样板团支部”评选命名工作，通过评价打分、现场认证等方式，择优命名10个“样板团支部”。注重工作对标对表，开展山钢股份团组织规范化建设观摩活动，有力促进基层团干部的互学互鉴、共同提升。

（撰稿：黄训建　审稿：李　锐）

股东大会、董事会、监事会会议内容简介

【2020年度股东大会】 4月20日，山钢股份2020年度股东大会在山钢办公楼多媒体会议室召开。出席本次会议的股东及股东代理人共28人，代表股份5863269973股，占公司总股本的54.8028%。出席会议的董事有王向东、马建春、苗刚、孙日东。会议由公司董事会召集，董事长王向东主持，审议通过了《2020年度董事会工作报告》《2020年度监事会工作报告》《2020年度独立董事述职报告》《关于公司2020年年度报告及摘要的议案》《关于公司2020年

度固定资产投资完成情况及2021年度固定资产投资计划的议案》《关于公司2020年度财务决算及2021年度财务预算的议案》《关于公司2020年度利润分配的议案》《关于公2020年度公积金转增股本的议案》《关于修订和签署日常关联交易协议的议案》《关于与山东钢铁集团财务有限公司签署金融服务协议的议案》《关于公司2020年度日常关联交易协议执行情况及2021年度日常关联交易计划的议案》《关于聘任会计师事务所的议案》《关于2021年度公司董事、监事及高级管理人员年度薪酬的议案》《关于公司董事会换届选举的议案》《关于公司监事会换届选举的议案》。

【2021年第一次临时股东大会】 12月29日，山钢股份2021年第一次临时股东大会在山钢办公楼4楼401会议室召开。出席本次会议的股东及股东代理人共218人，代表股份5759258404股，占公司总股本的53.8306%。出席会议的董事有王向东、马建春。会议由公司董事会召集，董事长王向东主持，审议通过了《关于山东钢铁股份有限公司向控股子公司提供借款的议案》《关于山东钢铁股份有限公司一次性计提统筹外费用的议案》。

【第六届董事会第三十三次会议】 3月10日，山钢股份第六届董事会第三十三次会议以通信方式召开。出席会议的董事有王向东、王国栋、徐金梧、胡元木、刘冰、马建春、苗刚、李洪建、孙日东。会议由公司董事长王向东主持，审议通过了《关于山东钢铁股份有限公司与山东钢铁集团日照有限公司作为共同承租人开展融资租赁业务的议案》《关于山东钢铁股份有限公司违规经营投资责任追究实施办法的议案》《关于山东钢铁股份有限公司莱芜分公司2×65兆瓦富余煤气资源综合利用发电项目的议案》。

【第六届董事会第三十四次会议】 3月29日，山钢股份第六届董事会第三十四次会议在济南市高新区舜华路2000号舜泰广场4号楼4楼多媒体会议室召开。出席会议的董事有王向东、徐金梧、胡元木、刘冰、马建春、苗刚、李洪建、孙日东，独立董事王国栋因公务未能参加现场会议，书面委托独立董事刘冰代为行使表决权。会议由公司董事长王向东主持，审议通过了《2020年度董事会工作报告》《2020年度总经理工作报告》《2020年度独立董事述职报告》《关于公司2020年年度报告及摘要的议案》《关于公司2021年度生产经营计划的议案》《关于公司2020年度固定资产投资完成情况及2021年度固定资产投资计划的议案》《关于公司2020年度财务决算及2021年度财务预算的议案》《关于公司2020年度利润分配的议案》《关于公司2020年度公积金转增股本的议案》《关于修订和签署日常关联交易协议的议案》《关于与山东钢铁集团财务有限公司签署金融服务协议的议案》《关于公司2020年度日常关联交易协议执行情况及2021年度日常关联交易计划的议案》《关于公司2020年度内部控制评价报告的议案》《关于会计师事务所从事2020年度公司审计工作的总结报告的议案》《关于续聘会计师事务所的议案》《关于会计政策变更的议案》《关于公司2020年度社会责任报告的议案》《关于2021年度公司董事、监事及高级管理人员年度薪酬的议案》《关于2021年度董事会经费预算计划的议案》《关于公司董事会换届选举的议案》《关于召开2020年年度股东大会的议案》。

【第七届董事会第一次会议】 4月20日，山钢股份第七届董事会第一次会议在济南市高新区舜华路2000号舜泰广场4号楼4楼多媒体会议室以现场和通信相结合的方式召开。出席会议的董事有王向东、徐金梧、汪晋宽、王爱国、刘冰、马建春、苗刚、孙日东、陈肖鸿。会议由董事长王向东主持，审议通过了《关于选举公司董事长的议案》《关于确定公司第七届董事会专门委员会委员的议案》《关于聘任公司总经理的议案》《关于聘任公司董事会秘书的议案》《关于聘任公司副总经理的议案》《关于聘任公司财务负责人的议案》《关于聘任公司证券事务代表的议案》。

【第七届董事会第二次会议】 4月27日，山钢股份第七届董事会第二次会议在济南市舜泰广场4号楼4楼多媒体会议室召开。出席会议的董事有王向东、徐金梧、汪晋宽、王爱国、刘冰、马建春、苗刚、孙日东、陈肖鸿。会议由公司董事长王向东主持，会议听取了总经理2021年第一季度工作汇报，审议通过了《关于公司2021年第一季度报告及摘要的议案》。

【第七届董事会第三次会议】 5月25日，山钢股份第七届董事会第三次会议以通信方式召开。出席会议的董事有王向东、徐金梧、汪晋宽、王爱国、刘冰、马建春、苗刚、孙日东、陈肖鸿。会议由公司董事长王向东主持，会议审议通过了《关于山东钢铁股份有限公司和BISALLOY STEEL GROUPLTD签署〈贝斯山钢（山东）钢板有限公司的2021—2031年股东合作协议〉的议案》《关于放弃莱芜钢铁冶金生态工程技术有限公司股权优先购买权的议案》。

【第七届董事会第四次会议】 8月12日，山钢股份第七届董事会第四次会议以通信方式召开。出席会议的董事有王向东、徐金梧、汪晋宽、王爱国、刘冰、马建春、苗刚、孙日东、陈肖鸿。会议由公司董事长王向东主持，会议审议通过了《关于注销山钢广东经贸有限公司等8家全资销售子公司的议案》《关于注销山东钢铁股份有限公司烟台销售分公司等5家销售分公司的议案》《关于注销控股子公司日照山钢经贸有限公司的议案》《关于注销参股子公司威海济钢启跃船材有限公司的议案》《关于注销控股子公司莱芜山钢利达物流有限公司的议案》《关于注销控股子公司上海济钢经贸有限公司的议案》《关于注销控股子公司莱钢上海经贸有限公司的议案》《关于放弃莱芜钢铁冶金生态有限公司股权优先购买权的议案》《关于山东钢铁集团有限公司受让华泰证券（上海）资产管理有限公司持有的山东钢铁集团日照有限公司股权暨山东钢铁集团日照有限公司修改公司章程的议案》《关于聘任公司副总经理的议案》。

【第七届董事会第五次会议】 8月25日，山钢股份第七届董事会第五次会议以通信方式召开。出席会议的董事有王向东、徐金梧、汪晋宽、王爱国、刘冰、马建春、苗刚、孙日东、陈肖鸿。会议由公司董事长王向东主持，听取了总经理2021年半年度工作书面汇报，审议通过了《关于公司2021年半年度报告及摘要的议案》《关于公司资产减值准备财务核销的议案》《关于社会捐赠的议案》《关于山东钢铁股份有限公司莱芜分公司协议受让莱芜钢铁集团有限公司部分资产的议案》《关于修改〈山东钢铁股份有限公司信息披露事务管理制度〉的议案》《关于山东钢铁股份有限公司莱芜分公司市政设施分离移交的议案》《关于参股公司山东钢铁集团财务有限公司股东之间转让股权暨修订〈公司章程〉的议案》。

【第七届董事会第六次会议】 10月28日，山钢股份第七届董事会第六次会议以通信方式召开。出席会议的董事有王向东、徐金梧、汪晋宽、王爱国、刘冰、马建春、苗刚、孙日东、陈肖鸿。会议由公司董事长王向东主持，审议通过了《关于公司2021年三季度报告的议案》《关于山东钢铁股份有限公司董事会授权事项清单的议案》。

【第七届董事会第七次会议】 11月18日，山钢股份第七届董事会第七次会议以通信方式召开。出席会议的董事有王向东、徐金梧、汪晋宽、王爱国、刘冰、马建春、苗刚、孙日东、陈肖鸿。会议由公司董事长王向东主持，审议通过了《关于公司控股子公司山东钢铁集团日照有限公司与山东闽源钢铁有限公司签订钢铁产能指标转让（合作）协议补充协议的议案》。

【第七届董事会第八次会议】 12月13日，山钢股份第七届董事会第八次会议在济南市高新区舜华路2000号舜泰广场4号楼4楼多媒体会议室以现场加通信方式召开。出席会议的董事有王向东、徐金梧、汪晋宽、王爱国、刘冰、马建春、苗刚、孙日东、陈肖鸿。会议由公司董事长王向东主持，审议通过了《关于与山东钢铁集团有限公司签订〈莱芜钢铁集团银山型钢有限公司股权托管协议〉的议案》《关于签署山东钢铁集团财务有限公司主要股东承诺书的议案》《关于山东钢铁股份有限公司向控股子公司提供借款的议案》《关于山东钢铁股份有限公司一次性计提统筹外费用的议案》《关于召开2021年第一次临时股东大会的议案》。

【第七届董事会第九次会议】 12月30日，山钢股份第七届董事会第九次会议以通信方式召开。出席会议的董事有王向东、徐金梧、汪晋宽、王爱国、刘冰、马建春、苗刚、孙日东、陈肖鸿。会议由公司董事长王向东主持，审议通过了《关于注销山东钢铁股份有限公司济南分公司的议案》《关于与经理层签订〈契约化聘用协议〉和〈2022年度经营业绩目标责任书〉的议案》《关于公司资产减值准备财务核销的议案》。

【第六届监事会第十八次会议】 3月29日，山钢股份第六届监事会第十八次会议以通信方式召开。出席会议的监事有孙成玉、高淑军、刘玉良。会议由公司监事会主席孙成玉主持，审议通过了《2020年度监事会工作报告》《关于公司2020年年度报告及摘要的议案》《关于公司2020年度财务决算及2021年度财务预算的议案》《关于公司2020年度利润分配的议案》《关于公司2020年度公积金转增股本的议案》《关于2021年度公司董事、监事及高管人员年度薪酬的议案》《关于修订和签署日常关联交易协议的议案》《关于与山东钢铁集团财务有限公司签署金融服务协议的议案》《关于公司2020年度日常关联交易协议执行情况及2021年度日常关联交易计划的议案》《关于公司2020年度社会责任报告的议案》《关于会计政策变更的议案》《关于公司监事换届选举的议案》。

【第七届监事会第一次会议】 4月20日，山钢股份第七届监事会第一次会议在济南市高新区舜华路2000号舜泰广场4号楼4楼多媒体会议室召开。出席会议的监事有高凤娟、徐峰、李东祥、高淑军，罗文军因公务未能参加会议，书面委托监事徐峰代为行使表决权。公司监事高凤娟被推举为本次监事会召集人并主持了会议，审议通过了《关于选举公司监事会主席的议案》。

【第七届监事会第二次会议】 4月27日，山钢股份第七届监事会第二次会议以通信方式召开。出席会议的监事有高凤娟、罗文军、徐峰、李东祥、高淑军。会议由监事会主席高凤娟主持，审议通过了《关于公司2021年第一季度报告及摘要的议案》。

【第七届监事会第三次会议】 8月25日，山钢股份第七届监事会第三次会议以通信方式召开。出席会议的监事有高凤娟、罗文军、徐峰、李东祥、高淑军。会议由监事会主席高凤娟主持，审议通过了《关于公司2021年半年度报告及摘要的议案》《关于公司资产减值准备财务核销的议案》。

【第七届监事会第四次会议】 10月8日，山钢股份第七届监事会第四次会议以通信方式召开。出席会议的监事有高凤娟、罗文军、徐峰、李东祥、高淑军。会议由监事会主席高凤娟主持，审议通过了《关于公司2021年三季度报告的议案》。

【第七届监事会第五次会议】 12月13日，山钢股份第七届监事会第五次会议以通信方式召开。出席会议的监事有高凤娟、罗文军、徐峰、李东祥、高淑军。会议由监事会主席高凤娟主持，审议通过了《关于山东钢铁股份有限公司向控股子公司提供借款的议案》《关于山东钢铁股份有限公司一次性计提统筹外费用的议案》。

【第七届监事会第六次会议】 12月30日，山钢股份第七届监事会第六次会议以通信方式召开。出席会议的监事有高凤娟、罗文军、徐峰、李东祥、高淑军。会议由监事会主席高凤娟主持，审议通过了《关于公司资产减值准备财务核销的议案》。

（撰稿：吴　昊　审稿：郭允义）

山钢股份2021年度合并利润表

编制单位：山东钢铁股份有限公司　　　　（单位：人民币元）

项　目	2021年度	2020年度
一、营业总收入	110850917703.23	87316707290.57
其中：营业收入	110850917703.23	87316707290.57
利息收入	0.00	0.00
已赚保费	0.00	0.00
手续费及佣金收入	0.00	0.00
二、营业总成本	107303776627.28	85603236061.54
其中：营业成本	101420191958.13	81685513962.90
利息支出	0.00	0.00
手续费及佣金支出	0.00	0.00
退保金	0.00	0.00
赔付支出净额	0.00	0.00
提取保险责任准备金净额	0.00	0.00
保单红利支出	0.00	0.00
分保费用	0.00	0.00
税金及附加	315699931.37	307072990.82
销售费用	374324056.36	345071733.85
管理费用	2558706786.51	1134799827.43
研发费用	1997571010.01	1292521860.35
财务费用	637282884.90	838255686.19
其中：利息费用	613349723.37	763032391.80
利息收入	103708041.53	79830807.98
汇兑净损失（净收益以“-”号填列）	-7287498.38	1272331.92
其他	0.00	0.00
加：其他收益（损失以“-”号填列）	467525556.00	253866252.37
投资收益	95744579.26	83790343.00
其中：对联营企业和合营企业的投资收益	132580249.03	83974190.69
以摊余成本计量的金融资产终止确认收益	-36467425.58	-183847.69
汇兑收益	0.00	0.00
净敞口套期收益	0.00	0.00

续表

项　目	2021 年度	2020 年度
公允价值变动收益	0.00	0.00
信用减值损失	-2425221.44	10841658.84
资产减值损失	-230554195.92	-26725861.57
资产处置收益	0.00	2825571.86
三、营业利润（亏损以“-”号填列）	3877431793.85	2038069193.53
加：营业外收入	195608742.61	9519713.56
其中：政府补助	0.00	0.00
减：营业外支出	39467819.86	76772367.13
四、利润总额（亏损总额以“-”号填列）	4033572716.60	1970816539.96
减：所得税费用	1071939271.40	391182150.59
五、净利润（净亏损以“-”号填列）	2961633445.20	1579634389.37
（一）按所有权归属分类		
归属于母公司所有者的净利润	1228178024.51	722663665.87
少数股东损益	1733455420.69	856970723.50
（二）按经营持续性分类		
持续经营净利润	2961633445.20	1579634389.37
终止经营净利润	0.00	0.00
六、其他综合收益的税后净额	545504.93	1114839.36
归属于母公司所有者的其他综合收益的税后净额	545504.93	1114839.36
（一）不能重分类进损益的其他综合收益	545504.93	1114839.36
1. 重新计量设定受益计划变动额	0.00	0.00
2. 权益法下不能转损益的其他综合收益	0.00	0.00
3. 其他权益工具投资公允价值变动	545504.93	1114839.36
4. 企业自身信用风险公允价值变动	0.00	0.00
5. 其他	0.00	0.00
（二）将重分类进损益的其他综合收益	0.00	0.00
1. 权益法下可转损益的其他综合收益	0.00	0.00
2. 其他债权投资公允价值变动	0.00	0.00
3. 可供出售金融资产公允价值变动损益	0.00	0.00
4. 金融资产重分类计入其他综合收益的金额	0.00	0.00
5. 持有至到期投资重分类为可供出售金融资产损益	0.00	0.00
6. 其他债权投资信用减值准备	0.00	0.00

续表

项　目	2021 年度	2020 年度
7. 现金流量套期储备（现金流量套期损益的有效部分）	0.00	0.00
8. 外币财务报表折算差额	0.00	0.00
9. 其他	0.00	0.00
归属于少数股东的其他综合收益的税后净额	0.00	0.00
七、综合收益总额	2962178950.13	1580749228.73
归属于母公司所有者的综合收益总额	1228723529.44	723778505.23
归属于少数股东的综合收益总额	1733455420.69	856970723.50
八、每股收益		
基本每股收益	0.115	0.067
稀释每股收益	0.115	0.067

（撰稿：王燕美　审稿：董永峰）

山钢股份2021年度部分制度文件目录

文件编号	标　题
山钢股份党字〔2021〕9号	关于印发《党组织落实全面从严治党主体责任暨党建工作责任制》的通知
山钢股份党字〔2021〕12号	关于印发《深化改革行动实施方案（2021—2022年）》的通知
山钢股份党字〔2021〕25号	关于印发《劳动模范管理办法（试行）》的通知
山钢股份党字〔2021〕29号	关于印发《违规经营投资责任追究实施办法（试行）》的通知
山钢股份党字〔2021〕32号	关于印发《2021年工作要点》的通知
山钢股份党字〔2021〕37号	关于印发《公司党委委员基层党建工作（党支部）联系点制度》的通知
山钢股份党字〔2021〕43号	关于建立“第一议题”学习制度的通知
山钢股份党字〔2021〕47号	关于创建“五心四化”党建品牌的实施意见
山钢股份党字〔2021〕51号	关于加强和改进职工思想政治引领工作的实施意见
山钢股份党字〔2021〕59号	关于印发《中共山东钢铁股份有限公司委员会贯彻落实党中央重大决策部署跟进督办制度》的通知
山钢股份党字〔2021〕63号	关于印发《山东钢铁股份有限公司进一步深化三项制度改革攻坚方案（2021—2022）》的通知
山钢股份党字〔2021〕78号	关于加强党支部建设巩固提升工作的实施意见
山钢股份党字〔2021〕84号	关于印发《开展营销领域突出问题专项治理工作方案》的通知
山钢股份党字〔2021〕87号	关于印发《前置研究讨论事项清单》的通知
山钢股份党字〔2021〕88号	关于印发《研究决定事项清单》的通知
山钢股份党字〔2021〕89号	关于印发《前置研究讨论事项负面清单》的通知
山钢股份风险字〔2021〕9号	关于印发《内部控制手册》的通知
山钢股份运营字〔2021〕9号	关于印发《权属管理单位非契约化领导人员年度考核薪酬管理办法》的通知
山钢股份运营字〔2021〕10号	关于印发《部门负责人2021年目标责任制考核办法》的通知
山钢股份运营字〔2021〕11号	关于印发《部门职工2021年薪酬管理办法》的通知
山钢股份运营字〔2021〕14号	关于印发《研发费用加计扣除政策利用考核办法》的通知

续表

文件编号	标　题
山钢股份运营字〔2021〕19号	关于印发《优秀全员改善成果评选表彰办法（试行）》的通知
山钢股份运营字〔2021〕20号	关于印发《对标找差指标提升考核办法》的通知
山钢股份运营字〔2021〕25号	关于印发《阳光购销管理规定》的通知
山钢股份人字〔2021〕1号	关于印发《总部部门、直属机构职工工作餐补贴管理办法（试行）》的通知
山钢股份人字〔2021〕2号	关于印发《总部部门、直属机构业务（副）专员岗位人员管理暂行办法》的通知
山钢股份证字〔2021〕1号	关于印发《现代企业制度示范工程建设（综合改革）提升方案（2021—2022）》的通知
山钢股份证字〔2021〕2号	关于印发《安全高效钢铁产业生态圈建设领导机构和运行组织体系》的通知
山钢股份证字〔2021〕4号	关于印发《山东钢铁股份有限公司各权属及托管公司信息公开管理制度》的通知
山钢股份规科字〔2021〕15号	关于印发《创建高科技企业实施方案》的通知
山钢股份安环字〔2021〕1号	关于印发《绿色低碳发展行动方案编制工作实施计划》的通知

（撰稿：叶　华　审稿：景　凯）

山东钢铁股份有限公司莱芜分公司

【概况】 山东钢铁股份有限公司莱芜分公司（以下简称莱芜分公司）地处济南市钢城区，隶属于山东钢铁股份有限公司，前身为莱芜钢铁股份有限公司。2011年12月30日，经中国证券监督管理委员会批准，济南钢铁股份有限公司换股吸收合并莱芜钢铁股份有限公司，并于2012年2月27日更名为山东钢铁股份有限公司，下设莱芜分公司和济南分公司，莱芜分公司由山钢集团旗下莱芜钢铁集团有限公司代管。2014年7月，山钢集团对其钢铁板块管理关系进行调整，莱芜分公司实现独立运营，莱钢集团所属银山型钢有限公司、莱芜钢铁新疆有限公司由莱芜分公司代管。2017年5月19日，按照省委省政府和济南市关于济钢产能调整和山钢转型发展要求，山钢股份关停济南分公司产线，将总部机关与莱芜分公司机关进行合署。2019年9月，山钢集团党委对山钢股份党委班子作出调整，随后山钢股份组建新的董事会和经理层，钢铁主业管理体制进一步理顺。同时，山钢股份注册地变更到了钢城区，以此为标志，山钢集团钢铁主业发展布局的重心也放在了钢城区，翻开了山钢股份规范化一体化运营的新篇章。2020年3月，莱芜分公司机关与山钢股份公司总部分开，相关管理定位及职能设置也相应调整。截至2021年底，莱芜分公司（包括托管的银山型钢有限公司）拥有总资产502.28亿元，职工1.58万人，具备年产1290万吨钢的生产能力，拥有3800立方米高炉、3200立方米高炉、100吨电炉、120吨转炉及大型H型钢、4300毫米宽厚板轧线等国际先进、国内一流的工艺装备，15条专业化轧材生产线；下辖炼铁、炼钢等7个主体生产单位，以及能源动力厂和物流运输部2个辅助生产单位，是省内唯一一家年产千万吨钢以上的大型国有企业和荣获“厚道鲁商”荣誉称号的钢铁企业。主要产品覆盖型钢、板带、优特钢、棒材四大系列，广泛应用于港珠澳大桥、亚马尔液化天然气项目等国内外重大工程和埃克森-美孚、壳牌等知名企业，销往70多个国家和地区。

【生产经营】 全年生产铁1078万吨、钢1127万吨、材1092万吨，受限产影响产量较上年有所降低；营业收入和利润总额大幅增长，超额完成年度预算。

【运行管理】 准确把握市场和政策变化，积极应对环保限产与政策控产等不利因素影响，强化精益生产，统筹配置资源，动态调控节奏，全系统保持稳定高效顺行。上半年，产能优势充分发挥，钢和材产量屡创新高，炼钢平均负荷率110.56%，达到集团公司钢铁主业“一秒钟一吨钢”和年度计划进度要求；下半年，围绕“减产不减效”目标，着力重塑生产新秩序和平衡新模式，总体实现了高产高效向低成本精准高效的转变。疫情防控常抓不懈，安全形势总体平稳。精益设备管理体系持续深化，设备动态管控能力显著提升，采购供应、物流运输、物资计量、动力能源保障有力，为生产顺行提供了有力支撑。

【对标提升】 坚持高目标引领，聚焦成本、利润、效率等核心指标，系统策划“对标找差补短板，做到极致塑优势”对标行动。全年累计到宝钢、韶钢、马钢、湘钢、永锋等先进企业对标30余次，形成改进措施300余项，整体运营绩效与系统运行质量大幅提升。在对标韶钢取得阶段性成果基础上，着重强化与马钢的全面对标找差，形成了学先进、找差距、追标杆、再突破的改善提升机制。全年可比成本降低率3.04%，吨钢降本92.18元；生铁成本较行业差距进一步缩小，进步17.48元/吨；3200立方米高炉再次荣获全国冠军炉。

【动能转换】 围绕极致工期目标，工程建设打破常规、挂图作战，不分昼夜、苦干实干，新旧动能转换系统优化升级改造项目一期工程顺利投产。其中，1号3800立方米高炉12月18日点火开炉，两座120吨转炉连铸12月20日启动热试，实现了铁钢系统优化升级的重大突破；老区高炉、转炉等设备安全退出，为一期项目投产创造了条件；智能制造赋能不断加速，5G智能料场成功投运，铁前及炼钢集控、板带无人智能行车稳步实施，特钢、焦化及公辅智能制造应用示范项目全面启动，数智钢铁建设取得积极进展。

【节能环保】 策划实施环境绩效A级行动，本质化提升企业绿色发展水平。焦化厂A级、莱芜分公司B级通过省生态环境厅复核，银山型钢公司通过绩效A级省级核查（受国家政策影响延期公示）。全年投资近10亿元实施超低排放改造，型钢炼铁示范线等45个项目建成投用，区域环境质量持续改善，超低排放评估监测报告在中钢协公示备案。落实“双碳”要求，系统策划节能降碳工作，能源消费总量同比降低62.64万吨标准煤。莱芜分公司先后荣获“全国钢铁绿色发展标杆企业”“全国冶金绿化先进单位”等荣誉称号。

【提质增效】 “五位一体”协同机制框架体系全面形成，产销研衔接更加紧密。启动“精品特钢新区”建设，振兴特钢、做强特钢迈出新步伐；大力实施客户满意度提升工程，加快品种优化与质量升级，订单保障能力显著增强；产品改判率降至1.01%，质量异议损失持续降低；全年开发新产品51项，新产品比例20%以上，内销产品结构增效37.05元/吨；大规格叉车门架型钢等多个异型钢产品填补国内空白，高强风电用钢等优势产品打入国内外高端市场；高强汽车轴类合金结构钢等9个产品荣获“山东优质品牌产品”；银山型钢公司成功创建高新技术企业。

【精益运营】 聚焦现场、现物、现实，突出重心下移、强化落地，完成两轮次现场观摩精益走线，精益管理进一步向基层延伸、向全系统拓展；强化“4+6”重点项目攻关，累计创效8亿元以上；持续推进岗位作业标准化，完成127个岗位1289份标准作业卡，精准操作水平大幅提升；全员改善活动深入开展，职工创新创效活力充分激发，累计申报提案突破10.3万项，公司荣获“山东省全员创新企业”称号。

【改革创新】 按照山钢集团和山钢股份部署要求，全力完成改革攻坚各项任务。聚焦劳产率提升，按照“大部室、大工厂、大车间、大班组”的总体思路，大幅精简压缩组织机构及编制定员，机构总体压减50%以上，管理岗位定员压减48%以上；拓宽职工离岗转岗分流渠道，压减清退劳务外委用工，全员劳产率进一步提升；积极推进与中国宝武业务协同，特钢产品提档升级项目初见成效；业务对接类快赢项目多点开花，与欧冶工业品、欧冶链金等宝武系电商平台业务合作更加深入，物资采购与销售业务的竞争性、时效性明显提升。

【和谐企业建设】 开展庆祝建党100周年系列活动，引导广大党员干部从百年党史中汲取艰苦奋斗、极致攻坚的智慧力量；深入扎实推进党史学习教育，努力在学党史、悟思想、办实事、开新局上狠下功夫；“我为群众办实事”实践活动取得实效，人均收入实现增长，职工餐补全面实行，“三室一堂一所”环境大幅改善；实施过硬党支部建设提升工程，过硬党支部比例达80%以上，继续走在山钢前列；牢牢掌握意识形态工作主动权，线上线下舆论引导水平有了新提升；着力构建“3+2”大监督格局，廉洁建设示范点创建经验在全国冶金行业纪检监察年会上备受好评；持续深化监督稽查、巡察审计发现问题整改，从严打击各类侵害企业利益行为；作风整顿取得实效，形成了“兴廉风、治歪风、树正气”的良好氛围；产业工人队伍建设改革纵深推进，“青年三百人才工程”深入实施，职工队伍素质能力不断提升。

（注：数据含代管银山型钢公司）

（撰稿：张金良　刘　敏

审稿：景　凯）

山东钢铁集团日照有限公司

【概况】 截至2021年底，山东钢铁集团日照有限公司（以下简称公司）在册职工5726人（含退养42人），其中管理、技术人员1132人，具有正高级专业技术职务17人、副高级专业技术职务523人、中级及以下专业技术职务580人，高级技师287人、技师687人、高级工1036人，本科及以上学历1620人，中共党员1635人，共青团员1104人，女职工562人。公司下设党委办公室/董事会办公室/办公室/武装保卫部、运营管理部、生产部、设备管理部、财务部等15个职能部室，科技质量中心，焦化、炼铁、炼钢、冷轧、热轧、中厚板、能源动力、铁路等8个生产厂/项目部。

【生产经营】 严格遵循国家政策导向，动态调整“双控”“双限”条件下的生产组织模式，建立快速高效的生产组织和产品交付体系。创新设备管理体系，优化点检定修模型，设备运行稳定高效。积极平衡水电风气，科学调配LNG等副产品产量，力保生产稳定均衡。发挥全面预算、动态监控引领作用，明确极致提产、成本最优经营策略，加大库存控制力度，积极调整配煤结构、配矿结构、炉料结构、产品结构，主动开展高层营销，严格以效益为导向，抢抓国内外订单，生产经营取得显著成效。全年生产铁775.19万吨、钢846万吨、商品坯材804.43万吨，煤炭消费量、焦炭产量、钢产量完全符合国家调控要求。实现销售收入441.96亿元、利润总额44.72亿元。吨钢可比成本降低119.36元，降低率2.89%，降本总额10.1亿元；剔除市场因素同比增效16.31亿元。年末资产总额438.86亿元，资产负债率51.21%。

【对标提升】 瞄准湛江钢铁，聚焦“超越自我、跑赢大盘、赶超标杆、追求卓越”四个维度，全面对标找差、提升比较优势，与自身比19项指标比上年进步12项；与标杆比22项指标比上年进步12项。吨材利润552.55元，比行业高197.55元，比上年进步129.55元，在对标的57家钢企中排名第8位，比上年进步9名；净资产收益率17.01%，比上年进步8.07个百分点，较湛江钢铁高3.03个百分点。

【质量管理】 导入全流程一贯制质量管理体系，推进质量门“三全两化”建设，质量门信息化管控系统一步建设基本完成。制定实施《质量信得过班组创建工作方案》，在104个班组中开展质量信得过达标创建，班组达标通过率93.3%。综合改判率1.68%，较上年降低0.72个百分点；万元质量异议损失1.58元，同比降低54%。

【产品研发】 坚持以市场为导向，累计研发钢种235个，新产品和高专产品占比分别达到8.34%和47.69%，增效2.61亿元和15.37亿元，形成了水平较高的产品集群。高强钢、油罐钢、桥梁钢等中厚板产品市场占有率位居行业前列。专用钢产品市场实现突破，焊丝钢成为青岛神钢最大原料供应商，成功通过上海通用重工等焊丝厂认证并实现批量供货，高抗鳞爆环保型搪瓷钢批量出口澳大利亚等国外市场。主持制修订国标1项、团标2项、行标3项，主持修订国家标准《工程机械用高强度耐磨钢板》1项。荣获“中国汽车工业科学技术奖”技术发明奖一等奖1项，日照市科技进步奖8项。公司被评为全国市场质量信用用户满意标杆（AAA级）企业。

【高质量发展】 研判宏观经济走势和行业发展态势，紧密结合公司实际，把新发展理念转化为高质量发展主题，持续深化落实“12344”总体发展思路。安全从严，以更加严肃的态度、更加严厉的措施、更加严格的要求，全力追求“零伤害、零事故”极致目标；智能求快，迅速决策、快速实施智能制造项目，积极向“四个一律”目标迈进；高效求好，着力提升关键指标，促进效率、效益、效能全面提升；绿色求优，巩固环保绩效A级企业成果，深度推进碳达峰、碳中和；高端求精，全面改善产品质量、品种结构，用户满意度、市场美誉度大幅提高。

【精益管理】 以“重点突破，能力建设，打造样板，标准化+”为管理主题，抓实项目、培训、现场、模块、自主改善、运营机制和能力提升，积极推进宝武协同支撑项目，促进全方位运营改善，挖潜增效10.09亿元。实施全员岗位创新，2项成果获得山东省职工创新成果二等奖，杨增荣领衔的全员岗位创新项目获股份公司特等奖，全年职工岗位自主改善项目16809项，人均3.09项。加强创新体系建设，在研技术创新项目212项，9Ni钢板快速广泛赢得市场并实现批量稳定供货，汽车面板、马氏体钢成功打开国内外市场，全年产品结构优化增效4.06亿元。推动钢铁数字化转型，以集中管控和机器代人为重点，实施27个智能制造项目，投运后可优化320人、实现界面管理高效协同。公司被评为山东省全员创新企业、日照市全员创新示范企业。

【深化改革】 落实国企改革三年行动部署，深入推进契约化管理、目标责任制考核，支撑起公司管理体系的基本框架。实施四个维度绩效评价，激发了全体人员超越自我、赶超标杆的动力。继续推进三项制度改革，打开职工晋档路径，强化技术岗位管理，提高职工固定薪酬收入，全年优化了29个工作岗位。坚持依靠学习走向未来，实施员工素质提升工程，精品大讲堂成为全体人员积极参与的重要学习平台，公司获得冶金行业45个工种职业技能等级认定自主评价资质。以钢铁主业一体化运行为平台，以聚合资源、优势互补为手段，充分发挥“五位一体”协同优势，进一步增强了钢铁主业的市场适应能力和抗风险能力。深入推进风险管控，扎实做好审计巡察整改落实工作，有效规避了各类经营风险。

【安全管理】 深入学习新《安全生产法》，贯彻落实《安全生产“三严三落实”实施方案》。编制印发《安全文化理念手册(2021修订版)》，引导全员树立安全发展理念和安全责任履职意识。制定落实《相关方“四个统一”安全管理实施方案》，相关方管理走上“四个统一”道路。深入开展安全生产大排查大整治专项行动，完善重大、较大风险点管控方案，针对LNG、液氨、煤气等12个重大风险点，健全完善公司级、厂级、作业区级和班组级四级隐患排查表。深化安全标准化班组创建，推行班组安全“345”工作法。在重点岗位推行“每周一小练、每月一大练、每季度一检验”工作机制，强化风险防范和事故灾害应急处置能力，22748人次参加各级应急演练1691次。公司成为安全生产标准化二级企业、2021年度省级健康企业。全面落实新冠疫情常态化、应急式防控，累计接种疫苗10617人，接种率99.22%。

【环境保护】 落实绿色低碳发展理念，巩固环保绩效A级企业成果，完成热风炉、轧线加热炉烟气脱硫项目。深入推进“三治四化”，基本实现废气超低排、废水零排放、固废不出厂。吨钢综合能耗549.5千克/吨，比宝钢湛江低21千克/吨。公司环境治理、超低排放经验在生态环境部作为典型推广。厂容厂貌持续提升，全年绿化投资达4700万元，新增绿化面积26万平方米，总绿化面积已达200万平方米。积极推进海岸生态修复，打造松虎湾沙滩公园。公司荣获“省级绿色工厂”和“国家级绿色工厂”荣誉称号。

【项目建设】 8月份，专用铁路项目正式开工建设，红线外用地获国务院批复。积极推进创建高新技术企业。全年完成改善提升类固定资产投资7.74亿元，精品基地累计完成工程投资量431.28亿元。11月份，轧钢工程获得工程建设领域最高奖项“国家优质工程金奖”。

【党的建设】 实施党建领航工程，引领发展走向前列。严格落实党史学习教育工作方案，组织召开14次推进会，扎实开展30项具体工作。“第一议题”学习制度执行率全部达到100%。做实“党建入章”，落实党委会议事规则、“三重一大”制度，“三会一层”实现无缝衔接。60个基层党支部完成换届选举，抓党建突破项目实施范围延伸至基层党支部书记，党员培训覆盖率达到33%。过硬党支部比例达到75.9%，涌现出金色堡垒、红炉等一批基层党建工作品牌。创新领导人员末位调整及复活机制，全面推行四个维度绩效评价，采用柔性政策引进人才，推进党委书记抓人才工程，激发了干部人才活力。制定“发展党员三色图谱”，35名预备党员按期转正。实施“先锋指数”管理，为每名党员建立“党性”坐标，有效提升了党员的政治素养和党性修养。

【党风廉政建设】 实施清风护航工程，标定“政治护航、巡察护航、监督护航、纪律护航、铁军护航”五个维度，深度护航高质量发展。推动“四责协同”，落实党风廉政建设责任制。构建大监督体系，严格党内监督，畅通群众监督，重在行政监督，发布重点监督清单75项，实现管理和监督双轮驱动。开展专项监督，常态化进行疫情防控、安全、环保、质量管理履职监督，切片式开展阳光购销、设备物资等重要领域专项效能监督。全面推进落实巡察反馈问题整改，全流程开展废钢、余材、设备报废等重要环节内部巡察，实现闭环管理。深化岗位廉洁从业规程管理，筑牢廉洁风险防控体系，纪律监督有效嵌入ERP、MES、设备管理、购销管理等平台。开展“清风”系列教育，组织培育廉洁示范点、家属助廉进岗位等活动，深入开展营销领域专项整治，一体推进“不敢腐、不能腐、不想腐”。

【幸福和谐企业建设】 实施和谐助航工程，助力双元全面发展。深化学习型组织建设，推进职工素质提升工程，年人均培训151学时。扎实开展“我为群众办实事”实践活动，投资4300余万元解决职工关切问题125项，已完成118项。做好普惠和精准帮扶，人均普惠达1200元，发放慰问金35万余元，申请互助互济项目赔付134909元。探索政治工作与运营发展“一体化”模式，打造兼具报、台、网、微、端的“五位一体”全新融媒体矩阵。深入推进民主管理，一届四次职代会145项提案全部落实。抓好舆情管控，信访案件和问题处置化解率100%。建设职工文体中心，广泛开展文体活动，满足职工不断增长的精神文化需求。广泛开展群众性精神文明创建活动，组织文明单位、十佳文明窗口、十佳文明职工“双十佳”评选。搭建“她”系列平台，着力展示巾帼风采。开展青年岗位建功系列行动，发挥了团员青年生力军作用。炼钢行车浇铸跨“智行”巾帼岗被省冶金工会评为“女职工建功立业标兵岗”，杨雷获得“全国五一劳动奖章”。

（撰稿：李　林　审稿：张润生）

山东钢铁股份有限公司营销总公司

【概况】 山东钢铁股份有限公司营销总公司主要负责山钢整体营销战略制定与实施，总体策划和实施营销协同和管理，山钢股份公司国内钢铁产成品销售和大宗原燃料物资采购业务，整合区域营销资源和开展贸易经营，以及推进钢材加工配送业务等。2021年7月3日，根据山钢股份《关于调整营销总公司财务管理职能的通知》（山钢股份人字〔2020〕13号）、《关于设立风险管控中心的通知》（山钢股份人字〔2020〕5号）文件要求，经营销总公司研究决定，撤销营销总公司财务部、风险管控部机构。截至2021年底，销营销总公司内设机构26个，包括：办公室/党委办公室、组织部/人力资源部、党群工作部、纪委/巡察办、营销改善部、销售管理部、期货部、莱芜调整部、日照调整部、板材销售部、钢带销售部、特钢销售部、型钢销售部、建材销售部、汽车钢销售部、家电钢销售部、贝斯山钢（山东）钢板有限公司、采购管理部、煤焦采购部、炉料采购部、鲁东销售部、鲁中销售部、鲁西销售部、华东销售部、华南销售部、华北销售部。共有职工 531 人。

【营销管理】 落实“13368”改革重点任务，制定《营销改革实施方案》，完成顶层设计。全面深化对标找差，先后对标宝武、马钢、韶钢、鄂钢、鞍钢、首钢等 17 家单位，聚焦体制机制、营销模式、营销策略、用户服务、战略资源和营销绩效指标，发现改善点 75 项，建立协同改善项目 13 项，基础管理得到改善。实施“六化”治理，完善阳光购销制度体系，修订完善制度 18 项，建立“六单一图”管理模式，业务流程逐步规范。初步建立岗位绩效分层分类评价体系，实施管理目标责任制和业务绩效契约化，形成“超越自我、跑赢大盘、赶超标杆、追求卓越”多维度评价指标体系，推进岗位绩效表单管理，岗位绩效责任层层压实。探索实施岗位动态管理，全年实施岗位交流 9 轮次，累计交流 141 人次，优胜劣汰和轮岗交流机制初步形成。优化营销策略，实施订单驱动销售模式，莱芜基地锁价销售比例达到 35%以上，实现精准接单、精准生产、精准交付、精准库存管控。推进国内矿定价由港口现货定价转为普氏指数定价，促进行业对标持续改善。欧冶电商平台合作取得积极进展，现货产品全部线上销售。

【国内采购业务】 积极应对能耗双控、能源短缺、极端天气等严峻考验，巩固战略合作，依托山西焦煤日照配煤基地，保障资源供应，全年累计采购大宗原燃料 1988 万吨。产供协同发力，推动生产基地配料结构优化，焦炭采购成本较行业改善 80 元/吨，国内矿采购成本较行业改善 80 元/吨。拓宽采购渠道，新开发供应商 46 家，关键资源保供能力有效提升，市场资源议价能力得到增强。

【国内销售业务】 全年累计销售钢材（坯）1823.13 万吨，实现销售收入 1016 亿元，年末库存降至 15.89 万吨。实现内销产品吨材结构增效 43.9 元，创历史新高。钢材省内销售比例 71.70%，直销比例 75.40%。累计吨材销售价格比行业对标进步 28 元，吨材利润较行业对标进步 58 元。央企攻坚取得突破，成功进入中石化、中海油和中石油一级供应商行列，与中铁四局、中铁建工、中冶建工、中铁大桥局、葛洲坝集团实现战略合作。围绕产品提档升级，开拓重点工程项目和终端用户市场，10 万立方米原油储罐业绩拓展至 183 台，9Ni 钢实现供货 3000 吨，汽车钢先后通过中兴、奇瑞等主机厂认证；桥梁钢、容器钢、油罐钢、车轮钢销量大幅提升，大规格门架型钢、锯片钢、马口铁、轴承钢、履带钢、四级螺纹钢市场开拓突破瓶颈。聚焦省内市场，联合宝钢北方公司开展省内市场调研，明确省内终端市场开发目标和方向。

【区域销售公司概况】 深化区域主销工作，区域销售公司整合注销工作全面启动。依据 2021 年 8 月 12 日《山东钢铁股份有限公司第七届董事会第四次会议决议》，8 月底启动对山钢广东经贸有限公司、莱芜钢铁集团四川经贸有限公司、东营山钢经贸有限公司、山钢徐州经贸有限公司、浙江山钢经贸有限公司、山东钢铁江苏钢贸有限公司、郑州山钢钢铁有限公司、天津山钢经贸有限公司等 8 家全资子公司，山东钢铁股份有限公司烟台销售分公司、山东钢铁股份有限公司临沂销售分公司、山东钢铁股份有限公司济宁销售分公司、山东钢铁股份有限公司莱芜营销分公司、山东钢铁股份有限公司武汉销售分公司等 5 家销售分公司，日照山钢经贸有限公司、莱芜山钢利达物流有限公司、上海济钢经贸有限公司、莱钢上海经贸有限公司等4家控股子公司和威海济钢启跃船材有限公司等1家参股子公司，共计18家区域销售子（分）公司的注销程序。推进实施《百家终端用户开发方案》，新开发终端用户102家，与东明石化、番禺钢管、渤海石油装备、滨化集团、安徽天然气管道等公司合作进一步深化，销售渠道不断拓宽，区域销量不断提升，全年累计销售钢材566.49万吨，实现利润总额6783.04万元（以上数据均不含贝斯山钢（山东）钢板有限公司）。

【党群工作】 履行全面从严治党主体责任，全面压实“一岗双责”，规范党委会议事制度，严格执行领导班子集体决策议事流程。严肃党内政治生活，严把对照检查、谈心谈话、批评与自我批评等各个环节，党政领导班子成员下沉督导，党内组织生活质量显著提升。高标准高质量落实党史学习教育，聚焦“我为群众办实事”，梳理解决职工群众关注的急难愁盼问题31项。组织编制《党支部规范化建设制度汇编》，组织基层党务工作培训，对标先进支部，开展支部结对共建，党支部战斗堡垒作用持续加强。组织“廉洁教育抓落实，反思整改促提升”专项学习整顿活动，全体干部职工通过“五对照、五反思”共享交流，观念意识进一步转变。开展庆祝建党100周年系列活动，组织红歌展演、羽毛球、足球、健步走等团体活动，凝聚团队士气，展树团队形象。优化培训方式，组织营销管理骨干能力提升等系列培训，基础能力素质和团队意识明显提升。建立“职工之家”，搭建职工书屋，文化活动阵地不断扩大。搭建青年创新创效平台，开展青年改善项目攻关，组织青年志愿者服务活动，展现青年职工青春风采。

【作风建设】 注重以案示警，强化廉洁教育，建立廉洁宣誓制度，构建每周一题、每月一例、每季一测、半年一反思、每年一共享“五个一”廉洁教育机制。高质量推进营销领域突出问题专项整治，对照违法案件反映出的漏洞，形成《营销工作负面清单》，开展合同、价格、资源配置关键业务活动常态化监督检查，提升业务操作线上比例，使管理监督嵌入业务岗位，有效防控业务风险。注重以案明责，精准运用“四种形态”，通过“第一种形态”处理问责82人次，利用第三种形态对3名违纪违法人员给予开除党籍处分，留党察看处分1人，收缴违纪款项83169元，共有25人次被追究管理责任，在营销总公司内部形成强大震慑作用，10余人主动向组织说明情况，“擦边球”“潜规则”等不良政治生态得到扼制，“严细实快”工作作风和风清气正政治氛围初步形成。

（撰稿：商启亮　董　良
审稿：郭伟达）

山东钢铁集团有限公司研究院

【概况】 山东钢铁集团有限公司研究院（以下简称研究院）是山钢集团和山钢股份战略经济研究和战略技术研发机构，是“一院多中心”研发体系的核心和枢纽。主要职能是：负责战略研究、经济研究、产业研究、商业模式研究、信息政策研究，前沿战略技术、关键共性技术研究，产业界面技术、产业绿色智能制造工艺技术研究，战略性产品研发，新材料新技术研发，客户应用技术开发等。截至2021年底，共有职工57人。其中，男职工47人，女职工10人；中共党员47人，民主党派1人，群众9人；博士研究生9人，硕士研究生

10人，大学本科38人；取得正高级专业技术职务11人，副高级专业技术职务43人，中级专业技术职务3人；4人被认定为济南市D类高层次人才，31人被认定为E类高层次人才；3人被评为集团公司首席专家。

【科研管理】 以山钢股份《科技创新体系深化变革方案》为指导，按照统一化管理、专业化整合、一体化运营的总体思路，初步确定的“行政统管、机制合一、专业聚焦、区域负责”的研发体制改革和研发体系构建方案，写入山钢股份商业计划书和一届二次职代会总经理工作报告。制定下发《科技创新项目管理实施细则》等制度，成立研究院技术委员会，强化关键研发信息保护，规范专利和技术秘密管理，依托钉钉自主开发科技管理功能模块，大幅提高了科研管理信息化水平，研发项目立项决策、过程管理、实施协调、绩效评价等关键环节流程更顺畅，管理更高效、服务更细化。2021年新立项16项，5个项目完成研发计划，具备验收条件；6项成果通过评价，申报科技进步奖3项，申报专利奖4件。全年申请专利22件，授权专利18件；申请注册登记软件著作权5项。

【对外合作】 聘任上海大学材料科学与工程学院院长董瀚教授为山钢股份首席专家。与济南大学、临清市政府共建山东临清轴承产业技术研究院。与山东省科学院、山东大学、山东建筑大学、省产品质量检验研究院、华电山东新能源有限公司等单位谋划共建山东省碳中和技术创新中心。深入推进与国家超算济南中心的合作，联合筹建钢铁产品数字化研发平台。对外研发协作创收取得零突破，首次签订创收类合同1项，到账创收收入25万元。全年签订技术服务合同及合作协议23项。

【技术研发】 突出贴近现场、贴近市场，坚持“前沿、战略、引领、催化”融为一体选题理念，围绕现场重大难点、市场最新热点，积极组织申报重大专项。组织申报《精炼炉底吹搅拌作用下钢渣反应界面弥散相行为模拟研究》等4项省自然科学基金项目。提报《钢铁制造全流程“数字孪生”关键技术研究与应用》等3项省重大关键技术攻关指南建议项目。申报《基于热化学储能原理的高温转炉煤气在线重整制备富氢合成气基础研究》等4项省重大基础研究指南建议项目。提报《冶金大型设备状态智能识别与诊断系统》等3项济南市“十四五”重大科技创新指南建议项目。确定“固危废、烟气处理及资源化利用”等2022年重点研发方向，初步形成39项具体研发项目。《高性能耐磨钢铁材料关键技术研发及产业化》《钢铁流程副产大鳞片石墨的深度开发关键技术研究》等项目研发取得关键成果。省重大专项《高端制造装备用高品质稀土特殊钢关键技术研究及产业化》试轧试销试用加速完成，完成内部验收，推动莱芜分公司2021年轴承钢产量较2020年翻一番；依托项目形成国际先进水平成果技术3项，累计申请专利24项、发表论文8篇、参与制定团体标准2项，建设创新平台3个。《山东钢铁信息系统架构标准体系研究》项目形成了5项企业标准。《基于机器视觉的宽厚板轮廓及板形CPS智能制造技术研发与应用》整体技术达到“国际领先水平”，两项软件著作申报授权，实现了工业软件产品“零”的突破。《高炉数字化仿真系统开发与应用》项目将建设形成具有山钢特色的“数字化高炉”，一定程度上攻克了高炉“黑匣子”难题。《高品质轴承钢智能制造》项目团队获首届山东省新材料智能制造大赛暨第四届中国（郯城）高层次人才创新创业大赛二等奖。《依托院士工作站的科技合作协同机制创新实践》获中国钢铁工业协会第二十届（2021年）冶金企业管理现代化创新成果二等奖。

【经济研究】 聚焦与中国宝武战略重组、全面对接逐步融入宝武的发展大格局，策划完成《山钢集团“十四五”期间钢铁制造业规划研究》等7项“十四五”规划系列课题研究。围绕钢铁主业碳达峰碳中和，开展绿色低碳发展专项课题研究，主导编制《山钢集团绿色低碳发展行动方案》《钢铁工业低碳前沿技术汇编》，开展《山钢集团低碳发展技术路径研究》《山钢集团低碳管理体系运行机制研究 》专题研究。配合高科技企业创建，主责编制《山钢股份公司创建高科技企业实施方案》。围绕政策热点及时撰写《政策红利释放科技创新新活力》等9篇研究专报。全年主责编撰《董事长简报》13期、《一周行业纵览》51期，收集发布《全球钢铁产业动态》《冶金经济内参》等10余份重要资料。26项经济课题结题，8项课题获山钢集团经济研究成果奖，其中《山钢集团创建高科技企业研究》《山钢产业管理基础性研究》两课题获得山钢集团2021年经济研究成果特殊贡献奖。

【党建思想政治工作】 建立实施“第一议题”制度，修、制订《中共山东钢铁集团有限公司研究院总支部委员会议事规则》《中共山东钢铁集团有限公司研究院总支部委员会前置研究事项》等制度。严格按程序组织召开民主生活会、组织生活会、党组织书记履行全面从严治党责任和抓基层党建工作述职评议会。扎实开展党史学习教育，推进过硬党支部建设，持续开展“不忘初心、牢记使命”党员承诺践诺党性实践活动，按期完成党总支、支部两级党组织换届选举工作。高度重视巡察整改，幸福和谐企业建设通过验收，创新开展内外宣传，形成风清气正政治生态、和谐的工作环境、求实的研究氛围。柔性引进3名博士后进入工作站开展研究，内部竞争性选聘高级研究员、高级分析师各1人。9人次选调参加集团公司绿色低碳发展、BS项目推进、党委专项巡察、纪委专案组等专班工作，7人次选调参加股份公司“五位一体”推进、智能制造、群众性创新成果评价等专项工作，智库参谋作用日趋明显。1人被评为省属企业优秀共产党员，1人被评为省冶金行业女职工建功立业标兵、省冶金最美职工，1人被评为山钢集团劳动模范，1人被评为山钢股份劳动模范。

（撰稿：肖海莲　审稿：王中学）

莱芜铁路运输分公司

【概况】 莱芜铁路运输分公司于2014年4月9日挂牌成立，隶属于山东钢铁股份有限公司，由莱芜分公司代管。主要承担莱芜分公司、银山型钢公司进厂原燃材料和厂内成品、半成品的运输及外发任务。莱芜铁路运输分公司业务与原莱芜分公司运输部相同，2021年11月17日，莱芜分公司成立物流运输部，将生产管理部的内部倒运管理职能、原物流中心除水渣和火渣销售外其他职能、运输部全部业务、棒材厂和型钢厂及银山型钢板带厂仓储发货业务划归物流运输部，职责变更为：负责港口进口原燃料、出口材港口仓存、集港、发运管理，原燃料进厂、内部倒运管理，产成品入库、储存、发货管理，物流资源、费用、信息等各类物流活动的计划、运力组织、管理、调度、协调和营运；负责进厂原燃料、外发产品和工序间、仓储间成品、半成品的铁路运输等。截至2021年底，设6室6段（中心），分别为生产技术室、机动技术室、安全管理室、运输管理室、储运管理室、综合管理室/人力资源储备中心，机务段、车务一段、车务二段、车辆段、维修段、储运配送中心。截至2021年底，在职职工1008人。其中，女职工164人，男职工844人；具有高级专业技术职务67人，中级36人，初级15人；区域技师18人，主管技师65人，岗位技师157人。建筑面积8.57万平方米，拥有固定资产原值7.78亿元，净值3.12亿元，设备总重1.52万吨，拥有机车32台，轨道吊车1台，车辆426辆，铁路线路98.487公里，道岔281组。

【生产经营】 坚持“令行禁止、使命必达”的工作标准，动态优化运用机车数量和岗位人员，较好地完成了万吨铁水调送、螺纹钢集中发运、清洁运输比例提升、节铁增钢等重点任务。全年共组织进口矿运输1353.63万吨，其中铁路运输1298.37万吨、汽车运输55.26万吨，铁路运输比例达95.92%，创历年最高水平。产成品发运1069万吨，其中铁路外发179万吨。铁路日均到达800车，卸车779车，外发81车；日均铁水外调102罐，往老区调送铁水单日突破202罐。型钢区进口矿和产成品清洁运输比例分别达到93.4%和88.53%。树立“增长”意识，实现冷轧带卷3组车辆循环运输，冷轧带卷倒运铁运比实现100%，全年倒运3235车，降低物流费用154.1万元；完成棒材中区装车线改造，装车效率提高50%以上；推进钢材外发“公转铁”，申领增量补助254.5万元；通过阳光招标节支451.81万元；报废处理固定资产和废旧物资，盘活资产增加收益759.28万元；承揽新动区炼钢供型钢小型和棒材小型钢坯切割任务，快速完成各项准备，优化配置职工开展工作，为公司生产作出积极贡献。做好仓储发货工作，坚持产成品入出库日分析，提高仓储发货效率。建立24小时动态服务机制、五大品种客户线上实时沟通交流平台、承运单位日运输绩效评价制度，规范发运流程、提高发运管控能力。加强产销衔接，实现产销运协调联动。

【专业管理】 坚持“生产单位各级主要负责人首要工作是抓安全”“隐患就是事故”“违章就是犯罪”“三管三必须”原则，把安全生产责任落实到位。构建网格化包保责任体系，推进安全管理“重心下移，防线前移”。制定岗位违章清单，明确红线违章，加大安全检查和考核力度，职工习惯性违章明显减少。落实“变化就是风险”的工作要求，开展隐患大排查、大整治专项行动，做好“双达标”和“双体系”建设，每周开展四次现场管理提升活动，安全基础进一步夯实。加强LKJ数据分析，提高调乘人员标准化作业水平。开展全员“大学习、大培训、大考试”专项行动和新《安全生产法》宣贯培训，组织事故警示教育，定期开展应急演练，提高职工应急处置能力和自我保护意识。加强设备检修计划管理，解决“应检未检、检不到位，应修未修、修不达标”问题，推行“记名修”，铁路运输设备故障次数同比降低142次。加快投资计划落实，完成HXN3B大功率内燃机车、四辆100吨铁水罐在线加盖、道岔升级改造项目。全员、全过程、全方位推进TnPM体系建设，实现设备管理现状态可控、过程可控。加强路企协同，引进济南铁路局大机清筛设备，提升铁路线路状态。持续推进新技术与运输生产相融合。全年共完成技术创新成果8项，获得实用新型专利授权12项，1项成果获钢铁行业冶金铁路科技创新成果一等奖。

【改革创新】 深入推进人力资源优化改革。贯彻落实“五个一律”要求，通过管理优化、技术创新、机械替代等，取消整备工、引导员、综合事务员等辅助岗位，在全公司率先完成清退外委用工。安排机关优秀青年技术人员、新入职大学生到乘务员岗位锻炼，为职业发展打下扎实基础。大力推进调乘一体化改革，11个局车运输调乘组全部实行“两乘一调”，压减岗位44个。5处铁路道口实现集中控制，压减岗位12个。完成首台电动机车改造，运行后压减岗位4个。取消各段非生产性岗位，人员转移一线；通过人员优化转移，解决了钢坯切割业务84个岗位需求。合理调度作业间隙，为调乘人员创造夜间休息条件，并实行“子时唤醒机制”，解决夜班睡岗问题；实现阳光考勤信息系统基层岗位全覆盖，职工岗前测酒和出退勤管理更加规范；取消各段非生产性岗位，人员补充一线；成立管道等维修中心、机加工中心等，缓解人员大幅减少带来的压力。树立“路好，一切都好”的理念，对线路进行全方位维护完善。智能铁鞋投入运用，本质安全化水平得到提升。强化“有人负责我配合，没人负责我负责”的内外部协同，检修单元为运输提供可靠设备，运输为检修创造施工条件，协调一致地为客户提供满意服务。系统梳理降低物流费用措施，落实公司“一律取消铁运外委”要求，推行内部“公转铁”，统筹钢材发货场地和运输资源，实现“外存”变“内存”，“外委”转“自营”。发挥资产协同优势，实现门架槽钢、宽厚板在内部场地自行装车发运、中型型钢溢流库产品倒运全部铁运。持续推进精益管理，对标宝武系企业，发现改善点78项，落地改善措施171项，其中焦化翻车机和新区3号翻车机对位合格率分别提升5.08个百分点和2.89个百分点，工序成本、能耗等指标较大改善，铁水有效作业率超奋斗目标，机车作业效率明显提升。持续推进学习型组织和精益管理深度融合全员改善，全年提报案例3569项，优秀提案1924项。

【党建思想政治工作】 强化理论武装，推进党史学习教育。贯彻落实“第一议题”制度，紧抓关键少数，组织好中心组学习。发挥舆论引导作用，通过“换位·思考·协同”论坛和“万吨调送英雄榜”“整线精神”“钢铁榜样”先进事迹宣传，聚合榜样力量。落实党风廉政建设责任制，推进廉洁建设示范点创建，坚持廉洁从业教育，严格开展执纪监督，做好巡察反馈问题整改。加强作风建设，推进全员转观念、转作风、提能力、强服务。开展自己动手美化家园活动，栽植树木1300多棵，新增绿化面积17000平方米，职工工作环境得到较大改善。做好幸福和谐企业建设工作，持续打造“协同、赋能、牵引、陪伴”的新铁运文化。制定三级厂务公开实施细则和清单，保障职工参与管理的民主权利。持续做好冬送温暖、夏送清凉，特殊时期送关爱，为职工发放慰问品人均1100余元，为66名困难职工及家属送温暖救助5.45万元，为35名收入较低、家庭遇到困难职工发放慰问金1.06万元。更换衣橱、配备冰箱、洗衣机，改善职工工作生活条件。联系餐饮承包商每天中午送餐到岗位。修建健身步道2000米，安装健身器材47套，组织10个文体协会，活跃职工文化生活。

（撰稿：王沛永　审稿：翟大强）

全资和控股子公司

莱芜钢铁冶金生态工程技术有限公司

【概况】 莱芜钢铁冶金生态工程技术有限公司成立于2008年10月，注册资本1000万元，其中山东钢铁股份有限公司投资额510万元，投资所占比例51%。公司主营转底炉直接还原工程及冶金新技术工程的研究、设计、设备供应、施工及总承包，技术咨询、服务，铁合金、煤炭、炉料的批发零售等，同时经营脱硅剂、新型复合脱氧剂、煅煤增碳剂、提供轧机精度检测服务。截至2021年底，下设1个职能部门，5个专业项目板块，共有职工总数8人。

【股东股权变化情况】 2021年，莱芜钢铁冶金生态工程技术股东股权发生变化，山东钢铁股份有限公司股权未变；原股东北京科大科技园股份有限公司的24%股权转让于山东省冶金设计院股份有限公司，现股东山东省冶金设计院股份有限公司持股由15%增加为39%；股东莱芜钢铁集团有限公司10%股权转让于山钢金融控股（深圳）有限公司。现莱芜钢铁冶金生态工程技术有限公司由3家股东构成，分别是：山东钢铁股份有限公司、山东省冶金设计院股份有限公司、山钢金融控股（深圳）有限公司。

【生产经营】 紧抓主营业务，以新工艺、新技术、新材料、新设备的技术应用推广作为公司盈利与生存能力的主抓方向，紧紧跟随山钢股份降本增效目标，在炼钢、轧制生产工艺流程中为现场提供技术服务。针对莱钢集团银山型钢有限公司板带厂轧机对产品精度提升、产品极限规格轧制的需求，将激光三维检测技术应用于轧机整体安装过程，提升轧机轧制能力，降低轧机维护成本，实现激光三维检测技术在板带厂1500毫米热轧宽带产线的成功应用。致力于新型辅料在炼钢工艺流程的技术成果转换应用，分别在银山型钢炼钢工序、山钢股份莱芜分公司新旧动能转换生产区域、特钢银前炼钢工序，进行以氟渣炉料替代萤石的小批量的生产试验，以期降低炼钢生产工艺成本。

（撰稿：蔡　璐　审稿：张思勋）

山东莱钢环友化工能源有限公司

【概况】 山东莱钢环友化工能源有限公司于2006年7月成立，注册资本3亿元，为山东钢铁股份有限公司的全资子公司，由莱芜分公司代管。机关科室与莱芜分公司焦化厂机关复合设置，设有苯加氢深加工车间，共有职工62人。

【生产经营】 秉承“极致提产、极限成本”管理理念，发挥“五位一体”协同优势，持续提升企业精益管理水平和挖潜增效能力。强化购、产、销联动，推进与日照公司粗苯采购的市场化协同，稳定原料供应。把控应变性指标，提升催化剂使用率，克服催化剂老化、高硫轻苯原料的困难，有效解决总硫噻吩高、C8+颜色发黄等问题，纯苯纯度稳定在99.97%以上。立足“化产增利”中心任务，完善化产品营销流程，抢抓市场机遇，敏锐把握疫情好转带来的市场供求变化，不断优化产品结构，动态调整销售策略，全年加工轻粗苯8.8万吨，生产纯苯6.59万吨、甲苯1.06万吨、二甲苯3780吨、非芳烃1910吨、重质苯660吨、C8+800吨，实现销售收入4.63亿元，加工协同效益2200万元。

【专业管理】 以落实安全生产主体责任、压实主要负责人第一责任为管理方向，构建领导干部网格化包保责任体系，严格落实“一岗双责”。加强双体系运行管控，逐级签订《安全生产目标管理责任书》，明确、分解各级安全生产职责。夯实“双基”管理，提升基层基础保障，全年编制75例事故案例集，组织安全学习92次。对受限空间中毒和窒息、危险化学品泄漏、着火、中毒等现场应急处置方案开展培训演练35次，系统提升全员应急处置能力。

实施循环水补水替代、补水分时段调整、采暖水伴热替代等改造，有效降低工序能耗。借助万点监控平台，对区域内16台重点设备36个监测点进行24小时监控，确保设备稳定运行。组织实施脱重塔、回收塔的真空尾气回收系统改造，提高系统运行效率，降低运行成本。顺利完成成品装卸车“一卡通”智能装车系统改造，提高装车效率，降低安全风险。加大环保投入，完成三座炉子低氮燃烧脱硝改造，实现尾气达标排放。进行槽罐区VOCs治理改造，减少有机物的挥发。完善危废仓库管理制度，规范处置检维修过程中产生的废活性炭、废油脂等危险废物。以重塑五星现场为目标，推进现场整改提升，全面治理现场跑、冒、滴、漏，定期组织现场综合管理检查及班组现场自查，促使职工养成现场治理的行为自觉，现场管理水平持续提升。

（撰稿：穆允生　马学照
审稿：刘建迅）

莱芜天元气体有限公司

【概况】 莱芜天元气体有限公司（以下简称天元公司）于2002年10月29日注册，11月8日挂牌成立。主营工业用氧气、氮气、氩气、液氧、液氮、液氩、粗氪氙、粗氖氦及瓶装气体和医用液氧、气氧等产品。主要为山钢股份莱芜分公司的冶炼生产提供产品服务，同时面向社会经营销售气体产品。截至2021年底，注册总资本50581.14万元。有21000立方米/小时制氧机组4套，60000立方米/小时制氧机组1套，150吨每天氧氮液化装置1套。天元公司各职能科室与莱芜分公司能源动力厂复合设置，下设制氧车间1个。共有职工173人。其中高级专业技术职称的13人，中级职称3人；工人高级技师6人，技师27人，助理技师9人（含一专多能人员）；本科以上学历65人，专科学历61人，中专及高中学历的43人；退养48人。

【主要经济技术指标】 全年累计实现销售收入6.53亿元，利润总额408.4万元。累计外供氧气8.51亿立方米、氮气6.8亿立方米、氩气148.8万立方米，分别完成年度计划的89.66%、112.29%和1240%。氧气放散率、制氧综合电耗、制氧综合水耗、供氧压力、氧气纯度等指标，均保持历史较好水平。

【生产管理】 以精益运行为中心，以保机组安全稳定运行、提升生产效率为重点，精心监盘，科学操作，强化提升职工的岗位主体责任意识。加强对空压机、氧压机等重点设备监控和特护，科学调整机组运行模式和工况，避峰填谷，科学控制气体产出量。特殊时段根据管网压力情况，及时组织蒸发液氧、液氮、液氩保供，确保热线冶炼生产需求。

【设备管理】 按计划完成了60000立方米/小时制氧机运行以来的首次中修，四号、六号、七号、八号制氧机定修，九号制氧机年修主塔填料更换，十号制氧机年修空分塔器垂直度调整等设备消缺以及升级改造工作，处理设备缺陷670余项。完成了型钢区域富氧管道改造项目、废旧管道拆除，新建氧氮氩管道，氧氮球罐的现场安全监护和施工质量把关等工作。全年各岗位点检条目数据513.95万条，到位率平均97.79%。发现泄漏、异音、堵塞、振动、锈蚀裂纹等较大隐患缺陷76项，并及时进行了处理。稳步推进关键设备万点管控工作，新增测点130个，涉及关键设备19台套。整改完成了生产设备、工业建筑、工业管道、排洪设施等安全隐患，全面校验完成了防雷设备设施和房屋、氧气管道等接地电阻，配备齐全应急物资，加强氧氮氩管道、球罐等安全巡检，保障了外部气体保供设备设施的安全受控。

【四万制氧机建设】 以保按时供气为己任，持续优化施工网络，严格落实安全、环保、质量等各项措施，经过14个多月的艰苦奋战，40000立方米/小时制氧机于2021年2月10日顺利出氧，比原计划提前17天。氧气、氩气、中、低压氮气4条管道，于12月14日全面投运送气到客户端，为新旧动能转换一期工程“12·18”目标1号3800立方米高炉点火开炉，打下了牢固的气体动力支撑。

【安全环保】 修订完善《全员安全生产责任制》《安全生产风险分级管控管理规定》，细化各级风险点管控措施。参加山东省双重预防体系网上运行培训督导，双重预防体系在省网平台取得良好运行绩效。制定《重大危险源包保责任制办法》，明确各岗位包保责任，在重点危险源区域设立重大危险源、风险告知牌等160多处。全年安全督查有限空间作业等高风险作业780多项次。严把相关方六大管控环节，全年共办理外委施工安全协议53份，组织相关方入厂安全培训1022人次。在七八氧液氮罐区模拟罐区起火事故，首次组织了集多专业、多岗位、立体化、实战化于一体，60多人参加的消防应急救援综合演练。筹措398万余元资金，实施安全生产预警防控系统建设。在七、八氧，九、十氧厂房内噪声源部位及厂界噪声区域装设隔声吸声屏障，切断噪声传播途径。投资397万余元，对七、八氧，九、十氧主控室移位升级改造。

【市场销售】 先后完善修订了《产品销售管理规定》和《液体销售定价制度》等，明确各环节职责和标准流程，保障规范运作。9月份以后共调价33次，液氩产品创出近四年价格新高，取得了较好效益。全年销售液氧0.81万吨、液氮1.62万吨、液氩2.03万吨、氪氙混合液998吨、氖氦混合气3.63万立方米，外销瓶气22650瓶。外销利润4560万元，完成全年计划的162.85%，提前4个月完成全年任务目标。

（撰稿：侯文娟　审稿：李传瑾）

受托管理单位

莱芜钢铁集团银山型钢有限公司

【概况】 莱芜钢铁集团银山型钢有限公司（以下简称型钢公司）成立于2003年12月26日，为莱芜钢铁集团有限公司的全资子公司。2011年4月，莱芜钢铁集团有限公司与济南钢铁股份有限公司签署《莱芜钢铁集团银山型钢有限公司股权托管协议》，型钢公司交由济南钢铁股份有限公司托管。2012年2月27日，济南钢铁股份有限公司更名为山东钢铁股份有限公司，托管协议由山东钢铁股份有限公司继续履行。2012年6月，型钢公司以股权信托方式向山东省国际信托有限公司融资30亿元，莱芜钢铁集团有限公司和山东省国际信托有限公司分别占实收资本的70%和30%。融资完成后，型钢公司由独资公司变更为有限责任公司。2014年7月，山钢集团实施钢铁业务整合，型钢公司由山东钢铁股份有限公司莱芜分公司代管。2017年8月，山钢股份公司党委研究决定，组建型钢公司党委、纪委，型钢公司党建工作得到强化，治理结构更趋合理，运营管理更加规范。2021年12月，资产由莱钢集团划转到山钢集团，成为山钢集团的全资子公司。截至2021年底，资产总额241亿元。

【机构设置】 型钢公司下设炼铁厂、炼钢厂、板带厂、能源动力厂/能源管控中心。机关设办公室/党委办公室、组织部/人力资源部/机关党委、运营管理部、财务部、生产管理部、安全生产部、环保能源部、设备管理部、技术中心、品质保证部、采购部、宣传部/统战部/企业文化部、纪委/巡察领导小组办公室、工会/团委，分别与莱芜分公司相关部室复合设置。

【主要装备】 型钢公司拥有2座265平方米烧结机、1座400平方米烧结机、1座120万吨回转窑氧化球团、2座1880立方米高炉、1座3200立方米高炉，4座120吨顶底复吹转炉、4座LF精炼炉、2座RH精炼炉、3台板坯连铸机、1台异型坯连铸机、1条620毫米窄带生产线、1条1500毫米中宽带生产线、1条4300毫米宽厚板生产线、1条1500毫米冷带生产线等，具备年产1010万吨烧结矿、120万吨氧化球团、640万吨铁、560万吨钢、100万吨窄带（已停产）、200万吨中宽带、180万吨宽厚板、40万吨冷轧薄板生产能力。

【主要指标】 全年生产烧结矿934万吨，比上年减少38.4万吨，同比下降3.95%；生铁666.6万吨，比上年减少18.9万吨，同比下降2.8%；钢494.9万吨，比上年减少20.7万吨，同比下降4.0%；商品坯材420.1万吨，比上年减少39.1万吨，同比下降8.5%。实现营业收入337亿元，同比增加67.4亿元；实现利润总额3.99亿元，同比下降1.84亿元。

（撰稿：刘　敏　宿　昊
审稿：景　凯）

山东冶金机械厂有限公司

【概况】 山东冶金机械厂有限公司始建于1953年，厂址位于淄博市张店区南定镇新村路1号。厂区占地面积37万平方米，固定资产2亿元，拥有各种生产设备600余台套，其中大型设备150多台。主要从事冶金设备的加工制作及安装工作，机械产品年生产能力可达2万吨以上。2020年4月，山钢股份公司托管山东冶金机械厂。截至2021年底，公司设机加工事业部、压力容器事业部、工程事业部3个主要生产单位，共有在职职工400余人。

【生产经营】 按照山钢股份党委提出的“保稳定，求生存，谋转型”工作总要求和“进中做优、主动应变”工作主基调，统筹推进安全生产、减亏增效、全面稳定等方面的工作，减亏工作取得较大成效，实现了企业保稳定、求生存基本目标。全年产量15265吨，完成计划的85.8%，同比增加36.8%；实现产值16509万元，完成计划的82.6%，同比增加33.8%；利润-2292万元，同比减亏20.1%；实现安全环保“七个零”目标；在岗职工人均收入6.018万元，同比增长15.7%。

【安全环保】 认真贯彻落实“安全第一，预防为主，综合治理”工作方针，进行新《安全生产法》宣贯培训、双重预防体系培训等多项安全教育培训活动，参加培训职工2000余人次。深入开展“大排查、大整治”工作，对发现的隐患问题，按照“四定”原则落实整改。全年开展各类综合、专项检查11次，查处各类隐患174项，认真落实整改，实现闭环管理。

【降本增效】 采取各种措施降低“四金”占用，全力冲击“四金”压减目标，维持资金链正常运行。积极引进新供应商，增加采购渠道，提高生产厂家直购比例，油漆类采购价格同比降低3.5%～51%、气体采购价格同比降低10%～20%、轴承类采购价格同比降低10%～30%、标准件类采购价格总体同比降低25%；充分利用运满满平台进行比价，运费价格同比降低15%~25%；10吨以下铸件采购价格同比降低8%~12%。

【疫情防控】 在疫情防控常态化管理以后，按照地方政府和山钢股份要求，强化群防群治、联防联控，继续实行网格化管理，严格做好门禁、登记、测温、消毒、车辆进出管理等环节的工作，筑牢企业防控安全屏障。严查中度风险以上地区人员流动情况，毫不放松地做好常态化筛查检测，疫情防控工作取得实效。

【党群工作】 以深入学习贯彻习近平新时代中国特色社会主义思想为首要政治任务，把党史学习教育作为全年加强党建工作的主线。充分发挥党委“把方向、管大局、促落实”作用，重大事项依规党委会前置研究，科学民主决策，降低决策风险。充分发挥党支部战斗堡垒作用和党员干部先锋模范作用，锤炼“严细实快”的工作作风。组织开展评选“岗位之星”“四德模范”“四优党员”等系列活动，发挥先进人物示范引领作用，激发广大职工争先创优的内在动力。机加工事业部党支部、压力容器事业部党支部、技术质量党支部3个党支部被评为山钢集团、山钢股份先进基层党组织；机加工事业部党支部、压力容器事业部党支部两个党支部通过山钢股份党委过硬党支部质效评估验收。深入推进“我为群众办实事”实践活动，解决了一批职工关心关注的急难愁盼问题。

（撰稿：孙立新　审稿：杜富仁）

权属单位

山钢集团
SD STEEL

山钢文化

核心理念

山钢精神：信恒如山，创新超越

济钢集团有限公司

【概况】 济钢始建于1958年，是共和国缔造的第一批地方骨干钢铁企业。2006年，济钢钢产量最高达1200万吨，跻身全国十大钢厂前列。2008年3月，山东钢铁集团有限公司成立，济钢成为山钢集团的主要成员。2017年，在国家推动钢铁行业供给侧结构性改革和济南城市发展需要的背景下，省委省政府启动了济钢产能调整和山钢转型发展，济钢在济南的钢铁产线全部安全关停，成为我国首家全面关停钢铁主业的千万吨级城市钢厂，全面开启了济钢转型发展新征程。自1958年建厂至钢铁产线停产，59年间累计生产铁1.55亿吨、钢1.55亿吨、钢材1.37亿吨，实现利税316亿元。2021年12月23日，济南市政府召开济钢划转济南市移交会议，宣布了省委省政府关于将济钢整体划转济南市的决定，济钢集团正式成为济南市市属一级企业。截至2021年底，济钢集团在册职工9391人，年末资产总额356.58亿元、负债总额284.54亿元、所有者权益72.04亿元。

【生产经营】 面对深刻复杂变化的外部发展环境和艰巨繁重的转型发展任务，聚焦“动力变革”和“高质量转型”发展新内涵，坚定发展信心，保持战略定力，积极有效应对一系列风险挑战，坚决打赢“效益保卫战”，圆满完成各项目标任务。全年完成营业收入377.03亿元，超目标79.33亿元，较上年增长28.43%，体量规模超越停产前水平；完成考核净利润4.18亿元，超目标0.65亿元，较上年增长14.08%。安全环保连续7年实现“八个零”目标。

【运营质效】 充分发挥“六大攻坚战”平台中枢作用，优化运营管控模式，深挖提质增效潜力，建立“效益保卫战”调度机制，推动规模与效益同步增长。生产加工板块完成产量同比增长43.83%。济钢防务实现持续快速健康发展，成功取得3项军工资质，连续两年实现盈利；环保新材料主产品产量超计划27.9%；冷弯型钢产量同比增长13.7%；济钢物流涂镀类产品出口贸易继续保持同行业第一，新成立的供应链公司实现营收40亿元；国际工程聚焦“专精特优”市场需求，全年签订合同额同比提高20%；研究院标准物质国际业务、军工业务实现零突破；合金炉料一体化运营公司打造可持续发展的合金炉料工贸综合体，“济钢合金炉料”品牌影响力持续提升；城市矿产构建形成以钢材废钢贸易及加工为主、物流仓储运输为辅的稳定发展格局；济马公司克服海外疫情影响，保持安全稳定运行。以财务管理、工程项目等为突破口，推进降本增效年度攻坚任务24项。充分发挥内部协同效应，全年协同业务量同比提升5.31%。

【主业培育】 持续深入对接省市新旧动能转换重大工程，聚焦济钢“十四五”发展规划，以“五化”为战略路径，初步构建“一企一业、一业一环”的产业发展新格局。完善固定资产投资体系，建立实施投资项目负面清单动态调整机制，全年完成固定资产投资3.03亿元。其中，空天产业基地一期项目完成主体结构封顶；行波管一期提升项目进入施工阶段；环保新材料产业园用时5个半月完成矿山基建施工，创国内同类大型矿山建设工期最短纪录，投产当年即实现达产达效；萨博汽车方舱产线智能化改造实现一期投产，泡沫消防车已通过检测；冷弯型钢产线效率提升改造项目建成投用；瑞宝电气智能装配产线进入试运行阶段；鲍德气体易地搬迁项目完成投产；济钢顺行综合服务区和新能源充电站建成投用，巡游出租车总量达580辆，在济南市行业排名第2位；城市矿产日照金属废钢项目入围工信部《废钢铁加工行业准入条件》企业名单；创智谷“工北21号科创综合体园区”入驻企业达150余家。

【深化改革】 贯彻落实国企改革三年行动实施方案，“倒计时”推动各项重点改革任务，全部完成年度目标。混改工作取得阶段性成果，鲁新建材完成混改；国铭铸管完成股份制改造，上市工作有序推进，已提报证监会上会材料；“僵尸”企业处置、亏损企业治理、非主业清理等重点工作全部完成进度目标，济钢集团资产质量持续优化。建立完善职业经理人管理机制，试点单位职业经理人社会化选聘工作稳步推进。持续推动强大总部建设，据实调整总部部门职能，总部管控能力、管控效率进一步提升。坚持把创新摆在高质量转型的关键位置，强化顶层设计，初步建立了上下联动、产技融合的研发机构组织体系和科技成果转移转化体系，持续深化与中科院空天院等科研院所的合作，实现了产业链创新链有效对接。全年实施完成科技创新项目31项，研发投入同比增长68.54%；新获授权专利证书28件；获得山东优质品牌2个；主持和参与制定发布国家标准3项、行业标准7项、团体标准3项。新增国家级高新技术企业1家、专精特新“小巨人”企业1家，省级科技领军企业1家、高端品牌培育企业1家，省市级专精特新中小企业3家、瞪羚企业2家、全员创新企业2家，市级企业技术中心、工程研究中心、“一企一技术”研发中心等8家。加快“智慧济钢”建设，构建业务财务一体化信息化平台，已完成5家单位的运营管控和ERP系统上线运行；大力发展智能制造，完成瑞宝电气等3家试点单位智能单元建设。深入实施平凡创新工程，推广新型导师带徒体系，落实工匠培养计划，基层创新创造活力持续迸发。

【安全稳定】 树牢红线意识，坚守底线思维，始终把安全作为一切工作的基本前提，全面落实全员安全生产责任制，持续深入开展安全生产大排查大整治、安全生产专项整治三年行动，抓牢抓实“双基双线一提升”，大力实施安全隐患“去根”治理，本质安全治理水平巩固提升；创新开展安全管理互查，融合推进安全生产标准化、安全基层基础和双重预防体系建设，车间、班组一次验收合格率分别达到97.6%和96.2%，16家单位双重预防体系评估得分在80分以上。从战略高度重视和推进“双碳”工作，系统开展碳排查和碳核算，基本掌握了济钢碳家底；规范环保基础管理，创新推行环保管家服务，在9家单位推广应用绿色低碳技术19项，环保新材料产业园通过省级绿色矿山验收，全集团继续保持环保零罚款。不折不扣贯彻党中央和上级党组织疫情防控决策部署，时刻保持高度警惕，层层压实防控责任，全面精准落实常态化疫情防控措施，快速组织风险人群核酸检测，全力推进新冠疫苗接种工作，有力维护了职工群众生命健康安全。妥善化解和处置各类信访事项，未发生上级考核的信访事件，连续5年实现“五个不发生”目标。

【党建工作】 深入学习贯彻习近平总书记在庆祝中国共产党成立100周年大会上的重要讲话精神，开展党的十九届六中全会精神宣讲，党的政治建设得到全面加强。扎实推进党史学习教育，举行庆祝建党100周年系列活动，深入开展党史学习教育升国旗仪式、“我来讲党课”传承弘扬活动等，促进了学习效果全面提升。全面落实新时代党的建设总要求，坚定不移坚持和加强党的全面领导，印发济钢党委《研究决定、前置研究讨论事项清单及负面清单》，党组织法定地位更加牢固；大力实施党建强基工程、头雁工程、双培养工程，持续强化党委创特色、支部树品牌工作，党建工作基础更加扎实；创新开展党支部结对共建活动，63个支部完成共建，其中47个支部完成外部结对共建。坚持党管宣传、党管意识形态，宣传阵地建设取得明显进步，《人民日报》、新华社等主流媒体刊播济钢转型发展报道400余篇，济钢微信公众号、抖音企业号浏览量大幅提高，新济钢新形象得到充分展现。

【廉政建设】 驰而不息推进党风廉政建设和反腐败斗争，加大内部巡察工作力度，强化问题“去根”治理，实现以巡促治。深入开展“强化纪律作风建设，赋能护航动力变革”专项整治，建立完善澄清保护工作机制，风清气正、干事创业的氛围更加浓厚。

【群团工作】 开展“我为群众办实事”实践活动，推进帮扶救助送温暖工作，全力做好改善职工工作环境、建设锻炼活动场地、翻修公共卫生间、修建免费停车场、发放生日贺卡和蛋糕卡等事项，用心用情为职工群众办实事解难事，职工收入连续3年实现稳步增长。12家单位通过“幸福和谐企业”评审，职工获得感、幸福感、安全感有了新的提升。济钢集团当选2021山东社会责任企业，连续3年荣登“影响济南”经济人物领奖台，成功承办全钢团指委二届五次常务会议暨第35次大钢团委书记联席会，济钢“学习强国”学习经验被济南市委重点推广。

（撰稿：邹玉萍　李　辉
审稿：薄　涛）

莱芜钢铁集团有限公司

【概况】 截至2021年末，莱芜钢铁集团有限公司（以下简称莱钢）共有在册职工19842人（与财务合并报表口径统一），资产总额942.71亿元，负债总额679.31亿元，所有者权益合计263.4亿元。主要经营范围包括：钢结构建筑、冶金工程技术、冶金维保、钢材深加工、金融证券、粉末冶金及制品、工程设计咨询、节能环保、冶金辅料、钢渣处理、水泥及微粉熟料、运输物流等。

【生产经营】 坚持以经济效益为中心，资产处置与经营发展“双轮”驱动，止亏减损与创新创效“双向”发力，经营绩效不断提升。按照合并报表口径，全年实现工业总产值637.53亿元，实现利税总额160.18亿元，利润总额124.08亿元，生产经营延续良好发展态势，本质化运营水平明显提升。

【资产处置】 存量资产处置取得较大进展，建设公司资产总额由2020年末的103亿元压减到61亿元，累计回收资金5.54亿元，完成考核计划的149.65%；处置存量纠纷案件77项，完成考核计划的120%；处置建安公司、绿建发展、信莱粉末股权4.51亿元，处置实物资产7213万元（原值），处置总分包结算项目5260项、房产1205万元。扎实开展打赢“六大存量攻坚战”行动，2021年度完成应收款项存量压减1.03亿元，完成减值准备核销任务16.04亿元。加大亏损企业治理力度，报表口径减亏3.62亿元，实际经营口径减亏2.67亿元，亏损额及亏损面均超额完成山钢集团任务目标。全面落实资产核查，增加归母净利润及净资产7782.11万元。深入落实“全面对标、系统提升”，打造“双降双提”升级版，资产负债率超计划降低15.04个百分点；有息负债超计划降低334.81亿元；总资产利润率超计划升高12.92个百分点；“四金占用”超计划降低4.65亿元。实现“减产不减效”，归属母公司净利润超计划升高1.83亿元。非正常类“两金”较山钢集团下达的目标多压减1.96亿元。

【历史遗留问题化解】 高度重视、科学应对历史遗留问题，健全建设公司混改后“三会一层”等组织机构，有效防范法人人格混同风险，保证建设公司正常运转，建设公司大量存量资产处置有效推进。采用法律途径，统筹梳理建设公司纠纷案件265起，结案139起，避免和挽回损失3.02亿元。通过法律仲裁方式圆满解决雪野酒店土地、房屋权属不一致问题，有效解决多起民事诉讼案件及影响扩大问题，避免国有资产流失。生活区疫情防控职能、行政执法队人员顺利移交地方政府，市政设施移交补偿问题取得圆满解决。在山钢集团的指导帮助下，推动新疆公司三个资产包处置完毕。完成了建设公司15家银行账户销户，盘活冻结资金1720万元；提前置换并接续贷款15.55亿元，同比降低财务费用3.65亿元。诸多影响和阻碍企业持续健康发展的历史遗留问题得到解决。

【深化改革】 坚持落实国企改革三年行动方案，优化体制机制，催生发展动能。深化体制改革，完成鲁冶公司重组三控监理工作。完成信莱粉末股权多元化改革。出资设立莱钢资产经营管理（青岛）公司，实现资源叠加、优势互补。优化机构人员，调整交流干部69人次，压减机关部门22%、优化机关工作人员33%，31人充实到存量资产处置一线。细化考核激励，强化董事长责任制细化落实和引领作用，紧盯128项管控事项，强化精益管控、动态推进、奖惩兑现，进一步提升治理效能。推动淄博锚链公司、建安公司、冶金设计院员工持股等措施落地实施。深入推进契约化管理，对经理层、部门负责人实行契约化管理，组织签订存量资产处置、六大存量攻坚等目标责任书，以目标保指标、以责任保落实，有效调动干部职工积极性，推动工资收入与工作业绩的同向联动，确保重点工作有序推进。

【对标提升】 紧盯10项产业对标关键指标，系统开展对标提升工作，锚链公司、鲁冶公司、信莱粉末公司、信莱经贸公司净资产收益率、劳动生产率、人均劳动产值、人均产量实现明显提升。实施土地资产三年利用计划，土地租赁收入、房产租赁收入符合预期；收回新旧动能转换收储及闲置土地出售资金1.6亿元；公辅资产转让预期收入1.76亿元；检修中心大中修项目结算，新增到账资金1584万元。办公楼手续办理、雪野酒店产权确认及资产交接取得积极进展。深入开展现代企业制度规范化建设，构建起涵盖320项制度有效支撑的“制度树”。采购信息、销售信息上线率100%。研发费用和研发投入占比分别为2.04%和2.18%，完成考核计划指标。内部协同持续提升，山钢内部钢材采购、监理业务承揽协同度分别达到79%和87%。

【参股单位】 各参股公司紧紧围绕钢铁生态圈建设，坚持立足资源禀赋，发挥主体作用，积极拓展市场，有力支撑公司健康发展。中泰证券开展二次创业，优化机构人员，大力拓展业务，发展保持稳健。永锋钢铁坚持精益运营，吨钢成本创新低。鲁碧公司着力打造生产新模式，实现发展新步伐。物流发展公司、力山特公司大力发展物流运输、节能环保、智慧制造，核心产业发展迈出坚实步伐。矿建公司效益创历史新高，实现利润2.103亿元。泰东公司坚持“一业为主、多元发展”，生产经营稳定向好。新泰铜业经过创新改造、优化升级，逐步步入良性发展轨道。冶金设计院坚持内涵发展与外延发展并重，金鼎公司着力打造餐饮和社区服务品牌，山东高速莱钢绿建、建筑安装公司充分彰显体制机制新优势，蓝天公司积极培育新产业，烟台钢管加大高附加值产品的研发生产，参股单位自我发展能力不断增强。莱钢集团紧盯分红回款状况，主动对接各单位落实分红决议，提前确定分红回款时间和回款方式，根据资金流向及时确认收益。截至2021年12月末，共有中泰证券、山钢股份、鲁碧公司及莱商银行等15家公司分红款项7.73亿元，收到分红款9.36亿元（含收取以前年度分红款）。

【风险防控】 坚持依法依规决策“三重一大”事项，不越政策底线、不碰法律红线，扎实有效防控各类风险。安全生产方面，严格落实安全生产责任，深化安全责任履职清单化管理，扎实推进安全生产专项整治三年行动，完善责任体系，强化全员安全教育培训，创新实施“一单一表”，辨识风险点130个，排查整改各类隐患350项，筑牢安全环保基础防线。疫情防控方面，坚决贯彻上级部署要求，落实常态化疫情防控机制，广泛开展应急演练，完善防控方案预案，区域疫情控制形势保持稳定，为职工健康构建起有力屏障。资金链稳定方面，拓展融资渠道、优化融资结构，新增外部授信37.7亿元；成功发行5亿元可续期公司债券，发行利率创钢铁企业同类型债券历史新低；置换接续融资业务389.6亿元；莱钢母公司及建设公司财务费用同比降低1.37亿元，保持资金链安全稳定。内控合规方面，制定印发规范存量资产处置工作的指导意见，发放“廉纪廉书”160册，实施风险评估21次，辨识管控风险点17个，有效警示和防范资产流失、违规违纪等风险。

【党建工作】 莱钢集团公司党委下设党委5个，党支部33个，党员848人（含全资子公司，不含其他权属公司及改制单位）。将党的全面领导贯穿到生产经营各环节，将经营改革发展工作纳入党委工作要点，修订完善党群工作走在前列实施方案，促进各项工作的系统协调、全面进步、融合提升。坚持“三重一大”事项集体研究，落实党委前置研究“三个清单”，全年研究重点事项100余项。贯彻落实党委全面从严治党主体责任实施办法，扎实开展党史学习教育，常态化制度化开展“不忘初心、牢记使命”主题教育，坚持“第一议题”制度，深入开展建党100周年系列活动；强化意识形态责任制落实，深化主题系列活动，开展思想“破冰”大讨论；落实全面从严治党主体责任和监督责任，“三不”一体推进机制、大监督体系高效运行；持续抓基层打基础，深入开展“三型党组织”“过硬党支部”和支部品牌建设，过硬党支部24个，过硬比例达72%，完成了65%的创建目标。党建引领作用凸显，政治生态不断优化。

【理论武装】 按照党委理论中心组学习计划，莱钢党委持续深化“学习+研讨+应用”学习形式，高标准组织中心组学习12次、交流研讨9次。认真学习习近平新时代中国特色社会主义思想，贯彻落实十九届六中全会精神。坚持“第一议题”制度，开展“第一议题”学习44次，全面完整准确贯彻新发展理念，增强了应对转型发展和解决复杂问题的素质和能力。

【党史学习教育】 开展党史学习教育专题学习9次、专题辅导6次、专题党课4次，以及专题宣讲、现场教育、知识竞赛等活动，为群众解难事办实事70余件。发挥党校立德树人作用，举办各类培训班次392期，培训24761人次。

【意识形态工作】 落实意识形态工作责任制，组织2次督导检查，签订拒绝邪教承诺书，唱响主旋律、守好主阵地、打好主动仗。开展“怎么看，怎么干”形势任务教育，编发形势任务教育材料、典型经验材料36期，进一步统一思想、坚定信心、凝聚共识。深入开展职工思想动态摸排，用好职工思想动态预警机制，编发职工思想动态月报10期，针对苗头性、倾向性问题及时采取有力措施，保持职工队伍稳定。创新开展“深化改革再突破　聚力攻坚争先锋”主题系列，深入推进企业文化理念融合和市场化理念塑造，推动思想政治工作研究课题化、项目化，评选表彰创新成果24个，5篇成果在山钢获奖。

【廉政建设】 党委定期听取全面从严治党工作汇报，与纪委会商，研判党风廉政建设形势，及时解决工作中遇到的困难和问题。坚持“三不”一体推进机制，全年受理信访举报5件，运用第一、二种形态处理党员干部19名，对违规担保、违规经营损失等相关责任人进行严肃处理。完善干部日常考核、动态考核、年度考核、任期考核“三位一体”的考评体系，全年共调整交流干部69人次，实施末位调整，畅通干部能上能下渠道。坚持各类监督融会贯通，突出抓好“一把手监督”和领导班子监督，深入推进大监督体系高效运行。规范存量资产处置，有效防范违规违纪等风险。按照“一题一案”、专业评估管理办法，建立巡察问题档案249套，整改问题95项，完成年度计划。

【和谐建设】 深入开展主题劳动竞赛，扎实推进平凡创新，多项平凡创新成果、先进操作法和管理创新成果得到推广。开展主题实践活动、青春立功竞赛和青年创新登高活动，实现效益约2580万元。开展合理化建议征集活动，表彰合理化建议85项。组织16名职工疗休养，帮扶困难职工353人次，发放救助资金68.09万元，工资总额增幅明显，职工收入有效增长。

（撰稿：吴茂贵　审稿：李洪建）

山东工业职业学院

【概况】 截至2021年底，山东工业职业学院（以下简称学院）占地面积98.86万平方米，建筑面积23.184万平方米，其中教学行政用房面积12.31万平方米，图书馆藏书89.28万册；校内外实践场所建筑面积16.88万平方米，建有国内先进水平的数控操作实训室、电工基础实验室、电子技术实验室、现代控制系统实验室、耐火材料、综合实训室、汽车驾驶与训练等182个实验、实训教学场所；教学仪器设备总值累计21381.88万元，固定资产总值59919.8万元。有国家级骨干专业3个，中央财政支持重点建设专业2个，山东省企校共建紧缺工科专业2个，中高衔接三二联读专业5个，专本贯通“3+2”培养专业1个，省级示范专业1个，省级重点特色专业6个，省级优质高职院校重点建设专业9个，省级品牌专业群3个，省级高水平专业群2个，省级现代学徒制试点专业2个，国家级现代学徒制试点专业3个；参建国家级专业教学资源库子项目课程9门，参建省级专业教学资源库子项目课程2门，主持教育部行指委企业生产实示教学案例库1个，全国钢铁企业网络知识竞赛资源库1个、竞赛平台1个；省级精品课程18门，省级精品资源共享课16门，省级社区教育优秀课程资源18门，省级成人高等教育（继续教育）数字化课程7门；国家级现代学徒制试点单位；国家级生产性实训基地2个，国家级创新协同中心1个，国家级“双师型”教师培养培训基地1个，省级实训基地2个；国家级教师教学创新团队1个，省级教学团队6个，省级黄大年式教学团队2个，省级技艺技能传承创新平台5个，省级协同创新中心2个，省级名师工作室2个，省级教学名师5人，省级青年技能名师3人。在校生总数14697人，其中高职高专生13183人、中职生1514人；教职工392人，其中高级职称135人（正高级28人）、中级职称139人。

【领导班子和干部队伍建设】 坚持和完善党委领导下的校长负责制，进一步健全和完善党委统一领导、党政分工合作、协调运行的工作机制。健全完善党委会、院长办公会议事规则，严格执行“三重一大”决策制度，不断完善现代大学治理体系。以“党要管党、从严治党”为主线，坚持思想教育从严、干部管理从严、作风要求从严、组织建设从严、制度执行从严，强化党员教育管理，加强服务型基层党组织建设和党员队伍建设。坚持党管干部原则，严格落实干部选拔管理规定，举办有针对性的干部读书班、培训班，积极选派干部挂职锻炼，分别选派干部驻村扶贫，到政府锻炼、到企业挂职，为干部成长搭建实践平台。科学调整学校机构设置，完善和改进评聘办法。2021 年招聘 16 人，其中博士 2 人；提拔干部 21 人，轮岗交流 16 人，选派 1 名干部驻村担任“第一书记”，改善了干部队伍结构。深入推进绩效工资分配改革，健全完善与岗位职责、工作业绩、实际贡献紧密联系的绩效工资分配管理办法。加强日常监督管理，认真执行领导干部述职述廉、提醒谈话、诫勉谈话、函询谈话制度，干部队伍的理论水平、道德修养和依法履职的能力得到进一步加强。

【内控机制】 积极推进内控管理规范化、法治化、信息化建设，坚持制度建设与流程再造同步推进。进一步规范预决算执行与资产管理，优化审批流程，拓展审批事项，创新开展预算执行情况专项绩效评价，提高资金使用效益，省财政预算支付率达到 99.92%。全面提升资产绩效管理水平，完善资产制度建设，启用低值易耗品管理系统，处置报废资产 10209 件。建设信息监督服务平台，累计办理师生诉求 420 余条，切实为师生解难题办实事。

【三教改革】 持续推进信息化教学模式改革，获批国家优秀课例展示及平台 1 个、省智慧教育示范校创建项目 1 个、备案 39 个 1+X 证书试点专业。2 名教师入选省职业教育省级教学名师，2 名教师通过省首批青年技能名师培养期满考核，机电一体化技术专业教学团队获省“黄大年式”教学团队。教学竞赛获全国三等奖 1 项，省特等奖 1 项、一等奖 4 项、二等奖 7 项。教师主编 3 部教材获全国优秀教材二等奖。学生参加省职业院校技能大赛，获一等奖 2 项、二等奖 3 项、三等奖 9 项。

【绩效激励】 积极推进校院两级管理体制，强化过程管理，绩效为先、成果导向，将学校办学质量考核指标体系纳入绩效专项考核，日常动态考核和年终集中考核相结合，全面加强对各项工作的督促推进作用，将各项指标任务落细落实落地。突出重大突破性成果激励，有效激发内部动力和潜力，学校优势特色和高水平成果不断扩展。

【多元化办学新模式】 实施“一总部、多基地”产业学院布网计划，成立绿色建筑新材料现代产业学院、临港产业学院、中德智能制造国际学院等 9 个二级学院。临港产业学院第一批学生顺利入学，探索出一套“一校两制”混合所有制办学模式，形成了独特的“院校集群-企业集群”融合发展的新模式。

【提质培优】 学院承担教育部“提质培优”和省职教高地建设任务 63 项，取得标志性成果 45 项。承担省市级以上大型活动项目 40 余场次。学校获批“国家职业院校数字校园建设样板校”、“教育部网络学习空间应用优秀学校”、省级“智慧教育示范校”。牵头组建的山东冶金职业教育集团被教育部认定为国家示范性职教集团，首次入选“全国高职院校资源建设优势学校 60 强”榜单。

【专业建设】 获批立项建设高水平高职专业群 1 个，获教育厅支持建设资金 600 万元。将创新创业教育纳入人才培养方案整体规划设计，搭建“一融合二模式三层次四阶段”创新创业课程体系。投入100万元建设省内领先智慧教育云平台，形成“课程体系+实践体系+师资体系”的“产学研创+社会服务”的创新创业教育体系。

【国际交流与合作】 探索中外办学新模式，合作办学项目取得新突破，与韩国庆一大学合作举办2个项目入选教育厅中外合作办学项目，并完成首届招生。与巴基斯坦无限工程学院互设海外实训基地，对巴培训学员20余人，获得巴方好评。学院在“一带一路”沿线国家在线教育和国际教育论坛中获优秀组织奖，“中巴高校联合培养技能人才，推动共建‘一带一路’走深走实”案例获省国际交流合作优秀案例。参建中国海外职业技术学院——刚果金职业技术学院迪兹瓦校区获省厅批准立项。创新交流合作方式，鼓励教职工赴海外提升专业与学历，推动师资队伍国际化发展。25名教师开展海外博士学习，3名教师分别获山东省教育系统政府公派出国留学及赴海外开展中文教学等资助，2名教师取得国际中文教师资格。学院“山东省与巴基斯坦交流合作研究中心”被认定为山东省与特定国家交流合作研究中心，完成研究中心网站建设、专项研究课题6项。

【数字校园】 完成36个信息化建设项目，实现信息数据互通，建成全方位深度应用和融合的“互联网+教育”大空间和生态圈。基于5G的双向实景教学项目在山东省5G应用展示会上受到好评。参与教育部网络学习空间应用普及活动及山东省智慧教育示范校的创建活动。学院信息化建设提升教育教学成果显著，连续3年入选全国数字校园建设案例优秀案例。

【协同育人】 对接区域产业发展，调整专业发展和人才培养方向，专业与区域产业匹配度持续提升，人才供给与产业需求有效对接。“政校行企”多元投入，共建、共享、共治产教融合型生产性实训基地数量和质量大幅提升。“绿色钢铁智能生产虚拟仿真实训基地”获批教育部职业院校示范性虚拟仿真实训基地，“工业智能控制技术公共实训基地”被评为省新旧动能转换公共实训基地。

【社会服务】 依托钢铁行业培训平台，搭建技术服务团队，优化科研管理制度体系，提升科研服务能力，对接区域经济发展，立项国家级课题8项、省级课题15项、省级学会及市厅级课题34项、横向课题10多项，授权发明专利23项。企业技术服务项目数、课题到款额和授权发明专利数均创历史最高纪录。先后为山钢股份、山钢矿业集团等企业开展社会培训和职业技能鉴定，线上线下培训职工10万多人次。

【招生就业】 积极构建网络和线上招生为主体的招生方式，通过春季单招、综合评价招生等形式，2021年共录取5359人，报到4934人，报到率为92.1%。在不断提高毕业生就业质量的同时，保障困难学生稳定就业，拓展优秀毕业生就业。先后组织校园大型招聘会12场，2021届毕业生综合就业率达98.6%。与山东钢铁集团、京东集团、中国石化等国内知名企业，开展“订单班”“现代学徒制”联合培养学生902人。毕业生月平均薪酬4500元以上，省内领先。用人单位总体满意度达99.55%、毕业生母校满意度98.83%，毕业生连年受到用人单位广泛好评。

【党建和党风廉政建设】 学院党委高度重视党建和党风廉政工作，按照新时代党的建设总要求，坚持以政治建设为统领，统筹推进党的政治建设、思想建设、组织建设、作风建设、纪律建设，不断强化管党治党、办学治校的主体责任。贯彻落实党委领导下的校长负责制，坚持和加强党对意识形态工作的全面领导，层层压实意识形态工作责任，并纳入党建工作责任制和年度工作目标考评，确保意识形态领域安全。全面落实党建工作责任制，制定《学校党委及党委委员履行全面从严治党主体责任配档表》，全面落实管党治党责任，推动形成管党治党整体合力。规范做好党组织换届选举工作，优化党组织设置，设置专职院系组织员6名，通过抓党建突破项目重点培育“双带头人”教师党支部书记8名。学校6个党总支顺利完成换届。发展党员310名，其中教职工党员7名。开展“双报到”活动和过硬党支部质效评估，15个过硬支部全部通过评审复核。开展党支部评星定级，10个党支部评为五星级，22个党支部评为四星级。将党建考核与部门业绩考核深度融合，强化书记责任意识。持续深化“三不”体系建设，加强制度机制建设，聚焦党风和廉政强化教育、监督、执纪、问责，涵养政治生态。推进大监督体系建设，增强监督合力，规范权力运行，重点加强对选人用人、招标采购、资产管理、重大资金使用等领域或环节的深挖细查，坚决堵塞各种漏洞。严格落实党风廉政建设责任制，落实“一岗双责”，层层压实廉政责任，形成齐抓共管的廉政格局。强化监督管理，加大对党员干部的教育监督力度，坚持开展形式多样、切实有效的警示教育。建立了内部巡察制度，开展了学校内部审计，对发现问题定期调度、督查整改，努力营造风清气正的政治生态，推动全面从严治党向纵深发展。

【思想政治工作】 坚持把政治建设放在党的建设统领和首要位置，牢牢抓住思想教育这个根本，以全国高校思想政治工作会议精神为指导，不断加强和改进学院思想政治工作。充分利用春季干部学习班、党委中心组理论学习、专题辅导报告、调研学习等形式，深入学习习近平总书记系列重要讲话以及全国、全省高等学校党的建设工作会议精神，进一步完善思政工作体系，构建三全育人工作格局，实施“十大育人”体系建设工程。大力推进习近平新时代中国特色社会主义思想“进教材、进课堂、进头脑”，实现“四史”教育全覆盖，打造“课程思政”新标杆。《纵横贯通的“课程思政”研究与实践》获得教育部职业教育改革创新课题立项。完成全省高职院校教育部高校思想政治工作精品项目《山工职院“三十百”课程思政建设工程》中期验收。建设省级课程思政示范课程6门，获首届全省学校思政课教学设计大赛特等奖1项，二等奖1项。举办山东省第三场课程思政研究课会，获批山东省课程思政教学研究示范中心。创新实施课程思政工作“七步推进法”，在省教育厅、中国高职高专网、省课程思政论坛上广泛报道和推广，打造了全国高职院校“课程思政”建设示范标杆。扎实推进辅导员、思政课教师名师工作室建设，积极组织参加全省高校思政课教师、辅导员等专题培训，思政工作队伍理论水平有效提升。通过“灯塔—党建在线”“学习强国”等网络教育平台，开展党性、党务培训，党纪法规测试、德廉知识学习测试，观看系列警示教育片等活动，进一步加强对党员的教育和引领，牢牢掌握学校意识形态工作领导权、管理权、话语权。组织召开职工思想政治工作研究会2021年年会，共收到政研论文85篇。着力捕捉亮点人和事，加强主要媒体宣传，获得山东高职高专院校官微影响力第11名。落实教代会、学代会制度，保障师生参与权、知情权和监督权。关心关爱教职工发展和离退休职工生活，为退休教师举办荣退仪式。

【德育工作】 坚持育人为本，德育为先的根本原则，创新学生管理工作模式。学院坚持把培养全面发展的人才作为根本目标，不断创新育人方式。加强顶层设计，围绕“三全育人”工作实施方案和“十大育人”

体系建设，投入1300余万元，建设智慧教室、5G融媒体中心、朗读亭、共享书柜等项目。依托“到梦空间”系统，实施“第二课堂成绩单”制度，有效推进第二课堂与第一课堂互动互补、互相促进，打造了立德树人新模式。进行学生会组织和社团改革，明确“主席团+工作部门”的运行模式。通过建设“希望小屋”，开展红色文化、爱国主义、传统文化、工匠文化等主题教育活动，引导学生文明修身、向上向善。不断加强学生管理队伍建设，持续落实辅导员进公寓制度，充分发挥辅导员全过程育人作用。通过多维度的筛查评估，保证全院学生心理危机工作的全覆盖，组织开展新生心理测查、团体心理行为训练、新生心理委员培训、大学生朋辈心理技能大赛、专家讲座等心理健康教育系列活动。分发挥学院资助体系的育人功能，做好国家、山钢等各类奖助学金的评审工作，全年共发放各类奖助学金1013.675万元。

（撰稿：毛瑞萍　审稿：李志波）

山东钢铁集团矿业有限公司

【概况】 截至2021年底，山东钢铁集团矿业有限公司（以下简称山钢矿业）在册职工6355人，年末资产总额85.56亿元，负债总额41.84亿元，所有者权益43.72亿元。主要经营范围包括：选矿，矿物洗选加工，金属矿石销售，以自有资金从事投资活动，工程管理服务，生产线管理服务，对外承包工程，工程和技术研究和实验发展，技术服务、技术开发、技术咨询、技术交流、技术转让、技术推广，金属材料销售，非金属矿及制品销售，矿山机械制造，矿山机械销售，机械零件、零部件加工，机械零件、零部件销售，新型建筑材料制造（不含危化品），建筑材料销售，矿产资源（非煤矿山）开采，建设工程设计，道路货物运输（不含危险货物），货物进出口。

【生产经营】 面对矿山安全监管加严以及矿山停产和限电等因素影响，山钢矿业深化内部体制机制改革、推行精细化管理、加快工艺升级改造、强化安全生产管理，克服各种不利因素影响，生产保持平稳顺行。全年生产原矿488.9万吨，生产铁精粉299.7万吨。全年生产球团矿175.6万吨，同比增加19%，创历史最好水平。加强全面预算管理和精细化管理，按照“超越自我，跑赢大盘，追求卓越”思路，加强财务分析运用，提升财务管控能力，各项经营指标超额完成。全年实现营业收入480216万元，同比增长17.33%，完成预算的128.21%；实现利润总额77138万元，同比增长26.09%，完成预算的199.84%；实现净利润51398万元，同比增长11.08%，完成预算的184.57%。

【改革创新】 落实国企改革三年行动方案，制定工作台账，进一步明确改革目标、细化任务、强化措施、压实责任，按照山钢集团发展方略要求，抓重点、补短板、强弱项，突出系统集成、协同高效，持续增强竞争力、创新力、控制力、影响力和抗风险能力，推动公司提质增效，截至2021年12月底，国企改革三年行动重点改革任务已按照相关要求全部完成。亏损企业治理工作任务全面完成。通过加大参股公司分红力度及资本运作等方式，完成山钢矿业本部、金岭铁矿本部亏损企业治理目标；向鲁南矿业下发提示函，督促鲁南矿业深刻剖析东方管业亏损原因、提出应对方案，年底前东方管业已实现扭亏为盈；铁鹰公司连续6年盈利，实现净资产为正。双降双提工作取得较好效果，四金占用、资产负债率、总资产利润率均完成山钢集团下达的目标。深入推进干部人事制度改革，进一步激发干部队伍干事创业活力，启动职业经理人选聘工作。借鉴行业先进企业做法，选聘高水平中介机构启动“岗位管理”体系策划。

【彭集项目】 为科学高效推进彭集铁矿项目，于1月28日成立彭集铁矿项目工作专班，实施特事特管，重大事项随时汇报，及时研究、破解项目推进难题和瓶颈。4月，山钢矿业总经理带队拜访东平县政府，协调项目开发事宜；经多次与泰安市、东平县、汶上县政府及自然资源管理部门沟通交流对接，6月，泰安市自然资源和规划局研究同意彭集铁矿项目探矿权保留，山东省自然资源厅颁发新勘查许可证（有效期至2023年6月2日）。11月，取得省生态环境厅《关于山东钢铁集团矿业有限公司彭集铁矿采选工程环境影响报告书的批复》（鲁环审〔2021〕17号），山钢矿业研究同意彭集铁矿项目实施预立项，开展初步设计，进一步进行项目论证，为下一步项目立项提供更加可靠的依据，降低决策风险。12月，完成山东彭集矿业有限公司的注册登记，山钢矿业研究同意将彭集铁矿探矿权无偿划转至彭集矿业，彭集矿业启动探矿权转让工作。12月22日，形成《关于彭集铁矿项目预立项的请示》呈报山钢集团研究。

【对标提升】 围绕“全面对标、系统提升”，山钢矿业制定“一个实施方案”，重点关注“三项关键指标”，强化“四个协同”，对标工作取得良好成效。制定“一个实施方案”，即：密切结合矿山自身特点，遵循可量化原则，形成适合矿业实际的指标体系，制定切实可行的对标工作实施方案。在国内矿山企业中选择先进企业作为标杆企业，开展对标。重点关注“三项关键指标”，即：将“铁精粉劳动生产率、人均创效、资产周转率”三项指标作为对标重点，开展月度目标分析。强化“四个协同”，即：多点发力，山钢矿业总部、金岭铁矿、莱芜矿业、鲁南矿业加强协同，强化目标引领，促进各项对标指标的完成。将对标的出发点和落脚点聚焦到“打造比较优势和提升竞争力”上，在保障质量与效率的前提下，立足“降成本”这个基本点，落实“班组是精益管理主战场，精准操作是提升指标基础”精细化理念，明确关键控制点的管控措施、强化精准操作法，促进效益落地。1~12月，山钢矿业铁精粉劳动生产率累计年化值为666.3吨/（人·年），完成集团设定指标的95%；人均创效额累计年化值为16.88万元/（人·年），较全年任务目标6.09提升177%；资产周转率年化值为0.59，较全年任务目标提升7.2%。

【绿色矿山】 编制完成《山东钢铁集团矿业有限公司绿色低碳发展行动方案》，确定公司碳达峰、碳中和目标，制定具体工作任务和保障措施，为山钢矿业实现绿色低碳发展提供支撑。实施降低无组织排放的项目，投资230万元建设铁鹰公司成品料棚；投资561.5万元对厂区道路进行升级改造；投资1167万元进行静电除尘器和湿电除尘器改造；进行动力变压器、回水尾矿泵等升级改造，降低能源消耗。深入开展节能环保宣传，倡导节能低碳、绿色生活、绿色办公、绿色出行理念，组织1500余人次环保培训。积极参与山钢集团举办的全员节能环保低碳知识竞赛，取得第三名的好成绩。山东金召矿业有限公司绿色矿山建设提升工作通过淄博市高新区组织的专家验收。

【安全矿山】 层层签订责任书，人人写出承诺书，逐级压实安全生产责任。根据新颁布《安全生产法》《金属非金属矿山安全规程》等法律法规，及时修订完善安全生产责任制、岗位安全操作规程等制度，全面修订254项安全生产责任制、55项安全管理制度、141项岗位安全操作规程、83项设备操作规范。全面推行应用新技术、新设备，提升作业安全。印发《安全生产大排查大整治行动实施方案》，开展为期半年的拉网式、起底式安全生产大排查、大整治行动，取得良好效果。山钢矿业实现重伤及以上人身伤害事故、重大生产事故、重大设备事故、较大及以上火灾事故、负主要责任的重大交通事故、较大及以上相关方死亡事故为零的年度目标。建设项目安全、职业卫生“三同时”执行率、特种设备安全技术状况检测率、特殊作业人员持证上岗率等7项指标全部实现100%。坚持常态化疫情防控，各项防疫举措落实到位，无感染新冠肺炎现象发生。

【智慧矿山】 以“技术含量要高、生产过程要智能、产品和产线要有效益”为指导思想，加大技术创新力度，精准发力、持续用力，扎实推进科技创新工作，金岭铁矿启动智慧矿山建设。多举措推进科技化信息化矿山建设步伐，以项目为抓手，积极开展集中操作和远程监控改造。大力开展选矿智能化技术攻关，逐步推进设备实现少人化、大型化，开展监控系统优化升级改造，进一步提升井下人员定位系统和无线通信系统水平。持续开展研发投入和研发费用专项管理提升活动，规范研发费用与研发投入的归集，分解目标，积极跟踪，督导落实，目标任务全面完成。研发投入完成11777万元，同比增长3300多万元，增幅39%，目标完成率108%；研发费用9208万元，同比增长2100多万元，增幅30%，目标完成率128%。获得国家知识产权局授权专利25件，实现专利数量新突破。积极参与山东省《金属矿山干式尾矿库作业安全技术标准》《金属地下矿山中深孔落矿作业安全技术标准》《金属地下矿山浅孔落矿作业安全技术标准》修订，提升企业在矿山行业影响力。

【干部人才】 突出目标导向，进一步激发领导干部创业活力，按照《领导班子和领导干部年度综合考核评价办法》，周密实施2020年度领导班子和领导人员考核工作，并严格考核结果运用。为进一步激发各管理层级活力，结合山钢矿业总部实际，创新开展总部工作人员年度考核工作，并将考核结果作为创先评优重要依据。分两期组织开展山钢矿业管理人员能力提升培训，全面提升山钢矿业管理人员的综合素质，促进管理人员进一步拓宽视野，优化知识结构。

【风险防控】 加强风险管理，按照山钢集团风险内控管理制度要求，针对重大经营事项，组织出具法律意见书和专项风险评估报告。完成非正常债权压减处置75项，合计6741.34万元。推进审计发现问题整改工作，其中存量问题15项，完成整改10项；其他审计问题18项，完成整改14项。加强参股公司管理，与其他股东共同协调、督导参股公司管理层加强管理。发挥外派董事、监事的作用，及时参加参股公司相关会议。加强合同管理，严格合同签订、履行和评价管理，督导权属单位修订完善合同管理制度，提升合同管理水平。完成年度工商年报填报工作。董事会治理结构进一步完善，山钢矿业董事会成立战略委员会、提名与薪酬委员会、风险和审计管理委员会。强化董事会制度建设，制定《山钢矿业董事会各专门委员会议事规则》《山钢矿业董事会授权制度及授权事项清单》。全年召开董事会会议19次，审议议案45项，跟踪落实强化董事会决议执行情况。制定发布信息公开制度，山钢矿业及权属单位全部实现信息公开。

【党群工作】 制定《党建工作责任制考核办法》，全面构建党建工作责任明确、推动有力、落实有效的运行机制和考评机制。开展过硬党支部建设质效评估，采取领导干部“包干”等措施，推进过硬党支部建设走在山钢集团前列，过硬党支部比例达到96.6%，其中34%的党支部获省属企业或山钢集团级过硬党支部。举办习近平总书记国有企业党的建设和改革发展重要论述专题培训、意识形态工作专题培训，赴宝武资源马钢矿业围绕党群工作开展深入考察、对标学习，提升党建工作科学化水平。高质量开展党史学习教育。开展“永远跟党走”红色经典歌曲合唱，在集团比赛中获得一等奖。开展“我来讲党史”“我来讲党课”“我和我的支部”活动，多部视频在省国资委和集团媒体展播。将意识形态工作与中心工作同部署、同落实，细化梳理相关工作要求，查缺补漏，促进工作落实。大力开展改革引领专题宣传，广泛收集改革案例，编发9期简报，引导干部统一思想，提高认识，助推改革进程。加强对群团组织的领导和支持，党委定期听取群团工作汇报，专题研究群团工作，举办会计、安全管理、采矿设计、选矿、球团、电机车司机等6个专业的技术比武和微创新大赛等活动。深化幸福和谐企业创建和产业工人队伍建设改革。山钢矿业获得山钢集团2021年度工会工作先进单位称号。信访工作总体保持平稳。

【纪律检查】 制定《落实大监督体系工作方案（试行）》，构建形成党内监督、行政监督、群众监督“三位一体”大监督体系组织架构。建立大监督体系问题共享、移交机制，制定“问题整改流程模板”，建立有效的问题落实整改机制。常态化开展职能监督或专项检查，筑牢职能监督防线。全年受理、处置信访举报及问题线索共6件，给予1名党员批评教育、2名党员谈话提醒处理。针对巡察反馈的24项问题，形成50余份问题分析报告和120余项整改措施，推进问题深入整改。组织开展“学党史·扬清风”廉洁主题活动，打造矿业特色廉洁文化。开展财务管理专项巡察暨集团党委巡察问题整改情况监督检查。山钢矿业纪委荣获山钢集团纪委2021年度纪检工作先进集体称号。

（撰稿：王　哲　审稿：刘长进）

山东耐火材料集团有限公司

【概况】 截至2021年底，山东耐火材料集团有限公司（以下简称山东耐材）在册职工1791人，其中专业技术人员342人。山东耐材占地120.267万平方米，总资产18.33亿元。主要产品有耐火原料、钢铁及非钢建设用耐材、钢铁生产消耗用耐材和非钢用耐材四大类，包括优质焦宝石、莫来石料，铝硅系耐火制品、含碳制品、不定型材料、特耐制品等，产品种类齐全，除用于钢铁企业炼铁、炼钢工程建设及生产消耗外，还广泛应用于焦化、水泥、有色金属冶炼、碳素、石灰、铸造、危废化工等高温行业。年耐火原材料产能40万吨，其中耐火制品30万吨，耐火原料10万吨。

【生产经营】 2021年，山东耐材贯彻新发展理念，融入新发展格局，以筑牢党建根基为保障，以契约化目标为抓手，以改革发展为动力，深入开展降本增效，扎实推进管理提升，坚定不移推动高质量发展、做优做强，生产经营实现“四个新突破”。实现净利润3427.78万元，完成年度计划的176%；完成耐火材料总产量28.08万吨，同比提高7.51%；完成营业收入8.95亿元，同比提高18.01%；完成全员劳动生产率43.5万元，同比提高22.5%，主要经营指标均创山东耐材成立以来最好水平，职工收入连续三年保持较大幅度增长。

【安全环保】 以安全生产专项整治三年行动方案为抓手，以“大排查、大整治”行动为主线，认真落实全员安全素质提升培训及强化“三违”管理、综合整治、隐患排查和风险管控等基础管理工作，推动企业实现本质安全。全年共排查整治各类隐患2465项，组织应急演练138次，组织开展了12409人次的各类安全宣讲、安全培训和警示教育等活动，认真落实夏季冬季“四防”、安全生产月等系列活动，王铝分公司被评为全省2021年度“安全生产月”活动优秀组织单位。建立健全制度保障体系，根据新《安全生产法》的实施要求，进一步修订完善安全生产管理规定、安全技术操作规程、安全生产责任制等各项制度。抓紧抓实环保治理工作，加大现场环境整治力度，做好各级环保督查检查及问题整改，积极应对有序限电、重污染天气应急响应等措施，最大限度地减少了对企业生产经营的影响，同时积极创建绿色工厂，开展“双碳”政策研究前期工作，成功创建为淄博市“绿色工厂”，并被山钢集团评为2021年度安全生产和环境保护“双先进”。在疫情防控方面，压实疫情防控责任，落实疫情防控措施，制定了《疫情防控应急预案》，组织完成了全体职工的疫苗接种工作，疫情防控工作持续保持安全稳定可控状态。

【对标提升】 深入落实山钢集团对标提升行动工作部署，有效衔接打赢“六大存量攻坚战”行动和“管理提升、降本增效”活动，坚持以“简单、高效、低成本、高质量”为目标，围绕“高效率、高效能、高效益”三个维度，构建“对外对标、对内提升”分层分类指标体系，通过系统分解各项对标目标任务，全面压实主体责任，2021年实现人均创效2.01万元，存货周转率完成2.38次，存货总额比年初降低1.14亿元；应收账款周转率完成3.32次，三项重点监控指标全部超额完成山钢集团确定的目标。

【深化改革】 不断完善和加强公司现代化治理体系，按照山钢集团“1+6”治理管控要求，修订完善管理制度41个、废止制度3个，制定党委会、董事会、总经理办公会议事规则及议事清单，厘清各治理主体的权责边界，规范了决策流程，提高了决策效率。着力推进组织机构精简以及职能优化整合，共撤销合并总部部室3个，岗位精简、人员精干、运转高效的中枢系统作用进一步凸显。认真落实三项制度改革，干部能上能下、能进能出的竞争考核激励机制得到充分应用。

【精益管理】 以预期目标利润为主线，着力推进单合同目标成本管理，从工艺策划输出、提高投入产出比、优化窑炉运行参数、控制制造费用和过程损耗、强化质量管控以及发挥合单联产效能等方面，突出抓好全过程生产工艺管控，持续扩展产品的利润空间。优化岗位设置和人员配置，挖掘人力资源潜力，探索推进业务外包、岗位外包和工序外包，取得了积极成效。加强劳动用工管理，落实内部退养政策，及时清理长期不在岗职工和违规违纪职工，在提高用工管理合规性的同时，进一步降低了用工成本。积极推动装备自动化智能化改造，提高生产效率，有效降低职工劳动强度，缓解了劳动用工紧张局面。

【科技创新】 持续完善科技创新体制机制，进一步规范研发费用和研发投入管理，全年研发费用占比达3.85%，研发投入占比达5.05%。强化科技引领，提高科创能力。全年荣获山东省冶金科技进步奖项目7项，山东省创新方法大赛奖3项，山钢科技进步奖5项，3个项目被列入2021年第一批省级企业技术创新项目计划，“干熄焦用莫来石红柱石系列产品”被评为山东省制造业单项冠军产品。积极做好专利申报和培育工作，全年获得新授权发明专利1项，实用新型专利10项，软件著作权4项。着力推进品牌化建设，获得了“2021年山东省技术创新示范企业”、“国家级高新技术企业”、淄博市“双百强”企业等荣誉称号。鲁耐窑业公司创建为工信部第三批“工业产品绿色设计示范企业”、山东省“专精特新”中小企业，顺利通过工信部两化融合管理体系认证。

【市场营销】 持续深耕干熄焦市场，全年累计签订38套干熄焦新建合同，35个维修合同，货值2.81亿元；高导热、高致密硅砖订货突破万吨；高端特耐制品的订货量和订货值分别同比提高46.2%和49.3%；成功签订第一个危废整线大包项目，成功开辟节能环保长寿命新型焦罐浇注料市场，为企业转型发展增添了新动能。王铝高材项目产线收入规模持续扩大，全年实现营业收入9004万元，同比增加1619万元，增幅21.9%，高炉单沟最高通铁量达到23.55万吨，达到国内同行业先进水平。积极研判国际市场行情，充分发挥品牌影响力和渠道优势，全年实现订货3.43亿元，热风炉用耐材订货占比55%，在国际市场基建用耐材的市场优势进一步显现。

【党建工作】 认真落实两个责任，始终坚持党对国有企业的领导不动摇，选举产生了新一届党委、纪委领导班子。扎实开展党史学习教育，组织开展庆祝中国共产党成立100周年系列活动，把为职工“办实事、解难题”作为党史学习教育工作的出发点和落脚点，推动完成了项目清单所列的全部事项。加强基层党组织建设，做好过硬党支部建设质效评估，落实党组织书记抓基层党建突破项目，紧盯基层党建工作中难点、痛点、堵点，形成了19项具有针对性、指导性和操作性的工作成果。严格按照“控制总量、优化结构、提高质量、发挥作用”的要求，做好党员发展工作，全年共发展党员30名。加强党风廉政建设，以作风建设为重要抓手，扎实开展正风肃纪专项行动和廉洁风险防控体系建设。以预警提醒为导向，实施纪委书记约谈制度，开展针对性约谈提醒督促32人次。以推进企业规范运营为目的，开展山钢巡察问题“回头看”、单一供应商专项监督检查、原料验收和工程项目建设专项检查等工作。以建设大监督体系为契机，建立健全纪检监督工作体制机制，进一步凝聚监督合力，持续提升监督效能。

（撰稿：李乃亮　审稿：王佑宝）

山东钢铁集团永锋淄博有限公司

【概况】 山东钢铁集团永锋淄博有限公司（以下简称永锋淄博公司）位于淄博市桓台县经济开发区石化路9号，占地1860余亩，属淄博市工业50强企业，主要设备有1350立方米高炉1座，100吨转炉2座，100万吨高强度棒材生产线1条，60万吨高速线材生产线2条，以及相应脱硫、发电等配套设施。主要产品以建材（棒材、钢筋、线材）为主，同时具备焊线钢、钢绞线用钢、冷镦钢等品种钢生产能力。截至2021年4月底进行产能转移停产职工分流安置前，共有正式职工2097人。

【生产经营】 2021年1~4月份，永锋淄博公司严格按照集团公司的各项工作部署，紧紧围绕生产经营任务目标，统一思想，扎实开展生产经营工作，完成铁水产量45.70万吨，钢坯产量67.87万吨、钢材产量79.83万吨，实现营业收入34.32亿元，利润1.22亿元，上缴各项税费9651.91万元。

【产能退出】 根据山东省委、省政府钢铁产业规划政策，按照集团战略布局总体部署，永锋淄博公司于2021年2月启动产能转移职工分流安置工作，4月27日实现了安全有序停产。本着合法合规、稳妥推进、以人为本的原则，妥善完成符合安置条件的2058名职工的分流安置工作，承担了1000多名职工的特殊工种档案材料审核、公示，退休手续办理及档案社会化移交、480多名党员党组织关系转接等工作，整体安置过程平稳有序，保持了职工队伍的稳定，得到当地政府的高度认可，成为落实国家产业政策、维护社会稳定、保障职工合法权益的典范。同时积极筹措资金，按时完成向永锋临港注资，为永锋临港项目的有序建设和顺利投产提供了强有力支撑。

【人力管理】 产能退出后永锋淄博公司成立了留守工作组，在人员少、专业性不足的情况下，坚持以问题为导向，从人力资源整合、人员综合能力培养、劳务外包用工效率提升、管理运营体系制度流程完善等方面进行了改善提升。结合留守人员的专业特性和具备的技能，从职能上进行合理划分，分为企管人力、法务监察、财务三个业务单元，形成财务专业骨干兼顾资产处置、统计业务管理，人力资源专业骨干兼顾企业管理、合同管理、公司治理、对外企地协调等管理，保卫专业骨干兼顾设备运维管理的格局和学中干、干中学的和谐氛围，留守人员在综合素质能力和应对突发事件能力上有了明显的提升，为公司顺利开展资产处置工作和后续发展提供了强有力的支撑。

【资产处置】 成立资产处置领导小组和工作组，从资产盘点、资产处置方案优化、资产处置工作协调监督等方面进行职责分工；群策群力，协同永锋、临港两个公司专业人员进行盘点选择，梳理出适用于永锋、临港、兖矿国焦使用的设备设施及备品备件等可利旧的资产523项，盘活了可利旧资产，按照有效处置原则，合理划分无效资产与存量资产，通过资产处置腾出有效空间，为后续淄博片区产业园发展打好基础；借助外力，与专业资产处置公司积极开展合作，按照国有资产处置流程，对资产评估机构的招标、资产处置方案制定、资产挂牌材料制作、挂牌项目推介等拟处置资产事项进行全过程代理，发挥其专业优势，为公司提供咨询服务，优化完善了资产处置方案，完成了国有资产处置方案审批备案工作，确保国有资产处置效益最大化。

【企地协调】 产能转移停产后，永锋淄博公司步入转型发展期，在强化产业项目策划实施，加快推进短平快项目落地的同时，为配合当地政府拉动地方经济，将永锋集团贸易业务板块部分业务转移到永锋淄博公司，在桓台县政府和各部委的大力支持下，开展了钢材贸易业务，快速形成有效产出，2021年实现贸易销售收入31.729亿元，促进了地方经济发展。

【后续发展规划】 永锋淄博公司产能转移停产后，在后续发展规划方面，充分发挥集团整体协同优势，共同筹划淄博片区发展方向，打通信息共享渠道，建立协同协作机制，在进行资产处置的同时，同步启动产业园规划相关行业的实地调研论证工作，围绕物流、应急环保、智慧建筑、氢能源、新基建、钛合金6个产业模块规划布局，陆续与厂区周边省级重点物流园区、产业园规划关联配套行业企业进行调研座谈交流，谋求合作发展，充分参与产业园区规划建设，加强与地方政府、企业和投资方的沟通合作，尽快盘活存量资源；在集团指导下，适时开启淄博片区招商、合作工作，推进淄博片区后续产业园规划建设。

（撰稿：任 飞 审稿：逄晓男）

山东钢铁集团淄博张钢有限公司

【概况】 截至2021年底，山东钢铁集团淄博张钢有限公司（简称淄博张钢）下设办公室/党委办公室、组织人事部、纪委/巡察办、群工部、财务部、运营管理部/安全环保部、风险管控部7个职能部室，下属淄博泰成冶金建设有限公司、淄博张钢物业管理有限公司、湖田石矿3家运营单位。资产总额11.29亿元，在册职工351人。年内淄博张钢持有的淄博张钢钢铁有限公司100%股权协议转让给山钢集团矿业有限公司；其权属单位淄博东方星城置业有限公司划归山东钢铁集团房地产有限公司托管（2020年11月淄博张钢将所持的股权转让给山钢集团）。

【公司运营】 全年实现营业总收入6296.39万元，利润总额-1502.46万元，净利润-1515.61万元，归母净利润-1515.61万元，比年度经营业绩目标减亏2133.29万元，完成集团公司下达契约化目标和治亏目标；安全环保实现“七个零”目标。落实“六大存量攻坚战”行动路径，应收账款存量压减329.14万元，超计划26.14万元；资产减值准备核销压减4.4282亿元，完成年度压减任务；推进审计问题存量整改，全面强化债权债务往来对账。“双降双提”取得新突破，截至2021年末，四项资金占用总额政策性调整后为110443.88万元，较基础目标降低9546.95万元。与张店区人民政府签订幼儿园移交协议，9月份幼儿园无偿移交给张店区人民政府。

【改革攻坚】 深入贯彻落实《山东钢铁集团有限公司深化改革三年行动实施方案》，推进困难企业处置，于12月19日启动职工分流安置工作。为安全稳定有序推进分流安置工作，公司成立职工分流安置工作领导小组，设立了职工安置组、资产保全组、职代会筹备组、信访维稳组、政策解读组等10个专业小组，实行领导挂包制度，对挂包单位部门全面负责、全程指导。12月18日，公司党委召开专题会议研究《淄博张钢职工分流安置方案（草案）》，通过了《关于在推进困难企业处置工作中进一步加强党风廉政建设的通知》《关于在推进困难企业处置工作中进一步加强纪律建设的意见》等四个保障性文件。12月19日，公司董事会研究同意《淄博张钢职工分流安置方案（草案）》。其后迅速召开各层级会议开展方案宣贯和政策解读，安排律师团队到各单位面向职工解疑释惑，组织开展职工分流安置意向调查、职工意见收集等工作。对收集的115条职工意见建议，逐条逐项进行研究，并全面回复，妥善处理。12月27日，按程序召开了三届三次职工代表大会，全票表决通过了《淄博张钢职工分流安置方案》，为职工分流安置奠定了坚实的法理基础。随后按照方案职工分流安置工作迅速推进落实。

【风险防控】 推进“僵尸”企业出清，铸管公司2020年10月破产立案后，完成债权申报、破产审计、股权变动登记，于2022年1月宣告破产，进入破产清算阶段。优化产权结构，完成张钢钢铁100%股权转让。与永锋淄博资产仲裁办结，遗漏资产价款及权益5535.41万元完成支付与账务处理。三供一业水电费用清算收尾。西河采矿权余款550万元返还办结。完成青州 29 套房屋和青州钢铁物流园 4 跨仓储过户，回笼资金 2371 万元。

【管理效能】 按照集团公司“全面对标、系统提升”要求，对标同类标杆企业，完善成本核算体系，提升劳动生产率。健全市场化经营机制，契约化/目标责任制考核落地实施。加强资金预算管理，以收定支，工资总额全面预算管控。推进阳光采购，组织招标 119 项，降低采购费用 1300.38 万元。清理闲置银行账户，盘活保证金账户资金 180.95 万元。用活用好国家政策，东方星城增值税增量留抵退税 1777.55 万元，节约资金成本 60.79 万元。优化高速公路占地补偿方案，地上附着物补偿 1601 万元。

【安全管理】 抓实疫情常态化防控措施，保障防疫物资供应，坚持作业现场消杀，强化外来人员管控，落实疫情日常监测和日报告制度，职工接种疫苗“应种尽种”，核酸检测“应检尽检”，有效保障职工生命健康和生产经营安全有序运行。深化安全履职清单化管理，开展安全“查保促”活动，加强安全双基建设。严格落实动火作业六大禁令、受限空间“五必须、五严禁”和安全生产十条禁令。举办新《安全生产法》宣贯培训，强化应急演练和处突能力。加强安全合格班组建设，泰成公司安全标准化工作通过专家验收。坚持绿色发展，矿山地质环境治理顺利通过省级验收。

【党建工作】 截至 2021 年底，公司党委直辖 5 个基层党组织（党委 1 个，党总支 1 个，党支部 3 个），在职党员 113 人。深入推进党史学习教育，党建与中心工作融合推进。深化理论武装，落实“第一议题”学习制度，坚持党委理论学习中心组学习制度，全年公司党委理论学习中心组学习研讨 13 次。制定党委研究决定事项清单、前置研究讨论事项清单及负面清单，进一步规范党委议事决策程序和内容，全年召开党委会 24 次。实施全面从严治党主体责任清单管理，强化动态管理、过程监督。认真落实党员领导干部党建联系点制度，强化领导班子“一岗双责”职责，推动全面从严治党向纵深发展。始终坚持党风廉政建设“严”的总基调，围绕强化政治监督、纠治“四风”、一体推进“三不”，健全监督联动机制。印发《党委与纪委定期会商、重要情况通报实施细则（试行）》，推动“两个责任”贯通联动、同向发力。瞄准“四风”新动向、新表现开展明察暗访，抓早抓小，防患未然。发挥协同合力，深化大监督体系建设，构建起“1+9+*N*”全方位监督体系。聚焦重点环节，强化招投标重点领域监督管理，对“阳光采购”平台运行、招投标制度落实等情况开展专项督查，促进规范招标决策程序。持续加强党支部规范化建设，基层党组织建设全面过硬超过 60%。开展“我为群众办实事”活动，有效化解涉及职工利益的历史遗留问题，众钢热电股权处置破解，退股率 99.6%。返还老账户公积金 1930 人，发放金额 155.124 万元。补齐湖田石矿 306 人延迟工资，发放 61.73 万元。

【巡察整改】 针对集团公司党委巡察、审计反馈的问题，制定巡察反馈整改方案，细化问题清单，跟踪督办。截至 2021 年底，强化巡察存量问题整改验证，巡察存量问题压减率达 95%。积极开展内部巡察，尤其围绕强化廉洁风险防控、推进“六大存量攻坚战”等重点工作，开展“清单式”专项巡察，对发现的问题及时反馈、细化清单、督促整改，锤炼提升基层党组织的政治敏锐性和政治执行力。

【思想宣传工作】 紧贴改革发展大局，强化舆论引导，讲好张钢故事，弘扬劳模精神、工匠精神，融合根植优秀文化，唱响主旋律，营造良好内外部舆论环境，全年在“淄博张钢”微信公众号推送 87 期。强化意识形态管控，定期分析研判意识形态领域情况，及时化解各类风险。充分利用“学习强国”、微信公众号、宣传学习钉钉工作群等平台，全面、及时、准确宣传形势任务、管理动态。加强网上舆情监测和分析研判，妥善应对负面舆情。认真落实领导干部接访下访制度，及时解决职工群众关心的热点难点问题。

【和谐企业建设】 开展“抒爱党情怀 展职工风采”系列文化活动。继续开展“凝心聚力，献策张钢”合理化建议活动。年内先后召开 3 次职代会，审议通过涉及职工切身利益的重大议题，充分保障了职工参与民主管理、民主决策的权利。精准帮扶，普惠职工。开展“送温暖”、助学等救助活动，实施 2021 年“心”关爱项目，及时对职工进行心理疏导，增强职工幸福感和获得感。

（撰稿：耿佃标　审稿：王兴强）

山东钢铁集团财务有限公司

【概况】 截至 2021 年底，山东钢铁集团财务有限公司（以下简称公司）下设风险、资产负债、审计、信贷审查、投资审查委员会。公司设立 10 个职能部门。从业人员 54 人，内退 1 人。其中，高级管理人员 4 人，部门经理 6 人，副经理 9 人，高级主管 11 人，业务主管 19 人，业务员 5 人；研究生 22 人，大学本科 31 人，专科 1 人；高级职称 19 人，中级职称 14 人，初级职称 7 人；注册会计师 2 人，注册税务师 1 人，资产评估师 1 人，律师执业、职业资格 3 人；中共党员 40 人。

【经营情况】 全年实现营业收入 4.56 亿元，账面利润 3.73 亿元，账面净利润 3.41 亿元，账面净利润比上年增加 0.61 亿元；完成集团公司考核目标的 117.26%，净资产收益率 8.77%；各项存款余额 148.05 亿元，同比增幅 26.56%；全口径资金归集度 39.33%，贷款损失准备金余额 3.14 亿元，贷款拨备率 2.50%；一般风险准备金率 1.50%，资本充足率 22.37%，流动性比例 67.22%；结算额完成 1.156 万亿元，结算规模首次破万亿元；信贷支持余额 165.82 亿元，不良资产率和不良贷款率均为零，各项指标符合监管规定，实现“三无两安全”目标。截至 2021 年末，公司资产总额 188.41 亿元，同比增幅 20.77%；所有者权益 39.36 亿元，同比增幅 2.84%。

【服务实体】 秉持“依托山钢，服务企业”的宗旨，密切关注成员企业业务需求，按照差别化信贷政策，为成员企业提供更多全方位、定制化的金融服务产品，助推集团公司实现高质量发展。

【信贷业务】 持续创新金融产品，全力满足成员单位融资需求，充分发挥财务公司金融服务平台作用，助力山钢集团实现高质量发展。开展自营贷款、委托贷款、银团贷款、贴现、承兑、担保和代开信用证等信贷业务，2021 年累计为成员企业提供表内外信贷业务 292.56 亿元。

【保险代理】 发挥集团规模优势，有效转移经营风险，全年累计为成员单位代理投保资产 693.77 亿元，保额 1046.76 亿元，实缴保费 2865.09 万元，赔付到账 1521.22 万元，赔付率 53.10%，代理费收入 429.95 万元，净收入 240.67 万元。

【投资业务】 积极协调外部资金、有效利用自有资金，助力集团及成员单位成功发行债券，有效降低债券发行利率及融资成本；支持集团资金链安全稳定，提升集团债券市场形象，尽力保证债券发行，力争包销额度，与银行协商包销债券额度达到149亿元；发挥专业平台作用，成功助力集团和成员单位发行债券22亿元；在二级市场累计卖出集团债券3.30亿元，累计为集团及成员单位节约财务费用300万元，为集团及成员单位后续以较低的成本融资起到了积极推动作用；充分发挥财务公司金融功能，累计收回集团高成本债券11.25亿元，减少利息支出2277万元；有效利用持有的高等级信用债券，通过银行间市场债券质押回购业务，成功以2.5%~3.1%的年化利率融入资金85亿元，有效地支持了集团资金链安全稳定。

【国际业务】 有序推进国际业务，成功以1.5%的年化利率为集团公司发放1000万美元流动资金贷款，有效降低了集团公司的融资成本。

【票据业务】 扩大集团融资渠道，与31家商业银行及财务公司申请票据授信，背书转让、到期托收及商业银行贴现、转贴现比例大幅提高。加强同业合作与授信，积极探索建立投融联动机制，充分撬动外部金融资源为我所用。全年办理电子商业汇票承兑249张，累计金额28.75亿元，承兑余额28.65亿元；办理电子商业汇票贴现56笔，累计金额23.37亿元，贴现余额12.65亿元；办理电子商业汇票转贴现21笔，累计金额9.5亿元，转贴现余额9.5亿元；办理电子商业汇票再贴现0.8亿元。

【资金管理】 科学统筹资金预算管理，以资金预算管理为抓手，加强资金头寸管理，通盘考虑融资资源，全面提高资金效率。全年发行各类债券52期，共融入资金526.67亿元。拓宽融资渠道，新增工行、农行等银行借款120余亿元，增加非标融资127.4亿元，按时偿还各类借款及利息费用等800余亿元，保持集团良好信用。充分利用集团重组契机，加强与银行等金融机构沟通协商，深入开展高息向低息负债置换工作，累计完成253余亿元高息融资的置换，有效降低资金成本2余亿元。全年累计融入权益资金125.97亿元，助力集团降低资产负债率。2021年日均吸收存款余额119.72亿元，比2020年的112.06亿元、2019年的87.18亿元分别增长6.83%、37.33%；2021年末吸收存款时点余额148.05亿元，同比增长26.56%。

【结算管理】 12月7日结算金额超过1万亿元，全年累计达到11561亿元，同比增幅76.34%，实现里程碑意义的突破，且保持零差错。强化预算，统筹安排，全集团共克时艰。根据集团偿还到期债务和生产经营需要，加强资金头寸管理，合理调整付款节奏，通盘考虑融资资源，保障了资金链安全和生产经营稳定。以预算管理为抓手，有效提升资金归集度和归集量；优化完善资金预算和融资融信系统，根据需要，将成员企业的银行账户管理纳入资金预算系统。

【业务创新】 积极争取政策，深入开展多元化担保创新业务，全年为山钢日照公司出具7.97亿元关税保函，延迟资金支付6个月，降低资金成本1700余万元，促进了跨境贸易便利化，真正让成员单位享受了政策红利，办理量在省辖财务公司中名列榜首。借力银团贷款模式，撬动大规模资金，截至2021年末，累计办理4笔银团贷款业务，公司出资1.32亿元，为成员单位获得银团贷款55.82亿元。开展跨境双向人民币资金池业务，全年累计为集团及成员企业完成境内外人民币资金划拨22.02亿元。开展委托代开信用证业务，全年累计办理3.82亿元。充分利用持有的高等级信用债券，通过银行间市场债券质押回购业务，自6月份首次以2.5%的年化低利率融入资金10亿元，至年底累计融入资金85亿元。加强同业交流，先后5次与齐鲁银行进行票据质押式回购业务，共计融入资金 23.95 亿元。不断探索金融创新，对接“绿色债”相关产品，与集团吨钢综合能耗逐年压减挂钩，吸引超 2 倍债券认购数量，成功落地“可持续发展”绿色债 10 亿元，荣登省内首单。

【风险管理和内部控制】 落实监管要求，组织开展“规范建设提升年”和“内控合规管理建设年”活动，健全内控合规制度，梳理公司各项规章制度共 236 项；梳理岗位职责、业务流程，牵头组织编制《内部控制与风险管理手册》。开展防范非法集资、金融知识普及月、反洗钱、扫黑除恶等宣传教育活动。执行风险预警会议制度，建立风险应急预案。严格把控信贷审批关键环节，组织召开信贷审查委员会会议 10 次，审批商讨成员单位评级授信以及同业授信等重大事项；完成信贷业务、投资业务、同业业务审批共计 185 笔。积极开展合同法律审查工作，全年审查各部门提交的各类合同、协议 65 项。各项风险监管指标符合监管要求。按照年度审计计划，对营业部等 7 部门 2020 年度的业务办理、岗位设置、内控管理及银行业市场乱象整治等方面开展客观独立的稽核审计，形成审计报告，发现问题 21 项，提出内控合规、风险防范、信息化建设等方面审计建议 32 项，进一步扩展审计增值功能和审计服务职能，发挥风险防范和内控合规的第三道防线作用。

【三项制度改革】 落实集团决策部署，按照“上下联动”原则优化公司经理层契约化管理。优化薪酬管理体系，按照工资总额决定机制构建差异化薪酬分配体系，实现按岗定薪、薪随岗变，上下联动、利险共担的刚性化管理。加强职工知识技能培训，整合线下线上、内部外部各类培训资源开设“五彩讲堂”，提升了干部职工队伍综合素质和业务能力。强化业务交流，选派人员开展实训。选拔任用 6~8 级管理人员 8 名，组织实施市场化选聘，引进 5 名应届毕业生，为公司持续发展注入生机活力。修订完善绩效考核管理体系，实施绩效工资二次分配，激励作用进一步提升。

【对标提升】 制定落实公司《“全面对标、系统提升”行动实施方案》，结合公司重点工作，将相应指标落实到各部门，纳入部门业绩考核，确保指标完成。公司全面完成“双降双提”基础目标，综合得分 119.94 分，在全集团考核单位中名列前茅。扎实推进年初确定的年度重点工作，确保落实落地。截至 2021 年 12 月末，10 个方面 32 项重点任务已经完成 25 项，2 项取得阶段性成果，其他 5 项任务正加快推进实施，确保落地见效。

【信息化建设】 推进信息化设备升级，更新网络设备 42 台、存储设备扩容 154T、新增办公电脑 30 台。推进监管报送系统建设，上线利率报备系统、EAST 报送系统、金融基础数据报送系统、广义信贷二期系统，完成人行大集中季报制度升级。重视信息安全，对核心业务系统进行 22 次安全升级，对签名验签服务器进行漏洞修复，先后 4 次对办公终端进行排查和集中漏洞修复，开展 6 次信息系统应急演练，对重点服务器进行监控巡检 72 次，全年信息系统稳定运行率达到 99.72%，做好“两会”“建党一百周年”等重要时段网络安全保障，全年未发生重大网络安全事件。实施 25 项核心业务系统功能优化，完成 WPS 正版化工作，推动代理保险信息系统建设。

【党群工作】 以“党建创品牌，支部全过硬”为目标，以高质量党建引领高质量发展，实现两提升双促进，4 个支部全部达到过硬标准。坚持“把方向、管大局、促落实”，不断完善“三重一大”集体决策机制，把总支研究讨论作为重大决策前置程序，确保民主科学决策，推进公司发展。组织中心组专题学习，邀请名师讲授党史，组织党员干部参观党史展览、红色教育基地。先后与建设银行、莱商银行等开展党建共建活动4次。以党建创品牌为抓手，做到有设计、有品名、有目标、有措施、有检查、有考核，总支“五心”品牌和支部品牌建设有载体、有抓手、有特色，在保资金链安全、创新产品业务、金融服务、风险防控等重点工作中，党支部战斗堡垒作用和党员先锋模范作用突显。结合公司金融业务特征构建“三个四”大监督大防控体系，一体推进“不敢腐、不能腐、不想腐”。通过廉政党课、谈心谈话、警示教育等方式，运用第一种形态，抓早抓小、防微杜渐。贯彻落实全心全意依靠职工办企业方针，共建共享幸福和谐企业。畅通职工对话渠道，深入了解职工心声。加强民主管理，完成工会换届、职工董事选举，完善厂务公开办法，建立公开事项清单。落实职工福祉，开展疗休养，组织健康查体，组织拓展训练、趣味运动会等，丰富文化生活。参加中财协首届微课大赛，3人4件作品获奖，公司获优秀组织奖。发挥职工首创精神，开展合理化建议、平凡创新、劳动竞赛等活动。聚焦为职工群众办实事，群众急难愁盼的6个问题全部解决。围绕庆祝建党百年开展征文、宣讲、主题摄影、大合唱等系列活动。年内公司先后荣获全国钢铁行业五四红旗团支部、济南市金融机构统计业务竞赛团体二等奖以及山钢集团审计工作、新闻宣传工作、信息工作先进单位等荣誉称号。通过复审保持省属企业及山钢集团文明单位、幸福和谐企业荣誉称号。第一党支部获集团党委先进基层党组织称号，多人分获省属企业优秀党员、山钢集团优秀党员及优秀党务工作者、山钢集团劳动模范、青年岗位标兵等荣誉称号。

（撰稿：赵党党　审稿：董保树）

山东钢铁集团国际贸易有限公司

【概况】 截至2021年底，山东钢铁集团国际贸易有限公司（以下简称山钢国贸）资产总额60.44亿元，净资产12.15亿元。共有在册职工177人，在岗职工165人，内退职工12人；大学本科及以上学历166人，其中研究生学历31人；中级及以上职称133人，其中高级职称47人。设置综合部、党群部、纪委、财务部、管理部、风险控制部等6个管理部门，贸易部1个业务部门，拥有山东莱钢国际贸易有限公司、山东钢铁集团日照国际贸易有限公司、济钢集团国际贸易有限责任公司、山钢国贸（青岛）物流有限公司、埃尔顿发展有限公司、齐鲁钢铁有限公司等6家全资子公司，是省属企业文明单位和集团公司首批“幸福和谐”企业。

【经营业绩】 全年实现营业收入533.18亿元，同比增长10.88%；利润总额1.88亿元，同比增长40%；净利润1.59亿元，同比增长30.75%；净资产收益率15.10%，同比提高2.06个百分点；资产负债率79.23%，较上年降低4.5个百分点。经营铁矿石4681万吨，其中主业采购2414万吨，同比下降10.46%；社会贸易2267万吨，同比下降10.6%；进口煤炭32.12万吨，同比下降52.76%。出口钢材64.35万吨，完成年度出口计划，同比下降33%，其中主业出口60.63万吨（莱芜分公司25.7万吨，日照公司34.93万吨），三方贸易3.72万吨。钢铁主业进出口总额49.66亿美元，同比增长50%。主业融资32.68亿美元，加权平均利率成本1.38%，同比同期国内基准贷款利率，降低财务费用约2.5亿元。

【采购保供】 深化“服务主业是第一要务”理念，围绕提质降本增效总要求，树立极致思维，应对矿价暴涨暴跌、钢价大起大落挑战，助力钢铁主业降本增效。锁定骨架资源稳保供。提前锁定力拓、BHP、VALE、FMG等四大矿山优质资源，延续扩大中信泰富精粉使用比例，混配高硅巴粗和卡粉代替BRBF，保证生产用料整体稳定。调整配料结构增效益。以SP10块、麦克粉、纽曼块替代PB粉块，促进使用乌精粉、FMG块、俄精粉等资源，其中FMG块、SP10块、麦克粉对比PB块分别降低成本7000余万元、4045万元、2930万元；配合主业调整炉料结构，开发使用低品高折扣资源，9月份日照公司首次配加超特粉，后续继续配加毛粉、高硅粉等资源，日照基地成本实现从高于行业成本向低于行业成本的重大转变。优化采购模式提质量。7月份市场大跌前，增加现货比例，小批量多批次采购，降低库存减值和资金占用，规避库存大幅波动，全年采购现货379万吨、179批次，确保矿料安全经济供应。处理富余资源保成果。7月后主业面临库存高、减值大的经营风险，陆续通过美元背转、预售落地货等方式外销高价资源；密集协调矿山，采取“延装期、换品种、减量执行”多种方式对冲减压；抓住时机，提前外销，全年共外销富余资源339万吨，避免减值损失2.64亿元。抢抓市场商机降成本。应急采购进口焦煤现货9.6万吨，美元进口6.5万吨，保障正常接续，降本5000余万元；转口外销未通关焦煤9.1万吨，成功处置闲置库存，释放资金1.09亿元。创新业务助绿色低碳。开展山东省首单3000吨日本优质废钢进口，降本约350元/吨；国内首家与力拓合作块矿筛分技术，打造行业标杆；跟踪国际贸易技术，与力拓合作，首次成功开立区块链电子信用证；与BHP合作，开创首单国际信用证项下无纸化电子交单业务。

【产品出口】 贯彻集团公司国际化战略，遵循主业经营策略，以效益为中心，高效应对政策和市场变化，将工作重心放在减量不减效、维护国际营销渠道和开发高端市场上。应对市场突变抓商机，春节前后及5月底，国内钢价两次急剧下跌，主业生产、销售和发运压力阶段性剧增，抢抓国际订单11万吨，协助主业平稳度过市场剧烈波动期。应对政策突变抓效益，在5月和8月国家调整钢铁产品出口退税政策前，按“应装尽装”要求，采取提前生产、紧急发运保税区、规范合同条款、与客户签订补充协议、及时发运报关等系列措施，避免退税损失3000余万元。追求效益优化结构。市场结构方面，韩国市场开发显成效，出口日照公司产品16.63万吨，出口型钢产品3万余吨，当期效益较好；出口日本市场JIS认证产品3.4万吨，效益高于同期其他市场；出口非洲市场高附加值产品2.6万吨，呈渐增态势。产品结构方面，车轮钢出口巴基斯坦、高级别搪瓷钢和家电用镀锌板出口南非、高级别冷轧卷出口智利、澳标型钢出口澳大利亚、高级别汽车板出口欧盟，取得较好收益，促进了生产研发和产品档次提升。应对贸易争端取得新进展。泰国镀锌双反调查获得良好成果，日照公司适用4.75%税率，未参诉企业税率为37.54%；利用韩国H型钢反倾销日落复审成果，维护韩国市场准入资质，中断近3年后恢复型钢出口韩国。高端产品认证获成果，日照公司管线钢通过世界最大石油生产公司沙特阿美石油公司认证，为扩大中东地区出口，提升日照公司产品出口高端高效化水平奠定了基础。

【贸易经营】 坚持稳健经营和动静结合贸

易模式，开展矿石、钢材、煤炭等近钢贸易，经济效益创历史新高。矿石贸易盈利增长，抢抓市场机会，以代理、买断、自营等多种方式，大力开展矿石业务，贸易量2267万吨。钢材贸易迅速成长，全年常态化经营螺纹钢4.16万吨，围绕主业钢材代理采购业务16.12万吨；以自营买断销售、加工出口等模式开展钢材业务23.63万吨。供应链业务稳步提升，与永锋钢铁、鲁南矿业、河南能化等战略客户的合作稳固深入，风险可控，收益稳定。服务主业贸易稳中有进。拓展主业服务范围，提供贸易矿、煤炭、钢材代理销售、备品备件、钢坯等服务；拓展煤炭业务，全年煤炭贸易量152.7万吨；为主业外购钢坯，促进产线能力发挥。物流高效协同保供应，克服天气、疫情和压港等多重困难，提前对接协调船代、港口、海关，保证通关放行；利用黄岛海关和前港公司“船铁直取”模式，大幅提高矿石疏港效率，确保低库存条件下用料接续；5月和8月出口政策调整前，协调保税区办理入保税库手续。控汇率增效益，坚持“稳健+积极”汇率管控要求，适时动态调整策略，实现汇兑收益1528万美元，综合融资成本0.91%。开展保信增信行动，全年国内新增授信34亿元，境外新增授信3.4亿美元。

【管理改革】 优化公司治理模式，党委会、董事会、监事会、经理层等“三会一层”制衡有度，同频共振，高效运转。规范董事会管理，成立董事会专门委员会，制定《董事会专门委员会工作规则》《总经理向董事会报告工作制度》《董事会授权管理办法》等制度，发布《董事会授权管理清单》。深入推动国企三年改革行动，严格按照集团公司部署要求，围绕四大方面，落实17项具体改革措施，按时间节点逐项落实到位，2021年事项的完成率100%。推进三项制度改革。制定改革方案，成立工作组，回应基层职工关切，解决管理10级人员职业发展问题；拓展职工发展通道，制定《员工职业发展管理办法》，建立管理、技术双序列并行岗位管理体系；建立宽带薪酬体系，制定《岗位薪酬管理办法》，拓宽薪酬幅度，岗位薪酬设计更趋近岗位价值和市场水平。优化运营管理机制，调整管理部门职责，推进管理职能化、功能集成化，进一步厘清责任界面；推进组织机构改革，调整业务组织模式，成立营销中心、原料进口中心、产品出口中心，强化功能性建设，推动专业化经营。全面提升风险应变能力和管理水平，推进风控专业化，加强子公司风险控制管理职能，莱钢国贸、日照国贸设立风控室。坚持问题导向，开展风险合规检查，对5个方面15项问题进行整改；推进“六大存量攻坚战”，处置压减非正常债权清收，专题立项推动历史遗留案件化解，完成济钢国贸出口退税纠纷的账务处理；强化风险辨识与管控，全面分析评估高风险类业务；处置偶发风险，积极应对纠纷，并获胜诉；全年无重大风险发生。

【党群工作】 严格落实党委理论学习中心组学习制度和“第一议题”制度，认真学习习近平新时代中国特色社会主义思想，用党的创新理论指导实践、推动工作。开展党史学习教育，坚持“学史明理、学史增信、学史崇德、学史力行”，抓住“以学党史为载体、悟思想为根本、办实事为重点、开新局为目标”工作主线，边学习边检视、边整改边提高；把“我为群众办实事”实践活动贯穿全过程，公司党委委员多次深入基层一线调研，各项工作落实到位，将学习成效转化为工作动力和发展成果。提升过硬党支部建设质量。开展“学党史、强党性、固堡垒、争先锋”活动，扎实推进双基建设；推进过硬党支部建设，从5个方面对15项工作开展质效评估；开展全国国有企业党的建设工作会议精神贯彻落实情况“回头看”工作，从7个方面、27项对标检视，提升党建水平。完善市场化选人用人机制，管理人员一律竞聘上岗。落实管理人员轮岗交流、末位调整，全年关键岗位人员轮岗交流2人次，对年度考核末位人员实施调整1人次。落实意识形态工作责任制、保密意识形态责任制。开展“对标创优、改革图强”主题宣传教育实践活动，加强重要政策解读和形势任务教育，聚焦改革做好思想引导工作。坚持网上网下一体、内宣外宣联动，发挥微信公众号新媒体作用，内聚力量、外塑形象；推进企业文化建设，顺利通过省属企业文明单位复审。

【党风廉政建设】 坚持将党风廉政建设与经营业务同部署、同落实，逐级签订党风廉政建设责任书、廉洁从业承诺书。推进大监督体系建设，将全面从严治党主体责任、监督责任落实纳入党委年度月度工作要点；强化党风廉政建设和反腐败工作，开展基层党组织现场述责述廉、党风廉政建设责任制情况检查考核，制定《违规经营投资责任追究实施细则》。先后开展巡察整改、改革攻坚重点任务、营销领域突出问题整治、商务接待专项整治等活动。履行巡察整改主体责任和监督责任，深化运用监督执纪“四种形态”，强化不敢腐的震慑。落实巡察监督，境外巡察工作受到集团党委、省国资委、省纪委的充分肯定，一体推进内外巡察问题整改。深化作风监督，公开通报违反中央八项规定精神案件，加强重点节假日正风肃纪，组织开展廉洁警示教育和作风纪律监督检查，举办廉洁从业素质能力培训。

（撰稿：杨玉晶　审稿：李强笃）

山东钢铁集团房地产有限公司

【概况】 截至2021年底，山东钢铁集团房地产有限公司（以下简称山钢地产）机关职能部门13个，分公司10个，出资公司34个（其中全资、控股公司30个，参股公司4个），另有托管公司1个。正式职工819人。其中，公司领导班子9人，机关管理人员133人，房地产分、子公司管理人员414人，物业/商管公司264人。山钢地产具有房地产开发国家一级资质，经营范围包括房地产开发、物业管理及相关业务咨询服务、建筑材料、建筑构配件销售。

【经营情况】 2021年共销售房屋5831套，其中主房产2589套，储藏室、车位等附属房产3242套（个），销售面积38.22万平方米，销售合同额45.55亿元，销售回收资金41.37亿元，物业管理、商业管理等回收资金1.67亿元，合计回收资金43.04亿元。营业收入63.24亿元，完成考核利润总额1.79亿元，分别完成考核口径净利润及归属于母公司净利润0.97亿元、0.66亿元。资金收入125.38亿元，资金支出124.04亿元，净现金流量1.34亿元。资产总额209.33亿元，负债总额176.95亿元，净资产32.38亿元，账面资产负债率84.53%。

【战略规划】 研判内外部形势和疫情影响，编制《关于房地产形势研判与经营对策的报告》《土地供应“两集中”政策对开发企业的影响》《房地产企业参与旧城改造浅析》《产业园区物业管理业务现状及发展趋势》等专题研究报告。参照宝地资产业务模式，编制山钢地产“十四五”规划（草案），确定了“有序退出商品房开发业务，维持公司经营稳定；快速培育产业园区开发运营核心竞争力，加快转型发展，打造产业园区开发运营专业化平台，融入中国宝武产业生态圈”的转型发展思路，成立产业园区发展中心。组织完成公司七个战略研究课题，课题“国有开发企业混改模式的设计和应用”获得山东省企业管理现代化创新成果三等奖。

【深化改革】 进一步推进落实《深化改革三年行动实施方案（2020—2022年)》，制定改革重点任务配档表和工作台账；建立推进机制，压紧压实改革主体责任，推动各项改革措施持续落地。规范公司治理，形成党委会、董事会、监事会、经理层组成的“三会一层”治理模式和母子公司管控体系。规范股东会、董事会管理，规范股东行权和董事履职。建立董事会授权总经理制度，明确了董事会授权总经理相关事项清单。项目跟投管理有序开展，定期向省国资委和山钢集团汇报中长期激励开展情况。做好外派董事、监事定期履职报告、履职考核评价和日常管理服务工作。

【产权管理】 严格规范产权登记，加强对外投资管理，强化合资合作项目的过程管控。通过对权属项目公司股权结构优化促进公司资产优化，完成济南鲍德房地产开发有限公司、济南明东房地产有限公司与济南莱建置业有限公司、青岛信莱置业有限公司的股权结构优化。

【财务管理】 发挥全面预算统领作用，借助信息化手段，持续推进明源全面预算系统运行工作；统筹资金收支管理，严格执行收支两条线，坚持“以收定支、系统平衡”；积极应对金融政策变化，创新融资模式，拓宽融资渠道，全年实现融资收入69.76亿元，年平均利率6.42%。制定应收款项压减工作管理制度，实现应收款项压减11.85亿元。制定亏损企业治理方案并稳步推进，保质保量完成亏损企业治理目标。积极跟进并合理应用财税政策，实施资产优化质量提升，全年实现管理创效2.28亿元；申请延期纳税3832万元，以及增值税留抵退税4611万元。

【土地拓展】 推进存量项目处置，解决历史遗留问题，全年获取土地3宗，共192.6亩，总计容建筑面积19.61万平方米，土地款5.12亿元。

【设计管理】 以技术创新为动力，关键计划节点指标完成率100%。全年完成5个项目的建筑、景观和装修设计工作，形成各专业设计成果28个，总计建筑设计面积60.84万平方米，景观设计面积19.01万平方米，装修设计面积21.73万平方米。以“现金流和利润”为导向，优化功能设置和技术方案，实现地下投资节约2124万元，工程建安成本降低706.95万元，销售货值增加545.21万元。针对多技术集成的太原龙城一品（1号、2号、3号、6号、7号、8号楼）科技住宅项目，从系统工程层面提出破解技术难题的攻关方向、研究路径和解决方案。

【计划运营管理】 依托全生命周期经营思想和“大运营”“操盘”运营思路，项目运营整体水平显著提升。全年交付6个项目（含合作项目)，共计67.75万平方米。项目开发运营效率持续提升，黄岛悦和山海项目克服困难，提前17天取得首批《商品房预售许可证》；太原山钢龙城一品项目突破政策性停工、冬季施工重重难关，提前12天实现售楼处、样板间及景观展示区开放；滨州熙悦府项目提前38天取得首批《商品房预售许可证》。

【招标采购管理】 依托采购平台，深入推进阳光采购管理工作。夯实标准化和专业协同，构建精细化管理，完善采购平台审批流程，实现提速提效。持续推进战略采购合作，强化采购全过程管理，全面落实预算管理，完成集中采购金额10.33亿元，与控制价相比节约采购成本 0.12 亿元。

【成本管理】 推进成本管理能力提升和专业标准化建设，形成合约规划、总包前置清单、总承包预转固作业指引、签证管理标准工作成果文件。强化专业协同，取得项目全周期测算管控应用模型 V1.0 研究成果。严格预算控制价管理，全年招标采购控制价审减值 8882.95 万元，审减率 6.49%；加强项目结算审核，全年共审减结算值 8739.03 万元，审减率 6.98%；全年降低成本 2687.78 万元，成本降低率 2.18%，实现了年度成本降低 2%的目标。

【销售管理】 践行大运营理念，面对市场下行形势，攻坚克难，实现突破。济南锦悦华府项目抢抓机遇，开盘当月去化率 98%，提前 138 天完成项目年度签约指标，完成全年销售任务目标 124%；济南新天地广场项目提前 9 个月完成清盘目标，实现写字楼上半年清盘；滨州熙悦府提前 1 个月完成首开奋斗节点目标，实现开盘当月去化率 64%；青岛悦和山海提前半个月完成首开节点目标，实现开盘当月去化率 70%。济南锦绣华府、济南鸿悦华府、日照山钢龙樾等项目在区域内与万科、保利、绿地等一线品牌项目竞争中，跑赢大势，领先竞品。全年累计实现销售合同额 45.55 亿元，同比增长 8.92%。

【招商管理】 实施商业管理职责上移，强化管理职能要求，成立公司商业管理工作推进及能力提升领导小组和工作小组，推动建立完善“以商业与策划营销部为主导，各项目公司负主体责任”的商业板块管理模式。引入明源云资管管理系统，搭建资产管理平台，稳步推进公司持有商业物业招商运营管理工作专业化、规范化、数字化、在线化。加强与商业领域内行业知名企业合作，和润生活广场项目签约旭美商管，商业管理水平进一步提升。

【安全质量管理】 紧扣新安法要求，落实安全环保主体责任，制作法律条文汇编，编修安全环保管理制度 41 项，层层签订安全环保目标责任书 165 份。选拔内部讲师开展安全内训 8 场，完成课题 19 项，编制安全周历 39 期。安全生产资金投入同比增加 16%。深入开展风险防控，排查隐患，全年整治各类隐患 2123 项。全年开展实战化演练 49 场，应急处突能力显著提升。慎始如终抓好疫情常态化防控。强化工程管理，推行《严禁类问题清单》、移动信息化工具应用，夯实管理基础；加强工程巡查，全年累计签发质量通知单 45 份，巡查问题 544 项，工程管理能力和水平持续提升。

【物业管理】 加大“红色物业”创建力度，强化“山钢物业”品牌形象，持续提升品牌影响力。围绕以住宅物业为核心，产业园区与商办类物业为两翼的“一体两翼”业态结构，以基础物业管理为主导，专项业务及创新增值业务为补充的“三业并举”业务体系，提升社区综合服务能力。全年资金收入 14682 万元，利润突破 880 万元，物业在管面积达 720 万平方米。

【商业运营】 持续优化酒店、超市等自持商业物业运营，充分发挥专业优势，对标精益运营。酒店利用自身区位优势，以大客户营销为工作重点，承接各类团队入住，团队承接能力与运营经验大幅提升。积极拓展自持商业、商务酒店、社区零售业态等商业资源，梳理内部资源，对济南区域、上海浦江项目进行重点研究，复制酒店超市业务，扩大经营范围。

【干部人才管理】 持续推进公司契约化管理常态化，完成 5 个二级单位第二任期经理层人员契约化聘任工作。坚持干部队伍年轻化导向，严格履行选人用人程序，调整管理人员、专业技术人才等 152 人次。持续开展精简机构和人员优化工作，全年优化人员 99 人，优化比例达到 11.7%。加大培训力度，聘任内部培训讲师14人，开发内部课程15项，开展内训课程7次，组织各类专业培训30次，累计培训1026人次。合理配置公司内部人力资源，全年优化调整39人次，有效激发了职工队伍活力。

【综合管理】 加强网络、机房及各信息系统运维保障，注重重要数据备份措施，保障数据网络安全、系统平稳运行。配合驻地政府和有关部门做好国家及青岛市重大活动期间网络安全保障工作。扎实推进软件正版化工作，按照集团公司统一部署，落实举措，强力推进WPS办公软件部署工作，基本实现全员覆盖。全公司年度归档案卷1653卷，以件为单位保管档案2276件，年度利用档案1920人次。

【绩效考核】 优化组织绩效考核，在执行“KPI+PPI+考察类指标+一票否决项”为主体的绩效管理指标体系的基础上，根据公司经营核心需求和项目开发管理需要，强化房地产子分公司过程考核，结合公司指标体系完善专项挂钩考核，坚持实施KPI、PPI线上取数考核，强化考核导向作用、提高考核刚性、增强专业协同意识，发挥绩效考核激励作用。

【审计管理】 全年完成各项审计20项，其中年度绩效审计11项、任期经济责任审计5项、专项审计4项。准确鉴定各项指标，加强采购、开发、成本、销售等各环节全方位审计；持续开展任期经济责任审计，离任审计率保持100%；加强内部控制审计，制定《内部控制管理制度》；突出合作项目专项审计，强化对合作项目的管控力度；重视审计成果运用，全年共下达审计整改事项74项，整改完成55项，整改完成率75%。加强未完成整改项目督导，确保完全整改到位。

【风险防控】 做实做细全面风险管理工作，全年完成11个重大投融资及其他项目的风险评估，确保重大项目风险可控。梳理并编制年度风险管理清单，提出管理建议。编制《风险管理配档表》，落实风险管理措施。审核合同986份，标的额34.03亿元。对外投资、合作、担保、融资等重大经营决策事项法律审核率达到100%，出具法律意见书及书面意见10份，审核、颁发授权委托书46份。累计处理各类纠纷诉讼208起，标的额28.29亿元，避免或挽回经济损失15.96亿元。

【纪检工作】 党风廉政建设责任不断夯实，各党支部及各级班子成员分别落实落细党风廉政建设主体责任和“一岗双责”责任，形成一级抓一级、层层抓落实的责任体系。坚持廉政调研和工作检查，开展党支部书记向纪委述职工作。组织对公司重点改革事项情况进行“回头看”、开展压缩“四项资金”占用情况核查、加强对“阳光采购”、营销领域、安全生产和疫情防控等工作的监督检查，推动各项工作取得实效。深入开展纪律教育，筑牢党员干部拒腐防变思想防线，持续推进岗位廉政风险源辨识与风险防控工作。

【党建工作】 严格落实全面从严治党主体责任。以国有企业党的建设工作会议精神贯彻落实情况“回头看”为契机，结合2021年度履行全面从严治党责任暨党建工作责任制检查，对标检视、查缺补漏、改进提升。全力推进集团公司党委第二巡察组反馈问题整改工作，17项“新发现问题”已完成整改11项，12项“验证未完全整改到位事项”已完成整改8项。积极推动党史学习教育各项任务落地落实，邀请专家、教授现场讲授党史及国企改革相关课程，征集“我和我的支部”微视频8个，“我来讲党课”视频2个，组织60余人参加红色经典歌曲大合唱，获山钢集团二等奖。进一步巩固过硬党支部建设成效，不断强化基层党组织建设，全年接收预备党员19人，预备党员转正14人，完成43名党员组织关系转接。组织开展党支部书记、党务工作人员培训班，进一步提高了党务工作者业务能力素质。

【群团工作】 坚持民主管理、民主监督，认真落实职工代表大会制度、厂务公开制度，保障职工权益。广泛开展群众性主题劳动竞赛，积极引导“全员平凡创新”；持续推进“幸福和谐企业”建设，大力开展冬送温暖、夏送清凉等多项暖心工作，落实完善困难职工帮扶救助制度。共青团组织团结带领全体团员青年围绕中心任务建功立业，荣获全国钢铁行业青安杯竞赛先进单位、山钢集团五四红旗团委荣誉称号。

（撰稿：张兰勋 赵增翼
审稿：王文学）

山钢金融控股（深圳）有限公司

【概况】 截至2021年底，山钢金融控股（深圳）有限公司（以下简称山钢金控）下辖山钢国际融资租赁（山东）有限公司（以下简称山钢租赁）、山钢金控资产管理（深圳）有限公司（以下简称金控资管）、山东融鑫投资股份有限公司（以下简称山东融鑫）、舜泰商业保理（上海）有限公司（以下简称舜泰保理）、山钢供应链管理（深圳）有限公司（以下简称供应链公司，2021年2月由山钢金控互联网金融服务（深圳）有限公司业务转型更名而来）、山钢（亚洲）控股有限公司（以下简称山钢亚洲，2021年9月由济钢（香港）控股有限公司更名而来）、山钢新加坡有限公司（以下简称山钢新加坡，2021年6月由济钢新加坡有限公司更名而来）等9户全资公司；有山钢金控融资租赁（深圳）有限公司（以下简称金控租赁）、济南市钢城小额贷款股份有限公司（以下简称钢城小贷）、山钢金控（青岛）国际贸易有限公司（以下简称金控国贸）、山钢瀚信基金（深圳）有限公司（以下简称瀚信基金）4户控股公司；有泰山财险、山东海洋、济南机场、山东航空、山信软件、齐商银行等22户参股公司。在册职工191人。其中，大学本科学历120人，占比62.8%；研究生及以上学历71人，占比37.2%；高级职称31人，占比16.23%，其中正高级职称1人；注册会计师6人、国际注册会计师2人、注册资产评估师2人、执业律师及法律从业资格10人、国际商务师1人、人力资源管理师2人、基金从业资格65人、证券从业资格64人、期货/保险/小贷/银行/保理等从业资格共计23人。

【改革创新】 完成山钢集团首个三级子公司职业经理人制度试点，实现全年2家目标；修订党委前置研究事项清单，制定董事会授权办法及授权清单，在全部权属子公司设立董事会；升级公司愿景、使命、战略，解决为何对标、跟谁对标、对什么标、如何对标；编制首个商业计划书，加强业务档案管理；创新薪酬体系系统，制定职工培训、实习生管理制度，完成干部档案审核；签订党风廉政建设责任书，聘任特约监督员，监督检查更加融入改革发展各环节；大监督体系持续构建，政治生态不断优化，问卷调查满意度100%。

【经营业绩】 全年实现营业收入372.69亿元，考核利润总额4.08亿元，考核净利润3.01亿元，考核归母净利润2.72亿元，净资产收益率（ROE）10.37%。截至2021年底，资产总额321.81亿元，负债总额202.98亿元，所有者权益118.83亿元。

【普惠金融】 供应链及科技金融事业部

（由供应链公司与舜泰保理组建而成）取得软件著作权3项，成果入选2021年度中国产业区块链优秀案例、2021中国双链创新应用示范案例，多项成果获山钢集团管理成果奖、山东省冶金科技进步奖等。供应链公司积极转型、谋求发展，立足主体、扎根主业、服务实体、探索创新业务模式，获同业和银行授信金额6.2亿元。舜泰保理融资端立足拓宽融资渠道及业务客户，创利水平稳居钢铁行业同类保理公司前列；蝉联上海市保理行业A类评级，业务持续保持零逾期、零不良。舜信平台完成信息系统等级保护三级测评备案，区块链对接再度升级，吸引54家核心企业和250余家供应商入驻，开具总额突破51亿元，累计交易总额突破88亿元；“诚融宜”智能融资网关与莱商银行、日照银行系统对接，累计完成业务约5600万元，连通“舜信”与银行系统；数智金控平台持续优化，数据可视化建设圆满完成。钢城小贷积极开拓政府采购贷款业务、应急转贷业务市场，聚焦研究二手车买卖交易过程中垫资场景的工行联合贷款业务，提高资金周转率；完成历史不良贷款债权资产转让工作，实现了外部融资的首次突破。

【融资租赁】 金控租赁完成对永锋钢铁4亿元融资租赁业务投放，持续扎根产业金融，以服务主业为宗旨，重点布局钢铁生态圈，开拓钢铁产业链的融资租赁业务，打造钢铁行业租赁品牌，助力集团钢铁主业更优发展；组建直租创新团队，拓荒交易类直租业务，与博兴县振兴教育产业发展集团开展直租项目，助力地方重点教育类项目落地。山钢租赁全年累计投放产业客户74300万元，大力助推钢铁产业发展，坚持绿色、专业租赁战略理念，落实国家双碳政策，以节能环保为重点，投入1.5亿元支持全套BPRT高炉余热发电系统建设，助推永锋临港钢铁基地建设加速投产；以产业为基，持续为型钢产业注入新鲜血液，为产业客户添砖加瓦，全力为产业发展保驾护航。

【资产管理】 金控资管在“僵尸”企业处置、不良资产盘活、降负债、风险业务化解和市场化业务等方面取得突破。设计并发行两期共60亿元的并表型ABN标准化产品，为山钢集团提供结构性降负债方案；协议受让山镁持有的潍坊办事处房产，减免高额税金，为山镁“僵尸”企业注销提供保障；借助省管企业力量，投放3项基金类业务，开辟新的业务单元。山东融鑫注重风险防控，抓实项目贷后管理，实现资金有序回笼；所持齐鲁银行股票为山钢金控贡献较大利润；履行基金管理人责任，主动作为、积极化解基金业务风险，实现管理方式的有效改变。瀚信基金遵照行业政策，规范经营，严格管理存续基金业务，努力维护股东和投资人的最大权益。

【海外平台】 山钢亚洲发挥内外联动优势，引入战略合作伙伴，依托主业产品，累计完成营业收入202.55亿元，同期增加20%；实现贸易项下的同业拆借突破，全年平均融资余额约8亿元，票面融资成本约3.2%；通过资金池及外债方式共计低成本入境资金9.7亿元人民币；做好境外资产管理，协助山钢集团做好山钢信恒等4家境外公司的日常管理、资金调动等工作。山钢新加坡充分发掘第三方贸易机会，促进贸易带动和贸易融资战略，促进内外联动、一体化运行，全年实现营业收入139亿元人民币，同期增长约78%；积极探索菲律宾红土镍矿、低品位印粉、南非铁矿等非主流铁矿石、印尼动力煤业务，为国际贸易开发和拓展打下良好基础。金控国贸打牢业务基础，提升核心竞争力，有效实现经济效益；研究客户需求，提升存货周转率，有效消除潜在风险；优化融资结构，降低融资成本；引领客户需求，协同同业资源；发挥混改优势，规范运营发展。

【风控体系】 坚持一体推进建设风险内控合规法务管理体系，大力倡树“风险、内控、合规、法务”四位一体的系统风控观，以“OTN 理念”风险管控系统为实施路径，以不出损失为一个核心，构建风控文化、风控体系两个支撑，坚持高流动、硬抵押、强担保三个原则，逐步完善以“三级风控”和“三道防线”为基准的“三·三”全面风险管理体系。

【纪检监察】 坚持高标准、严要求，切实履行从严治党协助职责和监督专责，深度落实党风廉政建设责任制要求，持续推进大监督体系建设，动真碰硬推进巡察反馈问题整改，高质量开展巡察工作，严肃监督执纪问责，为公司高质量发展提供了坚强有力的纪律保障。

【审计工作】 组织开展并出具山钢金控和10家权属公司2020年度绩效审计报告、职业经理人2020年度经营绩效指标完成情况审计报告、金控国贸经营质量情况审计报告、山钢金控募集资金存放与使用情况审计报告、钢城小贷原总经理任期经济责任审计报告；完成审计发现问题整改工作15项。

【董事会工作】 董事会共有成员5人，其中外部董事3人、职工董事1人。董事会下设战略发展委员会、风险控制管理委员会、审计委员会、薪酬委员会、提名委员会。山钢金控董事会全面贯彻落实集团公司战略要求，坚持治理法制化，以公司章程为行为准则，强化权利责任对等，确保职责明确、运行规范、机制完善。

【党群工作】 把学习贯彻习近平新时代中国特色社会主义思想作为首要政治任务，制定并落实《“第一议题”学习制度》，全年组织党委理论学习中心组集中学习12次；公司党委把方向、管大局、促落实，制定党委会研究决定事项清单和前置研究讨论事项负面清单；全年召开党委会31次，议题完成率达100%；完成党史学习教育各项任务，组织读书班学习1期，开展集中研讨7次，党员干部带头讲党史党课5场次，到焦裕禄纪念馆、原山教育基地、大峰山等进行现场教育；扎实开展“我为群众办实事”，梳理问题22项，完成女职工之家建设；加强基层党组织建设，在党支部过硬率100%的基础上，5个过硬党支部全部通过集团公司党委的评估验收；荣获山东省文明单位；开展季度创新创效标兵评选，创建苏晓明劳模创新工作室，持续推进“导师带徒”；开展职工喜闻乐见、形式多样的文体娱乐活动，成功创建集团公司幸福和谐企业。

（撰稿：王启明　李晓丹
审稿：黄振辉）

山信软件股份有限公司

【概况】 山信软件股份有限公司（以下简称公司）注册资本13976.67万元人民币，经营范围包括：信息系统集成，物联网技术服务，自动化系统、信息化系统、工业电视监控系统的设计、集成、安装、调试，运行维护服务，软件开发与销售，互联网信息服务，互联网数据服务，计算机硬件及外围设备销售及租赁，信息处理和存储支持服务，信息技术咨询服务，仪器仪表、工业机器人制造与销售。公司设党委办公室/综合管理部、财务部、党委组织部/人力资源部、发展规划部、运营管理部、党群部、纪委、安全环保部8个职能管理部门，营销本部、信息化事业部、网络事业部、商务中心4个事业部（中心），济南自动化分公司、莱芜自动化分公司、日照自动化分公司、大数据分公司 4 个分公司，莱芜钢铁集团电子有限公司 1 个权属法人公司，其中莱芜自动化分公司与莱芜钢铁集团电子有限公司复合设置。截至 2021 年底，共有职工 1197 人。其中，高级及以上职称 492 人，中级职称 95 人，初级职称 136 人；硕士研究生及以上学历 158 人，大学本科 700 人。公司党委设有 3 个二级党委、2 个党总支、1 个直属党支部，共有党员 488 人。

【生产经营】 全年实现销售收入 6.7 亿元，同比增长 15.8%；实现净利润 4041 万元，同比增长 17.7%；净资产收益率 13.7%，较上年增长 0.5 个百分点；职工工资总额同比增长 2600 余万元；缴纳企业年金 950 余万元。较好地完成了年度各项任务目标。

【智慧山钢建设】 以“数智山钢”总体规划为根本遵循，积极落实集团公司要求，主动提高站位、扛起责任，智能制造工作取得新的进展。编制完成钢铁主业智能制造顶层设计方案。基于钢铁主业智能制造发展要求，全面开展方案编制工作。年初，聚集技术资源，分专业成立 4 个工作组，采取头脑风暴、外出交流学习、集中研讨等方式，紧紧瞄准前沿技术，把握智能制造核心要义，采用“云边端”的体系架构，一季度编制完成初步方案，并在广泛征求钢铁主业意见建议的基础上，形成了升级版方案，得到了股份公司和相关专家认可。积极推进智能制造项目落地实施。在莱芜片区，以新旧动能转换重点工程项目为主攻方向，全力推进项目建设，自主研发建设的陶家岭炼钢集控中心和 1 号 3800 立方米高炉集控中心顺利上线，其中高炉集控中心应用了 10 余项钢铁冶炼行业领先技术，主要经济技术与环保能耗指标均达到了国内领先水平。在日照片区，公司自主开发的质量监控分析系统成功投产，各产线工艺质量数据全面贯通，有效降低质量损失；4300 毫米产线液压集中监控项目高效实施，为故障快速分析、快速处理提供了数据支持；日照炼钢大数据项目正式上线，实现数据全面采集、能耗精准分析、成本自动核算，为炼钢系统快速决策提供了准确有力的技术保障。

【运维保障】 全面提升自动化信息化系统的运维保障能力，全年设备故障停机时间同比有明显降低，有力保障了集团公司和钢铁主业安全、高效、稳定运行，收到感谢信 161 封，客户满意度达到 97.9%。持续加大自控系统可靠性分析力度，对公司运维的所有自动化系统有组织地进行全面梳理，在莱芜、日照片区分别形成 15 个、62 个改造项目，成功解决了一批影响生产的故障隐患。进一步提升运维效率，以降低故障率为目的，积极开展全员岗位练兵，提升了职工分析问题、处理问题能力。制定了《大中修检修方案框架指导意见（试行）》，规范检修管理，形成了标准的检修流程，提升了检修的质量和效率。加强运维考核管理，针对未严格执行大中修方案、未按照标准作业和影响生产的故障等情况，加大检查和考核力度，职工规范作业、高效作业已成为自觉行动。拓展运维保障服务范围，济南自动化分公司、莱芜自动化分公司、集团总部各运维单位积极与甲方沟通，拓展运维范围，增加运维业务，莱芜自动化分公司全年新增视频监控设备运维约 8750 台套，门禁道闸运维约 120 套，提升了运维保障能力和持续创效能力。

【科技创新】 立足品牌建设和技术研发，加大创新力度，提升竞争力。品牌影响力不断扩大。打造 29 件优势产品，征集 8 件新产品，制定研发和迭代计划，产品化进程进一步加快；“产销信息系统”“企业安全管理系统软件”“网上报销管理系统”等 19 件产品入选《济南优势工业产品目录》，10 件软件产品、10 件计算机软著权通过评估评测，10 件专利获得授权，公司产品影响力进一步提升；公司成功进入 2021 年度省软件和信息技术服务百强企业前列，荣获“济南市 2021 年人工智能创新应用示范企业”称号，业内知名度进一步提升。产品研发能力不断增强。11 项科技成果获省冶金科技进步奖，23 项科技研发项目通过公司评审，3 个项目通过技术合同认定，5 项科技成果被评价为国际先进、9 项评定国内领先，“基于 5G 技术的数字化料场”入选省 5G 试点示范项目，自主研发的“山钢工业互联网平台”获山东信息协会 2021 最佳创新成果奖；聚焦智能制造业务发展方向，与山东大学合作研发的“基于 AI 技术的钢板号自动识别系统”进入系统研发测试阶段，“钢铁企业产销归档系统的研究与应用”等项目已经完成功能测试。召开科技表彰会，对 10 名科技标兵和 29 名先进个人进行了表彰奖励；开展专项劳动竞赛，通报表彰“创新创效团队” 26 个。全年投入研发费用 4866 万元，为科技研发提供了充足的科研经费保障。

【市场营销】 增强主动营销意识，在稳定内部市场的基础上，积极开拓外部市场，并不断向有色、化工等行业拓展，全年外部市场合同额占比提至六成。积极融入行业生态，全年签订大额订单 18 项，合同额 3.3 亿元，订单数量与合同额度均比上年有大幅提升。电子公司签订临沂钢铁三电集成项目，合同额近 1.6 亿元，有效支撑公司发展。环友化工苯加氢区域仪控项目、淄博东方星城塾香园智慧社区项目、山东耐材地磅无人值守改造项目等接连签单创效，跨行业营销能力进一步提升。签单陕钢集团汉钢数据治理管理咨询项目，中标河北天柱、安徽六安检化验等项目，省外市场份额不断扩大。智能装备制造产品在市场开拓中实现新突破。持续做大机器人和机器视觉市场，喷号、测温取样、鱼雷罐车、加渣、贴标五类成熟机器人产品和视觉识别、视觉引导等机器视觉产品不断对外推广，55 台（套）机器人和 27 套机器视觉产品打入鞍山、临沂、日照等地区，机器人和机器视觉产品批量投放效应逐步显现，成为公司新的利润增长点。

【深化改革】 认真贯彻落实集团公司改革行动计划，扎实推进措施落地见效。严格落实第一议题制度，明确把学习习近平总书记重要讲话和重要指示批示精神作为第一议题，严格执行学习计划，组织集中学习 36 场次，确保思想统一、上下贯通、步调一致。切实加强董事会建设，建立《党委（党组）前置研究讨论重大经营管理事项清单》，完善董事会结构；印发《董事会专门委员会议事规则》《董事会授权事项》，实现外部董事占多数，董事会应建尽建比例达到 100%，顺利完成了国企改革重点任务。持续提升公司治理能力，建立财务等重大信息公开制度，及时在公司官网公布相关信息，健全协同高效的监督机制；制修订管理制度 20 余项，完善风险防控体系，优化采购、销售业务流程，运营管控和风险防控能力得到加强，公司运行机制和决策机制更加规范有序。扎实推进“三项制度”改革，优化部门职能，设立了党委组织部、团委，管理更加规范；强化干部管理，调整 5 名中层干部，夯实基层班子；加强人才队伍建设，通过社、校招共引进 67 名新职工，人员结构更加合理。

【专业管理】 强化对标意识、创效意识，以人事效率、资产质量、管理提升为突破口，推进管理提质量、上水平。积极开展对标提升行动。明确“人均创效额、资产周转率、应收账款周转率”三项核心指标，推进与宝信软件、飞马智科等企业的全面对标交流，改进经营分析会等会议汇报模式，提升经营分析的效果；制定措施，加大应收账款清收力度，抓过程、盯回款，累计收回逾期账款1670万元，项目管理成效明显，三项核心指标均有明显改善。高质量编制商业计划书。按照集团公司统一部署，导入商业计划书管理工具，学习吸收经验做法，制定精准的战略性任务和ROE改善项目，重点工作脉络清晰、措施得力，得到集团公司的充分肯定；落实商业计划书的量化管理理念，在总部部门推行TOP管理和量化思维模式，厘清3~5项重点事项及量化指标，明确落实措施，各专业管理工作目标更明确、重点更聚焦、执行更高效。进一步释放管理效能，积极推进管理创新，“以‘三同步’为目标的项目过程管理模式探索与实践”获中钢协冶金企业管理现代化创新成果三等奖，“基于精益运营的高质量创新型产业集群构建”获得省企业管理成果二等奖；坚持“应招尽招”，阳光采购上线率达到100%、直供比达到98.4%，较好地完成集团下达的任务目标；积极利用政策创效，全年累计享受政策红利640余万元。

【安全管理】 始终把安全生产和新冠肺炎疫情防控作为头等大事，抓实载体，厘清责任，强化落实，实现了安全环保“七为零”的目标，完成了疫情防控各项任务。以作业标准落实年工作为主线，通过实施作业标准监督检查，组织开展专题劳动竞赛，提升了职工的安全意识和能力。聚焦安全生产绩效提升，实施安全生产量化考核，进一步明确安全管控重点，着力构建安全生产长效机制。公司设立百万安全奖励基金，对安全绩效明显的一线运维事业部和班组按季度兑现奖励，促进了职工向“我要安全”和“我会安全”转变。做好常态化疫情防控，对内抓好访客测温、健康码检查和信息登记工作，对来自中高风险地区人员查验核酸检测证明，确保不发生疫情输入；对外密切关注中高风险地区疫情状况，严格执行外出请假报备制度，动态掌控外出人员出行轨迹，确保员工健康出行。强化组织领导，抓好责任落实，积极推进新冠疫苗加强针接种等工作。

【党群工作】 坚持和加强党的全面领导，充分发挥党组织把方向、管大局、保落实作用，团结带领职工群众在公司改革发展中建功立业。积极开展庆祝建党100周年主题实践活动，认真落实党史学习教育各项要求，系统推进“我为群众办实事”实践活动，解决了40余项职工“急难愁盼”的问题；积极参加集团公司“永远跟党走”红色经典歌曲大合唱，并获得一等奖；推进党支部品牌建设，公司所属23个党支部被命名为“过硬党支部”，过硬支部比例达到95.8%；总结提炼党支部品牌实践成果，形成《成果汇编》，实现交流共享。抓好巡察问题整改，44个问题全部完成了年度目标。落实意识形态责任，严把舆情管控，牢牢掌握意识形态工作领导权。高效推进幸福和谐企业创建。创新创效竞赛、幸福家园建设等六大工程逐步落地，顺利通过了集团公司评审验收；全面启动“统一认识、解放思想”大讨论活动，教育引导广大干部职工转变观念，凝聚攻坚克难、干事创业的思想共识；举办第一届职工技术比武活动，75名成绩突出的一线职工分别被授予“技术状元”“技术标兵”和“技术能手”；公司荣获省冶金系统“全员平凡创新企业”称号。

（撰稿：赵成文　审稿：张元福）

山钢年鉴 2022

山钢集团
SD STEEL

统计资料

特载
专论专文
大事记
概况
机构与人事
战略合作与交流
专业管理
党群工作
山钢股份
权属单位
☆ 统计资料
荣誉
附录

山钢集团
SD STEEL

山钢文化

核心理念

山钢使命：

为客户提供满意的产品和服务

集团公司 2021 年主要生产经营指标完成情况表

指 标 名 称	单位	2021 年	2020 年	同比增减/%
一、主要财务指标				
营业收入	亿元	2665.19	2207.33	20.74
利润总额	亿元	148.61	77.45	91.88
净利润	亿元	108.33	56.39	92.11
资产总额	亿元	2615.32	3738.28	-30.04
其中：流动资产	亿元	1297.51	2231.92	-41.87
非流动资产	亿元	1317.81	1506.36	-12.52
负债	亿元	2163.79	3095.75	-30.10
其中：流动负债	亿元	1644.44	2082.02	-21.02
非流动负债	亿元	519.35	1013.73	-48.77
所有者权益	亿元	451.53	642.53	-29.73
其中：归属母公司权益	亿元	134.17	188.31	-28.75
二、主要生产指标				
工业总产值	亿元	1614.54	1359.38	18.77
其中：新产品产值	亿元	576.56	387.75	48.69
工业销售产值	亿元	1617.22	1368.92	18.14
三、主要产品产量				
粗钢	吨	28249785	31114244	-9.21
生铁	吨	26589853	29049890	-8.47
钢材	吨	28564317	30904839	-7.57
焦炭	吨	6129577	6458444	-5.09
铁矿石成品矿	吨	2997671	3480311	-13.87
耐材制品	吨	188209	188378	-0.09
四、出口指标				
出口创汇	万美元	54476	39047	39.51
出口钢材	吨	742852	726283	2.28
其中：棒材	吨	142313	8680	1539.55
钢筋	吨	27099		
型材	吨	127361	138406	-7.98
中厚板	吨	12181	45045	-72.96
中厚宽钢带、热轧薄宽钢带	吨	260912	215390	21.13
冷轧薄宽钢带	吨	111306	212682	-47.67
涂镀板（带）	吨	52214	73922	-29.37
五、固定资产投资指标				
投资完成额	万元	1347164	458685	193.70
其中：建筑工程	万元	339822	124678	172.56
安装工程	万元	79182	63746	24.21
设备购置	万元	781605	256734	204.44
其他费用	万元	146555	13527	983.43

（撰稿：郑　丽　胡　玉　周林琳　审稿：孙日东　李　强）

集团公司 2021 年钢材品种结构构成表

（单位：万吨）

钢材品种	集团合计	山钢股份				莱钢集团		永锋淄博
		莱芜分公司	银山型钢	日照公司	附：上市公司	永锋钢铁	烟台钢管	
集团合计	**2856.43**	**644.8**	**420.11**	**798.84**	**1443.64**	**895.74**	**17.11**	**79.83**
一、热轧钢材	**2572.93**	**644.8**	**385.24**	**550.21**	**1195.01**	**895.74**	**17.11**	**79.83**
大型型钢	189.44	189.44			189.44			
其中：H 型钢	184.13	184.13			184.13			
中小型型钢	50.59	50.59			50.59			
棒材	155.94	155.94			155.94			
钢筋	1015.98	248.83			248.83	724.27		42.88
线材（盘条）	208.42					171.47		36.95
其中：高速线材	208.42					171.47		36.95
板材	454.18		153.61	300.58	300.58			
中厚宽钢带	368.22		130.35	237.87	237.87			
热轧薄宽钢带	52.91		41.15	11.76	11.76			
窄钢带	60.13		60.13					
无缝钢管	17.11						17.11	
二、冷轧（拔）钢材	**237.55**		**34.87**	**202.68**	**202.68**			
冷轧薄宽钢带	237.55		34.87	202.68	202.68			
三、镀涂层板（带）	**45.95**			**45.95**	**45.95**			
镀层板（带）	45.95			45.95	45.95			
其中：镀锌板（带）	45.95			45.95	45.95			

（撰稿：郑　丽　胡　玉　审稿：孙日东）

集团公司 2021 年主要技术经济指标完成情况表

主要质量指标			主要消耗指标			主要效能指标		
指标名称	单位	指标值	指标名称	单位	指标值	指标名称	单位	指标值
一、转炉锭坯合格率	%	99.98	一、转炉钢铁料消耗	kg/t	1066.53	一、转炉日历利用系数	t/(t·d)	33.32
其中：山钢股份	%	99.98	其中：山钢股份	kg/t	1066.97	其中：山钢股份	t/(t·d)	29.94
永锋淄博	%	99.99	永锋淄博	kg/t	1064.93	永锋淄博	t/(t·d)	23.57
电炉锭坯合格率	%	99.99	转炉炼钢工序能耗	kgce/t	-20.13	转炉炉衬寿命	炉	12088.83
其中：山钢股份	%	99.99	其中：山钢股份	kgce/t	-19.07	其中：山钢股份	炉	11591.17
二、生铁合格率	%	100	永锋淄博	kgce/t	-22.63	永锋淄博	炉	—
其中：山钢股份	%	100	二、高炉综合焦比	kg/t	484.32	转炉氧枪寿命	炉	110.98
永锋淄博	%	100	其中：山钢股份	kg/t	484.89	其中：山钢股份	炉	226.28
生铁一级品率	%	85.69	永锋淄博	kg/t	476.36	永锋淄博	炉	497.67
其中：山钢股份	%	88.90	入炉焦比	kg/t	328.74	二、高炉有效容积利用系数	$t/(m^3 \cdot d)$	2.66
永锋淄博	%	74.88	其中：山钢股份	kg/t	325.17	其中：山钢股份	$t/(m^3 \cdot d)$	2.47

续表

主要质量指标			主要消耗指标			主要效能指标		
指标名称	单位	指标值	指标名称	单位	指标值	指标名称	单位	指标值
三、钢材合格率	%	97.88	永锋淄博	kg/t	367	永锋淄博	t/(m³·d)	2.82
其中：山钢股份	%	97.09	炼铁工序能耗	kgce/t	381.64	人造块矿使用率	%	87.63
永锋淄博	%	100	其中：山钢股份	kgce/t	385.02	其中：山钢股份	%	88.29
四、烧结矿合格率	%	98.32	永锋淄博	kgce/t	421.26	永锋淄博	%	88.34
其中：山钢股份	%	99.14	三、钢材综合成材率	%	98.04	入炉矿品位	%	57.31
永锋淄博	%	92.28	其中：山钢股份	%	96.71	其中：山钢股份	%	57.30
五、球团矿合格率	%	99.98	永锋淄博	%	100.85	永锋淄博	%	58.38
其中：山钢股份	%	100	热轧综合成材率	%	99.18	喷煤比	kg/t	162.14
山钢矿业	%	100	其中：山钢股份	%	97.60	其中：山钢股份	kg/t	162.45
六、冶金焦合格率	%	100	永锋淄博	%	100.85	永锋淄博	kg/t	136.69
其中：山钢股份	%	100	轧钢工序能耗	kgce/t	51.72	三、轧机日历作业率	%	78.37
七、耐材制品合格率	%	95.52	其中：山钢股份	kgce/t	59.52	其中：山钢股份	%	60.82
其中：山东耐材	%	95.52	永锋淄博	kgce/t	31.91	永锋淄博	%	61.16

（撰稿：郑　丽　胡　玉　审稿：孙日东）

2021年全国钢铁企业主要产品产量排序表（前10名）

粗钢				生铁				钢材			
名次	企业	产量/万吨	增减幅度/%	名次	企业	产量/万吨	增减幅度/%	名次	企业	产量/万吨	增减幅度/%
1	宝武集团	11994.93	5.84	1	宝武集团	10369.99	4.21	1	宝武集团	11350.56	6.43
2	鞍钢集团	5565.33	0.18	2	鞍钢集团	5266.22	−2.21	2	鞍钢集团	5225.38	0.39
3	沙钢集团	4422.97	−1.08	3	沙钢集团	3427.44	1.12	3	沙钢集团	4244.22	−3.39
4	河钢集团	4009.84	−5.38	4	北京建龙集团	3320	−1.14	4	河钢集团	3634.63	−10.42
5	北京建龙集团	3591.17	0.55	5	河钢集团	3221.91	−18.59	5	首钢集团	3396.07	6.16
6	首钢集团	3543.2	4.34	6	首钢集团	3195.29	2.26	6	北京建龙集团	3152.01	−5.12
7	**山钢集团**	**2824.98**	**−9.21**	**7**	**山钢集团**	**2658.99**	**−8.47**	**7**	**山钢集团**	**2856.43**	**−7.57**
8	华菱集团	2621.06	−2.12	8	华菱集团	2147.97	1.84	8	华菱集团	2557.15	1.65
9	德龙集团	2255.08	3.75	9	柳钢集团	1842.4	23.89	9	德龙集团	2397.08	22.96
10	方大钢铁集团	1997.54	0.44	10	德龙集团	1795.43	4.98	10	柳钢集团	2130.63	13.19

注：数据来源于中国钢铁工业协会。

2021年世界钢企20强粗钢产量排名表

（单位：百万吨）

名　次	公　司	总部所在地	2021年钢产量
1	中国宝武钢铁集团①	中国	119.95
2	安赛乐米塔尔②	卢森堡	79.26
3	鞍钢集团③	中国	55.65
4	日本制铁株式会社④	日本	49.46
5	沙钢集团	中国	44.23
6	浦项制铁	韩国	42.96
7	河钢集团	中国	41.64
8	建龙集团	中国	36.71
9	首钢集团	中国	35.43
10	塔塔钢铁集团	印度	30.59
11	**山钢集团**	**中国**	**28.25**

续表

名 次	公 司	总部所在地	2021年钢产量
12	德龙钢铁集团	中国	27.82
13	JFE钢铁株式会社	日本	26.85
14	华菱钢铁集团	中国	26.21
15	纽柯钢铁公司	美国	25.65
16	方大集团	中国	19.98
17	现代制铁	韩国	19.64
18	柳钢集团	中国	18.83
19	京德勒西南钢铁公司	印度	18.59
20	印度钢铁管理局有限公司	印度	17.33

注：数据来源于国际钢铁协会。

①包括太钢和昆钢的产量。

②包括安赛乐米塔尔-日本制铁印度合资公司60%的产量（前身为艾萨钢铁公司）。

③包括本溪钢铁的产量。

④包括日本制铁不锈钢、三洋特钢、奥沃克集团的产量，以及安赛乐米塔尔-日本制铁印度合资公司40%的产量和米纳斯吉拉斯钢铁公司31.4%的产量。

2001~2021年全国铁、钢、材历年产量表

（单位：万吨）

年份	2001	2002	2003	2004	2005	2006	2007
生铁	15554	17085	21367	26831	34375	41245	47652
粗钢	15163	18237	22234	28291	35324	41915	48929
钢材	16068	19252	24108	31976	37771	46893	56561
年份	2008	2009	2010	2011	2012	2013	2014
生铁	47824	55283	59733	64051	66354	71150	71375
粗钢	50306	57218	63723	68528	72388	81314	82231
钢材	60460	69405	80277	88620	95578	108201	112513
年份	2015	2016	2017	2018	2019	2020	2021
生铁	69141	70227	71362	77988	80849	88898	86857
粗钢	80383	80761	87074	92904	99542	106477	103524
钢材	103468	104813	104642	113287	120457	132489	133667

注：数据来源于国家统计局。

集团公司 2021 年职工队伍基本情况统计表

单位名称	年末职工人数	管理和专业技术人员情况				生产服务岗位人员情况					离退休人员情况		
		总数	其中：技术职称情况			总数	其中：技能等级情况				总数	其中	
			高级职称	中级职称	初级职称		高级技师	技师	高级工	中级工		离休人员	退休人员
合　计	34258	7429	3133	1998	1086	23208	815	2511	8979	4188	28566	137	28429
1. 集团总部	284	269	152	79	15	3	0	0	0	0	0	0	0
2. 山东钢铁股份有限公司	25524	4022	2086	984	428	18614	745	2231	7658	3554	12185	75	12110
3. 莱芜钢铁集团有限公司	962	504	104	174	215	185	5	7	48	71	4540	10	4530
4. 山钢集团矿业公司	2898	402	137	185	98	2331	11	106	685	248	3469	20	3449
5. 山信软件股份有限公司	1216	772	453	124	64	392	24	56	132	51	36	0	36
6. 山东钢铁集团房地产有限公司	792	592	78	146	78	155	0	0	0	0	63	0	63
7. 山东钢铁集团财务有限公司	55	54	17	15	7	0	0	0	0	0	0	0	0
8. 山东钢铁集团国际贸易有限公司	177	165	36	89	9	0	0	0	0	0	6	0	6
9. 山钢集团金融控股（深圳）有限公司	191	188	32	46	0	0	0	0	0	0	1	0	1
10. 山钢集团淄博张钢有限公司	368	114	8	19	34	192	11	23	42	59	3859	14	3845
11. 山东耐火材料有限公司	1791	347	30	137	138	1336	19	88	414	205	4407	18	4389

注：1. 年末职工人数含内退人员，不含参股、改制、合并报表单位人数；
2. 不含山东工业职业学院；
3. 不含永锋钢铁。

（撰稿：张传友　魏　鹏　审稿：阎文龙）

集团公司 2021 年专业技术人才基本情况统计表

项目		合计	女	少数民族	中共党员	博士	硕士	学历					年龄						专业技术职务			
								研究生	大学本科	大学专科	中专	高中及以下	35岁及以下	36~40岁	41~45岁	46~50岁	51~54岁	55岁及以上	高级		中级	初级
																				正高级		
总计		6654	1561	71	4183	36	592	765	5016	674	166	33	1737	1561	1106	1285	675	290	3133	105	1998	1086
其中：1. 在管理岗位的		2214	277	20	1805	10	168	300	1640	193	67	14	272	518	415	541	320	148	1328	52	627	227
2. 有职业资格的		3322	678	44	2523	19	240	377	2788	142	14	1	794	876	624	730	251	47	1805	53	1371	859
专业技术职务	高级职务	2826	629	31	2246	17	254	374	2408	42	1	1	189	835	626	686	366	124				
	其中：正高级	81	8		69	14	12	39	40	2			1	6	8	25	23	18				
	中级职务	1839	424	25	1119	5	161	165	1358	281	33	2	517	470	273	346	154	79				
	初级职务	977	291	6	361		23	27	749	130	66	5	572	121	73	100	63	48				
	未聘任专技职务	931	209	9	388		142	160	461	219	66	25	458	129	126	128	69	21				
专业类别	工程技术人员	4235	895	53	3012	15	436	525	3131	440	114	25	1163	962	720	810	423	157	2281	59	1162	648
	科学研究人员	15	2		13	5	2	10	5					1	2	1	7	4	15	15		
	卫生技术人员	97	65		31		1	1	45	35	16		4	8	25	31	14	15	32	1	43	20
	教学人员	64	30		41		4	6	54	3	1		17	4	9	16	10	8	37		7	5
	经济人员	1078	262	14	686	1	93	125	776	145	25	7	164	279	166	273	141	55	306	2	451	139
	会计人员	361	214	4	188	1	32	37	276	42	5	1	129	69	55	58	32	18	87	2	126	115
	统计人员	25	13		17				18	4	3		3	2	5	7	1	7	3		16	6
	翻译人员	8	5		1		1	4	3			1		1	1	2	3	1			1	
	图书档案人员	13	9		12				13				1	2	3	2	3	2	6		3	3
	新闻、出版人员	133	51		109		11	21	109	2	1		47	27	11	23	19	6	55	2	30	34
	政工人员	625	178	4	586		55	55	382	152	28	8	76	83	95	132	124	115	311	24	149	116

注：不含山东工业职业学院。

（撰稿：张传友　魏　鹏　审稿：阎文龙）

集团公司2021年获国家专利情况统计表

序号	专利类型	专利名称	发明人	申请日	授权公告日	专利号	专利权人
1	发明	改进的用于调车绞车钢丝绳的更换系统和更换方法	张守旗　张　波　随红军　王东堂　尚振增	2019-05-30	2021-01-01	201910460296.8	山东钢铁股份有限公司
2	实用新型	自动补偿锁紧固定装置	董　杰　田遵建　宣虎威　宋程文　徐勤庆　韦瑞务	2020-05-19	2021-01-01	202020845293.4	山东钢铁股份有限公司
3	实用新型	铸铁机电动平车轨道总成	韩　鸿　李京业　许子铮　郭淑娟　吕彦斌　孙瑞瑞　张守旗　韩亚辉	2020-06-30	2021-01-01	202021257533.5	山东钢铁股份有限公司
4	实用新型	一种拦焦车轨道基础垫板调整装置	刘建迅　韩永吉　周俊宝　戴孝佩　王宏伟　马春雷　莫瑞磊　朱光顺　卓庆丁　杨　强　王志国　王　强　类维华	2020-06-22	2021-01-05	202021175022.9	山东钢铁股份有限公司
5	实用新型	一种母联开关柜手车与母联隔离柜手车的闭锁控制系统	李传东　庞怀江　李永晨　王金洪　付书成　朱　根　徐　晖　吴　建	2020-09-14	2021-01-05	202022000188.3	山东钢铁股份有限公司
6	实用新型	一种斗轮机构及一种混匀取料机	程　昊　贺培君　尚铁军	2020-10-12	2021-01-05	202022261355.X	山东钢铁股份有限公司
7	实用新型	一种钢包带盖水口修补灌砂装置	赵景泉　侯风岭　张　行　高　明　刘兴菊　张海波	2020-10-22	2021-01-05	202022363823.4	山东钢铁股份有限公司
8	发明	一种有效减缓RH真空槽槽体变形的方法	温福新　毕永杰　王学新　胡勤东　温维新　刘建伟　郭金祥　郭　东　高龙永　马　强　王　兴　张立标	2019-04-01	2021-01-05	201910256324.4	山东钢铁集团日照有限公司
9	实用新型	应用于棒材冷床倒棱系统	陶务纯　孟光振　朱宝晶　谭永彦　马国栋　姜艳东　薛　鹏　焦　健	2020-05-22	2021-01-08	202020888261.2	山东钢铁股份有限公司
10	实用新型	C型钢立式滚动低温矫正装置	赵国庆　李雪涛　林雅琴　孙　波　顾琳琳　赵　峥　李山峰	2020-07-27	2021-01-08	202021506121.0	山东钢铁股份有限公司

续表

序号	专利类型	专利名称	发明人	申请日	授权公告日	专利号	专利权人
11	实用新型	模块化组装式吊装装置	李雪涛 孙 波 林雅琴 李发宏 李山峰 赵 峥 顾琳琳 张 燕 王 鹏 陈 超 张 戈	2020-07-31	2021-01-08	202021575455.3	山东钢铁股份有限公司
12	实用新型	一种隐蔽桥架电缆敷设导引装置	程 昊 顾华杰 张守运 邵晓明 陈 峰 王宗贵	2020-08-11	2021-01-08	202021652731.1	山东钢铁股份有限公司
13	实用新型	高炉轴流鼓风机可调式信号反馈连杆	王继磊 袭建凯 吕德玉 韩明杰 王 站 任甲民 贺中爱 王在彬 王晓刚	2020-08-21	2021-01-08	202021763058.9	山东钢铁股份有限公司
14	实用新型	高炉鼓风机空气过滤器框架粗滤	王继磊 李传瑾 韩明杰 袭建凯 贺中爱 逯 斌 苏 峰 王建文 汪 鑫	2020-08-21	2021-01-08	202021763875.4	山东钢铁股份有限公司
15	发明	一种V-N微合金化钢中厚板及其生产工艺	霍孝新 杜林秀 麻 衡 夏登亮 王中学 于全成 刘 悦 尹训强 吴红艳 石大勇 何 康	2019-11-14	2021-01-08	201911112098.9	莱芜钢铁集团银山型钢有限公司
16	实用新型	一种矿渣粉粉体搬运装置	曲丽娜 朱 涛	2020-05-13	2021-01-08	202020785453.0	济南鲁新新型建材股份有限公司
17	实用新型	一种矿渣微粉生产线	曲丽娜 朱 涛 王 建	2020-05-19	2021-01-08	202020833525.4	济南鲁新新型建材股份有限公司
18	发明	一种检测焊机焊缝质量的折弯设备	王 硕 公茂海 刘精华 段 磊 刘 正 王鹏飞 楚雅杰	2018-10-29	2021-01-12	201811264160.1	山东钢铁集团日照有限公司
19	实用新型	一种自动上料钻孔机	王 凯	2020-06-30	2021-01-12	202021250269.2	莱芜钢铁集团有限公司
20	实用新型	一种偏差测量装置	朱 琳	2020-07-08	2021-01-22	202021328797.5	山东钢铁股份有限公司
21	实用新型	顶装焦炉机侧焦侧蓄热室封墙检维修专用可移动平台	韩永吉 王须革 周俊宝 戴孝佩 王志国 类维华 栗 豹 莫瑞磊 卓庆丁 王 强 马春雷 李 璐	2020-08-17	2021-01-22	202021705002.8	山东钢铁股份有限公司

续表

序号	专利类型	专利名称	发明人	申请日	授权公告日	专利号	专利权人
22	实用新型	一种移动式匀料器和胶带运输机	毕欣成 刘丰生 张 波	2020-09-15	2021-01-22	202022020439. 4	山东钢铁股份有限公司
23	发明	一种低热值铁水转炉冶炼方法	刘忠建 郭伟达 李强笃 王忠刚 高志滨 薛 志	2019-01-23	2021-01-26	201910063218. 4	山东钢铁股份有限公司
24	发明	一种转炉废钢斗物料加入顺序优化方法	胡 滨 周永忠 任科社 于亮涛 吴子明 杜金科 高志滨 薛 志	2019-11-08	2021-01-26	201911085533. 3	山东钢铁股份有限公司
25	实用新型	棒线材用孔型刀具	杨 华 刘兆洁 吴昌飞 陈怀昌	2020-05-11	2021-01-26	202020762083. 9	山东钢铁股份有限公司
26	实用新型	冷轧乳化液的配制系统	鲁统令 李玉功 马 静 张晓东 赵承俊	2020-06-12	2021-01-26	202021083741. 8	山东钢铁股份有限公司
27	实用新型	高炉鼓风机脱湿设备表冷器在线调压装置	王继磊 尹继会 袭建凯 韩明杰 张 继 任甲民 贺中爱 史红艳 孙 峰	2020-08-21	2021-01-26	202021762882. 2	山东钢铁股份有限公司
28	发明	一种钢网带热胶结方法	万付建	2018-08-10	2021-01-26	201810909402. 1	莱芜钢铁集团有限公司
29	实用新型	焦油储槽水分控制分离及防焦油渣沉积的装置	李树华 戴孝佩 王宏伟 韩永吉 亓海录 蒋淑艳 马春雷 孙振华 王 鑫 鞠 玲	2020-04-30	2021-01-29	202020728708. X	山东钢铁股份有限公司
30	实用新型	皮带输送机托辊支架装置	刘建迅 李志坤 王卫东 韩永吉 戴孝佩 吴志强 安 冉 管 兵 张 磊 栗 豹 王志国 类维华 周俊宝	2020-05-13	2021-01-29	202020794018. 4	山东钢铁股份有限公司
31	实用新型	长轴直线度检测装置	李雪涛 孙 波 林雅琴 李发宏 李山峰 赵 峥 张 燕 顾琳琳 尹建强 孔 峰 张 戈 李绪东	2020-07-06	2021-01-29	202021316348. 9	山东钢铁股份有限公司

续表

序号	专利类型	专利名称	发明人	申请日	授权公告日	专利号	专利权人
32	实用新型	一种传动轴连接法兰减震保护装置	赵国庆 李雪涛 孙 波 林雅琴 李发宏 赵 峥 尹建强 李山峰 张 燕 孔 峰 张 戈 顾琳琳	2020-07-09	2021-01-29	202021339318. X	山东钢铁股份有限公司
33	实用新型	万能轧机牌坊滑板的更换装置	赵国庆 李雪涛 孙 波 林雅琴 李发宏 赵 峥 尹建强 李山峰 张 燕 孔 峰 张 戈 顾琳琳	2020-07-15	2021-01-29	202021401258. X	山东钢铁股份有限公司
34	实用新型	C 型钢卧式滚动低温矫正装置	赵国庆 李雪涛 孙 波 林雅琴 李发宏 张 戈 李山峰 孔 峰 张 燕 尹建强 张 辉	2020-07-27	2021-01-29	202021506122. 5	山东钢铁股份有限公司
35	实用新型	万能轧机牌坊滑板组合式更换装置	李雪涛 孙 波 林雅琴 李发宏 李山峰 顾琳琳 赵 峥	2020-07-27	2021-01-29	202021511569. 1	山东钢铁股份有限公司
36	实用新型	一种高效矿渣选粉机	曲丽娜 朱 涛 卢文银	2020-05-13	2021-01-29	202020784989. 0	济南鲁新新型建材股份有限公司
37	发明	一种 CrMo 圆棒调质钢及其制备方法	郑桂芸 张 佩 欧阳峥容 李金浩 张冠锋	2018-08-17	2021-02-02	201810938805. 9	山东钢铁股份有限公司
38	发明	一种高氮合金强化剂及其应用	王建景 张思勋 王淑华 孙庆亮 刘艳林	2019-07-01	2021-02-02	201910584901. 2	山东钢铁股份有限公司
39	实用新型	一种热轧履带板的腹板厚度测量装置	孙晓庆 张秀山 李同敬 王彦国 谈群峰 刘 军 霍喜伟 纪进立 任 伟	2020-05-07	2021-02-02	202020731177. X	山东钢铁股份有限公司
40	实用新型	一种用于液压缸安装的调节装置	王光瑞 苏全明 刘纯玉 亓 斌 王中华 运洪良 田 超 张引鹏 张 华 邹元甲 魏颖颖 赵玉强 亓燕君 明传伟 蹇 伟	2020-05-14	2021-02-02	202020798862. 4	山东钢铁股份有限公司
41	实用新型	一种水系统柴油机组应急供水装置	曲文超	2020-06-09	2021-02-02	202021045906. 2	山东钢铁股份有限公司

续表

序号	专利类型	专利名称	发明人	申请日	授权公告日	专利号	专利权人
42	实用新型	一种净环水系统应急供水装置	曲文超	2020-06-09	2021-02-02	202021047228.3	山东钢铁股份有限公司
43	实用新型	一种连铸结晶器维修装置	赵冠夫 戈文英 修冬 任琪 刘兵 马传庆 梁娜 刘金玲	2020-06-15	2021-02-02	202021100444.X	山东钢铁股份有限公司
44	实用新型	一种连铸翻包机除尘装置	赵冠夫 赵子茂 陈菲菲 叶飞来 况兴宇 刘金玲 李玉华	2020-06-15	2021-02-02	202021100445.4	山东钢铁股份有限公司
45	实用新型	一种转炉炉口清渣导向装置	胡滨 郝树虹 胡连军 王鹏 陈超 杜金科	2020-06-22	2021-02-02	202021166333.9	山东钢铁股份有限公司
46	实用新型	一种棒材线钢坯上料和计数的装置	安佰花 董宝家 宁勇 毕临旭 王乃新 钟德华 张亮	2020-06-28	2021-02-02	202021213645.0	山东钢铁股份有限公司
47	实用新型	一种高压管路支架装置	毕永谦 李现 颜磊 任永亮 王猛 刘彦静	2020-07-03	2021-02-02	202021277023.4	山东钢铁股份有限公司
48	实用新型	一种焦化废水厌氧氨氧化处理装置	李国军 程云鹏	2020-06-18	2021-02-02	202021131823.5	莱芜钢铁集团有限公司
49	发明	一种 ϕ280mm 大规格圆棒材的石油管道阀体用钢及其生产方法	李金浩 韩蕾蕾 欧阳峥容 任琪 郑桂芸 张海霞 马传庆 李月	2019-09-03	2021-02-05	201910829546.0	山东钢铁股份有限公司
50	发明	一种可移动的水泥搅拌平台	毕莹莹	2019-07-16	2021-02-05	201910640381.2	山东工业职业学院
51	发明	一种针对汽车通行的交通减速带	刘庆 赵文明	2020-05-12	2021-02-05	202010398192.1	山东工业职业学院
52	实用新型	一种机车万向轴支撑装置	王波 刘强	2020-07-13	2021-02-09	202021359708.3	山东钢铁股份有限公司
53	实用新型	一种管路固定装置和喷号机	王斌 苏万成 熊双双 赵志强 单涛	2020-07-21	2021-02-09	202021449839.0	山东钢铁股份有限公司

续表

序号	专利类型	专利名称	发明人	申请日	授权公告日	专利号	专利权人
54	实用新型	一种无拘束式淬火机	李　涛　于全成　刘军刚　冯文义　谭维钰　魏军广　张长宏　秦　港　邢长怀　张　梅　李传鹏　麻　衡　高海军　李　强	2020-08-19	2021-02-09	202021746649.5	山东钢铁股份有限公司
55	发明	一种氧枪喷头参数的选择系统及方法	薛　志　郭伟达　李强笃　任科社　高志滨	2018-08-01	2021-02-09	201810865514.1	莱芜钢铁集团银山型钢有限公司
56	发明	一种金属成型用产品检测装置及其使用方法	白星良　李丙亮	2019-07-04	2021-02-09	201910598178.3	山东工业职业学院
57	实用新型	电传机车牵引电机的帆布罩安装支架	王　波　张务民	2020-07-13	2021-02-12	202021359859.9	山东钢铁股份有限公司
58	实用新型	点火器结瘤清理装置	亓爱民　王利涛　杨默涵　罗宗尧　秦书财　胡延森	2020-07-29	2021-02-12	202021521684.7	山东钢铁股份有限公司
59	发明	一种连铸拉矫机的控制方法及系统	蔡　森　张　蕾　郭秀辉　李　超　杜　芳	2019-01-09	2021-02-19	201910019339.9	山东钢铁股份有限公司
60	实用新型	一种振动给料器防溢料停机预警保护装置	刁爱国　魏宝忠　侯继鹏　张　鹏　焦玉茂　黄玉飞　高新瑞	2020-06-17	2021-02-19	202021116334.2	山东钢铁股份有限公司
61	实用新型	一种新型圆管带式输送机扭转调整装置	侯继鹏　刁爱国　魏宝忠　张　鹏　王　锋　王　健　李　铁　黄玉飞　马晓亮	2020-06-17	2021-02-19	202021116431.1	山东钢铁股份有限公司
62	实用新型	一种施工安全通道	孟凡禄　王　凯	2020-06-15	2021-02-19	202021098888.4	莱芜钢铁集团有限公司
63	实用新型	一种矿渣微粉旋粉装置	曲丽娜　朱　涛　卢文银	2020-05-19	2021-02-19	202020833953.7	济南鲁新新型建材股份有限公司
64	发明	一种磨机加球控制方法和系统	毕欣成　付相宇　张雨凡　王子豪　徐春玲　李　强　李秀海　梁筱伟	2019-04-23	2021-02-23	201910329212.7	山东钢铁股份有限公司

续表

序号	专利类型	专利名称	发明人	申请日	授权公告日	专利号	专利权人
65	实用新型	喷枪管路吹扫装置	张戈 曾晖 陈万福 杨振国 韩永刚 毛成杰 谭永彦 董洪壮 王念欣 栾吉益 袁宇皓 李雪涛	2020-04-16	2021-02-23	202020574083.6	山东钢铁股份有限公司
66	实用新型	一种电缆滑车牵引装置及一种电缆滑车设备	程昊 尚铁军 郭燕 贺培君 陈峰	2020-10-12	2021-02-23	202022261375.7	山东钢铁股份有限公司
67	实用新型	一种棒材轧机组件和棒材轧制系统	王宗斌 李浩秋 陈良 修冬 尹崇丽 石军强 王允	2020-07-08	2021-02-26	202021328796.0	山东钢铁股份有限公司
68	发明	一种转炉速效补炉法	贾崇雪 张英杰 郭朝海 李相前 夏继年 于爽 丁中 梁亚 王兴 胡晓英	2018-10-26	2021-02-26	201811259274.7	山东钢铁集团日照有限公司
69	发明	一种拆装带钢轧机支承辊平衡缸缸套的工具及使用方法	刘明 孟祥瑞 赵军德 张吉庆 陈建磊 隋东冶 王化胜 王超 凤成龙	2019-03-29	2021-02-26	201910251738.8	山东钢铁集团日照有限公司
70	发明	一种解决水夹套式立管换热器不均匀换热的方法	陈昌华 赵洪荣 许明 刘海涛 张帆 焦庆亮 马磊 苏勇	2019-11-05	2021-02-26	201911069066.5	山东钢铁集团日照有限公司
71	发明	一种顶底复吹转炉的炉底的维护方法	王念欣 曾晖 苗振鲁 贾崇雪 栾吉益 张戈 陈万福 董洪壮 袁宇皓 孙宗辉 李长新 董慧	2019-07-11	2021-03-02	201910622642.8	山东钢铁集团有限公司
72	发明	一种用于生产 SPHC 钢种的转炉工序控制方法	王念欣 曾晖 苗振鲁 贾崇雪 刘效森 孙宗辉 栾吉益 张戈 陈万福 董洪壮 袁宇皓 李长新 董慧	2019-08-21	2021-03-02	201910774522.X	山东钢铁集团有限公司
73	实用新型	一种物料装车喷水抑尘装置	张鹏 刁爱国 魏宝忠 侯继鹏 李军直 焦玉茂 高新瑞	2020-07-07	2021-03-02	202021308690.4	山东钢铁股份有限公司
74	实用新型	一种钢坯机械除磷装置	李明 马永波 李丽 李青 耿浩 展杰 李洪哲 曹永芹 李海朋 陈向峰 刘爱强	2020-07-27	2021-03-02	202021503911.1	莱芜钢铁集团电子有限公司

续表

序号	专利类型	专利名称	发明人	申请日	授权公告日	专利号	专利权人
75	实用新型	一种标牌机器人焊枪头装置	陈向峰 杜 伟 董京帅 马永波 李海朋 耿 浩 许文菊 王囡囡 刘爱强 曹永芹	2020-07-27	2021-03-02	202021505315.9	莱芜钢铁集团电子有限公司
76	发明	起重机钢丝绳更换方法	王 宇 刘 喆 王光成 孙 刚	2019-07-26	2021-03-05	201910681962.0	山东钢铁股份有限公司
77	发明	通过指纹检索的物料自动分发装置	王 琦 蒋 磊	2019-04-23	2021-03-05	201910329252.1	山东工业职业学院
78	发明	一种齿轮钢矩形坯内部凝固组织的控制方法	赵冠夫 戈文英 周宪海 赵子茂 杨密平 刘 兵 梁 娜 马传庆 李玉华	2019-01-18	2021-03-09	201910048959.5	山东钢铁股份有限公司
79	发明	一种宽厚板坯的制造方法	赵立峰 公 斌 王忠刚 卢 波 张海波 张 丽 薛 志	2019-06-26	2021-03-09	201910560737.1	山东钢铁股份有限公司
80	实用新型	一种中间包保温结构	肖 强 宁 伟 陈永生 郭 峰 于铭杰 赵立峰	2020-05-20	2021-03-09	202020849604.4	山东钢铁股份有限公司
81	实用新型	一种轧线导槽保护装置	安佰花 胡 阳 位绍波 张 凯 王乃新 景洪涛	2020-05-22	2021-03-09	202020888458.6	山东钢铁股份有限公司
82	实用新型	一种用于冷床上卸钢系统的控制系统	秦立丽 张 振 徐 晨 毕临旭 李 强 孙宪国 安白光	2020-05-29	2021-03-09	202020944180.X	山东钢铁股份有限公司
83	实用新型	一种直通型浸入式水口	刘洪银 韩迎雪 吴 僧 张冠锋 李晓峰 王庆伟 王 鹏 陈 超 王 利	2020-06-22	2021-03-09	202021176234.9	山东钢铁股份有限公司
84	实用新型	一种可视化滚轮装置	王宗斌	2020-07-13	2021-03-09	202021368478.7	山东钢铁股份有限公司
85	实用新型	一种弧形工件快速检测装置	杨 平 张志远 杨佃平 王德鹏 毕临旭 张晓红	2020-09-01	2021-03-09	202021871015.2	山东钢铁股份有限公司
86	实用新型	一种皮带跑偏预警装置	王金刚 王玉元 王洪涛 张守旗 卢宝松 曲文超 刘 鑫	2020-09-28	2021-03-09	202022176349.4	山东钢铁股份有限公司

续表

序号	专利类型	专利名称	发明人	申请日	授权公告日	专利号	专利权人
87	实用新型	一种电缆吊夹及一种电缆滑车	郭 燕	2020-10-12	2021-03-09	202022261351.1	山东钢铁股份有限公司
88	发明	一种动态水平衡控制方法及装置	乔卫国 赵长刚 马世雷 吴学志 亓鹏飞 张 彤 魏洪云 刘 浩 孟光振	2017-11-13	2021-03-09	201711117671.6	山信软件股份有限公司
89	实用新型	一种冷却水管和轧机	王 勇 李永君 宁占龙 颜 琪 刘会军	2020-08-04	2021-03-16	202021600726.6	山东钢铁股份有限公司
90	发明	一种高均匀纵横向韧性宽幅钢板及其TMCP工艺生产方法	胡淑娥 王绍禄 胡晓英 王业勤 刘熙章 李灿明 孙京波 孔 雅	2019-03-29	2021-03-16	201910250511.1	山东钢铁集团日照有限公司
91	发明	一种汽车面板用热镀锌超深冲钢表面形貌的控制方法	康华伟 高兴昌 张 磊 尹翠兰 王 鹏 侯晓英	2019-10-18	2021-03-16	201910991238.8	山东钢铁集团日照有限公司
92	发明	汽车板用无屈服平台的热镀锌低合金高强钢的生产方法	康华伟 高兴昌 张 磊 尹翠兰 王 鹏 侯晓英	2019-10-18	2021-03-16	201910991469.9	山东钢铁集团日照有限公司
93	发明	一种120吨转炉溜槽的更换方法	陈传盛 董士铭 毕 一 刘 辉 周 翔 赵长胜 于洪志 王风波 孙泊涵 高文新 马 凯 邢 敏	2019-11-08	2021-03-16	201911085833.1	莱芜钢铁集团有限公司
94	实用新型	一种高压变频器风机控制电路	李传东 魏书浩 田成明 王 敏 李加祥 史红艳	2020-09-17	2021-03-19	202022041823.2	山东钢铁股份有限公司
95	发明	一种控制钢包倒渣量的方法	刘成宝 王 毅 邵正伟 韩 杰 许荣昌 马光亭	2019-10-17	2021-03-23	201910989500.5	山东钢铁集团有限公司
96	实用新型	一种棒线材出口导卫	杨 华 刘兆洁 吴昌飞 李来中 李仁壮	2020-07-22	2021-03-23	202021458364.1	山东钢铁股份有限公司
97	实用新型	一种温控系统及温控设备	周 平 霍宪刚 杨 恒 黄少文 王成镇 张学民 李长新 李 旭 张 田 曹剑钊	2020-07-22	2021-03-23	202021461901.8	山东钢铁股份有限公司

续表

序号	专利类型	专利名称	发明人	申请日	授权公告日	专利号	专利权人
98	实用新型	一种密闭循环水系统加药装置	曲文超 孙瑞瑞 李光远 邹磊明 任俊杰 王晓刚	2020-07-28	2021-03-23	202021517098.5	山东钢铁股份有限公司
99	实用新型	一种钢板轮廓测量装置	周平 霍宪刚 杨恒 黄少文 王成镇 张学民 李长新 李旭 张田 曹剑钊	2020-07-30	2021-03-23	202021555903.3	山东钢铁股份有限公司
100	实用新型	一种土建施工用护坡防护装置	邹磊明	2020-08-06	2021-03-23	202021619990.4	山东钢铁股份有限公司
101	发明	生产不同屈服强度级别热镀锌TRIP780钢的方法	侯晓英 郝亮 金光宇 王业勤 康华伟 尹翠兰 王鹏 丁紫正 曹光明 何召东	2019-10-18	2021-03-23	201910991430.7	山东钢铁集团日照有限公司
102	发明	一种处理高炉炉缸堆积的金属化炉料及其使用方法	梁栋 佘雪峰 王学斌 王静松 石红燕 朱珂纬	2019-07-16	2021-03-26	201910639777.5	山东钢铁股份有限公司 北京科技大学
103	实用新型	铸铁机地坑排水系统	韩鸿 李京业 许子铮 包文琦 许文峰 郭淑娟 张守旗 孙瑞瑞 赵丽华	2020-06-30	2021-03-26	202021257576.3	山东钢铁股份有限公司
104	实用新型	一种高炉布料溜槽倾动角度的控制系统	宫文垒 李潇岩 亓玉杰 卢宝松 陈灿 徐爱萍	2020-08-19	2021-03-26	202021745323.0	山东钢铁股份有限公司
105	发明	一种非稳态浇注条件下轴承钢连铸尾坯质量控制方法	赵冠夫 戈文英 赵子茂 周宪海 梁建国 袁淑君 杨密平 刘金玲 范夕荣	2019-01-23	2021-03-30	201910063213.1	山东钢铁股份有限公司
106	发明	一种颗粒均匀原位自生TiC耐磨钢及其制备方法	麻衡 武会宾 王中学 宁博 陈爱娇	2019-05-28	2021-03-30	201910451367.8	山东钢铁股份有限公司
107	发明	一种微合金钢近终型异形连铸坯裂纹控制方法	张丽 王忠刚 赵立峰 卢波 石磊 张海波 公斌	2019-06-17	2021-03-30	201910522577.1	山东钢铁股份有限公司
108	发明	一种耐低温高韧性的高强度低合金圆钢及其制备方法	李月 韩蕾蕾 欧阳峥容	2020-02-20	2021-03-30	202010104304.8	山东钢铁股份有限公司
109	发明	一种冷硬制管用钢的生产方法	王鹏 刘磊 康华伟 王兴 杨贵玲 王栋 郝亮 何召东 金光宇 曹光明	2019-10-18	2021-03-30	201910991239.2	山东钢铁集团日照有限公司

续表

序号	专利类型	专利名称	发明人	申请日	授权公告日	专利号	专利权人
110	实用新型	一种降低尘泥干球粉碎率的处理装置	李建云 李海霞 张佩 刘智伟 耿斐 江丹 董晓春	2020-07-23	2021-04-02	202021481049.0	山东钢铁股份有限公司
111	实用新型	一种两次降温的汽化冷凝冷却器	侯金明 薛汝忠 李永华 高伟 曹锡全 李胜实 李剑	2020-07-31	2021-04-02	202021562180.X	山东钢铁股份有限公司
112	实用新型	一种梯形螺纹磨损检测装置	赵国庆 李雪涛 孙波 林雅琴 李发宏 赵峥 李山峰 张燕 孔峰	2020-09-11	2021-04-02	202021982928.1	山东钢铁股份有限公司
113	发明	一种低成本高寿命异形坯连铸中间包湍流控制器的制备方法及其制备的中间包湍流控制器	武光君 武玉利 张盈 郝晓倩	2020-01-20	2021-04-02	202010065273.X	莱芜钢铁集团银山型钢有限公司
114	发明	一种低成本高寿命板坯连铸中间包湍流器的制备方法	武光君 王中学 刘杰 王金洪 殷晓霞 刘春伟	2020-01-20	2021-04-02	202010067184.9	莱芜钢铁集团银山型钢有限公司
115	实用新型	一种连铸中间包吹氩上水口座砖	武光君 武文健	2020-07-25	2021-04-02	202021495531.X	莱芜钢铁集团银山型钢有限公司
116	实用新型	分配器清扫装置	张健 秦胜杰 张红启 李红亮	2020-05-29	2021-04-06	202020942840.0	山东钢铁股份有限公司
117	实用新型	快速接头装置	于辉 孙永喜 张庆 李新来 吴会翔 王威 王升 和彬彬 宋玉显 魏丕峰	2020-07-09	2021-04-06	202021331754.2	山东钢铁股份有限公司
118	实用新型	变压器分接开关调压电路	李传东 赵兴永 魏书浩 朱炜 朱根 王凤娟 周莉 陈晓霞	2020-07-15	2021-04-06	202021399029.9	山东钢铁股份有限公司
119	实用新型	一种用于铁水脱硫过程中促进鳞片石墨析出的装置	王念欣 曾晖 宋玉前 党金海 李书明 张戈 栾吉益 陈万福 董洪壮 袁宇皓 李长新 董慧 孙宗辉	2020-07-22	2021-04-06	202021463775.X	山东钢铁股份有限公司
120	实用新型	一种接近开关信号检测装置	徐勤庆	2020-10-27	2021-04-06	202022427303.5	山东钢铁股份有限公司

续表

序号	专利类型	专利名称	发明人	申请日	授权公告日	专利号	专利权人
121	发明	一种免维护干熄焦焦罐的制备方法	马明锴 王裕龙 孔令彬 王 伦 栾元迪	2019-09-24	2021-04-06	201910904071.7	济钢集团国际工程技术有限公司
122	实用新型	一种财务报表修整装置	亓 峥 魏丛丛	2020-06-28	2021-04-06	202021206828.X	莱芜钢铁集团有限公司
123	实用新型	一种干熄焦装入分层集尘装置	张华山 缪汝学 王永强 张建春 蒋升华 张 伟 薛德余 付 裕 毕延林	2020-08-19	2021-04-09	202021743597.6	济钢集团国际工程技术有限公司
124	发明	一种高炉溜槽倾动角度计算方法	孔祥珍 武晓文 张 军 曹金坤 蔡 悝 李宝实 吴修勤	2017-11-16	2021-04-09	201711138386.2	山信软件股份有限公司
125	发明	一种低温低硅铁水脱磷拉碳的冶炼方法	亓伟伟 常立忠 孙建卫 王海军 李 松 周 俐 魏义胜 何 飞 刘洪银 赵圣功 郝 帅	2019-07-03	2021-04-13	201910594720.8	山东钢铁股份有限公司
126	发明	一种SPHC低碳类钢种生产工艺	温福新 温维新 胡勤东 王学新 毕永杰 佟圣刚 刘建伟 赵 珉 王玉民 马 强 陈常义 王 兴	2019-04-01	2021-04-13	201910256187.4	山东钢铁集团日照有限公司
127	发明	一种单点非平衡浇铸异型坯结晶器冷却控制装置及控制方法	李四军 王中学 何 飞 彭永香 杜金科 韩蕾蕾 郭 达 周 俐 张 闯 常立忠 王海军	2018-11-12	2021-04-13	201811339165.6	莱芜钢铁集团银山型钢有限公司
128	发明	一种异形坯单点非平衡保护浇铸的结晶器浸入式水口及使用方法	李四军 王中学 何 飞 彭永香 杜金科 韩蕾蕾 郭 达 周 俐 常立忠 王海军 陈 庆	2018-12-06	2021-04-13	201811486602.7	莱芜钢铁集团银山型钢有限公司
129	发明	一种计算机网络开发用计算机接线装置	王 琦 徐 丹	2020-03-17	2021-04-13	202010187357.0	山东工业职业学院
130	实用新型	一种改善烧结料面透气性的开孔器和烧结机	王伟刚 刘丰生 吕海滨 徐洪源 常维生	2020-09-14	2021-04-16	202022009308.6	山东钢铁股份有限公司

续表

序号	专利类型	专利名称	发明人	申请日	授权公告日	专利号	专利权人
131	实用新型	一种防止转炉合金卡料的装置	高志滨 张伟 刘效文 宁伟 胡连军 尚游 刘俊宝 杨希杰	2020-07-03	2021-04-16	202021276324.5	莱芜钢铁集团银山型钢有限公司
132	实用新型	钢包导向定位装置及钢包车	李新来 于辉 王永强 孙永喜 张庆 吴会翔 付守森 王威 和彬彬	2020-07-10	2021-04-20	202021357151.X	山东钢铁股份有限公司
133	实用新型	一种台车边缘整料压辊组和烧结机	张波 刘丰生 毕欣成	2020-09-14	2021-04-20	202022009307.1	山东钢铁股份有限公司
134	实用新型	牵引电动机换向器快速修复工具	邱效果 邢泽坤 邵学 陈兴 李闯	2020-09-24	2021-04-20	202022118868.5	山东钢铁股份有限公司
135	发明	一种生产不同屈服强度级别的经济型热轧 DP780 钢的生产方法	侯晓英 尹翠兰 康华伟 刘培星 丁中 郝亮 梁亚 张磊	2018-10-26	2021-04-20	201811260884.9	山东钢铁集团日照有限公司
136	发明	一种大型机械真空系统无旁通控制方法	施汉生 陈民 田敬刚 杨士岭 吴孔明 朱嗣勇 栾兆华 傅大伟 齐滨 范宏伟	2019-04-01	2021-04-23	201910256147.X	山东钢铁集团日照有限公司
137	发明	特钢除尘灰和轧钢油泥的再利用方法	李建云 刘智伟 姬光刚 李建伟 梁筱伟 董晓春 江丹 李广艳	2019-06-12	2021-04-27	201910503749.0	山东钢铁股份有限公司
138	实用新型	钢包自动吹氩对接装置	于辉 孙永喜 李新来 张庆 付守森 王升 和彬彬 宋玉显 魏丕峰 吴会翔 王威	2020-07-06	2021-04-27	202021293058.7	山东钢铁股份有限公司
139	实用新型	内燃机车电气焊接辅助工具	邱效果 邵学 靖玉利 李元秀 程明永	2020-09-24	2021-04-27	202022115734.8	山东钢铁股份有限公司
140	实用新型	一种柴油机防飞车控制保护装置	郭宣召 翟大强 杨刚 李元秀 靖玉利	2020-10-12	2021-04-27	202022261373.8	山东钢铁股份有限公司
141	实用新型	一种连铸中间包可移动排渣装置	谭学样 张强 杨普庆 于亮涛 郭达 王玉春	2020-09-14	2021-04-30	202022002262.5	山东钢铁股份有限公司

续表

序号	专利类型	专利名称	发明人	申请日	授权公告日	专利号	专利权人
142	发明	一种590MPa级冷轧双相钢与270MPa普碳钢的窄搭接焊接方法	孙　帅　王汝飞　刘义学　江　波　刘成群　李　晓　王永新　许　铭　陈洪宁	2019-03-29	2021-04-30	201910251666.7	山东钢铁集团日照有限公司
143	发明	钢板表面的抛丸方法	刘军刚　周　平　李　昌　魏军广　冯文义　麻　衡　邢长怀　李传鹏　李　强　任绪军　高海军	2017-11-27	2021-05-04	201711207769.0	山东钢铁股份有限公司
144	发明	一种用于检测转炉炉渣的方法	薛　志　高志滨　郭伟达　李强笃　曹玉峰　王忠刚	2018-10-26	2021-05-04	201811258120.6	山东钢铁股份有限公司
145	发明	一种高碳铬冷轧辊辊坯用钢及其制备方法	李金浩　韩蕾蕾　欧阳峥容　郑桂芸　张海霞　马传庆　李　月	2019-05-22	2021-05-04	201910428583.0	山东钢铁股份有限公司
146	发明	一种高强度高淬透性耐腐蚀钻头用钢及其制备方法	李　月　韩蕾蕾　欧阳峥容	2019-12-18	2021-05-04	201911310630.8	山东钢铁股份有限公司
147	实用新型	铁道车辆双轮对吊运装置	胡　刚　翟大强　杨　刚　郭宣召　赵　亮	2020-10-12	2021-05-07	202022252650.9	山东钢铁股份有限公司
148	实用新型	一种DF10D型机车增压器侧油压继电器波动保护电路	邱效果　邵　学　郭宣召　朱颖珍　姜　雪	2020-10-15	2021-05-07	202022296198.6	山东钢铁股份有限公司
149	实用新型	一种新型液压管道固定装置	张海山　张皓淳　王常金　董振鲁　谷海龙　刘　忻　程　宇	2020-08-03	2021-05-11	202021579711.6	济钢集团国际工程技术有限公司
150	实用新型	一种可调节分离界面的脱苯塔顶油水分离器装置	侯金明　薛汝忠　李　刚　单小威　高　伟	2020-06-16	2021-05-14	202021132277.7	山东钢铁股份有限公司
151	实用新型	一种能烘烤浸入式水口的简易装置	刘洪银　陈永生　宁　伟　朱天奇　陈显著　郭　峰　公　斌　刘忠建　李洪峰　王丰宝	2020-07-30	2021-05-14	202021553969.9	山东钢铁股份有限公司
152	实用新型	一种能烘烤开浇铁屑的壁炉	刘洪银　陈永生　宁　伟　朱天奇　陈显著　郭　峰　公　斌　刘忠建　李洪峰　王丰宝	2020-07-31	2021-05-14	202021565093.X	山东钢铁股份有限公司

续表

序号	专利类型	专利名称	发明人	申请日	授权公告日	专利号	专利权人
153	实用新型	一种可避免高温卸载故障的内燃机车液压冷却系统	郭宣召 梅富卿 邵学 李闯 张务民 蒋维习	2020-10-14	2021-05-18	202022278874.7	山东钢铁股份有限公司
154	实用新型	一种启发电机联轴节取出工具	温鹏 王振华 邢泽坤 陈兴 周贺	2020-10-14	2021-05-18	202022279879.1	山东钢铁股份有限公司
155	实用新型	万向轴动静态支承装置	唐述俊 金红梅 程明永 邢泽坤 王振华	2020-10-14	2021-05-18	202022279942.1	山东钢铁股份有限公司
156	发明	一种自动分段卸张在线检查带钢板形的方法	徐卫国 查凯 文雪虎 姚长新 马波 董立华 孟奇 吕明鹏 耿明 沈兆灿	2019-12-27	2021-05-18	201911375175.X	山东钢铁集团日照有限公司
157	发明	棒材对齐控制方法及装置	张克鹏 江冰 马艳红 王峰 郑虹 田红梅 孙英姿 刘文涛 刘伟 张凡	2019-05-21	2021-05-18	201910425804.9	山信软件股份有限公司
158	发明	一种会计用账本装订装置	李函	2020-08-25	2021-05-18	202010865773.1	山东工业职业学院
159	实用新型	一种两用型铁道车辆轴端防松片止耳卡紧装置	胡刚 翟大强 杨刚 刘会雁 赵亮	2020-10-12	2021-05-25	202022253965.5	山东钢铁股份有限公司
160	发明	一种低 Pcm 值大厚度易焊接海工钢板及其生产方法	胡淑娥 周兰聚 侯东华 李宝伟 韩启彪 杨建勋 成小龙 李博	2019-03-29	2021-05-25	201910250442.4	山东钢铁集团日照有限公司
161	发明	一种深度去除钢材中夹杂物的方法	董丙成 孙雪娇 路峰 吕同军 刘辉 王德全 刘春伟 刘洪银 杨旭	2019-07-18	2021-06-01	201910649403.1	山东钢铁股份有限公司
162	发明	一种改善低碳高合金齿轮钢退火态带状组织的控制方法	袁淑君 刘永昌 李小雄 戈文英 况新宇 刘兵 任琪	2019-09-25	2021-06-01	201910911977.1	山东钢铁股份有限公司
163	发明	一种降低热送铸坯表面裂纹生成率的方法	刘洪银 朱宝晶 陈永生 魏兵兵 高岩 刘迪 杜彧 魏泽华 陈显著 王庆臣	2019-10-10	2021-06-01	201910958323.4	山东钢铁股份有限公司
164	实用新型	一种 HXN3B 型内燃机车空调装置	翟大强 李元秀 邵学 杨刚 靖玉利 郭宣召	2020-10-30	2021-06-01	202022464659.6	山东钢铁股份有限公司

续表

序号	专利类型	专利名称	发明人	申请日	授权公告日	专利号	专利权人
165	发明	一种连铸机快换中间包防止坯壳收缩的方法	梁　亚　李士波　胡华东　丁　中　康华伟　王　兴　王　乐　亢业峰　尹翠兰　王　鹏　侯晓英	2019-10-17	2021-06-01	201910986890.0	山东钢铁集团日照有限公司
166	发明	一种130吨精炼炉水冷密排板的更换方法	陈传盛　孟宪伟　孟庆杰　孟宪飞　周　翔　赵长胜　孙泊涵　邢　敏　李志刚　孟宪坤	2019-10-15	2021-06-01	201910978546.7	莱芜钢铁集团有限公司
167	发明	一种人力管理用人员资料表管理装置	关兆新	2020-08-12	2021-06-01	202010807676.7	山东工业职业学院
168	实用新型	锚链及海洋系泊链负荷试验装置	刘洪涛　张振考　张忠奎　贾中晔　王昌荣　胡德生	2020-12-08	2021-06-04	202022911483.4	莱芜钢铁集团淄博锚链有限公司
169	实用新型	一种钢水测量取样机器人系统的探头存储输送装置	颜　伟　董京帅　亓　霞　李　兵　张文利　倪培亮　李海朋　吴修勤　王卫芳	2020-08-25	2021-06-08	202021795693.5	莱芜钢铁集团电子有限公司
170	实用新型	一种高效处理钢渣粒化机	程志洪　李　兵　王永强　程　宇　陈以豹　王明磊	2020-09-22	2021-06-11	202022088661.8	济钢集团国际工程技术有限公司
171	实用新型	一种扒渣机水冷转轴	程志洪　李　兵　王永强　程　宇　陈以豹　王明磊	2020-09-22	2021-06-11	202022099091.2	济钢集团国际工程技术有限公司
172	实用新型	一种钢铁工业固废危废资源热裂解综合利用系统	曾　晖　董洪壮　陈万福　袁宇皓　王念欣　张　戈　栾吉益	2020-08-14	2021-06-15	202021708232.X	山东钢铁股份有限公司
173	实用新型	一种用于防止稀土钢连铸水口堵塞的装置	许荣昌　韩　杰　何　毅　陈　良　刘成宝　王　毅　孙宗辉　刘志刚　邵正伟	2020-08-27	2021-06-15	202021835638.4	山东钢铁股份有限公司
174	实用新型	一种存放架	惠泽洲　李　炀　吕如水　颜　磊　于　舟　李希源　杨传龙　王君彦	2020-09-28	2021-06-15	202022176346.0	山东钢铁股份有限公司
175	实用新型	一种乳化液清除装置和可逆冷轧机	鲁统令　王　伟　李玉功　马　静　宋晓云　常　刚　赵承俊	2020-10-26	2021-06-15	202022411789.3	山东钢铁股份有限公司

续表

序号	专利类型	专利名称	发明人	申请日	授权公告日	专利号	专利权人
176	实用新型	一种限位撞块和限位装置	王书涛 万付建 卜祥伦 任海昌	2020-10-29	2021-06-15	202022477538.5	山东钢铁股份有限公司
177	实用新型	一种带内置加热器的煤气排水器	亓海燕 李平均 胡奇峰 张汝刚 昝井磊 郝鹏 刘健 党兆军	2020-11-05	2021-06-15	202022533564.5	山东钢铁股份有限公司
178	实用新型	一种安全拉绳装置和皮带运输机	黎辉 程昊 顾华杰 李晓宾 邵晓明 陈峰 杨玲	2020-11-10	2021-06-15	202022599409.3	山东钢铁股份有限公司
179	实用新型	一种零泄漏煤气自动取样装置	王在彬 吕德玉 逯斌 苏峰 李平均 张继	2020-11-13	2021-06-15	202022619584.4	山东钢铁股份有限公司
180	发明	一种低碳不脱氧钢防絮流的RH单联工艺	刘建伟 王学新 赵珉 薛燕 吴计雨 张建鹏 马强 时庆利 刘荣营 苏堂堂 胡延平 付道宏	2019-04-01	2021-06-15	201910256203.X	山东钢铁集团日照有限公司
181	实用新型	一种点火器密封装置及烧结系统	王利涛 杨默涵 罗宗尧 秦书才 亓爱民 李晓东	2020-09-29	2021-06-18	202022194254.5	山东钢铁股份有限公司
182	发明	一种降低终渣高度的转炉单渣留渣冶炼方法	刘忠建 高志滨 郭伟达 王忠刚 赵立峰 张海波 张丽 公斌	2019-09-30	2021-06-18	201910941191.4	山东钢铁股份有限公司
183	实用新型	一种滑板和轧机	徐勤庆	2020-10-20	2021-06-18	202022349494.8	山东钢铁股份有限公司
184	实用新型	一种翻转装置和皮带机	程昊 王凯 张守运 冯义平 贺培君 尚铁军 杨玲 张健	2020-11-10	2021-06-18	202022601679.3	山东钢铁股份有限公司
185	实用新型	一种位移传感器测试装置	陈勇 任莹 户传雷 时玉玲	2020-12-21	2021-06-18	202023107591.2	山东钢铁股份有限公司
186	实用新型	一种滑触线安装结构和滑触线系统	程昊 吕凤	2020-12-26	2021-06-18	202023187855.X	山东钢铁股份有限公司

续表

序号	专利类型	专利名称	发明人	申请日	授权公告日	专利号	专利权人
187	发明	一种提高冷轧 DP780 钢屈强比和扩孔性能的生产方法	侯晓英 金光宇 胡华东 郝 亮 李洪翠 康华伟 张 磊 刘培星 梁 亚 丁 中 亢业峰	2019-04-01	2021-06-18	201910256215.2	山东钢铁集团日照有限公司
188	实用新型	一种土建工程用建筑模板	朱 琳	2020-08-24	2021-06-25	202021791095.0	山东钢铁股份有限公司
189	实用新型	一种伸缩式高炉测温装置	杨增晖	2020-11-03	2021-06-25	202022568521.0	山东钢铁股份有限公司
190	实用新型	一种折叠式便携丙烷乙炔气瓶放置支架	崔新军 杨 鹏 蒋宝冠	2020-11-09	2021-06-25	202022568522.5	山东钢铁股份有限公司
191	实用新型	一种余热锅炉检修平台	杜守虎 陈大文 单士宾 包 伟 王晔霞 高 军 毛 兵 刘 军 刘 龙 胡乃宝 郑 伟	2020-11-16	2021-06-25	202022636351.5	山东钢铁股份有限公司
192	实用新型	一种折弯用辅助工具和高炉喷煤系统	肖 晨 宫文垒 刘文杰 周生华 谢 旭	2020-11-18	2021-06-25	202022681800.8	山东钢铁股份有限公司
193	实用新型	防止尿素 SNCR 脱硝腐蚀水冷壁的喷枪装置	刘俊明 赵燕鹏 韩明杰 王 站 汪 鑫 李喜青 宫琛琛 贺中爱 蒋 力	2020-09-08	2021-06-29	202021939767.8	山东钢铁股份有限公司
194	实用新型	汽轮机轴瓦密封装置	尹继会 张 雷 贺中爱 李 强 孙之斌 王寒晖 宋 闯 刘 村	2020-11-05	2021-06-29	202022532886.8	山东钢铁股份有限公司
195	实用新型	一种提高连铸机结晶器振动稳定性的装置	孟宪伟	2020-11-16	2021-06-29	202022636529.6	山东钢铁股份有限公司
196	发明	一种屈服强度不小于650MPa级折弯用冷轧硬钢带及其制造方法	康华伟 尹翠兰	2019-03-29	2021-06-29	201910254938.9	山东钢铁集团日照有限公司
197	发明	一种合金钢棒材的光亮材制造系统及方法	李金浩 刘 超 刘 辉	2018-10-29	2021-07-02	201811267514.8	山东钢铁股份有限公司

续表

序号	专利类型	专利名称	发明人	申请日	授权公告日	专利号	专利权人
198	发明	单相接地电容电流的确定方法装置和设备	李传东 傅守滨 张化宾 赵兴永 李永晨 付书成 付兆升 李传红 李传东 魏书浩 李永晨 朱根 孙国军 徐晖 王在彬 谢琛谟	2019-07-10	2021-07-02	201910620031. X	山东钢铁股份有限公司
199	发明	一种精轧螺纹钢筋及其生产方法	刘艳林 王淑华 孙庆亮 黄海玉 赵英杰 娄永涛 王建景	2019-07-17	2021-07-02	201910646827. 2	山东钢铁股份有限公司
200	实用新型	一种阀芯拆卸器	董杰 田遵建 韦瑞务 李炀	2020-11-23	2021-07-02	202022747299. 0	山东钢铁股份有限公司
201	发明	一种转炉开吹助燃方法	胡滨 胡连军 王忠刚 任科社 张伟 高志滨 于亮涛 杜金科 薛志 朱天奇 尚游	2020-01-14	2021-07-06	202010038106. 6	山东钢铁股份有限公司
202	实用新型	一种油箱排油烟回收装置	汪鑫 苏润宁 张睿 王站 张成竹 石荣浩 穆建国 茅健 贺中爱	2020-11-13	2021-07-06	202022615335. 8	山东钢铁股份有限公司
203	实用新型	一种单人辅助调整喷枪装置	王宝林	2020-12-02	2021-07-06	202022849520. 3	山东钢铁股份有限公司
204	发明	一种服务器机房环境监控系统	巩建学 董佳佳	2020-09-21	2021-07-06	202010993996. 6	山东工业职业学院
205	发明	一种用于缩短 SPHC 钢种精炼时间的方法	杜金科 阎青 武文健 王忠刚 任科社 宁伟 倪培亮 胡滨 卢波 胡增越 高志滨 王强 邹春峰	2019-09-24	2021-07-09	201910904524. 6	山东钢铁股份有限公司
206	实用新型	一种卷扬机在线监测装置	刘栋 张国梁 史伟涛	2020-12-01	2021-07-09	202022828457. 5	山东钢铁股份有限公司

续表

序号	专利类型	专利名称	发明人	申请日	授权公告日	专利号	专利权人
207	发明	一种大合金量易氧化元素钢种转炉流程生产合金添加优化方法	张学民 周 平 李长新 杨 恒 赵 珉 柳彩枫 黄少文 王成镇 谢 晖 霍宪刚 王忠刚 高志斌 党金海 王念欣 董 慧 杨晓清 庞志忠 高龙永	2019-04-01	2021-07-09	201910256158. 8	山东钢铁集团日照有限公司
208	发明	一种减少宽厚板连铸坯表面纵裂纹的开浇方法	张 丽 郭伟达 王忠刚 赵立峰 卢 波 高志滨 陈永生 张海波 公 斌	2019-09-12	2021-07-13	201910861784. X	山东钢铁股份有限公司
209	发明	一种高硅铁水冶炼的方法	阎 青 杜金科 宋 燕 鹿 梅	2019-09-27	2021-07-13	201910922085. 1	山东钢铁股份有限公司
210	实用新型	一种多功能检修平台	杜守虎 陈大文 马 波 包 伟 孟兆鹏 赵甲斌 孙光泽 王子颖 高 军 毛 兵 刘 军 刘 龙 郑 伟	2020-11-09	2021-07-13	202022558095. 2	山东钢铁股份有限公司
211	发明	依靠板型仪参数设置自动调节过平整机带钢板型的方法	孙 帅 江 波 王 栋 郭 峰 刘成群 许 铭 王永新 张 磊 王汝飞	2020-09-22	2021-07-13	202010999052. X	山东钢铁集团日照有限公司
212	实用新型	锚链及系泊链附件加工刀具	王学寨 张振考 王松国 贾中晔 侯广夏 王昌荣	2020-12-08	2021-07-13	202022911435. 5	莱芜钢铁集团淄博锚链有限公司
213	实用新型	一种锚链链环去刺刀具装夹工装	王学寨 刘洪涛 王昌荣 左 刚 侯广夏 张忠奎	2020-12-08	2021-07-13	202022911529. 2	莱芜钢铁集团淄博锚链有限公司
214	实用新型	一种转环加工工装	王学寨 刘洪涛 左 刚	2020-12-08	2021-07-13	202022912792. 3	莱芜钢铁集团淄博锚链有限公司
215	实用新型	耐火材料成型压力机用助力机械臂	黄永森 李新伦 魏 磊 高配亮 翟 永	2020-09-29	2021-07-13	202022178733. 8	山东耐材集团鲁耐窑业有限公司
216	发明	数控打孔装置	常生德 王宝江	2020-07-17	2021-07-13	202010692511. X	山东工业职业学院
217	实用新型	三相电机缺相保护控制电路	李传东 魏书浩 李永晨 朱 根 孙国军 徐 晖 王在彬 谢琛谟	2020-11-25	2021-07-20	202022757336. 6	山东钢铁股份有限公司

续表

序号	专利类型	专利名称	发明人	申请日	授权公告日	专利号	专利权人
218	实用新型	蓄电池屏蓄电池组	李传红　李传东　田成明　李永晨　付书成　王新娣　邢　忠	2020-11-25	2021-07-20	202022766144. 1	山东钢铁股份有限公司
219	实用新型	堆取料机斗轮铲斗	王　凯　程　昊　王宗贵	2020-11-27	2021-07-20	202022786396. 0	山东钢铁股份有限公司
220	实用新型	定向凝固钢锭用水冷底盘	张振考　朱清雨　刘洪涛　胡德生　张忠奎　贾中晔	2020-12-08	2021-07-20	202022911403. 5	莱芜钢铁集团淄博锚链有限公司
221	实用新型	一种双气缸控制对开料斗	刘建凯　许　冰　苏宗平　许　玮　闫国庆　韩　辉	2020-10-22	2021-07-20	202022372019. 2	山东耐材集团鲁耐窑业有限公司
222	实用新型	一种化工危废回转窑窑尾护铁结构	王　猛　刘　岩　王成杰　刘玉瑛	2020-10-26	2021-07-20	202022397991. 5	山东耐材集团鲁耐窑业有限公司
223	实用新型	一种耐火材料成型压力机加料皮带收口调节装置	刘建凯　许　冰　苏宗平　许　玮　闫国庆　韩　辉	2020-10-30	2021-07-20	202022467696. 2	山东耐材集团鲁耐窑业有限公司
224	实用新型	一种梅花垫联轴器	刘　栋	2020-10-12	2021-07-23	202022261372. 3	山东钢铁股份有限公司
225	实用新型	一种读数头安装装置和机床控制系统	王书涛　万付建　卜祥伦　任海昌	2020-11-17	2021-07-23	202022667733. 4	山东钢铁股份有限公司
226	实用新型	一种跑偏调整装置和烧结机	亓爱民　王利涛	2020-12-10	2021-07-23	202022977786. 6	山东钢铁股份有限公司
227	发明	一种圆钢成组输送控制方法及系统	张克鹏　宁鸾凤　宋希光　郑　虹　田红梅　孙英姿　刘文涛　张　凡　马艳红　刘　伟	2019-05-20	2021-07-23	201910419410. 2	山信软件股份有限公司
228	发明	脱硫液提精盐的控制方法及系统	范彩霞　温兴河　董　平　肖有洋　焦　虎　郭　勇　王彩琴	2019-08-19	2021-07-23	201910763225. 5	山信软件股份有限公司
229	发明	一种机械制造专用钻孔装置	牛同训	2020-09-15	2021-07-23	202010964886. 7	山东工业职业学院
230	实用新型	一种弧形门料斗	刘建凯　许　冰　苏宗平　王忠友　许　玮　马林林　杜　鹏　闫国庆	2020-09-29	2021-07-26	202022178752. 0	山东耐材集团鲁耐窑业有限公司

续表

序号	专利类型	专利名称	发明人	申请日	授权公告日	专利号	专利权人
231	发明	一种冶金用稀土铝合金生产装置	刘成宝 孙宗辉 韩 杰 田 超 刘志刚 邵正伟 王 毅 许荣昌 何 毅	2019-11-06	2021-07-27	201911076928.7	山东钢铁集团有限公司
232	发明	一种刨床式钢坯切割端面残渣清除装置	张 戈 曾 晖 庄 楠 董洪壮 陈万福 王念欣 栾吉益 袁宇皓	2020-05-20	2021-07-27	202010432639.2	山东钢铁股份有限公司
233	实用新型	一种蓄能辅助提升装置	张 戈 陈万福 曾 晖 董洪壮 王念欣 栾吉益 袁宇皓	2020-10-27	2021-07-27	202022427625.X	山东钢铁股份有限公司
234	发明	一种光谱标样加工系统	倪守生 李 勇 聂红梅 张 莉 高洪吉	2019-04-28	2021-07-27	201910348466.3	山东省冶金科学研究院有限公司
235	实用新型	变电站直流电源联络电路	李传东 鲁 南 朱 炜 付兆升 耿 波 陈爱业 周 莉 惠泽洲	2020-11-27	2021-07-30	202022807612.5	山东钢铁股份有限公司
236	发明	一种具有不同屈强比的600MPa级热镀锌双相钢的生产方法	侯晓英 高 凯 王 兴 曹光明 郝 亮 金光宇 尹翠兰 丁 中 梁 亚 亢业峰 张 磊	2019-03-29	2021-07-30	201910250435.4	山东钢铁集团日照有限公司
237	实用新型	一种制链机组弯环机整形臂复位装置	贾中晔 刘洪涛 左 刚 胡德生 刘 波 王学寨 张忠奎	2020-12-08	2021-07-30	202022912816.5	莱芜钢铁集团淄博锚链有限公司
238	实用新型	潜水泵远程控制系统	李 健 韩西鹏 王 彬 李克鹏 王 涛 张 伟	2020-11-18	2021-07-30	202022672047.6	山东金岭矿业股份有限公司
239	实用新型	一种定量装车物流系统	于胜波 张 淋 闫宗明	2021-01-15	2021-07-30	202120109884.X	山信软件股份有限公司
240	发明	一种形状不规则钢板的在线定尺智能分段剪切系统，方法及剪切设备	周 平 张殿华 李庆华 李 旭 亓晓涛 曹剑钊 黄少文 杨 恒 王成镇 李 涛	2019-07-19	2021-08-03	201910654930.1	山东钢铁集团有限公司
241	实用新型	高压开关柜接线电路	傅守滨 李传东 庞怀江 徐 霞 付兆升	2020-11-26	2021-08-03	202022782284.8	山东钢铁股份有限公司

续表

序号	专利类型	专利名称	发明人	申请日	授权公告日	专利号	专利权人
242	实用新型	链条拉紧装置	王光瑞 苏全明 刘纯玉 亓 斌 王中华 运洪良 邹元甲 张引鹏 张 华 亓燕君 田 超	2020-11-27	2021-08-03	202022784910.7	山东钢铁股份有限公司
243	实用新型	一种连铸机火切机切割的控制系统	郭秀辉 蔡 森 李凤巧 王丽娟 王 凯 孔令坤 刘文鹏 杜 芳 张 蕾 李 超	2020-12-02	2021-08-03	202022874899.3	山东钢铁股份有限公司
244	实用新型	一种干熄焦焦罐在线密封装置	王 伦 孔令彬 桂玉明 尚 军 薛德余 荣金方 马明锴 王裕龙 石 芸 张 帅 潘 鹤	2020-06-28	2021-08-03	202021222002.2	济钢集团国际工程技术有限公司
245	发明	一种120吨转炉移动台车水冷吊顶的更换方法	徐钦国 陈 军 吴茂成 刘 争 董士铭 杨 峰 林士杰 孟宪飞 陈传盛 张绪亭	2019-10-15	2021-08-03	201910977972.9	莱芜钢铁集团有限公司
246	实用新型	人行车插爪摇把复位装置	陈 进 张兴旺 李为民	2020-11-18	2021-08-03	202022681846.X	山东金岭矿业股份有限公司
247	实用新型	铲运机减速箱	傅 挺	2020-11-18	2021-08-03	202022681889.8	山东金岭矿业股份有限公司
248	实用新型	铲运机驱动桥摆动架	傅 挺	2020-11-18	2021-08-03	202022682056.3	山东金岭矿业股份有限公司
249	实用新型	用于电力电缆外护套剥削的安全工具	周学飞 庄乾隆 李为民 刘清峰	2020-11-18	2021-08-03	202022682058.2	山东金岭矿业股份有限公司
250	实用新型	底侧卸式矿车卸载站的组合托辊	傅 挺 张兴旺	2020-11-18	2021-08-03	202022682143.9	山东金岭矿业股份有限公司
251	实用新型	用于浮选的液位测量装置	李金梁 文雪虎 张文正 韩西鹏 薛 明	2020-11-25	2021-08-03	202022757561.X	山东金岭矿业股份有限公司
252	实用新型	一种台车压锭复位装置	王利涛 杨默涵 罗宗尧 秦书才 亓爱民 李晓东	2020-12-21	2021-08-06	202023107552.2	山东钢铁股份有限公司

续表

序号	专利类型	专利名称	发明人	申请日	授权公告日	专利号	专利权人
253	实用新型	一种检修胶管的扳手工具	孟宪伟 张绪亭 王少振 陈传盛 李　健 岳后金 宋转伟 谷　翔 王绪亮	2020-11-02	2021-08-10	202022478602. 1	山东钢铁股份有限公司
254	实用新型	一种深沟球轴承装配工具	张　雷 尹继会 赵燕鹏 魏传波 李　强 贺中爱	2020-12-10	2021-08-10	202022937424. 4	山东钢铁股份有限公司
255	发明	一种中碳加硼钢连铸坯皮下针孔气泡控制方法	陈常义 胡勤东 高龙永 温维新 邵明海 赵孝伦 牛宏波 赵　亮 马　强 王　兴 温福新	2020-04-26	2021-08-10	202010337637. 5	山东钢铁集团日照有限公司
256	实用新型	一种光电式板带装置检测器的光源安装装置	马春霞 翟　诺 赵　琳 王卫芳 胡　猛 赵剑波 孙　凯 吴　鹏 李　源 曹　永 丁修龙 鲁统令	2021-01-15	2021-08-10	202120112263. 7	山信软件股份有限公司
257	实用新型	一种机器人专用打磨贴标装置	展　杰 董京帅 李　明 方光深 马永波 李洪哲 耿　浩 王卫芳	2020-09-29	2021-08-10	202022190208. 8	莱芜钢铁集团电子有限公司
258	发明	一种应用于实体建筑构造模型的可拆卸楼梯踏步	毕莹莹	2019-07-16	2021-08-10	201910640368. 7	山东工业职业学院
259	实用新型	一种螺栓	王玉元 王金刚 邹磊明 王洪涛 刘　鑫 曲文超	2020-11-24	2021-08-13	202022748323. 2	山东钢铁股份有限公司
260	实用新型	一种滑轮检测报警装置	王　凯 王光成 刘　栋 宋西民 高　峰 王沂超 魏洪涛	2020-12-21	2021-08-13	202023089970. 3	山东钢铁股份有限公司
261	发明	一种适用于场地污染土壤修复的土壤改良剂及其制备方法和应用	穴俊莲 栾元迪 李　兵 王永强 张春苗 董振鲁 王明磊 刘洪东 程志洪 谷海龙 孙　璐 孙　航 程　宇 张皓淳	2020-08-27	2021-08-13	202010878874. 2	济钢集团国际工程技术有限公司
262	实用新型	一种新型土壤改良剂的制备装置	穴俊莲 栾元迪 李　兵 王永强 张春苗 董振鲁 王明磊 刘洪东 程志洪 谷海龙 孙　璐 孙　航 程　宇 张皓淳	2020-08-27	2021-08-13	202021833939. 3	济钢集团国际工程技术有限公司

续表

序号	专利类型	专利名称	发明人	申请日	授权公告日	专利号	专利权人
263	实用新型	一种梭式窑窑底排烟密封装置	杨怀林 戴汉峰 刘岩 邢远东 赵克勇 石平	2020-09-29	2021-08-13	202022178729.1	山东耐材集团鲁耐窑业有限公司
264	实用新型	一种隧道窑压火墙	王文学 王佑宝 王明刚 蔡国庆 李志杰 宗雷 徐广忠	2020-09-29	2021-08-13	202022178762.4	山东耐材集团鲁耐窑业有限公司
265	发明	一种用于矿井环境服役的Q690耐蚀钢及其制备方法	麻衡 武会宾 王中学 霍孝新 陈爱娇 于全成 何康 王腾飞	2019-11-19	2021-08-17	201911133285.5	山东钢铁股份有限公司
266	发明	一种高硬度耐磨耐腐蚀过共析钢及其制备方法	李月 张佩 韩蕾蕾 欧阳峥容 马传庆 李金浩 郑桂芸 张利平 张海霞	2020-06-30	2021-08-17	202010611698.6	山东钢铁股份有限公司
267	实用新型	拆卸液压管路时液压油的防喷溅装置	王光瑞 苏全明 于卉 吴鹏飞 刘纯玉 王中华 张华 张引鹏 亓燕君 张恩珂 赵玉强 田超	2020-10-12	2021-08-20	202022257569.X	山东钢铁股份有限公司
268	实用新型	一种螺栓保证载荷试验残余变形量专用测量装置	孙世强 宋婷婷 王琛 李晓桐 黄诚	2020-12-24	2021-08-20	202023196230.X	山东省冶金科学研究院有限公司
269	发明	一种电子皮带秤在线标定方法	王志刚 徐春玲 王尚东 亓蕾 丁鑫志 赵长安 刘健真 殷倩倩 李强 王金涛 武中华 梁筱伟	2019-05-05	2021-08-24	201910367455.X	山东钢铁股份有限公司
270	实用新型	一种更换钢丝绳的装置	陈延霞	2020-10-26	2021-08-24	202022411744.6	山东钢铁股份有限公司
271	实用新型	一种链条自动张紧装置和混匀取料机	程昊 朱炜	2020-12-25	2021-08-24	202023206315.1	山东钢铁股份有限公司
272	实用新型	一种无纸化会议终端	赵春佳 郭晓利 王文龙 江振	2021-01-15	2021-08-24	202120112546.1	山信软件股份有限公司
273	发明	耐磨砖及其制备方法	蔡国庆 王文学 王希波 翟红军 秦建涛 李慧雯 张春燕 刘静 燕宿祥 徐国涛	2017-07-14	2021-08-25	201710576230.6	山东耐材集团鲁耐窑业有限公司

续表

序号	专利类型	专利名称	发明人	申请日	授权公告日	专利号	专利权人
274	发明	变电站双母线双分段供电系统的检修安全措施布置方法	李传瑾 李永晨 和发波 付书成 李传东 赵兴永 李传红 付兆升 周 妍 时 鹏	2018-11-15	2021-08-27	201811358617.5	山东钢铁股份有限公司
275	发明	用于制造焦罐内衬的浇注料及用于制造焦罐内衬的方法	王长宝 王宏伟 王延平 胡 宁 郑晓明 王小强 王 俊	2019-01-08	2021-08-27	201910015905.9	山东钢铁股份有限公司
276	发明	用于指导工业生产的高炉喷吹用煤粉配备方法	陈艳辉 李 琳 殷宝龙 刘 涛 刘 苗 陈建巧 贾普均 赵洪雨 张 明 张凡敏 王志刚 丁鑫志 张红启 李 强 潘 林 齐东旗	2019-03-28	2021-08-27	201910245718.X	山东钢铁股份有限公司
277	发明	一种连铸机火切机切割的控制方法及装置	郭秀辉 颜炳正 边 芳 蔡 森 王丽娟 宋 健 杜 芳 丁梦怡 张 蕾	2019-04-29	2021-08-27	201910357550.1	山东钢铁股份有限公司
278	实用新型	电缆滑车滑动牵引装置	王 凯 程 昊 顾华杰 李晓宾 邵晓明 陈 峰	2020-12-07	2021-08-27	202022898146.6	山东钢铁股份有限公司
279	实用新型	一种新型耐火材料压力机自动加料装置	刘建凯 许 冰 苏宗平 王忠友 邵明会 马林林 杜 鹏 许 玮 韩 辉	2020-09-29	2021-08-30	202022183268.7	山东耐材集团鲁耐窑业有限公司
280	实用新型	一种高频红外碳硫仪分析气流量稳定装置	种法国 李家波 袁训亮 张建华 徐怀利	2020-12-25	2021-08-31	202023177623.6	山东钢铁股份有限公司
281	实用新型	一种桥式起重机小车道轨	杜守虎 包 伟 王伟奇 王晔霞 单士宾 张振华 段伦飞 倪 龙 毛 兵 郑 伟 刘 龙	2020-12-29	2021-08-31	202023232444.8	山东钢铁股份有限公司
282	发明	一种具有不同屈强比的热轧Q&P980钢及其制造方法	侯晓英 范宏伟 李洪翠 刘培星 金光宇 丁 中 郝 亮 梁 亚 张 磊	2019-04-01	2021-08-31	201910256376.1	山东钢铁集团日照有限公司
283	发明	一种具有不同屈强比的冷轧Q&P980钢及其生产方法	侯晓英 段 磊 刘培星 李洪翠 郝 亮 王 硕 丁 中 王 乐 亢业峰 张 磊	2019-04-01	2021-08-31	201910256398.8	山东钢铁集团日照有限公司

续表

序号	专利类型	专利名称	发明人	申请日	授权公告日	专利号	专利权人
284	发明	一种用于物料搬运用的省力型搬运装置	王玉卓	2020-08-31	2021-08-31	202010896313.5	山东工业职业学院
285	实用新型	斗轮取料机料斗	王　凯　程　昊　张守运　冯义平　贺培君　杨　玲	2020-12-02	2021-09-07	202022859777.7	山东钢铁股份有限公司
286	实用新型	可调法兰盘重心的法兰盘吊装工具	王光瑞　苏全明　刘纯玉　亓　斌　王中华　运洪良　邹元甲　张引鹏　张　华　亓燕君　田　超	2020-12-07	2021-09-07	202022898223.8	山东钢铁股份有限公司
287	实用新型	一种H型钢R角修磨装置	李雪涛　黎　辉　李发宏　赵　峥　孙　波　林雅琴	2020-11-12	2021-09-10	202022611795.3	山东钢铁股份有限公司
288	实用新型	一种H型钢R角双侧行走修磨装置	李雪涛　黎　辉　李发宏　赵　峥　孙　波　林雅琴	2020-11-12	2021-09-10	202022617261.1	山东钢铁股份有限公司
289	发明	一种具有不同屈强比的热轧Q&P1180钢及其制造方法	侯晓英　李洪翠　范宏伟　王　鹏　金光宇　丁　中　郝　亮　梁　亚　张　磊	2019-04-01	2021-09-10	201910256219.0	山东钢铁集团日照有限公司
290	发明	一种防止热轧带钢精轧机组打滑的方法	黄治东	2019-03-25	2021-09-14	201910228976.7	山东钢铁股份有限公司
291	实用新型	转炉炉体测温装置的安装和调节装置	卢　刚	2020-12-21	2021-09-14	202023093091.8	山东钢铁股份有限公司
292	实用新型	高炉布料器	刘　栋　王劲康	2020-12-21	2021-09-14	202023107943.4	山东钢铁股份有限公司
293	实用新型	热能动力设备的热动能循环利用装置	房风金　刘爱霞　周　妍　李喜青　袭建凯　蒋　力	2021-03-01	2021-09-14	202120436115.0	山东钢铁股份有限公司
294	发明	一种具有不同屈强比的冷轧Q&P1180钢及其生产方法	侯晓英　李洪翠　段　磊　郝　亮　王　硕　丁　中　王　乐　亢业峰　王　栋　张　磊	2019-04-01	2021-09-14	201910256392.0	山东钢铁集团日照有限公司
295	实用新型	新型矿仓除尘喷淋装置	窦廷安　边　叶　于启鹏　刘立国　王俊忠	2020-11-18	2021-09-14	202022682114.2	山东金岭矿业股份有限公司

续表

序号	专利类型	专利名称	发明人	申请日	授权公告日	专利号	专利权人
296	实用新型	新型浮选液位控制装置	薛 明 李金梁 韩西鹏 李克鹏 王 兵 刘呈增	2020-11-25	2021-09-14	202022757580. 2	山东金岭矿业股份有限公司
297	实用新型	除尘器自动冲水排灰装置	李 健 张文正 李克鹏 韩西鹏 王 兵 王雪梅	2020-11-25	2021-09-14	202022763245. 3	山东金岭矿业股份有限公司
298	发明	一种高炉冷却壁镶嵌用砖及其生产工艺	孙华云	2018-08-27	2021-09-14	201810980070. 6	山东工业职业学院
299	实用新型	一种管磨机中心罩结构	史成龙 王明刚 孟治强 宗 雷 徐广忠 王 震 李志杰	2020-10-26	2021-09-15	202022399078. 9	山东耐材集团鲁耐窑业有限公司
300	实用新型	联轴器卧式加热安装装置	李雪涛 李发宏 赵 峥 李山峰 孙 波 林雅琴 李绪东 孔 峰	2020-11-19	2021-09-17	202022690195. 0	山东钢铁股份有限公司
301	实用新型	一种新型轧钢机导卫刮板头固定装置	张亮亮 李 照 左进军 肖龙腾 赵 帅 姬 哲 马俊义	2020-12-29	2021-09-17	202023227362. 4	山东钢铁股份有限公司
302	发明	V-N微合金钢及V-N微合金化的无表面裂纹连铸坯的生产方法	霍孝新 杜林秀 麻 衡 陈爱娇 王中学 杜传治 宁 伟 刘 悦 吴红艳 何 康 赵立峰	2020-09-18	2021-09-17	202010990234. 0	莱芜钢铁集团银山型钢有限公司
303	发明	一种从铁水脱硫过程中析出鳞片石墨的方法	王念欣 曾 晖 苗振鲁 刘效森 贾崇雪 孙宗辉 张 戈 栾吉益 陈万福 董洪壮 袁宇皓 李长新 董 慧	2020-04-16	2021-09-21	202010299287. 8	山东钢铁股份有限公司
304	实用新型	一种吊卡和滑触线系统	程 昊 朱 炜	2020-12-26	2021-09-21	202023226450. 2	山东钢铁股份有限公司
305	实用新型	一种采用水密封的环冷机	曾 晖 牛福成 陈书峰 杨富廷 李梅广 张 戈 栾吉益 陈万福 董洪壮 王念欣 袁宇皓 王智超 付廷强	2020-12-31	2021-09-21	202023338376. 3	山东钢铁股份有限公司

续表

序号	专利类型	专 利 名 称	发 明 人	申请日	授权公告日	专利号	专利权人
306	发明	一种用 RH 单联工艺生产低硫含磷 IF 钢的转炉炼钢方法	梁 亚 贾崇雪 尹翠兰 张 磊 丁 中 康华伟 刘晓美 李士波 王 兴 王 松	2019-11-05	2021-09-21	201911068931. 4	山东钢铁集团日照有限公司
307	发明	一种防止薄规格冷轧钢卷塌卷的控制方法	尹翠兰 康华伟	2020-04-14	2021-09-21	202010289194. 7	山东钢铁集团日照有限公司
308	发明	转炉及其挡渣装置	尚 游 王忠刚 高志滨 薛 志 王 强 张海波	2019-09-30	2021-09-24	201910938440. 4	山东钢铁股份有限公司
309	发明	一种三拐偏心曲轴的锻造方法	张志远 杨 平 王德鹏 王风雷	2019-12-12	2021-09-24	201911278153. 1	山东钢铁股份有限公司
310	实用新型	联轴器立式加热安装装置	李雪涛 李发宏 赵 峥 李山峰 孙 波 林雅琴 李绪东 孔 峰	2020-11-19	2021-09-24	202022690203. 1	山东钢铁股份有限公司
311	实用新型	罩退加热罩检测限位安装装置	张 满 王 亮 吕国文	2020-12-28	2021-09-24	202023204377. 9	山东钢铁股份有限公司
312	实用新型	一种 JSGT 钢轨型钢体滑触线的分段部件	张 强 刘 敏 吕如水 杨 震 亓 磊 伊 铭 杨 波	2021-01-22	2021-09-24	202120178256. 7	山东钢铁股份有限公司
313	实用新型	一种冷却装置和连铸设备	王少振 吴 超 张绪亭 李慎功 孟宪伟 陈传盛 卢 刚 吕小波 初 鑫 谷 翔	2021-01-29	2021-09-24	202120269238. X	山东钢铁股份有限公司
314	实用新型	一种轴承拆卸装置	吴云云 张 健 韩长坡 郝 阳 栾卫娟 郑贵峰 吕云平	2021-02-05	2021-09-24	202120345666. 6	山东钢铁股份有限公司
315	实用新型	一种旋转式球团落下强度检测装置	李建云 刘智伟 耿 斐 江 丹 董晓春	2021-03-24	2021-09-24	202120598105. 7	山东钢铁股份有限公司
316	实用新型	一种底转式湿碾机自动出料装置	苏宗平 刘建凯 许 冰 许 玮 韩 辉 王兴海	2020-10-22	2021-09-24	202022369249. 3	山东耐材集团鲁耐窑业有限公司
317	发明	一种电气自动化设备的调节装置	韩晓冬	2020-05-28	2021-09-24	202010468694. 7	山东工业职业学院

续表

序号	专利类型	专利名称	发明人	申请日	授权公告日	专利号	专利权人
318	发明	一种可应用于农业的智慧灌溉系统	王　强　姚　克　何　华	2020-07-24	2021-09-24	202010724716. 1	山东工业职业学院
319	实用新型	一种行车大车道轨	杜守虎　包　伟　王子颖　孟兆鹏　赵甲斌　孙光泽　王晔霞　单士宾　毛　兵　张振华	2020-11-17	2021-09-28	202022656820. X	山东钢铁股份有限公司
320	实用新型	连铸回转台烟气粉尘过滤收集装置	卢　刚	2020-12-21	2021-09-28	202023092931. 9	山东钢铁股份有限公司
321	实用新型	一种新型防松螺母	单潇辰　张汝刚　魏传波　段伦波　张　燕　王晓刚　亓海燕	2021-01-21	2021-09-28	202120158516. 4	山东钢铁股份有限公司
322	实用新型	一种对正矫直机辊系实现快速换辊的装置	曹　荣　吴晓光　李宝伟　刘宽宏　徐淑涛　贾世忠　周中强　李　刚　张焕发　马　贺　孙　宁　张　迪	2021-01-21	2021-09-28	202120170567. 9	山东钢铁集团日照有限公司
323	实用新型	一种螺栓拆装辅助工具	单潇辰　张汝刚　魏传波　段伦波　张　燕　王晓刚　亓海燕	2021-01-21	2021-10-01	202120158480. X	山东钢铁股份有限公司
324	实用新型	一种翻盖断电的安全检修电源箱	张　蕾　王　剑　田云飞　田　京	2021-04-15	2021-10-08	202120765726. X	山东钢铁股份有限公司
325	发明	一种钢包胎膜制作方法	温福新　王学新　胡勤东　温维新　毕永杰　李国柱　林佳佳	2019-10-17	2021-10-08	201910985714. 5	山东钢铁集团日照有限公司
326	发明	一种防摔伤防鼠板	房新亮　丁利生　刘汉涛　林卫全　曹西忠　安志勇　苑尚文	2019-12-30	2021-10-08	201911389939. 0	山东钢铁集团日照有限公司
327	实用新型	一种热回收焦炉干熄焦用移动推焦车	薛德余　王常金　桂玉明　孔令彬　尚　军　荣金方　王　伦　石　芸　杨　涛　曹生前　孙国柱　张　璐	2020-12-22	2021-10-08	202023112733. 4	济钢集团国际工程技术有限公司
328	发明	一种板带轧机活套辊高度微调装置	王化胜　凤成龙　王克柱　李　贺　李仲伟　曹国栋　郭　楠　董跃春	2019-12-25	2021-10-15	201911354676. X	山东钢铁集团日照有限公司

续表

序号	专利类型	专利名称	发明人	申请日	授权公告日	专利号	专利权人
329	发明	一种滚切式双边剪平衡液压缸吸排气口的油气分离装置	张风元 李嘉沛 许宗国 王兵 杨光 于彩华 刘立业 徐玉国 徐月鑫 陶丽华	2020-09-07	2021-10-15	202010926018. X	山东钢铁集团日照有限公司
330	实用新型	钻孔模具	吴云云 韩长坡 吕云平 武金玉 吕昌海 张瑞武 赵居新	2021-02-08	2021-10-19	202120353032. 5	山东钢铁股份有限公司
331	实用新型	钻攻内侧横向孔的工具	吴云云 栾卫娟 张应国 郑贵峰 张宾 刘昭建 倪士军	2021-02-09	2021-10-19	202120355056. 4	山东钢铁股份有限公司
332	实用新型	转炉挡火墙	杜守虎 包伟 孙斌 王子颖 王晔霞 毛兵 张振华 郑伟	2021-03-04	2021-10-19	202120465475. 3	山东钢铁股份有限公司
333	实用新型	油气润滑分配器组件	王斌 苏万成 王庆瑞 滕新哲 郑帅 赵志强 单涛	2021-03-01	2021-10-19	202120436127. 3	莱芜钢铁集团银山型钢有限公司
334	实用新型	一种安瓿瓶冷却封口装置	杨繁 张莉 高洪吉 吴丽娟 孟丽丽 孙咏芬	2021-02-24	2021-10-19	202120410813. 3	山东省冶金科学研究院有限公司
335	实用新型	一种用于校准箱式电阻炉的可调节支架	耿后安 闫萍 孟庆晨 李学林 李欣 徐凯欣 万莹 崔付强	2021-03-30	2021-10-19	202120648310. X	山东省冶金科学研究院有限公司
336	发明	一种转炉本体多点测温方法	胡滨 郝树虹 任科社 王忠刚 胡连军 杜金科 高志滨 薛志 李四军 邹春峰 付常伟 石红燕 李萍	2019-09-11	2021-10-22	201910857352. 1	山东钢铁股份有限公司
337	实用新型	一种破鳞及氧化铁皮防溅装置以及热轧粗除鳞装置	王斌 孙正旭 张振夫 苏万成 孙宁涛 王庆瑞	2021-03-03	2021-10-22	202120463492. 3	山东钢铁股份有限公司
338	实用新型	一种变频器拆卸用辅助工具	梁玉萍 陈旭 运洪良 邹元甲 王玉忠 田茂桦 殷凤飞 付道江 朱伟振 申波	2021-03-30	2021-10-22	202120637066. 7	山东钢铁股份有限公司
339	实用新型	一种发电厂汽轮机转子检修设备	段伦刚	2021-04-01	2021-10-22	202120698337. X	山东钢铁股份有限公司

续表

序号	专利类型	专利名称	发明人	申请日	授权公告日	专利号	专利权人
340	实用新型	一种油系统滤油器滤筒拆装设备	秦军强 段伦刚 纪田宇 吕辉良 陈淑杰	2021-04-01	2021-10-22	202120698338.4	山东钢铁股份有限公司
341	发明	一种同时可生产 X52 及 X60 级别管线钢的柔性制造方法	孔雅 韩启彪 李复磊 胡淑娥 王振华 成小龙 侯东华 汪鹏飞 袁婷婷	2019-11-05	2021-10-22	201911068954.5	山东钢铁集团日照有限公司
342	发明	一种应用于轧钢系统信号跟踪的方法	刘洋洋 张宁 李永亮 乔松 宋光鑫 李复磊	2020-08-31	2021-10-22	202010893054.0	山东钢铁集团日照有限公司
343	发明	一种煤化工烟气余热回收处理装置	于晓荣	2020-09-17	2021-10-22	202010977277.5	山东工业职业学院
344	发明	一种大型高性能炼钢转炉结构	尚游 宁伟 高志滨 薛志 王强 张海波	2019-09-29	2021-10-26	201910934700.0	山东钢铁股份有限公司
345	实用新型	一种伸缩头链条固定支座	苏润宁	2021-04-13	2021-10-26	202120755209.4	山东钢铁股份有限公司
346	发明	一种生产不同屈服强度级别的780MPa级热镀锌双相钢的生产方法	侯晓英 曹光明 金光宇 王兴 高凯 胡华东 郝亮 尹翠兰 丁中 梁亚 亢业峰	2019-04-01	2021-10-26	201910256190.6	山东钢铁集团日照有限公司
347	实用新型	一种装配整体式钢筋混凝土设备基础	古腾达 秦川 石芸 王龙飞 程宇 吕文萃 臧红颖 崔庆涛	2021-03-03	2021-10-26	202120459949.3	济钢集团国际工程技术有限公司
348	实用新型	一种引锭杆挡渣装置和连铸系统	孟宪伟 张绪亭 丁吉鹏 陈传盛 王少振 初鑫 卢刚 吕小波	2021-01-29	2021-10-29	202120269237.5	山东钢铁股份有限公司
349	实用新型	一种液压平衡装置和轧机	赵静	2021-02-02	2021-10-29	202120299733.5	山东钢铁股份有限公司
350	实用新型	热能与动力工程用热能回收装置	房风金 刘爱霞 李传瑾 周妍 李喜青 袭建凯	2021-03-01	2021-10-29	202120435825.1	山东钢铁股份有限公司

续表

序号	专利类型	专利名称	发明人	申请日	授权公告日	专利号	专利权人
351	实用新型	一种铁口设备检修用安全防护用具	陈　峰　吕　凤　张海平　程　昊	2021-04-01	2021-10-29	202120662976.0	山东钢铁股份有限公司
352	实用新型	联轴器安装找正装置	李　炀　李雪涛　颜　磊　于　舟　孔　峰　张　燕　尹建强　林雅琴　孙　波　李绪东　顾琳琳　吕如水　王新东　刘召贤	2021-04-09	2021-10-29	202120731635.4	山东钢铁股份有限公司
353	实用新型	B 型门架槽钢 R 角修磨装置	邹清武　李雪涛　于　舟　颜　磊　李发宏　赵　峥　顾晓庆　李山峰　李绪东　张　戈　吕如水　刘召贤　王新东	2021-04-14	2021-10-29	202120774765.6	山东钢铁股份有限公司
354	实用新型	一种锯片拆卸专用工具	张继虎　刘学强　于大超	2021-04-15	2021-10-29	202120765727.4	山东钢铁股份有限公司
355	实用新型	F 型钢 R 角修磨装置	李静芸　李雪涛　李发宏　于　舟　颜　磊　赵　峥　李山峰　林雅琴　孙　波　李绪东　张　戈　吕如水　刘召贤　王新东	2021-04-19	2021-10-29	202120805338.X	山东钢铁股份有限公司
356	实用新型	中大型电机转子拆装装置	李静芸　李发宏　于　舟　颜　磊　赵　峥　顾晓庆　李山峰　李绪东　顾琳琳　张　燕　孔　峰　张　戈　吕如水　王新东　刘召贤	2021-04-26	2021-10-29	202120877677.9	山东钢铁股份有限公司
357	发明	一种土壤底泥样品自动加工处理装置	郭寿鹏　邓羡羡　齐应欢　张　琪	2020-12-30	2021-10-29	202011645522.9	山东省冶金科学研究院有限公司
358	发明	一种刚玉莫来石坩埚及其制备方法	孙华云	2019-05-17	2021-10-29	201910412079.1	山东工业职业学院
359	发明	一种高抗热震、低蠕变热风炉用砖及其制造方法	孙华云	2019-05-17	2021-10-29	201910414434.9	山东工业职业学院
360	发明	转炉自动测温取样装置及其测温取样方法	林增钦　袁本明　王景志　赵景泉　林　敏　朱　立　马祥景　任科社　马　波　李　超　王玉春	2019-06-17	2021-11-02	201910521810.4	山东钢铁股份有限公司

续表

序号	专利类型	专利名称	发明人	申请日	授权公告日	专利号	专利权人
361	实用新型	起重机龙门钩	杜守虎 包 伟 孙 斌 林增钦 孙光泽 王晔霞 赵甲斌 倪 龙	2021-03-04	2021-11-02	202120465446.7	山东钢铁股份有限公司
362	实用新型	一种电炉炉门气动升降安全防护装置	王 威 谭永彦 张 军 滕 斌	2021-04-27	2021-11-02	202120879609.6	山东钢铁股份有限公司
363	实用新型	一种用于压缩空气管路的净化稳压装置	安佰花 毕林旭 王乃新 位少波 李恒勇	2021-04-30	2021-11-02	202120918979.6	山东钢铁股份有限公司
364	发明	一种铁钢界面信息化铁水调度方法	刘 杰 殷世宏 牛春波 殷玉善 常 亮 翟星辰	2018-01-17	2021-11-02	201810043398.5	山东钢铁集团日照有限公司
365	实用新型	一种分体式锤式破碎机机身衬板	孙文帅 韩西鹏 王 涛 王 兵 李金梁 李 健	2021-02-08	2021-11-02	202120354807.0	山东金岭矿业股份有限公司
366	实用新型	一种电动潜孔钻机空心轴结构	陈 进 张兴旺 岳大伦	2021-02-08	2021-11-02	202120364367.7	山东金岭矿业股份有限公司
367	实用新型	厂房防碰撞自动报警装置	李克鹏 王 彬 韩西鹏 李 健 薛 明 王 兵	2021-02-09	2021-11-02	202120361060.1	山东金岭矿业股份有限公司
368	实用新型	基于 PLC 控制的给料装置	李 健 张文正 王 彬 李克鹏 韩西鹏 薛 明	2021-02-19	2021-11-02	202120379044.5	山东金岭矿业股份有限公司
369	实用新型	可调节取样点的矿浆取样装置	王 彬 李克鹏 李 健 韩西鹏 王 兵 薛 明	2021-02-19	2021-11-02	202120379061.9	山东金岭矿业股份有限公司
370	实用新型	横向孔道钻掘装置	邵明国	2021-02-22	2021-11-02	202120391729.1	山东金岭矿业股份有限公司
371	实用新型	钻孔沉渣层厚度检测装置	傅骁斐	2021-02-22	2021-11-02	202120392033.0	山东金岭矿业股份有限公司
372	实用新型	优化的链篦机-回转窑 SCR 脱硝系统	房 强 孙志强 焦东明 赵 峰	2021-02-22	2021-11-02	202120392796.5	山东金岭矿业股份有限公司

续表

序号	专利类型	专利名称	发明人	申请日	授权公告日	专利号	专利权人
373	实用新型	基于重量测量的矿浆浓度测量装置	张文正	2021-02-22	2021-11-02	202120393026. 2	山东金岭矿业股份有限公司
374	实用新型	地质勘探用岩石取样装置	邢元猛	2021-03-19	2021-11-02	202120570460. 3	山东金岭矿业股份有限公司
375	实用新型	地质工程用防滑防震锤	张小笛	2021-03-19	2021-11-02	202120583564. 8	山东金岭矿业股份有限公司
376	实用新型	矿山地质测量仪支撑装置	张小笛	2021-03-22	2021-11-02	202120580508. 9	山东金岭矿业股份有限公司
377	实用新型	矿山地质采样装置	杨林章	2021-03-22	2021-11-02	202120580546. 4	山东金岭矿业股份有限公司
378	实用新型	地质勘探用钻杆	姚　栋	2021-03-22	2021-11-02	202120580798. 7	山东金岭矿业股份有限公司
379	实用新型	高效型铁精粉仓底渗水系统	房　强　孙松山　张兴旺　史　虎	2021-03-23	2021-11-02	202120590753. 8	山东金岭矿业股份有限公司
380	发明	一种金属锭铸造生产线	王振光	2020-08-20	2021-11-02	202010842033. 6	山东工业职业学院
381	实用新型	一种伸缩头装置上链条连接结构	苏润宁	2021-04-28	2021-11-05	202120894295. 7	山东钢铁股份有限公司
382	实用新型	多用途干熄焦风帽	刘　晨　毕贞斌　张振夫　蒋淑艳　罗玉辉　刘春光　钱　乾	2021-04-29	2021-11-05	202120909953. 5	山东钢铁股份有限公司
383	发明	一种低碳碱性钢水保温覆盖剂及其制备方法	刘智伟　李建云　许　倩　王长宝　高希迎　耿　斐　董晓春　江　丹	2019-12-23	2021-11-06	201911342454. 6	山东钢铁股份有限公司
384	发明	一种工程机械用钢板及其制备方法	曹　阳　麻　衡　王月香　王腾飞　李　艳　霍孝新　陈爱娇	2019-12-04	2021-11-09	201911226664. 9	山东钢铁股份有限公司

续表

序号	专利类型	专利名称	发明人	申请日	授权公告日	专利号	专利权人
385	实用新型	一种高炉水管道防震动装置	左新诚 张　健 刘卫国 徐春玲	2020-12-02	2021-11-09	202022892396.9	山东钢铁股份有限公司
386	实用新型	一种孔型导卫装置	王宗斌 郭　磊 马丙涛 林　春 李　毅 杨朱恒 孙宏志	2020-12-18	2021-11-09	202023065410.4	山东钢铁股份有限公司
387	实用新型	短应力线轧机用导卫调整对中装置	王宗斌 陈菲菲 郭　磊 马丙涛 李　毅 林　春 高　进 张斌斌 孙荣安 杨朱衡 孙宏志	2021-02-04	2021-11-09	202120324438.0	山东钢铁股份有限公司
388	实用新型	H型钢柔性轧制粗轧孔型系统	李　超 杨　栋 张　蕾 赵培林 马　强 刘韵嘉 郑　力	2021-03-22	2021-11-09	202120584251.4	山东钢铁股份有限公司
389	实用新型	托梁钢R角修磨装置	邹清武 李雪涛 颜　磊 于　舟 李发宏 赵　峥 顾晓庆 李绪东 李山峰 孟兆鹏 崔希新	2021-04-21	2021-11-09	202120828408.3	山东钢铁股份有限公司
390	实用新型	一种用于电磁旋流水口搅拌器的可移动式支撑装置	石红燕 吴春雷 王　强 李德伟 沈长华 王中学 张　佩 朱晓伟 刘晓明 赵立佳	2021-01-28	2021-11-09	202120244114.6	山东钢铁股份有限公司、东北大学、湖南科美达电气股份有限公司
391	实用新型	一种叉车门架用热轧C型钢	霍喜伟 白德贵 纪进立 王茂兵 孙晓庆 石　磊	2021-01-29	2021-11-09	202120257671.1	山东钢铁股份有限公司、安徽合力股份有限公司
392	实用新型	一种位置检测装置	董　杰	2021-06-16	2021-11-09	202121335709.9	莱芜钢铁集团银山型钢有限公司
393	发明	一种钢水精炼防吸渣方法和系统	王丽娟 陈铁军 王学恩 康凤梅 李鹏程 陈贤辉 王　振 候兴蓉 蔡　森 陆会鑫 邢　敏 倪志国 李　克 吴秀程 齐　凯	2020-03-24	2021-11-09	202010213296.0	山信软件股份有限公司
394	发明	一种模具用辅助下料敲击装置	王振光	2020-08-20	2021-11-09	202010842554.1	山东工业职业学院

续表

序号	专利类型	专利名称	发明人	申请日	授权公告日	专利号	专利权人
395	发明	一种冷轧钢带加工装置	张芳芳	2020-09-28	2021-11-12	202011044022. X	山东工业职业学院
396	实用新型	一种三级蓄能缓冲辅助提升装置	张　戈　曾　晖　李雪涛　董洪壮　陈万福　王念欣　栾吉益　袁宇皓	2021-02-24	2021-11-16	202120410078. 6	山东钢铁股份有限公司
397	实用新型	一种弹簧调节式环冷机台车密封装置	张　戈　曾　晖　牛福成　陈书峰　亓福川　栾吉益　陈万福　董洪壮　王念欣　袁宇皓　李雪涛　王智超　付廷强	2021-02-24	2021-11-16	202120410079. 0	山东钢铁股份有限公司
398	实用新型	一种反向锥形定位销以及具有反向锥形定位销的连接结构	纪田宇　段伦刚　黄　伟　马义华　胥　华	2021-03-30	2021-11-16	202120637132. 0	山东钢铁股份有限公司
399	实用新型	火车箱车帮上沿自动清扫装置	陈　勇　张　伟	2021-04-29	2021-11-16	202120907855. 8	山东钢铁股份有限公司
400	实用新型	一种型钢轧机轧辊的冷却水管装置及万能轧机	刘学强	2021-04-30	2021-11-16	202120938787. 1	山东钢铁股份有限公司
401	实用新型	净循环水系统应急柴油机组冷却装置	曲文超　孙瑞瑞　李光远　王晓刚　邹磊明　任俊杰　李　洋	2021-05-07	2021-11-16	202120965214. 8	山东钢铁股份有限公司
402	实用新型	轧机导卫	孙晓庆　张园华　朱庆华　霍喜伟　纪进立　雷　刚　刘昀嘉　王德彪	2021-04-25	2021-11-19	202120863091. 7	山东钢铁股份有限公司
403	实用新型	用于轧制异型钢的轧辊组件及轧机机组	孙晓庆　霍喜伟　纪进立　宋玉卿　张园华　雷　刚　刘昀嘉　王德彪　朱庆华	2021-04-25	2021-11-19	202120863092. 1	山东钢铁股份有限公司
404	实用新型	一种双动力制动器	王玉元　王金刚　邹磊明　王洪涛　王　健	2021-05-10	2021-11-19	202120990766. 4	山东钢铁股份有限公司
405	实用新型	一种基于电磁感应的防触电螺丝刀	方茂峰　张元华　王跃军　刘　珍　曹　磊　吕慧超　刘　疆　吕　霞　弥春霞　赵　亮	2021-03-18	2021-11-19	202120555648. 0	山信软件股份有限公司

续表

序号	专利类型	专利名称	发明人	申请日	授权公告日	专利号	专利权人
406	实用新型	一种防松脱插拔销轴装置	李林林 亓晓涛 田遵超 曹少华 陈业龙 亓云昊 孙 康 刘持波 刘会军 杜桂刚	2021-01-14	2021-11-23	202120090631. 2	山东钢铁股份有限公司
407	实用新型	一种焦油和氨水自动分离装置	侯金明 薛汝忠 高 伟 肖 扬 李永华 曹锡全	2021-04-30	2021-11-23	202120928224. 4	山东钢铁股份有限公司
408	实用新型	填料压盖	王玉元 王金刚 邹磊明	2021-05-10	2021-11-23	202120984373. 2	山东钢铁股份有限公司
409	实用新型	一种拆卸往复泵泵阀阀套的环式楔形工具	杨 平 杨佃平 李永峰 吴 琦 徐 晨 张晓红	2021-06-22	2021-11-23	202121385147. 9	山东钢铁股份有限公司
410	发明	一种经济型极地用低温结构钢板及其制造方法	胡淑娥 韩启彪 周 瑞 成小龙 高良豪 侯东华 李 博	2019-12-27	2021-11-23	201911378010. 8	山东钢铁集团日照有限公司
411	发明	一种 KR 脱硫剂及其制备方法和应用	张思勋 王兆存	2020-03-20	2021-11-23	202010199973. 8	莱芜钢铁冶金生态工程技术有限公司
412	发明	一种冶金含氟化渣剂及其制备方法和应用	张思勋 王兆存 王慧玉 郭秀辉	2020-03-20	2021-11-23	202010200232. 7	莱芜钢铁冶金生态工程技术有限公司
413	发明	一种基于物流箱式货车内货物流转装置	王玉卓	2020-08-17	2021-11-23	202010825991. 2	山东工业职业学院
414	实用新型	一种滑动螺旋凸轮调整机构	李永峰 王慧玉	2021-05-26	2021-11-26	202121146183. X	山东钢铁股份有限公司
415	实用新型	一种新型抛丸设备	孙其峰 李文涛 冯文义 谭维钰 魏军广 刘军刚 李 强	2021-07-21	2021-11-26	202121663079. 8	山东钢铁股份有限公司
416	发明	一种降低脱磷炉生产低磷钢出钢过程回磷量的方法	刘俊宝 高志滨 马圣菊 宁 伟 尚 游 张海波 刘忠建	2020-04-14	2021-11-26	202010291260. 4	莱芜钢铁集团银山型钢有限公司

续表

序号	专利类型	专利名称	发明人	申请日	授权公告日	专利号	专利权人
417	实用新型	一种方便更换大车车轮的行车平衡台车	孙吉才 孙永波 张笃增	2021-05-31	2021-11-26	202121181714.9	莱芜钢铁冶金生态工程技术有限公司
418	实用新型	一种方便拆装的支承辊外螺纹锁紧套结构	孙吉才 孙永波	2021-05-31	2021-11-26	202121181768.5	莱芜钢铁冶金生态工程技术有限公司
419	实用新型	一种新型自复位方坯火焰切割机	孙吉才 孙永波	2021-05-31	2021-11-26	202121184806.2	莱芜钢铁冶金生态工程技术有限公司
420	实用新型	一种适用于集中润滑的轴承外圈隔环	孙吉才 孙永波 张笃增	2021-06-11	2021-11-26	202121305396.2	莱芜钢铁冶金生态工程技术有限公司
421	实用新型	一种轧机工作辊锁紧冗余检测装置	刘 圳 李冠旻 张艺聪 费林雁 焦志敏 尚传磊 王艳辉 姜 巍	2021-01-15	2021-11-26	202120118721.8	山信软件股份有限公司
422	发明	一种家用力量训练装置	谢荣华	2020-10-21	2021-11-26	202011129918.8	山东工业职业学院
423	实用新型	框架式电机转子拆装装置	潘子越 李雪涛 梁玉萍 林雅琴 孙 波 赵 峥 李山峰	2021-06-29	2021-11-30	202121475368.5	山东钢铁股份有限公司
424	实用新型	一种旋转接头止转座	孙吉才 孙永波	2021-06-11	2021-11-30	202121302257.4	莱芜钢铁冶金生态工程技术有限公司
425	实用新型	一种可变四连杆摆动机构	李永峰 时英杰	2021-05-26	2021-12-03	202121148766.6	山东钢铁股份有限公司
426	实用新型	一种从铁水脱硫过程中析出鳞片石墨的收集分离设备	王念欣 曾 晖 苗振鲁 李书明 李海峰 张 戈 栾吉益 陈万福 董洪壮 袁宇皓 李长新 董 慧	2021-07-06	2021-12-03	202121542287.2	山东钢铁股份有限公司
427	实用新型	一种淬火机	李 涛 于全成 刘军刚 冯文义 麻 衡 谭维钰 魏军广 张长宏 秦 港 刘 青 王 猛 李 强 高海军 邢长怀 张 梅	2021-04-02	2021-12-03	202120680760.7	莱芜钢铁集团银山型钢有限公司

续表

序号	专利类型	专利名称	发明人	申请日	授权公告日	专利号	专利权人
428	实用新型	一种吊装运输装置	毕永谦 张振夫 毕泽坤 张非凡 李树萍 庄舒涵	2021-06-18	2021-12-03	202121368083.1	莱芜钢铁集团银山型钢有限公司
429	实用新型	钢材轧机	杨阳 陈路 王珩 董银娟 李达 张学成 谢冬 王泽鑫 李恩伟 李兴旺 王成和	2021-04-13	2021-12-03	202120746965.0	山信软件股份有限公司
430	实用新型	一种基于大数据的笔记本电脑展示装置	耿学	2021-03-11	2021-12-03	202120518019.0	山东工业职业学院
431	实用新型	一种高炉密闭循环水系统及应急供水装置	曲文超	2021-04-16	2021-12-07	202120790592.7	山东钢铁股份有限公司
432	实用新型	一种进入焦炉地下室的静电导出装置	刘晨 吕高德 李绪晨 王磊 郭涛	2021-04-29	2021-12-07	202120910036.9	山东钢铁股份有限公司
433	实用新型	一种轧辊正扁头装置	张蕾 丁志强 田京 田云飞	2021-05-07	2021-12-07	202120966640.3	山东钢铁股份有限公司
434	发明	一种用于测量 LF 精炼炉钢水温度的精炼定置测温方法	郝树虹 胡滨 倪培亮 王鹏 陈超 杜金科	2020-06-22	2021-12-07	202010572875.4	山东钢铁股份有限公司
435	发明	一种通过微观组织调控实现 I&QP 钢增强增塑的方法	侯晓英 孙卫华 王业勤 孙帅 王兴 王硕 任东 曹光明 金光宇 郝亮 殷继丽	2020-04-21	2021-12-07	202010315147.5	山东钢铁集团日照有限公司
436	实用新型	一种热处理炉和炉门检测装置	李文涛 包刚 李传鹏 高朋 耿大利 李昊	2021-06-30	2021-12-07	202121488805.7	莱芜钢铁集团银山型钢有限公司
437	实用新型	一种可调式的图书馆用 LED 照明灯	张伟华 刘元永 巩建学 李新明	2021-06-02	2021-12-07	202121217419.4	山东工业职业学院
438	实用新型	一种印刷包装设备用除尘收集装置	邢文文	2021-06-23	2021-12-07	202121400883.7	山东工业职业学院

续表

序号	专利类型	专利名称	发明人	申请日	授权公告日	专利号	专利权人
439	实用新型	一种平滑度好的 PVC 印刷膜牵引装置	邢文文	2021-06-23	2021-12-07	202121403743.5	山东工业职业学院
440	实用新型	一种建筑废料收集用碾碎装置	田 华	2021-07-15	2021-12-07	202121611615.X	山东工业职业学院
441	实用新型	一种异型坯连铸机用自密封滑块	杨志杰 付常伟 赵培林 韩文习 刘 超 吴会亮	2021-01-25	2021-12-10	202120199005.7	山东钢铁股份有限公司
442	实用新型	一种 H 型钢自动磁粉探伤检测装置	赵新华 王培文 王宏伟 袁淑君 杜传治 霍喜伟 李 超 赵培林 闫志华 付常伟 张 鹏 宋玉卿 孔令坤 孙晓庆	2021-03-01	2021-12-10	202120438028.9	山东钢铁股份有限公司
443	实用新型	移动折叠式吊装梁装置	吴钦国 李 炀 李雪涛 李发宏 赵 峥 顾晓庆 李绪东 孟兆鹏 崔希新	2021-04-26	2021-12-10	202120877678.3	山东钢铁股份有限公司
444	实用新型	具有可快速更换的耐磨板的排焦溜槽以及耐磨板的快速更换方法	刘 晨 钱 乾 蒋淑艳 王 磊 刘勇燕 宋永敏	2021-06-17	2021-12-10	202121351687.5	山东钢铁股份有限公司
445	实用新型	圆钢表面磨光设备中串联式传动轴的断开检测报警装置	闻小德 田紫宇 仲 峰 王宗泉	2021-06-24	2021-12-10	202121398645.7	山东钢铁股份有限公司
446	实用新型	一种夹具	方金林 孙晓庆	2021-07-19	2021-12-10	202121642549.2	山东钢铁股份有限公司
447	实用新型	一种不间断电源供电系统	李永晨 李传东 赵伟帆	2021-07-20	2021-12-10	202121654125.8	山东钢铁股份有限公司
448	实用新型	一种叉车门架用热轧 J 型钢	霍喜伟 白德贵 纪进立 王茂兵 孙晓庆 石 磊	2021-01-29	2021-12-10	202120256121.8	山东钢铁股份有限公司、安徽合力股份有限公司
449	实用新型	一种用于加工斜孔的工件工装	孙吉才 孙永波	2021-06-07	2021-12-10	202121252498.2	莱芜钢铁冶金生态工程技术有限公司
450	实用新型	一种防脱硫喷枪小车冲顶后坠落的装置	孙吉才 孙永波 张笃增	2021-06-11	2021-12-10	202121302174.5	莱芜钢铁冶金生态工程技术有限公司

续表

序号	专利类型	专利名称	发明人	申请日	授权公告日	专利号	专利权人
451	实用新型	一种冷轧带钢切割装置	刘丽英 宋希光 刘祥钰 高文晖 李坤	2021-07-20	2021-12-14	202121681535.1	山信软件股份有限公司
452	实用新型	一种 RH 炉顶枪密封气囊保护装置和 RH 真空炉	邹春锋 韩蕾蕾 李四军 李萍 胡滨 杜金科 石红燕 付常伟	2021-03-16	2021-12-21	202120548552.1	山东钢铁股份有限公司
453	实用新型	一种 RH 炉浸渍管吹气孔防堵塞装置	邹春锋 韩蕾蕾 李四军 李萍 胡滨 杜金科 石红燕 付常伟	2021-03-16	2021-12-21	202120548554.0	山东钢铁股份有限公司
454	实用新型	一种钢铁厂有害尘泥烧结用烧结机	周小辉 周林 任军 罗茂春 张英 付强 刘德峰	2021-03-16	2021-12-21	202120548574.8	山东钢铁股份有限公司
455	发明	一种炉下积渣降温装置及工作方法	胡滨 胡连军 任科社 杜金科	2020-04-22	2021-12-21	202010322483.2	山东钢铁股份有限公司
456	实用新型	一种中间包塞棒连接系统隔热罩	付常伟 杜金科 公斌 李萍 李四军 邹春锋 石红燕 胡滨	2021-04-23	2021-12-21	202120853342.3	山东钢铁股份有限公司
457	实用新型	一种焦炉煤气微晶吸附再生尾气的净化处理装置	孙钦贵 宋宪锋 蒋淑艳	2021-05-17	2021-12-21	202121055724.8	山东钢铁股份有限公司
458	实用新型	一种连铸中间包包盖	付常伟 杜金科 公斌 李萍 李四军 邹春锋 石红燕 胡滨	2021-06-04	2021-12-21	202121246471.2	山东钢铁股份有限公司
459	实用新型	一种高温熔炼炉简易夹具	方金林	2021-06-25	2021-12-21	202121428840.X	山东钢铁股份有限公司
460	实用新型	一种高炉探尺提升箱体	邹磊明 徐勤庆 张振 陈超 王玉元	2021-08-04	2021-12-21	202121806089.2	山东钢铁股份有限公司
461	发明	基于虚拟化的具有办公控制的企业云平台实现方法	谢云峰 牛春波 范鹍 温晓明 王晓蕾 常亮 崔政 侯伟 田坤	2018-10-26	2021-12-21	201811259199.4	山东钢铁集团日照有限公司
462	发明	一种钢包吹氩上水口座砖及其制备方法	武光君 王中学 王建 石磊 张海波 赵立峰	2020-07-25	2021-12-21	202010726679.8	莱芜钢铁集团银山型钢有限公司

续表

序号	专利类型	专利名称	发明人	申请日	授权公告日	专利号	专利权人
463	发明	一种用于连铸中间包透气上水口座砖的吹氩控制方法及氩气控制装置	武光君 朱　建 石　磊	2020-07-25	2021-12-21	202010726686.8	莱芜钢铁集团银山型钢有限公司
464	实用新型	滚动式票据戳	姜腾岳	2021-03-09	2021-12-21	202120493051.8	山东工业职业学院
465	实用新型	鱼鳞式单据夹	姜腾岳	2021-03-09	2021-12-21	202120493242.4	山东工业职业学院
466	实用新型	一种弥散型整体式钢包底吹透气砖	武光君 于　辉 武玉利	2021-04-28	2021-12-24	202120905345.7	莱芜钢铁集团银山型钢有限公司
467	实用新型	矿山地质环境监测装置	郭　建	2021-03-22	2021-12-24	202120580796.8	山东金岭矿业股份有限公司
468	实用新型	地质勘探用采集装置	杨林章	2021-03-22	2021-12-24	202120580797.2	山东金岭矿业股份有限公司
469	实用新型	尾砂原料回收处理系统	吴会明 徐祥熙	2021-03-24	2021-12-24	202120600662.8	山东金岭矿业股份有限公司
470	实用新型	一种摆动升降式弹簧阻尼重力钢坯翻转机	李永峰 王慧玉	2021-05-26	2021-12-28	202121146201.4	山东钢铁股份有限公司
471	实用新型	一种重力式弹簧倾翻机	李永峰 王建伟 王　莉 张　谱 杨　平 李道峰	2021-05-26	2021-12-28	202121148746.9	山东钢铁股份有限公司
472	实用新型	高炉布袋除尘设备用除尘反吹控制系统	陈　峰 吕　凤 魏兵兵 张海平 梁　军 宋西民 程　昊	2021-05-07	2021-12-28	202120954075.9	山东钢铁股份有限公司
473	实用新型	利用焦炉荒煤气热量的富油脱苯加热系统	戴孝佩 李　彬 杨　强 李贤涛 栗　豹 莫瑞磊 邢小龙 卓庆丁 吕文静	2021-07-13	2021-12-28	202121589649.3	山东钢铁股份有限公司

续表

序号	专利类型	专利名称	发明人	申请日	授权公告日	专利号	专利权人
474	实用新型	干熄焦锅炉排污水循环再利用装置	刘　晨　蒋淑艳　钱　乾　刘春光	2021-07-14	2021-12-28	202121602368.7	山东钢铁股份有限公司
475	发明	一种转炉入炉铁水量偏差控制方法及其实施系统	施汉生　陈　民　田敬刚　杨士岭　吴孔明　朱嗣勇　栾兆华　王东升　刁玉兰　耿加深　傅大伟　赵海峰　贾世忠　李　陆　王京先　齐　滨	2018-05-23	2021-12-28	201810498697.8	山东钢铁集团日照有限公司
476	实用新型	一种钢板磁力对中装置的导向杆	李林林　亓晓涛　田遵超　吴　琼　曹少华　亓云昊　陈业龙　孙　康　刘持波　刘会军	2021-08-11	2021-12-28	202121875418.9	莱芜钢铁集团银山型钢有限公司
477	实用新型	一种新型短应力线轧机轴向定位结构	孙吉才　孙永波　姜　雷	2021-07-29	2021-12-28	202121738618.X	莱芜钢铁冶金生态工程技术有限公司
478	实用新型	一种用于分段式螺旋出料机的进回水法兰结构	孙吉才　孙永波　吕海洋	2021-07-29	2021-12-28	202121738700.2	莱芜钢铁冶金生态工程技术有限公司
479	发明	一种资源管理用信息资料整理调配装置	关兆新	2020-08-14	2021-12-28	202010817291.9	山东工业职业学院
480	发明	一种具有折叠收纳功能的机械制图用几何教具	马岩美	2020-09-25	2021-12-28	202011020078.1	山东工业职业学院
481	实用新型	一种合金皮带挡料装置	杨希杰　高志滨　张　伟　刘　奚　刘效文　李洋洋	2021-08-04	2021-12-31	202121806824.X	山东钢铁股份有限公司
482	实用新型	一种环保冶金专用设备降温装置	杨　娜	2021-08-10	2021-12-31	202121851191.4	山东工业职业学院

（撰稿：谢　晖　审稿：李丰功）

山钢集团
SD STEEL

荣 誉

山钢集团
SD STEEL

山钢文化

核心理念

山钢愿景：
打造具有国际竞争力的钢铁强企

集团公司 2021 年获全国荣誉的先进单位（以获奖时间排序）

获得荣誉单位	荣誉称号	授予单位	授予时间
莱芜钢铁集团有限公司	2020 年度财务指标快报工作先进单位	中国钢铁工业协会	2021-03
山东钢铁集团有限公司	企业档案宣传先进单位	《中国企业档案》编辑部	2021-03
山东钢铁股份有限公司	中国钢铁工业产品开发市场开拓奖（山钢股份油气工程用热轧型钢）	中国钢铁工业协会	2021-03
山东钢铁集团日照有限公司	2020 年度中国钢铁工业清洁生产环境友好企业	中国钢铁工业协会	2021-03
山东钢铁集团有限公司	2020 年度财务指标快报工作先进单位	中国钢铁工业协会	2021-03
山东耐火材料集团有限公司	中国耐火材料行业 30 年优秀企业家	中国耐火材料行业协会	2021-04
山钢股份莱芜分公司	全国冶金行业职业技能鉴定先进单位	冶金工业职业技能鉴定指导中心	2021-04
山钢股份莱芜分公司焦化厂备煤车间筒仓班组	全国工人先锋号	中华全国总工会	2021-05
山东钢铁集团日照有限公司中厚板厂炉卷热轧作业区	2019—2020 年度全国钢铁行业五四红旗团委	全国钢铁行业共青团工作指导和推进委员会	2021-05
山钢股份莱芜分公司焦化厂团委	2019—2020 年度全国钢铁行业五四红旗团委	全国钢铁行业共青团工作指导和推进委员会	2021-05
莱钢集团银山型钢有限公司炼铁厂团委	2019—2020 年度全国钢铁行业五四红旗团委	全国钢铁行业共青团工作指导和推进委员会	2021-05
莱芜钢铁集团有限公司团委	2019—2020 年度全国钢铁行业五四红旗团委	全国钢铁行业共青团工作指导和推进委员会	2021-05
莱芜钢铁集团有限公司医院团委	2019—2020 年度全国钢铁行业五四红旗团委	全国钢铁行业共青团工作指导和推进委员会	2021-05

获得荣誉单位	荣誉称号	授予单位	授予时间
山东钢铁集团房地产有限公司团委	2019—2020年度全国钢铁行业五四红旗团委	全国钢铁行业共青团工作指导和推进委员会	2021-05
山钢股份莱芜分公司检修事业部电修工程部团支部	2019—2020年度全国钢铁行业五四红旗团支部	全国钢铁行业共青团工作指导和推进委员会	2021-05
莱钢集团银山型钢有限公司板带厂冷轧运行车间团支部	2019—2020年度全国钢铁行业五四红旗团支部	全国钢铁行业共青团工作指导和推进委员会	2021-05
莱钢集团新闻文化服务中心团支部	2019—2020年度全国钢铁行业五四红旗团支部	全国钢铁行业共青团工作指导和推进委员会	2021-05
莱芜钢铁集团有限公司公益事业部团支部	2019—2020年度全国钢铁行业五四红旗团支部	全国钢铁行业共青团工作指导和推进委员会	2021-05
山东钢铁集团财务有限公司团支部	2019—2020年度全国钢铁行业五四红旗团支部	全国钢铁行业共青团工作指导和推进委员会	2021-05
莱芜钢铁集团有限公司	冶金安全信息交换系统管理工作先进单位	中国钢铁工业协会	2021-05
山钢股份莱芜分公司	钢铁绿色发展标杆企业	中国钢铁工业协会	2021-06
山东钢铁集团日照有限公司	钢铁绿色发展标杆企业	中国钢铁工业协会	2021-06
山钢股份莱芜分公司能源动力厂	全国机械冶金建材行业工会经济技术工作先进单位	中国机械冶金建材职工技术协会	2021-07
莱钢集团银山型钢有限公司炼铁厂3200m^3高炉	全国重点大型耗能钢铁生产设备节能降耗对标竞赛2020年度冠军炉	中国机械冶金建材工会全国委员会、中国钢铁工业协会	2021-08
莱芜钢铁集团银山型钢有限公司炼铁厂400m^2烧结机	全国重点大型耗能钢铁生产设备节能降耗对标竞赛2020年度优胜炉	中国机械冶金建材工会全国委员会、中国钢铁工业协会	2021-08
莱钢集团银山型钢有限公司炼钢厂2号120t转炉	全国重点大型耗能钢铁生产设备节能降耗对标竞赛2020年度优胜炉	中国机械冶金建材工会全国委员会、中国钢铁工业协会	2021-08
莱芜钢铁集团银山型钢有限公司炼铁厂高炉三车间主控班	全国机械冶金建材行业创新百强班组	中国机械冶金建材职工技术协会	2021-08

获得荣誉单位	荣誉称号	授予单位	授予时间
山东莱钢永锋钢铁有限公司	全国钢铁行业质量领先企业	中国质量检验协会	2021-09
山东莱钢永锋钢铁有限公司	全国优质建筑用钢品牌创新发展奖	全国优质钢铁企业评审委员会、上海钢联电子商务股份有限公司	2021-09
山钢股份莱芜分公司	全国冶金绿化先进单位	中国钢铁工业协会	2021-10
山东钢铁集团有限公司	2021 年度信息工作先进单位	中国钢铁工业协会	2021-10
山东钢铁股份有限公司	2021 年度信息工作先进单位	中国钢铁工业协会	2021-10
山东钢铁集团日照有限公司	第五届钢铁行业职工教育培训工作先进单位	冶金工业教育资源开发中心	2021-10
山东钢铁集团日照有限公司	中国汽车工业科学技术奖技术发明一等奖（车身轻质高强复杂形状管类件超低压充压压形关键技术及应用）	中国汽车工业协会	2021-10
山钢股份莱芜分公司	第十届冶金行业征文评选活动优秀组织奖	中国钢协职业培训中心	2021-10
山钢股份莱芜分公司	第五届钢铁行业职工教育培训工作先进单位	中国钢铁工业协会	2021-11
山钢股份莱芜分公司棒材厂	全国文明单位	中央精神文明建设指导委员会	2021-11
山东耐材集团鲁耐窑业有限公司	工业产品绿色设计示范企业	工业和信息化部	2021-11
山东钢铁集团有限公司	2020 年度财务决算年报工作先进企业	中国钢铁工业协会	2021-12
山东钢铁集团日照有限公司	第四届钢铁行业技能知识网络竞赛团体优胜单位	中国钢铁工业协会	2021-12
山钢股份莱芜分公司	第四届钢铁行业技能知识网络竞赛团体优胜单位（第一名）	中国钢铁工业协会	2021-12
山钢股份莱芜分公司	2021 年度钢铁企业“对标挖潜”报送工作先进单位	中国钢铁工业协会	2021-12
山钢股份莱芜分公司	第二届全国设备点检管理职业技能竞赛团体三等奖	全国设备点检管理职业技能竞赛组织委员会	2021-12

获得荣誉单位	荣誉称号	授予单位	授予时间
莱芜钢铁集团有限公司团委	2020年度全国钢铁行业“青安杯”竞赛先进单位	全国钢铁行业共青团工作指导和推进委员会	2021-12
山钢股份莱芜分公司团委	2020年度全国钢铁行业“青安杯”竞赛先进单位	全国钢铁行业共青团工作指导和推进委员会	2021-12
莱钢新闻中心/文化服务中心	2020年度全国钢铁行业“青安杯”竞赛先进集体	全国钢铁行业共青团工作指导和推进委员会	2021-12
莱钢青岛信莱粉末冶金有限公司	2020年度全国钢铁行业“青安杯”竞赛先进集体	全国钢铁行业共青团工作指导和推进委员会	2021-12
山钢股份莱芜分公司焦化厂	2020年度全国钢铁行业“青安杯”竞赛先进集体	全国钢铁行业共青团工作指导和推进委员会	2021-12
山钢股份莱芜分公司特钢事业部团委	2020年度全国钢铁行业“青安杯”竞赛先进集体	全国钢铁行业共青团工作指导和推进委员会	2021-12
山东钢铁集团房地产有限公司	2020年度全国钢铁行业“青安杯”竞赛先进集体	全国钢铁行业共青团工作指导和推进委员会	2021-12
山东钢铁集团日照有限公司能源动力厂燃气作业区TRT青年安全监督岗	2020年度全国钢铁行业青年安全生产示范岗	全国钢铁行业共青团工作指导和推进委员会	2021-12
莱钢集团银山型钢有限公司板带厂液压运行班	2020年度全国钢铁行业青年安全生产示范岗	全国钢铁行业共青团工作指导和推进委员会	2021-12
山东钢铁股份有限公司莱芜分公司炼铁厂烧结车间主控班	2020年度全国钢铁行业青年安全生产示范岗	全国钢铁行业共青团工作指导和推进委员会	2021-12
莱钢集团银山型钢有限公司宽厚板事业部液压运行班	2020年度全国钢铁行业青年安全生产示范岗	全国钢铁行业共青团工作指导和推进委员会	2021-12
山东钢铁集团房地产有限公司黄岛分公司工程管理部	2020年度全国钢铁行业青年安全生产示范岗	全国钢铁行业共青团工作指导和推进委员会	2021-12
山钢股份莱芜分公司棒材厂第一轧钢车间轧钢班	2020年度全国钢铁行业“青安杯”竞赛最佳青年安全监督岗	全国钢铁行业共青团工作指导和推进委员会	2021-12

获得荣誉单位	荣誉称号	授予单位	授予时间
山钢股份莱芜分公司炼钢厂连铸三车间1号机甲班	2020年度全国钢铁行业“青安杯”竞赛最佳青年安全监督岗	全国钢铁行业共青团工作指导和推进委员会	2021-12
山钢股份莱芜分公司炼铁厂烧结车间主控班	2020年度全国钢铁行业“青安杯”竞赛最佳青年安全监督岗	全国钢铁行业共青团工作指导和推进委员会	2021-12
山钢股份莱芜分公司能源动力厂运行车间六万制氧班	2020年度全国钢铁行业“青安杯”竞赛最佳青年安全监督岗	全国钢铁行业共青团工作指导和推进委员会	2021-12
山钢股份莱芜分公司品质保证部型钢化验室化学分析班	2020年度全国钢铁行业“青安杯”竞赛最佳青年安全监督岗	全国钢铁行业共青团工作指导和推进委员会	2021-12
山钢股份莱芜分公司特钢事业部新区中型车间轧钢生产班	2020年度全国钢铁行业“青安杯”竞赛最佳青年安全监督岗	全国钢铁行业共青团工作指导和推进委员会	2021-12
莱钢集团银山型钢有限公司宽厚板事业部液压运行班	2020年度全国钢铁行业“青安杯”竞赛最佳青年安全监督岗	全国钢铁行业共青团工作指导和推进委员会	2021-12
山钢股份莱芜分公司型钢厂小型轧钢车间轧钢大班	2020年度全国钢铁行业“青安杯”竞赛最佳青年安全监督岗	全国钢铁行业共青团工作指导和推进委员会	2021-12
山钢股份莱芜分公司运输部机务段14机组	2020年度全国钢铁行业“青安杯”竞赛最佳青年安全监督岗	全国钢铁行业共青团工作指导和推进委员会	2021-12
山东钢铁集团日照有限公司冷轧厂设备管理室电工一班	2020年度全国钢铁行业“青安杯”竞赛最佳青年安全监督岗	全国钢铁行业共青团工作指导和推进委员会	2021-12
山东钢铁集团日照有限公司中厚板厂炉卷精整作业区丙班剪切岗	2020年度全国钢铁行业“青安杯”竞赛最佳青年安全监督岗	全国钢铁行业共青团工作指导和推进委员会	2021-12
山东钢铁集团日照有限公司中厚板厂热处理作业区乙班	2020年度全国钢铁行业“青安杯”竞赛最佳青年安全监督岗	全国钢铁行业共青团工作指导和推进委员会	2021-12

获得荣誉单位	荣誉称号	授予单位	授予时间
山东钢铁集团日照有限公司炼钢厂行车作业区“青春起航”岗	2020年度全国钢铁行业“青安杯”竞赛最佳青年安全监督岗	全国钢铁行业共青团工作指导和推进委员会	2021-12
山东钢铁集团日照有限公司焦化厂合成氨班“氨全生产锦瑟华年”青安岗	2020年度全国钢铁行业“青安杯”竞赛最佳青年安全监督岗	全国钢铁行业共青团工作指导和推进委员会	2021-12
山东钢铁集团日照有限公司焦化厂化产品分析班“雏鹰高飞”青安岗	2020年度全国钢铁行业“青安杯”竞赛最佳青年安全监督岗	全国钢铁行业共青团工作指导和推进委员会	2021-12
山钢集团莱钢集团淄博锚链有限公司质量技术部	2020年度全国钢铁行业“青安杯”竞赛最佳青年安全监督岗	全国钢铁行业共青团工作指导和推进委员会	2021-12
莱钢培训中心技能安全培训部	2020年度全国钢铁行业“青安杯”竞赛最佳青年安全监督岗	全国钢铁行业共青团工作指导和推进委员会	2021-12
莱钢信莱粉末冶金有限公司机动车间	2020年度全国钢铁行业“青安杯”竞赛最佳青年安全监督岗	全国钢铁行业共青团工作指导和推进委员会	2021-12
莱钢公益事业部公辅工程室	2020年度全国钢铁行业“青安杯”竞赛最佳青年安全监督岗	全国钢铁行业共青团工作指导和推进委员会	2021-12
莱钢鲁冶项目管理有限公司青钢项目监理部	2020年度全国钢铁行业“青安杯”竞赛最佳青年安全监督岗	全国钢铁行业共青团工作指导和推进委员会	2021-12
莱钢新闻中心融媒体部	2020年度全国钢铁行业“青安杯”竞赛最佳青年安全监督岗	全国钢铁行业共青团工作指导和推进委员会	2021-12
山信软件莱芜自动化分公司钢区运维事业部制氧站	2020年度全国钢铁行业“青安杯”竞赛最佳青年安全监督岗	全国钢铁行业共青团工作指导和推进委员会	2021-12
山信软件莱芜自动化分公司铁区运维事业部动力站	2020年度全国钢铁行业“青安杯”竞赛最佳青年安全监督岗	全国钢铁行业共青团工作指导和推进委员会	2021-12

获得荣誉单位	荣誉称号	授予单位	授予时间
山钢股份莱芜分公司炼铁厂烧结车间主控班	2021 年度安全管理标准化示范班组	中国安全生产协会	2021-12
山东莱钢永锋钢铁有限公司	智能制造优秀品牌	冶金工业信息标准研究院、全国钢标准化技术委员会等 12 家国家标准管理单位	2021-12
莱芜钢铁集团有限公司工会	优秀组织单位	红旗出版社、中国妇女报社	2021-12
莱芜钢铁集团有限公司工会	全国第九届“书香三八”读书活动表演阅读类二等奖	红旗出版社、中国妇女报社	2021-12
山东耐火材料集团有限公司	高新技术企业	全国高新技术企业认定管理工作办公室	2021-12
山信软件股份有限公司	高新技术企业	全国高新技术企业认定管理工作办公室	2021-12

集团公司 2021 年获省级荣誉的先进单位（以获奖时间排序）

获得荣誉单位	荣誉称号	授予单位	授予时间
莱钢集团淄博锚链有限公司生产制造部附件班	2021 年度山东省青年安全生产示范岗	共青团山东省委	2021-01
莱钢集团培训中心	省级文明单位	山东省精神文明建设委员会	2021-01
山钢股份莱芜分公司党委	2019—2020 年度全省先进县级党委（党组）理论学习中心组	中共山东省委宣传部	2021-01
山钢集团党委宣传部	2019—2020 年度全省理论教育先进单位	中共山东省委宣传部	2021-01
山钢集团有限公司纪委党支部	省属企业第三批过硬党支部示范点	中共山东省国资委委员会	2021-01
山东钢铁集团财务有限公司第四党支部	省属企业第三批过硬党支部示范点	中共山东省国资委委员会	2021-01
银山公安局政治部	全省公安系统抗击新冠肺炎疫情成绩突出集体	山东省公安厅	2021-01
山东莱钢永锋钢铁有限公司	优秀会员单位	山东省特种设备协会	2021-01

获得荣誉单位	荣誉称号	授予单位	授予时间
银山公安局直属分局南岭派出所	基层基础建设攻坚战2020年度成绩突出集体	山东省公安厅	2021-02
银山公安局指挥中心	全省公安机关110工作成绩突出集体	山东省公安厅	2021-02
莱钢集团公益事业部/资产运营中心	2019—2020年度省属企业青年文明号	省国资委团委	2021-03
莱钢集团金鼎实业有限公司新兴大厦前台部	2019—2020年度省属企业青年文明号	省国资委团委	2021-03
莱芜钢铁集团有限公司	“十三五”时期民兵工作先进单位	山东省民兵工作领导小组	2021-03
山钢股份莱芜分公司特钢事业部100吨运行车间	妈妈小屋示范点	山东省总工会	2021-03
山钢股份莱芜分公司特钢事业部100吨运行车间运行班	山东省女职工建功立业标兵岗	山东省总工会	2021-03
山东钢铁股份有限公司莱芜分公司女职委	山东省女职工建功立业标兵岗	山东省总工会	2021-03
山钢股份莱芜分公司焦化厂质检站化产班	山东省女职工建功立业标兵岗	山东省总工会	2021-03
莱钢集团银山型钢有限公司宽厚板事业部质量检查站	山东省女职工建功立业标兵岗	山东省总工会	2021-03
山东钢铁集团日照有限公司科技质量中心高性能钢研发岗	山东省女职工建功立业标兵岗	山东省总工会	2021-03
山东钢铁集团日照有限公司炼钢厂行车作业区“智行”巾帼岗	山东省冶金行业女职工建功立业标兵岗	山东省冶金工会委员会	2021-03
山东钢铁集团日照有限公司炼钢厂精炼作业区甲班	2019—2020年度省属企业青年文明号	共青团山东省国资委委员会	2021-03
山东钢铁集团日照有限公司炼铁厂第二高炉作业区	2019—2020年度省属企业青年文明号	共青团山东省国资委委员会	2021-03

获得荣誉单位	荣誉称号	授予单位	授予时间
山东钢铁集团有限公司	2020年“弘扬社会主义核心价值观　共筑中国梦”主题原创视听节目征集活动暨“中国梦·齐鲁情”山东省第七届原创网络视听节目大赛优秀组织奖	中共山东省委宣传部、山东省广播电视局、山东省教育厅、共青团山东省委	2021-04
山东钢铁股份有限公司	山东省高端品牌培育企业	山东省市场监督管理局	2021-04
莱钢集团鲁南矿业有限公司	山东省五一劳动奖状	山东省总工会	2021-04
济钢萨博特种汽车有限公司	山东省五一劳动奖状	山东省总工会	2021-04
山信软件信息化事业部莱芜分部	山东省工人先锋号	山东省总工会	2021-04
莱钢集团新兴大厦	2020山东饭店业优秀商务饭店	山东省旅游饭店协会	2021-04
山东鲁碧建材有限公司	2021年度高端品牌培育企业	山东省市场监督管理局	2021-04
山东钢铁集团房地产有限公司上海分公司	房屋管理实事立功竞赛优秀公司	上海市房屋管理实事立功竞赛领导小组	2021-05
山东莱钢永锋钢铁有限公司党委	山东省先进基层党组织	中共山东省委	2021-06
中共莱钢集团淄博锚链有限公司委员会	山东省省属企业先进基层党组织	中共山东省国资委委员会	2021-06
中共山东钢铁集团日照有限公司委员会	山东省省属企业先进基层党组织	中共山东省国资委委员会	2021-06
中共莱钢集团银山型钢公司板带厂带钢车间支部委员会	山东省省属企业先进基层党组织	中共山东省国资委委员会	2021-06
中共山东钢铁股份有限公司莱芜分公司焦化厂委员会	山东省省属企业先进基层党组织	中共山东省国资委委员会	2021-06
中共山东金召矿业有限公司总支部委员会	山东省省属企业先进基层党组织	中共山东省国资委委员会	2021-06
中共山钢国贸日照国际贸易有限公司总支部委员会	山东省省属企业先进基层党组织	中共山东省国资委委员会	2021-06

获得荣誉单位	荣誉称号	授予单位	授予时间
中共山信软件股份有限公司莱芜自动化分公司委员会	山东省省属企业先进基层党组织	中共山东省国资委委员会	2021-06
中共山东钢铁集团有限公司办公室支部委员会	山东省省属企业先进基层党组织	中共山东省国资委委员会	2021-06
山东工业职业学院机电工程学院党总支	山东省教育系统先进基层党组织	中共山东省委教育工委	2021-06
山东耐火材料集团有限公司	山东省技术创新示范企业	山东省工业和信息化厅	2021-07
山东钢铁集团日照有限公司	省级绿色工厂（第一批）	山东省工业和信息化厅	2021-07
银山公安局	建党100周年安保维稳先进集体	山东省公安厅	2021-07
银山公安局指挥中心	集体二等功（建党100周年安保维稳）	山东省公安厅	2021-07
银山公安局治安支队	建党100周年安保维稳工作成绩突出集体	山东省公安厅	2021-07
银山公安局直属分局新城派出所	建党100周年安保维稳工作成绩突出集体	山东省公安厅	2021-07
山东耐材集团鲁耐窑业有限公司	山东省“专精特新”中小企业	山东省工业和信息化厅	2021-08
山东泰东环保科技股份有限公司	山东省“专精特新”中小企业	山东省工业和信息化厅	2021-08
山东磁浮列车轨道工程有限公司	山东省“专精特新”中小企业	山东省工业和信息化厅	2021-08
莱钢集团建筑安装工程有限公司	山东省“专精特新”中小企业	山东省工业和信息化厅	2021-08
山东莱钢永锋钢铁有限公司	第七届“山东慈善奖”爱心捐赠企业	山东省民政厅	2021-10
山东泰东环保科技股份有限公司	山东省瞪羚企业	山东省工业和信息化厅、山东省地方金融监督管理局、中国人民银行济南分行	2021-10

获得荣誉单位	荣誉称号	授予单位	授予时间
莱芜钢铁双山陶土福利加工有限公司	山东省瞪羚企业	山东省工业和信息化厅、山东省地方金融监督管理局、中国人民银行济南分行	2021-10
莱钢集团新兴液气公司	山东省瞪羚企业	山东省工业和信息化厅、山东省地方金融监督管理局、中国人民银行济南分行	2021-10
山钢股份莱芜分公司炼铁厂唐纪学创新工作室	山东省劳模创新工作室	山东省总工会	2021-10
山东省银山公安局	2020年度新增省属企业文明单位	山东省省属企业精神文明建设委员会	2021-11
山钢股份莱芜分公司特钢事业部	2020年度新增省属企业文明单位	山东省省属企业精神文明建设委员会	2021-11
山东钢铁集团日照有限公司	第二届山东省全员创新企业	山东省总工会	2021-11
山钢股份莱芜分公司	山东省冶金行业全员创新企业	山东省冶金工会委员会	2021-11
山东金岭铁矿	山东省冶金行业全员创新企业	山东省冶金工会委员会	2021-11
山信软件	山东省冶金行业全员创新企业	山东省冶金工会委员会	2021-11
山东莱钢永锋钢铁有限公司	山东省冶金行业全员创新企业	山东省冶金工会委员会	2021-11
山钢股份莱芜分公司能源动力厂张剑高技能人才创新工作室	山东省冶金行业劳模和工匠人才创新工作室	山东省冶金工会委员会	2021-11
山钢股份莱芜分公司宽厚板事业部冯文义劳模创新工作室	山东省冶金行业劳模和工匠人才创新工作室	山东省冶金工会委员会	2021-11
济钢济南萨博特种汽车公司李敏敏创新工作室	山东省冶金行业劳模和工匠人才创新工作室	山东省冶金工会委员会	2021-11
莱钢集团淄博锚链有限公司商文杰劳模（工匠）创新工作室	山东省冶金行业劳模和工匠人才创新工作室	山东省冶金工会委员会	2021-11

获得荣誉单位	荣誉称号	授予单位	授予时间
莱钢集团淄博锚链有限公司	山东省冶金行业职工职业道德建设标兵单位	山东省冶金工会委员会	2021-11
莱钢集团银山型钢有限公司板带厂	山东省冶金行业职工职业道德建设标兵单位	山东省冶金工会委员会	2021-11
日照公司焦化厂	山东省冶金行业职工职业道德建设标兵单位	山东省冶金工会委员会	2021-11
山钢股份莱芜分公司焦化厂炼焦四车间推拦焦班	创新型班组	山东省冶金工会委员会	2021-11
济钢集团冷弯型钢公司维保车间维保班	创新型班组	山东省冶金工会委员会	2021-11
上海鲁郡置业有限公司	绿化环境奖	上海市房地产行业协会	2021-11
莱芜钢铁集团新兴液气公司	山东省制造业单项冠军企业	山东省工业和信息化厅、山东省工业经济联合会	2021-11
莱钢集团新闻中心融媒体部	2019—2021年度山东省青年文明号	共青团山东省委	2021-11
莱钢集团公司培训中心技能安全培训部	2019—2022年度山东省青年文明号	共青团山东省委	2021-11
莱钢集团银山型钢有限公司宽厚板事业部运行车间电气运行班	2019—2021年度山东省青年文明号	共青团山东省委	2021-11
山钢股份莱芜分公司焦化厂炼焦二车间热调班	2019—2021年度山东省青年文明号	共青团山东省委	2021-11
银山公安局直属分局南岭派出所	“党建带队建”示范单位	山东省公安厅	2021-11
山信软件股份有限公司	2021年度软件和信息技术服务综合竞争力百强企业	山东省软件行业协会	2021-11
山东钢铁集团有限公司	全省财政企业财务信息工作表现突出单位	山东省财政厅	2021-12
山钢股份莱芜分公司	全省清洁生产先进单位	山东省生态环境厅	2021-12
山东钢铁集团日照有限公司	全省清洁生产先进单位	山东省生态环境厅	2021-12

获得荣誉单位	荣誉称号	授予单位	授予时间
山东钢铁集团日照有限公司	2021年度省级健康企业	山东省爱国卫生运动委员会办公室	2021-12
山东钢铁集团日照有限公司	2021年度山东省节水标杆单位	山东省水利厅	2021-12
山钢股份莱芜分公司	山东省文明单位	山东省精神文明建设委员会	2021-12
山钢股份莱芜分公司品质保证部	山东省文明单位	山东省精神文明建设委员会	2021-12
山钢股份莱芜分公司炼钢厂	山东省文明单位	山东省精神文明建设委员会	2021-12
山钢股份莱芜分公司焦化厂	山东省文明单位	山东省精神文明建设委员会	2021-12
山钢股份莱芜分公司能源动力厂	山东省文明单位	山东省精神文明建设委员会	2021-12
山钢股份莱芜分公司炼铁厂	山东省文明单位	山东省精神文明建设委员会	2021-12
山钢股份莱芜分公司运输部	山东省文明单位	山东省精神文明建设委员会	2021-12
山钢股份莱芜分公司棒材厂	山东省文明单位	山东省精神文明建设委员会	2021-12
莱钢集团银山型钢有限公司炼铁厂	山东省文明单位	山东省精神文明建设委员会	2021-12
莱钢集团银山型钢有限公司宽厚板事业部	山东省文明单位	山东省精神文明建设委员会	2021-12
莱钢集团银山型钢有限公司板带厂	山东省文明单位	山东省精神文明建设委员会	2021-12
山钢股份莱芜分公司炼铁厂烧结车间	2021年度企业精益管理成熟度集成作业类三星级现场	山东省设备管理协会	2021-12
山钢股份莱芜分公司棒材厂	2021年度企业设备管理成熟度四星单位	山东省设备管理协会	2021-12
莱钢集团	山东省职工职业道德建设标兵单位	山东省总工会	2021-12
山东钢铁集团日照有限公司能源动力厂	山东省职工职业道德建设先进单位	山东省总工会	2021-12

获得荣誉单位	荣誉称号	授予单位	授予时间
莱钢集团银山型钢有限公司炼钢厂	2021年度省级健康企业	山东省爱国卫生运动委员会	2021-12
山东莱钢永锋钢铁有限公司	山东省清洁生产先进单位	山东省生态环境厅	2021-12
山东莱钢永锋钢铁有限公司	第二届山东省全员创新企业	山东省总工会	2021-12
山钢股份莱芜分公司保卫部	全省反邪教协会系统先进集体	山东省反邪教协会	2021-12

集团公司2021年获全国荣誉的先进个人（以获奖时间排序）

姓　名	所在单位	荣誉称号	授予单位	授予时间
周林琳	莱钢集团财务部	2020年度财务指标快报工作先进个人	中国钢铁工业协会	2021-03
宋　钰	莱钢集团财务部	2020年度财务指标快报工作先进个人	中国钢铁工业协会	2021-03
王新娣	山钢股份莱芜分公司能源动力厂	全国五一巾帼标兵	中华全国总工会	2021-04
杨　雷	日照公司	全国五一劳动奖章	中华全国总工会	2021-04
李仁壮	山钢股份莱芜分公司棒材厂	全国五一劳动奖章	中华全国总工会	2021-04
刘　军	山钢股份莱芜分公司	2020年度全国冶金行业职业技能鉴定优秀鉴定工作者	冶金工业职业技能鉴定指导中心	2021-04
秦　娜	山钢股份莱芜分公司	2020年度全国冶金行业职业技能鉴定优秀鉴定工作者	冶金工业职业技能鉴定指导中心	2021-04
石宝芳	山钢股份莱芜分公司	2020年度全国冶金行业职业技能鉴定优秀鉴定工作者	冶金工业职业技能鉴定指导中心	2021-04
戴孝佩	山钢股份莱芜分公司	2020年度全国冶金行业职业技能鉴定优秀考评人员	冶金工业职业技能鉴定指导中心	2021-04
刘超群	山钢股份莱芜分公司	2020年度全国冶金行业职业技能鉴定优秀考评人员	冶金工业职业技能鉴定指导中心	2021-04

姓　名	所在单位	荣誉称号	授予单位	授予时间
王慧玉	山钢股份莱芜分公司	2020年度全国冶金行业职业技能鉴定优秀考评人员	冶金工业职业技能鉴定指导中心	2021-04
杨普庆	山钢股份莱芜分公司	2020年度全国冶金行业职业技能鉴定优秀考评人员	冶金工业职业技能鉴定指导中心	2021-04
赵善阳	山东钢铁集团日照有限公司炼铁厂	2020年度全国冶金行业职业技能鉴定优秀考评人员	冶金工业职业技能鉴定指导中心	2021-04
车连房	山东耐火材料集团有限公司	中国耐火材料行业30年优秀企业家	中国耐火材料行业协会	2021-04
李　晨	山钢股份莱芜分公司团委	2019—2020年度全国钢铁行业优秀共青团干部	全国钢铁行业共青团工作指导和推进委员会	2021-05
亓　萍	山钢股份莱芜分公司能源动力厂	2019—2020年度全国钢铁行业优秀共青团干部	全国钢铁行业共青团工作指导和推进委员会	2021-05
隋　泳	莱钢集团机关团委	2019—2020年度全国钢铁行业优秀共青团干部	全国钢铁行业共青团工作指导和推进委员会	2021-05
于　沁	莱钢集团培训中心	2019—2020年度全国钢铁行业优秀共青团干部	全国钢铁行业共青团工作指导和推进委员会	2021-05
李　楠	莱钢集团公益事业部	2019—2020年度全国钢铁行业优秀共青团员	全国钢铁行业共青团工作指导和推进委员会	2021-05
杨　毅	莱钢集团医院	2019—2020年度全国钢铁行业优秀共青团员	全国钢铁行业共青团工作指导和推进委员会	2021-05
鞠　祺	山钢股份莱芜分公司型钢厂	2019—2020年度全国钢铁行业优秀共青团员	全国钢铁行业共青团工作指导和推进委员会	2021-05
刘　伟	山钢股份莱芜分公司炼钢厂	2019—2020年度全国钢铁行业优秀共青团员	全国钢铁行业共青团工作指导和推进委员会	2021-05
张一鸣	山东钢铁集团日照有限公司能源动力厂	2019—2020年度全国钢铁行业优秀共青团员标兵	全国钢铁行业共青团工作指导和推进委员会	2021-05
王立军	莱钢集团办公室	冶金安全信息交换系统管理工作先进个人	中国钢铁工业协会	2021-07
李茂岭	莱钢集团工会	全国钢铁企业工会劳动保护工作特别贡献者	中国机冶建材工会	2021-07

姓名	所在单位	荣誉称号	授予单位	授予时间
冯丽	山东钢铁股份有限公司	2021年钢铁工业统计工作先进工作者	中国钢铁工业协会	2021-09
蒋超友	山钢股份莱芜分公司	2021年钢铁工业统计工作先进工作者	中国钢铁工业协会	2021-09
冯丽	山东钢铁股份有限公司	2021年重点统计钢铁企业生产经营旬报统计工作先进工作者	中国钢铁工业协会信息统计部	2021-10
李学玉	山钢集团公司党委办公室/办公室	2021年度优秀钢铁信息员	中国钢铁工业协会	2021-10
陈振	山钢集团公司党委办公室/办公室	2021年度优秀钢铁信息员	中国钢铁工业协会	2021-10
孙亚宁	山钢集团公司党委办公室/办公室	2021年度优秀钢铁信息员	中国钢铁工业协会	2021-10
高勇	山钢集团公司运营管理部	2021年度优秀钢铁信息员	中国钢铁工业协会	2021-10
胡玉	山钢集团公司运营管理部	2021年度优秀钢铁信息员	中国钢铁工业协会	2021-10
杜荧荧	济钢集团有限公司运营管理部	2021年度优秀钢铁信息员	中国钢铁工业协会	2021-10
刘敏	山钢股份办公室	2021年度优秀钢铁信息员	中国钢铁工业协会	2021-10
王增强	山钢股份营销总公司	2021年度优秀钢铁信息员	中国钢铁工业协会	2021-10
吴楠	山钢股份营销总公司	2021年度优秀钢铁信息员	中国钢铁工业协会	2021-10
孙丽琴	山钢股份莱芜分公司运营管理部	2021年度优秀钢铁信息员	中国钢铁工业协会	2021-10
李林	山东钢铁集团日照公司办公室	2021年度优秀钢铁信息员	中国钢铁工业协会	2021-10
栾雪娜	山东钢铁集团日照公司运营管理部	2021年度优秀钢铁信息员	中国钢铁工业协会	2021-10

姓　名	所在单位	荣誉称号	授予单位	授予时间
吴飞飞	莱钢集团公司医院	第九届“书香三八”读书活动家书类优秀奖	“书香三八”读书活动组委会	2021-10
翟所慧	莱钢集团金鼎实业有限公司	全国冶金绿化突出贡献纪念章	中国钢铁工业协会绿化委员会	2021-10
矫　涛	山钢股份莱芜分公司	钢铁行业职工教育培训工作先进个人	中国钢铁工业协会	2021-11
刘　萍	山钢股份莱芜分公司	钢铁行业职工教育培训工作先进个人	中国钢铁工业协会	2021-11
亓　婷	山钢股份莱芜分公司	钢铁行业职工教育培训工作先进个人	中国钢铁工业协会	2021-11
秦　娜	山钢股份莱芜分公司	钢铁行业职工教育培训工作先进个人	中国钢铁工业协会	2021-11
张　振	山钢股份莱芜分公司	钢铁行业职工教育培训工作先进个人	中国钢铁工业协会	2021-11
王天宁	新闻传媒中心	全国企业电视优秀记者	中国电视艺术家协会	2021-11
亓　迪	新闻传媒中心	全国企业电视优秀记者	中国电视艺术家协会	2021-11
房　超	新闻传媒中心	全国企业电视优秀融媒体工作者	中国电视艺术家协会	2021-11
许从文	山钢股份莱芜分公司	2021 年度钢铁企业“对标挖潜”报送工作优秀信息员	中国钢铁工业协会	2021-12
李元秀	山钢股份莱芜分公司	第四届钢铁行业技能知识网络竞赛优秀命题专家	中国钢铁工业协会组织人事部	2021-12
孔鹏祥	莱钢集团党群工作部	2020 年度全国钢铁行业“青安杯”竞赛最佳组织者	全国钢铁行业共青团工作指导和推进委员会	2021-12
李　锐	山钢股份莱芜分公司团委	2020 年度全国钢铁行业“青安杯”竞赛最佳组织者	全国钢铁行业共青团工作指导和推进委员会	2021-12
刘卓智	山东钢铁集团日照有限公司炼钢厂	2018 年度全国钢铁行业“青安杯”竞赛最佳组织者	全国钢铁行业共青团工作指导和推进委员会	2021-12
李　飞	山钢股份莱芜分公司炼铁厂	2020 年度全国钢铁行业“青安杯”竞赛先进个人	全国钢铁行业共青团工作指导和推进委员会	2021-12
翟世广	莱钢集团银山型钢有限公司板带厂	2020 年度全国钢铁行业“青安杯”竞赛先进个人	全国钢铁行业共青团工作指导和推进委员会	2021-12

姓　名	所在单位	荣誉称号	授予单位	授予时间
王冰怡	山东钢铁集团日照有限公司焦化厂	2020年度全国钢铁行业“青安杯”竞赛先进个人	全国钢铁行业共青团工作指导和推进委员会	2021-12
刘　娜	莱钢集团淄博锚链有限公司	2020年度全国钢铁行业“青安杯”竞赛先进个人	全国钢铁行业共青团工作指导和推进委员会	2021-12
崔志伟	莱钢集团培训中心	2020年度全国钢铁行业“青安杯”竞赛先进个人	全国钢铁行业共青团工作指导和推进委员会	2021-12
刘卓智	山东钢铁集团日照有限公司炼钢厂	2020年度全国钢铁行业“青安杯”竞赛先进个人	全国钢铁行业共青团工作指导和推进委员会	2021-12
颜永健	山东钢铁集团房地产有限公司	2020年度全国钢铁行业“青安杯”竞赛先进个人	全国钢铁行业共青团工作指导和推进委员会	2021-12
张　强	山信软件股份有限公司	2020年度全国钢铁行业“青安杯”竞赛先进个人	全国钢铁行业共青团工作指导和推进委员会	2021-12
吴旭鹏	山钢股份莱芜分公司	2020年度全国钢铁行业“青安杯”竞赛最佳青安岗岗长（员）	全国钢铁行业共青团工作指导和推进委员会	2021-12
吴　琦	山钢股份莱芜分公司棒材厂	2020年度全国钢铁行业“青安杯”竞赛最佳青安岗岗长（员）	全国钢铁行业共青团工作指导和推进委员会	2021-12
王国庆	山钢股份莱芜分公司炼铁厂	2020年度全国钢铁行业“青安杯”竞赛最佳青安岗岗长（员）	全国钢铁行业共青团工作指导和推进委员会	2021-12
马　林	山钢股份司莱芜分公司能源动力厂	2020年度全国钢铁行业“青安杯”竞赛最佳青安岗岗长（员）	全国钢铁行业共青团工作指导和推进委员会	2021-12
李　晨	山钢股份莱芜分公司品质保证部	2020年度全国钢铁行业“青安杯”竞赛最佳青安岗岗长（员）	全国钢铁行业共青团工作指导和推进委员会	2021-12
刘　洋	山钢股份莱芜分公司特钢事业部	2020年度全国钢铁行业“青安杯”竞赛最佳青安岗岗长（员）	全国钢铁行业共青团工作指导和推进委员会	2021-12
颜　磊	莱钢集团银山型钢有限公司板带厂	2020年度全国钢铁行业“青安杯”竞赛最佳青安岗岗长（员）	全国钢铁行业共青团工作指导和推进委员会	2021-12

姓　名	所在单位	荣誉称号	授予单位	授予时间
王颖相	山东钢铁集团日照有限公司冷轧厂	2020年度全国钢铁行业“青安杯”竞赛最佳青安岗岗长（员）	全国钢铁行业共青团工作指导和推进委员会	2021-12
张文航	山东钢铁集团日照有限公司中厚板厂	2020年度全国钢铁行业“青安杯”竞赛最佳青安岗岗长（员）	全国钢铁行业共青团工作指导和推进委员会	2021-12
魏统蒙	山东钢铁集团日照有限公司中厚板厂	2020年度全国钢铁行业“青安杯”竞赛最佳青安岗岗长（员）	全国钢铁行业共青团工作指导和推进委员会	2021-12
沈传新	山东钢铁集团日照有限公司焦化厂	2020年度全国钢铁行业“青安杯”竞赛最佳青安岗岗长（员）	全国钢铁行业共青团工作指导和推进委员会	2021-12
周　晗	山东钢铁集团日照有限公司焦化厂	2020年度全国钢铁行业“青安杯”竞赛最佳青安岗岗长（员）	全国钢铁行业共青团工作指导和推进委员会	2021-12
刘　洋	莱钢集团淄博锚链有限公司	2020年度全国钢铁行业“青安杯”竞赛最佳青安岗岗长（员）	全国钢铁行业共青团工作指导和推进委员会	2021-12
杨　辉	莱钢集团培训中心	2020年度全国钢铁行业“青安杯”竞赛最佳青安岗岗长（员）	全国钢铁行业共青团工作指导和推进委员会	2021-12
宋国栋	青岛信莱粉末冶金有限公司	2020年度全国钢铁行业“青安杯”竞赛最佳青安岗岗长（员）	全国钢铁行业共青团工作指导和推进委员会	2021-12
吕永利	莱钢集团公益事业部	2020年度全国钢铁行业“青安杯”竞赛最佳青安岗岗长（员）	全国钢铁行业共青团工作指导和推进委员会	2021-12
井维明	山东鲁冶项目管理有限公司	2020年度全国钢铁行业“青安杯”竞赛最佳青安岗岗长（员）	全国钢铁行业共青团工作指导和推进委员会	2021-12
于　丽	莱芜钢铁集团有限公司新闻中心	2020年度全国钢铁行业“青安杯”竞赛最佳青安岗岗长（员）	全国钢铁行业共青团工作指导和推进委员会	2021-12
温兴河	山信软件股份有限公司	2020年度全国钢铁行业“青安杯”竞赛最佳青安岗岗长（员）	全国钢铁行业共青团工作指导和推进委员会	2021-12

姓名	所在单位	荣誉称号	授予单位	授予时间
赵琳	山信软件股份有限公司	2020年度全国钢铁行业“青安杯”竞赛最佳青安岗岗长（员）	全国钢铁行业共青团工作指导和推进委员会	2021-12
武冠军	山东钢铁集团日照有限公司炼钢厂	第四届钢铁行业技能知识网络竞赛钢铁行业学技能知识标兵	中国钢铁工业协会	2021-12
苏鹏	山东钢铁集团日照有限公司炼钢厂	第四届钢铁行业技能知识网络竞赛钢铁行业学技能知识标兵	中国钢铁工业协会	2021-12
厉涛	山东钢铁集团日照有限公司炼钢厂	第四届钢铁行业技能知识网络竞赛钢铁行业学技能知识标兵	中国钢铁工业协会	2021-12
黄延朋	山东钢铁集团日照有限公司炼钢厂	第四届钢铁行业技能知识网络竞赛钢铁行业学技能知识标兵	中国钢铁工业协会	2021-12
李保君	山东钢铁集团日照有限公司炼钢厂	第四届钢铁行业技能知识网络竞赛钢铁行业学技能知识标兵	中国钢铁工业协会	2021-12
何富强	山东钢铁集团日照有限公司炼钢厂	第四届钢铁行业技能知识网络竞赛钢铁行业学技能知识标兵	中国钢铁工业协会	2021-12
张福星	山东钢铁集团日照有限公司炼钢厂	第四届钢铁行业技能知识网络竞赛钢铁行业学技能知识标兵	中国钢铁工业协会	2021-12
王柏峰	山东钢铁集团日照有限公司炼钢厂	第四届钢铁行业技能知识网络竞赛钢铁行业学技能知识标兵	中国钢铁工业协会	2021-12
孙那	山东钢铁集团日照有限公司炼钢厂	第四届钢铁行业技能知识网络竞赛钢铁行业学技能知识标兵	中国钢铁工业协会	2021-12
郭庆勇	山东钢铁集团日照有限公司炼钢厂	第四届钢铁行业技能知识网络竞赛钢铁行业学技能知识标兵	中国钢铁工业协会	2021-12
刘敬虎	山东钢铁集团日照有限公司炼钢厂	第四届钢铁行业技能知识网络竞赛钢铁行业学技能知识标兵	中国钢铁工业协会	2021-12

姓　名	所在单位	荣誉称号	授予单位	授予时间
殷忠力	山东钢铁集团日照有限公司炼铁厂	第四届钢铁行业技能知识网络竞赛钢铁行业学技能知识标兵	中国钢铁工业协会	2021-12
潘　霄	山东钢铁集团日照有限公司炼铁厂	第四届钢铁行业技能知识网络竞赛钢铁行业学技能知识标兵	中国钢铁工业协会	2021-12
冉德龙	山东钢铁集团日照有限公司炼铁厂	第四届钢铁行业技能知识网络竞赛钢铁行业学技能知识标兵	中国钢铁工业协会	2021-12
张守良	山东钢铁集团日照有限公司炼铁厂	第四届钢铁行业技能知识网络竞赛钢铁行业学技能知识标兵	中国钢铁工业协会	2021-12
刘安喜	山钢股份莱芜分公司	第四届钢铁行业技能知识网络竞赛钢铁行业学技能知识标兵	中国钢铁工业协会	2021-12
杨波伟	山钢股份莱芜分公司	第四届钢铁行业技能知识网络竞赛钢铁行业学技能知识标兵	中国钢铁工业协会	2021-12
展建鹏	山钢股份莱芜分公司	第四届钢铁行业技能知识网络竞赛钢铁行业学技能知识标兵	中国钢铁工业协会	2021-12
魏士诚	山钢股份莱芜分公司	第四届钢铁行业技能知识网络竞赛钢铁行业学技能知识标兵	中国钢铁工业协会	2021-12
朱德良	山钢股份莱芜分公司	第四届钢铁行业技能知识网络竞赛钢铁行业学技能知识标兵	中国钢铁工业协会	2021-12
厉红星	山钢股份莱芜分公司	第四届钢铁行业技能知识网络竞赛钢铁行业学技能知识标兵	中国钢铁工业协会	2021-12
姜伟伟	山钢股份莱芜分公司	第四届钢铁行业技能知识网络竞赛钢铁行业学技能知识标兵	中国钢铁工业协会	2021-12

姓　名	所在单位	荣誉称号	授予单位	授予时间
李建慎	山钢股份莱芜分公司	第四届钢铁行业技能知识网络竞赛钢铁行业学技能知识标兵	中国钢铁工业协会	2021-12
刘传涛	山钢股份莱芜分公司	第四届钢铁行业技能知识网络竞赛钢铁行业学技能知识标兵	中国钢铁工业协会	2021-12
尹　森	山钢股份莱芜分公司	第四届钢铁行业技能知识网络竞赛钢铁行业学技能知识标兵	中国钢铁工业协会	2021-12
吕玉卿	山钢股份莱芜分公司	第四届钢铁行业技能知识网络竞赛钢铁行业学技能知识标兵	中国钢铁工业协会	2021-12
亓　伟	山钢股份莱芜分公司	第四届钢铁行业技能知识网络竞赛钢铁行业学技能知识标兵	中国钢铁工业协会	2021-12
杨守峰	山钢股份莱芜分公司	第四届钢铁行业技能知识网络竞赛钢铁行业学技能知识标兵	中国钢铁工业协会	2021-12
崔　勇	山钢股份莱芜分公司	第四届钢铁行业技能知识网络竞赛钢铁行业学技能知识标兵	中国钢铁工业协会	2021-12
陈　朋	山钢股份莱芜分公司	第四届钢铁行业技能知识网络竞赛钢铁行业学技能知识标兵	中国钢铁工业协会	2021-12
胥　伟	山钢股份莱芜分公司	第四届钢铁行业技能知识网络竞赛钢铁行业学技能知识标兵	中国钢铁工业协会	2021-12
彭　超	山钢股份莱芜分公司	第四届钢铁行业技能知识网络竞赛钢铁行业学技能知识标兵	中国钢铁工业协会	2021-12
张华祯	山钢股份莱芜分公司	第四届钢铁行业技能知识网络竞赛钢铁行业学技能知识标兵	中国钢铁工业协会	2021-12

姓　名	所在单位	荣誉称号	授予单位	授予时间
孟广慧	山钢股份莱芜分公司	第四届钢铁行业技能知识网络竞赛钢铁行业学技能知识标兵	中国钢铁工业协会	2021-12
刘茂振	山钢股份莱芜分公司	第四届钢铁行业技能知识网络竞赛钢铁行业学技能知识标兵	中国钢铁工业协会	2021-12
李红卫	山东鲁碧建材有限公司	首届国家级新区经开区高新区职工通用数字技能培训大赛二等奖	全国机冶建材技术协会	2021-12
常　鑫	山钢集团财务公司	首届财务公司行业“智慧共享”微课大赛三等奖	中国财务公司协会	2021-12
王树葳	山钢集团财务公司	首届财务公司行业“智慧共享”微课大赛三等奖	中国财务公司协会	2021-12
霍晓飞	山钢集团财务公司	首届财务公司行业“智慧共享”微课大赛三等奖	中国财务公司协会	2021-12
宋　雪	莱钢集团有限公司工会	“永远跟党走　奋进新征程”全国职工演讲比赛铜奖	中华全国总工会	2021-12
宋　雪	莱芜钢铁集团有限公司	“我将无我　不负人民”线上共读活动全国优秀领读人	红旗出版社、中国妇女报社、“书香三八”读书组委会	2021-12

集团公司 2021 年获省级荣誉的先进个人（以获奖时间排序）

姓　名	所在单位	荣誉称号	授予单位	授予时间
司增举	莱钢集团公司党校	2019—2020 年度全省优秀理论教育工作者	中共省委宣传部	2021-01
陈　雪	莱钢集团公司办公室	省属企业建党 100 周年安保维稳工作先进个人	山东省国资委	2021-01
高　磊	银山公安局刑侦支队侦查大队	2021 年“齐鲁警察之星”	山东省公安厅	2021-01
付　磊	银山公安局治安支队	全省公安系统抗击新冠肺炎疫情成绩突出个人	山东省公安厅	2021-01

姓名	所在单位	荣誉称号	授予单位	授予时间
葛韵	银山公安局指挥中心	基层基础建设攻坚战2020年度成绩突出个人	山东省公安厅	2021-02
袁为阵	银山公安局直属分局南岭派出所	全省公安机关110工作成绩突出个人	山东省公安厅	2021-02
魏亿龙	银山公安局直属分局新兴派出所	全省公安机关110工作成绩突出个人	山东省公安厅	2021-02
刘晓辉	山钢股份莱芜分公司保卫部	全省公安机关110工作成绩突出个人	山东省公安厅	2021-02
吴立刚	山钢股份莱芜分公司保卫部	全省公安机关110工作成绩突出个人	山东省公安厅	2021-02
殷峰	银山公安局刑侦支队	全省公安机关新一轮禁毒人民战争2020年度成绩突出个人	山东省公安厅	2021-02
王永	山钢股份莱芜分公司保卫部	全省公安机关新一轮禁毒人民战争2020年度成绩突出个人	山东省公安厅	2021-02
褚慧娟	新闻传媒中心	2020年度山东省“学习强国”优秀供稿员	中共山东省委宣传部	2021-02
周平	山东钢铁股份有限公司	2020年度山东省冶金行业最美职工	山东省冶金工会委员会	2021-03
商文杰	莱钢集团淄博锚链有限公司	2020年度山东省冶金行业最美职工	山东省冶金工会委员会	2021-03
张颖	山钢集团公司财务部	2021年度山东省冶金行业女职工建功立业标兵	山东省冶金工会委员会	2021-03
周平	山东钢铁股份有限公司	2021年度山东省冶金行业女职工建功立业标兵	山东省冶金工会委员会	2021-03
孙瑞瑞	山钢股份莱芜分公司炼铁厂	2021年度山东省冶金行业女职工建功立业标兵	山东省冶金工会委员会	2021-03
吴云云	山钢股份莱芜分公司设备检修部	2021年度山东省冶金行业女职工建功立业标兵	山东省冶金工会委员会	2021-03

姓　名	所在单位	荣誉称号	授予单位	授予时间
亓　萍	山钢股份莱芜分公司能源动力厂	2021年度山东省冶金行业女职工建功立业标兵	山东省冶金工会委员会	2021-03
宋　雪	莱钢集团有限公司工会	2021年度山东省冶金行业建功立业示范标兵	山东省冶金工会委员会	2021-03
孙　玥	银山公安局直属分局新兴派出所	全省公安机关优秀女民警	山东省公安厅	2021-03
高　磊	银山公安局刑侦支队侦查大队	全省公安机关成绩突出个人	山东省公安厅	2021-04
王　瑞	银山公安局公共信息网络安全监察支队	全省公安机关成绩突出青年民警	山东省公安厅	2021-04
尹纪龙	山东钢铁集团日照有限公司冷轧厂	2020年度山东省技术能手	山东省人力资源和社会保障厅	2021-04
苏　斌	山钢集团有限公司	山东省五一劳动奖章	山东省总工会	2021-04
赵世明	山东鲁碧建材有限公司	山东省五一劳动奖章	山东省总工会	2021-04
孟丽丽	济钢冶金科学研究院有限公司	山东省五一劳动奖章	山东省总工会	2021-04
陈汝军	山东国铭球墨铸管科技有限公司	山东省五一劳动奖章	山东省总工会	2021-04
赵　菲	莱钢集团金鼎实业有限公司	酒店服务标兵	山东省烹饪协会	2021-04
马　丽	莱钢集团金鼎实业有限公司	山东饭店业服务明星	山东省旅游饭店协会	2021-04
李　娜	莱钢集团金鼎实业有限公司	山东饭店业服务明星	山东省旅游饭店协会	2021-04
刘文凭	山钢股份莱芜分公司炼钢厂	山东省优秀共产党员	中共山东省委	2021-06

姓名	所在单位	荣誉称号	授予单位	授予时间
李强	山钢集团有限公司财务部	山东省省属企业优秀共产党员	中共山东省国资委委员会	2021-06
冉宏国	莱钢集团有限公司财务部	山东省省属企业优秀共产党员	中共山东省国资委委员会	2021-06
肖海莲	山东钢铁股份有限公司	山东省省属企业优秀共产党员	中共山东省国资委委员会	2021-06
刘文凭	山钢股份莱芜分公司炼钢厂	山东省省属企业优秀共产党员	中共山东省国资委委员会	2021-06
门福茂	山东钢铁集团房地产有限公司	山东省省属企业优秀共产党员	中共山东省国资委委员会	2021-06
李海峰	山钢集团日照有限公司炼钢厂	山东省省属企业优秀共产党员	中共山东省国资委委员会	2021-06
方贻留	济钢防务技术有限公司	山东省省属企业优秀共产党员	中共山东省国资委委员会	2021-06
毛辉	山东莱钢国际贸易有限公司	山东省省属企业优秀共产党员	中共山东省国资委委员会	2021-06
刘爱华	山钢集团财务有限公司	山东省省属企业优秀共产党员	中共山东省国资委委员会	2021-06
辛帅	济钢国际融资租赁有限公司	山东省省属企业优秀共产党员	中共山东省国资委委员会	2021-06
史成龙	山东耐材集团鲁耐窑业有限公司	山东省省属企业优秀共产党员	中共山东省国资委委员会	2021-06
张建国	永锋淄博有限公司	山东省省属企业优秀共产党员	中共山东省国资委委员会	2021-06
穆念孔	山东工业职业学院	山东省省属企业优秀共产党员	中共山东省国资委委员会	2021-06
张杜坤	银山公安局	山东省省属企业优秀共产党员	中共山东省国资委委员会	2021-06
徐伟	山钢集团法律顾问中心	山东省省属企业优秀共产党员	中共山东省国资委委员会	2021-06
吕娟	山钢集团新闻传媒中心	山东省省属企业优秀共产党员	中共山东省国资委委员会	2021-06

姓　名	所在单位	荣誉称号	授予单位	授予时间
韩典平	山钢集团审计中心	山东省省属企业优秀共产党员	中共山东省国资委委员会	2021-06
王忠海	淄博张钢物业管理有限公司	山东省省属企业优秀共产党员	中共山东省国资委委员会	2021-06
曾凡钊	山钢股份营销总公司	山东省省属企业优秀党务工作者	中共山东省国资委委员会	2021-06
杨明磊	山东冶金机械厂	山东省省属企业优秀党务工作者	中共山东省国资委委员会	2021-06
魏　涛	济钢创智谷科技服务分公司	山东省省属企业优秀党务工作者	中共山东省国资委委员会	2021-06
岳远龙	山东钢铁集团矿业有限公司	山东省省属企业优秀党务工作者	中共山东省国资委委员会	2021-06
王启明	山钢金融控股（深圳）有限公司	山东省省属企业优秀党务工作者	中共山东省国资委委员会	2021-06
刘　彬	山东耐火材料集团有限公司	山东省省属企业优秀党务工作者	中共山东省国资委委员会	2021-06
张　瑾	山信软件股份有限公司	山东省省属企业优秀党务工作者	中共山东省国资委委员会	2021-06
魏静静	山东工业职业学院	山东省省属企业优秀党务工作者	中共山东省国资委委员会	2021-06
李　霞	山钢集团有限公司机关党委	山东省省属企业优秀党务工作者	中共山东省国资委委员会	2021-06
王卫海	山东工业职业学院	全省教育系统优秀共产党员	中共山东省委教育工委	2021-06
柳桂凤	银山公安局警务督察队	全省公安机关警务督察工作成绩突出个人	山东省公安厅	2021-06
王长锁	银山公安局国保支队	建党100周年安保维稳工作成绩突出个人	山东省公安厅	2021-07
袁旭东	银山公安局经侦支队	建党100周年安保维稳工作成绩突出个人	山东省公安厅	2021-07
高　磊	银山公安局刑侦支队侦查大队	建党100周年安保维稳工作成绩突出个人	山东省公安厅	2021-07

姓　名	所在单位	荣誉称号	授予单位	授予时间
李传玲	山钢集团财务公司	2021年度优秀信息联络员	山东省支付清算协会	2021-07
石　妍	山东钢铁集团日照有限公司	“红动齐鲁·我心向党”山东省第三届红色故事大赛志愿金牌讲解员、优秀红色故事	中共山东省委宣传部办公室、省委网络安全和信息化委员会办公室、省委党史研究室办公室、大众报业集团办公室、省教工委、省国资委党委、山东广播电视台办公室	2021-10
杨志民	银山公安局治安支队	“我为群众办实事”成绩突出个人记三等功	山东省公安厅	2021-10
李　滨	山东钢铁集团日照有限公司冷轧厂	山东省首届“职业健康达人”风采大赛个人赛优秀奖	山东省卫生健康委员会/山东省总工会	2021-11
张一鸣	山东钢铁集团日照有限公司能源动力厂	山东省首届“职业健康达人”风采大赛个人赛三等奖	山东省卫生健康委员会/山东省总工会	2021-11
王　菲	山东钢铁集团日照有限公司炼钢厂	山东省首届“职业健康达人”风采大赛个人赛三等奖	山东省卫生健康委员会/山东省总工会	2021-11
王鸿雁	山东工业职业学院	山东省“技能兴鲁”职业技能大赛优秀组织个人奖	山东省总工会、省职工教育协会	2021-11
赵国锋	山钢股份莱芜分公司设备检修部	冶金工匠	山东省冶金工会委员会	2021-11
张学龙	日照公司炼钢厂	冶金工匠	山东省冶金工会委员会	2021-11
孙雅文	济钢国际工程技术公司冶金事业部	山东省冶金行业职工创新能手	山东省冶金工会委员会	2021-11
燕中旺	山钢股份莱芜分公司棒材厂	山东省冶金行业职工创新能手	山东省冶金工会委员会	2021-11
陈江涛	山钢股份莱芜分公司炼铁厂	山东省冶金行业职工创新能手	山东省冶金工会委员会	2021-11

姓　名	所在单位	荣誉称号	授予单位	授予时间
李志坤	山钢股份莱芜分公司焦化厂	山东省冶金行业职工创新能手	山东省冶金工会委员会	2021-11
韩伟伟	山东莱钢永锋钢铁有限公司	山东省冶金行业职工创新能手	山东省冶金工会委员会	2021-11
鲁　亮	山东莱钢永锋钢铁有限公司	山东省冶金行业职工创新能手	山东省冶金工会委员会	2021-11
刘建军	山钢股份莱芜分公司焦化厂	山东省冶金行业职工职业道德建设标兵个人	山东省冶金工会委员会	2021-11
孙　霞	山钢集团工会	山东省冶金行业职工职业道德建设标兵个人	山东省冶金工会委员会	2021-11
郑　佳	济钢国际物流公司	山东省冶金行业职工职业道德建设标兵个人	山东省冶金工会委员会	2021-11
刘　锋	山东莱钢永锋钢铁有限公司	山东省青年发展智库特聘专家	共青团山东省委/山东省青年联合会	2021-12
刘　锋	山东莱钢永锋钢铁有限公司	山东省优秀企业家	中共山东省委/山东省人民政府	2021-12
孙　亮	山东鲁碧建材有限公司	齐鲁建材行业工匠	山东省建材工会	2021-12
杨增荣	山东钢铁集团日照有限公司冷轧厂	2021 年度山东省新时代岗位建功劳动竞赛标兵个人	山东省总工会办公室	2021-12
朱丽娟	山东钢铁集团日照有限公司党委宣传部	2021 年度山东省新时代岗位建功劳动竞赛标兵个人	山东省总工会办公室	2021-12
夏　忠	山东钢铁集团日照有限公司党委宣传部	2021 年度山东省新时代岗位建功劳动竞赛标兵个人	山东省总工会办公室	2021-12
张荣海	山东钢铁集团日照有限公司党委宣传部	2021 年度山东省新时代岗位建功劳动竞赛标兵个人	山东省总工会办公室	2021-12
胡华东	山东钢铁集团日照有限公司科技质量中心	2021 年度山东省新时代岗位建功劳动竞赛标兵个人	山东省总工会办公室	2021-12

姓　名	所在单位	荣誉称号	授予单位	授予时间
张英才	山东钢铁集团日照有限公司环境保护部	2021 年度山东省新时代岗位建功劳动竞赛标兵个人	山东省总工会办公室	2021-12
梅庆峰	山东钢铁集团日照有限公司炼铁厂	2021 年度山东省新时代岗位建功劳动竞赛标兵个人	山东省总工会办公室	2021-12
温福新	山东钢铁集团日照有限公司炼钢厂	山东省科学技术进步奖	山东省人民政府	2021-12
王　巍	山东钢铁集团日照有限公司炼钢厂	2021 年山东省先进钢铁技术技能大赛（自动化）一等奖	山东省先进钢铁技术技能大赛组委会	2021-12
赵登报	山东钢铁集团日照有限公司炼钢厂	山东省五一劳动奖章	山东省总工会	2021-12
刘文凭	山钢股份莱芜分公司炼钢厂	山东省职工职业道德建设先进个人	山东省总工会	2021-12
白元东	山钢股份莱芜分公司能源动力厂	山东省十佳反邪教志愿者	山东省反邪教协会	2021-12
段元军	山钢股份莱芜分公司保卫部	全省反邪教协会系统先进个人	山东省反邪教协会	2021-12
张文东	山钢股份莱芜分公司保卫部	全省反邪教协会系统先进个人	山东省反邪教协会	2021-12
袁　扬	山东工业职业学院	2021 年山东省大中专学生志愿者暑期“三下乡”社会实践活动优秀指导教师	山东省委宣传部、省文明办、团省委、省教育厅、省学生联合会	2021-12
岳晓雪	山东工业职业学院	2021 年山东省大中专学生志愿者暑期“三下乡”社会实践活动优秀指导教师	山东省委宣传部、省文明办、团省委、省教育厅、省学生联合会	2021-12
杨　威	山东工业职业学院	2021 年山东省大中专学生志愿者暑期“三下乡”社会实践活动优秀指导教师	山东省委宣传部、省文明办、团省委、省教育厅、省学生联合会	2021-12

姓　名	所在单位	荣誉称号	授予单位	授予时间
苏　哲	山东工业职业学院	2021年山东省大中专学生志愿者暑期“三下乡”社会实践活动优秀指导教师	山东省委宣传部、省文明办、团省委、省教育厅、省学生联合会	2021-12
刘　晓	山东工业职业学院	2021年山东省大中专学生志愿者暑期“三下乡”社会实践活动优秀指导教师	山东省委宣传部、省文明办、团省委、省教育厅、省学生联合会	2021-12
代宏伟	银山公安局直属分局新兴派出所	“党建带队建”红星个人	山东省公安厅	2021-12

集团公司2021年表彰的各类先进集体

2020年度安全生产工作先进单位

（山钢安字〔2021〕1号　2021年1月5日）

莱芜钢铁集团有限公司
山东钢铁集团矿业有限公司
山东钢铁集团永锋淄博有限公司
山东钢铁集团淄博张钢有限公司
山东钢铁集团房地产有限公司
山东工业职业学院
山东钢铁股份有限公司莱芜分公司焦化厂
山东钢铁集团日照有限公司焦化厂
山东钢铁集团日照有限公司炼钢厂
山东金召矿业有限公司
山东金岭矿业股份有限公司侯庄矿
山东济钢环保新材料有限公司
济南萨博特种汽车有限公司
莱芜钢铁集团淄博锚链有限公司
山东莱钢建设有限公司
山东耐火材料集团有限公司王铝分公司
山东钢铁集团永锋淄博有限公司安全环保部
东方星城置业有限公司
山信软件股份有限公司莱芜自动化分公司
山东钢铁集团房地产有限公司济南分公司
莱芜钢铁集团银山型钢有限公司板带厂热轧车间
莱芜钢铁集团银山型钢有限公司宽厚板事业部运行车间
莱芜钢铁集团银山型钢有限公司炼铁厂烧结一车间
山东钢铁股份有限公司莱芜分公司新旧动能转换项目工程指挥部公辅工程项目经理部
山东钢铁股份有限公司莱芜分公司棒材厂第一轧钢车间
山东钢铁股份有限公司莱芜分公司炼铁厂4号高炉车间
山东钢铁股份有限公司莱芜分公司特钢事业部新区运行车间
山东钢铁集团日照有限公司焦化厂LNG作业区
山东钢铁集团日照有限公司能源动力厂发电作业区
山东钢铁集团日照有限公司中厚板厂厚板精整作业区
山东钢铁集团日照有限公司炼铁厂第二高炉作业区
山东钢铁集团日照有限公司热轧厂热轧作业区
山东冶金机械厂有限公司压力容器事业部
山东金召矿业有限公司采掘车间
山东金岭矿业股份有限公司金召项目部采矿车间
山东金岭矿业股份有限公司选矿厂检修工段
济钢国际物流有限公司多式联运业务部
济南鲁新新型建材股份有限公司日照分公司安全生产部
济钢城市矿产科技有限公司保岗服务车队
山东莱钢建设有限公司钢结构事业部
莱芜钢铁集团建筑安装工程有限公司日照轧线检修工程部
莱钢培训中心技能安全培训部

山东耐材集团鲁耐窑业有限公司机械动力分厂
山东耐火材料集团有限公司王耐分公司硅砖分厂
山东钢铁集团永锋淄博有限公司轧钢厂高线轧制车间
山东钢铁集团永锋淄博有限公司能源动力部煤气作业车间
山信软件股份有限公司济南自动化分公司传动控制事业部
山信软件股份有限公司莱芜自动化分公司银轧运维事业部
山东钢铁集团房地产有限公司上海分公司浦江项目部
山东钢铁集团房地产有限公司黄岛/即墨分公司工程管理部

2020年度环境保护工作先进单位

（山钢安字〔2021〕1号 2021年1月5日）

山东钢铁股份有限公司
山东钢铁股份有限公司莱芜分公司
莱芜钢铁集团银山型钢有限公司
山东钢铁集团日照有限公司
山东钢铁集团永锋淄博有限公司
山东钢铁集团矿业有限公司
济钢集团有限公司
山东钢铁集团有限公司安全环保部
莱芜钢铁集团银山型钢有限公司炼铁厂
莱芜钢铁集团银山型钢有限公司炼钢厂
山东钢铁股份有限公司莱芜分公司焦化厂
山东钢铁集团日照有限公司炼铁厂
山东钢铁集团日照有限公司焦化厂
山东钢铁集团日照有限公司环境保护部
山东钢铁股份有限公司安全环保部
莱芜钢铁集团淄博锚链有限公司
淄博铁鹰钢铁有限公司
济南鲍德炉料有限公司
山东耐材集团鲁耐窑业有限公司
山东钢铁集团永锋淄博有限公司炼铁厂

2020年度山钢集团文明单位

（山钢文明委〔2021〕1号 2021年1月20日）

山东钢铁股份有限公司莱芜分公司型钢厂
济南萨博特种汽车有限公司
山东钢铁股份有限公司莱芜分公司特钢事业部
舜泰商业保理（上海）有限公司
滨州市莱钢建设置业有限公司
济南鲁新新型建材股份有限公司
温州莱建置业管理有限公司
山东钢铁集团财务有限公司
山钢金控资产管理（深圳）有限公司
山东钢铁集团有限公司研究院

2020年度审计工作先进单位

（山钢审字〔2021〕1号 2021年1月28日）

山东钢铁股份有限公司
济钢集团有限公司
莱芜钢铁集团有限公司
山东钢铁集团矿业有限公司
山钢金融控股（深圳）有限公司
山东钢铁集团财务有限公司

2020年度山钢集团新闻宣传工作先进集体

（山钢宣字〔2021〕2号　2021年4月21日）

山钢集团新闻传媒中心
山钢股份党委宣传部
山钢股份莱芜分公司党委宣传部
山钢集团日照公司党委宣传部
莱钢集团党委宣传部
济钢集团党委宣传部
山钢矿业金岭铁矿政工处
集团公司机关党委
山信软件党群部

山钢集团“中国梦·新时代·跟党走·强起来”主题宣讲比赛优秀组织奖

（山钢党办字〔2021〕12号　2021年6月10日）

山钢股份
济钢集团
山钢矿业
莱钢集团
山东耐材

山钢集团先进基层党组织

（山钢党字〔2021〕67号　2021年6月25日）

中共济钢集团有限公司委员会
中共莱芜钢铁集团有限公司委员会
中共山钢金融控股（深圳）有限公司委员会
中共山东工业职业学院委员会
中共山东钢铁股份有限公司莱芜分公司焦化厂委员会
中共莱芜钢铁集团银山型钢有限公司板带厂委员会
中共山东钢铁股份有限公司莱芜分公司焦化厂炼焦三车间支部委员会
中共山东钢铁股份有限公司莱芜分公司检修事业部型钢轧材检修部支部委员会
中共山东钢铁股份有限公司莱芜分公司炼钢厂行车一车间支部委员会
中共莱芜钢铁集团银山型钢有限公司宽厚板事业部质量检查站支部委员会
中共山东钢铁股份有限公司莱芜分公司型钢厂中型轧钢车间支部委员会
中共山东钢铁股份有限公司莱芜分公司棒材厂中小型车间支部委员会
中共山东钢铁股份有限公司莱芜分公司炼铁厂原料质检站支部委员会
中共山东钢铁股份有限公司莱芜分公司特钢事业部新区运行车间支部委员会
中共山东钢铁股份有限公司莱芜分公司运输部工务段支部委员会
中共山东钢铁集团日照有限公司热轧厂委员会
中共山东钢铁集团日照有限公司冷轧厂镀锌支部委员会
中共山东钢铁集团日照有限公司能源动力厂燃气作业区支部委员会
中共山东钢铁集团日照有限公司炼钢厂第

二维检作业区支部委员会
中共贝斯山钢（山东）钢板有限公司支部委员会
中共山东钢铁集团有限公司研究院技术研发支部委员会
中共山东冶金机械厂有限公司压力容器事业部支部委员会
中共山东钢铁股份有限公司财务部/资金结算中心支部委员会
中共济钢集团有限公司机关委员会
中共济南济钢人力资源服务有限公司委员会
中共济南鲍德炉料有限公司日照分公司支部委员会
中共山东济钢环保新材料有限公司采矿车间支部委员会
中共山东鲁冶瑞宝电气自动化有限公司机关支部委员会
中共济钢集团有限公司组织部/人力资源部支部委员会
中共济南鲁新新型建材股份有限公司支部委员会
中共莱芜钢铁集团淄博锚链有限公司委员会
中共青岛信莱伟业经贸有限公司支部委员会
中共莱芜钢铁集团有限公司公益事业部支部委员会
中共山东金岭矿业股份有限公司选矿厂总支部委员会
中共山东金召矿业有限公司运输支部委员会
中共山东金岭矿业股份有限公司选矿厂选矿支部委员会
中共山东钢铁集团国际贸易有限公司贸易部支部委员会
中共山东钢铁集团房地产有限公司济南分公司支部委员会
中共山东钢铁集团财务有限公司第一支部委员会
中共山钢金融控股（深圳）有限公司融资租赁支部委员会
中共山东耐材集团有限公司王铝分公司委员会
中共山东耐材集团鲁耐窑业有限公司粘土高铝分厂支部委员会
中共山信软件股份有限公司莱芜自动化分公司委员会
中共山信软件股份有限公司莱芜自动化分公司日照铁前运维事业部支部委员会
中共山信软件股份有限公司日照自动化分公司炼钢智能运维中心支部委员会
中共山东工业职业学院冶金与汽车工程学院总支部委员会
中共山东工业职业学院工商管理学院学生支部委员会
中共山东工业职业学院马克思主义学院支部委员会
中共山东省银山公安局第七支部委员会
中共山东钢铁集团有限公司运营管理部支部委员会

2021 年度财务工作先进单位

（财字〔2021〕6 号　2021 年 12 月 27 日）

山东钢铁股份有限公司
莱芜钢铁集团有限公司
济钢集团有限公司
山东钢铁集团矿业有限公司
山钢金融控股（深圳）有限公司
山东钢铁集团财务有限公司

集团公司2021年表彰的各类先进个人

2020年度安全生产工作先进个人

（山钢安字〔2021〕1号　2021年1月5日）

于利国　孙建设　姜世远　高相南　贺方亮　邢志刚　韩玉庆　赵志东　孙宁涛
刘元刚　孙金荣　杨义泉　尚　磊　陈昌华　范书昌　魏开庆　张维国　刘洪涛
孙继先　王者堂　窦振华　商启亮　张国华　张广英　成佳方　党金海　王明勤
窦保中　王建刚　孟德锋　祝洪新　梁平生　董连祥　郭宝辉　刘振学　高海港
樊章新　席　超　孟　琪　臧从磊　徐　峰　王继良　刘　辉　刘洪涛　李文之
井维明　王占辉　夏焕立　郭皆琪　耿庆敏　王　涛　赵　峰　边洪波　郝宁波
孙光超　林永新　史成龙　杨怀林　刘玉明　刘运广　齐　清　项树梁　范殿贵
聂　磊　郑春晓　郭忠新　马龙鹏　徐兴旺　齐国栋　钟　凯　卢国栋　张连成
韩文革　谭振昌　郝　冰　邹　芬　许捍东　翟绪武　王玉琦　史　越　陈兴华
黄长顺　巩建学　张述洪　乔卫国　王　勇　韩　雪　蒋希波　孙广明　李玉红
李小权　马　骏　刘志刚　孙　波　崔中晔　胡　玉　袁乃收　韩怀平　李　霞

2020年度环境保护工作先进个人

（山钢安字〔2021〕1号　2021年1月5日）

郭　涛　赵兴永　焦金鹏　宋西民　朱继民　罗公明　刘　涛　刘俊明　刘智广
苏润宁　张继进　董建斌　杜宪伟　王光福　许贵成　赵　亮　刘义学　闫顺璞
崔怀银　仇胜萌　陈万福　王　冰　董德明　孙爱萍　姜　涛　张晓男　尹鲁生
徐勤迅　陈文达　杨增刚　左　刚　王　蕾　朱总儒　陈永伟　孙志强　邢　勇
耿福臣　李　胜　王　伟　翟　永　张研忠　赵鹏飞　师黄伟　朱训强　胡正波
王峰圃　杨　军　徐金波　徐瑞喜　王延贵　窦　辉　滕　健　赵　斌　姜　川
刘金亭　赵思强　亓爱峰　孙　晶　鲁　攀　陈大健　谢　晖　奚道鑫　郑　丽
孙　霞　王秉钧　孙淑辉　王　刚　赵　腾　刘建新　赵玉潮

2020年度审计工作先进个人

（山钢审字〔2021〕1号　2021年1月28日）

刘　扬　杨海菊　阮双荣　聂　鑫　董绪林　鞠　健　李姗姗　尚　伟　闫　辉
陈芳珍　程方圆　李　辉　杨和义　周长庆　赵修华　王晓鸣　李　琦　董　擎
滕　野　王　茜　王　珂　赵菲菲　杜文超

巡察工作先进个人

（山钢党字〔2021〕18号　2021年2月1日）

张新福　李　涛　郝之峰　冯清智　辛本权　徐　华　马　帅　张　明　王　勇
徐　毅　张　磊　王　伟　付延花　陈燕云　杨大鹏　田　静　荣振宇　徐　乔
焦卫东　韩永生　杜富仁　张　蕾　李　竞　张文庆　陈　啸　孟庆钢　严　胜
陈　磊　邹　彤　孟　尧　马　龙　刘亚平　巩守田　徐　健　瞿守民　王婷婷
杨　鑫　燕　菊　魏安庆　付师星　张　强　刘成伟　邱　峰　孙树卫　程方圆
张建明　石东华

2020年度山钢集团新闻宣传工作先进个人

（山钢宣字〔2021〕2号　2021年4月21日）

王玉军　栾长河　孙运利　毕海涛　肖海莲　张　波　张庆祥　丁书洪　郭　阳
祝金婷　王彤彤　赵冬梅　张　胜　宫　宇　康怀峥　周海力　王　莹　颜永健
陈　峰　鲁　攀　郭长禄　赵　颖　杜　慧　孙启德　宋宪斌　李　梁　单燕斐
宋　哲　赵　腾　祝　叶　房　超　李　森　梁玉超

山东钢铁集团有限公司劳动模范

（山钢党字〔2021〕38号　2021年4月23日）

王万松　王雪朋　公茂海　包广东　师黄伟　任科社　刘丰生　刘玉珍　刘成宝
刘晓宁　苏　伟　李仁壮　李春峰　李振刚　李敏敏　来现民　陆殿一　陈　良
赵　建　姜世远　娄焕民　徐令喜　栾兆华　董　林　董　杰　韩　刚　韩西鹏
薛建委　魏　涛　魏静静

山东钢铁集团有限公司工匠

（山钢党字〔2021〕39号　2021年4月23日）

卜德勋　刘　东　刘　谦　刘立业　刘金财　孙其涛　李贤东　张　剑　张作福
张学龙　陆会鑫　陈建巧　范　旭　郑建忠　孟丽丽　黄　利　康　鹏　商文杰
谢红斌　颜继生

“中国梦·新时代·跟党走·强起来”主题宣讲比赛获奖者

（山钢党办字〔2021〕12号　2021年6月10日）

一等奖

故事类：石　妍　王　菲　石　雪
曲艺类：胡　群　刘星宇　杨珍珍　薛　梅　王　缤　王文娟　王芸芸　孟祥瑞
王兴龙　王明哲　王文娟　张　梁　于　斌

视频类：曹艳茹　朱甲鹏　赵建忠　周海力

二等奖

故事类：于善玲　马传统　阎　薇　齐振海　谢继慧　孙昕玥　王　静

曲艺类：张　敏　高　璇　孟文浩　邬俊光　赵丽君　柴光华　黄永丽　张　雪　张　晓

视频类：张跃如　刘光磊　钱忠春　夏焕立　于　沁　陈　刚

三等奖

故事类：王　璐　姜向盈　苏　哲　石红玉　赵永琦　韩　超　董　寒　刘志浩

曲艺类：米伟伟　伍文文　江　舟　隗　伟　张志辉　王玉波　张　璇　殷晓燕　刘　青　纪美鹿　贾佳佳　周文洁　张海静　王　喆　裴水秀　孙　晶　张天媛　张　平

视频类：丁梦怡　徐兆明　韦统涛　王丽云　娄焕民　季惠惠

山钢集团优秀共产党员

（山钢党字〔2021〕67 号　2021 年 6 月 25 日）

姜世远　李玉林　李普庆　孙建设　周光军　刘士贞　刘军生　王建军　徐永波
郑　毅　丁玉栋　张俊福　孙　燕　赵佃军　王汝波　吴　强　刘俊宝　王金刚
贺方亮　郭　东　吕海滨　李国军　栗　豹　高希迎　刘卫国　贾海涛　李俊瑶
张加芹　刘庆峰　徐英军　陈　良　张　庆　张秀荣　王　宝　于　辉　黄治波
陈淑杰　杨　鹏　赵立明　贾瑞林　刘方虎　逯　斌　魏传波　王　站　张　刚
冯文义　贾卫东　王须革　张　萍　葛海斌　于泉友　赵士链　靖玉利　李春伟
朱宁征　赵善阳　李　林　王玉民　常连增　左建强　刘精华　齐天圣　石　东
高良豪　张英才　杜　辉　聂延忠　郭　青　李欣金　石荣宗　马兴云　刘庆林
张　军　孟庆钢　张金秋　徐守亮　王明勤　孙德民　石瑞虎　陈　飞　王　颖
刘丽云　王玉全　王　珂　刘自民　朱晓文　曲丽娜　刘俊青　姜和信　赵　亮
孙丽君　刘广友　刘　奇　杨兆亮　韩　强　耿后安　张　涛　曹士正　石本军
徐勤迅　朱迎春　时海洋　商文杰　郑忠海　向兆安　刘冰晨　孙传军　耿福臣
曹　强　张本磊　禚世涛　刘珊珊　刘　群　孙敬芳　吴国富　赵　颖　王京伟
李国栋　张传利　苏敬奇　王际武　李　明（山东耐材）　杨　锋　陈秀超
亓爱峰　李　明（山信软件）　黄立国　李　毅　庞曰涛　王振光　刘树春
赵沛柳　徐　畅　宫胜利　肖济萍　柳桂凤　刘　晨　王景艳　邹方敏　张继承
王晓鸣　房　超

山钢集团优秀党务工作者

（山钢党字〔2021〕67 号　2021 年 6 月 25 日）

薄　涛　李茂岭　黄振辉　左海青　刘建迅　王俊生　朱　涛　王绍荣　李瑞峰
孙振华　吴振东　刘元才　亓　斌　闵凡启　杨　刚　孟祥瑞　查　凯　郭　亮

左连东　曾凡钊　周　平　张广英　董永峰　于　涛　黄善兵　崔德伟　董德明
潘金旗　付长青　陈敏弟　朱　涛　鉴继祥　刘洪涛　王　琛　杜祖伦　王兆生
颜继亮　崔　勇　窦爱玲　张　强　谷玉霞　夏　雷　李传玲　李　珂　薄纯尧
宗　雷　张　瑾　孟凡平　杨锦华　李恩亮　逄晓男　耿佃标　袁好杰　张　红
张　峰　付师星　李　冉　孙日东　张兰润　张怀鹏　许归凡　牛　斌　乔廷祥

2021年优秀党建思想政治工作研究会干部

（山钢政研字〔2021〕2号　2021年8月31日）

王玉军　刘佳宝　张庆祥　常　亮　张跻国　杨明磊　王景洲　李　键　王晓冰
葛文京　马金宝　王　静　刘　辉　赵增翼　王　爽　鲁　攀　王金海　孟凡平
宋宪斌　陈　宇　李　冉　张　岳　王利峰　宋　哲　韩典平　崔瑞辉

第六届山钢集团道德模范

（山钢文明委〔2021〕3号　2021年9月6日）

助人为乐道德模范

李　鹏　刘宝刚　李志杰　李逢涛　郭培友

见义勇为道德模范

徐　宁　刘晓羽

诚实守信道德模范

魏　涛　王宗贵　张　伟　李　珂　王茂英　张开龙

敬业奉献道德模范

李仁壮　李敏敏　陈　振　曲丽娜　王永刚　赵伟田　艾兴君

孝老爱亲道德模范

刘晓云　毕海峰　李大梅　李寿凯

第六届山钢集团道德模范提名奖

（山钢文明委〔2021〕3号　2021年9月6日）

敬业奉献道德模范

于　润　李向荣　曹　强　吕京国

孝老爱亲道德模范

刘志强　胡美芹

2021年度财务工作先进个人

（山钢财字〔2021〕6号　2021年12月27日）

宓小婷（挂职）　荣国才　杜金环　段明瑛　史能波　王　兵　张广民　徐文会　王晓霞　孙海洋　程云鹏　苏春越　张　娜　刘　贤　王荣荣　马婷婷　李　岩　高如宝　谢　琴　耿　丽　禚世涛　于晓飞　王　喆　齐　刚　陈　永　陈爱玲　李　函

集团公司2021年获省级以上管理创新成果

成果类型	成果名称	完成人	获奖等级	授予部门	授予时间	获奖单位
山东省企业管理现代化创新成果	基于高质量发展目标的系统对标提升管理实践	李家波、高相南、冉秋蕊、陈超、徐勤庆、亓福川、钟玲	二等奖	山东省企业管理现代化创新成果评审委员会	2021-11-05	山东钢铁股份有限公司莱芜分公司
山东省企业管理现代化创新成果	以周成本为基础的精细化管理体系构建	孙正旭、王伟、尚超、高景麟、刘燕、张洋、李超	二等奖	山东省企业管理现代化创新成果评审委员会	2021-11-05	莱芜钢铁集团银山型钢有限公司
山东省企业管理现代化创新成果	提升企业发展品质的管理新生态构建	吕铭、张润生、毕衍涛、赵洪荣、秦炳荣、孙艳红、庞志忠	二等奖	山东省企业管理现代化创新成果评审委员会	2021-11-05	山东钢铁集团日照有限公司
山东省企业管理现代化创新成果	全面实行“效率变革”加速推进特大型钢铁企业高质量转型发展	薄涛、苗刚、王文涛、王广海、季宏杰、蒋雪军、何柳萌	二等奖	山东省企业管理现代化创新成果评审委员会	2021-11-05	济钢集团有限公司
山东省企业管理现代化创新成果	以供应链金融业务协同为基础的事业部制的运营实施	黄振辉、侯世杰、苏晓明、赵文娟、郭程、张旭、刘梦琪	二等奖	山东省企业管理现代化创新成果评审委员会	2021-11-05	山钢金融控股（深圳）有限公司
山东省企业管理现代化创新成果	基于数智化赋能的金融业务综合管控平台建设与开发	黄振辉、乔立海、王磊、侯世杰、苏晓明、王烁、张旭	二等奖	山东省企业管理现代化创新成果评审委员会	2021-11-05	山钢金融控股（深圳）有限公司
山东省企业管理现代化创新成果	基于精益运营的高质量创新型产业集群构建	杨锦华、邢建厂、王瑞华、杜伟、亓爱峰、宋希光、李青	二等奖	山东省企业管理现代化创新成果评审委员会	2021-11-05	莱芜钢铁集团电子有限公司

续表

成果类型	成果名称	完成人	获奖等级	授予部门	授予时间	获奖单位
山东省企业管理现代化创新成果	以“五位一体”协同为核心的商业模式探索与实践	郭伟达、尹虎、高传华、刘庆祯、李士安、宋尊国、于家慧	三等奖	山东省企业管理现代化创新成果评审委员会	2021-11-05	山东钢铁股份有限公司
山东省企业管理现代化创新成果	疫情常态化背景下以效率变革为核心的战略转型实践	高翔、徐守亮、王同彦、李善磊、张家峰、孟贤锋、张超	三等奖	山东省企业管理现代化创新成果评审委员会	2021-11-05	济钢集团有限公司
山东省企业管理现代化创新成果	大型矿山生产建设五位一体运营实践	王明勤、靳玉启、杨勇、姜言明、张国强、张兆泉、牛玉	三等奖	山东省企业管理现代化创新成果评审委员会	2021-11-05	山东济钢环保新材料有限公司
山东省企业管理现代化创新成果	旨在提升矿山企业核心竞争力的科技创新管理	刘圣刚、董峻岭、张作金、文雪虎、杨绍令、王孝虎、房启家	三等奖	山东省企业管理现代化创新成果评审委员会	2021-11-05	山东钢铁集团矿业有限公司
山东省企业管理现代化创新成果	国有开发企业混改模式的设计和应用	王文学、李宏伟、葛旭、丁加祥、高传胜、张舵、王远	三等奖	山东省企业管理现代化创新成果评审委员会	2021-11-05	山东钢铁集团房地产有限公司
山东省企业管理现代化创新成果	“智慧地产”数字化管控平台的构建及应用	王文学、王剑、王少卿、潘嵩、高玉金、鞠欣、石春蕾	三等奖	山东省企业管理现代化创新成果评审委员会	2021-11-05	山东钢铁集团房地产有限公司
冶金企业管理现代化创新成果	以本质化运营水平提升为目标的“五位一体”协同机制研究与构建	王向东、吕铭、郭伟达、孔凡强、李金怀、尹虎、李金传、李娜、于学文、于家慧	二等奖	中国钢铁工业协会	2021-12-28	山东钢铁股份有限公司
冶金企业管理现代化创新成果	依托院士工作站的科技合作协同机制创新实践	王国栋、王向东、田超、楚世豪、马兴云、徐继山、宋国栋、袁国、张殿华、郭晓鲲	二等奖	中国钢铁工业协会	2021-12-28	山东钢铁股份有限公司

续表

成果类型	成果名称	完成人	获奖等级	授予部门	授予时间	获奖单位
冶金企业管理现代化创新成果	以标准成本管理为基础、结构增效为目标的订单效益测算系统开发与实践	郭伟达、高传华、陈辉、赵山绩、张爱民、衣海花、王增强、尹虎、张晶波、孙玉磊	二等奖	中国钢铁工业协会	2021-12-28	山东钢铁股份有限公司
冶金企业管理现代化创新成果	以打造行业新标杆为导向的运营管理新生态建设	吕铭、张润生、蒋学健、毕衍涛、赵洪荣、秦炳荣、孙艳红、庞志忠、吴尚坤、吕安明	二等奖	中国钢铁工业协会	2021-12-28	山东钢铁集团日照有限公司
冶金企业管理现代化创新成果	具有新时代钢铁国有企业特色的“3+6+3”董事会立体管控模型构建	于奇、李学玉、陈茂文	三等奖	中国钢铁工业协会	2021-12-28	山东钢铁集团有限公司
冶金企业管理现代化创新成果	绿色循环低碳引领企业高质量发展的实践	王志强、杨富廷、赵玉潮、朱圣华、刘建新	三等奖	中国钢铁工业协会	2021-12-28	山东钢铁集团有限公司
冶金企业管理现代化创新成果	国有企业建立职业经理人制度的研究与探索	刘秀元、来现民、黄振辉、张岳、马家泰	三等奖	中国钢铁工业协会	2021-12-28	山东钢铁集团有限公司
冶金企业管理现代化创新成果	以成本深度挖潜为基础的极致提产研究与实践	王键、任科社、周永忠、何进、薛志	三等奖	中国钢铁工业协会	2021-12-28	山东钢铁股份有限公司
冶金企业管理现代化创新成果	筒仓条件下全要素智能配煤系统管理的研究与应用	姜世远、刘建迅、刘元杰、葛东、李国军	三等奖	中国钢铁工业协会	2021-12-28	山东钢铁股份有限公司
冶金企业管理现代化创新成果	探索建立以自主维护为核心的第一道全员设备管理防线	吕智勇、张宁、马琳、李冉、丁增佳	三等奖	中国钢铁工业协会	2021-12-28	山东钢铁股份有限公司

续表

成果类型	成果名称	完成人	获奖等级	授予部门	授予时间	获奖单位
冶金企业管理现代化创新成果	基于系统、精益、创新、极致管理模式下成本降低的实践与应用	张润生、李东祥、赵忠山、胡明龙、崔春燕	三等奖	中国钢铁工业协会	2021-12-28	山东钢铁集团日照有限公司
冶金企业管理现代化创新成果	构建融合共赢的相关方管理	张润生、姚建平、林保国、李璞、郭传奇	三等奖	中国钢铁工业协会	2021-12-28	山东钢铁集团日照有限公司
冶金企业管理现代化创新成果	中厚板产线“三平台、四基础”管理模式的产能提升研究与应用	李永亮、乔松、刘朋、杨勇、赵令玉	三等奖	中国钢铁工业协会	2021-12-28	山东钢铁集团日照有限公司
冶金企业管理现代化创新成果	基于金融创新的钢铁企业不良资产处置的探索与实践	黄振辉、王其成、乔立海、王来星、陈剑	三等奖	中国钢铁工业协会	2021-12-28	山钢金融控股（深圳）有限公司
冶金企业管理现代化创新成果	以供应链金融业务协同为基础的事业部制运营探索	黄振辉、侯世杰、苏晓明、赵文娟、朱立波	三等奖	中国钢铁工业协会	2021-12-28	山钢金融控股（深圳）有限公司
冶金企业管理现代化创新成果	以产融协同发展为目标的差异化融资实践	潘小丽、时鹏刚、黄振辉、乔立海、周艳梅	三等奖	中国钢铁工业协会	2021-12-28	山钢金融控股（深圳）有限公司
冶金企业管理现代化创新成果	以“三同步”为目标的项目过程管理模式探索与实践	张元福、胥爱国、段方民、杜军、张婕	三等奖	中国钢铁工业协会	2021-12-28	山信软件股份有限公司
冶金企业管理现代化创新成果	“三融合”营销模式的探索与实践	李强笃、张钢、赵树俭、台俊立、顾志国	三等奖	中国钢铁工业协会	2021-12-28	山东钢铁集团国际贸易有限公司

（撰稿：牛玉波　审稿：李丰功）

集团公司2021年获省级以上科技创新成果

成果类型	成果名称	完成人	获奖等级	授予部门	授予时间	获奖单位
冶金科学技术奖	异型钢轧制关键技术研究与应用	吕智勇、逄晓男、马光亭、郑国防、周平	三等奖	中国钢铁工业协会、中国金属学会	2021-08-16	山东钢铁股份有限公司
冶金科学技术奖	煤矿综采重大装备用钢板关键技术研发与产业化应用	麻衡、武会宾、王中学、霍孝新、武光君	三等奖	中国钢铁工业协会、中国金属学会	2021-08-16	莱芜钢铁集团银山型钢有限公司
冶金科学技术奖	镁处理洁净钢新产品开发与关键技术集成	王德永、邓丽琴、王中学、屈天鹏、陈兆平、张佩、张才贵、殷胜、田俊、左康林、戈文英、郑桂芸、吴德润、周桂海、谷春晓	一等奖	中国钢铁工业协会、中国金属学会	2021-08-16	上海梅山钢铁股份有限公司、苏州大学、山东钢铁股份有限公司、宝山钢铁股份有限公司、上海永烨冶金科技发展有限公司
冶金科学技术奖	墨龙 HIsmelt 熔融还原技术的研发与应用	张冠琪、张建良、魏召强、于国华、毛庆武、王佑宝、王炜、刘云龙、钱飞舟、刘征建	二等奖	中国钢铁工业协会、中国金属学会	2021-08-16	山东墨龙石油机械股份有限公司、北京科技大学、山东省冶金设计院股份有限公司、北京首钢国际工程技术有限公司、山东耐材集团鲁耐窑业有限公司、武汉科技大学、苏州海陆重工股份有限公司

续表

成果类型	成果名称	完成人	获奖等级	授予部门	授予时间	获奖单位
冶金科学技术奖	冶金工业建筑锈损钢结构诊治关键技术	徐善华、李安邦、郑云、庄继勇、王友德、王应生、吕智勇、薛鹏、董振平、戴嘉川	二等奖	中国钢铁工业协会、中国金属学会	2021-08-16	西安建筑科技大学、中冶建筑研究总院有限公司、宝武装备智能科技有限公司、山东钢铁股份有限公司、西安建筑科大工程技术有限公司、福建三钢闽光股份有限公司
冶金科学技术奖	大宗散料处理与储配智能化关键技术研究及产业化应用	杨博、陈蓉燕、王培文、张新力、殷光华、林涛、王泽、于长志、岳洪亮、王沛庆	二等奖	中国钢铁工业协会、中国金属学会	2021-08-16	中冶赛迪重庆信息技术有限公司、中冶赛迪工程技术股份有限公司、莱芜钢铁集团银山型钢有限公司、马鞍山钢铁股份有限公司、武汉钢铁有限公司、内蒙古包钢钢联股份有限公司
冶金科学技术奖	钢厂智能化多功能钢卷运输系统核心装备的研究与应用	韦富强、张建、郑江涛、杨金光、王国连	三等奖	中国钢铁工业协会、中国金属学会	2021-08-16	北京首钢国际工程技术有限公司、北京首钢云翔工业科技有限责任公司、山东钢铁集团日照有限公司、首钢京唐钢铁联合有限责任公司、上海奥威科技开发有限公司
山东省科学技术奖	高端制造用易焊接耐磨蚀钢板及其成套装备研发与产业化应用	王中学、麻衡、付天亮、武会宾、王月香、李涛、于全成、霍孝新、周平	二等奖	山东省人民政府	2021-12-30	山东钢铁股份有限公司、东北大学、北京科技大学

续表

成果类型	成果名称	完成人	获奖等级	授予部门	授予时间	获奖单位
山东省科学技术奖	连铸中间包再生料工作衬长寿技术开发及应用	武光君、宁伟、刘杰、王金洪、张海波、石磊	三等奖	山东省人民政府	2021-12-30	山东钢铁股份有限公司、莱芜钢铁集团银山型钢有限公司、莱芜钢铁集团新兴液气有限公司
山东省科学技术奖	大中型转炉精品钢高效精准冶炼技术集成与创新	温福新、王学新、张永青、佟圣刚、胡勤东、毕永杰	三等奖	山东省人民政府	2021-12-30	山东钢铁集团日照有限公司

（撰稿：谢 晖 审稿：李丰功）

集团公司2021年获省级以上党建思想政治工作成果

成果类型	成果名称	完成人	获奖等级	授予时间	获奖单位
2020—2021年度全国企业文化优秀成果	以“共赢文化”引领企业“强”起来	山钢集团	一等奖	2021-12-20	山钢集团党委
2021年冶金企业党建思想政治工作优秀研究成果	以“共赢文化”引领企业“强”起来	苏斌、张兰润、王利峰	一等奖	2021-12-20	山钢集团党委
2021年冶金企业党建思想政治工作优秀研究成果	创建“五心四化”党建品牌　以高质量党建引领高质量发展	王向东、高凤娟、徐西刚	一等奖	2021-12-20	山钢股份
2021年冶金企业党建思想政治工作优秀研究成果	济钢集团坚持新发展理念　争做新旧动能转换排头兵的实践与探索	王景洲、李维忠、张洪雷	一等奖	2021-12-20	济钢集团
2021年冶金企业党建思想政治工作优秀研究成果	打造形势任务集中宣讲品牌　提高服务中心工作水平	肖为民、杨慧、刘青霞	一等奖	2021-12-20	莱钢集团
2021年冶金企业党建思想政治工作优秀研究成果	构建“1+9+*N*”大监督体系　推动各类监督贯通融合	王友军、张楠	二等奖	2021-12-20	莱钢集团
2021年冶金企业党建思想政治工作优秀研究成果	新时代国有企业钢铁企业党支部建设问题研究	李霞、张海鹰、张序	二等奖	2021-12-20	机关党委
2021年冶金企业党建思想政治工作优秀研究成果	发挥政治优势　强化党建引领　助推企业缓和所有制改革高质量推进	张晓燕、鉴继祥、段丽莉	二等奖	2021-12-20	莱钢集团
2021年冶金企业党建思想政治工作优秀研究成果	干部担当作为激励机制实践与应用	苗刚、张金秋、李键	二等奖	2021-12-20	济钢集团
2021年冶金企业党建思想政治工作优秀研究成果	领航发展　走在前列——山钢日照公司党委实施新时代党建领航工程的思考与实践	吕铭、林保国、张荣海	二等奖	2021-12-20	日照公司
2021年冶金企业党建思想政治工作优秀研究成果	打造思想新动能　推动企业高质量发展	王向东、苏加庆、张亚杰	二等奖	2021-12-20	山钢股份莱芜分公司

续表

成果类型	成果名称	完成人	获奖等级	授予时间	获奖单位
2021年冶金企业党建思想政治工作优秀研究成果	切实把山钢信息技术产业职工队伍建设好 进一步推动习近平新时代中国特色社会主义思想走深走实	张元福、丁光伟、孟凡平	三等奖	2021-12-20	山信软件
2021年冶金企业党建思想政治工作优秀研究成果	加大大监督体系建设 为济钢高质量转型发展清弊除障赋能护航	于文波、孟庆刚、王颖	三等奖	2021-12-20	济钢集团
2021年冶金企业党建思想政治工作优秀研究成果	推进党的建设与职业经理人改革深入融合的探究与思考	黄振辉、王启明、鲁攀	三等奖	2021-12-20	山钢金控
2021年冶金企业党建思想政治工作优秀研究成果	新时代国有矿山企业思想政治工作面临问题及对策探讨	赵帅	三等奖	2021-12-20	山钢矿业
2021年冶金企业党建思想政治工作优秀研究成果	党建引领 强根铸魂 打造山钢国贸高质量发展新格局	韦晶	三等奖	2021-12-20	山钢国贸
2021年冶金企业党建思想政治工作优秀研究成果	谋实策 做实功 求实效 以高质量党建引领企业高质量发展	马金宝、陈为强、赵帅	三等奖	2021-12-20	山钢矿业
2021年冶金企业党建思想政治工作优秀研究成果	新时期企业党校教育模式研究	赵子平、于沁	三等奖	2021-12-20	莱钢集团
2021年冶金企业党建思想政治工作优秀研究成果	坚定不移扛起国有企业责任担当 凝聚抗击疫情的强大力量	薄涛、董胜峰、蒋雪军	三等奖	2021-12-20	济钢集团
首届山东省企业文化优秀成果	以“共赢文化”引领企业“强”起来	苏斌、张兰润、周传勇、王利峰	一等奖	2021-07-02	山钢集团党委
2020年省属企业党建思想政治工作优秀成果	“学习+精益”管理文化的探索与实践	苏加庆、许兵、张亚杰、马晶晶	二等奖	2021-02-07	山钢股份莱芜分公司
2020年省属企业党建思想政治工作优秀成果	把握时度效 在突发公共事件中提升新闻舆论引导力	褚慧娟	二等奖	2021-02-07	新闻传媒中心
2020年省属企业党建思想政治工作优秀成果	推进过硬支部建设增强基层党组织的创造力凝聚力战斗力	郭维河、董保树、孟凡平、段菲	三等奖	2021-02-07	山信软件

续表

成果类型	成果名称	完成人	获奖等级	授予时间	获奖单位
2020年省属企业党建思想政治工作优秀成果	构建一体化舆情管理体系　维护企业改革发展大局稳定	张蕾、于泉友、刘佳宝、栾长河	三等奖	2021-02-07	山钢股份莱芜分公司
2020年省属企业党建思想政治工作优秀成果	围绕“实”字下功夫　筑牢意识形态工作“钢筋铁骨”	苏斌、张兰润、王利峰	三等奖	2021-02-07	山钢集团党委

（撰稿：任晓华　审稿：张兰润）

集团公司2021年表彰的各类优秀成果

2021年优秀党建思想政治工作研究成果

（山钢政研字〔2021〕2号　2021年8月31日）

一等奖（15篇）

1. 建设“宣传云”强化企业宣传思想工作
山钢股份莱芜分公司　苏加庆　于泉友　刘佳宝　栾长河
2. 创新“三五三”党建路径，赋能企业高质量发展
山钢集团党委组织部　李勇实　张怀鹏　李　霞　田德科
3. 构建以党建引领为核心的政治保障体系
山钢股份莱芜分公司　王向东　齐登业　景　凯　刘振海　张金良
叶　华　杨　鑫　刘　敏　宿　昊
4. 打造思想新动能推动企业高质量发展
山钢股份莱芜分公司　张　蕾　许　兵　张亚杰　马晶晶
5. 实施新时代党建领航工程，以高质量党建引领高质量发展
日照公司　吕　铭　林保国　张荣海　时　旭
6. 夯三基　走在前　作表率
——山钢集团机关党建工作标准化规范化探索与实践　机关党委　李勇实　李　霞
7. 构建“1+9+*N*”大监督体系　推动各类监督贯通融合　莱钢集团　王友军　张　楠
8. 打造“形势任务集中宣讲”品牌　提高服务中心工作水平
莱钢集团　肖为民　杨　慧　刘青霞
9. 实施“四坚持四确保”　推进党史学习教育走深走实
日照公司　孙永和　张荣海　朱丽娟　常　亮　杨位钦
10. 干部担当作为激励机制实践与应用　济钢集团　王广海　张金秋　李　键　苑　圆
11. 以“三个重点”为总要求，以“五项工程”为主载体，推动过硬党支部建设实现质与量双提升　山钢股份莱芜分公司　姜世远　刘　楚　孔德明
12. 弘扬劳模精神劳动精神工匠精神的研究和实践
日照公司　孙永和　张荣海　朱丽娟　夏　忠　石　妍　郭春红
13. 切实把山钢信息技术产业职工队伍建设好　进一步推动习近平新时代中国特色社会主义思想走深走实走心　山信软件　丁光伟
14. 发挥政治优势　强化党建引领　助推企业混合所有制改革高质量推进
莱钢集团　张晓燕　鉴继祥　段丽莉　马　龙　隋　泳
15. 创新开展境外巡察　纵深推进全面从严治党　山钢国贸　马晋宇　李宪华

二等奖（20篇）

1. 构建新型导师带徒体系，优化职工心力成长生态　济钢集团　黄善兵　刘丽云

2. 新时代加强党对内部审计工作领导的研究与实践　审计中心　刘兰雪　韩典平
3. 关于推进基层大监督体系建设的实践与思考　山钢股份莱芜分公司　赵智珠　周光军　焦卫东　刘　扬
4. 融媒体背景下服务企业高质量发展的研究与思考　新闻传媒中心　吕　娟
5. 在时代的景深中发出舆论最强音　新闻传媒中心　党　浅
6. “微”时代下思想政治宣教模式重塑　淄博张钢　宋宪斌
7. 落实意识形态工作责任制的研究与思考　山信软件　孟凡平　杜　慧
8. 关于新形势下国企纪委开展全流程监督稽查的实践与思考　山钢股份莱芜分公司　周光军　焦卫东　单传宏　李　松　岳　辉
9. 持续推进学习型党组织创建深化“党政融合”续写创效新篇章　莱钢银山型钢有限公司板带厂　郑　毅　苗　睿
10. 推进党的建设与职业经理人改革深度融合的探究与思考　山钢金控　黄振辉　王启明　鲁　攀
11. 探索新时期国企党风廉政建设规律，持续提升监督治理效能　日照公司　曹庆良　任向兵　辛乐众　宿群翔
12. 刍议新时代高校意识形态工作话语体系构建　山工职院　陈　宇　张　蕾
13. 坚定不移扛起国有企业责任担当凝聚抗击疫情的强大力量　济钢集团　薄　涛　董胜峰　蒋雪军　邹玉萍
14. 谋实策　做实功　求实效　以高质量党建引领企业高质量发展　山钢矿业　马金宝　陈为强
15. 纪检工作中基层政治监督问题与对策研究　山工职院　魏安庆
16. 新时期企业党校教育模式研究　莱钢集团　赵子平　于　沁　尚绪春
17. 国有企业创建文明单位的现实意义和有效途径　山钢金控　李　珂　王启明
18. 以高质量党建工作推动国有企业高质量发展　山钢集团党委组织部　张　岳　马家泰
19. 运用“五字诀”助推党史学习教育走深走实　山信软件莱芜自动化分公司党委
20. 加强大监督体系建设，为济钢高质量转型发展清弊除障赋能护航　济钢集团　王景洲　于文波　孟庆钢　张　涛　王　颖

三等奖（28 篇）

1. 建设高素质产业工人队伍　助推山钢金控高质量发展　山钢金控　周　庆　鲁　攀　杨　阳
2. 弘扬三种精神，建设幸福和谐企业　淄博张钢　刘　巍
3. 党建引领推动企业高质量发展的探索　莱钢集团　刘洪涛　戴东光
4. 深化产业工人队伍建设改革工作的思考与实践　山钢矿业　赵　丽　杜文华　封常福
5. 新媒体时代企业舆情应对处置的几点思考　新闻传媒中心　崔　爽
6. 党建与营销业务双融双促的路径研究　山钢股份营销总公司　吕富强　王清刚　孙甲峰
7. 加强和改进新时代思想政治工作研究　山钢研究院　张跻国　王中学　徐继山　肖海莲
8. 聚力过硬　服务先锋——党支部发挥思想政治优势推动企业高质量发展的探索　山钢财务　王　勇　段晓民　沈桂权　徐欣昕
9. 融媒体时代高校思政教育传播特色研究——以校园媒体为例　山工职院　郑　洵　张　红

10. 发挥廉洁教育优势　让“不想腐”成为廉洁从业的行动自觉　淄博张钢　燕　菊
11. 营造风清气正良好政治生态研究　山钢财务　王　爽
12. 企业开展平凡创新工作的途径和措施初探　山东耐材　翟红军
13. 在全面从严治党条件下加强国有企业基础党建工作建设的思考与研究
山钢地产　郑汉超　谷玉霞
14. 济钢坚持新发展理念　争做新旧动能转换排头兵的实践与探索
济钢集团　薄　涛　王景洲　李维忠　张洪雷
15. 加强党史学习教育坚定理想信念提升工作绩效的探索
山钢股份营销总公司　郭伟达　张向东　张庆祥　毕海涛
16. “四个多”推动高校党史学习教育走向深入　山工职院　王　莹　郭玉娇
17. 共建强堡垒　结对淬初心　山钢国贸　李宪华
18. 把握“六度”推动党史学习教育抓实落地　山钢矿业　赵　帅　王　静
19. 加强党史学习教育　推动企业高质量发展的思考　山东耐材　景　堃　王福文
20. 在国企发展中充分发挥思想政治优势的方法探究　山钢国贸　刘　辉
21. 发挥思想政治优势推动企业高质量发展的作用研究
日照公司　吕　铭　张永青　李效生　李　林　宋　晨
22. 党建工作融入中心工作的实践和探索　山钢矿业　杨　博
23. 工会推进高素质产业工人队伍建设的实践和思考　山钢地产　杜易帝
24. 抓“纲”聚“魂”　助推党建工作高质量发展　山钢矿业　孙松山　张　鹏
25. 党史学习教育强化思想政治引领的探析　山钢财务　赵　颖
26. 新形势下党史学习教育在企业发展过程中的作用　山钢地产　张兰勋　赵增翼
27. “幸福和谐企业”创建实践　山东耐材　袁宏伟
28. 牢固树立强者思维实现民族伟大复兴　山工职院　张　峰　刘风霄

“中国梦·新时代·跟党走·强起来”主题宣讲比赛获奖作品

（山钢党办字〔2021〕12号　2021年6月10日）

一、故事类作品

一等奖

《“A”计划》　山钢股份　石　妍
《张书记变身记》　山钢股份　王　菲
《驶向改革春天的“和谐号”》　山钢股份　石　雪

二等奖

《红船，从烟雨中启航》　济钢集团　于善玲　马传统　阎　薇
《全民战“疫”，党旗飘扬》　山信软件　齐振海
《新时代微笑的魅力》　济钢集团　谢继慧
《我想说》　莱钢集团　孙昕玥

《永远的旗帜，时代的追梦人》 山钢矿业 王 静

三等奖

《追忆党史，感怀党恩》 山东耐材 王 璐 姜向盈

《共产党员绝不给人添麻烦》 山工职院 苏 哲

《稳稳的幸福》 淄博张钢 石红玉

《感悟党的百年历程“新时代”砥砺前行》 山钢地产 赵永琦

《英雄的精神是我们前进的动力》 山钢矿业 韩 超

《旗帜的力量》 山钢金控 董 寒

《天开非假凿 壁立自成关》 莱钢集团 刘志浩

二、曲艺类作品

一等奖

《四时人生续写百年华章》

山钢股份 胡 群 刘星宇 杨珍珍 薛 梅 王 缤 王文娟 王芸芸 孟祥瑞

《劳模的看火镜》 山钢股份 王兴龙 王明哲 王文娟 张 梁 于 斌

二等奖

《唱响红色最强音》 济钢集团 张 敏 高 璇 孟文浩 郇俊光

《爷爷的工作服》 济钢集团 赵丽君 柴光华 黄永丽

《党的光辉照我心》 山东耐材 张 雪 张 晓

三等奖

《中国梦 新时代 跟党走》 济钢集团 米伟伟 伍文文 江 舟 隗 伟

《我们的钢三代》 莱钢集团 张志辉 王玉波 张 璇

《数说好成绩 喜迎一百年》

山钢股份 殷晓燕 刘 青 纪美鹿 贾佳佳 周文洁 张海静

《党建引领防疫助产美名扬》 山钢财务 王 喆 裴水秀 孙 晶 张天媛

《党的发展史》 山钢矿业 张 平

三、视频类作品

一等奖

《相隔1700公里的陪伴》 济钢集团 曹艳茹

《长征路上话长征》 山钢股份 朱甲鹏 赵建忠

《三封信》 山钢矿业 周海力

二等奖

《厉兵精技艺 赤心征新程》 山钢地产 张跃如

《高强钢姐 芳华绽放》 山钢股份 刘光磊

《不变的底色》 山钢股份 钱忠春

《校园守护者》 莱钢集团 夏焕立 于 沁 陈 刚

三等奖

《梦想有多远》　山信软件　丁梦怡

《山钢金控融资租赁党支部“六融”党建品牌的初心之旅》　山钢金控　徐兆明

《支部建在项目上　凭海临风完美收官》　山钢地产　韦统涛

《百年征程》　山东耐材　王丽云

《我们的劳模、标兵好样的!》　山钢财务　娄焕民　季　惠

山钢年鉴 2022

山钢集团
SD STEEL

附 录

山钢集团
SD STEEL

山钢文化

核心理念

山钢核心价值观：共创、共进、共赢

上级文件选录

山东省人民政府
关于进一步深化预算管理制度改革的实施意见

（鲁政发〔2021〕19号　2021年12月13日）

各市人民政府，各县（市、区）人民政府，省政府各部门、各直属机构，各大企业，各高等院校：

为深入贯彻落实党中央、国务院关于建立现代财税体制的策部署，根据《国务院关于进一步深化预算管理制度改革的意见》（国发〔2021〕5号）精神，结合山东省实际，现就进一步深化预算管理制度改革提出以下实施意见。

一、总体要求

以习近平新时代中国特色社会主义思想为指导，深入贯彻党的十九大和十九届二中、三中、四中、五中、六中全会精神，认真落实习近平总书记对山东工作的重要指示要求，坚持党的全面领导，围绕保障国家和省委、省政府重大战略任务落实，坚持问题导向、需求导向、目标导向、效果导向，进一步深化预算管理制度改革，健全完善标准科学、规范透明、约束有力的现代预算制度，更好发挥财政在国家治理中的基础和重要支柱作用，为新时代社会主义现代化强省建设提供坚实保障。

二、重点任务

（一）深化实施综合预算改革，增强政府资源统筹能力。

1. 加强政府收入统筹。强化政府性资源统筹管理，将依托行政权力和国有资源（资产）获取的各项收入，以及特许经营权拍卖收入等按规定全面纳入预算管理。推进上级转移支付资金与本级资金统筹管理，上级政府应当依法依规提前下达转移支付和新增地方政府债务限额预计数，增强下级预算编制的完整性、主动性。下级政府应当严格按照提前下达数如实编制预算，不得随意多列、少列收支。严禁将政府非税收入与征收单位支出挂钩。

2. 加强政府预算统筹。深入推进全口径、一体化预算管理，将一般公共预算、政府性基金预算、国有资本经营预算、社会保险基金预算与政府债务预算（计划）同步编制、统筹管理。扩大国有资本经营预算实施范围，省级从2021年起将符合条件的文化企业纳入国有资本经营预算管理。规范股权多元化国有企业国有资本收益收取制度。按规定逐步提高国有资本收益上交比例，加大国有资本经营预算调入一般公共预算的力度，更多用于保障和改善民生。

3. 加强部门和单位收入统筹。各部门、单位要依法依规将取得的各类收入全部纳入部门或单位预算，未纳入预算的收入不得安排支出。强化行政事业性国有资产收入管理，资产出租、处置等收入按规定上缴国库或纳入单位预算。各部门要强化对所属单位非财政拨款管理，加强单位间统筹调剂，保障当年急需、刚性支出，在非财政拨款收入可以满足支出需要时，原则上不得申请财政拨款。财政部门要根据部门和单位收入情况合理统筹安排财政拨款预算。

4. 加强存量资金统筹。建立财政存量资金定期核查和清理收回机制，除另有规定外，对结转超过一年的资金、结余资金和政府采购节约资金，以及不具备实施条件或不急需、使用效益低下的资金，及时收回财政统筹使用。加大非财政拨款结余统筹使用力度，行政、公益一类事业单位非财政拨款结余应全部纳入预算统筹安排。加强部门单位银行存款管理，除另有规定，省级部门单位以前年度结存的银行存款力争于2023年底前全部消化。

5. 加强行政事业性国有资产统筹。健全完善通用和分行业专用资产配置标准，依法依规编制资产配置相关预算，从严审核新增资产需求，严禁超标准限额配置资产。严格各类资产登记核算，所有资本性支出应当形成资产并全程登记。推动建立政府公物仓等资产调剂平台，实行资产跨层级、跨部门共享共用。鼓励有条件的地区组建资产运营公司，采取集约化、市场化方式实施统筹运营，提高财攻资源配置效率。

（二）深化实施零基预算改革，推进财政支出科学化、规范化。

6. 调整优化财政支出结构。各级预算安排要贯彻党的路线方针，将落实党中央、国务院重大决策部署作为首要任务，增强对省委、省政府重大战略任务和发展规划的财力保障。全面实施零基预算管理，合理确定支出规模和保障重点，支出预算不得与财政收支总量、增幅或生产总值层层挂钩。严格落实过紧日子要求，建立节约型财政保障机制，严控一般性支出、政府性楼堂馆所建设和新增资产配置。对竞争性领域主要采取普惠性、市场化扶持方式，从严从紧控制财政直接投入。优化国有资本经营预算支出结构，强化资本金注入，推动国有经济布局优化和结构调整。

7. 深入推进专项资金统筹整合。全面推行专项资金“大专项+任务清单”管理模式，归并整合性质相同、用途相近的资金设立大专项，根据资金用途设置支出政策和任务清单，按照轻重缓急原则动态调整支出顺序和规模。严控新设专项资金和重大支出政策，确需新设的应按规定开展事前绩效评估。建立完善专项资金、支出政策定期评估和退出机制，具有阶段性目标的专项资金评估期限一般不超过5年，试点类项目不超过3年。

8. 全面实施项目全生命周期管理。把项目作为预算管理的基本单元，预算支出全部以项目形式纳入预算项目库，实施全生命周期管理，未纳入预算项目库的项目一律不得安排预算。有关部门负责安排的建设项目，要按规定纳入部门项目库并纳入预算项目库。健全完善项目入库评审机制和项目滚动管理机制，做实做细项目储备，做到预算一经批准即可实施。加强中期财政规划管理，将各类中长期支出事项和跨年度项目纳入中期财政规划，强化中期财政规划对年度预算的约束。规范预算代编事项，除应急、救灾等特殊事项外，部门不得代编应由所属单位实施的项目预算。

9. 加快推进支出标准体系建设。把支出标准作为预算编制的基本依据和预算执行的硬约束，逐步建立覆盖各资金、各行业、不同地区、分类分档的预算项目支出标准体系，并根据经济社会发展和财力情况动态调整。加快推进项目要素、项目文本、绩效指标等标准化、规范化。根据国家基础标准，推进地方基本公共服务保障标准体系建设。探索建立民生支出清单管理制度，各级政府不得超财政承受能力制定过高标准或擅自扩大保障范围。进一步健全完善行政事业资产配置和更新标准。

（三）深化实施刚性预算改革，增强预算执行约束力。

10. 依法加强财政收入管理。各级收入预算编制要实事求是，与经济发展相适应，与宏观调控政策相衔接，严格落实各项减税降费政策，严禁收取过头税费、违规设置收费项目或提高收费标准。依法依规及时足额征收应征的预算收入，如实反映财政收入情况，提高财政收入质量，严禁虚收空转。严禁将财政收入规模、增幅纳入考核评比。完善收费基金清单管理，将列入清单的收费基金按规定纳入预算。

11. 强化预算支出执行控制。严格执行人大批准的预算，预算一经批准非经法定程序不得调整，严禁超预算、无预算安排支出或开展政府采购，严禁将国库资金违规拨入财政专户。严禁出台溯及以前年度的增支政策，新的增支政策原则上通过以后年度预算安排。严禁违反规定乱开口子、随意追加预算。规范预算调剂行为。规范按权责发生制列支事项，市县级财政国库集中支付结余不再按权责发生制列支。加强财政暂付性款项管理，除已按规定程序审核批准的事项外，不得对未列入预算的项目安排支出。

12. 优化国库集中收付管理。对政府全部收入和支出实行国库集中收付管理。全面推进市县级国库集中支付电子化改革，优化预算支出审核流程，健全国库集中支付控制体系和集中校验机制，提升支付效率。合理安排政府债券发行规模和节奏，强化债券发行与预算执行、资金调度、国库现金运作的协调联动，节约筹资成本。健全财政收支与国库现金流量预测体系，完善库款运行监测评价预警机制，科学实施国库现金管理，保持合理库款水平。

13. 拓展政府采购政策功能。鼓励各部门结合部门和行业特点提出政府采购政策需求，推动在政府采购需求标准中嵌入支持创新、绿色发展等政策要求。细化政府采购预算编制，对政府采购支持创新、中小企业等相关领域的预留份额单独列示，并建立相应的资金支付控制机制。依法依规实施政府购买服务，坚持费随事转，防止出现“一边购买服务，一边养人办事”的情况。

（四）深化实施绩效预算改革，提高财政资金使用效益。

14. 促进预算与绩效的深度融合。把绩效理念和方法深度融入预算管理全过程，实现预算与绩效管理一体化运行。健全完善重大政策和项目事前绩效评估机制，评估结果作为项目入库的必备条件。硬化绩效目标约束，将绩效目标作为预算申请的前置条件。加强对绩效目标实现程度和预算执行进度“双监控”，强化对重大政策、项目的重点监控，及时发现问题、调整纠偏。完善绩效自评、财政抽评、重点评价相结合的绩效评价机制，加强第三方绩效评价，提高绩效评价的科学性、公正性和可信度。

15. 推动预算绩效管理提质增效。加强财政政策评估评价，增强政策可行性和可持续性。加强国有资本资产使用、政府和社会资本合作、政府购买服务、政府债务等方面的绩效管理。推进成本预算绩效管理，开展成本效益分析，做实成本绩效目标。强化结果应用，将预算绩效管理结果与完善政策、调整预算安排有机衔接，对低效无效资金一律削减或取消，对沉淀资金一律按规定收回并统筹安排。

16. 压实预算管理责任。落实预算法定职责，科学划分预算管理各方权责，进一步压实预算管理责任。财政部门负责预算编制、支出政策审核和预算绩效管理，加强对部门预算执行情况和绩效目标实现情况的跟踪监控，及时预警纠偏。落实部门和单位预算管理主体责任，部门和单位要对预算完整性、规范性、真实性和执行结果负责，须按照“三重一大”要求，将本部门预算编制、项目安排、资金分配方案报本部门党组（委）审议，确保财政资金安全高效使用。

（五）深化实施透明预算改革，推进预算管理一体化建设。

17. 加大预决算公开力度。推进按支出经济分类公开政府预决算和部门预决算。细化政府预决算公开内容，转移支付资金管理办法及绩效目标、预算安排情况等应依法依规向社会公开。细化部门预决算公开内容，项目预算安排、使用情况等项目信息应依法依规向社会公开。推进政府投资基金、收费基金、国有资本收益、政府采购意向等信息按规定向社会公开。建立民生项目信息公示制度。

18. 推进全省财政系统信息贯通。规范统一全省预算管理工作流程、管理要素、控制规则和数据标准，建设省级统建、市县共享、全省统一的预算管理一体化系统，横向覆盖预算编制、预算执行、决算和财务报告等管理环节，纵向贯通中央、省、市、县各级和预算单位，综合体现预算绩效管理、资产管理、政府采购、政府债务管理要求，形成顺向可控、逆向反馈的管理“闭环”，力争2022年全省全面运行。

19. 强化部门间信息互联共享和协同监督。通过预算管理一体化系统集中反映单位基础信息和会计核算、资产管理、账户管理等预算信息，实现财政部门与主管部门共享共用。加快推进各级预算单位基于预算管理一体化系统开展单位会计核算。积极推动财政与组织、人力资源和社会保障、税务、人民银行、审计、公安、市场监管等部门基础信息按规定共享共用。各级政府、部门要依法接受人大及其常委会、审计部门的监督，推进人大预算联网监督工作。充分发挥党内监督主导作用，推动财会监督等多种监督方式协同发力，强化监督结果运用。

20. 建立全过程资金监控机制。建立完善全覆盖、全链条转移支付资金监控机制，实时记录和动态反映转移支付资金分配、拨付、使用情况，实现资金从预算安排源头到使用末端全过程、穿透式监控。完善财政资金常态化直达机制，稳步扩大直达资金范围，加强直达资金监督，防止挤占挪用、沉淀闲置等，提高财政资金使用的有效性和精准性。

（六）深化实施可持续预算改革，防范化解财政运行风险。

21. 健全政府依法举债融资机制。加强地方政府债务限额管理，强化财政预算约束，实现债务限额与偿债能力相匹配。完善专项债券项目全生命周期管理，强化项目资产与收益监管，严防专项债务风险。坚决遏制隐性债务增量，妥善处置和化解隐性债务存量，严禁通过企业债务等形式新增隐性债务，严禁通过金融机构违规融资或变相举债。加强风险监测预警和结果应用，将政府综合债务率控制在合理区间。健全跨部门联合监管机制，加强督查审计问责，严格落实政府举债终身问责制和债务问题倒查机制。

22. 加强财政承受能力评估。各级各部门出台涉及增加财政支出的重大政策或实施重大政府投资项目前，要按规定进行财政承受能力评估，未通过评估的不得安排预算。加强民生政策财政承受能力评估，对评估认定不具备实施条件或者存在风险隐患的民生政策，一律不得实施。除党中央、国务院统一要求以及共同事权市县应承担部分外，上级部门不得出台要求下级配套或以达标评比、考核评价等名目变相配套的政策。

23. 健全基层财政运行风险管控机制。各级预算要坚持“三保”（保基本民生、保工资、保运转）支出在财政支出中的优先顺序，坚决兜牢“三保”底线。全面实施县级“三保”预算编制审核，确保“三保”预算足额编列、不留硬缺口。加强对市县级“三保”预算安排和执行情况的监测分析，健全县级“三保”风险应急处置机制，发现问题及时解决，确保“三保”不出问题。实施基层运转保障成效与财政转移支付、预算绩效评价挂钩奖惩政策，压实市县责任。

省财政厅要根据本意见，会同有关部门研究制定相关配套制度办法。各市要按照本意见要求，细化各项政策措施，确保预算管理制度改革及时落地见效，推动预算管理水平再上新台阶。

山东省生产经营单位全员安全生产责任清单

（鲁安办发〔2021〕50号　2021年8月27日）

一、总则

（一）生产经营单位应依法履行安全生产主体责任，建立健全全员安全生产责任制。

（二）生产经营单位的主要负责人是本单位安全生产的第一责任人，对本单位的安全生产工作全面负责。其他负责人对职责范围内的安全生产工作负责。

（三）生产经营单位应结合行业、性质、规模特点，以及组织架构和内部运行管理模式，参照本责任清单制定符合本单位实际的全员安全生产责任清单，明确主要负责人、其他负责人、职能部门负责人、生产车间（区队）负责人、生产班组负责人、一般从业人员等全体从业人员的安全生产责任。

（四）生产经营单位应制定全员安全生产责任制考核标准，并建立落实相应的监督考核机制。

二、生产经营单位主要负责人安全生产责任清单

（一）建立健全并落实本单位全员安全生产责任制。

（二）组织制定并实施本单位安全生产规章制度和操作规程。

（三）确定符合条件的安全生产分管负责人或者安全总监、技术负责人。

（四）依法设置安全生产管理机构并配备安全生产管理人员，落实本单位技术管理机构的安全职能并配备安全技术人员。

（五）每季度至少召开一次安全生产专题会议，研究和审查有关安全生产的重大事项，协调本单位各相关机构安全生产工作事宜。

（六）每年度向职工代表大会、职工大会或者股东大会报告安全生产情况，接受工会、从业人员、股东对安全生产工作的监督。

（七）保证本单位安全生产投入的有效实施，依法履行建设项目安全设施与主体工程同时设计、同时施工、同时投入生产和使用的规定。

（八）组织建立并落实安全风险分级管控和隐患排查治理双重预防工作机制，负责管控重大风险，建立健全重大事故隐

患排查、评估、报告、监控和治理制度。

（九）建立健全本单位（构成重大危险源的企业）重大危险源安全管理制度并督促落实。

（十）督促、检查本单位的安全生产工作，及时排查和消除生产安全事故隐患；每季度至少全面检查一次，属于高危生产经营单位的，每月至少全面检查一次。

（十一）组织制定并实施本单位安全生产教育和培训计划。

（十二）依法开展安全生产标准化建设、安全文化建设和班组安全建设工作。

（十三）加强本单位动火作业、临时用电作业、受限空间（有限空间）作业、高空作业、盲板抽堵作业、吊装作业、动土作业、断路作业、设备检修等特殊作业管理。

（十四）建立健全本单位安全生产责任制绩效考核制度。

（十五）组织制定并实施本单位的生产安全事故应急救援预案，配备必要的应急救援装备和物资，按规定组织开展应急演练。

（十六）建立、健全本单位的单位负责人现场带班制度，属于高危生产经营单位的，应当组织制定并实施24小时应急值班制度。

（十七）及时、如实报告生产安全事故，组织事故抢救。

（十八）法律、法规、规章规定的其他安全生产职责。

三、生产经营单位安全生产分管负责人（安全总监）安全生产责任清单

（一）协助主要负责人履行安全生产管理职责，对安全生产工作负有组织实施、综合管理和日常监督的责任。

（二）协助主要负责人建立健全本单位全员安全生产责任制、安全生产规章制度和安全操作规程，并督促实施。

（三）主持日常安全管理工作，组织本单位安全生产管理机构和安全生产管理人员开展工作，监督指导本单位生产安全事故应急预案演练与修订工作。

（四）定期向安全生产委员会（领导小组）和主要负责人报告工作，并提出须由安全生产委员会（领导小组）研究、讨论和通过的安全工作议题。

（五）组织召开安全生产工作会议，及时总结和部署安全生产工作；定期预判、评估安全生产状况，研究解决安全生产问题。

（六）协助主要负责人组织开展安全生产宣传教育培训工作。

（七）协助主要负责人建立落实安全生产风险分级管控制度，并负责职责范围内的较大风险的管控工作。

（八）协助主要负责人组织制定生产安全事故隐患排查治理制度，每月至少全面检查一次安全生产工作，对查出的事故隐患及时督促整改。

（九）组织制定本单位外来施工作业安全管理制度，监督检查本单位对承包、承租单位安全生产资质、条件的审核工作，督促承包、承租单位履行安全生产职责。

（十）组织制定本单位动火作业、临时用电作业、受限空间（有限空间）作业、高空作业、盲板抽堵作业、吊装作业、动土作业、断路作业、设备检修等特殊作业管理制度，并监督落实。

（十一）协助主要负责人建立健全本单位安全生产责任制绩效考核机制，考核与监督本单位各部门、各岗位履行安全生产责任制情况。

（十二）发生生产安全事故，按规定时间和程序报告，组织事故救援和善后处置，配合有关部门开展事故调查处理，组织内部的事故调查处理。

（十三）提名分支机构和工程项目派驻专职安全生产管理人员。

（十四）对本单位人员职务晋升、表彰奖励候选人履行安全生产职责情况提出意见建议；对从业人员违反安全生产管理制度和安全操作规程的行为，经批评教育拒不整改的，提出处理意见并监督落实。

（十五）法律、法规、规章以及本单位规定的其他安全生产职责。

四、分管生产、设备、技术等其他负责人安全生产责任清单

（一）按照“管业务必须管安全，管生产经营必须管安全”的原则，对分管工作履行安全生产“一岗双责”，组织分管部门、车间建立落实安全生产责任制。

（二）组织贯彻执行安全生产规章制度和操作规程，并进行监督检查。

（三）组织落实分管领域的安全风险分级管控和隐患排查治理措施，对分管领域的较大风险进行管控，并监督问题隐患的整改落实。

（四）按职责分工，组织落实本单位构成重大风险的特殊作业安全措施。

（五）组织审核年度安全投入资金预算，做到专款专用，并监督执行。

（六）按规定时间和程序报告生产安全事故，按职责分工组织事故救援，做好伤亡事故的善后处理工作。

（七）法律、法规、规章以及本单位规定的其他安全生产职责。

五、生产经营单位安全生产管理机构、安全生产管理人员安全生产责任清单

（一）组织或者参与拟订本单位安全生产规章制度、操作规程并监督实施。

（二）参与本单位涉及安全生产的经营决策，提出改进安全生产管理的建议，督促本单位其他机构、人员履行安全生产职责。

（三）组织制定本单位安全生产管理年度工作计划和目标，并进行考核。

（四）组织或者参与本单位安全生产宣传教育和培训，如实记录安全生产教育和培训情况。

（五）监督本单位安全生产资金投入和技术措施的落实。

（六）组织开展危险源辨识和评估，督促落实本单位重大危险源的安全管理措施，监督劳动防护用品的采购、发放、使用和管理。

（七）检查本单位的安全生产状况，及时排查生产安全事故隐患，提出改进安全生产管理的建议。

（八）制止和纠正违章指挥、强令冒险作业、违反操作规程的行为。

（九）组织落实安全风险分级管控措施和隐患排查治理制度，督促落实安全生产整改措施。

（十）制定本单位外来施工作业安全管理制度，督促承包、承租单位履行安全生产职责，并对承包、承租单位及人员的相关资质进行审核、监管。

（十一）对本单位动火作业、临时用电作业、受限空间（有限空间）作业、高空作业、盲板抽堵作业、吊装作业、动土作业、断路作业、设备检修等现场作业情况进行抽查监督。

（十二）组织制定安全生产责任制绩效考核制度并监督实施。

（十三）组织或者参与拟订本单位生产安全事故应急救援预案。

（十四）组织或者参与本单位应急救援演练。

（十五）法律、法规、规章以及本单位规定的其他安全生产职责。

六、生产、设备、技术等其他职能部门负责人安全生产责任清单

（一）履行安全生产“一岗双责”，落实本部门安全生产责任制。

（二）严格执行安全生产规章制度和操作规程。

（三）组织制定并实施本部门安全生产教育和培训计划，并如实记录。

（四）落实本部门安全风险分级管控和隐患排查治理措施。

（五）按职责权限参与事故应急预案编制和应急演练工作，组织事故救援，做好伤亡事故的善后处理工作。

（六）法律、法规、规章以及本单位规定的其他安全生产职责。

七、生产经营单位车间（区队）主任安全生产责任清单

（一）车间（区队）主任是车间（区队）安全生产的第一责任人，对本车间（区队）的安全生产全面负责。

（二）保证国家安全生产法律法规和企业规章制度在本车间的贯彻执行，做到车间（区队）生产与安全生产同时计划、布置、检查、总结和评比。

（三）定期召开安全专题会议，听取安全员的工作汇报，及时解决生产中的安全问题。

（四）严格执行本单位隐患排查治理各项工作制度，深入排查本车间安全生产问题隐患，组织整改落实，并做好相关记录。

（五）组织拟定本车间（区队）的安全生产年度、季度、月计划。

（六）组织拟定本车间（区队）的安全生产教育培训计划，做好员工的安全生产教育培训。

（七）负责落实本单位的安全生产规章制度和操作规程，落实安全生产的措施计划。

（八）定期组织车间（区队）人员开展安全检查、危险源辨识、风险预判活动，发现安全隐患，立即组织整改，直至消除。

（九）加强设备装置的检修维护，严格执行检维修作业安全制度，保证设备、安全装置等设施处于完好状态。

（十）执行本单位外来施工作业安全管理制度，派员现场监督，督促承包、承租单位履行安全生产职责。

（十一）对车间（区队）动火作业、临时用电作业、受限空间（有限空间）作业、高空作业、盲板抽堵作业、吊装作业、动土作业、断路作业、设备检修等特殊作业，按职责权限下达作业指令，指派专人进行现场作业监护。

（十二）属于危险化学品、矿山、建筑施工、运输、冶金、有色、涉氨制冷、涉爆粉尘及人员密集场所等重点行业领域企业的，对车间（区队）具有安全风险的生产装置工艺、重要设备设施逐一组织制定并落实管控措施。

（十三）加强班组管理，定期组织开展班组长安全培训。

（十四）组织实施本车间（区队）人员的安全生产责任制绩效考核。

（十五）本车间（区队）发生生产安全事故后，妥善保护事故现场，立即采取有效措施组织救援。

（十六）法律、法规、规章以及本单位规定的其他安全生产职责。

八、生产经营单位生产班组长安全生产责任清单

（一）每天召开班前会，开展班前安全教育，告知班组作业区域的主要安全生产风险点、防范措施和事故应急措施，做好技术交底。

（二）加强班组安全培训，督促班组人员熟知工作岗位存在的危险因素、防范措施及事故应急措施。

（三）严格执行本单位安全风险分级管控和隐患排查治理各项工作制度，组织开展班前、班中、班后安全检查或交接班检查，对班组作业区域进行安全风险隐患排查，落实安全防范措施，并做好相关记录。

（四）督促班组人员严格遵守本单位的安全生产规章制度和岗位安全操作规程，正确佩戴和使用劳动防护用品。

（五）对作业中发生的险情、突发事件及时报告，组织事故初期应急处置并采取措施保护现场。

（六）法律、法规、规章以及本单位规定的其他安全生产职责。

九、生产经营单位岗位员工安全生产责任清单

（一）严格遵守安全生产规章制度和操作规程，服从管理。

（二）积极参加安全学习及安全培训，掌握本职工作所需的安全生产知识，提高安全生产技能，从事特种作业的必须经培训取得相应资格证书。

（三）认真开展岗前、岗中、交接班安全隐患排查，确保本岗位作业区域内相关机械设备、用电、环境等保持安全状况。

（四）发生生产安全事故后，事故现场有关人员应当立即报告本单位负责人；发现事故隐患或者其他不安全因素，应当立即向现场安全管理人员或者本单位负责人报告。

（五）有权对单位安全生产工作中存在的问题提出批评、检举、控告，有权拒绝违章指挥和强令冒险作业。

（六）熟悉本岗位的安全生产风险和应急处置措施，发现直接危及人身安全的紧急情况时，有权停止作业或者在采取可能的应急措施后，撤离作业现场。

（七）正确佩戴和使用劳动防护用品。

（八）熟练掌握应急逃生知识，提高互救自救能力。

（九）法律、法规、规章以及本单位规定的其他安全生产职责。

《关于贯彻执行〈生产经营单位全员安全生产责任清单〉严格落实全员安全生产责任制的通知》（鲁安办发〔2016〕40号）同时废止。

山东省省属企业重大决策终身责任追究暂行办法

（鲁国资党〔2021〕18号　2021年12月10日）

第一条　为进一步规范省属企业重大决策行为，强化决策责任，落实重大决策终身责任追究制度，根据《中华人民共和国公司法》《中华人民共和国企业国有资产法》《企业国有资产监督管理暂行条例》《中国共产党问责条例》等有关党内法规和国家法律法规、《国务院办公厅关于建立国有企业违规经营投资责任追究制度的意见》《国务院办公厅关于印发国有金融资本出资人职责暂行规定的通知》等文件规定，结合省属企业实际，制定本办法。

第二条　本办法适用于省属企业重大决策终身责任追究。省属企业是指根据山东省人民政府授权，由山东省人民政府国有资产监督管理委员会、山东省财政厅

（以下简称省国资委、省财政厅）履行出资人职责的企业（以下简称企业）。

第三条 本办法所称重大决策终身责任追究，是指企业经营管理人员任职期间违反规定，在企业重大决策事项决策或执行中未履行或者未正确履行职责，造成国有资产损失、严重不良后果或者恶劣影响，无论责任人在职、离职或者退休，经调查核实负有相应责任的，按照有关规定进行的责任追究。

前款所称经营管理人员，是指企业中由党组织或国家机关、国有公司、企业、事业单位提名、推荐、任命、批准等，从事领导、组织、管理、监督等活动的人员。

第四条 企业重大决策终身责任追究应当坚持依法合规、客观公正、分级追究、惩教结合的原则，在强化责任约束的同时，贯彻落实“三个区分开来”，鼓励担当作为、实施容错纠错。

第五条 重大决策事项，是指依照法律法规、公司章程或者有关规定应当由党组织、股东（大）会、董事会、经理层决定的事项。

（一）企业党的建设事项。主要包括：

企业贯彻执行党的路线方针政策、落实全面从严治党主体责任、企业重要人事任免、人才队伍建设、基层党组织建设、意识形态工作、党风廉政建设和反腐败工作方面的重要事项。

（二）企业重大经营管理事项。主要包括：

1. 企业贯彻执行党和国家重大决策部署，贯彻落实省委、省政府工作要求以及上级重要工作安排的重要措施；

2. 企业发展战略、发展规划、经营方针、经营计划、投资计划等重大事项；

3. 企业破产、改制、重组、上市等重要改革事项，合并、分立、解散、清算、增减注册资本和变更公司形式，公司章程、基本管理制度的制定、修改，内部管理机构的设置调整等重大事项；

4. 企业年度财务预决算、利润分配和弥补亏损等重大事项；

5. 企业担保、损失核销、资产评估以及资产重组、产权转让、资本运作、重大投融资等重大事项；

6. 对企业资产规模、资本结构、盈利能力以及生产装备、技术状况等产生重要影响的项目的设立和安排事项；

7. 企业工资收入分配、股权激励、员工持股、职工分流安置等涉及职工权益的重大事项；

8. 企业财务、运营、法律等重大风险管理事项；

9. 超过由企业或者履行出资人职责机构所规定的大额资金调动和使用事项；

10. 企业生态环保、安全生产、维护稳定和海外利益等国家安全，以及社会责任方面的重大事项。

（三）其他依照法律法规、公司章程或者有关规定属于重大决策的事项。

第六条 企业应依照法律法规或者公司章程等相关规定，制定重大决策事项的权责清单，厘清党组织、董事会、经理层等治理主体的权责，完善议事决策制度，明确决策事项、决策主体和决策程序。

第七条 决策主体对本办法第五条所列事项作出决策，应严格按照议事规则进行，推动科学民主决策，把职工参与、专家论证、合法性审查、集体讨论决定等作为必经程序。

党组织研究讨论是董事会决策重大经营管理事项的前置程序。企业重大经营管理事项必须经党组织研究讨论后，再由董事会作出决定。进入董事会的党组织领导班子成员应当执行和落实党组织的决定。

党组织、董事会、经理层应当以会议的形式，对职责权限内重大决策事项作出集体决策，紧急情况下由个人或者少数人临时决定的，应当在事后按规定时限或5个工作日内及时向党组织、董事会、经理层报告；临时决定人应当对决策事项负责，党组织、董事会、经理层应当在事后按程序予以追认。

重大决策事项经决策后，如遇特殊情况需对决策内容作出重大调整的，应重新按规定履行决策程序。

第八条 在重大决策事项决策及执行过程中，有下列情形之一，造成国有资产损失、严重不良后果或者恶劣影响的，应当追究相关责任人的终身责任：

（一）未按规定程序和议事规则决策的；

（二）超越职权、滥用职权决策的；

（三）对违法违规的决策不反对、不制止的；

（四）对有时限要求的重大决策事项久拖不决的；

（五）拒绝、推诿、拖延执行决策或者不完全执行、变相执行、执行中偏离决策方案，导致决策不能全面、及时、正确实施的；

（六）因决策所依据的客观情况存在重大虚假信息或发生重大变化，或者决策执行中发生不可抗力等影响决策目标实现，未及时报告或未及时采取补救措施的；

（七）其他依照法律法规、公司章程或者有关规定应当追究责任的情形。

第九条 企业党的建设方面的重大决策事项，经调查认定应当追究责任人员终身责任的，按照干部管理权限，由党组织、纪检监察机构或党的工作部门依据《中国共产党纪律处分条例》《中国共产党问责条例》等相关规定进行追究。

企业重大经营管理方面的重大决策事项，经调查认定应当追究有关人员终身责任的，由省国资委、省财政厅或企业依据《山东省省属企业违规经营投资责任追究实施办法（试行）》《山东省人民政府办公厅关于印发山东省国有金融资本出资人职责暂行规定的通知》等相关制度规定进行追究。

以上责任人员涉嫌职务违法、职务犯罪的，依法移送国家监察机关处理。

第十条 有下列情形之一的，应当从重或加重处理：

（一）在履行重大决策程序中弄虚作假的；

（二）不执行集体决策，经组织提出后拒不纠正或擅自变更集体决定的；

（三）决策执行中发现问题和损失瞒报、谎报、不及时采取补救措施的；

（四）经多次提醒整改仍屡改屡犯、屡禁不止的；

（五）法律法规或者有关规定另有规定的。

第十一条 有下列情形之一的，可以从轻、减轻或者免除处理：

（一）参与决策的人员在会议表决时曾表明异议并在会议记录中有明确记载的；

（二）紧急情况下个人或少数人决策，事后及时履行报告程序并得到追认，且不存在故意或重大过失的；

（三）决策、执行和风险管控中，受宏观调控、行业政策变化、不可预知及不可抗力因素等影响造成损失和不良后果，及时报告的；

（四）法律法规或者容错免责等制度另有规定的。

第十二条 对仍在违规行为发生时所在企业任职的责任人员，按照干部管理权限进行责任追究。

对离职后仍在国家机关、国有企事业单位工作的责任人员，由违规行为发生时对其有干部管理权限的单位，提请现对其有管理权限的机关、单位支持配合进行责任追究。

对离职后不在国家机关、国有企事业单位工作，以及退休后社会化管理的责任人员，由违规行为发生时所在企业依照相关法律法规追究其赔偿责任；是党员的，将有关问题移交其所在党组织。

对聘用的兼职外部董事、市场化选聘的职业经理人等经营管理人员，聘用单位应按照本办法规定，在管理制度或者聘用协议中约定其经营管理责任，明确重大决策终身责任追究内容，发生追究情形时按照约定处理。

第十三条 企业重大决策终身责任追究纳入落实全面从严治党责任考核，受责任追究情况记入人事档案和廉洁档案，作为考核、任免、奖惩的重要依据。

第十四条 企业应建立和完善重大决策事项过程记录和材料归档制度，完整、详细记录决策事项、过程、参与人及其意见、结论等内容并存档备查。

第十五条 企业应当根据本办法，结合实际研究制定本企业重大决策终身责任追究相关制度规定，报省国资委或省财政厅备案。

第十六条 向参股子企业选派的国有股东代表、董事或经理层管理人员，违反本办法规定的，参照执行。

第十七条 对金融企业，国家和省另有规定的，从其规定。

第十八条 本办法由省国资委、省财政厅负责解释。

第十九条 本办法自印发之日起施行。

山东省国资委
关于进一步完善省属企业控股上市公司
股权激励的意见

（鲁国资〔2021〕3号　2021年5月6日）

各省属企业：

为积极推动省属企业控股上市公司建立健全长效激励约束机制，促进省属企业实现高质量发展，根据国有控股上市公司实施股权激励有关政策和《山东省人民政府办公厅关于推进省属企业上市公司实施股权激励的意见》（鲁政办字〔2018〕225号），经省政府同意，现就进一步做好省属企业控股上市公司（以下简称上市公司）股权激励工作提出如下意见。

一、鼓励制定长效股权激励计划。鼓励上市公司根据企业发展规划，制定长效激励计划，采取分期授予方式实施股权激励，充分体现激励的长期效应。股权激励计划的有效期自股东大会通过之日起计算，一般不超过10年。每期权益的授予间隔期一般为2年，即权益授予日2年（24个月）间隔期满后方可再次授予权益。有效期满后，上市公司不得依据该计划授予任何权益。

二、完善上市公司股权激励对象范围。上市公司应根据企业高质量发展需要、行业竞争特点、关键岗位职责、绩效考核评价等因素综合考虑确定股权激励对象。上市公司国有控股股东或省属企业的管理人员在上市公司担任除监事以外职务的，可以参加上市公司股权激励计划，但只能参加一家任职上市公司的股权激励计划。市场化选聘的职业经理人可以参加任职企业的股权激励，省委或省委委托管理的企业领导班子成员及其他规定不得成为激励对象的人员均不得纳入激励范围。

三、合理确定股权激励授予业绩。按照“宽进严出”原则，上市公司应根据公司发展战略规划，科学合理设置股权激励业绩目标水平。权益授予时的业绩目标水平，应结合计划制定时公司近三年平均业绩水平、上一年度实际业绩水平、同行业平均业绩（或对标企业 50 分位值）水平合理确定；股权激励计划无分期实施安排的，可以不设置权益授予环节的业绩考核条件。

四、规范设置股权激励预留权益。上市公司设置预留权益的，预留权益数量不得超过该期股权激励计划拟授予权益数量的 20%，并说明预留原因及预留权益管理规定。预留权益应当在股权激励计划经股东大会审议通过后 12 个月内明确授予对象，原则上不重复授予本期计划已获授的激励对象。超过 12 个月未明确授予对象的，预留权益失效。

五、科学确定股权激励行权（授予）价格。上市公司拟授予的股票期权、股票增值权的行权价格，或者限制性股票的授予价格，应根据公平市场价格原则确定。

（一）境内上市公司定价基准日为股权激励计划草案公布日，公平市场价格不得低于下列价格较高者：

1. 股权激励计划草案公布前 1 个交易日公司标的股票交易均价；

2. 股权激励计划草案公布前 20 个交易日、60 个交易日或者 120 个交易日的公司标的股票交易均价之一。

（二）境外上市公司定价基准日为权益授予日，公平市场价格不得低于下列价格较高者：

1. 授予日公司标的股票收盘价；

2. 授予日前 5 个交易日公司标的股票平均收盘价。

（三）股票交易上市地监管规定和上市规则另有规定的，从其规定。

股票期权、股票增值权的行权价格不低于按上述方法确定的公平市场价格，以及公司标的股票的单位面值。限制性股票的授予价格不得低于公平市场价格的 50%，以及公司标的股票的单位面值。股票公平市场价格低于每股净资产的，授予价格不应低于公平市场价格的 60%。

六、健全激励对象绩效考评机制。上市公司应建立健全股权激励对象绩效考核评价机制，切实将权益的授予、生效（解锁）与激励对象个人绩效考核评价结果挂钩，根据考核评价结果决定其参与股权激励计划的资格，并分档确定权益生效（解锁）比例。授予上市公司董事、高管的权益，应根据任期考核结果行权或兑现。

（一）授予的股票期权，应将不低于获授量的 20% 留至限制期满后的任期（或任职）期满考核合格后行权，或在激励对象行权后，持有不低于获授量 20% 的公司股票，至限制期满后的任期（或任职）期满考核合格后方可出售；

（二）授予的股票增值权，其行权所获得的现金收益需进入上市公司为股权激励对象开设的账户，账户中现金收益应当有不低于 20% 的部分至任期（或任职）期满考核合格后方可提取；

（三）授予的限制性股票，应将不低于获授量的 20% 锁定至任期（或任职）期满考核合格后解锁。

任期考核不合格或经济责任审计中发现经营业绩不实、国有资产流失、经营管理失职以及存在重大违法违纪的行为，对于相关责任人任期内已经行权的权益应当建立退回机制，获得的股权激励收益应该上交上市公司。

七、合理确定上市公司股权激励收益水平。科学设置激励对象薪酬结构，合理确定激励对象的薪酬水平、权益授予价值与授予数量。董事、高管的权益授予价值，境内外上市公司统一按照不高于授予时薪酬总水平（含权益授予价值）的40%确定，管理、技术和业务骨干等其他激励对象的权益授予价值，由上市公司董事会合理确定。股权激励对象实际获得的收益，属于投资性收益，不再设置调控上限。

八、完善H股上市公司激励方式。境内注册并发行中国香港上市外资股的上市公司（H股公司）实施股权激励，激励方式原则上为股票增值权。

九、支持科创板上市公司实施股权激励。积极培育指导科技型企业科创板上市，科创板上市公司实施股权激励的，全部有效的股权激励计划所涉及标的股票总数累计可放宽至不超过公司股本总额的20%。实施限制性股票的，授予价格可低于公平市场价格的50%，并适当延长限制性股票的限售期及解锁期，同时设置不低于公司近三年平均业绩水平或同行业对标企业75分位值水平的解锁业绩目标条件。科创板上市公司尚未盈利但实施股权激励的，限制性股票授予价格按照不低于公平市场价格的60%确定，在上市公司实现盈利前，可生效的权益比例原则上不超过授予额度的40%。

国有控股上市公司股权激励其他未在本意见中规定的，按照国家有关法律、法规及相关政策执行。本意见适用范围不含金融、文化上市公司。

内部文件选录

中共山东钢铁集团有限公司委员会
贯彻落实党中央重大决策部署跟进督办制度

（山钢党字〔2021〕53号　2021年6月10日）

第一条　为深入学习贯彻习近平新时代中国特色社会主义思想，充分发挥国有企业政治优势，确保党中央重大决策部署迅速在山钢集团落实落地，坚持和加强党的全面领导，推动党建工作和生产经营深度融合，以高质量党建引领高质量发展，进一步提高集团公司贯彻落实党中央重大决策部署的制度化、规范化、科学化水平，制定本制度。

第二条　督办内容。

（一）习近平总书记系列重要讲话和重要指示批示精神，尤其是对山东工作的重要指示批示精神。

（二）习近平总书记关于国资国企改革发展和党的建设重要论述，关于本行业、本领域有关要求。

（三）上级有明确要求贯彻落实的工作部署。

（四）集团公司党委研究着力推进落实的事项。

第三条　组织领导。

（一）党中央重大决策部署落实督办在集团党委、集团公司领导下开展工作。

（二）集团公司党委办公室/办公室是集团党委、集团公司落实督办党中央重大决策部署的工作主管部门，各单位党委、直属党总支是落实党中央重大决策部署的责任主体。

（三）集团公司党委办公室/办公室负责督办事项的立项、督办、评价等工作；各单位党委、直属党总支主要负责人领导本单位、本部门分解督办事项，建立事项督办流程，组织推进事项办理。

抓实抓紧立项、承办、督办、通报等各环节工作，明确责任主体和工作标准。

第四条　督办程序。

（一）督办立项。集团公司党委办公室/办公室按照集团党委研究意见确定落实督办党中央重大决策部署的事项立项，建立跟进督办台账，明确督办事项内容、主责单位/部门、责任人、工作要求、完成标准、完成时限，实行销号管理，确保在规定时限内高质量办结。对于紧急而特别重大的事项，由集团党委组织成立专班开展专项督办，全面系统了解事项难点，加强协调，解决难题，促进督办事项按时高质量完成。

（二）过程督导。集团公司党委办公室/办公室动态跟踪事项办理进度，按照有没有学习研讨、有没有贯彻措施、有没有督导推动、有没有跟踪问效的“四项标准”，建立督导检查工作机制。强化工作协同配合，形成抓落实工作合力，对督办事项采取书面调度、会议督办、挂图作战、工作通报等方式督促办理，加强现场督导检查，摸清工作真实情况，切实推动工作事项办理落实。集团公司党委确定的重点督办事项纳入巡察工作内容。

（三）效果评价。督办评价坚持质量与时限相结合、过程控制与事后评价相结合，按照“优、良、中、差”四个等级对督办事项进行评价，督办评价结果纳入各单位、部门的年度党建责任制考核。党委办公室/办公室会商纪委、党委组织部对评价为“差”的单位、部门提出处理建议，报集团公司党委研究同意后实施。集团公司党委办公室/办公室根据工作需要形成督办报告，经集团党委领导同志同意后，在一定范围内进行通报。

第五条 本规定由集团公司党委办公室/办公室负责解释。

山东钢铁集团有限公司阳光购销管理规定

（山钢运营字〔2021〕3号 2021年2月2日）

第一章 总 则

第一条 为规范集团公司阳光采购、销售监督管理，提高购销效益，降低成本，防范风险，提升本质化运营水平，根据《中华人民共和国企业国有资产法》《中华人民共和国招标投标法》《山东省省属企业阳光采购监督暂行办法》《山东钢铁集团有限公司问责管理办法（试行）》等法律法规及规章制度，结合集团公司实际，制定本规定。

第二条 本规定适用于集团公司及权属各级全资、控股公司（以下简称权属公司）的采购与销售业务。

第三条 集团公司阳光购销基本原则：

（一）依法合规；

（二）压减“中间商”；

（三）市场化；

（四）协同优先；

（五）公开、透明、可追溯。

第四条 相关定义。

（一）阳光采购，是指通过公开发布采购信息，公开评价选取供应商的方式，取得各类物资、工程建设项目和服务的行为。

（二）阳光销售，是指通过规范的内控流程或通过公开发布销售信息的方式，向客户提供产品（含半成品、中间产品、非正品、废旧闲置、报废物资等）和服务的行为。

（三）供应商，是指具备相应资格，向集团公司及权属公司提供物资、工程建设项目或者服务的法人、其他组织或个人。分为生产制造商和中间商。

1. 生产制造商，是指具备自主生产制造能力、供应自身制造产品，及自身具备相关资质、能力提供工程建设、服务的法人组织。采用代理销售模式的，由生产制造商做出代理销售说明并正式书面授权的一级代理机构，经确认后，视同为生产制造商。

2. 中间商，是指自身不具备生产、加工、制造能力，连接生产与使用两端，促使买卖行为发生和实现的法人、其他组织或个人。

（四）客户，是指购买集团公司及权属公司各类产品、服务的法人、其他组织或个人。按照是否直接使用，分为终端使用客户和中间客户。

在产品、服务销售过程中，为终端使用客户提供垫付资金服务的第三方中间客户，在出具双方签署的相关资质、业务书面文件经确认后，可视同为终端使用客户。

（五）物资，是指生产、建设、经营

所需的原（辅）材料、燃料、能源介质、设备设施、备品备件、办公设备及用品等商品。

（六）工程建设项目，是指建筑物和构筑物的新建、改建、扩建、装修、拆除、修缮（含与工程有关的勘察、设计、施工、监理以及与工程建设有关的重要设备、材料、服务等）等工程建设项目。

（七）服务，是指除前款所称物资和工程建设项目以外的其他专业服务，包括但不限于金融保险、物流运输、物业服务、审计评估、法律事务、咨询调查、检验检测、生产协力、设备修复、检修维保等服务。

（八）直购比，是指直接从生产制造商采购的物资、工程建设项目和服务金额占采购总金额的比例。

（九）直销比，是指直接向终端使用客户销售的产品、服务金额占销售总金额的比例。

（十）确认制，是指购销业务单位主要负责人按管理流程规定，对需审批事项进行审批确认或授权审批确认，授权不免责。

第五条 山钢集团阳光购销管理信息平台（以下简称阳光购销平台）是集团公司实施阳光购销信息管理、监督的综合应用平台。权属公司现自有购销系统（以下简称自有购销系统）应实现与阳光购销平台全面连通，权属公司不得投资新上购销信息系统。

第二章 管理目标

第六条 集团公司阳光购销主要管理目标内容包括：

（一）管理目标

1. 构建阳光购销工作机制，增强购销过程管控，降本提质增效，防止国有资产流失，促进国有资本保值增值。

2. 构建良好政治和经营生态，增强廉洁风险防控，提升本质化运营水平。

（二）阳光采购

1. 直购比实现逐年提升。

2. 中间商数量实现逐年降低。

3. 阳光采购信息上线率100%。

（三）阳光销售

1. 直销比实现逐年提升。

2. 阳光销售信息上线率100%。

对各权属公司阳光购销年度管理目标及考核办法，由集团公司阳光购销工作领导小组办公室制定并下发。

第三章 管理职责

第七条 加强组织领导。

（一）成立集团公司阳光购销工作领导小组（以下简称领导小组），领导小组下设办公室（以下简称小组办公室），小组办公室设在运营管理部，机构职能复合设置。

组长：集团公司董事长；

副组长：集团公司总经理、分管副总经理；

成员：集团公司董事会办公室（公司治理部）、财务部（财务总监办）、投资与资本运营部、运营管理部、风险合规部、安全环保部（应急管理部）。

（二）成立集团公司阳光购销问责小组（以下简称问责小组）。

组长：集团公司纪委书记；

成员：集团公司纪委（监察专员办）、巡察办（审计部）。

第八条 集团公司是阳光购销管理主体和监督主体，权属公司是具体推进阳光购销工作的管理主体、监督主体、执行主体。

第九条 领导小组负责完善制度体系，建立集团公司阳光购销管理机制，制定目标；调度权属公司工作进展，组织评价及考核；指导权属公司阳光购销工作并进行监督检查；指导阳光购销平台建设与管理，协调与省阳光采购服务平台对接；指导处理购销活动中的其他重要管理和监督事项。领导小组日常工作由小组办公室负责。

第十条 各成员单位主要职责：董事会办公室（公司治理部）负责审核阳光购销相关制度，财务部（财务总监办）负责阳光采购预算管理，投资与资本运营部负责阳光购销资产管理相关业务监督，运营管理部负责阳光购销专项考核的审核、实施，风险合规部负责购销合同管理及监督，巡察办（审计部）负责对阳光购销工作的巡察监督、审计监督，安全环保部（应急管理部）负责在本专业领域做好对阳光购销业务监督管理。纪委（监察专员办）负责强化对阳光购销相关工作“监督的再监督”，对违规违纪和失职失责行为严肃追责问责。

第十一条 权属公司成立由公司主要负责人牵头的阳光购销领导机构，负责完善阳光购销管理体系。完善本公司阳光购销制度和实施细则。设立购销管理分解目标，配套制定实施方案和考核机制，明确责任，逐级分解，落实到人。审定阳光购销年度预算及月度分解预算、年度购销计划、资金平衡等阳光购销重大事项。组织阳光购销专项检查与评价，形成管理报告。定期向小组办公室报送管理信息。研究阳光购销其他重大事项。

第四章 管理内容及要求

第十二条 领导小组审核发布集团公司阳光购销管理制度。按季度调度阳光购销管理推进情况，每半年召开专题会议，总结推进阳光购销管理工作。每年向集团公司报告阳光购销管理情况。

第十三条 问责小组通过开展日常监督检查、巡察等方式对阳光购销进行监督。

第十四条 小组办公室制定集团公司阳光购销管理制度。备案权属公司阳光购销相关制度。组织阳光购销专题会议。开展阳光购销专题调研、监督检查、专项抽查。按季度测量、评价权属公司阳光购销管理目标完成情况。出具年度阳光购销管理报告，并提出考核意见。强化对阳光购销各项工作的管理监督，及时发现和处理相关问题，涉嫌违规违纪和失职失责的，及时移送问责小组处置。

第十五条 小组办公室做好对阳光购销平台的管理。对内实现各权属公司购销信息互联互通，并逐步实现购销业务流程信息监管全覆盖。对外实现与省阳光采购服务平台全面对接。

第十六条 权属公司备案供应商名录、客户名录及阳光购销管理目标完成过程数据。组织阳光购销工作。按季度向小组办公室提交阳光购销管理报告。

第五章 采购管理

第十七条 科学设置部门、流程。实行招采分离、不相容职务分离，明确使用部门、采购部门、招标部门管理职责，完善关键环节业务审批确认流程。

第十八条 严格编制采购预算、计划。根据年度经营目标，按照采购类别制定采购年度预算，并纳入财务预算管理。依据采购年度预算，按照生产经营需要，形成需求计划与采购计划，严禁无计划采购。

第十九条 规范采购方式的选择，完善采购方式审批流程。主要采购方式如下：招标采购，“年度合格供应商入围招标+比选”采购，竞争性谈判采购，直接谈判采购，询竞价采购，及其他采购方式。

权属公司明确界定各采购方式的适用范围、操作流程，制定采购方式对应的物资、工程建设项目、服务名录。竞争性的采购项目，必须采用竞争性采购方式，原则上做到“应招尽招”。不具备竞争性的采购项目（如专利产品、专有技术、战略资源等），经权属公司履行内控审批后，可采用直接谈判及其他方式。

权属公司对低值易耗品、土杂产品、通用物资等零星采购，可探索运用外部电商平台采购方式。

第二十条 推进采购信息公开。权属公司各类采购方式对应的非涉密的采购公告、中标/成交结果等信息均应在阳光购销平台公布。

第二十一条 加强供应商管理。

（一）新增合格供应商实行确认制。按照“谁选择、谁确认，谁审批、谁担责”明确并落实责任。对行业排名前列（行业前五名首选）的供应商优先选择，生产制造商择优入选，除应急采购并经权属公司主要负责人审批确认外，中间商原则上禁止入选。

（二）厘清合格供应商类型。明确区分生产制造商、中间商，集团公司权属公司、非集团公司权属公司类型，在阳光购销平台及自有购销系统对合格供应商信息进行标记，实施分类管理。

（三）“应去尽去”各类中间商。建立中间商名录并对存量中间商实行动态管理。因生产经营需要，确有必要保留的，或应急需要新进中间商，由权属公司主要负责人进行审批确认，当生产制造商具备替代条件时，应尽快替代，压减中间商存量。

（四）强化对供应商的激励与约束。定期开展供应商评价与动态管理。完善引导供应商诚信履约的管理体系，扩大优质供应商占比，提升与优质供应商合作水平，强化供应保障能力。完善供应商惩戒和退出机制，明确实施惩戒的情形、方式、期限；严重失信和不合格的供应商要坚决退出，并由责任单位在3个工作日内上传至阳光购销管理信息平台“供应商黑名单”，实现信息共享，做到“一黑俱黑”。坚决防止列入“黑名单”供应商实际控制人通过采取挂靠、重新注册及其他变通方式“改头换面”参加采购活动。

严控供应商“黑名单”信息管理。强化查阅授权管理，为集团公司相关领导和总部纪委（监察专员办）、巡察办（审计部）、风险合规部及业务主管部门的相关人员开设查阅权限，并建立对应查阅权限名单。实行信息查阅自动“留痕”，信息系统将自动提取并长期保存系统中与供应商“黑名单”有关的操作信息。

第二十二条 加强采购文件管理。规范编制采购文件，设定与采购项目相适应的各项条款，禁止含有倾向性或者排斥潜在供应商条款，禁止对合格供应商实行人为差别待遇或歧视待遇。科学选定采购方式。采购文件、采购方式实行确认制，要明确确认流程。

第二十三条 加强专家评委管理。科学组建专家评委库，明确入选标准，规范入选评审过程，完善入选审批流程，提高入选质量。发挥专家评委作用，建立事前抽取规则，在供应商资格审查、采购过程评审环节，随机抽取适合采购项目需要的专家评委。完善事中事后监督，做好专家评委履职评价。明确专家评委退出机制，建立专家评委履职负面清单，实行动态管理。完善过程记录，留存专家评委入选、抽取、履职、评价全过程书面材料。

第二十四条 加强招标、评标（评审）管理。权属公司制定和完善各种采购方式的管理制度和实施细则。制定明确、科学、合理、有效的评标（评审）标准。审查、选取符合采购项目要求的供应商，并进行必要的技术交底。规范开标、评标（评审），严格执行评标（评审）标准，对评标（评审）过程实行全程影音记录。

第二十五条 加强采购合同管理。规范采购合同签订，确保采购合同与采购文件、定标结果一致性。完善采购合同审批流程，强化采购合同审核，一般采购合同可使用集团公司发布的格式合同文本。严格执行采购合同，及时准确全面履行合同内容，建立合同履行台账，定期分析合同履行情况。严禁以任何形式向他人转让合同标的。推行采购合同评价，定期全面、客观地评价合同执行情况。

第二十六条 完善采购验收及质量检验。按照采购合同约定组织履约验收与质量检验，重要物资组织相关部门实施联合验收、检验，技术难度较大的采购项目可以聘请具备相关资质的机构或专家进行验收和检查，并出具验收报告。建立验收、检验内部稽核制度，强化验收、检验监督力度。加强采购质量跟踪管理，逐步建立采购合同标的全生命周期质量跟踪评价体系。完善采购质量异议处理，规范质量异议处理方式，形成质量异议登记、核实、处置、考核管理闭环。

第二十七条 规范内部结算与资金支付。规范内部结算流程，及时办理内部结算，防止形成潜亏。规范采购资金申请支付条件与审批流程，科学平衡采购计划与采购资金，按合同约定及时支付采购资金。探索开展供应链金融，推进应收债权保理、质押及采购合同融资等金融产品，提高产业金融对采购支持力度。

第二十八条 按市场化、同等优先原则推进产业协同。集团公司产业协同“白名单”的协同点资源采购项目，优先考虑采用竞争性谈判或直接谈判采购方式。权属公司应在资格条件制定与审查、交易过程评审、费用收取、结算与资金支付等关键环节落实内部优先原则。

第二十九条 完善采购活动档案管理。权属公司按采购项目归集采购活动全过程的纸质档案或电子数据档案，并长期保存。

第三十条 阳光购销平台是承载采购业务的综合应用平台，全面覆盖采购业务信息。权属公司采购业务应全部在阳光购销平台形成全过程可追溯的采购信息。

第六章 销售管理

第三十一条 完善销售管理制度体系建设。

第三十二条 销售的半成品、中间产品、非正品、废旧闲置、报废物资等采用拍卖方式，拍卖参照采购管理流程实施。

第三十三条 规范销售客户管理。锁定优质终端使用客户，降低中间客户比重。建立销售资源保障规则，做到战略客户、终端使用客户优先保障。

第三十四条 规范销售价格管理。建立价格长期跟踪机制，制定合理销售策略，销售管理部门对销售价格确定及调整要实行确认制，责任到人并进行备案，做到责任明确，流程可追溯。权属公司阳光购销领导机构对销售价格确认管理进行监督。

第三十五条 规范销售订单管理。规范订单内部审批，完善各环节评审流程，规范执行统一销售政策。

第三十六条 规范销售垫付资金管理。销售业务垫资、被垫资方达成合作意向后，双方须经书面文件确认。集团公司充分发挥内部市场金融产业资金优势，构建内部协同资金池。探索通过产业链金融服务模式，将金融服务纳入业务流程，“一企一策”制定完整服务方案。

第三十七条 规范销售产品交付管理。强化订单交付过程监控，确保按照合同约定及时办理产品交付。

第三十八条 规范销售异议管理。建立销售订单异常情况确认备案机制，个性化销售政策需“一事一议”，严格落实各环节确认及备案。完善销售异议处理机制，建立投诉及异议处理台账，强化投诉及异议处理结果运用。

第三十九条　规范销售后评价管理。建立订单执行绩效评价，测算订单完全成本及收益，明确订单盈亏因素，完善销售后评价机制建设，指导销售策略制定。

第四十条　规范销售信息管理。按照相关管理规定，可公开的销售信息应予以公开。积极推进阳光购销平台销售信息上线，提升销售产品及服务信息上线率，实现销售流程信息化管理全覆盖。

第七章　监　　督

第四十一条　阳光购销的监督考核，应当依法合规、客观公正、实事求是、廉洁奉公。

第四十二条　领导小组对权属公司阳光购销执行情况进行监督管理，提出考核意见。权属公司强化阳光购销监督管理，接受领导小组、问责小组的监督。

第四十三条　监督考核内容主要包括：

（一）管理目标、采购目标、销售目标。

（二）制度体系。包括权属公司阳光购销领导小组机构建设及执行情况，阳光购销制度体系及配套管理办法、操作规程、实施细则制定及实施情况。

（三）采购预算及计划。

（四）采购文件编制。包括采购方式、供应商选择与确认、评标/评审标准等关键环节的编制等。

（五）供应商管理。包括供应商准入、评价、退出环节管理，压减中间商，提高直购比、直销比落实等。

（六）专家库管理。包括专家的选择、评价、考核，专家库动态管理等环节的制度等。

（七）采购过程组织。包括供应商的选取，评标/评审过程，定标审批，结果公示，交付、结算、异议处理等。

（八）采购合同管理。包括合同的签订、执行，合同审批，验收标准制定与执行等。

（九）客户管理。包括客户分类目录，个性化客户产品和服务指导目录等。

（十）销售价格管理。包括销售策略、销售价格确定及调整确认制执行情况等。

（十一）垫付资金管理。包括业务真实、合规性确认，垫资、被垫资双方确认等。

（十二）销售流程管控。包括资源保障规则、订单内部审批、销售订单异常确认及备案、投诉及异议处理台账等。

（十三）后评价机制。包括订单执行绩效评价、测算订单完全成本及收益、销售后评价机制等。

（十四）阳光购销信息管理。包括阳光购销信息公开、数据报送、平台管理等。

集团公司审计部加强对阳光采购的审计监督、阳光采购各参与主体应积极接受和配合审计部门的审计监督。

违反本规定的非集团公司权属公司，由集团公司按照相应规定列入《合作异常名录》，违反本规定的集团公司权属公司，由小组办公室纳入产业协同负面清单，一定时限内不得参加阳光采购活动并予以公告。造成损失的，按有关规定追偿损失并给予处罚。触犯刑律涉嫌犯罪的，移交司法部门依法追究刑事责任。

第四十四条　问责小组对阳光购销工作进行监督，对监督发现或接收的违规违纪和失职失责问题线索开展调查核实。对制度制定不及时、制度制定不科学、有制度不执行、应付性执行、选择性执行的，对职能监督不力、该发现未发现、该报告未报告、该移交未移交的，对阳光购销工作中不作为、慢作为、乱作为的，视情节轻重，依规依纪追责问责。

第四十五条 加强阳光购销岗位人员教育、监督、管理工作，对阳光购销有关管理制度执行不到位的具体责任人员，应及时进行岗位调整和责任追究。

第八章 附 则

第四十六条 本规定由集团公司运营管理部负责解释，自下发之日起执行。

山东钢铁集团有限公司职工违规违纪处理规定

（山钢人字〔2021〕2号 2021年3月26日）

第一编 总 则

第一章 目的、原则和适用范围

第一条 为加强企业管理，规范职工行为，维护企业正常生产经营秩序和职工合法权益，依据《劳动法》《劳动合同法》《工会法》等有关法律法规，参考《公职人员政务处分法》，结合山东钢铁集团有限公司（以下简称集团公司）实际，制定《职工违规违纪处理规定》（以下简称《规定》）。

第二条 对违规违纪职工的处理，应当坚持下列原则：

（一）事实清楚、证据确凿；

（二）宽严相济、惩教结合；

（三）定性准确、处理恰当；

（四）程序合规、手续完备。

第三条 本《规定》适用于与集团公司及其各级全资和控股子公司建立劳动关系、签订劳动合同的全体职工。

第四条 本《规定》所称违规违纪行为，是指职工违反国家有关法律法规和集团公司规章制度，根据本《规定》应当追究责任予以处理的行为。涉嫌犯罪的，移送司法机关依法处理。

第二章 处分种类、权限和程序

第五条 违规违纪行为处分的种类为：

（一）警告；

（二）记过；

（三）记大过；

（四）降级；

（五）撤职；

（六）留用察看；

（七）开除/解除劳动合同。

第六条 处分的期间为：

（一）警告，6个月；

（二）记过，12个月；

（三）记大过，18个月；

（四）降级、撤职、留用察看，24个月。

处分决定自作出之日起生效。处分期间是指自处分决定生效之日起至处分期满之日止。受到开除/解除劳动合同处分的，自处分决定生效之日起，单位与其解除劳动合同。

第七条 在处分期间受到新的处分的，其处分期为原处分期尚未执行的期间与新处分期间之和；应当给予撤职以下多个相同处分的，可以在一个处分期以上、多个处分期之和以下确定处分期间。

处分期间最长不得超过48个月。

第八条 应受到降级、撤职处分无级可降、无职可撤的，给予记大过处分。受留用察看处分的，职务自然撤销。留用察看期间，又发生违规违纪行为或无悔改表现的，予以开除/解除劳动合同。

第九条　受到处分的职工在处分期间的待遇：

（一）从事正常工作的，按本人从事岗位当月应发收入的50%发放薪酬，低于当地最低工资标准的按当地最低工资标准发放；实行年薪制或年终一次性奖励的，在处分期间月度的年薪或一次性奖励按月平均应发的50%发放。执行期满后，根据所从事的工作岗位重新确定薪酬。

（二）受降级处分的，降一级安排工作，易岗易薪。

（三）受撤职处分的，根据工作需要安排工作，至少降低一级，易岗易薪。

（四）不得评为各类先进，不得纳入各类人才库，不得晋级，不得晋升薪酬待遇，年度综合考核评价不得评为优秀。

第十条　受到处分的职工，在处分期间有悔改表现，并且没有再发生违规违纪行为的，处分期满后自动解除，其评优、晋级、薪酬待遇不再受原处分的影响。受到降级、撤职、留用察看处分的，处分期满后不恢复原级别、原职务和原待遇。

第十一条　职工违规违纪应受到降级、撤职处分的，在现任职务或岗位上降级或撤职。担任两个以上职务的，在给予其撤职处分时，应当明确撤销一切职务还是撤销某个职务。决定撤销某个职务的，应当从其担任的最高职务开始依次撤销。

第十二条　对职工违规违纪行为的调查应按照职责分工进行。违反组织、人事管理规定的，由组织人事部门牵头负责；违反外事管理规定的，由外事管理部门牵头负责；违反安全环保管理规定的，由安全环保部门牵头负责；违反财务管理规定的，由财务部门牵头负责；违反投资管理规定的，由投资管理部门牵头负责；违反生产、设备管理规定的，由生产、设备管理部门牵头负责；违反意识形态工作和宣传、统战管理规定的，由宣传部门牵头负责；违反信访、保密、档案管理规定的，由办公室（综合管理部门）牵头负责。

第十三条　处理程序。

（一）受理。相关部门按照职责受理对职工违规违纪事项的调查处理。

（二）初步核实。牵头负责部门根据管理权限，对违规违纪事项进行初步核实。

（三）立案调查。初步核实后，牵头负责部门认为存在违规违纪事实的，经相关领导批准后，进一步收集、查证有关材料，形成调查报告。

（四）确认违规违纪事实。牵头负责部门将有关认定的违规违纪的事实和依据告知被调查人，听取被调查人的陈述和申辩，并对其陈述的事实、理由和证据进行核实，记录在案。被调查人提出的事实、理由和证据成立的，应予采信。

（五）提出处理意见。牵头负责部门根据确认的事实，提出处理意见。处理意见应以书面形式报送同级组织人事部门，并告知同级工会，工会认为处理不妥的，有权提出不同意见。

（六）作出处理决定。组织人事部门根据下列不同情况，分别作出处理：

1. 确有应受处分的违规违纪行为的，根据情节轻重，按照处分决定权限，履行规定的审批手续后，作出处分决定；

2. 违规违纪事实不能成立的，撤销案件；

3. 符合免予、不予处分条件的，作出免予、不予处分决定；

4. 被调查人涉嫌其他违法或者犯罪行为的，依法移送主管机关处理。

（七）送达。处理决定以书面形式通知有关部门，并依法送达被处理职工本人。

（八）执行处理决定。组织人事部门根据处理决定进行落实。

（九）归档。牵头负责部门应将处理过程中形成的过程性材料交组织人事部门归档。组织人事部门应根据人事档案管理相关要求，将处理决定存入人事档案。

第十四条 对违规违纪职工处理过程中形成的处理决定等材料，应以书面形式送达职工本人。本人无法取得联系的，交其同住成年亲属签收，或者按照职工劳动合同上所留的通信地址，通过邮寄方式送达。采取上述方式后，仍无法送达的，可采取公告的方式予以送达，自发出公告之日起，满30日即视为送达。

第三章 违规违纪处理运用规则

第十五条 对于一人同时出现两种以上违规违纪行为的，应当分别确定处分。应当给予两种以上处分的，执行其中最重的处分。

第十六条 两人以上共同违规违纪应当给予处理的，根据各自在违规违纪行为中所起的作用和应当承担的责任，分别给予处理。

第十七条 单位（部门）违规违纪的，根据个人在违规违纪中所起的作用和应负的责任分别处理。

领导班子作出违规违纪决定或者实施违规违纪行为的，按共同违规违纪处理。领导班子成员在参与讨论表决时，对违规违纪决策明确持不赞成态度或保留意见的，应当免除或减轻责任。

第十八条 有下列情形之一的，予以开除/解除劳动合同：

（一）因故意犯罪被判处管制、拘役、有期徒刑以上刑罚（含宣告缓刑）的；

（二）因过失犯罪被判处有期徒刑的，除宣告缓刑及以下刑罚的。

第十九条 职工因过失犯罪被判处有期徒刑缓期执行及以下刑罚且能正常工作的，执行期按当地最低工资标准发放工资，不能从事工作的停发工资。

因故意犯罪被单处罚金的，或者因犯罪情节轻微被人民检察院依法作出不起诉决定，或者被人民法院依法免予刑事处罚的，予以撤职；给企业造成较大损失或者严重不良影响的，给予留用察看或者开除/解除劳动合同处分。

第二十条 有下列情形之一的，应当从重或者加重处理：

（一）在处分期间再次违规违纪，应当受到处分的；

（二）阻止他人检举、提供证据的；

（三）串供或者伪造、隐匿、毁灭证据的；

（四）包庇同案人员的；

（五）胁迫、唆使他人实施违规违纪行为的；

（六）拒不上交或者退赔违规违纪所得的；

（七）有法律、法规规定的其他从重或加重情节的。

第二十一条 有下列情形之一的，可以从轻或者减轻处理：

（一）主动交代本人应当受到处分的违规违纪行为的；

（二）配合调查，如实说明本人违规违纪事实的；

（三）检举他人违规违纪行为，经查证属实的；

（四）主动采取措施，有效避免、挽回损失或者消除不良影响的；

（五）在共同违规违纪行为中起次要或者辅助作用的；

（六）主动上交或者退赔违规违纪所得的；

（七）有法律、法规规定的其他从轻或者减轻情节的。

第二十二条 职工违规违纪行为情节轻微，且具有本规定第二十一条规定的情形之一的，可以对其进行谈话提醒、批评教育、责令检查或者予以诫勉，免予或者不予处分。

职工因不明真相被裹挟或者被胁迫参与违规违纪活动，经批评教育后确有悔改表现的，可以减轻、免予或者不予处分。

第二十三条　职工违规违纪获取的不正当经济利益，应当责令清退。对于违规违纪所获得的职务、职称、学历、学位、奖励、资格、荣誉等其他利益，应当由所在单位组织人事等部门根据案件承办部门意见，按规定予以纠正。

第二十四条　职工因涉嫌违法犯罪被有关机关采取留置或收容审查、刑事拘留、逮捕等强制措施的，在职工被限制人身自由期间，暂时停止劳动合同的履行，在此期间停止支付薪酬。职工经证明被错误限制人身自由的，暂时停止履行劳动合同期间的损失，由职工本人依据有关规定申请国家赔偿，单位不再补发其薪酬。

第二十五条　职工对处理决定有异议的，在处理决定送达之日起 15 个工作日内，可向处理部门提出书面申诉。处理部门应当受理申诉，并在收到申诉 60 日内书面答复申诉人。职工对答复意见仍有异议的，在答复送达之日起 15 个工作日内，以书面形式向上一级组织人事部门申请复核，上一级组织人事部门在收到申请 60 日内答复申诉人。在未作出改变原处理决定之前，仍按原处理决定执行。

第二十六条　对于受到处分的职工，自收到处分决定之日起 15 个工作日内未提出异议的，除开除/解除劳动合同处分须立即办理手续外，组织人事部门应当在处分决定作出后的 1 个月内办理变更职务、薪酬等相应手续。

第二十七条　责任人员的区分：

（一）直接责任者，是指对发生的违规违纪问题及造成的后果起直接或者决定性作用的相关人员。

（二）主要管理责任者，是指在其职责范围内，未履行或者未正确履行主管工作职责，对发生的违规违纪问题及造成的后果负主管责任的单位（部门）主管负责人员。主要管理责任者属于直接责任者。

（三）主要领导责任者，是指对其主管或者分管的工作未履行或者未正确履行自己的职责，对发生的违规违纪问题及造成的后果负直接领导责任的企业分管负责人员。

（四）重要领导责任者，是指在其职责范围内，对应管的工作或者应参与决定的事项，未履行或者未正确履行职责，对发生的违规违纪问题及造成的后果负次要领导责任的企业主要负责人员。

第二编　分　　则

第四章　违反廉洁从业规定的行为

第二十八条　有下列行为之一的，对直接责任者和领导责任者，给予警告、记过或者记大过处分；情节较重的，给予降级或者撤职处分；情节严重的，给予留用察看或者开除/解除劳动合同处分：

（一）虚报冒领薪酬，或弄虚作假、骗取薪酬的；

（二）将应由个人承担的费用通过本单位或下属单位、关联单位和与本单位有业务关系的单位支付、报销的；

（三）违反规定收受业务交往中的礼品礼金、不登记上交的；

（四）收受可能影响公正行使权力或可能损害企业利益的礼品、礼金、有价证券等财物，或者接受可能影响公正行使权力或可能损害企业利益的宴请、旅游或营业性娱乐、健身活动等的；

（五）向本企业人员赠送可能影响公正行使权力或可能损害企业利益的礼品、礼金、有价证券等财物，或者提供可能影响公正行使权力或可能损害企业利益的宴请、旅游或营业性娱乐、健身活动的；

（六）私自占有公物归个人使用、个人违规借用公款或企业资金，损害企业利益或造成不良影响的，或者以此进行营利活动、非法活动的；

（七）利用企业商业机会、科研成果、知识产权、业务渠道、资质、品牌或者商业信誉为本人或他人谋取利益的；

（八）利用工作时间、场所、设施设备等从事营利性活动的，或者在本单位的同类经营企业、关联企业和与本单位有业务关系的企业任职或从事证券投资以外的投资入股活动的；

（九）有其他为本人或他人谋取私利等不廉洁行为的。

第二十九条 挥霍浪费公共财物，对直接责任者和领导责任者，情节较重的，给予警告、记过或者记大过处分；情节严重的，给予降级或者撤职处分。

第五章 违反组织、人事及劳动纪律管理规定的行为

第三十条 违反组织、人事纪律，有下列行为之一，情节较轻的，给予警告、记过或者记大过处分；情节较重的，给予降级或者撤职处分；情节严重的，给予留用察看或者开除/解除劳动合同处分：

（一）违反民主集中制原则，拒不执行或者擅自改变组织作出的重大决定，或者违反议事规则，个人或者少数人决定企业生产经营的重大决策、重要人事任免、重大项目安排、大额资金运作事项的；

（二）下级组织拒绝执行或者变相抵制上级组织依法依规作出的决定、指示和重大工作部署，有令不行，有禁不止，或者制定与上级的制度、规定相违背的内部规定，并且予以实施的；

（三）未经批准擅自在国（境）外设立分支机构或者成立经营实体的；

（四）以不正当方式为本人或者其他人员谋求用公款出国（境）的；

（五）在选人用人工作中，党组织集体领导把关作用发挥不力，对选人用人问题和干部不担当不作为问题不处置、不整改、不问责，导致选人用人违规违纪问题多发，或临时动议、突击提拔调整干部的；

（六）封官许愿、任人唯亲、营私舞弊，私自干预下级或原任职单位领导人员任用，或按照规定应当执行任职回避、公务回避而不回避的；

（七）不按规定的编制、职数、资格条件、工作程序和纪律要求选拔任用干部，不按照规定向上级组织（人事）部门报告干部选拔任用工作有关事项，不按照规定对所属单位干部选拔任用工作监督检查导致问题突出，或对反映线索具体、有可查性的选人用人问题不按照规定进行调查核实或者作出处理的；

（八）不如实回复拟任人选廉洁自律情况并提出结论性意见的；

（九）考察失真失实，歪曲事实真相、泄露重要考察信息，不认真审核干部人事档案信息，或对反映考察对象的举报不如实报告、不按照规定对问题进行了解核实造成不良后果的；

（十）采取跑官要官、说情打招呼等手段为本人或他人谋取职位，或搞拉票、助选等非组织活动的；

（十一）拒不执行组织的分配、调动、交流决定的，有领导职务的，先由党组织作免职处理；

（十二）在本人和他人的入党、调动、晋级、奖励、处罚、考核、招聘、录用、职称评定以及安置复转军人等工作中，违反国家、集团公司有关规定，或者弄虚作假、营私舞弊的；

（十三）未经审核批准，擅自增加薪酬项目、提高薪酬标准，或者擅自设立津贴补贴项目、提高津贴补贴标准的；

（十四）有其他违反组织人事纪律行为的。

第三十一条　违反劳动纪律，有下列行为之一，情节较轻的，给予警告、记过或者记大过处分；情节较重的，给予降级或者撤职处分；情节严重的，给予留用察看或者开除/解除劳动合同处分：

（一）无正当理由迟到、早退，经教育帮助拒不改正的；

（二）违反考勤管理相关规定，不按要求办理请销假手续或不提交规定材料的；

（三）工作作风懈怠，态度恶劣，造成不良影响的；

（四）在生产工作场所寻衅滋事，酗酒闹事、聚众赌博，扰乱正常生产工作秩序的；

（五）利用工作时间从事私人事务，经批评教育拒不改正的；

（六）故意毁坏生产设备、办公设施等公共财物，造成经济损失和不良影响的；

（七）违反计算机或网络信息管理相关规定，威胁网络信息安全或恶意散布谣言的；

（八）医疗期内，从事有收入活动，经批评教育拒不改正的；

（九）医疗期满、工伤停工留薪期满不返岗工作，也不按照要求申请劳动能力鉴定的；

（十）有其他违反劳动纪律行为，造成一定负面影响或损失的。

第三十二条　职工必须严格执行请销假制度，履行请销假手续；必须遵守事先请假、特殊情况事后补假的原则。未得到批准或请假期满无正当理由逾期不归的，一律按旷工处理。

（一）事假。职工因故需要停止工作申请事假的，应当事先填写注明事由、请假天数的事假条，按照审批程序办理请假手续。所在单位批准职工事假期限连续不得超过15天，1年内累计不得超过45天。

（二）病假。职工因病或非因工负伤后不能上班的，应当办理病假手续。职工请病假须出具二级甲等及以上等级医院的证明材料（病历、缴费单据及诊断证明等），办理休假手续。

（三）产假、哺乳假、婚丧假、探亲假、年休假、男职工护理假等，按照国家有关规定执行。

第三十三条　连续旷工5天或一年内累计旷工5至10天（含10天）的，给予警告处分；连续旷工超过5天少于7天（含7天）或一年内累计旷工超过10天少于15天（含15天）的，给予记过处分；连续旷工超过7天少于10天（含10天）或一年内累计旷工超过15天少于20天（含20天）的，给予记大过处分；连续旷工超过10天少于15天（含15天）或一年内累计旷工超过20天少于30天（含30天）的，给予留用察看处分；连续旷工超过15天或一年内累计旷工超过30天的，给予开除/解除劳动合同处分。

第六章　违反生产经营管理规定的行为

第三十四条　违反生产经营决策程序和管理规定，不按程序进行可行性研究，不按规定进行资产评估，不按程序报批，擅自决定企业重组、兼并、分立、转让、改制或者进行对外合资合作、成立新企业等重大事项，情节较轻的，给予警告或者记过处分；情节较重的，给予记大过或者降级处分；情节严重的，给予撤职处分。

第三十五条　在企业生产经营活动中，有下列行为之一，情节较轻的，给予警告、记过或者记大过处分；情节较重的，给予降级或者撤职处分；情节严重的，给予留用察看或者开除/解除劳动合同处分：

（一）违章指挥、违规作业，或者不按照操作规范、技术标准、质量要求进行生产，造成企业经济损失或者对其他职工造成人身伤害的；

（二）工作不负责任，致使企业财物被非法侵吞、盗窃、诈骗、流失、损坏、变质、浪费的；

（三）未进行必要的资信调查，或者资信调查结果失实，或者未及时跟踪动态变化情况，擅自支付保证金、预付款，或者银行保函等造成企业资产损失的；

（四）违反计量法规和企业有关制度，破坏计量器具准确度、伪造计量数据、利用计量器具作弊的；

（五）违反规定将企业资质证书或者营业执照出租、出借给其他单位或者个人的；

（六）弄虚作假，谎报业绩，骗取奖励的；

（七）生产、销售假冒伪劣产品或者有害产品，使企业声誉和经济利益受到损害的。

第三十六条 在技术引进工作中，有下列行为之一，情节较轻的，给予警告、记过或者记大过处分；情节较重的，给予降级或者撤职处分；情节严重的，给予留用察看或者开除/解除劳动合同处分：

（一）因虚构专家意见、提供虚假论证，使不应该引进的技术得到批准的；

（二）因违反保密规定、恶意串通，造成引进技术达不到规定要求或长期闲置无法使用的。

第三十七条 在工程项目建设、管理工作中，有下列行为之一，情节较轻的，给予警告、记过或者记大过处分；情节较重的，给予降级或者撤职处分；情节严重的，给予留用察看或者开除/解除劳动合同处分：

（一）违反审批程序或者未经审核擅自批准工程设计，违反规定擅自变动设计方案或者技术规格、图纸的；

（二）不按技术规范和要求施工，造成工程隐患，导致事故发生的；

（三）项目实施过程中，不能严格按照相关规定进行质量管理、工期控制、监督检查和认证的；

（四）违反规定将勘察设计或者施工任务交给不具有相应资质的单位或者个人的；

（五）违反规定将工程项目发包、转包、分包给其他单位或者个人的；

（六）违反施工质量管理规定或者不按照技术要求施工的；

（七）在施工、验收工作中，未对工程项目进行严格的质量监督、工期管理和检查，放任造成工程质量降低或企业利益损失的；

（八）在工程项目结算中，弄虚作假，或者工作不负责任导致企业利益受到损害的；

（九）有其他违反企业工程管理规定行为的。

第三十八条 在招投标工作中，有下列行为之一，情节较轻的，给予警告、记过或者记大过处分；情节较重的，给予降级或者撤职处分；情节严重的，给予留用察看或者开除/解除劳动合同处分：

（一）违反规定对应当进行招标的项目不进行招标，或者进行虚假招标，或者采取将项目化整为零以及其他方式规避招标的；

（二）泄露应该保密的招投标资料和信息的；

（三）与投标人恶意串通，损害国家、企业利益或者他人合法权益的；

（四）招标单位或者个人违反规定，在评标委员会依法推荐的中标候选人以外确定中标人，或者所有投标被评标委员会全部否决后自行确定中标人的；

（五）利用职权影响或者干预招标过

程和结果，或者擅自改变中标人、中标方案的；

（六）采取公开或者暗示方式，以各种手段拒绝潜在合格投标人投标的；

（七）有其他违反招投标法律法规和企业招投标管理规定行为的。

第三十九条　在企业安全生产、环境保护和质量管理中，有下列行为之一，情节较轻的，给予警告、记过或者记大过处分；情节较重的，给予降级或者撤职处分；情节严重的，给予留用察看或者开除/解除劳动合同处分：

（一）不认真执行安全生产、节能环保、工程质量、劳动保护、交通和消防、职业卫生方面的法律、法规和企业规章制度，违规操作、指挥，致使本单位或者发包项目发生一般及以上生产安全事故或重大、特大质量事故或造成较大经济损失的；

（二）不严格执行安全生产法律法规、规章制度，违章作业、违章指挥、违反劳动纪律的"三违"问题突出的；

（三）不认真执行环境保护方面的法律、法规和企业规章制度，导致环境破坏、污染事故以及造成其他严重后果的；

（四）不认真执行剧毒物品、放射源、生化制剂、爆炸物品等管理规定，导致发生安全事故以及造成其他严重后果的；

（五）在组织生产活动时，缺乏周密布置，对发现的事故隐患未实施整改，造成严重后果的；

（六）在安全、环保或者质量事故发生后，没有及时采取有效措施组织事故抢救或者措施不力，致使本来可以避免的损失未能避免或者致使损失扩大的；

（七）因管理失职、疏于防范，导致发生因自然灾害引发的重大、特大事故，或者发生重大厂外交通责任事故，负有主要管理责任的；

（八）对安全、环保或者质量事故隐瞒不报或者谎报、迟报、漏报的；

（九）拒绝调查，拒绝提供安全、环保、质量事故有关资料，提供伪证、故意破坏现场，阻碍、干涉事故调查工作的；

（十）有《集团公司党政领导干部生态环境损害责任追究办法》规定的追责情形的；

（十一）有其他违反企业安全生产、环境保护和质量管理规定行为的。

第四十条　在营销工作中，有下列行为之一，情节较轻的，给予警告、记过或者记大过处分；情节较重的，给予降级或者撤职处分；情节严重的，给予留用察看或者开除/解除劳动合同处分：

（一）销售假冒伪劣产品、提供虚假服务，或者采取不正当手段销售产品、提供服务的；

（二）违反国家物价政策和企业有关规定，采取人为低价或者其他不合理销售方式销售产品给企业造成损失的；

（三）在产品销售中擅自变更资源配置计划的；

（四）违反规定赊销或者擅自确定价格、折扣、折价的；

（五）违反规定擅自向客户透露产品价格调整信息的；

（六）违反规定擅自提供赊销信用，或者超出信用额度、期限提供赊销信用的；

（七）对应收账款不进行及时催收、对账，以及对异常应收款项不及时追索或者不采取有效保全措施的；

（八）不认真履行销售合同，超合同标的发货的；

（九）不认真对客户进行资信调查和持续动态监控，致使企业给予不具备相应资信的客户高于客户资信的条件，给企业造成经济损失和不良影响的；

（十）有其他违反企业产品销售管理规定行为的。

第四十一条 在采购工作中，有下列行为之一，情节较轻的，给予警告、记过或者记大过处分；情节较重的，给予降级或者撤职处分；情节严重的，给予留用察看或者开除/解除劳动合同处分：

（一）不按照规定订立合同，或者不按照规定进行招标的；

（二）不进行必要的资信调查或者资信调查不认真而支付预付款项的；

（三）采购标的物与市场同类商品价格相比明显偏高的；

（四）采购标的物与合同约定严重不符而未采取有效措施的；

（五）违反采购审批程序，擅自变更采购计划和采购物资规格型号的；

（六）授意、指使或者串通进行违规采购的；

（七）要求供应商或者单位，虚开发票，提高金额，少付多报的；

（八）违反规定购入物资，造成积压、浪费、变质、失效的；

（九）有其他违反企业采购管理规定行为的。

第四十二条 在合同管理工作中，有下列行为之一，情节较轻的，给予警告、记过或者记大过处分；情节较重的，给予降级或者撤职处分；情节严重的，给予留用察看或者开除/解除劳动合同处分：

（一）签订有损企业利益的合同，或者签订虚假合同的；

（二）在不了解对方资信情况下，盲目与之签订合同，或者擅自变更合同，或者未签订合同即预付价款的；

（三）未经授权或者批准，擅自超越权限签订合同的；

（四）违反规定擅自订立、履行、变更、转让和解除合同的；

（五）工作不负责任，造成合同不能履行，被对方追究违约责任的；

（六）发现对方违约给企业利益造成危害，不及时加以纠正、制止，或者不及时采取有效措施对企业利益加以保护的；

（七）违反合同用章管理规定的；

（八）有其他违反合同管理规章制度行为的。

第四十三条 在统计工作中，有下列行为之一，情节较轻的，给予警告、记过或者记大过处分；情节较重的，给予降级或者撤职处分；情节严重的，给予留用察看或者开除/解除劳动合同处分：

（一）拒报、虚报、瞒报统计资料的；

（二）伪造、篡改统计资料的；

（三）屡次错报统计资料，造成严重后果的；

（四）编造虚假数据或强令、授意统计部门、统计人员篡改统计资料或者编造虚假数据的；

（五）对拒绝、抵制篡改统计资料或者拒绝、抵制编造虚假数据的统计人员进行打击报复的；

（六）未经授权或违规对外提供统计资料的；

（七）有其他违反统计工作规定的行为的。

第四十四条 在法律纠纷案件管理工作中，有下列行为之一，情节较轻的，给予警告、记过或者记大过处分；情节较重的，给予降级或者撤职处分；情节严重的，给予留用察看或者开除/解除劳动合同处分：

（一）法律纠纷案件发生后，故意隐瞒或者不按照规定及时向有关部门报告，或者不及时采取有效应对措施的；

（二）应当或者可以追究对方当事人责任而擅自放弃追究的；

（三）在承办法律纠纷案件中玩忽职守或者有重大疏忽的；

（四）不在法定期限内依法清收债权，

导致超过诉讼时效，债权无法收回的；

（五）拒不提供有关证据材料，对纠纷处理配合不力的；

（六）擅自接待司法机关人员、律师并未按规定程序出具有关证明材料，造成经济损失的；

（七）擅自为超过诉讼时效的债权人出具对账单或者签订还款协议的；

（八）有其他违反法律纠纷案件管理规定行为的。

第四十五条　在企业审计、巡察、监察、监事等工作中，有下列行为之一，情节较轻的，给予警告、记过或者记大过处分；情节较重的，给予降级或者撤职处分；情节严重的，给予留用察看或者开除/解除劳动合同处分：

（一）违反审计、监察法规，致使审计、监察质量出现重大问题的；

（二）发现被审计对象、监察对象及监事监督事项存在重大问题不如实或者不及时报告，造成重大影响的；

（三）审计、监察、监事人员玩忽职守、滥用职权、营私舞弊的，或者利用审计、监察、监事职权打击报复的；

（四）拒绝或者故意拖延提供与审计、监察和监事工作事项有关资料的；

（五）提供虚假资料，或者转移、隐匿资产，干扰阻碍审计、监察和监事工作的；

（六）隐瞒或者虚报财务收支以及与审计、监察和监事工作事项有关经济活动情况的；

（七）被审计、检查单位（人员）不配合审计、巡察、监察、监事工作，拒绝监督，拒不执行审计、监察结论或者报复陷害审计、监察和监事人员的；

（八）拒绝对审计、监察部门和监事所提问题作出解释和说明的；

（九）拒不执行审计、监察决定或者无正当理由拒不采纳审计、监察建议，或者对已查出的问题不按规定进行整改的；

（十）有其他违反审计、监察和监事法规行为的。

第四十六条　在企业设备租赁、废旧物资和设备处置中，有下列行为之一，情节较轻的，给予警告、记过或者记大过处分；情节较重的，给予降级或者撤职处分；情节严重的，给予留用察看或者开除/解除劳动合同处分：

（一）未履行审批程序，擅自租赁设备、处理废旧物资、设备，或者在办理过程中弄虚作假，故意让价、让量造成企业损失的；

（二）独自、伙同他人或者职工集资购买设备租赁给本单位管理的项目使用的；

（三）租赁特定关系人的设备、周转材料，或者将废旧物资卖给特定关系人的；

（四）在租赁设备或者设备出租的价格上显失公平，或者在结算上弄虚作假，给企业造成经济损失的；

（五）在融资租赁中，对客户资质、担保、抵押等调查不实，给企业造成经济损失的；

（六）废旧物资处置过程不公开，未按规定程序进行的；

（七）废旧物资处置所收资金未纳入企业财务管理的；

（八）有其他违反设备租赁、废旧物资和设备处置规定行为的。

第四十七条　有其他违反生产经营管理规定行为的，视情节轻重给予相应的处罚。

第七章　违反财务、资产和投资管理规定的行为

第四十八条　在企业会计工作中，有下列行为之一，情节较轻的，给予警告、记过或者记大过处分；情节较重的，给予

降级或者撤职处分；情节严重的，给予留用察看或者开除/解除劳动合同处分：

（一）不依法设置会计账簿、私设会计账簿或者应纳入会计账簿的经济业务不纳入的；

（二）随意变更会计处理方法的；

（三）违反《会计法》规定任用会计人员的；

（四）不按照规定建立、实施单位内部会计监督制度，或者拒绝依法接受监督或者不如实向监督管理部门提供有关会计资料及情况的；

（五）伪造、变造会计凭证、会计账簿，编制虚假财务会计报告以及其他会计资料的，或者隐匿、故意销毁依法应当保存的会计凭证、会计账簿、财务会计报告以及其他会计资料的；

（六）授意、指使、强令会计人员及其他人员伪造、变造会计凭证、会计账簿，编制虚假财务会计报告或者隐匿、故意销毁依法应当保存的会计凭证、会计账簿及其他会计资料的；

（七）对依法履行职责、抵制违反《会计法》行为的会计人员进行打击报复的；

（八）违规将与资产无关的成本费用资本化，借机调节利润的；

（九）未按照会计准则规定，计提固定资产折旧、无形资产摊销以及各资产项目减值的；

（十）违规利用“其他流动资产”“其他非流动资产”等项目调节其他资产项目余额的；

（十一）有其他违反企业会计准则及《会计法》有关规定的行为的。

第四十九条 在企业财务管理工作中，有下列行为之一，情节较轻的，给予警告、记过或者记大过处分；情节较重的，给予降级或者撤职处分；情节严重的，给予留用察看或者开除/解除劳动合同处分：

（一）转移、截留企业收入私设“小金库”或者账外账，或者账外设立银行账户的；

（二）以联营合资、兴办其他产业或者建立其他经济实体等方式转移企业资金、收入、利润的；

（三）坐收坐支或者搞资金体外循环的；

（四）隐瞒资产不入账，形成账外资产的；

（五）虚报冒领，骗取专项拨款或者补贴的；

（六）将公款以个人名义存放的；

（七）侵占企业资产收益的；

（八）抽逃资本金或者擅自冲减资本金的；

（九）不按规定进行成本核算，随意核销费用，乱挤乱摊成本的；

（十）不按规定操作保险业务，与保险人或者代理人串通、恶意修改保险条款、故意添加不公平约定、不签订保险合同、不出具保险单、投保资产出险不报案或者报案后不跟踪处理的；

（十一）采用侮辱、诽谤、暴力、威胁或者处分手段对依法履行职责或者抵制违法行为的财务人员进行报复陷害的；

（十二）不按规定组织财务监督工作的；

（十三）未经允许，私自对外泄露企业涉密财务信息的；

（十四）未按照“三重一大”决策制度和程序对相关财务事项进行决策，擅自决定重大财务事项或擅自对外披露重要财务信息的；

（十五）有其他违反财务管理制度的行为的。

第五十条 在企业资金运作中，有下列行为之一，情节较轻的，给予警告、记过或者记大过处分；情节较重的，给予降级或者撤职处分；情节严重的，给予留用察看或者开除/解除劳动合同处分：

（一）违反“三重一大”决策制度和程序，进行大额度资金运作，或者违反报批规定及程序进行资金运作的；

（二）违反规定对外投资、融资、参股、借款的；

（三）违反规定在银行、非银行金融机构或者在境外金融机构存款或者变相存款的；

（四）违反规定出让银行授信额度、为他人代开信用证的；

（五）违反股票、债券、外汇及其他有关金融管理的法律、法规和企业规章制度的；

（六）违反规定进行期货交易的；

（七）违反规定进行委托贷款，或者委托其他单位或者个人理财的；

（八）违反资金授权管理制度，越权授权办理资金支付的；

（九）有其他违反公司资金管理规定行为的。

第五十一条　个人借用公款或者企业资金超过六个月不还的，追回其欠款，情节较重的，给予警告或者记过处分；情节严重的，给予记大过处分。

违反规定批准将公款或者企业资金借给个人或者其他组织，情节较轻的，给予警告或者记过处分；情节较重的，给予记大过或者降级处分；情节严重的，给予撤职处分。

个人借用公司资金进行营利活动或非法活动的，依照前款规定从重或加重处理。

第五十二条　在企业票据管理工作中，有下列行为之一的，情节较轻的，给予警告、记过或者记大过处分；情节较重的，给予降级或者撤职处分；情节严重的，给予留用察看或者开除/解除劳动合同处分：

（一）不按照规定领购、开具、取得、保管发票，或者不按照规定接受税务机关检查的；

（二）故意使用伪造、变造、虚假票据的；

（三）签发空头支票或者故意签发与预留签名式样或者印鉴不符的支票，骗取财物的；

（四）签发无可靠资金来源的汇票、本票的；

（五）在开具票据时作虚假记载的；

（六）冒用他人的票据，或者故意使用过期、作废票据骗取资金的；

（七）付款人同出票人、持票人串通，骗取财物的；

（八）不该背书的票据，擅自背书转让的；

（九）在汇票管理过程中失职渎职给企业造成损失的。

第五十三条　在企业资产管理工作中，有下列行为之一，情节较轻的，给予警告、记过或者记大过处分；情节较重的，给予降级或者撤职处分；情节严重的，给予留用察看或者开除/解除劳动合同处分：

（一）在资产重组、股份制改造、承包、租赁、联营或者与外商合资经营、合作经营以及向境外投资过程中，将本企业资产非法转移到个人或者其他企业名下的；

（二）提供虚假情况和资料，或者与资产评估机构或者会计师事务所串通作弊，致使资产评估结果和审计结果失实，给企业造成损失的；

（三）不按规定进行清产核资、产权登记，不如实填报报表，隐瞒真实情况致使企业资产流失的；

（四）违规进行产权交易，或者恶意串通低价转让产权或者高价购入产权，造成企业资产流失的；

（五）违反知识产权保护的有关规定，

擅自泄露、转让重大科研成果，造成企业知识产权流失的；

（六）违反有关国家、企业土地和房地产管理的规定，给企业造成经济损失的；

（七）违反规定，低价出售、低价折股、无偿处置企业资产的；

（八）对企业资产的管理工作不负责任，造成经济损失的；

（九）未按照企业会计准则规定进行会计核算，或对资产价值过度估计，导致企业资产账实不符的；

（十）对于货币资金、应收票据、应收款项、存货、在建工程、固定资产等实物资产，未按规定按时盘点，导致实物资产出现盘盈、盘亏现象的；

（十一）有其他增加资产管理风险的行为的。

第五十四条 在投资活动中，有下列行为之一，情节较轻的，给予警告或记过处分；情节较重的，给予降级或撤职处分；情节严重的，给予留用察看或者开除/解除劳动合同处分：

（一）对投资项目未进行必要、充分的可行性研究论证，或者所作出的可行性报告明显失真失实的；

（二）越权审批或者擅自立项扩大投资规模和生产经营规模的；

（三）未履行规定程序擅自决定超概算投资的；

（四）对投资项目未进行有效监管或未采取有效措施，导致较大投资风险或损失的；

（五）故意将投资业务化整为零分解报批或备案，规避监督和审批权限规定的；

（六）在从事投资业务中与有关方恶意串通、弄虚作假，造成公司经济损失的；

（七）违规盲目决策或擅自批准投资业务或利用投资业务以权谋私，造成公司经济损失的；

（八）擅自决定对外投资、融资、参股的；

（九）项目建成后未及时进行项目转资的；

（十）有其他违反投资管理规定的行为的。

第五十五条 在对外担保中，有下列情形之一，情节较轻的，给予警告、记过或者记大过处分；情节较重的，给予降级或者撤职处分；情节严重的，给予留用察看或者开除/解除劳动合同处分：

（一）违反担保管理的有关规定，为其他企业或者个人提供担保的；

（二）违反决策程序，擅自决定对外提供担保的；

（三）在对外担保中，未对被担保企业的资信及担保风险进行详细论证和尽职调查的，以及应采取而未采取反担保措施的；

（四）对已担保的项目不跟踪或者跟踪不及时，出现担保风险未及时采取有效应对措施的；

（五）有其他因担保造成企业资产损失情形的。

第五十六条 有其他违反国家和企业财经纪律的行为，视情节轻重给予相应的处罚。

第八章 违反企业、社会管理秩序的行为

第五十七条 违反外事纪律及有关规定，有下列行为之一，情节较轻的，给予警告、记过或者记大过处分；情节较重的，给予降级或者撤职处分；情节严重的，给予留用察看或者开除/解除劳动合同处分：

（一）在国（境）外期间，触犯所在国家或地区的法律或者不尊重当地的宗教习俗，造成不良影响的；

（二）在涉外活动中违背国家政策或者损害国家尊严、利益的；

（三）未经书面授权或超越授权，擅自与外方达成口头或书面协议的；

（四）未经事先书面批准，临时出国（境）团组擅自延长在国（境）外期限，或擅自改变路线的；

（五）违反规定办理出国手续，或者擅自组织出国（境）考察、学习、培训团组的；

（六）在国（境）外期间出走不归的，或发现在国（境）外工作的人员或临时出国（境）团组成员出走不归，不立即向上级报告，不立即采取措施，或者为出走提供条件的；

（七）在国（境）外参与违法活动的；

（八）有其他违反外事纪律和管理规定的行为的。

第五十八条　在企业信访工作中，有下列行为之一，情节较轻的，对直接负责的主管人员和直接责任人员给予警告、记过或者记大过处分；情节较重的，给予撤职或者降级处分；情节严重的，给予留用察看或者开除/解除劳动合同处分：

（一）违反法律法规和政策规定进行决策，或者不作为、乱作为、失职渎职，损害群众利益，导致产生信访问题，造成严重后果的；

（二）违反群众纪律，对应当解决的群众合理合法诉求消极应付、推诿扯皮，或者对待信访群众态度恶劣、简单粗暴，损害党群干群关系，造成严重后果的；

（三）领导班子、领导人员不及时研究解决信访突出问题，不按规定接待处理信访事项、落实包案责任，造成严重后果的；

（四）对发生的集体访、信访负面舆情未及时处置或者处置不力，导致事态扩大，或者因信访工作不力引发群体性事件、个人极端行为、负面舆论过度炒作，造成不良影响的；

（五）对可能造成社会影响的重大、紧急信访问题，隐患排查和信息预警工作不到位，或者获知信访信息后隐瞒、谎报、漏报、授意他人不按规定报告，造成严重后果的；

（六）未按照规定登记、受理、交办、转送、办理和督办信访事项，拒不办理信访部门交办、转送、督办的投诉请求，拒不执行有权处理机关作出的支持投诉请求意见，或者编报虚假材料欺骗信访群众、信访部门和上级党政机关，严重损害信访群众合法权益的；

（七）对信访部门提出的改进工作、完善政策和给予处分等建议重视不够、落实不力，导致问题长期得不到解决的；

（八）有其他违反信访管理规定行为的。

第五十九条　在企业档案、资料管理工作中，有下列行为之一，情节较轻的，给予警告、记过或者记大过处分；情节较重的，给予降级或者撤职处分；情节严重的，给予留用察看或者开除/解除劳动合同处分：

（一）将应归档的文件、资料据为己有，拒不向档案、资料管理机构或者工作人员移交的；

（二）损毁、丢失企业具有保存价值或者应当保密的档案、文件、资料的；

（三）擅自涂改、伪造、撤换、添加、销毁档案、文件、资料的；

（四）档案、资料管理人员玩忽职守，造成档案、文件、资料损毁、丢失的；

（五）擅自复制、抄录、出借档案、文件、资料的；

（六）擅自公布未开放的企业档案的；

（七）发生档案安全事故后不及时组织抢救、隐瞒不报、虚假报告或不及时报告的；

（八）将档案卖给、赠送给外国人或

外国组织的；

（九）有其他违反档案法和有关规定的行为的。

第六十条 违反保密规定，有下列行为之一，情节较轻的，给予警告、记过或者记大过处分；情节较重的，给予降级或者撤职处分；情节严重的，给予留用察看或者开除/解除劳动合同处分：

（一）工作不负责任，不认真遵守《保密法》等保密法律法规、集团公司保密制度和规定，导致失密、泄密（国家秘密）事件发生且尚不构成犯罪的；

（二）窃取工作秘密、企业商业秘密的；

（三）泄露工作秘密、企业商业秘密的。

第六十一条 违反国家和企业关于证件、印章使用管理规定的，或者对企业营业执照、资质证书和授权书等管理不当，给企业造成损失或者不良影响，情节较轻的，给予警告、记过或者记大过处分；情节较重的，给予降级或者撤职处分；情节严重的，给予留用察看或者开除/解除劳动合同处分。

第六十二条 组织、串联、煽动集体上访，或者以上访为名，扰乱施工、生产、工作秩序，影响社会、企业和谐稳定，情节较轻的，给予警告、记过或者记大过处分；情节较重的，给予降级或者撤职处分；情节严重的，给予留用察看或者开除/解除劳动合同处分。

对策划者、组织者和骨干分子给予降级以上处分。

第六十三条 在意识形态和宣传思想文化、统战工作中，有下列行为之一的，情节较轻的，给予警告、记过或者记大过处分；情节较重的，给予降级或者撤职处分；情节严重的，给予留用察看或者开除/解除劳动合同处分：

（一）不执行有关意识形态和宣传思想文化、统战工作部署规定和制度程序，玩忽职守、落实不力，造成较坏影响和严重后果的；

（二）公开发表违背党章、党的决定决议和政策，或者否定党的领导、攻击中国特色社会主义制度的言论，或者违反国家民族宗教政策，或者参与邪教组织，造成严重影响的；

（三）散布明显违背企业相关规定的言论，故意制造影响改革发展稳定的谣言，或者组织策划抵制企业决策规定实施，或者诋毁职工，造成较坏影响和严重后果的；

（四）不遵守企业新闻宣传工作管理规定，未经核准、擅自接受媒体采访或发布信息、发表稿件，致使新闻宣传报道失实或者泄密，给企业造成重大负面影响的；

（五）未经批准，擅自以企业名义发布消息或者擅自发布涉及企业的重要信息，引发不必要的炒作和负面报道，造成恶劣影响的；

（六）在宣传、展示、推广等类活动中，违反集团公司规定，不规范使用企业文化元素，造成严重不良影响的；

（七）在文明单位创建、道德模范评选等涉及单位和个人的各类评先树优活动中，弄虚作假骗取荣誉的。

第六十四条 违反国家生育政策，需要给予纪律处分的，视情节给予当事人警告至留用察看或者开除/解除劳动合同处分。

从事计划生育工作的人员，不履行或者不正确履行职责，损害职工合法权益，或者造成其他不良影响的，视情节轻重给予相关责任人警告直至留用察看或者开除/解除劳动合同处分。

企业所在地计划生育管理部门有明确处罚规定的，从其规定。

第六十五条 违反国家关于劳动用工

的法律、法规以及企业有关制度，侵犯职工合法权益，给职工的经济利益、人身安全、身心健康造成损害，情节较轻的，给予警告、记过或者记大过处分；情节较重的，给予降级或者撤职处分；情节严重的，给予留用察看或者开除/解除劳动合同处分。

第六十六条　违反生产管理秩序，故意破坏生产设备、损毁生产资料，干扰生产秩序，情节较轻的，给予警告、记过或者记大过处分；情节较重的，给予降级或者撤职处分；情节严重的，给予留用察看或者开除/解除劳动合同处分。

第六十七条　有其他妨害社会管理秩序和企业有关管理规定的行为的，视情节轻重给予相应的处分。

第九章　失职、渎职行为

第六十八条　因滥用职权、玩忽职守或在工作中徇私舞弊，给国家、公司和职工利益造成损失和影响的，视情节轻重，给予警告以上直至开除/解除劳动合同处分。

第六十九条　在生产、经营、管理等活动中有下列情形之一，给国家、公司和职工利益财产造成较大损失的，对负有直接责任者，视情节轻重，给予警告以上直至开除/解除劳动合同处分。情节较重的，对负有主要领导责任者，给予记过或降级处分；负有重要领导责任者，给予警告或记过处分。情节严重的，对负有主要领导责任者和重要领导责任者，加重处理：

（一）在签订、履行合同过程中违反有关规定或者不负责任的；

（二）对本单位（部门）存在的危害公共安全、生命财产安全行为，发现后不采取措施处理或者措施不力的；

（三）对本单位、本部门违反财政、金融、税收、会计、审计等方面法律、法规的行为长期失察或者发现后不予纠正的；

（四）因工作不负责任，致使公司财物被贪污、挪用、盗窃、诈骗或者发生丢失、损坏、变质的。

第七十条　在工作中违反有关规定或者不负责任，有下列情形之一，给国家、公司和职工利益财产造成较大损失的，对负有直接责任者，视情节轻重，给予警告以上直至开除/解除劳动合同处分。情节较重的，对负有主要领导责任者，给予记过或者降级处分；负有重要领导责任者，给予警告或者记过处分。情节严重的，对负有主要领导责任者和重要领导责任者，加重处理：

（一）在决定基本建设项目的立项、设计、施工、投产等工作中造成失误的；

（二）在灾害、事故发生时，未采取必要和可能的措施，或者启动应急处置程序，贻误时机，使本可以避免或者减少的损失未能避免或者减少的；

（三）对突发事件、重大事故和其他重要情形瞒报、谎报、缓报、漏报的；

（四）对涉及职工生产、生活等切身利益的问题能解决而故意拖延不解决的。

第七十一条　工作严重不负责任，不履行或不正确履行责任制规定的责任，出现以下情形之一的，视情节轻重，对单位主要领导给予警告直至撤职处分：

（一）对违规违纪问题隐瞒不报、压制不查、查处不力的；

（二）不认真执行职工违规违纪处理规定，对应该处理的违规违纪职工不处理或不按规定处理的；

（三）对上级交办的责任范围内的事项拒不办理的；

（四）对明令禁止的不正之风不制止、不查处的；

（五）有其他履职不到位的情形的。

第七十二条　在开展审查、调查、巡察等工作中，有下列情形之一的，对直接责任者和领导责任者，视情节给予警告直至开除/解除劳动合同处分：

（一）拒不执行相关处理处分决定或者执行不到位的；

（二）拒不配合或者阻碍相关工作的；

（三）对检举人、证人或者工作人员进行打击报复的；

（四）诬告陷害的；

（五）有其他应当追究责任的情形的。

第七十三条 参与职工违规违纪行为调查处理的人员有下列情形之一的，对直接责任者和领导责任者，视情节给予警告直至开除/解除劳动合同处分：

（一）违反本《规定》开展工作的；

（二）窃取、泄露有关信息的；

（三）实施逼供、诱供，或者侮辱、打骂、虐待、体罚或者变相体罚的；

（四）收受有关人员财物或者其他利益的；

（五）干预调查工作或者借机谋取私利的；

（六）有其他应当追究责任的情形的。

第三编 附 则

第七十四条 术语解释。

（一）本《规定》中所称“以上”，包括本级、本数；“以下”不包括本级、本数。

（二）本《规定》中所称的“其他特定关系人”指与职工有近亲属、情妇（夫）以及其他共同利益关系的人。

第七十五条 国家和上级机关另有规定的，从其规定。对受到政务处分的，不再依据本《规定》重复给予处分，其政务处分期间的相关待遇比照本规定执行。集团公司及各权属公司其他规章制度涉及职工违规违纪处理的有关规定，与本《规定》不一致的，以本《规定》为准。

职工违反集团公司《违规经营投资责任追究办法》有关规定的，从其规定。

各单位依据本《规定》制定实施细则，经职工代表大会或者职工大会审议通过，并报集团公司备案。

第七十六条 本《规定》没有明确，但造成企业利益损失或者其他不良后果，需要追究责任的，比照类似条款处理。

第七十七条 本《规定》施行前，已结案的案件如果需要复审、复核，适用当时的规定。尚未结案的案件，如果行为发生时的规定不认为是违规违纪的，适用当时的规定；如果行为发生时的规定认为是违规违纪的，依照当时的规定处理，但是如果本《规定》不认为是违规违纪或者根据本《规定》处理较轻的，适用本《规定》。

第七十八条 本《规定》具体条款由集团公司主责部门负责解释。

第七十九条 本《规定》自修订发布之日起施行。

山东钢铁集团有限公司生产安全事故应急预案

（山钢安字〔2021〕19号 2021年5月31日）

1 总则

1.1 适用范围

本预案适用于集团公司及所属权属单位。

1.2 编制依据

《中华人民共和国安全生产法》（主席令第13号）；

《中华人民共和国消防法》（第十三届全国人民代表大会常务委员会第十次会议修订）；

《中华人民共和国突发事件应对法》（主席令第69号）；

《生产安全事故应急条例》（国务院第708号令）；

《危险化学品安全管理条例》（国务院令第591号，2011年修订）；

《生产安全事故报告和调查处理条例》（国务院令第493号）；

《生产安全事故信息报告和处置办法》（国家安监总局令第21号）；

《生产安全事故应急预案管理办法》（应急管理部令第2号）；

《山东省生产事故报告和调查处理办法》（山东省人民政府令第236号）；

《山东省突发事件应急预案管理办法》（鲁政办发〔2009〕56号）；

《山东省突发事件总体应急预案》（鲁政发〔2012〕5号）；

《生产经营单位生产安全事故应急预案编制导则》（GB/T 29639—2020）；

《生产安全事故应急演练评估规范》（AQ/T 9009—2015）；

《生产安全事故应急演练指南》（AQ/T 9007—2011）；

《生产经营单位生产安全事故应急预案评估指南》（AQ/T 9011—2019）；

《关于加强安全生产异常事件分析评估和经验反馈工作的通知》（鲁安办发〔2021〕14号）。

1.3　响应分级

依据事故危害程度、影响范围和控制事态的能力，应急响应分三级：Ⅲ级（一般）、Ⅱ级（较大）、Ⅰ级（重大），并作为突发事件信息报送和分级处置的依据。

（1）Ⅲ级应急响应。

事故发生在权属单位所属区域内部，不对周边单位或居民造成影响，造成1人死亡，或者3人及以下重伤，或者500万元以下直接经济损失，单位可自行处置，不需要外部援助的生产安全事故。由事故发生单位为主启动本单位的应急响应。

（2）Ⅱ级应急响应。

事故发生单位内部不能或不能立即控制事故，造成2人或2人以上死亡，或者3人以上重伤，或者500万元以上直接经济损失，需要外部援助，但在本区县行政区域或集团公司范围内应急力量可处置的生产安全事故。启动集团公司应急响应。

（3）Ⅰ级应急响应。

依靠事故单位所在区县行政区域或集团公司范围内应急力量不能或不能在短时间内控制事故，需要市级及以上外部应急力量援助的生产安全事故。立即启动集团公司应急响应。

2　应急组织机构及职责

2.1　应急组织机构

集团公司设立生产安全事故应急指挥部（简称“指挥部”），总经理任总指挥，集团公司分管安全副总经理、安全总监担任副总指挥，成员包括安全环保部/应急管理部、办公室/党委办公室、党委组织部/人力资源部、纪委/监察专员办公室、运营管理部、工会/团委主要负责人。

指挥部下设应急办公室，设在集团公司安全环保部/应急管理部，办公室主任由安全环保部/应急管理部主要负责人担任。负责指挥部日常工作。

2.2　应急职责

2.2.1　应急指挥部主要职责

（1）研究制定集团公司生产安全事故应急指导意见。

（2）监督、指导各权属单位生产安全事故应急预案的启动和实施。

（3）领导、组织和协调集团公司及各

权属单位应急工作，决定启动和组织实施本预案。必要时，派出专门工作组（简称“现场工作组”）现场指导协调有关工作。

（4）负责集团公司Ⅱ级及以上生产安全事故应急救援综合协调和督导。

（5）协调、配合各权属单位、政府各级或专项应急指挥机构开展应急救援工作。

2.2.2 应急指挥部总指挥主要职责

（1）对集团公司的应急救援工作的指挥、决策全面负责；

（2）下达本应急预案启动和终止指令；

（3）确定现场工作组人员名单；

（4）确定各权属单位应急队伍、物资装备的调动；

（5）决定请求政府支持；

（6）指定信息公开责任人。

2.2.3 应急指挥部副总指挥主要职责

（1）协助总指挥做好应急救援的指挥、决策工作；

（2）总指挥不在时，依次接替行使总指挥的职责；

（3）配合总指挥确定应急预案的启动等级；

（4）落实向政府有关部门报告事故情况；

（5）组织有关人员对事故进行初步的调查、分析，配合政府有关部门对事故的调查、取证；

（6）督促落实日常应急预案的演练。

2.2.4 应急办公室主要职责

（1）及时传达、贯彻落实省委、省政府及上级有关部门关于生产安全事故应急预案方面的工作意见、措施和要求。

（2）通过应急演练和事故应急响应，分析研究生产安全事故应急预案存在的问题，提出修改意见。

（3）监督、检查权属单位生产安全事故应急预案的编制、修订和备案工作。

（4）做好与省、地方应急指挥机构及各权属单位开展救援工作的联络。

（5）督促、检查、指导各权属单位生产安全事故应急救援的培训、演练等工作。

（6）建立24小时应急值班制度，落实值班人员职责。保持与省政府、省应急厅、省国资委、省专项应急领导小组的联系，及时沟通情况、互通信息。

2.2.5 现场工作组及职责

现场工作组是集团公司应急指挥部派出的临时机构，人员由应急指挥部成员和应急技术专家组成。具体负责生产安全事故的现场综合协调和处置工作监督、指导。现场工作组成员应在指定时间内到达现场，履行以下职责：

（1）负责现场应急指挥协调工作，执行集团公司应急指挥部指令。及时了解和掌握事故发生的原因和现场救援处置情况，及时向应急指挥部反馈现场信息。

（2）指导事故单位研究确定应急处置方案并督导组织实施。

（3）协调集团公司内部救援力量协助实施救援。

（4）督导事故单位对生产安全事故实施动态监测与评估，适时调整应急处置方案。

（5）督导事故单位对应急救援工作进行总结上报。

（6）做好与当地应急救援部门、机构的沟通和协调。

（7）完成应急指挥部交办的其他任务。

2.2.6 各权属单位职责

（1）贯彻落实《中华人民共和国突发事件应对法》等法律法规及党和国家的各项方针、政策，制定本单位应急管理制度。

（2）成立本单位生产安全事故应急管理领导机构，组织本单位生产安全事故的应对工作。

（3）结合实际，制定本单位生产安全事故应急预案，建立本单位应急预案体系。

（4）组建专/兼职应急救援队伍，配备应急救援器材和装备，做好应急物资储备管理工作。

（5）加强安全风险分级管控力度，认真排查事故隐患，对可能发生和可以预警的突发事件及时进行预警。

（6）按规定组织应急预案的培训、演练、评估。

（7）对生产安全事故进行响应和处置，配合有关部门做好事故调查，恢复重建等工作。

（8）依法、及时、准确、客观、全面地报送生产安全事故信息。

（9）根据政府、指挥部指令组织应急救援力量参加社会救援。

（10）及时修订和完善本单位生产安全事故应急预案，并按要求及时报备。

3　应急响应

3.1　信息报告

3.1.1　信息接报

（1）发生安全生产事故后，事故发生单位应按照相应的应急报告程序在事发后20分钟内向集团公司应急办公室报告。集团公司应急办公室电话：0531-86568656。

事故发生单位报告时应将事故发生的单位、时间、地点、事故类别、过程、人员伤亡情况以及预案启动、采取的处置措施、事故组织救援、防止事故扩大的措施和向事故发生地县级以上人民政府有关部门报告情况一并向集团公司应急办公室报告。并于1小时内将事故初步核实的概况书面向集团公司应急办公室报告，作为突发事件初步上报的口径。应急值班室传真0531-67606393。

（2）集团公司应急办公室接到报告后，第一时间汇报指挥部总指挥，由总指挥决定是否启动本预案和向省国资委、省应急厅报告相关事项。

（3）信息上报。发生一般以上生产安全事故或较大涉险事故，集团公司应急办公室接到报告后半小时内，经总指挥批准，向山东省国资委应急领导小组办公室（0531-85103600），山东省应急厅值班室（0531-81792255）报告。事故报告主要内容包括：

①事故发生单位的名称、地址、性质；

②事故发生时间、地点；

③事故已经造成或者可能造成的伤亡人数（包括下落不明、涉险的人数）；

④其他应当报告的情况。

（4）对外信息通报，由总指挥指定的信息负责人发布，任何单位和个人未经许可不得随意发布信息。

3.1.2　信息处置与研判

（1）当应急办公室接到紧急异常情况报告后，应立即汇报应急办公室主任。应急办公室主任对相关信息进行核实确认后，汇报应急指挥部总指挥。总指挥根据事故性质、严重程度、影响范围和可控性，结合应急分级响应条件作出响应启动的决策。

（2）若达不到应急响应启动条件，应急指挥部总指挥作出预警启动决定，应急指挥部做好响应准备，并实时跟踪事态发展。

（3）响应启动后，应急指挥部实时跟踪事态发展，科学分析处置需求，根据实际情况，及时调整响应级别。

3.2　预警

3.2.1　预警启动

（1）各权属单位应急机构获取可能发生事故的预警信息，视情况及时在本单位发布预警信息，并及时报告集团公司应急办公室。

（2）应急办公室判断预警信息的严重性，可能发生的事故或造成的危害，及时报告指挥部总指挥。由总指挥决定是否发布预警信息及预警范围。

（3）如确定发布预警信息，由总指挥指定的信息负责人负责安排采用电话、传真、短信、微信等方式，及时向各相关权属单位通报生产安全事故预警信息，通知有关部门单位做好应急准备。各权属单位通过各自的应急指挥系统上传下达贯彻和落实。

3.2.2　响应准备

预警启动后，应急办公室根据实际情况及时通知相关应急救援队伍、专家做好应急响应准备，并进一步落实应急救援物资、装备的数量及状态情况。

3.2.3　预警解除

有事实证明不可能发生突发事件或者危险已经解除，指挥部总指挥宣布解除预警，并解除已采取的有关措施。

3.3　响应启动

3.3.1　接到事发单位的紧急异常情况信息后，应急指挥部总指挥组织召集应急指挥部成员召开紧急会议，根据事故危害程度、影响范围和控制事态能力，确定应急响应级别，下达启动应急响应命令。特殊时段（两会期间、国家举办重大活动等敏感时期）应急提级响应。指挥部总指挥授权应急办公室在接报半小时内向省应急厅、省国资委汇报事故信息。

3.3.2　应急响应

Ⅲ级应急响应：以事故发生单位为主启动本单位应急响应。指挥部总指挥指派由安全总监和安全环保部组成工作组，立即赶赴现场，参与事故的应急处置和事故调查。

Ⅰ级和Ⅱ级应急响应：指挥部立即组建现场工作组，与总指挥赶赴现场，及时与地方政府对接，根据救援实际，参加现场指挥部指挥，指导、协调救援工作。

3.3.3　应急办公室应急响应

（1）保持与事故发生单位的通讯联系，随时了解、掌握事态发展情况。

（2）迅速传达总指挥指令，根据事故发生单位呈报事故情况，及时向省应急厅、省国资委等有关部门报告情况。

（3）协调、协助事故单位调集专业救援队伍、医疗救护队伍、技术专家成员、警戒保卫力量、应急物资等救援资源，为现场指挥部提供后备支持。

3.4　应急处置

3.4.1　事故发生单位是应对事故先期处置的责任主体。在应急处置初期，车间领导、班组长和调度人员有直接处置权和指挥权，在遇到险情或事故征兆时，在采取可能的应急措施后可立即下达撤人命令，组织现场人员及时、有序撤离到安全地点，减少人员伤亡。

事故发生后，事发单位应当立即启动本单位生产安全事故应急预案，由事发现场最高职位者担任现场指挥员，成立现场应急救援指挥部（现场指挥部）组织应急救援。在确保安全的前提下采取有效措施组织抢救遇险人员及疏散周边人员，控制危险源，标明危险区域，封锁危险场所，并采取其他防止危害扩大的必要措施。

3.4.2　集团应急指挥部接到事故发生单位提请提供应急救援人员和物资帮助的，指挥部应及时作出协调。集团公司现场工作组赶赴现场后，应及时了解和掌握现场情况并汇报应急指挥部，按照规定履行职责，协调、协助、指导救援工作。

3.4.3 现场指挥部要充分发挥现场管理人员、专业技术人员和救援队伍指挥员的作用，实行科学决策，评估事故后果和事态发展状况。先期到达的应急救援队伍必须经现场指挥部同意后，保证自身安全的前提下迅速、有效地实施先期处置。各成员单位及各有关救援队伍应当在现场指挥部的统一指挥下，配合实施抢险救援和紧急处置行动。

现场指挥部要加强对事故现场的监控，及时采取紧急处置措施，果断控制或切断灾害链，防止次生、衍生和耦合事故发生。

3.4.4 应急人员的安全防护。事故发生单位在处置突发生产安全事故时，应当对事发地现场的安全情况进行科学评估，根据需要协调、调集相应的安全防护装备、用品等，保障现场应急救援人员的人身安全。现场应急救援人员应根据需要携带相应的专业防护装备，采取安全防护措施。其他相关工作人员赶赴现场时应根据事故实际携带必需的监测防护装备，确保个人安全。

3.5 应急支援

3.5.1 如突发事件事态进一步扩大，超出事发单位控制能力，或突发事件已波及集团公司管辖范围以外，直接或间接造成巨大灾害，由指挥部或现场指挥部报请总指挥同意，向政府有关部门（机构）请求支援。

3.5.2 政府救援机构到达现场后，现场指挥部指挥权移交政府应急救援指挥机构。本预案涉及的有关人员要服从政府应急救援指挥机构的指挥。

3.6 响应终止

当事故危害得以控制，死亡和失踪人员已经查清，受伤人员得到救治，紧急疏散人员得到安置，环境符合有关标准，次生、衍生事故隐患消除后，由集团公司应急指挥部总指挥做出应急响应终止的决定。

4 后期处置

以事故单位为主做好后期处置工作，集团公司应急指挥部可派出相关人员督导。

4.1 污染物处理。事故发生单位要制定污染物清理专项措施，组织相关人员清理事故现场污染物，权属单位环保部门按照环境保护要求进行评估、验收。

4.2 生产秩序恢复。权属单位的生产运营部门协助事故发生单位制定恢复生产安全技术措施，尽快恢复生产正常秩序，消除事故后果和影响。

4.3 医疗救治。事故发生单位确定专门小组根据受伤人员的伤情，协同医疗救援机构分科别进行专项医疗救治，并安排专人护理，先期医疗机构救治达不到要求时，及时提前转院，确保受伤人员尽快恢复健康。

4.4 人员安置。事故发生单位要积极与政府有关部门配合，对受事故影响的人员进行妥善安置，确保稳定。

4.5 善后赔偿。事故单位要积极与人力资源社会保障部门、保险公司妥善处理事故伤亡人员及其家属的安置、抚恤及补偿，按照国家和地方有关工伤保险规定进行理赔。

4.6 征用物资设备清退。应急办公室协调事故发生单位及时清查救援工作临时调集的各类物资设备，及时归还，造成损坏或无法归还的，督促按照有关规定给予补偿或做出其他处理。

5 应急保障

5.1 通信与信息保障。集团公司应急办公室组织建立和完善集团公司重大危险源、救援队伍和应急物资装备信息数据库，强化应急救援信息化支撑，收集、分析和处理安全生产相关信息，及时向省有关部门报送。各权属单位应设立应急值班电话并24小时有人值守，确保应急工作联络畅通。

5.2　应急队伍保障。各权属单位应加强应急救援队伍建设，组建专职或兼职应急救援队伍，并强化业务培训和应急演练，矿山单位应与当地专业矿山救护队签订救援协议。各权属单位应为专业应急救援人员（专职煤气防护队员、专职消防队员、专职矿山救护队员等）购买人身意外伤害保险。

5.3　物资装备保障。各权属单位必须按照《工业企业煤气安全规程》（GB 6222）、《矿山救护规程》（AQ 1008）和《危险化学品单位应急救援物资配备要求》（GB 30077）等规定配备必要的应急救援物资装备，建立应急物资台账，确定应急物资装备管理负责人并建立责任制，定期进行检查，以确保随时都可使用。突发生产安全事故，事故单位应急资源不能满足救援需求时，应急指挥部需要紧急征用权属单位的救援物资装备，涉及的单位必须全力支持，积极配合，保证救援顺利进行。

5.4　医疗卫生保障。各权属单位宜建立医疗救护站（或与企业所在地医院签订医疗救护协议），负责事故伤员的医疗急救和专兼职救援队伍医疗救护知识专项培训工作。

5.5　治安保障。事故发生后，事故单位必须做好事故现场治安警戒和治安管理，加强对重点地区、重点场所、重点人群、重要物资设备的防范保护，维持现场秩序，及时疏散群众。发动组织职工，开展群防联防。发生较大及以上事故，外部治安力量介入事故现场治安警戒和治安管理时，事故单位要全力进行配合。

5.6　经费保障。各权属单位应当依法加强应急救援工作，加大安全资金投入，做好事故应急救援必要的资金准备，保障应急状态时应急经费能及时到位。

5.7　技术保障。集团公司设立应急救援技术专家库，根据事故类别组成应急救援技术专家组，为事故救援提供技术支持。

5.8　后勤保障。各权属单位应当做好事故应急救援的后勤保障准备，确保应急状态时应急指挥、救援人员和涉及的职工群众等的办公、生活、卫生、车辆、油料、财务、避难场所等及时到位。

6　附件

6.1　单位概况

山东钢铁集团有限公司于2008年3月17日注册成立，注册资本111.93亿元，是由山东省人民政府国有资产监督管理委员会、山东国惠投资有限公司和山东省社会保障基金理事会共同出资设立的有限责任公司。

旗下有山东钢铁股份有限公司、济钢集团有限公司、莱芜钢铁集团有限公司、山东钢铁集团矿业有限公司、山东工业职业学院、山东钢铁集团房地产有限公司、山东钢铁集团国际贸易有限公司、山钢金融控股（深圳）有限公司、山东钢铁集团永锋淄博有限公司、山东钢铁集团财务有限公司、山信软件股份有限公司、山东耐火材料集团有限公司、山东钢铁集团淄博张钢有限公司等子公司（单位），拥有山东钢铁、金岭矿业、中泰证券3家A股上市公司和鲁证期货1家H股上市公司。

6.2　风险评估的结果

集团公司涵盖金属冶炼、非煤矿山、

建筑安装、交通运输、地产、学校等行业，涉及危险化学品生产、储存、运输和使用，存在高温、高压、有毒、有害、易燃、易爆、人员密集等危险有害因素，危险源点多、面广。

依据山东省安全生产风险分级管控相关规定，集团公司各权属单位分别制定了安全生产风险分级管控办法，每年组织开展危险源辨识、风险评价工作，修改完善风险防控措施，并定期对风险防控措施的落实情况进行检查。截至 2020 年底，集团公司共辨识出风险点 6522 个，其中一级风险 74 个，二级风险 530 个。各单位重大风险点确定、风险评价分级基本合理，制定的管控措施可行，风险隐患双重预防体系运行有效，企业风险处于可控状态。

6.3　预案体系与衔接

各权属单位突发生产安全事故按照“属地管理”原则，纳入当地政府应急救援体系，自觉接受当地政府的领导、指挥、监督和调配。集团公司视情况派出相关人员赶赴事故现场指导、协调应急救援工作。

以下预案作为集团公司生产安全事故应急预案的衔接预案：

（1）各权属单位生产安全事故应急预案；

（2）山东省省属企业安全生产事故应急预案；

（3）山东省非煤矿山重特大生产安全事故应急预案；

（4）山东省危险化学品重特大生产安全事故应急预案；

（5）山东省特种设备重特大生产安全事故应急预案。

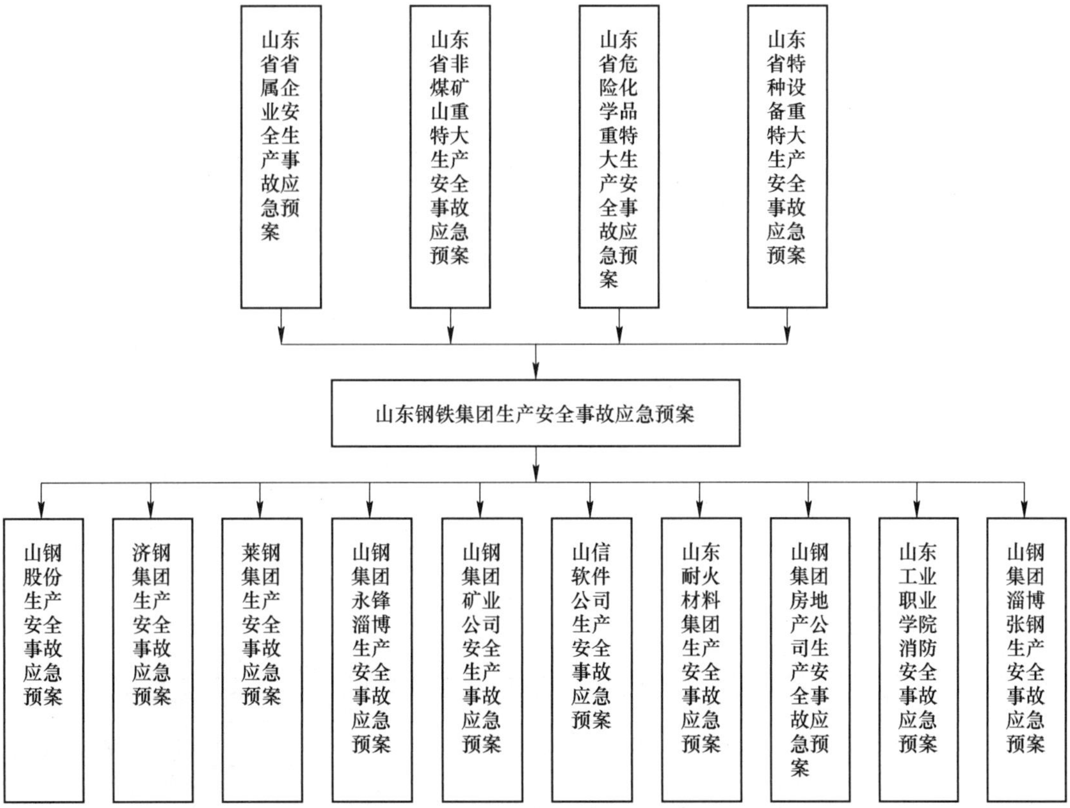

山东钢铁集团有限公司生产安全事故应急预案衔接关系示意图

6.4 应急物资装备的名录清单

集团公司应急用物品清单

序号	防护物品名称	单位	数量	存放地点	联系电话
1	三合一便携式监测报警仪	台	4	安全环保部	0531-67606393 保管人：韩怀平
2	警用执法记录仪	台	4	安全环保部	
3	水靴	双	10	安全环保部	
4	雨衣	件	10	安全环保部	
5	摄像机	台	1	安全环保部	
6	7座应急用车辆	台	1	办公室	0531-67606792
7	与权属单位连线视频系统	套	1	集团三楼会议室	0531-67606861

6.5 有关应急部门、机构或人员联系方式

山钢集团内部生产安全事故应急联系方式见《山钢集团应急通讯录》。外部有关应急救援部门机构联系方式见下表。

山钢集团外部有关应急救援部门机构联系方式

指挥救援机构	部门	办公电话
省人民政府	应急值班室	0531-86062094
省政府办公厅	总值班室	0531-51787111/51786069
省应急厅	值班室	0531-81792255
省国资委	值班室	0531-85103600
济南市应急管理局	值班室	0531-66608383
历城区应急管理局	值班室	0531-88066006
钢城区应急管理局	值班室	0531-78081399
淄博市人民政府	应急值班室	0533-3183406
淄博市应急救援指挥中心	值班室	0533-2306712/12350
淄博市周村区应急救援指挥中心	值班室	0533-6195211
日照市政府应急办公室	值班室	0633-8781001
日照市应急管理局	值班室	0633-8790691/12350
日照市岚山区政府	值班室	0633-2618700/2613945
日照市岚山区应急管理局	值班室	0633-2617109
山东省非煤矿山鲁东救援中心	值班电话	0535-8650772
鲁中应急救援中心	值班电话	0533-7585119/7512119
山东省非煤矿山鲁南救援中心	值班电话	0632-4073200/4072202
国家化学事故应急咨询电话	值班电话	0532-83889090

6.6　格式化文本

安全生产事故接报登记表

事故单位	
事故类型	
事故发生时间	
事故发生地点	
人员伤亡情况	
事故详情	
已采取的措施	
向当地政府部门报告情况	
报告人	
报告人联系方式	
备注	

山东钢铁集团有限公司利润分配管理办法

（山钢财字〔2021〕21 号　2021 年 10 月 19 日）

第一章　总　　则

第一条　为增强山东钢铁集团有限公司（以下简称山钢集团）资本创效能力，优化资源配置及布局结构，建立利润分配机制，规范利润分配行为，强化投资回报意识，结合有关法律法规及山钢集团相关制度规定，制定本办法。

第二条　利润分配采取现金分配的方式。

第三条　本办法适用于山钢集团各级权属公司。

第二章　利润分配的原则

第四条　股东积极行权原则。山钢集团各投资主体应增强投资回报意识，积极行使股东权利，督促被投资公司依法依规开展利润分配工作。被投资公司按照股东要求，确保按时足额完成利润分配工作。

第五条　预算管理原则。将利润分配预算纳入全面预算管理，对利润分配相关事项统筹考虑，提前谋划，提供有效资金保障，合理制定预算年度利润分配预算方案。年度决算结束后，各公司应根据决算数据，对利润分配方案（模板详见附件）进行修订。

第六条　发展与分配统筹平衡原则。各公司制定利润分配方案，应统筹考虑本公司及被投资公司资产结构、战略发展、资金平衡等事项对利润分配工作的影响，保证企业可持续发展的同时，确保利润分配工作顺利开展。

第七条 分级管理逐级负责原则。各级投资主体均应充分行使股东权利，并对下级各公司利润分配工作进行督导，积极推进利润分配预算方案落地实施，确保本级所收到的利润分配金额，满足对上一级利润分配的需要，确保山钢集团总体利润分配目标的完成。同时，对利润分配工作推进不力的相关主要负责人，进行问责。

第八条 低回报投资退出原则。根据各公司投资回报情况，按照相关规定，对股权投资结构进行动态调整。对于长期不进行利润分配或利润分配比例较低的股权投资，应停止后续投资或降低持股比例，直至完全退出。

第三章　利润分配工作机制

第九条 利润分配工作采取“预算统筹、决算调整”的工作机制组织开展。

根据山钢集团总体安排，各级权属公司按照预算编制流程，形成预算年度利润分配方案，经审核后，与年度预算一并下发各权属公司。

每年5月31日前，各权属二级公司完成本公司各项股权投资的利润分配工作，根据年度决算与预算差异对利润分配方案金额进行修订，金额差异大于20%的，需说明变动原因，经本公司董事会审议通过后，提交股东/股东（大）会决策。各权属二级公司在召开董事会决定审议本公司利润分配方案前，利润分配方案应事先征求山钢集团意见。

每年7月15日前，山钢集团利润分配主责部门在审核汇总各权属二级公司利润分配方案后，根据规定履行有关决策流程，并对各权属二级公司利润分配方案进行批复或依法参加股东（大）会表决。各二级单位根据董事会或股东（大）会表决结果组织开展利润分配工作，并于决定作出后30日内将相关资金支付给山钢集团。

第十条 在符合国家相关法律法规、财务会计制度以及行业监管规则基础上，权属公司分类确定分配比例。

上市公司按照上市公司有关制度规定确定利润分配金额。

其他公司以审计后单体报表上年归母净利润，减去调整事项后的余额为基数，原则上按照50%~100%的比例进行利润分配。

第十一条 “调整事项”指上年度报表中的非现金因素，以及上年度非现金因素调整项在当期实现现金收益的因素等事项进行调整，具体包括：

（一）金融资产、投资性房地产等资产公允价值变动对归母净利润的影响数，以及上述资产处置时账面成本与初始投资成本相比的差额；

（二）扣除递延所得税后的资产减值因素对归母净利润的影响数；

（三）长期股权投资权益法核算时，因被投资单位实现净损益对归母净利润的影响、当期收到的利润分配数以及处置该长期股权投资时账面成本与初始投资成本的差额；

（四）其他对利润分配工作产生较大影响的因素。

第十二条 山钢集团根据自身发展需要，采取一事一议的方式履行决策程序后，组织相关权属公司进行利润分配。

第四章　附　　则

第十三条 本办法自下发之日起实施，由财务部负责解释，各级权属公司参照本办法执行。

山东钢铁集团有限公司信访工作规定

（山钢党办字〔2021〕16号　2021年10月18日）

第一章　总　　则

第一条　为保持集团公司及所属企业（单位）各级党政组织与职工群众的密切联系，维护信访人的合法权益，规范信访活动和信访工作，维护信访秩序，维护所属企业（单位）和社会稳定，按照《中共中央、国务院关于进一步加强新时期信访工作的意见》（中发〔2007〕5号）、《中共中央办公厅、国务院办公厅转发中央处理信访突出问题及群体性事件联席会议〈关于领导干部定期接待群众来访的意见〉等三个文件的通知》（中办发〔2009〕3号）、《中共中央办公厅、国务院办公厅转发〈中央政法委员会关于进一步加强和改进涉法涉诉信访工作的意见〉的通知》（中办发〔2009〕22号）精神，参照《信访条例》（2005年1月10日中华人民共和国国务院令第431号公布）、《山东省信访条例》（2015年9月24日山东省第十二届人民代表大会常务委员会第十六次会通过）（以下简称《条例》）和党中央、国务院，省委、省政府及省国资委对信访工作的一系列要求，结合集团公司实际制定本规定。

第二条　本规定所称信访，是指公民、法人或其他组织，依据《条例》规定，采用书信、电子邮件、传真、电话、走访等形式，向集团公司及所属企业（单位）反映情况，提出建议、意见或者投诉请求，依法由集团公司或所属企业（单位）处理的活动。

采用前款规定的形式，反映情况，提出建议、意见或者投诉请求的公民、法人或其他组织，称信访人。

本规定所称信访工作机构，是指集团公司或所属企业（单位）设置、授权负责信访工作的内设机构。

本规定所称业务主管部门，是指集团公司或所属企业（单位）设置、授权某一方面业务管理工作，并承担相应责任及后果的职能部门。

第三条　集团公司及所属企业（单位）的信访工作坚持以习近平总书记关于加强和改进人民信访工作的重要思想为指导，贯彻党和国家的方针、政策，按照立党为公、执政为民，构建社会主义和谐社会的要求，紧密结合集团公司改革发展稳定实际，以政策为依据，以法律为准绳，认真处理信访人反映的情况，提出的建议、意见或者投诉请求，促进集团公司改革改制、创新发展等各项工作，维护企业和社会稳定。

第四条　集团公司及所属企业（单位）的信访工作，应遵循以下基本原则：

（一）按照《条例》规定和公正合理、便民利民的原则，认真处理来信，接待来访，倾听意见、建议和要求，接受职工群众监督，保障职工群众的合法权益，正确处理改革改制与发展稳定的关系，努力为职工群众服务。

（二）诉访分离，分类处理，畅通信访渠道，为信访人反映情况，提出建议、意见或者投诉请求提供便利条件，依法分类快速处理。

（三）在当地党政组织的领导下，坚持属地管理、分级负责，谁主管、谁负责，依法、及时、就地解决问题与源头预防、疏导教育相结合的原则；积极争取地方党委、政府的支持、指导，协调解决影响稳定的矛盾和纠纷。

（四）所属企业（单位）在贯彻执行集团公司制定的改革发展政策时，应当运用重大决策社会稳定风险评估、公众参与、合法性审查以及决策纠错改正等机制，从源头上积极预防导致信访问题的矛盾和纠纷。

第五条 集团公司及所属企业（单位）信访工作机构、业务主管部门应当认真落实《条例》及本规定，规范受理、办理信访事项的工作行为，并承担相应责任。

信访人应当按照《条例》及本规定，依法进行信访活动，自觉维护信访秩序，并承担相应责任。

第二章 领导和工作机构

第六条 集团公司及所属企业（单位）应健全信访工作领导体制，设立信访工作领导小组或维护稳定工作领导小组（以下简称信访稳定工作领导小组），形成以信访稳定工作领导小组统一领导、信访工作机构协调、业务主管部门办理，统筹兼顾、标本兼治，各负其责、齐抓共管的信访工作格局。

信访稳定工作领导小组应及时研究解决影响企业稳定的突出信访问题，听取信访工作机构的工作汇报，部署、检查、指导信访工作的开展，及时协调处理重要信访事项和集体来访问题。

所属企业（单位）主要领导同志是信访工作的第一责任人，对本单位信访工作负总责。

第七条 集团公司及所属企业（单位）要认真落实《山东钢铁集团有限公司信访工作责任制实施细则》规定的各级信访工作责任。所属企业（单位）党委或行政领导班子成员特别是主要领导同志，应当认真对待信访人来信来访，阅批重要来信、网络投诉以及接待重要来访，协调处理规模较大、政策性较强、影响稳定或可能引发连锁反应的重大集体来访，听取信访工作机构汇报、研究解决信访工作中的突出问题。包案化解信访积案，对职权范围内发生的大规模集体上访和群体性事件，应当在第一时间赶赴现场，亲自接谈处理，及时化解矛盾、平息事态。

集团公司及所属企业（单位）业务主管部门负责人应当阅批信访人来信、接待重要来访，研究涉及政策性问题的信访事项。对已经或可能影响稳定的信访问题，及时向信访稳定工作领导小组提出处理意见。

所属企业（单位）领导和业务主管部门负责人或有关人员，要按照《中共山东钢铁集团有限公司委员会领导干部接访下访规定》，就有关信访事项深入信访人所在单位或其所在地接谈、访问、沟通；也可就引发集体上访的苗头性问题约见或与信访人面谈沟通。

第八条 集团公司及所属企业（单位）应建立健全信访工作责任制，逐级签订信访工作目标责任制书，制定信访工作年度目标、考核办法并严格执行。

第九条 集团公司及所属企业（单位）应当按照《条例》和本规定确定的信访工作缘由，调整办信接访工作程序和工作规则，健全相关制度，依法规范信访活动、维护信访秩序。

第十条 集团公司及所属企业（单位）应当按照《条例》，按照下述要求设置信访工作机构和人员，保证必需的工作经费。

（一）集团公司党委办公室/办公室为集团公司信访工作主管部门，配备专兼职信访工作人员。

（二）集团公司业务主管部门应当按照有利工作的原则，确定一名部门负责人协调、处理与本部门业务有关的信访事项。

（三）所属企业（单位）应当结合工作实际和形势任务需要，按照与所承担的任务、责任对等原则设置信访工作机构或在有关部门设置信访工作岗位。信访工作岗位应聘用政治素质较高、工作作风扎实、政策水平较强的工作人员。

第十一条　集团公司信访工作主管部门履行下列主要职责：

（一）贯彻上级机关有关信访工作的指示、意见和部署，负责与上级机关信访部门的联系与沟通；

（二）承办集团公司领导交由处理的信访事项，处理上级机关及有关设区的市信访部门交办或转送的信访事项，协调处理重要信访事项；

（三）处理信访人来信，接待信访人来访；

（四）督办上级机关领导人和上级机关批转及集团公司领导批示交办的信访事项，督促检查信访事项的处理；

（五）研究分析信访情况，开展调查研究，及时向集团公司领导及有关业务主管部门提出完善政策和改进工作的建议，对于在信访工作中推诿、敷衍、拖延、弄虚作假造成严重后果的有关工作人员，可以向其所在单位（部门）提出追究责任的建议；

（六）收集、分析、报告信访信息，建立信访档案资料库；

（七）指导协调所属企业（单位）、业务主管部门的信访工作；

（八）承办其他信访事项。

第十二条　所属企业（单位）信访工作机构或负责信访工作的部门（以下统称为所属企业（单位）信访工作机构）代表本级党政组织负责信访工作，参照《条例》，按照本规定，结合本单位实际，确定并履行各自职责。

第十三条　集团公司及所属企业（单位）应当安排信访工作人员参与有关涉及职工群众利益调整的改革政策、措施的研究，阅知有关文件，进行必要的培训；配备、完善必要的办公、通信设备和条件。

第三章　信访渠道

第十四条　集团公司及所属企业（单位）应当公开信访工作机构的通信地址、电子邮箱、网络信访平台、投诉电话、信访接待时间和地点、查询信访事项处理进展及结果的方式。在来访接待场所或者网站公布《条例》及相关制度、规则。

第十五条　集团公司及所属企业（单位）应当按照《中共山东钢铁集团有限公司委员会领导干部接访下访规定》，建立领导信访接待日制度，公布接待时间及地点。信访人可以在公布的时间到指定接待场所向有关接待领导当面反映信访事项。

第十六条　所属企业（单位）应结合信访工作实际，建立与所在地方党委、人大常委会、人民政府和公安部门、人民法院、人民检察院联系沟通、协调处理问题的工作机制。

第四章　信访事项的提出与查询

第十七条　信访人可对下列信访事项，按照本规定第十九条、第二十条、第二十一条的规定提出：

（一）对集团公司、所属企业（单位）及其工作人员的职务行为提出批评、意见或建议；

（二）对集团公司及所属企业（单位）制定的政策规定提出建议、意见或者投诉请求；

（三）投诉侵害信访人合法权益的职务行为，请求解决因侵害行为给信访人造成的损失，纠正侵害行为，预防侵害行为的发生；

（四）其他属于集团公司及所属企业（单位）职务行为的事项。

前款第（三）、（四）项信访事项，法律、行政法规或党的纪律检查部门对投诉、反映程序另有规定的，信访人应当依据其规定向有关机关或部门提出。

对依法应当通过诉讼、仲裁、行政复议等法定途径解决的投诉请求，信访人应当依照有关法律、行政法规规定的程序向有关机关提出。

第十八条 信访人提出属于党的地方委员会、人民政府、人大及其常委会、人民法院、人民检察院职权范围内的信访事项，应当分别向相应机关提出，并遵守《条例》第十六条、第十七条、第十八条、第十九条、第二十条的规定。

第十九条 信访人提出信访事项，一般应当采用书信、电子邮件、传真等书面形式，并载明信访人的姓名（名称）、工作单位、住址、身份证号码、联系方式和事由、事实、请求。

信访人因不具备书写能力或采取口头方式提出的信访事项，由接访工作机构的工作人员代为书写，并当面阅读、核对，经信访人确认。

第二十条 信访人采取走访形式提出信访事项，应当在公布的接待时间，根据信访事项性质和管辖层级，到有权处理单位的信访指定接待场所提出，如实填写《来访人员登记表》，提供能够证实身份的有效证件。

第二十一条 多人采用走访形式提出共同的信访事项，应当推选代表，代表人数不得超过5人。

第二十二条 信访人提出的信访事项，应当客观真实，对其所提供材料内容的真实性承担法律责任，不得捏造、歪曲事实，不得诬告、陷害他人。

第二十三条 对已经受理的信访事项，信访人或多人走访推选的代表可以通过电话或到指定接待场所查询信访事项的办理情况。

第五章 信访事项的受理

第二十四条 集团公司及所属企业（单位）信访工作机构作为程序性受理部门，对收到的信访人来信、接待的信访人来访，应予以登记，并在其职责范围内，对于信访人提出的属于本规定第十七条的信访事项，区分情况，直接按下列方式处理：

（一）转送。按照职责权限，对属于本级处理决定的信访事项，信访工作机构应当依据信访事项性质，转送有权处理的业务主管部门。对应当由下级单位处理的信访事项，按照“分级负责”和“谁主管、谁负责”的原则，可以直接转送有权处理单位的信访工作机构或有关业务主管部门及有权处理单位的领导，并同时抄送下一级单位的信访工作机构。

（二）交办。对信访事项中的重要情况，信访工作机构可以直接交由有权处理的单位或部门办理，要求其在指定办理期限内反馈结果，提交办结报告。对于逾期未结事项，应予催办，并视情况进行督办。

（三）摘报。对上级机关直接交办信访工作机构的信访事项，涉及人数较多、政策性较强、可能影响企业稳定或引发连锁反应的重大信访事项，应当及时摘要报送本单位主要领导同志或信访稳定工作领导小组主要负责同志，提出处理建议，并按照领导批示要求办理。

对于经摘报、领导批示业务主管部门办理的信访事项，信访工作机构可视情况予以督办。

第二十五条 对于以走访形式提出的

信访事项，有关信访工作机构对其中应予并能够当场转送的事项，应当场向信访人出具“来访事项转送单”；对不能当场转送或应予交办或者摘报的事项，应告知信访人办理方式，并于15日内予以转送、交办或摘报。

对于以书信、电子邮件、传真、电话形式提出的信访事项，有关信访工作机构应当自收到信访事项15日内，予以转送、交办或摘报。信访人的姓名、单位或通信地址不清的除外。

接受信访事项转送、交办的单位或部门，应当自收到转送、交办函件之日起，15日内向发出转送、交办函件的信访工作机构报告办理方式。

第二十六条 信访人按照本规定，以书信、电子邮件、传真等书面或电话形式直接向业务主管部门提出的信访事项，有关部门应当予以登记；对符合《条例》第十四条第三款规定或本规定第十七条并属于本级或本部门职责权限范围的信访事项，应当受理，并自收到信访事项15日内书面告知信访人。信访人的姓名、单位或通信地址不清的除外。对不属于本部门职责权限范围的信访事项，不予受理，但应当告知信访人向有权处理的单位或部门提出。对应予交由下级单位受理的信访事项，应参照本规定第二十四条第一款方式予以转送。

第二十七条 信访人以走访形式直接向业务主管部门提出信访事项的，有关部门应主动联系信访工作机构联合接访。

第二十八条 对于本规定第十七条第（三）、（四）项信访事项中，法律、行政法规或党的纪律检查部门对投诉、反映问题的程序另有规定的，信访工作机构不予受理，但应告知信访人依据有关机关或部门规定的程序向有关机关或部门提出。

对依法应当通过诉讼、仲裁、行政复议等法定途径解决的投诉请求，信访工作机构不予受理，但应告知信访人依照有关法律、行政法规规定的程序向有关机关提出。

对《条例》第十五条及本规定第十八条规定的信访事项，信访工作机构不予受理，但应当告知信访人向有关的党的地方委员会、人民政府、人大及其常委会、人民法院、人民检察院提出。

第二十九条 信访事项已经受理或者正在办理的，信访人在规定期限内向受理、办理部门的上级单位再提出同一信访事项的，该上级单位不予受理。

第三十条 集团公司及所属企业（单位）工作人员不得将信访人检举、揭发材料及有关情况透露或者转给被检举、揭发的人员或其所在单位（部门）。

集团公司及所属企业（单位）的各级组织和个人不得打击报复信访人。

第三十一条 信访人反映的信访事项涉及两个或两个以上单位的，由所涉及单位协调受理，受理有争议时，由其共同的上一级单位协调决定受理单位。

第三十二条 应当对信访事项做出处理的单位因合并、撤销等，由继续行使其职权的单位或上一级单位受理。

第六章 信访事项的办理

第三十三条 集团公司及所属企业（单位）承办信访事项的工作人员，应当恪尽职守、秉公办事、分清责任，宣传法制、教育疏导，及时妥善处理，不得推诿、敷衍、拖延。

第三十四条 集团公司及所属企业（单位）承办信访事项的工作人员与信访人或者信访事项有直接利害关系的，应当回避。

第三十五条 集团公司及所属企业（单位）在办理信访事项过程中，应当听取信访人陈述事实和理由；必要时可以要求信访人、有关单位（部门）和人员说明情况；需要进一步核实有关情况的，可以向其他单位（部门）或人员调查。

第三十六条 集团公司及所属企业（单位）承办信访事项的部门应当依照有关法律、法规或政策规定，对信访人提出的信访事项，落实首办责任单位，分别作出以下处理，书面答复信访人，并通报信访工作机构：

（一）请求事实清楚，符合法律、法规或政策、规定的，予以支持；

（二）请求事实确有合理因素但缺乏法律、法规或政策、规定依据的，应当对信访人做好解释工作；

（三）请求缺乏事实根据或者不符合法律、法规或政策、规定的，不予支持。

对依照第（一）项规定作出支持信访请求意见的，有关承办部门应当督促处理意见的执行。

第三十七条 信访事项的办理时限应按照下列规定执行：

（一）集团公司及所属企业（单位）办理信访事项的部门自受理之日起60日内办结；

（二）信访事项复杂的，经本部门负责人批准，可以适当延长办理期限，但延长期限不得超过30日，并告知信访人延期理由；

（三）法律、行政法规另有规定的，从其规定。

第三十八条 信访人对办理部门作出的信访事项处理意见不服的，可以自收到书面答复之日起30日内以书面形式向原办理部门的上一级单位信访工作机构提出复查申请。

对于未通过信访工作机构转送、交办，业务主管部门直接受理并办理的信访事项，信访人对其作出的处理意见不服，可以自收到书面答复之日起30日内以书面形式向办理部门的上一级单位相关业务主管部门提出复查请求。收到复查请求的相关业务主管部门应在30日内提出复查意见，并予以书面答复。不予受理的，应当书面告知信访人并说明理由。

第三十九条 信访人对复查意见不服的，可以自收到书面答复之日起30日内以书面形式向原复查部门的上一级单位信访工作机构提出复核请求。

收到复核请求的信访工作机构应及时将复核请求转请本级单位有关业务主管部门提出复核意见，由有关业务主管部门在30日内予以书面答复，并抄送信访工作机构。

对于未通过信访工作机构转送、交办，业务主管部门直接复查的信访事项，信访人对其作出的处理意见不服，可以自收到书面答复之日起30日内以书面形式向办理部门的上一级单位相关业务主管部门提出复核请求。收到复核请求的相关业务主管部门应在30日内提出复核意见，并予以书面答复。

信访人对复核意见不服，仍然以同一事实和理由提出投诉请求的，集团公司及所属企业（单位）不再受理。

第四十条 集团公司及所属企业（单位）信访工作机构发现有关单位或部门有下列情形之一的，应当及时督促办理，并提出改进工作的建议：

（一）无正当理由未按规定的办理期限办结信访事项的；

（二）未按规定反馈信访事项办理结果的；

（三）未按规定办理信访事项的；

（四）办理信访事项推诿、敷衍、拖延的；

（五）不执行信访处理意见的；

（六）违反《条例》规定及其他需要

督办的情形。

收到改进建议的单位或部门应当在30日内书面向提出建议的信访工作机构反馈情况；未采纳改进建议的，应当说明理由。

第四十一条 集团公司及所属企业（单位）信访工作机构对于信访人反映的有关政策性问题，应当及时向本单位主要领导报告，并提出完善政策的建议。

对建议的采纳情况，有关信访工作机构应及时了解；对采纳建议的情况，应及时汇总并形成书面材料，报上一级单位或领导机关。

第四十二条 集团公司及所属企业（单位）信访工作机构应当就以下事项向本级单位领导适时或定期提交信访情况分析报告：

（一）登记、接待、受理的信访数据统计，突出信访问题及涉及群体；

（二）转送、督办信访事项情况以及单位或部门采纳改进建议情况；

（三）提出的政策性建议及其被采纳情况；

（四）其他需要提交的重要情况。

第四十三条 有下列情形之一的，信访事项办理终结：

（一）信访事项经调解达成调解协议的；

（二）对信访事项处理、复查意见不服，无正当理由超过规定期限未申请复查、复核的；

（三）信访事项经复核机关作出复核意见，书面送达信访人的；

（四）信访人自然死亡或者终止，无权利义务承受人，或者其权利义务承受人在办理期限内未申请继续处理相关投诉请求的；

（五）法律、法规规定的其他情形。

信访事项办理终结后，信访人仍然以同一事实和理由提出投诉请求的，集团公司及所属企业（单位）信访工作机构不再受理。

第七章 信访秩序及其法律责任

第四十四条 信访人在信访过程中应当自觉遵守法律、法规，不得损害国家、社会、集体的利益和其他合法权利，自觉维护社会公共秩序、被走访单位的工作秩序和信访秩序。

信访人在信访过程中不得出现《条例》第二十条规定的行为，自觉维护信访秩序，并不得有下列行为：

（一）围堵、冲击集团公司和所属企业（单位）的工作场所或在其周边非法聚集，影响正常的生产、经营和工作秩序；

（二）不得拦截公务、生产、生活车辆，堵塞、阻断、妨碍交通；

（三）以静坐、视牌、拉条幅、举旗、散发传单、演讲、佩戴含有诉求内容的标识物等形式表达意愿和诉求；

（四）携带危险物品、爆炸物以及管制器械进入接待场所，损害接待场所物品，纠缠、侮辱、殴打、威胁或采用其他非法手段胁迫接待人员，限制接待人员人身自由；

（五）在来访接待场所滞留、滋事；

（六）以表达共同利益诉求为名勾联境内外敌对势力及敌对分子；

（七）以信访为名借机在社会上制造负面影响，扩大事态，影响社会稳定。

第四十五条 对违反《条例》第十八条、第二十条及本规定第四十四条的信访人，有关单位、部门、信访接待人员应当对信访人进行劝阻、批评或者教育。

经劝阻、批评或者教育无效的，可依据《条例》第四十七条规定，请求有关机关依法处理。

第四十六条 信访人捏造、歪曲事实，诬告、陷害他人的，有关单位应依据《条例》第四十九条规定处理。

第八章 信访信息及信访信息系统

第四十七条 公民、法人或者其他组织发现可能造成社会影响的重大、紧急信访信息时，可以就近向集团公司或所属企业（单位）信访工作机构及业务主管部门报告。接到报告的机构或部门应当立即向本单位党政领导报告，并及时向上一级单位报告；信息内容涉及社会稳定的，应及时通报有关地方人民政府。

第四十八条 所属企业（单位）信访工作机构应主动收集、分析下级单位信访动态，发现可能形成突发性或群体性事件的问题，在及时向本单位信访稳定工作领导小组报告的同时，应及时向上一级单位信访工作机构报告，并续报事态进展情况。

集团公司及所属企业（单位）对重大、紧急信访事项和信访信息，不得隐瞒、谎报、缓报，或者授意隐瞒、谎报、缓报。

第四十九条 对于可能酿成社会影响的信访事项，有关单位应当在职权范围内依法采取措施，果断、妥善处理，防止不良影响的发生或扩散。

有关单位对收集到的信访信息要做好保密管理。

第五十条 集团公司要逐步建立完善信访信息管理系统，集团公司所属企业（单位）要利用集团公司信访信息管理系统平台，研究建立互联互通的信访信息管理系统。

第九章 奖励与责任追究

第五十一条 集团公司每年测评权属单位信访工作情况，表彰信访工作先进单位和个人。

第五十二条 信访人反映的情况，提出的建议意见，有利于维护企业和社会稳定，有利于国民经济和社会发展，有利于集团公司的改革发展，有利于集团公司及所属企业（单位）改进工作、转变作风的，有关单位或部门应当认真研究论证并积极采纳；对有突出贡献的，有关单位应给予奖励或提出奖励建议。

第五十三条 集团公司、所属企业（单位）及其领导干部、工作人员不履行或者未能正确履行责任的追究，按照《山东钢铁集团有限公司信访工作责任制实施细则》规定执行。

第五十四条 打击报复信访人，构成犯罪的，依法追究法律责任；尚不构成犯罪的，依据有关规定处理。

第十章 附　　则

第五十五条 对外国人、无国籍人、外国组织提出涉及集团公司及所属企业（单位）的信访事项，参照本规定执行。

对港澳市民提出涉及集团公司及所属企业（单位）的信访事项，参照本规定执行。

第五十六条 本规定中未尽事宜，参照《条例》及上级有关规定处理。

第五十七条 本规定由集团公司党委办公室负责解释，自发布之日起施行。原山钢办字〔2009〕54 号同时废止。

媒体看山钢

擘画钢铁生态圈　融入新发展格局
——山钢集团“内外兼修”打造竞合新优势

在2020年12月27日第六届中国工业大奖发布会上，山钢股份“高品质复杂断面系列型钢集成开发与产业化”项目获提名奖。这是山钢集团增强产业链供应链自主可控能力，以安全高效钢铁产业生态圈的构建，加速融入新发展格局的又一典型成果。

迈上“世界500强”台阶的山钢集团，新的发展力量正在不断孕育、拔节、生长：以新济钢为代表的新产业新业态多点开花、蓬勃发展；借势供给侧改革和新旧动能转换，山钢股份莱芜分公司传统产线加速向数智化升级；日照钢铁精品基地布局沿海，后发优势凸显；临沂临港先进特钢项目快速推进，即将与日照钢铁精品基地形成掎角之势——山东省先进钢铁制造产业基地规划和山钢集团高质量发展珠联璧合。

在国内大循环为主体、国内国际双循环相互促进的新发展格局下，山钢集团以“构建安全高效钢铁产业生态圈，打造绿色智能行业发展新标杆”为战略着力点、融入链接点，顺势而为、乘势而上、聚势而强，全面融入国家战略、服务行业和区域大局。

强健“内核”，共建共享钢铁产业生态圈

“钢铁行业不仅要建设稳定的产业供应链，还要共建安全高效的钢铁产业生态圈。”山钢集团党委书记、董事长侯军清晰地描绘，“安全高效的钢铁产业生态圈，是多方主体共同构建的共赢生态系统，必须摒弃‘大院思维’‘独享思维’，打破传统公司经营边界、资源掌控方式，以及规模扩张模式，用充满活力的创新生态，实现跨产业、跨区域的协同创新，形成开放的业务边界、资源聚合为导向的发展模式，共享各企业专业化资源和能力，共同创造生态圈协同价值。”

山钢集团围绕构建现代产业体系，深扎产业链的“根茎网络”，通过建链、补链、延链、强链，使环环相扣的众多产业链协同加速“齐步走”，形成全产业链发展格局，进而构建开放共享的钢铁产业生态圈。

按照“微笑曲线”理论，在产业链中，附加值更多体现在两端——研发和营销，处于中间环节的制造附加值最低。

“产品研发不足，科技含量偏低，致使我们生产的大部分钢材产品长期以来在中低端市场和大量同质化产品低价‘厮杀’，成为制约企业高质量发展的‘天花板’。”山钢集团钢铁研究院副院长何毅一语道破产业之痛。

顶破“天花板”，构建“新生态”，就要在建链、补链、延链、强链上取得更大实效。“我们要持之以恒地强化钢铁运营，夯实建圈基础；强化行业连横，营造良好环境；强化产业合纵，拓展价值空间；强化科技创新，提供动力源泉。围绕产业链部署创新链，建立产业链技术攻关清单，推动企业向价值链高端攀升。”何毅给出“药方”。

山钢集团牢牢把握科技创新这个构建国家循环大格局的核心动力源，以科技创新突破“卡脖子”的核心技术，强健发展“内核”。2016年以来，研发费用占营业收入的比例逐年增长，增幅逾20%，每年新确立研发项目500多项。2020年，山钢研发投入为45亿元，同比增长29%。

与此同时，山钢积极参与“重点基础材料技术提升与产业化”等国家重点专项项目，承担山东省重大创新工程项目，目前在研国家和省部级重大科技专项有9项；累计获国家科技进步奖7项、省部级科学技术奖210余项；开发新产品近100个、300多种规格，稀土轴承钢等国家重点攻关项目顺利实施。

致力于构建钢铁产业生态圈的山钢集团比任何时候都更加渴求人才，如何搭建展才平台？山钢股份济南精品钢产业技术研究院“应运而生”，一批工程实验室、企业技术中心、技术创新中心和博士后创新实践基地落户山钢，山钢省级及以上科技创新平台达23个。完善博士后工作站运行机制，在产学研结合的实践中培养一批创新思维活跃、创新意识强、有较强持续创新能力的博士后人才队伍，带动全集团整体科研水平的提升。

据统计，山钢集团现有有效专利2237件，钢铁主业日均申报2项专利，专利技术能力位列钢铁行业全国第5位、世界第12位。近三年，完成参与制修订国家行业地方标准共计85项，取得科技成果188项，年化应用效益23.61亿元。

“上下游哪个环节有问题、难在哪里，我们就着力疏通哪里；哪个环节有‘短板’，我们就着重把哪里‘拉长’；哪个部分是自主创新、原始创新的重点领域，我们就在哪里下大力气。”山钢集团战略发展部副总经理邱现金表示，只有巩固扩大既有优势，加快产业转型升级，提升链条整体合力，高质量发展的根基才会更稳更牢。

“珍珠只有串在链上才更加璀璨。”山钢集团新一轮《新旧动能转换三年行动计划》表明，山钢将进行产业强基固基工程，瞄准整个链条中的关键环节、薄弱环节，重点攻克、固强补弱，打通产业链堵点、连通供应链断点，把产业链每一环都做扎实，让200多个市场主体的“点”连成整个产业的“线”，打造先进钢铁产业链。

“构建安全高效钢铁产业生态圈是一项系统工程，山钢集团将按照顶层设计、点位突破、借势拓展、动态提升的思路，赋能、扩容、优圈，以聚合资源为重要手段，以开放共享为基本路径，以安全高效为品质要求，加快以钢铁产业为基础塑成生态核心圈，以协同创新为抓手塑成动力源泉圈，以建链、补链、延链、强链为依托，塑成产业配套圈，以‘数智山钢’建设为支撑塑成信息衔接圈，以‘圈’为廓、以‘链’为骨，层层嵌套，互为支撑，形成‘产业+配套、平台+服务、技术+赋能’的良好产业生态圈。”侯军明晰路径。

握指成拳，乘风破浪。山钢集团所属市场主体协同发力，齐锻长板、补短板，将“各自优势”打造成“共同长板”，产业链上下游竞合发展新态势日益鲜明，开放共享的钢铁产业新生态初露端倪，蓄力满格的山钢制造全速开动。

提升“供给”，做足做强国内循环大文章

山钢集团具有完整的产业体系、强大的生产能力、完善的配套能力、稳定的产业生态，拥有200多个市场主体和4.8万名各类人才，具备让产业链在内循环中“壮”起来的基础和条件。

“我们要增强建立现代产业供应链的紧迫感和压力感，加大与上游企业的合作力度，采用现代互联网、大数据、数字化、智能化、区块链等新技术，融合金融服务，打通上游各个环节，构建起科学通畅、互利共赢的供应链，做足做强国内循环大文章。”侯军言之凿凿。

立足做构建新发展格局的融入者、推动者，山钢集团始终注重用改革的办法提升企业素质、激发活力，通过深化供给侧结构性改革优化产业结构，提升产品质量、档次和水平，努力提升供给体系对国内市场需求的适配性，力求形成“需求牵引供给”“供给创造需求”的更高水平动态平衡，推动“山钢制造”向“山钢智造”“山钢创造”转变。

山钢集团把握国家大力推进以5G网络、大数据中心、人工智能、工业互联网为主要内容的新基建的重大机遇，高标准、分步骤，高效有序推进“数智山钢”建设，实现信息化和工业化深度融合。

作为智能炼钢的先行者和标杆工厂，山钢股份莱芜分公司炼钢厂在全国率先实现了真正意义上的一键式炼钢。该厂党委书记、总经理王键介绍：“钢铁企业是流程性的行业，生产环节复杂、工序繁多，实现智能化无人操作，进而引入工业互联网实现智慧化，就是要把原有的生产流程重建，实现设备与设备的融合、设备与人的融合、人与数据采集的融合。”

“今年以来，我们对原有产业链进行改造，成功打通了4号转炉—4号精炼—4号连铸机智能制造示范产线。”王键表示，智能化升级后，铁水、废钢、转炉、精炼、连铸等各个环节衔接更紧密，提产增效、质量管控、成本控制、品种保证等能力大幅提升。

从百米高空俯瞰山钢股份莱芜分公司新旧动能转换系统优化升级改造项目现场，大型工程机械不间断施工，新的焦炉、高炉、工厂、车间拔地而起。70年前，这片演绎了“莱芜战役”的热土，如今，又在上演新时代的“莱芜大战”——山钢投资120亿元的新旧动能转换工程建设激战正酣。这是继日照钢铁精品基地之后，山钢投资的最大项目，也是山东省新旧动能转换标志性工程。项目建设一年多来，这片热土每天都呈现新的模样。

过去三年，山钢集团把实施新旧动能转换重大工程作为推动高质量发展的总抓手，钢铁产业布局结构调整取得历史性突破、经济总量和发展质量“双量齐升”，绘就了引领山东省钢铁产业转型发展的“山钢篇”。随着新三年新旧动能转换方案的出台，山钢集团在更高起点上开启新征程，奋力进入年利润总额百亿级钢铁强企行列，向“高科技企业”转型。

山钢集团壮大企业“朋友圈”，现有上游供应商1.16万家，下游客户1.39万家，产业链资源丰富，积累了一批稳定的客户群体，形成了具有山钢特色的客户管理机制和文化。产品立足全省辐射全国，港珠澳大桥、大兴国际机场、北京冬奥会场馆等国家重大工程项目上，都镌刻了“山钢制造”。

面向未来，山钢集团致力于打造“四个战略基地”：日照钢铁精品基地、莱钢精品钢基地、临沂临港先进特钢基地、德州永锋短流程高品质建材基地，将进一步拉长产业链、改造工艺链、提升价值链，以错位发展、优势互补，实现更高效的资源流动和要素配置，畅通国内大循环的“血脉”。

内外兼修，优化配置国内国际两个市场

2020年“中国企业500强”榜单公布，山钢集团以1917亿元营收分别位列“中国企业500强”第113位和“中国制造业500强”第43位。在出口不利因素叠加的情况下，仍以9.06亿美元贸易总额，入围“中国外贸企业500强”。

新冠肺炎疫情发生以来，经济全球化遭遇“逆流”干扰，全球要素自由流动面临“断流”风险，国际科技合作遭遇“寒流”冲击。为在国内国际双循环发展格局中积极作为，山钢集团以“内外兼修”应变局、开新局。

作为山东省钢铁产业的龙头企业和产业链主体，山钢集团以改善国内供给质量提升企业综合竞争力，同时，提升资源配置效率、优化配置国际国内两个市场、两种资源，推动区域经济均衡发展，在做强产业根基上维护国家经济安全。

山钢集团拥有“一带一路”海上和陆地十字交汇的区位优势，是连接日韩和欧亚大陆的重要桥头堡，在融入国内国际双循环发展格局中，有着得天独厚的优势和条件。

山钢集团着眼集聚优质资源，搭建开放合作高位平台。山钢国贸围绕市场形势和钢铁主业需求变化，主动融入生产，进口原料采购精准匹配生产需求。同时，积极开发新市场，终端直供客户增加，产品出口结构进一步优化。“十三五”期间，累计出口钢材498万吨，一年一个台阶，钢材出口高于全国钢企平均出口水平，产品远销世界70多个国家和地区。

山钢集团扛起国企责任，服务山东打造“国际中转港”战略，提升“济钢号”欧亚班列密度和效率，加强东联日韩、西接欧亚的互联互通。

服务“一带一路”建设“走出去”，“山钢制造”越来越受到沿线国家的欢迎与青睐。2020年山钢集团完成了为尼日利亚莱基深水港项目共计8160吨高附加值美标管线钢卷板的交付，这是中非合作论坛框架和“一带一路”倡议下的重要项目，也是山钢集团国际化的又一成果。

“产业是根基，融入国内国际双循环，要实施产业基础再造和产业链提升工程，巩固既有优势，强化领先地位，抓紧布局战略性新兴产业、未来产业，提升产业链现代化水平，尤其要充分发挥山钢集团具有完整产业链和完备产业配套体系的独特优势，提高企业在全球市场上的份额和话语权。”山钢国贸总经理李强笃表示。

“实践充分证明，山钢集团‘构建生态圈、打造新标杆’的发展方略符合新发展理念，适应构建新发展格局的要求，要抓住全球产业链供应链重构的时机，用产业生态圈理念整合提升钢铁产业全要素生产率，不断提升山钢集团在新发展格局中的嵌入度、贡献度和价值链地位。”侯军对未来作出清晰论断。

（原载于2021年1月5日《中国冶金报》，作者：周传勇　党　浅）

盯住中长期激励“风向标”激活创效
——山东钢铁集团深化激励机制改革纪实

当前，国企改革呈现破竹之势。如何深化企业改革，更好地推动质量变革、效率变革、动力变革？如何激发国企经营活力，构筑起企业微观主体活力的坚强堡垒，在分配中充分体现劳动、知识、资本、技术、数据等要素的价值？这些是大家关注的问题。

近年来，山钢集团盯住中长期激励这个“风向标”，激活创效因子，目前，非上市公司中长期激励试点公司覆盖面达7.6%。

中长期激励“图谱”出炉

建立中长期激励机制是深化国企改革

的一项重要改革举措，也是一项极具挑战性和复杂性的难题，首先需要闯过政策“难关”。

“十三五”期间，国有企业中长期激励的政策陆续出台，给国企提供了丰富的激励工具，但是，山钢主动思考如何选择自己最适用的。

以山东省出台的《关于省属企业非上市公司实施中长期激励的试点意见》为依据，山钢集团进行了政策梳理、系统集成，从中长期激励政策的选择条件、激励对象、激励力度、激励方式、实施程序等方面做出了详细的配置。

在非上市公司中长期激励中，增量奖股适用于对企业有特殊贡献的人员，奖股的同时要进行同比例配比购股；超额利润提成、长期奖金计划适用于现金流比较充足的传统行业企业；岗位分红权主要适用于岗位序列清晰、岗位职责明确的科技企业；项目收益分红权适用于高新技术产业的公司。

经过研究，山钢集团运用股权激励、超额利润提成、项目跟投、虚拟股权、岗位分红等激励方式，在济钢集团济南鲁新新型建材股份公司实行股权激励，莱芜钢铁集团电子公司、山东鲁冶瑞宝电气自动化公司两家科技型企业实行岗位分红，莱钢集团淄博锚链公司实行虚拟股权激励方式，山信软件、山钢国贸、济钢集团国际工程技术公司和山钢金控济钢国际融资租赁公司实行超额利润提成方式，山钢地产实行项目跟投方式，切实做到一企一策，激发员工内生动力。

山钢集团对试点企业的选择条件非常严格：试点企业处于充分竞争行业，法人治理结构规范，内部控制体系完善，达到规定的业绩条件，存续企业原则上不低于企业近3年平均业绩水平或上年度业绩水平；新建企业经营状况良好且效益稳定。

在对象的选择上，山钢集团中长期激励方案着重对公司整体业绩和持续发展有直接影响的核心技术人员。

实践落地生根

激励机制改革是各项改革深化推进的“催化剂”，也是各项改革举措目标得以实现的重要保障。

对于山钢集团而言，随着企业的不断发展，加大在新技术、新领域方面的投入与研发力度，迫切需要引进和集聚新兴领域高层次人才，中长期激励工具的运用，才能充分吸引留住人才。另外，其他各项改革的实施，为激发国有企业发展潜力、释放活力、提升效率效益创造了良好的外部条件，最终完成潜力激发、活力释放与效率效益改善，还在于科学合理激励机制的建立。

中长期激励势在必行，山钢集团迅速从夯基垒台、立梁架柱转到系统集成、落实落地上来：2018 年 12 月份确定山信软件、济钢集团国际工程技术公司、济钢集团山东省冶金研究院、山钢地产 4 家为第一批中长期激励试点单位；2020 年确定莱钢电子公司、山东鲁冶瑞宝、济钢鲁新建材、莱钢淄博锚链、山钢国贸、山钢金控济钢国际融资租赁公司 6 家为第二批中长期激励试点单位。

“真正用对、用好、用足中长期激励政策，不仅仅要看主要政策文件，还需要充分研读主要政策的配套或延伸政策文件。为此，山钢集团的中长期激励政策和三项制度改革、职业经理人制度改革等协同推进。”山钢集团党委组织部、人力资源部业务经理孙淑辉表示。

山钢集团实施更加多样、更加符合市场规律和企业实际的激励方式，并进行适度松绑和授权，逐步建立起激励与约束相结合的中长期激励制度，充分释放国企员工创新热情和改革激情。

好钢用到刀刃上

对于中长期激励试点第一批单位的山信软件而言，近几年是该公司发展的关键时期。一方面，该公司以工业软件为核心的业务板块急需资源、技术及市场优势；另一方面，需要与之匹配的管理团队。

好的政策犹如“好钢用到刀刃上”，山信软件制订了详细的激励对象选拔管理办法。“股权激励尤其侧重公司关键岗位人员、重点部门负责人和核心技术人员，将企业利益与企业核心骨干紧密捆绑，提升企业创新能力。”作为山信软件信息化事业部技术研发部的负责人，亓国栋如此介绍。他说，该部始终坚持以客户为中心，将为客户解决实际问题为己任，不断提高信息化的技术水平和开发效率，并做好信息化的标准化工作和山钢工业互联网平台的建设工作。

目前，山信软件产品与服务业绩遍及山东、河北、新疆等 20 多个省、直辖市、自治区，山信软件及子公司双双入选省“瞪羚企业”和“专精特新”企业。2020 年，山信软件签订项目合同总额同比增长 9.4%，其中集团外部客户合同总额 1.5 亿元，占比 45.6%，比 2019 年有较大提升；节能环保、工业机器人等新兴板块市场规模也逐步做大。

济钢集团合理确定激励方式，在先期试点阶段，以实施难度较低的超额利润提成方式展开；在积累经验后，以具有“等待周期短、激励力度大”特点的岗位分红方式开展实施。此后，进一步将试点范围扩大到“新三板”上市企业，采取更加成熟规范的股权出售方式开展实施。

同样作为第一批试点的济钢国际工程，管理和技术骨干工作积极性大幅提高，交出了颇为亮眼的成绩单。在完成预定指标的前提下，济钢国际对重点岗位、重要人员实施超额利润提成，预计人均激励金额约 0.8 万元/年，将带动公司净利润增长率连续 3 年超过 8%，拉动净利润超基础考核指标 400 余万元。

中长期激励试点第一批单位的鲁新建材，股权出售方案已经通过评审，该公司正按照计划推进战投摘牌、工商登记变更、组建员工持股平台等工作，初步预计人均激励金额将达到 1 万元/年，极大激发了该公司职工的工作热情，带动公司整体效益进一步提升。

“目前中长期激励大都处于试点和探索阶段，未来我们将按照‘试点推动、经验借鉴、有序推进、完善推广’的总体思路，在条件成熟的权属公司进行推广，促进企业高质量发展。”山钢集团党委组织部副部长、人力资源部副总经理李林表示，用“绑”和“授权”逐步建立起激励与约束相结合的中长期激励制度，充分释放国企员工创新热情和改革激情。

（原载于 2021 年 3 月 29 日新华网、5 月 12 日《中国冶金报》，作者：吕 娟 孙淑辉 杜 慧 徐 帅）

山钢 9Ni 钢：“钢板皇冠上的明珠”熠熠生辉

车金锋手持两张照片：第一张，一艘货船载着圆球形储罐刺破碧波，分开一条水路在海面上奋勇前进。第二张，一个白色的圆柱形罐矗立在黄色的大地上，在蓝天的映衬下熠熠闪光。与平常的储罐不同，船上和罐身上的“LNG”（液化天然气）字眼格外醒目。2021 年 4 月 25 日，山钢集团日照公司科技质量中心/钢铁研究院高级工程师车金锋神情中满是自豪。

车金锋的自豪不是没有缘由："货船和陆基 LNG 储罐的钢材是由山钢生产的 9Ni 钢制成的，9Ni 钢生产工艺流程复杂，钢板质量要求极高，是国内外业界公认的高技术含量、高生产难度、高利润空间产品。"

"如果说，9Ni 被誉为'钢板皇冠上的明珠'，而山钢的成功批量生产无疑是摘得了这颗明珠。"时任日照公司科技质量中心主任的孙风晓高兴地说。

起点高在哪

9Ni 钢长期处于零下 163 摄氏度超低温环境，广泛应用于低温运输船、液化天然气储罐等超低温压力容器的关键部位，生产过程非常考验企业的冶炼和轧制技术水平及设备保障能力，并且整个生产过程都需要确保表面质量、防氧化和防磁处理，国内只有少数钢企具备批量生产能力。

国家有需求，研究就有意义。在黄海岸边的山钢集团日照公司，决定快速开发 9Ni 钢，但彼时面临的情况是，产线刚投产，需要组建整个环节的生产团队，在技术上也缺少能够保证成功开发的"定盘星"。

犯其至难，方能图其致远。日照公司树立"以市场为导向、以客户为中心、以订单为驱动"的理念，成立了产学研用深度融合的团队，加大研发力度，一场攻关行动在 2019 年秋冬季展开。

困难面前更显作为。从立项、资料收集、模拟冶炼、真正冶炼、轧制、热处理、性能检测、第三方检验和船级社认证、最终取得生产资质，过程历时不到 1 年。

对于山钢所有的 9Ni 钢团队人员来讲，2020 年 5 月 28 日是个值得铭记的日子，团队重点开发的 LNG 储罐用超低温压力容器 06Ni9DR 钢板经过严格的理化检验，各项力学性能、纯净度指标检测全部合格，钢中关键成分控制达到国内领先水平，符合 GB/T 3531 标准和船级社规范要求，标志着山钢在高端产品研发方面进入国内第一梯队行列。

随后，凭借过硬的创新能力和技术水平，产品在激烈的市场搏杀中闯出一条路来。9Ni 钢于 2020 年 6 月份一次性通过 6 国船级社工厂型式认可认证，2021 年 3 月上旬通过中国特检院第三方评价、中石化专家鉴定，3 月下旬参加中石化某 LNG 项目用 9Ni 钢的投标，成功拿下首笔陆基 9Ni 钢订单——供中石化 20 万方 LNG 项目预埋件和 2 台储罐罐体订单，实现了"开发即认证，认证即入市"的快速突破，远远领先国内钢企开发入市节奏。2021 年 10 月份，成功中标大连某船用 LNG 燃料罐项目用 9Ni 钢板，实现了陆地、货船 LNG 罐体上都有山钢 9Ni 钢板的身影。

过程难在哪

看着客户对 9Ni 钢的生产能力和产品性能高度认可，车金锋微笑着，也勾起了他的回忆。2019 年四季度，车金锋作为 9Ni 钢研发负责人，接到开发 9Ni 钢的任务。

"一定要啃下这块又难又硬的骨头。"面对极为严苛的冶炼和轧制技术要求，产销研人员对冶炼、轧制、热处理工艺等重点环节开展攻关。

必须在短期内通过权威第三方评价和船级社认证证书。按正常的认证周期，第三方评价需要一年多时间，船级社认证又需要两年多时间。而本次开发在短短数月时间就要完成这两项目标，基本上属于"不可能完成的任务"。

车金锋制定了翔实的"挂图作战"计划，撰写和发布 9Ni 钢工作日志、分析报告，编写了 9Ni 钢 4300 产线、3500 产线控制计划，逐页解读了上千页的英文版船级社认证指南，在短短一周时间内编写了

ABS、BV 等六家主流船级社型式认可试验大纲及认证申请材料。

温度控制参数没有数据可依，转炉出钢回磷及终点控制因素变化无常。日照公司炼钢厂技术人员在收集、对比、分析上百炉相关参数后，最终摸索总结出超低磷钢冶炼工艺最佳工艺，实现了转炉脱磷，一次拉碳、终点双命中等一系列技术攻关。

9Ni 钢的后续生产难点在于特殊的低温加热工艺、轧制工艺、热处理工艺、钢板表面质量和剩磁控制等。其中，钢板的性能稳定性、3 次热处理的路线组织优化、5 毫米薄规格 9Ni 钢卷轧和热处理后的板形控制、钢板倒运过程中的剩磁控制极其困难。中厚板厂优化钢板的热处理路线，制定了无磁作业方案，9Ni 钢的生产效率得到有效改善。

在全程跟踪技术指导下，4300 产线于 2020 年 3 月 19 日、炉卷产线于 3 月 26 日均一次性成功试制出了高表面质量、高平直度的 9Ni 钢板，经过实验室摸底和现场热处理后，成品钢板各项性能优良。

带动强在哪

目前，日照公司已承接某液化天然气项目 1 号、2 号 LNG 储罐、某集团船用 9Ni 钢板项目等陆基及船用 9Ni 钢板 5000 余吨，已交付完成 9 成任务量。

“山钢已经建立了以 9Ni 钢为引领的容器类产品大纲，9Ni 钢真正起到引领的作用，进一步拓展了日照公司钢板品种钢范围，拓展公司高端产品市场领域，提升公司品牌知名度和美誉度。”孙风晓表示。

新产品层出不穷。低温压力容器用钢板主要产品有 06Ni9DR、09MnNiDR、13MnNi6-3，09MnNiDR、07MnNiMoDR、07MnNiVDR 等均实现实验室的研发试制以及某院第三方评价，已实现首单交付，具备批量供货资质；油罐钢 12MnNiVR 已成功进入国内第一梯队；特殊用途用高级别压力容器用钢板，极限薄规格 Q345R 和 16MnDR 穹顶钢板与某重点客户合作已交货 5400 余吨，现场用户反映良好；铬钼钢 SA387Gr11/22CL2 也实现首单交付。

“至今，我们的容器用钢形成以中石化、中石油、中海油‘三桶油’为中心，辐射各地方重点企业的客户群，相信未来山钢容器用钢板将有更大用武之地。”车金锋信心百倍。

（原载于 2021 年 6 月 2 日大众网、海报新闻、鲁网、新华网，作者：吕　娟　孙运利　杨位钦）

山钢股份营销公司在欧冶云商平台实现钢材网上销售

2021 年 10 月 14 日，山钢股份营销总公司首次通过欧冶云商平台在网上销售 202.84 吨冷轧现货卷。

山钢股份莱芜区域冷轧现货卷原销售模式是通过山钢集团招标采购与拍卖管理信息平台进行招标，通过电话点对点地竞价销售。为进一步拓展营销渠道，提升产品盈利水平，推进“阳光销售”工作，山钢股份营销总公司积极推进与欧冶云商的合作。

欧冶云商是 2015 年 2 月由中国宝武发起设立，打造以客户为中心、以钢铁生态圈智慧服务为核心的第三方产业互联网平台，平台集资讯、交易结算、物流仓储、加工配送、投融资、金融中介、技术与产业特色服务等功能为一体，具有广泛的客户群体，可电脑和手机双重操作。

山钢股份营销总公司统筹规划、循序渐进推进网上销售工作，根据产品特点及历史销售情况，提出了“将冷轧作为试点，积累网上销售经验，逐步推进其他品种销售”的策略。在上线前，与欧冶云商研讨、调整、优化业务流程，进行接口匹配和对接，多次举办平台专业讲座和业务知识培训，熟悉平台操作，与莱钢银山型钢板带厂进行产品落实，向客户大力宣传新的销售模式，积极推进客户注册、保证金缴纳等准备工作。

本次与欧冶云商强强联合，紧跟信息发展潮流，覆盖更广泛的客户群体，提升了销售操作的便利，增强了销售工作的透明性。目前，山钢股份营销总公司正在总结网上销售经验，后期将陆续推进其他产品的网上销售。

（原载于2021年10月21日新华网、大众网、海报新闻，作者：张树伟　程丽娟）

山钢集团党史学习教育突出“快、准、深、实”

这些天，山信软件公司领导班子特别忙，在带头开展党史专题学习研讨、整体推进学习教育同时，围绕改革发展重点和职工关注热点，由班子成员带队深入一线调研，问计问需于职工，为深入开展党史学习教育提供“鲜活”资料。

“目前，我们已梳理形成7大类46项职工意见。正逐一建立整改台账，制定落实举措。”山信软件公司党委书记张元福告诉记者，“党史学习教育不能眉毛胡子一把抓，既要快速准确领会贯彻上级党组织部署，也要充分结合实际，一步一个脚印地落实再落实、深入再深入。”

山信软件公司的认识和实践，是山钢集团精准把握党史学习教育目标要求，深入开展学习教育的一个缩影。自党史学习教育开展以来，山钢集团党委严格落实中央决策部署和省委工作要求，把开展党史学习教育作为激发干事创业精气神的动力之源、作为推动集团实现“强”起来的重大契机，以“快、准、深、实”的标准，高质高效推进党史学习教育。

着眼“快”，在快速跟进上下功夫。对中央和省委关于党史学习教育的重要文件、重要部署，山钢集团党委第一时间传达贯彻、第一时间安排落实，与上级党组织部署要求同频共振。自召开集团公司党史学习教育动员大会以来，全集团140个党委（总支）912个党支部边学习边动员边深化，下好“先手棋”、打好“主动仗”，号召全体党员学党史、悟思想、办实事、开新局，在全面建设社会主义现代化国家进程中彰显国企担当、贡献钢铁力量。

立足“准”，在精准落地上下功夫。山钢集团党史学习教育坚持规定动作不走样、自选动作有特色，把上级各项部署充分体现到工作方案中、落实到具体行动上，并在原则不变、标准不减前提下，引导一线党组织创新举措、丰富载体、提高实效。按照中央和省委工作部署，山钢集团制定了《关于开展党史学习教育的工作方案》，对26项具体工作明确责任分工，形成配档表，做到每一项工作有目标、有计划、有载体、能落地。同时，在成立党史学习教育领导小组及其办公室基础上，精选骨干力量组成综合协调、材料宣传、教育培训

3个工作组和9个巡回指导组，确保党史学习教育上下贯通、有序推进。

突出“深”，在持续深化上下功夫。加强顶层设计，策划线上线下学习等一系列方式新、内容活、党员干部参与度高的举措，充分利用专题学习研讨、专题读书班、“三会一课”、主题党日等多种形式，借助“学习强国”“灯塔党建在线”等平台，推动学习教育走深走实。深化宣传引导，集团公司媒体开设“奋斗百年路、启航新征程”“学党史、悟思想、办实事、开新局”“党史百年天天读”等专栏，启动“永远跟党走”短视频和新闻摄影大赛，“报、台、网、微、端”同步奏响学习教育最强音。该集团还结合庆祝中国共产党成立100周年，策划形成“学党史、强党性、固堡垒、争先锋”系列活动，陆续推出知识竞赛、红歌合唱、“我和我的支部”微视频征集等一系列寓教于乐的文化活动。

聚焦“实”，在务实见效上下功夫。山钢集团党委牢固树立大历史观，把企业发展放在历史洪流、时代潮流、市场激流中去审视，围绕争当全省高质量发展的主力军和排头兵，围绕解决基层的困难事、职工的烦心事，谋划开展“我为群众办实事”实践活动、开展党员攻关活动，并把活动开展情况作为评先树优、绩效考核的重要依据，引导基层党组织和广大党员立足岗位、承诺践诺、争创佳绩。截至3月底，各单位以党史学习教育为主题，围绕聚力实现改革发展目标，查找各类风险隐患100余项，制定整改措施200余条，新立项攻关课题20余个。

“要进一步聚焦学史明理、学史增信、学史崇德、学史力行，高标准高质量深化党史学习教育。”在山东省委理论学习中心组举办的党史学习教育专题读书班的交流中，山钢集团党委书记、董事长侯军坚定地说，“努力把学习成果转化为发展成效、转化为改革动力、转化为优良生态、转化为职工福祉，为新时代现代化强省建设提供高质量的钢铁支撑。”

（原载于2021年4月6日大众网、4月8日人民网，作者：王利峰 赵 腾）

山钢集团钢、材年产量突破3000万吨

日前，记者从山钢集团了解到，该公司2020年累计生产铁2905万吨、钢3111万吨、材3090万吨，同比分别增长11.00%、12.83%、15.89%，增幅高于行业平均水平，钢、材年产量首次突破3000万吨大关；实现营业收入、利润总额、净利润、归母净利润同比分别增长13.70%、24.8%、33.63%、537.05%，整体赢利水平逆势而上；整体规模效益、赢利能力、绿色发展均跑赢大盘、走在前列，职工收入继续稳定增长，综合竞争力稳居行业第一梯队，并首次跻身世界500强，全集团交出了一份亮丽的答卷。

2020年，在全球疫情和百年变局交织、国际形势深刻演变、各类风险叠加发酵的严峻复杂环境下，山钢集团上下准确把握行业发展大势、同行发展趋势、自身发展态势，聚焦运营安全和效益稳定，战疫情、稳市场、谋改革、优布局、调结构、提绩效、补短板、强弱项，准确识变、科学应变、主动求变，经受住了严峻挑战和考验，各方面工作取得显著成效。

抢占制高点。坚持调整优化、精益运营，山钢集团稳健运营水平持续提升，钢铁主业率先突破，在逆境中逐步练好内功、打牢基础、赢得主动，较好地回答了“山钢何以立世”“当市场回归到吨钢盈利只有100元至200元的时候，我们怎么样”的命题，从22家重点上市钢铁企业公告的数据看，钢铁主业核心资产综合分位值较2019年进步明显。

明确主攻点。坚持目标导向、问题导向，仔细分析市场环境、形势变化，动态对标找准差距，苦练内功涵养发展后劲，静下心来补短板、锻长板、强弱项，培育、塑造比较优势，一些重点领域和关键环节实现赶超跨越，财务杠杆水平、有息负债总额持续下降。坚定不移建立极致思维，实施负荷率指标体系，刀刃向内开展思想变革，钢铁、矿业、耐材等产业依靠产能跃升撬动效率提升、效益攀升，创出了历史最好水平。

找准突破点。坚持生态优先、绿色发展，3家公司获评山东省重污染天气重点行业绩效A级企业，3家公司获评B级企业，其中日照公司成为全省第一家也是唯一的长流程联合钢铁企业A级企业，莱芜分公司焦化厂成为全省焦化行业唯一的A级企业，山钢集团成为我省乃至钢铁行业绿色发展的推动者、践行者、领跑者。

（原载于2021年2月4日
《大众日报》，作者：左丰岐
赵 腾 范 戈）

一次奖励超千万元 山钢集团科技创新能级全方位提升

2021年4月13日，山钢集团颁发首届科学技术奖，日照有限公司工程技术应用研究员胡淑娥、异型钢轧制关键技术研究与应用团队分别获得100万元大奖，同时揭晓科学技术奖、管理创新成果奖、经济研究成果奖，总奖金超千万元。

山钢集团“大手笔”激励研发人员，是不断完善科技创新体系的缩影，背后是山钢集团全方位布局创新主体、孵化平台等资源，发力打造“硬核”科技链和高端产业链的决心。

山钢集团强化顶层设计提升科技创新能级，构建科技强企的目标、路径和保障体系。“十三五”以来，山钢集团研发投入从2015年的9.8亿元增长到2020年的46.7亿元，研发投入占营业收入比例从0.96%增长到2.13%，每年新确立研发项目500多项，创新投入已经覆盖山钢集团产业链上的所有环节。

持续深化人才发展体制机制改革，加强“软环境”建设，制定了人才体制机制改革“1+5”配套文件，出台8条招才引智基本支持政策，研究制定“攀登者”计划实施方案，采用“人才+项目/课题”“人才+事业”等方式搭建人才干事创业的舞台。

加强创新平台建设，山钢集团拥有省级及以上科技创新平台27个，各类科技型企业40余家，“稀土特殊钢”等多项在研国家和省重大专项扎实推进，共建各类研发平台和研发机构19个，创新平台建设和发展步入快车道。

以胡淑娥为代表的山钢集团日照公司科技质量中心/钢铁研究院，发挥业务专长和技术优势，带领团队攻克了45毫米厚度油罐钢等项目的多个技术难题。

5年间，山钢集团承担和参与国家和省重大专项达13项，获国拨资金支持6597万元，开展公司级重大项目33项，突破H1000大规格H型钢耐低温、超薄异型坯全保护浇铸等世界性难题，研发了系列国际领先水平核心技术，展现出较强的科技创新实力。

近年来，山钢核心关键技术不断突破，稀土轴承钢实现了5炉以上连续浇铸，成功实现工业化生产；500MPa级高强度耐低温H型钢首次研发成功；9Ni、QP980、DP600等一系列具有自主知识产权的核心技术和特色产品相继开发成功。

山钢每年获授权专利近500项，牵头制修订了《高炉干法除尘灰回收利用技术规范》《工程机械用耐疲劳结构钢板》等具有行业影响力的系列标准，累计完成标准制修订项目170余项，标准引领作用逐渐显现。

一系列权威测评报告则对山钢集团创新深度"把脉"显示：2020年世界钢铁企业技术竞争力榜单第22位，居A级第一梯队，全球钢铁企业创新（专利）指数榜单国内企业第5名，钢铁行业综合竞争力排名连续三年达到A+（竞争力极强）。

"十三五"期间，山钢集团产品遍布全国34个省级行政区，远销世界五大洲70多个国家和地区，成功打入港珠澳大桥、大兴国际机场、北京冬奥会场馆、北极亚马尔液化天然气项目等国内外重要工程。

（原载于2021年4月16日大众日报客户端，作者：吕 娟 牛玉波 谢 晖）

我们一起追过的绿色
——山钢集团绿色低碳发展综述

2019年4月，国家生态环境部等五部委联合发布了《关于推进实施钢铁行业超低排放的意见》，相比一些发达经济体的钢铁排放标准，我国的超低排放标准加严近十倍；2019年更新发布的《山东省钢铁行业大气污染物排放标准》和《山东省区域性大气污染物综合排放标准》规定的个别指标比国家超低排放标准还要高。面对前所未有的、逐年加严的环保形势，山钢集团如何迎战？

"既要金山银山更要绿水青山。""始终牢记国企生态文明建设使命，严守'生态保护红线、环境质量底线、资源利用上线'。"山钢集团算大账、算长远账，从担负"国之大者"重任出发，积极践行绿色理念，逐"绿"前行，通过淘汰落后产能、推广环保技术、实施节能减排等措施，2020年，山钢集团被评为全国环境社会责任企业、山东省社会责任企业，合力绘就诗意生产与栖居的画卷。

存量"换"绿　增量添绿

始建于1958年的济钢，曾位居中国十大钢企行列，但在国家推动钢铁产业"去产能、调结构"和济南着力治理大气污染的背景下，济钢走到了十字路口。

2016年底，济钢"关停主业、转型发

展”的产能调整方案获得山东省政府正式批准。2017 年 7 月 8 日，济钢炼铁厂 3 号 1750 立方米高炉出完最后一炉铁水后，有着 59 年辉煌历史的济钢在济南的钢铁产线全面关停。

而就在同一年，山钢集团的另一个重要生产基地——山钢股份莱芜分公司虽然预判了形势，加强了环境治理，但随着 2019 年 1 月原莱芜市整体并入济南市成为省会钢厂和相关环保文件规定的“加码”，莱芜分公司环保压力骤增。

“所有在线监测数据必须达标，焦化厂焦炉烟气排气筒三个指标（二氧化硫、氮氧化物、颗粒物），曾因二氧化硫一个检测指标轻微超标就被处罚 20 万元。”莱芜分公司焦化厂烟囱在时任焦化厂副经理、现任能源环保部部长李普庆的眼中成了“吞金兽”。

日前，记者站在焦化厂 7 号、8 号焦炉前，抬头望去，50 多米高的烟囱不见烟尘，没有刺鼻气味。“这座焦炉安装了脱硫脱硝设施，采用的是新型催化氧化干法脱硫+中低温 SCR 脱硝净化技术，该项技术达到国内领先水平。”李普庆介绍。

“烟囱依旧在，只是指标改”的故事仅是莱芜分公司绿色低碳发展的缩影，莱芜分公司新旧动能转换建设项目立足绩效 A 级企业起点，按照清洁生产Ⅰ级基准值以上设计，建成投运 2 台 480 平方米烧结机，同步淘汰 3 台 105 平方米烧结机、1 台 265 平方米烧结机。对现有生产系统，以焦化工序环境绩效保“A”为目标，其他生产工艺系统争创环境绩效 A 级企业为目标，全流程推进超低排放改造。

2017 年 8 月 19 日，山东省委书记刘家义到正在建设中的日照钢铁精品基地调研时强调：“要像保护眼睛一样保护生态、保护环境。”山东省生态环境厅要求，日照公司要打造钢铁行业超低排放标杆，为区域钢铁行业推进超低排放提供示范和借鉴。

日照钢铁精品基地一期全线建成投产之时，环保投入在当时的钢铁项目建设中投入占比最高，投产后即达到清洁生产一级标准。

存量、增量双管齐下，山钢集团在 2020 年获得山东省环境绩效评级“3A、3B”好成绩。日照公司、莱芜分公司焦化厂分别评为全省钢铁行业和焦化行业首家环境绩效 A 级企业，标志着山钢跻身全国绿色钢铁强企行列。

目前，莱芜分公司、日照公司获得“中国钢铁工业清洁生产环境友好企业”和“钢铁行业绿色发展标杆企业”称号；莱芜分公司、山东耐材鲁耐窑业、山钢矿业金岭铁矿金召矿业获得国家级绿色工厂/矿山称号，山钢正朝着成为钢铁行业绿色转型的示范者、引领者的目标奋进。

科技加持　“绿色”澎湃

“颗粒物 1.34 毫克/立方米、二氧化硫 1.75 毫克/立方米、氮氧化物 47.5 毫克/立方米。”这是 8 月 12 日 14 时莱芜分公司 480 平方米烧结机烟气出口在线监测的一组实时数据，分别优于山东省最新规定的超低排放标准。

“该烧结机项目建成了世界先进的烟气脱硫脱硝一体化装置，该装置集脱硫、脱硝、脱二噁英、脱重金属、除尘等多功能为一体，二氧化硫、氮氧化物、颗粒物排放均达到超低排放要求。”莱芜分公司能源环保部环境保护室主任王须革介绍。

靠海而生的日照公司，钢铁“解渴”向海取水，废水“零排放”，也处处体现了山钢人循环经济的智慧。

“作为日照市首家海水淡化厂，日产除盐水 1 万吨左右，全部用于炼铁、炼钢等主生产工序。纵横交错的地下管道，把各个工序的生产废水和生活废水汇集到污水处理厂，运用世界先进的反渗透膜技术，对生产废水进行处理和回用，日处理能力达到3万立方米，吨钢水耗达到国内领先水平，实现了工业废水零排放。”日照公司环境保护部副部长陈力军介绍。

不管是超低排放还是循环经济，山钢集团不断加强先进技术应用，“新型催化氧化脱硫与低温SCR脱硝”“陶瓷滤管尘硫硝一体化脱除”“脱硫液制酸”“电除尘器+循环流化床脱硫+SCR脱硝工艺净化”……多项关键技术指标行业领先，让钢铁生产更“绿色”。

主要污染物排放总量大幅下降，钢铁板块全面完成超低排放改造，2020年钢产量较2016年增加800万吨，而污染物排放总量同比降低60%以上。其中，吨钢二氧化硫、颗粒物、氮氧化物排放分别降低68%、57%、54%，排放指标均优于《钢铁行业清洁生产评价指标体系》Ⅰ级基准值，排放强度达到世界先进水平。

能源资源利用水平显著提升，钢铁主业吨钢综合能耗下降，吨钢耗新水由3.1立方米降到2.53立方米，高炉煤气、焦炉煤气实现近零放散。日照公司实现废水零排放，干熄焦发电、煤气发电效率达到国内领先水平，各单位积极拓展钢铁副产品循环利用途径，实现固废100%利用。

“绿动”随心　逐绿不息

通过高于标准的规划和设计、创新节能环保技术的策划和研发、融入驻地环境色与城市和谐共生，三个维度构建绿色发展格局，山钢集团“绿动”的心从未有过停歇，始终把生态环保视为企业的“生命线”。

聚焦环保难点，做到年年有重点，年年有突破：2016年重点解决历史遗留环保问题；2017年聚焦山东省大气污染物第四时段排放标准，全面实施环境深度治理和环保设施提标升级改造；2018年召开山钢集团生态环保大会，加快绿色发展转型；2019年，编制实施《钢铁超低排放治理实施计划》，全面推进钢铁超低排放改造；2020年聚焦环境绩效评级提升，钢铁板块在全省率先全面完成超低排放改造。

编制实施《绿色发展行动方案(2019—2020)》《钢铁超低排放治理实施计划》《环境绩效创A保B行动方案》等生态环保规章制度180多个，构建起完善的管理体系；以“优于最严环保标准、优于行业标杆、达到世界一流水平”的定位选择主体工艺设备，规划、设计、建设、运行环保设施，一系列提供方向指引的文件，一个又一个实打实的措施，为山钢播下了“绿色种子”。

日照钢铁精品基地一期环保投资达64.7亿元，占总投资的15%；“十三五”期间山钢集团累计环保投资达78亿元，实施495个环保节能项目，其中山钢股份莱芜分公司环保投资达60多亿元。

“在山钢高质量发展的过程中，环保已成为企业发展的头号考量，守护绿水青山，打赢蓝天保卫战，正融入企业发展的一枝一叶。”山钢集团安全环保部副总经理王志强表示。

（原载于2021年8月18日新华网、大众网、海报新闻，作者：吕　娟　赵玉潮　于泉友　孙运利）

微信·视频

微视频：《义务理发哥王爱国手艺好人更好》刊发于2021年3月23日“学习强国”山东学习平台，作者：亓迪、赵建忠、崔瑞辉。

微视频：《追梦路上》刊发于2021年4月29日“学习强国”山东学习平台，作者：山钢新闻传媒中心。

微视频：《我和我的支部：戴上党员徽章去采访》刊发于2021年5月18日“学习强国”山东学习平台，作者：山钢集团新闻传媒中心。

微视频：《追寻》刊发于2021年7月8日“学习强国”山东学习平台，作者：山钢党校。

微视频：《有你，真好》刊发于2021年7月8日“学习强国”山东学习平台，作者：山钢新闻传媒中心。

微视频：《山钢股份莱芜分公司能源动力厂供电车间党支部：我的支部在塔尖》刊发于2021年10月25日“学习强国”山东学习平台，作者：毕志杰。

微视频：《山钢98岁老人迷上学习强国》刊发于2021年10月25日“学习强国”山东学习平台，作者：张玉廷。

《山钢年鉴》(2022) 撰稿、审稿人员名单

序　号	撰 稿 人	审 稿 人	单 位 名 称
1	孙亚宁　杨　波　张海明 孙　波　魏　东　宋玉前 张　序　刘孝存　郑　玮	李学玉　李波涛	公司办公室/党委办公室
2	刘　晨　刘　宁　于　奇	陈茂文	董事会办公室/公司治理部
3	崔大成	邱现金	战略发展部/国际事业部
4	周林琳	李　强	财务部
5	奚道鑫	王其成	投资与资本运营部
6	胡　玉　罗　剑　马丽萍 郭全生　朱碧桃　郑　丽 周林琳	孙日东	运营管理部/信息化管理办公室
7	孙淑辉　张怀鹏　马家泰 李　霞　张传友　魏　鹏	来现民　李勇实　阎文龙	党委组织部/人力资源部/机关党委
8	赵东岳	罗文军	风险合规部
9	张海鹰　孙　霞　崔中晔	刘松林	工会/团委
10	王利峰　任晓华	张兰润	宣传部/企业文化部
11	李　梁	李荣臣	纪委/监察专员办公室
12	李　琦　王　勇	贾元奎	巡察办/审计部
13	韩怀平　邹方敏　赵玉潮	王志强	安全环保部/应急管理部
14	牛玉波　谢　晖	李丰功	科技创新部
15	张文坛	王　勇	资金中心
16	李　志	刘兰雪	审计中心
17	徐　伟	马先红	法律顾问中心
18	胡　军	张永护	人力资源服务中心工作
19	李洪江　刘志飞　周传勇 李建辉　吕　娟　刘　芳 李盛熙　党　浅　褚慧娟 何爱喜　亓　迪　赵　腾 李　淼　李俊鹏　杜　慧 徐　帅　李　栋　宫　宇 朱圣熙	周传勇	新闻传媒中心
20	邹玉萍　李　辉	薄　涛	济钢集团有限公司
21	吴茂贵	李洪建	莱芜钢铁集团有限公司
22	毛瑞萍	李志波	山东工业职业学院
23	王　哲	刘长进	山东钢铁集团矿业有限公司
24	李乃亮	王佑宝	山东耐火材料集团有限公司
25	任　飞	逄晓男	山东钢铁集团永锋淄博有限公司
26	耿佃标	王兴强	山东钢铁集团淄博张钢有限公司

续表

序　号	撰 稿 人	审 稿 人	单 位 名 称
27	赵党党	董保树	山东钢铁集团财务有限公司
28	杨玉晶	李强笃	山东钢铁集团国际贸易有限公司
29	张兰勋　赵增翼	王文学	山东钢铁集团房地产有限公司
30	鲁　攀　王启明　李晓丹	黄振辉	山钢集团金融控股（深圳）有限公司
31	赵成文　栾长河　纪瑞东	张元福	山信软件股份有限公司
32	张金良　杨　鑫　叶　华 刘　敏　宿　昊　于　涛 吴　昊　王燕美　高　敏 陈豪卫　冯　丽　于利国 周振峰　王玉军　常　骁 黄训建　李　林　商启亮 董　良　肖海莲　王沛永 蔡　璐　穆允生　马学照 侯文娟　孙立新　丁书洪 孙运利　杨位钦　赵玉潮 于泉友	景　凯　耿　亮　董永峰 张　军　孔凡强　郭允义 徐锡坤　朱　慧　刘玉良 姜广忠　高洪亮　庞瑞年 高淑军　李　锐　张润生 郭伟达　王中学　翟大强 张思勋　刘建迅　李传瑾 杜富仁	山东钢铁股份有限公司